EYEWITNESSES TO THE INDIAN WARS, 1865—1890
THE STRUGGLE FOR APACHERIA

历史的记忆
1865—1890年的印第安战争

第一卷
争夺阿帕奇里亚

Peter Cozzens
[美国] 彼得·科曾斯 编
刘清山 译

上海三联书店

献给我已故的父亲
詹姆斯·怀特·科曾斯(1917—1983)

目 录

序 言 / 1
引 言 / 5

第一章 | 1865—1872 年
         | 阿帕奇里亚的抢劫和报复

新墨西哥的印第安人 / 03
阿帕奇人大屠杀 / 05
阿帕奇人 / 08
帝国岁月——亚利桑那，1866—1869 年 / 19
华拉派战争中的一起事件 / 39
对怀特芒廷阿帕奇人的有趣侦察，其中一些人要求获得和平和居留地 / 43
阿帕奇印第安人的军事外科手术 / 52
亚利桑那探险：边区军旅生活中的一起事件 / 54
前往尤马堡 / 57
历史真相：1871 年的"格兰特营大屠杀" / 61
格兰特营大屠杀 / 68
亚利桑那印第安人 / 75
印第安人和靛青 / 78
和平时期正规军生活中的事件 / 95
与阿帕奇人共同度过的夜晚 / 104
亚利桑那的骑兵生活 / 107
阿帕奇人的抢劫和长途骑行 / 120
霍华德将军的任务 / 126

霍华德将军的和约 / 129

关于科奇斯 / 140

军队与科奇斯 / 148

第二章 | 1872—1878 年
克鲁克的通托贝森战役及后续

克鲁克在 1872 年的战役 / 159

与美国第五骑兵团在亚利桑那的早期岁月 / 162

索尔特河洞穴之战 / 165

与科奇斯会谈 / 170

亚利桑那印第安战役中的事件 / 174

关于亚利桑那战役 / 182

弓弦路 / 199

关于科约特罗阿帕奇人的报告 / 205

维多利奥和他的年轻人 / 227

第三章 | 1878—1883 年
暴动和骚乱

1879 年与维多利奥之战 / 239

1880 年与维多利奥之战 / 252

对哈瓦苏派和华拉派印第安人的侦察 / 256

锡贝丘溪事件后的战役 / 266

从黑姆布里洛峡谷到切弗隆福克 / 296

阿帕奇人在亚利桑那的最后抵抗：比格德莱沃什之战 / 302

拉弗蒂的追击 / 325

军队与印第安人 / 329

阿帕奇人口中的锡贝丘 / 335

阿帕奇问题 / 355

克鲁克将军的回归 / 358

事务官蒂法尼名誉扫地 / 362

印第安暴动的终结 / 366

圣卡洛斯事务处简介 / 370

19 世纪 80 年代的亚利桑那陆军哨所生活 / 379

第四章 | 1883—1885 年
马德雷山脉战役及后续

墨西哥：跨越国界线追逐野蛮印第安人的互惠权利 / 391

和克鲁克在马德雷山脉 / 393

克鲁克在哪里？ / 439

马德雷山脉战役日记 / 445

在马德雷山脉腹地 / 448

阿帕奇事务：对克鲁克将军的采访 / 450

乔治·克鲁克将军管理的印第安居留地 / 460

亚利桑那科奇斯县居民会议就印第安人逃离圣卡洛斯居留地
　　通过的决议 / 470

第五章 | 1885—1886 年
追逐杰罗尼莫

1885—1886 年的杰罗尼莫战役 / 487

杰罗尼莫战役 / 510

印第安战事的困难 / 557

瓜达卢佩峡谷的战斗 / 564

杰罗尼莫的时代 / 567

穿越阿帕奇地区 / 573

和克劳福德在墨西哥 / 581

克劳福德上尉最后的出征 / 589

阿帕奇战役记录——1886年 / 606

追逐杰罗尼莫 / 610

1885—1886年的阿帕奇战役 / 614

出征索诺拉 / 620

杰罗尼莫战役 / 625

用日光仪追踪杰罗尼莫 / 631

一场戏剧性的战役 / 637

护送奇瓦瓦团伙前往佛罗里达 / 643

对抗阿帕奇印第安人的战事简介，1882—1886年 / 645

第六章 | 阿帕奇战争的结束

阿帕奇问题 / 671

亚利桑那的印第安问题 / 682

在阿帕奇地区 / 694

被俘的杰罗尼莫及其战士 / 706

激烈的追逐 / 711

在亚利桑那侦察，1890年 / 725

致　谢 / 733
译名对照表 / 735

序　言

"历史的记忆：1865—1890年的印第安战争"系列（共五卷）的《争夺阿帕奇里亚》是本丛书的第一卷，它从军人、平民和美洲原住民的视角讲述了他们所参与的美国西部军事斗争历程。之后的几卷将介绍西北部和落基山脉、南方平原和得克萨斯（Texas）以及北方平原的冲突，第五卷将进行整体回顾。

本卷的目的是完整地呈现关于西南部地区斗争的情况。过去，那片地区叫作阿帕奇里亚。本书中的大部分文章选自当时的报纸杂志，这些报刊包含了丰富的第一手资料，其中许多材料不仅不为一般读者所知，而且没有受到印第安战争专业学者和历史学家的关注。

在选择材料时，我很快发现，这一主题并不缺乏素材，因为印第安战事是当时全国的头版新闻。当时的东部读者一直非常关注整个印第安战争，尤其是阿帕奇战事。西南部的沙漠是一片新奇而陌生的土地，大多数美国人对于当地人民和气候知之甚少。杂志编辑急于刊载白人视角下关于军事成就、恶意抢劫、印第安侦察兵以及阿帕奇人生活方式的故事。军官们为了补贴微薄的收入而投稿，他们的妻子也希望通过写作缓解军营生活的单调乏味。印第安文职事务官、亚利桑那和新墨西哥知名人士以及乔治·克鲁克和奥利弗·O. 霍华德等将领通过接受采访和亲自执笔的方式来解释他们的行为或影响舆论。到了后期，光是追逐和抓捕杰罗尼莫的行动就衍生出了一大批文学作品。

我在为这一卷选材时考虑到了许多因素。首先，文章描述的事件必须发生在从南北战争结束到翁迪德尼（Wounded Knee，又称伤膝河）惨剧之间的那段时期。除了少数例外，大部分文章都是在作者生前发表的。我没有选取过去五十年发表的文章，因为它们大都很容易获取。我还排除了许多后来成书的精良叙述，其中最著名的是小约翰·比奇洛中尉（Lt. John Bigelow Jr.）在杰罗尼莫战役期间在战场上为《奥廷》杂志1886年3月期到1887年4月期撰写的一系列文章，这些文章后来被集合成《在追逐杰罗尼莫的血腥小路上》（洛杉矶：韦斯滕洛出版社，1958）一书再版。

除了距今较近的文章，我还排除了可靠性存疑的文章，不管作者多么有名。其中，值得一提的是前印第安事务官兼著名刊物《墓碑镇碑铭报》的出版人约翰·P. 克拉姆晚年为《亚利桑那历史评论》和《新墨西哥历史评论》撰写的六篇严重失实的文章，分别是《维多利奥》《埃斯基明津》《杰罗尼莫》《阿帕奇人》《圣卡洛斯印第安警察》和《阿帕奇恶政》。

这一卷的少数内容来自手稿，它们极具历史意义。我无法忽略约翰·G. 伯克上尉的一百二十四卷日记，它几乎是研究南北战争后美国西部历史最重要的原始材料。作为出色的军人、细致的观察家和优秀的学者，伯克忠实地记录了他在边区服役十五年间看到的一切。他起初是美国第三骑兵团军官，后来成了克鲁克将军的随从参谋，参与了阿帕奇战争中的许多重要事件。他关于人种研究和西南部相关旅行的部分日记在20世纪30年代被《新墨西哥历史评论》再版。本书选取了关于他的作战经历以及克鲁克将军在战场上与印第安人会谈的日记，并做了注释。这些日记之前从未被发表过。

第三类素材是官方和非官方的军事报告。这些报告非常重要，因此其作者或战争部在正常渠道以外将其发表。这些文档包括克鲁克将军的《对抗阿帕奇印第安人的战事简介，1882至1886年》，该文为他对于杰罗尼莫投降事宜的处理做了辩护，以反驳战争部对他的含蓄批评；约翰·格林中校对于怀特芒廷阿帕奇人的侦察报告，该报告导致了阿帕奇营的建立；以及威廉·R. 普赖斯少校对于哈瓦苏派和华拉派印第安人的侦察报告，该报告使他们的贫困状态受到关注，导致了哈瓦苏派居留地的迁移。

在本卷选取的文章中，白人和美洲原住民作者的比例并不均衡，很遗憾，但无法避免。阿帕奇人的论述本来就很少，大部分已经出版成书。其中，比较重要的包括基思·H.巴索（Keith H. Basso）编辑的《西阿帕奇人的抢劫和战争，来自格伦维尔·古德温的记录》（图森：亚利桑那大学出版社，1971）中收集的一些阿帕奇男人和女人的陈述；贾森·贝茨内兹（Jason Betzinez）可靠而又引人入胜的《我和杰罗尼莫的战斗》（哈里斯堡，宾夕法尼亚州：斯塔克波尔公司，1959）。伊芙·鲍尔（Eve Ball）的《维多利奥时代》（图森：亚利桑那大学出版社，1970）和《因戴，阿帕奇征程》（普罗沃，犹他州：杨百翰大学出版社，1980）从阿帕奇人的视角提供了宝贵的论述。虽然来自美洲原住民的资料很少，但我有幸找到了一些著名阿帕奇人的有力论述，那是在锡贝丘溪事件后他们与克鲁克将军会谈时由约翰·G.伯克忠实记录下来的。

　　简单说一下我对本卷所做的编辑工作。我的目标是为本卷选取的文章、信件和报告添加注释并将其准确地呈现给读者。我添加注释是为了纠正事实错误，澄清隐晦的说法，提供必要的历史背景，解释西班牙词语的含义。我对文本的编辑并不多。大多数19世纪的作者喜欢使用逗号，我删掉了一些使用过度的逗号，以便理解，调整句子节奏。我统一了大小写、标点符号以及人名和地名的拼法。在其他方面，我并没有对原文做太多改动。

引　言

这片区域曾经被称为阿帕奇里亚，它从科罗拉多河延伸到格兰德河（Rio Grande）以东的崎岖山脉，从亚利桑那北部的大峡谷深入墨西哥奇瓦瓦州和索诺拉州（Sonora）。这里的大部分美洲原住民自称"戴恩"（Dine），意为"人"；将死去的人称为"因戴"（Indeh），意为"死人"。历史为他们贴上了"阿帕奇"的标签，这个词语可能来自祖尼语，意为"敌人"。阿帕奇不是一个具有凝聚力的部落，而是由不同群体和分支组成的松散群体。除了拥有共同的阿萨巴斯加（Athapascan）语源，所有阿帕奇人都把抢劫作为生存手段和文化需要。不过，他们并不像许多19世纪白人想象的那样天生好战，而是被迫陷入了长期冲突的状态。起初逼迫他们的是西班牙的入侵，后来则是墨西哥人和盎格鲁人的背叛。在艰难而残酷的环境下，为抵抗敌人对其原有土地的入侵，他们进化成了现在的模样。

人类学家将阿帕奇人分为两大分支，即东部和西部分支。除此以外，关于他们的其他称号引发了激烈争论。西部分支包括两大群体或类别，即西阿帕奇人和奇里卡瓦人，阿帕奇里亚的阿帕奇人就是由这两个群体组成的。

西阿帕奇人占据了亚利桑那东部的大部土地。人们普遍认为，西阿帕奇人由怀特芒廷、锡贝丘、圣卡洛斯、南通托和北通托的群体组成，每个群体又有属于自己的不同分支。

奇里卡瓦人通常被分为三个分支：中奇里卡瓦人、南奇里卡瓦人和东奇里卡瓦人。中奇里卡瓦人又叫乔科嫩人（Chokonen），生活在亚利桑那东南部的奇里卡瓦山脉和德拉贡山脉（Dragoon），最有名的酋长是科奇斯。南奇里卡瓦人又叫内德尼人（Nednhi），在墨西哥索诺拉州和奇瓦瓦州北部游荡，以马德雷山脉为根据地，杰罗尼莫和朱（Juh）就是南奇里卡瓦人。东奇里卡瓦人又叫奇亨内人（Chihenne），占据了从亚利桑那和新墨西哥边界到格兰德河之间的区域。第四个分支被阿帕奇人称为贝东克赫人（Bedonkehe），由曼加斯·科罗拉达斯（Mangas Coloradas）领导，在科罗拉达斯死后融入了其他三个分支。

东奇里卡瓦人有时被分为莫戈永人（Mogollones）和明布雷斯人（Mimbres）。前者生活在莫戈永山脉附近；后者又叫沃姆斯普林斯阿帕奇人或奥霍卡连特阿帕奇人，他们在南北战争结束后的主要领导人是维多利奥。不过，杰罗尼莫、贾森·贝茨内兹和为伊芙·鲍尔提供信息的奇里卡瓦人认为莫戈永人是贝东科恩人（Bedonkone）。梅斯卡莱罗阿帕奇人（Mescalero Apaches）在格兰德河以东游荡，他们与奇里卡瓦人的东部分支保持着友好关系。据著名的阿帕奇里亚历史学家丹·L. 思拉普（Dan L. Thrapp）估计，在南北战争结束后的二十年里，西阿帕奇人和奇里卡瓦人的数量约为6000人。①

从亚利桑那普雷斯科特向西至科罗拉多河，东阿帕奇人主要的敌对部落是亚瓦派人。阿帕奇里亚的西北角主要由瓦拉帕人占据。二者都是尤马部落（Yuman），其语言与相邻的西阿帕奇人并不相通，但他们通常与西阿帕奇人保持着良好的关系。马里科帕人、帕帕戈人和皮马人是希拉河（Gila River）地区的农耕部落，是阿帕奇人的世仇，对欧洲人很友好。

当首批美国人在19世纪20年代进入阿帕奇里亚时，西阿帕奇人和奇里卡瓦阿帕奇人已经和入侵者及其印第安盟友进行了近两个世纪的战争，他们的对手起初是西班牙人，后来是墨西哥人。阿帕奇人挫败军队，向庄园丢弃垃圾，向村庄

---

① C. L. Sonnichsen, editor, *Geronimo and the End of the Apache Wars* (Tuscon: Arizona History Society, 1987), 49; Dan L. Thrapp, *The Conquest of Apacheria* (Norman: University of Oklahoma Press, 1967), viii. 后一本书是关于阿帕奇战争的最佳作品。以阿帕奇人的视角进行写作的最佳作品包括伊芙·鲍尔的《维多利奥时代》（图森：亚利桑那大学出版社，1970）和《因戴，阿帕奇征程》（普罗沃：杨百翰大学出版社，1980）。鲍尔最重要的两个信息提供者分别是朱的儿子达克卢吉（Daklugie）和纳纳的侄孙詹姆斯·卡伊瓦伊克拉（Kaywaykla），二人均驳斥了白人将东部和南部分支看作奇里卡瓦人的粗略分类法，称只有科奇斯和奇瓦瓦的分支才是真正的奇里卡瓦人。Ball, *In the Days*, 43, and *Indeh*, 22.

征收贡品，使欧洲人在阿帕奇里亚没有太多存在感。1835年，绝望的墨西哥当局开始悬赏征集阿帕奇人的头皮。两年后，美国赏金猎人屠杀了胡安·何塞·孔帕斯（Juan Jose Compas）领导的一群友好的南奇里卡瓦人。从此，之前友好的盎格鲁－阿帕奇关系开始了缓慢而持续的恶化。

根据1854年生效的《加兹登条约》（Gadsden Treaty），美国获得了阿帕奇里亚的大片土地。该条约还规定，华府有义务阻止阿帕奇人进入墨西哥抢劫。此时，全面冲突已经不可避免了。阿帕奇人无法理解这种规定，墨西哥人是他们的敌人，过去也是美国人的敌人，为什么他们不能在国界以北遵纪守法，同时在国界以南抢劫呢？局势变得日益紧张。人们在此发现了黄金——先是在新墨西哥西南部，随后是在亚利桑那普雷斯科特附近。于是，越来越多的白人进入阿帕奇里亚。阿帕奇人将黄金看作其创造者尤森（Ussen）的圣物，认为不能将黄金从土里挖出来。悲剧一件接一件地发生，暴力不可避免地出现了。人们签订了协议，却又将其撕毁；建立了居留地，却又将其遗弃。

皮诺斯阿尔托斯（Pinos Altos）位于东奇里卡瓦人生活区的中心，本就紧张的局势因为黄金的发现而进一步加剧。为避免对抗，曼加斯·科罗拉达斯酋长放出话来，说索诺拉有更加丰富的宝藏。不过，生性好斗、恃强凌弱的矿工们并没有离开。美国对于当地的控制以及政府对于部落越来越强的干预已经使曼加斯·科罗拉达斯产生了警惕。于是，他在1861年发动了战争——这场血腥的暴乱夺走了数百条美国人和墨西哥人的生命。

中奇里卡瓦酋长科奇斯受到的待遇更加恶劣。他的人民之前和白人和平相处。科奇斯甚至获得了合同，负责为阿帕奇山口（Apache Pass）附近的巴特菲尔德驿站（Butterfield）提供木材。不过，一个名叫乔治·H.巴斯科姆的愚蠢少尉改变了这一切。1861年2月，巴斯科姆把科奇斯和一些印第安战士骗进军营并将其逮捕，因为他误以为这位奇里卡瓦酋长从索诺伊塔河谷（Sonoita Valley）的牧场盗窃了牛群并绑架了一个男孩。科奇斯抗议说，实施这起暴行的是到处抢劫的皮纳尔阿帕奇人（Pinal Apaches）。他还表示，他愿意帮助巴斯科姆寻找牛群和男孩。巴斯科姆想要扣押阿帕奇人质,以挽救男孩,但科奇斯逃了出来,并且劫持了四名人质。经过几天无果的谈判,科奇斯杀死了人质,巴斯科姆绞死了奇里卡瓦人,其中包括科奇斯的兄弟。

从此,亚利桑那陷入了长达十年的暴力狂欢之中。历史学家托马斯·法里什(Thomas Farish)推测,科奇斯的愤怒最终导致"5000美国人死亡,财产损失达数十万美元"。印第安事务官约翰·P. 克拉姆宣称,从1862年到1871年,为消灭阿帕奇人,美国政府花费了3800万美元。不过,只有不到100个阿帕奇人被打死,平民和士兵的死亡人数却超过1000人[①]。法里什和克拉姆的计算值得商榷。不过,有一点是可以肯定的:任何旅行者、定居者、矿工、小规模军队和牧场都有可能遭到奇里卡瓦人的袭击。

南北战争的爆发和联邦部队随后撤出该领地的举动使阿帕奇人和其他敌对部落相信,美国人放弃了战斗。于是,他们的抢劫不断升级。大多数定居点被遗弃,图森的居民只剩下了不到200人。新墨西哥南部的情况同样混乱,那里在曼加斯·科罗拉达斯的控制之下。

为重新宣示主权,政府派遣了一支由詹姆斯·H. 卡尔顿准将(Brig. Gen. James H. Carleton)领导的加利福尼亚志愿旅进入阿帕奇里亚。1862年7月15日,科奇斯和曼加斯·科罗拉达斯发动了一场大胆的伏击,以阻止卡尔顿通过阿帕奇山口,但是没有成功。卡尔顿建立了鲍伊堡(Fort Bowie),以守卫山口,然后向圣菲(Santa Fe)推进。在那里,他发动了一场战役,动用了快速移动的士兵、矿工、当地游击队和印第安盟友纵队,以寻找敌人,试图消灭阿帕奇人。在卡尔顿的主持下,曼加斯·科罗拉达斯遭到诱骗和杀害;一群皮纳尔阿帕奇人(西阿帕奇人圣卡洛斯族群中的一支)被骗来谈判,并在布拉迪坦克斯(Bloody Tanks)遭到屠杀;一个位于通托贝森的大型阿帕奇村落被金·S. 伍尔西领导的普雷斯科特拓荒者扫平。不过,1864年末加利福尼亚志愿兵的退役造成了权力架空,阿帕奇人

---

① 引自 Gordon C. Baldwin, *The Warrior Apaches* (Tucson: Dale Stuart King, 1965), 32。

带着更大的愤怒再次在整个地区开始了抢劫活动。

随着加利福尼亚人的返乡，以墨西哥裔为主的图森和附近定居点组织了地方武装。亚利桑那志愿兵打了几场胜仗，但在1866年秋解散。普雷斯科特地区一群愤怒的本地人组织了亚瓦派县的游骑兵，对阿帕奇人和亚瓦派人进行了几个月的猎杀，但由于薪水和补给不足而被迫解散。

平民不仅无法通过对抗解决印第安问题，而且会使问题变得更加严重。实际上，许多军官指出，当地居民常常为了纯粹的金钱利益而挑起战争，这种说法不无道理。一位沮丧的军区指挥官说："为军队提供补给几乎是白人居民的唯一营生……于是，我们为了保护居民而与印第安人对抗，而大多数居民通过这种对抗来养活自己。"华拉派人就是一个很好的例子。1866年以前，阿帕奇里亚西北部的印第安人并没有制造太大的麻烦。当年，最具影响力的华拉派酋长瓦乌巴－尤巴（Wauba-Yuba）在比尔斯普林斯（Beale's Springs）准备与一群勘探者进行和平的商品交易，但是勘探者却愚蠢地将其杀害，引发了持续两年的战争。普雷斯科特遭到围攻，周边地区也受到了战争团伙的洗劫。该领地其他地区的情况也没好到哪里去。

在19世纪60年代余下的几年时间里（1866—1869），使阿帕奇里亚恢复和平的军事努力失败了，原因有很多：第一，部队人数太少，他们既要履行卫戍职责，又要不断进行侦察，因为侦察似乎是抓住神出鬼没的阿帕奇抢劫者的唯一途径。针对特定威胁、边区定居点的发展和消亡、补给的难易程度以及出于对健康的考量，志愿军建立并放弃了几十个哨所。直到1867年，正规军才完全取代志愿军。两年后，军队人数才达到微不足道的2000人。军中士气低落，许多人做了逃兵。

第二个问题是军队自身的官僚作风。1866年7月28日的军队大改组将美国划分成了令人眼花缭乱的大军区、中军区和小军区。阿帕奇里亚的职权分裂了：新墨西哥成了密苏里中军区下的小军区，亚利桑那被分割成加利福尼亚中军区下的四个小军区。

第三个问题与军事理论有关。阿帕奇里亚的军官和士兵驻扎在相隔很远的哨所里，需要在当地像月球一样陌生而可怕的地理环境中应对游击战，他们之前接受的训练和他们在南北战争中的经验完全派不上用场。

此外，军方最高指挥部无法制定明确的阿帕奇政策，这使事情变得更加复杂。例如，在阿帕奇里亚北部遭受了一年极为残酷的抢劫后，1867年初，加利福尼亚军区指挥官欧文·麦克道尔少将（Maj. Gen. Irvin McDowell）宣布了对亚瓦派和通托阿帕奇人开展激烈进攻的政策。普雷斯科特军区指挥官 J. I. 格雷格准将（Brig. Gen. J. I. Gregg）立即采取行动，下令将居留地以外的所有印第安人视为敌人，麦克道尔的态度就此缓和了下来。他认为，由于国会和印第安事务局的疏忽，印第安人在挨饿，此时发动大规模战争是不人道的。当年晚些时候，格雷格将军也成了和平方案的支持者。1869年，加利福尼亚军区新任指挥官 E. O. C. 奥德少将（Maj. Gen. E. O. C. Ord）先是命令军队像猎杀野兽一样猎杀阿帕奇人；过了不到一个星期，他又转变了态度，建议将阿帕奇人聚集到居留地。太平洋军区指挥官亨利·哈勒克少将几乎没有为下属提供任何帮助。他只是争辩说，如果不增加军队，他们什么也做不了。

1867年，太平洋军区监察长罗杰·琼斯少校提交了一份报告，对于亚利桑那的军事管理提出了尖锐批评。他建议将部队集中到更少的哨所里，更好地协调侦察行动；为步兵提供坐骑，以便为任务过重的骑兵提供帮助。更重要的是，他坚持认为，应该将亚利桑那提升到中军区级别，因为该领地的4个小军区指挥部与旧金山中军区指挥部之间传递命令需要3个月的时间。不过，战争部直到1870年4月15日才听从琼斯的建议，创建了亚利桑那中军区，由名誉少将乔治·斯通曼指挥。不过，斯通曼很快消除了这种组织变更带来的部分好处，他将指挥部设在了南加利福尼亚海岸。

尽管面对指挥结构混乱、政策不确定和兵力短缺等不利因素，美军在1866年至1870年间还是取得了一些成功，尤其是在阿帕奇里亚北部。1866年11月，乔治·B. 桑福德上尉率领美国第一骑兵团的一个连深入安查山脉（Sierra Ancha），摧毁了一个印第安村落。1867年4月，詹姆斯·M. 威廉斯上尉（Capt. James M.

Williams）率领美国第八骑兵团的 85 名骑兵摧毁了弗德河畔（Verde River）的一个印第安村落，在两场战斗中打死了 50 名印第安战士。威廉·R. 普赖斯少校的成就更加引人注目，他在 1867 年 9 月率领三支骑兵纵队从莫哈维堡（Fort Mojave）出发，开始了征服华拉派人的旅程。经过十一个月的战斗，华拉派人于 1868 年 8 月投降，同意迁往居留地。

在阿帕奇里亚南部，莽撞的年轻中尉霍华德·B. 库欣在几次激战中惩罚了科奇斯的战士，并与阿拉瓦伊帕（Aravaipa）和皮纳尔分支结盟——根据阿帕奇人的说法，他们屠杀了无助的妇女和儿童。随后，他在 1871 年 5 月遭到伏击[①]。在相邻的新墨西哥，在南北战争结束后的四年时间里，美军只参加了 33 场战斗，造成 92 个阿帕奇人死伤。同一时期，在亚利桑那的美军进行了 137 场战斗，杀死了 647 个印第安人。

阿帕奇人的抢劫仍在继续，而且强度不减。于是，斯通曼将军于 1870 年 7 月宣布了他的计划：集中军营，非军方定居者将组织自己的防御力量，以便将部队解放出来，进行积极的野战。不过，在这一年的剩余时间里，美军在剿匪方面并没有取得太大进展。1871 年 3 月，斯通曼在政策中添加了一项和平内容，导致了意想不到的悲剧性结果。他没有惩罚来到弗德营和格兰特营尝试和平谈判的一些敌人——皮纳尔人和亚瓦派人，而是决定通过食物控制他们。他征用了大量肉类、玉米和毯子，宣布所有愿意接受和平的人将在"食品供应站"获得口粮。几个星期前，埃斯基明津的阿拉瓦伊帕部落在获得了指挥官罗亚尔·E. 惠特曼中尉善待他们的承诺后进入格兰特营。到了 3 月初，已有近 500 个阿拉瓦伊帕人进入了惠特曼的保护范围。他们为军队割草砍柴，并在收获季节受雇于当地的牧场。

军队承包商发现他们的主要生计受到了威胁，于是与定居者、领地媒体、立法机构和州长合谋，想要诋毁斯通曼和惠特曼这套制度。当阿帕奇人再次在格兰特营附近抢劫时，敏感的阴谋家造谣说，这些事情是埃斯基明津那伙人干的。

---

① Ball, *Indeh*, 26-27.

1871年4月30日黎明，一群图森人和帕帕戈印第安人突袭了这位和平酋长还在睡梦中的村落，杀死许多阿帕奇人，其中大部分是妇女和儿童。

此次格兰特营大屠杀对阿帕奇里亚产生了两个重大影响。第一个重大影响是在州长安森·P. K. 萨福德的坚持下，斯通曼将军在5月被乔治·克鲁克取代，后者被誉为务实的顶级印第安对抗者。克鲁克与下属和平民中的头面人物进行了商议，考察了整个管辖区，然后得出结论：他必须首先击败阿帕奇人，然后才能实现持久和平。为此，他需要用骑兵部队组成的机动性很强的军队与敌人作战，用骡队为部队提供粮草，用友好的印第安侦察兵寻找敌人。1871年7月，盖伊·V. 亨利上尉在阿帕奇营组织了一支远征军，对克鲁克的方法进行了试验并取得了成功。侦察兵不仅忠于职守，而且还帮助他们发现了一个印第安村落，部队随即将其扫平。

克鲁克计划再进行五次这样的远征，以实现连续行动，直到将所有敌人赶进居留地或者消灭。在实施计划前，克鲁克接到了暂停军事行动的命令，因为来自东部的和平委员会即将首次访问阿帕奇人。

格兰特营大屠杀的第二个重大影响是当局允许东部人道主义者用慈善征服阿帕奇里亚——用边区诋毁者的话说，这叫"将阿帕奇人引诱到和平中"。两年前，国会授权总统组织印第安专员委员会，以承担腐败缠身的印第安事务办公室的职责。尤利西斯·S. 格兰特总统（President Ulysses S. Grant）强烈支持纠正过往滥用职权的做法。他在国会授权的基础上更进一步，接受了教友会正统派（Orthodox Friends）执行委员会的建议，同意将宗教人士任命为印第安事务官和和平专员。在格兰特营大屠杀发生前，当局认为阿帕奇里亚的情况不适用于所谓的"贵格会政策"或"格兰特和平政策"。不过，事件发生后，国会拨款7万美元，用于"将亚利桑那和新墨西哥的阿帕奇印第安人聚集到居留地，推进他们的和平和教化"。印第安专员委员会将这项任务交给了前联邦上校文森特·科利尔，该上校拥有无可挑剔的人道主义名声。

科利尔的行动很快。他于1871年9月2日抵达阿帕奇营，将周围一大片区域划为居留地，并与怀特芒廷阿帕奇人举行了和平会谈。他从阿帕奇营来到格兰特营，确认了现有居留地。10月2日，他在弗德营接受了亚瓦派人的要求，同意在弗德河沿岸为其建立居留地。在与克鲁克商议后，科利尔离开阿帕奇里亚。克鲁克认为，这位专员与阿帕奇人建立的和平完全是空洞的谎言。

科利尔刚抵达华盛顿，印第安人的新一波抢劫立刻席卷了整片领地。其中一个原因在于，科利尔没能把科奇斯纳入到谈判对象中。1871年11月5日，一辆驿站马车在亚利桑那威肯堡（Wickensburg）附近遭到伏击，6名白人被杀，其中包括马萨诸塞州很有才华的青年作家弗雷德里克·W.洛林。此事一经媒体公布，东部舆论立刻倒向了科利尔和平计划的对立面。主战派走上了前台。陆军总指挥威廉·T.舍曼做出了官方保证，说他非常支持克鲁克开展彻底的攻击行动。得知"善人文森特遭到解雇"，克鲁克很高兴，他急于在其他人取代文森特的位置之前采取行动，因此准备开展冬季攻势。当他完成规划时，克鲁克要求亚利桑那所有印第安人在1872年2月15日前去居留地报到。

不过，和平领导者并没有善罢甘休。在克鲁克的战役开始前，他们要求政府对他施加限制。格兰特派奥利弗·O.霍华德准将以内政部特使的身份前往阿帕奇里亚，其职责是"与军队合作"，维持和平。

克鲁克按兵不动。与此同时，在1872年4月到5月期间，霍华德重复了科利尔的工作。他在阿拉瓦伊帕阿帕奇人及其皮马和帕帕戈敌人之间建立了和平，将格兰特营居留地迁至希拉河，使之与怀特芒廷印第安事务处相邻，并将其更名为圣卡洛斯。不过，和之前的科利尔一样，霍华德没能与科奇斯讲和。因此，格兰特总统要求他再次前往阿帕奇里亚。于是，1872年秋，霍华德又来了。在科奇斯的老朋友托马斯·J.杰福兹的帮助下，霍华德进入了这位酋长位于德拉贡山脉中的根据地。霍华德和科奇斯达成协议，在奇里卡瓦山脉为奇里卡瓦人划出一块管理宽松的居留地，由杰福兹担任事务官。双方长达十年的战事结束了。

不过，在其他地方，抢劫和报复仍在继续。1871年9月到1872年9月，就在科利尔和霍华德带着和平提案逍遥自在地从一个部落前往另一个部落的游历过程中，阿帕奇人和亚瓦派人进行了至少50次抢劫，打死40多个平民，抢走了500

多头牛。在 1872 年前十一个月，美军与抢劫者进行了 33 次战斗，导致 10 名士兵和 26 个平民丧生。许多抢劫者显然来自新居留地。在离开亚利桑那之前，霍华德向克鲁克承认，只有武力才能带来长久的和平。华盛顿政府同意了这一观点，克鲁克终于可以发动进攻了。

克鲁克在十六个月的时间里被迫按兵不动。期间，他对作战计划进行了完善。此次行动需要在冬季进行，此时食物稀缺，敌人更容易由于挨饿、受冻或遭受攻击而投降。此次行动的目标是打击他们的外围栖息地，迫使他们进入根据地的核心地带，即通托贝森。此时，第一和第五骑兵团的九个纵队将从盆地穿插而过，每个纵队配有一名印第安侦察兵分遣队。克鲁克本人在逐渐缩小的包围圈周围巡察。他对纵队指挥官的指令简单而明确：和平对待所有愿意投降的印第安人；追捕并消灭那些坚持战斗的印第安战士，饶恕妇女和儿童；如果可能，将俘虏招募为侦察兵；决不放弃追击——此次行动必须迅速、干脆而果断。

事实上他们的确是这样做的。在随后的冬季冲突中，近 200 个印第安人丧生。最惊人的转折点出现在 1872 年 12 月 28 日，当时威廉·H. 布朗少校和詹姆斯·伯恩斯上尉的部队及其印第安辅助人员合兵一处，袭击索尔特河畔一处名为斯卡尔洞穴或索尔特河洞穴的据点，那里有一大群印第安人。敌人死亡 76 人，美军无人死亡。斯卡尔洞穴之战削弱了敌人的士气。1873 年 3 月 27 日，美军摧毁了塔雷特峰（Turret Peak）山顶的一个村落。印第安人之前认为这一据点是坚不可摧的，因此，他们失去了抵抗意志。数百人涌进印第安事务处和军营，向美方投降。

1873 年 4 月 6 日，克鲁克与亚瓦派战争酋长查利潘会面，接受了他的投降。克鲁克向查利潘做出了他向每个投降的美洲土著首领做过的承诺：如果查利潘"承诺和平生活，不再滥杀无辜，他（克鲁克）将成为对方最好的朋友"。克鲁克尽全力保守了这个承诺。到了当年秋天，整个阿帕奇里亚已有超过 6000 个阿帕奇人和亚瓦派人在印第安事务处登记。

不过，春兹、科奇纳伊、钱戴西和德尔沙伊领导的战争团伙仍然在恣意游荡。1874 年春，克鲁克发动了攻势，以清除这些人。这一次，他们获得的胜利几乎和通托贝森战役一样彻底。敌对团伙在几次激战中遭受重创，其领导人也被杀。

在两年的时间里，克鲁克及其军官在事实上统治着弗德营、格兰特营和阿帕奇营的居留地，为原住民提供粮食和保护，鼓励他们耕种和放牧。文职官员抱怨说，军方篡夺了他们的特权，但克鲁克威望很高，在华盛顿颇受赏识，他对管理美洲土著民的独特影响力使印第安事务局毫无办法。直到1875年，在克鲁克被调到普拉特（Platte）军区，阿帕奇人和亚瓦派人被集中到圣卡洛斯事务处后，印第安事务文职官才重新夺回权力。

在这段时期，文官和军官的纷争在居留地印第安人之中制造了麻烦。正如克鲁克所说，"当印第安人的威胁消失时，之前躲起来的印第安事务官立刻带着绵羊般的勇气走了出来，接管了印第安事务处，开始了抢劫游戏"。不是所有的事务官都缺乏诚信，至少，23岁的约翰·P. 克拉姆和最优秀的军人一样勇敢而称职。

克拉姆相信，军队对居留地的干预是和平最大的障碍。他建立了印第安警察部队和"阿帕奇法庭"，以维持纪律。1875年3月，印第安事务局关闭了弗德营居留地，将1400名亚瓦派人转移到圣卡洛斯，这给克拉姆的工作带来了麻烦。不过，克拉姆让他们平安无事地融入了自己的事务处。他为印第安人提供充足的食物，让他们努力耕种，就连领地政府也不得不对他表示尊重。

克拉姆对怀特芒廷阿帕奇人的控制就没有这么成功了。他将该部落的一部分人迁至圣卡洛斯，但军方对于留在阿帕奇营的印第安人实施了更加严格的控制。克拉姆无法实现对怀特芒廷阿帕奇人的整体搬迁，而且对于他和亚利桑那军区指挥官奥古斯特·V. 考茨准将的持续争吵感到厌倦，因此在1876年2月辞去了印第安事务官的职务。他刚一辞职，就听说了奇里卡瓦居留地的骚乱，于是决定留下来，继续担任事务官，以便将奇里卡瓦人纳入自己的管辖范围。

自1874年6月科奇斯去世后，动乱一直在酝酿之中。科奇斯的儿子是个软弱的继任者，中奇里卡瓦陷入了分裂。于是，事务官杰福兹对于该群体的控制力开始下降，越来越多的印第安战士心怀不满，离开居留地。危机于1876年3月爆发，当时两个喝醉的反叛者打死了两个驿站服务员。随后，斯基尼亚（Skinya）和50

个奇里卡瓦人逃到亚利桑那最南端的深山里。倾向和平的奇里卡瓦人担心军队不分青红皂白地进行报复,领地政府认为大规模骚乱即将发生。萨福德州长说服印第安事务局,他们应该放弃奇里卡瓦居留地,将印第安人迁至由克拉姆管理的圣卡洛斯,而克拉姆是唯一有"勇气、能力和信心完成此事"的人选。

奇里卡瓦人内部对于是否和平搬迁发生了争执。虽然克拉姆施行仁政,但圣卡洛斯仍然是人间地狱——用阿帕奇人詹姆斯·卡伊瓦伊克拉的话说,是"死亡之地"。那里既没有野味,也没有可以食用的植物,只有仙人掌、响尾蛇、高温和昆虫[①]。考茨将军将第六骑兵团集结在奇里卡瓦居留地附近。在导致8人死亡的内讧结束后,主和派在一定程度上占了上风。克拉姆带领325个奇里卡瓦人前往圣卡洛斯,剩下的大约400多人有的逃到了新墨西哥,有的逃到了马德雷山脉。在朱、诺尔吉(Nolgee)和杰罗尼莫的领导下,他们在国界线两侧发动了一连串血腥袭击。考茨认为这种威胁是邪恶的承包商和政客制造的骗局,是为了把军区指挥部从普雷斯科特搬到图森——他和后来的克鲁克称这伙人为"图森集团"。愤怒的萨福德州长要求撤销考茨的职务,直到考茨的下级军官向他保证威胁的真实性,他才做出回应。虽然部队没能抓住反叛者,但是侦察分遣队发现,亚利桑那的许多麻烦都来自格兰德河畔的奥霍卡连特居留地。杰罗尼莫和来自墨西哥的奇里卡瓦人经常在此休息和休整,为未来的抢劫招募人手。

一年前,印第安事务局的检查员 E. C. 肯布尔在奥霍卡连特发现了大规模贪污的现象,那是一个胆小的事务官在包庇维多利奥及其明布雷斯战士。在新事务官的管理下,情况有所改善,但掠夺仍在继续。1877年2月,考茨将军派奥斯汀·赫内利中尉前往奥霍卡连特,确认当地是否窝藏奇里卡瓦人。结果,赫内利在那里发现了杰罗尼莫本人。对此,印第安事务局反应迅速,值得称赞。当局命令克拉姆用警察部队逮捕反叛者,将其与明布雷斯人押往圣卡洛斯。同时,军方命令爱德华·哈奇上校率领九个骑兵连前往奥霍卡连特居留地,以震慑印第安人。

---

① Ball, *In the Days*, 28.

克拉姆于4月20日抵达奥霍卡连特。由于时间紧迫，期待中的骑兵又迟迟没有出现，因此克拉姆和他的警察部队亲自开始了逮捕行动。克拉姆给杰罗尼莫套上枷锁，将包括维多利奥在内的343个明布雷斯人和110个贝东科恩奇里卡瓦人聚在一起，带领他们前往圣卡洛斯。回到圣卡洛斯时，克拉姆发现，考茨在得到内政部长的批准后，将一名军官派到了圣卡洛斯，以监督印第安人的行动，并检查他们的补给。愤怒的克拉姆于1877年7月辞职。

两个月后，维多利奥的明布雷斯人和皮翁塞纳伊的奇里卡瓦人逃离圣卡洛斯。皮翁塞纳伊向往杀戮和抢劫，维多利奥则只想为他的部族找到一个满意的家园。

维多利奥逃跑的时间并不长，不到一个月，追逐他们的阿帕奇警察和士兵就给维多利奥的部落带来了56人的伤亡。于是，这位酋长在新墨西哥温格特堡（Fort Wingate）投降。美军让明布雷斯人返回他们之前位于奥霍卡连特的家园，这使维多利奥倍感欣慰。在那里，他们在军队监督下生活了近一年时间，等待印第安事务局的最终决定。舍曼将军对于供养明布雷斯人感到厌倦，威胁说要放任他们自由行动。作为回应，内政部请求战争部将明布雷斯人带回圣卡洛斯。正如某位亚利桑那记者所说，"集中政策在这个不幸的时刻再次被采纳"。

不过，维多利奥拒绝动身。面对率领两个骑兵连前来护送他们的F. T. 贝内特上尉，他喊道："你可以用马车送走我们的妇女和儿童，但我们的男人不会走！"说完，维多利奥带着90个明布雷斯人逃进了深山。

那年冬天，新墨西哥西南高地特别寒冷，于是，维多利奥再次寻求和平。他在1879年2月试图在奥霍卡连特定居，但是听到他们这群人将被送到图拉罗萨（Tularosa）的梅斯卡莱罗居留地的谣言，他又被吓跑了。6月，维多利奥再次考虑定居事宜，并且主动前往图拉罗萨印第安事务处定居。三个月后，听说他将在附近的银城（Silver City）以谋杀罪被起诉，于是他再次逃跑。

这一次，维多利奥带着150个明布雷斯、奇里卡瓦和梅斯卡莱罗战士开始了长期漂泊。1879年9月6日，维多利奥向美国宣战，并在奥霍卡连特消灭了美国第九骑兵团的八人牲畜护卫队。十二天后，他在希尔斯伯勒（Hillsboro）以北20

英里①处伏击了一支人数更多的分遣队。偏远牧场燃起大火，几十名勘探人员被击毙，整个地区陷入了恐慌。军方迅速做出了回应，但是效果不佳。维多利奥躲开了查尔斯·B. 盖特伍德少尉和奥古斯塔斯·P. 布洛克索姆中尉领导的阿帕奇侦察连以及几乎整个第九骑兵团，躲进了奇瓦瓦北部的坎德拉里亚山脉（Candelaria Mountains）。

1880 年 1 月，维多利奥一伙人重返新墨西哥。他们在圣安德烈斯山脉（San Andres Mountains）与美军进行了三次激烈但未分胜负的战斗，随后消失。由于无法抓到维多利奥，军队开始将视线转移到他们所认为的敌方补给、武器和新兵基地——位于图拉罗萨的梅斯卡莱罗居留地。于是，他们制定了夺取梅斯卡莱罗人武器和坐骑的计划。两支大型队伍在这里的印第安事务处会合：哈奇上校率领他自己的第九骑兵团、第六骑兵团的两个连以及两个印第安侦察连从西边进攻，由本杰明·H. 格里尔森上校领导的美国第十骑兵团的五个连从东边进攻。

4 月初，哈奇谨慎地在圣安德烈斯山脉穿行，错过了在黑姆布里洛峡谷（Hembrillo Canyon）歼灭维多利奥团伙的机会。当时，约翰·康莱恩中尉的美国第九骑兵团第一连在执行亨利·卡罗尔上尉的侦察任务时与敌人相遇。不过，哈奇没能及时让整个部队压上来。4 月 12 日，哈奇和格里尔森在图拉罗萨印第安事务处会师。在短暂冲突后，梅斯卡莱罗人被缴械。

失去了事务处的庇护，维多利奥退入布拉克山脉和莫戈永山脉。他们到处杀人越货，其活动范围最远可达西边的圣卡洛斯。维多利奥的第一次受挫在 5 月 23 日，当时 H. K. 帕克上尉（Capt. H. K. Parker）领导的一支印第安侦察连在帕洛马斯河（Palomas River）的河源峡谷伏击了他的团队。维多利奥腿部受伤，撤退到墨西哥。格里尔森上校预料到维多利奥将会卷土重来，于是将部队分散在得克萨斯州戴维斯堡（Fort Davis）以西的格兰德河沿岸，并用重兵把守规模较大的水塘。

事实证明，格里尔森的策略很有效。当维多利奥 7 月在墨西哥军队的紧追下穿

---

① 1 英里约为 1.6 千米。——译注

越格兰德河时，他陷入了美军前哨阵地的包围圈。7月30日，格里尔森率领一支包括他小儿子在内的24人分遣队，将维多利奥和150名印第安战士抵挡在奎特曼峡谷（Quitman Canyon）的帕尔马斯水塘（Tinaja da las Palmas）。维多利奥在干旱的得克萨斯土地上游荡了一个星期，不停遇到美军士兵，最后只能退回墨西哥。

维多利奥并没有获得喘息之机。9月，当格里尔森调整格兰德河防线时，乔治·P. 比尔上校（Col. George P. Buell）和尤金·A. 卡尔上校领导的强大部队从新墨西哥和亚利桑那赶到，他们与华金·特拉萨斯上校（Col. Joaquin Terrazas）的墨西哥军队会合，共同扫荡坎德拉里亚山脉。维多利奥退到墨西哥深处。美军在墨西哥人的要求下返回国界线以内，但特拉萨斯在1880年10月15日将维多利奥围困在特雷斯卡斯蒂约斯山脉的峡谷里，对明布雷斯人展开了屠杀。维多利奥战死，少数幸存者效忠于七旬老人纳纳，这群人奇迹般地存活了下来。第二年夏天，纳纳带领15名印第安战士穿越新墨西哥西南部，进行了为期两个月的劫掠。他们骑行1000英里，打死了50个美国人，抢走几百匹骡马，与美军进行了10次交锋并且胜多败少，躲过了近千名士兵和数百名平民志愿者的追捕，然后逃回墨西哥。

新墨西哥南部终于恢复到了相对平静的状态。此时，阿帕奇人在最意想不到的地方闹事了。怀特芒廷（阿帕奇堡）居留地一直都很平静，这种平静本身似乎对怀特芒廷阿帕奇人的存在产生了威胁。居留地周围出现了一些城镇，摩门教移民涌入阿帕奇堡以西的土地。由于担心失去土地，1881年夏，许多怀特芒廷阿帕奇人和锡贝丘阿帕奇人聚集在巫医兼预言家诺奇阿伊德尔克林周围，后者承诺在秋季玉米成熟前让死去的酋长复活——条件是把白人入侵者赶走。阿帕奇堡指挥官E. A. 卡尔上校并没有特别在意诺奇阿伊德尔克林的预言，因为这些预言有助于和平。不过，接替克拉姆担任圣卡洛斯和怀特芒廷居留地印第安事务官的约瑟夫·C. 蒂法尼极其无能，他要求军队"逮捕或杀死巫医"。奥兰多·B. 威尔科克斯准将自从三年前接替考茨将军担任军区指挥官以来一直对阿帕奇人的性格缺乏了解。此时，他命令卡尔尽快逮捕这位巫医。随后，蒂法尼也发来了电报，希望卡尔逮捕或杀死这个预言家。

卡尔不情愿地遵守了命令。许多阿帕奇侦察兵都相信这位预言家的魔法，因此不愿执行这一命令。此外，卡尔还担心与诺奇阿伊德尔克林的追随者发生暴力冲突。不过，他还是行动了。1881年8月29日，他带着美国第六骑兵团的85名骑兵和23名侦察兵，从阿帕奇堡出发，前往诺奇阿伊德尔克林位于锡贝丘溪沿岸的村庄。第二天，他平安无事地逮捕了这位预言家。不过，卡尔当晚失策地在村庄附近扎营。于是，诺奇阿伊德尔克林的印第安战士和卡尔自己的侦察兵在明显没有受到挑衅的情况下向骑兵开火，打死了E. C. 亨蒂格上尉和4名士兵。诺奇阿伊德尔克林在试图逃跑时被打死。卡尔击退了对方的进攻，在夜幕的掩护下退往阿帕奇堡。印第安战士和叛变的侦察兵受到胜利的鼓舞，于9月1日突袭阿帕奇堡。不过，由于缺乏有力的领导，他们被击退了。

此次进攻的失败和诺奇阿伊德尔克林本人没能复活的事实使大多数敌对分子失去了信心，他们逐渐返回居留地，或者前往科里登·E. 库利的牧场避难。库利是阿帕奇人的忠实伙伴。只有最为倔强的60人选择留在了外面。如果蒂法尼被撤换，事务处警察获准围捕罪魁祸首，麻烦很可能会在几个星期之内结束。不过，战争部反应过度了。舍曼将军宣布："我希望结束每年一次的阿帕奇骚乱。为此，如有必要，我将派出整个军队里所有可以出征的军人。"加利福尼亚和密苏里军区的援军蜂拥而至。反叛者吓破了胆，成群结队地前来投降。5名反叛的侦察兵受到了军法审判，其中2人被发配到阿尔卡特拉斯岛（Alcatraz），其余3人由于谋害亨蒂格上尉而被绞死。军方和政府当局表现出了难能可贵的克制，没有惩罚其他参与锡贝丘溪事件的阿帕奇人。

在积极镇压锡贝丘暴动的过程中，美军无意中引发了奇里卡瓦人的暴动。尽管存在种种不利因素，包括白人的入侵、印第安事务局的贪污以及圣卡洛斯各部落的派系纷争，奇里卡瓦人还是在古德温营（Camp Goodwin）事务分处平静地生活了近五年的时间。不过，出现在居留地的大批军队使他们陷入了恐慌。毕竟，这里在将近五年时间里并没有出现过美军的身影。他们不知道军队增兵的原因，担心自己即将由于过去的罪行遭受惩罚。1881年9月30日，詹姆斯·比德尔少校（Maj. James Biddle）带着三个骑兵连愚蠢地闯进了古德温营事务分处，试图逮捕怀特芒廷酋长博尼托和乔治，这两个人在参与锡贝丘溪事件后被提前假释，在此隐居。看到美军，朱和内奇带着74个紧张的奇里卡瓦战士连同他们的家属一起逃跑了。逃跑的400名阿帕奇人之中包括奇瓦瓦、查托和杰罗尼莫。他们在锡达斯普林斯附近与追击部队进行了小规模战斗，随后消失在马德雷山脉之中。在那里，他们与维多利奥的残部会合。1882年1月，朱和内奇的信使潜入明布雷斯老酋长洛科的营地，后者曾拒绝参与9月的暴动。信使告诉他，他们的抢劫团伙将在四十天内赶到，将他的部族从圣卡洛斯带走。

他们没有食言。1882年4月18日，一个战斗团队切断了通往圣卡洛斯的电报线，强迫洛科和300个明布雷斯人逃跑。团队领导者包括查托、奇瓦瓦和内奇，可能也包括杰罗尼莫。在逃跑途中，他们打死了事务处警长艾伯特·D. 斯特林（Albert D. Sterling）。既然已经犯了法，明布雷斯人索性开启了残暴的劫掠模式，抢了一路。军方迅速采取行动，但效果不佳。乔治·A. 福赛思中校带领美国第四骑兵团的六个连在新墨西哥西南部的南太平洋铁路沿线巡逻。1882年4月23日，他在霍斯舒峡谷与敌人打成平手，损失了几名侦察兵和6名士兵。当福赛思退到希拉河整理部队时，敌对的印第安战士将妇女和儿童聚在一起，迅速穿过圣西蒙山谷（San Simon Valley）和奇里卡瓦山脉，向墨西哥挺进。

威廉·A. 拉弗蒂上尉和图利乌斯·C. 塔珀上尉领导的一支纵队跟着他们穿越了奇里卡瓦山脉，纵队侦察长是阿尔·西贝尔。追兵违反国际法，越过国界线，在恩梅迪奥山脉（Sierra Enmedio）与反叛者交战，打死了17个印第安战士。由于缺少弹药，他们被迫撤退。战斗结束后不久，福赛思中校带着七个骑兵连和两个侦察连赶到。他接过拉弗蒂和塔珀部的指挥权，决定深入墨西哥。洛科的部族逃离美军后遭到墨西哥人伏击，损失了111人。墨西哥指挥官要求福赛思离开墨西哥，福赛思只得结束追击。

虽然锡贝丘溪事件导致奇里卡瓦人和明布雷斯人逃离圣卡洛斯，但是事件的参与者并没有跟他们一起逃跑。相反，前一年秋天拒绝投降的60人一直在居留地附近游荡。1882年7月初，在怀特芒廷战士纳蒂奥蒂什（Natiotish）的领导下，他们逃往西部，希望促成大规模暴动。纳蒂奥蒂什的战士们打死了圣卡洛斯的新警长J. L."锡贝丘查利"·科尔维格和他的3名侦察兵，但是没有获得居留地印第安人的支持。印第安战士们很不满，他们劫持了一些印第安妇女，朝西北方向一路抢劫而去，进入通托贝森。

十四个骑兵团开始出征。7月16日，为阿德纳·查菲上尉的美国第六骑兵团部队担任向导的阿尔·西贝尔在杰纳勒尔斯普林斯（General Springs）附近莫戈永边缘（Mogollon Rim）的陡坡上发现了纳蒂奥蒂什团伙，他们正准备在那里伏击美军骑兵。在反叛者不知情的情况下，A. W. 埃文斯少校（Maj. A. W. Evans）率领四个连在夜间前来增援查菲。第二天，本想血洗一支骑兵连的敌人陷入了阿帕奇战争中少有的常规战之中。纳蒂奥蒂什和至少16个印第安战士战死，更多的人受了伤。幸存者偷偷溜回了居留地。此战被称为比格德莱沃什之战。正如一位历史学家所说："此战不仅收获了一场胜利，还是阿帕奇时代的终结。此后，美军再也没有在亚利桑那与阿帕奇人作战；除了奇里卡瓦人以外，阿帕奇人再也没有暴力反抗政府的控制。①"不过，直到四年后，在军区指挥官两度换人的情况下，最后一批奇里卡瓦逃犯才被制服。

洛科和纳蒂奥蒂什的叛逃使华盛顿相信，更换军区指挥官势在必行。1882年9月4日，乔治·克鲁克返回亚利桑那，接替遭到众人鄙视的奥兰多·威尔科克斯。克鲁克立刻总结道："亚利桑那军区的处境非常令人绝望，任何军区都无法与之相比。"由于白人不断入侵印第安人的土地，印第安事务官冷酷而腐败，军方和政府的政策令人费解，印第安人即将被缴械和迁走的谣言四处传播，因此几乎所有生活在阿帕奇里亚居留地上的印第安人都处在反叛的边缘。同时，在国界线另一边的墨西哥还有大约600个奇里卡瓦人，他们像磁石一样吸引着心怀不满的印第安人，后者可以帮助他们重新开启在亚利桑那和新墨西哥的抢劫活动。

---

① Ralph H. Ogle, *Federal Control of the Western Apache* (Albuquerque: University of New Mexico Press, 1970), 215.

克鲁克的行动迅速而富于策略。在圣卡洛斯新任事务官菲利普·P. 威尔科克斯的热情支持下，克鲁克允许被克拉姆强行迁至圣卡洛斯的山地阿帕奇人返回阿帕奇堡附近的山区家园，消除了一大隐患。他与居留地各部族的酋长见面，承诺消除虐待现象，宣传和平的益处。同时，他告诫军官要公正、诚实、毫无偏私地对待印第安人。在推进和平的工作中，克鲁克得到了事务官威尔科克斯的极大支持，后者允许军队管理和管教居留地印第安人。克鲁克委派了4个有能力的军官执行这项任务：埃米特·克劳福德上尉和布里顿·戴维斯少尉负责管理圣卡洛斯的印第安人，查尔斯·B. 盖特伍德少尉和汉密尔顿·罗奇中尉（Lt. Hamilton Roach）负责管理阿帕奇堡附近的怀特芒廷部落。9月27日，克鲁克向大军区指挥部发电报，说他已与心怀不满的印第安人"达成充分的和解""亚利桑那目前一个阿帕奇敌人也没有"。

不过，在马德雷山脉，奇里卡瓦人和明布雷斯人的威胁近在咫尺。据报道，他们在索诺拉州和奇瓦瓦州进行了大规模抢劫。有人说，朱准备效仿维多利奥，开辟一条通往得克萨斯的毁灭之路。克鲁克派阿帕奇特使进入墨西哥，与反叛者接触，同时在国界线上部署密集的印第安侦察连。他还制订了进攻计划，重新组织部队，使之前被忽视的驮队后勤重新进入战备状态。

要想进入墨西哥，克鲁克需要获得墨西哥的许可和华盛顿的批准。在此之前，由查托、博尼托和内奇领导的20多个印第安战士离开马德雷山脉，向北挺进。他们于1883年3月21日越过国界线，开启了为期六天的抢劫，将恐惧散布到从亚利桑那瓦楚卡山脉（Huachuca Mountains）到新墨西哥洛兹堡（Lordsburg）的所有居民心中。他们一天骑行75英里，打死26人，包括H. C. 麦科马斯法官和他的妻子，抓走了他们的小儿子查利，偷了几十匹马，然后以一人死亡——奇瓦瓦的女婿——和一人失踪为代价逃回墨西哥。

失踪的印第安战士肤色较浅，被白人称为皮奇斯（Peaches），意为桃子。事实证明，他为反叛者带来了灭顶之灾。皮奇斯是锡贝丘阿帕奇人，娶了一个奇里卡瓦人，因此他可以效忠于不同群体。当墨西哥人杀死他的妻子和孩子时，伤心而思乡的皮奇斯不仅心甘情愿地向戴维斯少尉投降，而且主动请求带领美军进入敌人位于马德雷山脉中的根据地。克鲁克立刻抓住了这个意外的机会。他拜访了索诺拉和奇瓦瓦的政府和军事当局，解释了他的目的并获得了对方的同意。随后，在1883年5月1日，克鲁克带着皮奇斯、几名士兵和克劳福德上尉领导的193名阿帕奇侦察兵，在圣贝纳迪诺斯普林斯（San Bernardino Springs）越过墨西哥边界。"整个马德雷山脉就是一座天然堡垒。"克鲁克惊叹道。他的部队钻进了这个由高耸的山脊、深不见底的峡谷和狭窄崎岖的小路组成的堡垒，在四十二天时间里音信全无。

就在全国人对克鲁克的命运进行猜测时，皮奇斯带领部队进入了马德雷山脉深处。5月15日，克劳福德的侦察兵袭击了查托和博尼托的营地，打死9人，烧毁了村落。看到之前从未被人攻破的避难所也无法幸免，敌人非常震惊，试图求和。经过几天的谈判，克鲁克同意原谅对方过去的罪行，允许奇里卡瓦人跟着他返回圣卡洛斯。杰罗尼莫和内奇要求离开克鲁克，将分散的部族聚集起来，随后前往圣卡洛斯。由于缺乏补给，克鲁克只能接受他们的条件。1883年5月30日，克鲁克拔营起寨，带着52名印第安战士和273名印第安妇女和儿童，向北行进，其中包括纳纳、洛科和博尼托。

内政部和战争部迅速完成了沟通，这很难得。7月7日，战争部长和内政部长签署协议，让克鲁克全权处理最近反叛的印第安人，全权管理圣卡洛斯居留地。克鲁克把这项职责委派给了克劳福德上尉。

几个月过去了，剩余的反叛者仍然没有消息。越来越多的人认为克鲁克遭到了背叛。最终，内奇在12月带着13个印第安战士及其家属到圣卡洛斯报到。两个月后，查托也来了。3月初，杰罗尼莫带着手下的80人投降。

军队将之前的反叛者分散在事务处周围，让他们耕地放牛。杰罗尼莫、内奇和奇瓦瓦不情愿地接受了居留地的生活，查托则积极维持秩序，成了军队的忠实盟友。1884年，唯一的印第安人严重挑战来自卡亚滕内，他是维多利奥部族不安分的幸存者，第一次体验到了居留地生活。卡亚滕内像狼一样野蛮，四处游荡，毒打妻子，并且秘密制造阿帕奇人最喜欢的酒精饮料提兹温——在克鲁克治下，这些行为都是遭到禁止的。戴维斯少尉逮捕了卡亚滕内，克鲁克将其发配到阿尔卡特拉斯。1886年，卡亚滕内返回圣卡洛斯。他在旧金山看到了白人文明的神奇和强大，成了阿帕奇人之中最具说服力的永久和平倡导者之一。

戴维斯少尉于1885年春面临的挑战更加危险。越来越多的人对于禁止殴打妻子和制造提兹温的规定感到不满。除了查托外，奇里卡瓦人几乎所有的主要领导者开始了密谋，想要测试军方的容忍底线。5月15日上午，杰罗尼莫和其他几个首领向戴维斯抱怨说，他们前一天晚上喝提兹温喝醉了，要求戴维斯对此采取行动。戴维斯向克鲁克寻求建议，但在神志不清的阿尔·西贝尔的建议下，这份电报在中途被搁置。两天过去了，克鲁克的回复仍然没有到来。焦急的阿帕奇人担心遭到报复，因此逃跑。42个男人和92个妇女儿童逃往墨西哥，包括杰罗尼莫、内奇、奇瓦瓦、纳纳和曼格斯。路上，一部分人袭击了亨利·W.劳顿上尉位于瓜达卢佩峡谷（Guadalupe Canyon）的补给营。

愤怒的克鲁克将慈善政策丢到一边，开始采取"激进措施"，以制服或消灭反叛者。他把指挥部从惠普尔堡（Fort Whipple）搬到靠近国界线的鲍伊堡，派两个机动纵队进入墨西哥，以便将奇里卡瓦人从马德雷山脉根据地赶出来。第一支纵队由克劳福德上尉和戴维斯少尉领导，包括第六骑兵团的一个连和92名侦察兵，他们于6月11日越过国界线。第二支纵队由沃特·戴维斯上尉指挥，包括第四骑兵团的一个连和100名侦察兵，他们于7月13日越过国界线。在他们身后，从格兰德河到圣克鲁斯山谷（Santa Cruz Valley），克鲁克在每个水塘都部署了骑兵连和侦察兵分遣队，并在南太平洋铁路沿线安置了一排预备部队。共有近3000名士兵在边境巡逻，其中大部分是骑兵。

克鲁克的措施失败了。在三个月的时间里，克劳福德和戴维斯在马德雷山脉中艰难行进，只进行了四次小规模战斗，而且未分胜负。10月，两支部队进入鲍伊堡休整，准备在墨西哥发起另一场战役。

还没等克鲁克完成纵队重组，奇瓦瓦之前默默无闻的兄弟乔萨尼带领10名印第安战士发起了勇敢的跨界突袭。袭击者穿过克鲁克的双重封锁，在亚利桑那南部和新墨西哥狂奔1200英里，打死38个平民，包括白人和西阿帕奇人，俘获250匹马，击败了一些巡逻队，在散布该地区的83个连的眼皮底下逃回了墨西哥。

克鲁克的官方评价迅速下降。他立刻将第二支远征队派进了马德雷山脉。沃特·戴维斯率领骑兵和来自圣卡洛斯和平部落的印第安侦察兵进入墨西哥。不过，克劳福德仅仅依赖于怀特芒廷阿帕奇人和恰好由他正追捕的奇里卡瓦人组成的两个侦察连，每个连有50个印第安人，由马里昂·P.毛斯中尉（Lt. Marion P. Maus）和威廉·E.西普少尉指挥，只有军官、翻译和骡队货郎是白人。

1886年1月9日，克劳福德的侦察兵在哈罗斯河（Haros River）源头附近发现了敌人的主要村落。第二天上午，克劳福德发起了进攻。大多数反叛者逃走了，但他们的牲畜和宿营装备被缴获。根据地的陷落令杰罗尼莫和内奇备受打击，他们派了一个印第安妇女前往克劳福德的营地，请求谈判。还没等美军做好安排，残酷的命运转折出现了。克劳福德及其侦察兵认为战斗已经彻底结束，因此在敌人遗弃的村落里休息。1月11日上午，一直在追逐敌人的墨西哥非正规军对村落展开了袭击，内奇和杰罗尼莫在周围的高地上观战。墨西哥人和克劳福德的侦察兵进行了两个小时的交火。克劳福德在试图劝说墨西哥人停止攻击友军时受了致命伤。战斗结束时，翻译汤姆·霍恩和3名侦察兵受了伤，9个墨西哥人阵亡，包括他们的指挥官。

毛斯中尉接过了指挥权，做出了立刻离开墨西哥的决定。不过，敌对分子的领导人仍然希望谈判。1月13日，毛斯与杰罗尼莫、内奇、奇瓦瓦和纳纳进行了会谈。他们真诚地希望与克鲁克将军讨论投降条款，愿意于两个月后在圣贝纳迪诺附近和他见面。为表诚意，反叛者将纳纳以及杰罗尼莫和内奇最爱的妻子作为人质交给美军。

1886年3月25日，克鲁克在亚利桑那边界以南12英里的恩布多斯峡谷（Cañon de los Embudos）与酋长们见面。双方进行了激烈讨论。克鲁克希望对方无条件投降。反叛者的主要谈判人是杰罗尼莫，他要求不受惩罚地返回居留地。

奇瓦瓦则更加温和，因为他的家人已于前一年被捕。在两天后的第二次会谈中，所有人同意投降，条件是他们和愿意陪同他们的家属被发配到东部，接受为期两年的关押。高兴过早的克鲁克让毛斯负责运送仍然携带武器并且闷闷不乐的俘虏，自己匆匆前往鲍伊堡，将消息报告给陆军总指挥菲利普·H. 谢里登。3 月 28 日夜，在从无耻商人那里购买烈酒并喝醉后，内奇和杰罗尼莫带着 20 个印第安战士和 16 个妇女及儿童逃回了马德雷山脉。

在华盛顿，克鲁克的名声一落千丈。在得知杰罗尼莫逃跑的消息前，格洛弗·克利夫兰总统（President Glover Cleveland）就已经拒绝了克鲁克的条件。他坚持认为，如果阿帕奇人不能无条件投降，他们就应该被全部消灭。现在，谢里登也发话了，他批评克鲁克过度依赖印第安侦察兵，要求他改变工作方法。4 月 1 日，克鲁克请求辞职。

谢里登欣然接受了他的请求。十一天后，纳尔逊·A. 迈尔斯准将在鲍伊堡从"非常忧虑失望"的克鲁克手中接过了指挥权。谢里登要求他迅速解决阿帕奇问题。在谢里登的压力下，迈尔斯制订了一个宏大的战略计划。这项计划看似新颖，但不如克鲁克的方法实用。迈尔斯聚集了 5000 人的部队（整个常备军的近 1/4），将南亚利桑那和新墨西哥划分为不同的观察区。他在每个山口和水塘都部署了步兵，用骑兵对整个地区进行地毯式巡逻。他在 27 座最高的山峰上设置了日光仪站点，以扫描山峰之间的平原。最后，迈尔斯组织了一支由步兵、骑兵和印第安侦察兵组成的远征军，由亨利·W. 劳顿上尉指挥，由伦纳德·伍德中尉担任军医，以追捕逃到墨西哥的反叛者。

在迈尔斯完成准备之前，敌人发起了进攻，于 1886 年 4 月 27 日挺进圣克鲁斯山谷，然后分散成小股抢劫团伙，以躲避侦察。经过几次激战，阿帕奇人退回墨西哥。劳顿紧随而至。他在三个月时间里将反叛者追到越来越深的墨西哥腹地。马匹很早就累倒了。军官和士兵不得不在轮换中行进，就连侦察兵也累得筋疲力尽。到了 7 月中，劳顿已经走了近 1500 英里，差点在敌人的一个村落追上他们，这是他唯一的成绩。

听说敌人在与弗龙特拉斯（Fronteras）的墨西哥军官进行和平谈判，失望的迈尔斯使用了克鲁克最喜欢的计谋之一——派出敌人信任的军官和友好的阿帕奇人，作为和平特使。7月13日，他派盖特伍德少尉带着奇里卡瓦人基埃塔（Ki-e-ta）和马丁前去接受杰罗尼莫和内奇的投降。盖特伍德于8月初抵达劳顿位于哈罗斯河畔的营地，投入劳顿上尉麾下。随后，他们迅速赶往北边的弗龙特拉斯。盖特伍德带着基埃塔、马丁和侦察兵护卫队走在劳顿纵队前面，于8月25日会见了杰罗尼莫。盖特伍德传达了迈尔斯的条件——反叛者及其家属将被送往佛罗里达，在那里等待总统的决定。杰罗尼莫拒绝了这一条件。当盖特伍德声称他们在居留地的家人和朋友已被运送到佛罗里达州马里恩堡时，失望的杰罗尼莫同意投降，但是他要求必须向迈尔斯将军本人投降。盖特伍德同意了。1886年9月4日，最后的投降仪式在鲍伊堡东南65英里的骷髅峡谷（Skeleton Canyon）举行。三天后，整伙印第安人被带出鲍伊堡，并被送上开往佛罗里达的火车。

被送往东部接受监禁的不只是杰罗尼莫、内奇及其部族。所有奇里卡瓦人都被送到了佛罗里达，包括敌对派和忠诚派，也包括基埃塔、马丁和查托，以及曾为克鲁克忠心服务的大多数侦察兵。就在几个星期前，查托在前往华盛顿时刚刚获得了总统勋章。虽然对奇里卡瓦人的流放很不公平，但它结束了阿帕奇战争。正如历史学家丹·L.特拉普总结的那样：

> 对于阿帕奇里亚的征服现在已经成了事实。印第安斗士的时代已经结束了。矿工、银行家、商人、教师、家庭主妇以及其他人的时代到来了。墨西哥和亚利桑那的深山里还会有几条漏网之鱼。他们将不时发动袭击，杀人越货，然后消失不见。部队会追捕他们，而且常常以失败告终。不过，作为军事作战力量的阿帕奇人已经成为远去的记忆，消失在了幽暗的山峰和无边的沙漠里，消失在了他们曾经极为熟悉并且拼死防御的土地上。①

---

① Thrapp, *Conquest of Apacheria*, 367.

第一章

1865—1872 年
阿帕奇里亚的抢劫和报复

新墨西哥的印第安人

威廉·F. M. 阿尼[①]
《陆海军杂志》第 4 卷，第 19 期（1866 年 12 月 29 日）

新墨西哥代理州长阿尼发布公告，号召志愿者对抗印第安人。他在公告中说：

新墨西哥领地目前被印第安敌对部落包围，这些部落的持续入侵和劫掠是目前困扰我们领地的最大恶行。鉴于形势，我们的人民应该做好保护自身生命和财产的准备，因为新墨西哥领地的军事力量似乎还不充足，民兵也缺乏效率，无法迅速完成这项工作。我们领地拥有充足的武器和大量弹药。在此，我倡议新墨西哥领地所有身体健康的男性公民组织成志愿连，以保卫家园。此种志愿连一经成立，应立即按照法律向新墨西哥领地秘书长报告。政府将委任军官，为志愿连提供武装。

南部和西南部的阿帕奇人一直处于战争状态，到处杀人越货。北部和西北部的犹特人暂时与我们讲和，同意安分守己。政府向他们提供了津贴，他们准备在冬天享用这笔钱。一旦津贴花完，他们又会采取敌对行动。当春天到来，天气好转时，新墨西哥自从脱离墨西哥后一直存在的问题又会上演。我们永远无法获得和平，除非彻底镇压或消灭这些野蛮的印第安人。这批人敢于在我们领地首府附近杀人越货。他们之所以如此大胆，是因为他们的屠杀和抢劫没有得到制止。我们必须征服这些人，将其安置在远离我们定居点的居留地，禁止他们离开。为了

[①] 威廉·F. M. 阿尼（1813—1881）是共和党堪萨斯州委员会前主席，是热情的废奴主义者，1860 年被任命为新墨西哥北部犹特人（Utes）和希卡里亚阿帕奇人（Jicarilla Apaches）的事务官。1862 年，他被任命为新墨西哥领地秘书长，一直任职到 1867 年。

美国公民和印第安人着想，我们必须这样做。在完成这项工作之前，我们必须保护自己。为完成这项工作，我请求每一位善良的公民伸出援手，以便使这场结束人民痛苦和损失的行动得到成功实施，消除目前不断威胁我们的灾祸和危险，使人民的生命、财产和幸福生活获得保障。

目前的迹象表明，我们即将迎来一场大规模的印第安战争。

阿帕奇人大屠杀

爱德华·帕尔默[1]
普雷斯科特《亚利桑那矿工报》，1866年2月28日

我们需要记录一次勇敢而极为成功的行动，它是由加莱戈斯中尉和H. S. 沃什伯恩上尉[2]领导的亚利桑那志愿军第五连的40名战士实施的。加莱戈斯中尉及其团队于本月11日离开普雷斯科特以东50英里处弗德河畔的林肯营（Camp Lincoln）[3]，并于15日返回。下面的信件讲述了他们所取得的成就：

林肯营，亚利桑那，1866年2月15日

致《亚利桑那矿工报》编辑：

这里的人今天喜气洋洋。亚利桑那志愿军第五连的一队士兵在加莱戈斯中尉的领导下凯旋，带来了打死大批阿帕奇人的消息。他们是在本月11日上午7点离开这里的。经过两个夜晚的前进和白天的休息，他们发现了阿帕奇人的踪迹。侦察兵离开大部队，以确定敌人的具体位置。发现敌人后，侦察兵返回，全体部队成员前进到可以看见阿帕奇人篝火的地方，在一处僻静的阵地隐藏至凌晨2点。随后，队伍被分为三队，移动到那些野蛮人睡觉的洞穴前。这些洞穴是上下排列的。他们在拂晓时分发起进攻，战斗一下子变得激烈起来。由于我军行动隐秘，阿帕奇人没有防备，他们的狗甚至没有听到我军靠近的声音。

---

[1] 他显然是林肯营的驻地军医。
[2] 海勒姆·S. 沃什伯恩（1820—1889）是勘测员和矿工。1865年夏，领地州长委派他为亚利桑那志愿军召集成员。
[3] 1868年11月23日，该地更名为弗德营。

一些印第安人拒绝投降，一个自称首领的人立刻在某个地势较高的安全阵地上对抗我方部队，我们的人打不着他。我军火力所及的每个洞穴都堆满了死伤者。据说，大约有30人被当场打死。队伍将13张头皮和12个俘虏带回军营，包括2名妇女和10名儿童，其中一名儿童随后死亡。

7名志愿兵受伤，但是并没有生命危险。这些人穿着自己制作的生皮凉鞋，自己背着干粮，在这么短的时间里走了近100英里。所以，他们取得的成果是很了不起的。在我看来，他们是能够使这个地区摆脱阿帕奇部落困扰的人。只要给他们机会，他们每次都可以取得不俗的战绩。他们对于胜利非常高兴，很想进行下一次远征。我向他们承诺，以后每杀死一个阿帕奇人，他们就可以得到一美元烟草。当他们扫平野蛮人，使之不再惹是生非时，他们就可以从容自在地吸烟了。

请把这份报告交给代理州长过目，就说亚利桑那志愿军第五连抓住了机会，在第一次行动中取得了胜利。

爱德华·帕尔默，

代理助理军医，美国陆军

本月13日，沃什伯恩上尉带着俘虏抵达惠普尔堡，将俘虏交给驻地指挥官。沃什伯恩上尉受到了居民的衷心祝贺，之前怀疑本地部队没有能力保卫家园的人现在也知道自己错了。军需官塔特尔（Tuttle）为沃什伯恩上尉提供了鹿皮，用于为他的连队制作新凉鞋。他们在此收到了下面这封来自代理州长的信函，并且收到了若干磅[①]烟草，那是分给战士们的。

---

① 1磅约等于0.45千克。——译注

亚利桑那领地，州长办公室，

普雷斯科特，1866年2月19日

亚利桑那志愿军第五连 H. S. 沃什伯恩上尉：

上尉，加莱戈斯中尉和贵连战士最近对阿帕奇人的成功袭击受到了人民普遍而友好的祝贺。就我个人来说，我要正式感谢你、加莱戈斯中尉以及你们的战士，你们狠狠打击了我们共同的野蛮敌人。这件事将会使这个地区的指挥将领以及领地各处的朋友们非常满意，因为它证明了本土部队的能力和勇气。按照我的预想，如果此种行动能在春季和夏季得到积极跟进，亚利桑那志愿军在征服亚利桑那地区阿帕奇人的进展上可能超越前人的一切努力。① 我是你们忠实的仆人，

理查德·C.麦考密克（Richard C. McCormick）

代理州长

为方便海外读者理解，我们要在此说明，亚利桑那志愿军第五连完全由出生在本地的亚利桑那人（墨西哥人）组成，是由沃什伯恩上尉在亚利桑那领地南部招募的。他们最近从图森来到这里，被派往林肯营，以接替返回加利福尼亚的加利福尼亚志愿军。该部队的其他军官包括维尔·梅尔中尉（Ver Mehr）和曼纽尔·加莱戈斯中尉（Manuel Gallegos）。梅尔目前是梅森将军（Mason）的参谋。加莱戈斯是此次远征的领导者，曾在索诺拉的领导人——佩斯凯拉（Pesqueira）军中担任上尉，拥有对抗印第安人的丰富经验。他有理由为最近的战斗感到自豪。只要再有几次这样的战斗，恶魔般的阿帕奇人就会永远平静下来。

---

① 这些志愿军表现得很好，不过，由于缺少军饷和补给，并且受到疾病和逃兵的困扰，他们在1868年秋解散。

阿帕奇人

约翰·C. 克雷莫尼[①]
《大陆月刊》第 1 卷，第 3 期（1868 年 9 月）：201—209 页[②]

自从美国政府成立以来，印第安战争已经花费了美国人近 4 亿美元。这种战争支出还在增加，没有减少的迹象。当白人很少，野蛮人很多时，征服他们的成本并不高。自从双方人数对比发生逆转以来，征服他们的成本反而变高了。这种异常从何而来？很简单，因为我们不了解印第安人的真实性格。这很奇怪，实际上，历史书中的英雄事迹、浪漫探险故事以及热门小说中对于印第安人性格的描述并不准确。

长期细致观察过印第安人的人最有资格提供这方面的信息。遗憾的是，他们大多没有受过良好的教育，无法将这种知识传授给别人；其他人对于这种知识对公众的重要性似乎没有合理的认识。他们虽然知道这些事情，但是并没有将其发表，让其他人受益。

对于在超过一半美国公共土地上游荡的印第安部落，我们的政府做了哪些明智、自由而协调的努力，以获取关于印第安人性格的准确认知呢？

印第安事务局充斥着大量政治阵营的追随者，他们专注于提升自己短暂而不稳定的官职，以便"用正当手段赚钱"。很难指望这个机构去寻找我们所需要的信

[①] 约翰·C. 克雷莫尼（卒于 1879 年）在墨西哥战争中作为马萨诸塞第一步兵团少尉第一次体验了边区生活。南北战争期间，他在加利福尼亚第二骑兵团担任上尉，参加了 1862 年的阿帕奇山口之战。一年后，克雷莫尼以少校身份退役。他返回旧金山，为《大陆月刊》撰稿。1868 年，克雷莫尼发表了《阿帕奇人的生活》一文，介绍了他在墨西哥战争结束后跟随巴特利特边界勘测队的探索经历。当年晚些时候，他在《大陆月刊》发表了《阿帕奇人》一文。
[②] 在《大陆月刊》中，《阿帕奇人》有一些与阿帕奇人无关的介绍性段落，这里将其略去。

息。印第安人穷凶极恶、为所欲为的故事在西部边远地区数不胜数，但是谁听过相反的故事？谁会记录导致印第安人暴行的原因呢？像凯恩（Cain）这样的半开化野蛮白人犯下了滔天罪行，在森林和平原的野蛮棕色人种之中寻求避难，以逃脱正义的审判，谁又会记录他们长期持续的伤害行为呢？

美洲土著人天生残暴好战，喜欢报复，反复无常，而我们使他们变成了极其残忍虚伪的恶棍，其恶劣程度远远超过了他们的正常标准。

如果白人被印第安人看作天敌，这可能是长期杀戮的结果。美洲游牧民族原本热情好客，但是这种性格已经完全消失了，并被完全相反的性格取代。白人忘恩负义的传说和传统代代相传，而且印第安人当前的生活经历与之完全相符，因此他们对于这些观念深信不疑。

印第安人敏锐地意识到自身武器装备的劣势，而且他们无法长期养活大量人口。此外，他们还一直自相残杀。因此，一些部落迫于生存，不得不用欺骗取代蛮力，用狡猾取代勇敢，用奸诈取代诚实。当印第安人肢解敌人的尸体时，他就像最熟练的解剖学家一样非常清楚，死人不会有任何感觉。这种损毁行为完全是为了震慑旁观者，警告其他入侵者，同时也是为了享受野蛮的快乐。这种恐怖行为也会激起文明开化民族的愤怒，增强他们教训印第安人的决心，但土著人不会考虑到这些事情。

阿帕奇人在这些部落之中最为突出。阿帕奇人占据着面积最大的公共土地，其中一片地带很快就要修建国家级大型公路。这些人在两块拥有丰富自然资源的广阔领地上肆意屠戮，其所在区域是大西洋沿岸和太平洋沿岸各州之间最重要的土地。不过，我们今天对于阿帕奇人的真实了解和我们第一次遇到他们时一样贫乏。二十多年的持续战争并未使这种知识有所增加，却耗费了数千人的生命和数百万美元的财富。

在智力上，在狡猾和奸诈上，在作战技能和坚持不懈的精神上，在坚韧不拔和持久的耐力上，阿帕奇人在北美现存印第安人之中是无可匹敌的。这个种族分布广泛，包括强大的纳瓦霍部落（Navajo）和利潘部落（Lipan），因为他们的语言基本相同，几乎总是相互友好，并与其他所有种族开战。①其中，狭义阿帕奇人就是我们通常所说的阿帕奇人，他们的独特称谓来自一些古怪特征或他们最常居住的地点。科约特罗人（Coyotero）这个名字来自他们与小型草原狼（coyote）的相似性。梅斯卡莱罗人（Mescalero）这个名字来自龙舌兰（mescal），因为他们的居住地盛产龙舌兰，龙舌兰也是他们的主食。希卡里亚人（Jicarilla）这个名字来自西班牙语"jicara"，意为葫芦，因为他们会制作一种葫芦形的防水小筐②。奇里卡瓦人、里奥明布雷斯人（Rio Mimbres）、皮纳尔人以及阿帕奇部落的其他分支则是以我们通常见到他们的地点命名的。

细心的观察者常常可以在明布雷斯或阿帕奇山口遇到一群阿帕奇人，然后在几百英里外的霍尔纳多－德尔穆埃托（Jornada del Muerto）③的一端甚至佩科斯河（Pecos River）上遇到同一群人。

从这一事实可以看出，墨西哥人对于阿帕奇人的独特称谓没有任何道理可言，也并不符合事实，因为一个部落会在很大一片地域上活动。某些阿帕奇人会有特定的地点。当他们在家乡时（如果"家乡"这个词适用于阿帕奇人的话），他们会去这些地点享用战利品，举行宴会，沉浸在短暂的休息中，缓解长时间作战带来的疲惫。阿帕奇各分支的总人数至少有 35 000 人，其中 8000 人可以进行有效作战和掠夺性远征。④年满 12 岁的小伙子需要加入到有经验的成年战士的队伍中。以他们的作战方式而言，这个年纪的阿帕奇人已经很厉害了。纳瓦霍人的人数几乎一样多，但他们的抢劫主要局限于新墨西哥，而狭义阿帕奇人的抢劫范围则包括新墨西哥领地的部分区域、亚利桑那的全部以及墨西哥索诺拉州、奇瓦瓦州和杜兰戈州（Durango）的几乎所有区域。1850 年，阿帕奇人的作战力量很可能有 10 000 人，但他们远没有现在这样积极活跃且充满斗志，武器也没有现在好。他

---

① 纳瓦霍语和阿帕奇语相似但不相同，纳瓦霍人通常被视为单独的部落。利潘阿帕奇人生活在得克萨斯西部平原上。
② Jicora（不是 jicara）是用葫芦制作的杯子。
③ 霍尔纳达－德尔穆埃托是新墨西哥的一片荒凉地带，"Jornada del Muerto"意为"死人之旅"，又叫"死亡之旅"。
④ 克雷莫尼估计的人数显然包括了纳瓦霍人和东部阿帕奇人。当时的大多数评论家认为，西部阿帕奇人和奇里卡瓦人的总人数更接近 6000 人。Ogle, *Federal Control*, xvii.

们目前的状态比那时可怕得多。

我们低估了这个部落的人数和武器，这是一个巨大而严重的错误。这个错误造成了严重的人员牺牲、巨大的额外成本、无尽的烦恼和无效的政策以及阿帕奇人对于美国最富矿区的持续占有——同时，这片地区也是通往太平洋沿岸的陆上移民通道。

他们对于移民队伍频繁且广泛的屠杀和抢劫使他们拥有了来复枪和柯尔特左轮手枪。当来自加利福尼亚的卡尔顿纵队经过阿帕奇山口时，走在前面的两个连遇到了700个阿帕奇人，每个人都配有来复枪和左轮手枪。我们很少遇到如此大规模的敌人，但我们常常可以看到50~200人的团伙。低估这样的敌人意味着拿我们自己的生命和利益开玩笑。

奇瓦瓦和索诺拉北部边境的一些小村庄完全处于这些野蛮人的控制之下，他们在此获取武器弹药。在结束对索诺拉的成功袭击后，他们将抢来的牲畜运到奇瓦瓦的一个村庄。然后，他们挑选了一些村民，将一些牲畜运到人口更加稠密的地区，换取他们需要的物品，而这些村民可以此获得丰厚的报酬。在其他时候，阿帕奇人将他们的家人扣为人质，要挟他们履行义务。当阿帕奇人在奇瓦瓦抢劫时，他们以类似的方式在索诺拉换取他们需要的物品。在亚利桑那和新墨西哥抢劫的阿帕奇人可以通过无耻的新墨西哥商人轻松获得他们需要的商品。

过去四十年，美洲的一片区域被阿帕奇人彻底摧毁了。这片区域包括上述两个墨西哥州的北部边境，东西向长达300英里，宽度达40英里。圣佩德罗（San Pedro）、巴尔巴科莫里（Barbacomori）和圣贝纳迪诺（San Bernardino）曾经广阔富有的牧场连同许多曾经繁荣的城镇和村庄已经不复存在，这里只有荒凉、废墟和死亡。

到目前为止，美国人的刚毅、勇敢和坚定及其武器的优越性使亚利桑那避免了同样的命运，但是这场斗争艰难而血腥，并且没有停止的迹象。我们已经蒙受了巨大损失。定居者常常被赶走，极其富有的矿场遭到遗弃。从图森到埃尔帕索长达300英里的地带成了一片连续的坟场，遍布阴森寂静的墓碑，默默控诉着阿帕奇人的暴行。

从皮马村庄到佩科斯河的 800 英里内，从杜兰戈到新墨西哥的圣菲，在这片广阔的土地上，阿帕奇人几乎是当地的绝对主宰。这说明他们不仅人数众多，活动强度也很大。阿帕奇人经常在相隔很远的地区同时进行大规模劫掠。虽然阿帕奇人精力旺盛，但他们不可能同时出现在两个地方。

在八年多时间里，笔者在极其有利的条件下与这些印第安人进行了近距离个人交流，获得了大量知识，推翻了自己之前的所有观念。

如果你在亚利桑那或新墨西哥住上一两年，你自然会不知不觉地用新结论替换自己原有的结论。当你获得新的经验和机会时，这些结论又会被新的结论替代。不过，只有在阿帕奇人的土地上和他们见面，将我们拉低到他们的层次上，关心他们的追求，用他们的语言和他们交谈，逐渐使他们相信我们不想伤害他们，以不含冒犯和傲慢的态度接近他们，信任他们，将他们当作自己人，对于他们介绍自己生活模式的行为表示明显的感激，同时让他们逐渐认识到，我们既不讨厌他们的存在，也不担心他们的企图——只有这样，我们才有可能对他们的性格做出正确评估。这些事情需要坚持不懈的努力，而且存在风险。只有当你做完所有这些事情以后，你才有资格宣布，你对阿帕奇人的性格有所了解。

如果你有一两次机会听到美洲野蛮人作战时的呐喊声，或者在战场上和他们进行过交锋，或者听那些似乎精通这一话题的人讲述过印第安人的冒险故事，那么你很容易认为，你已经了解了他们的一切。我们的边区定居者和偶尔穿越游牧民族居住区的旅行者自认为，他们对印第安人的性格了如指掌，这件事极好地印证了波普（Pope）所说的"一知半解"的危险性。

阿帕奇人谨慎、多疑、奸诈而狡猾，他们以多疑的态度对待其他所有种族。作为与社会为敌的种族，其他所有种族都是他们需要躲避或摧毁的对象。对他们来说，只要目的是正确的，他们就可以不择手段。他们野蛮的天性在我们的帮助下得到了改进，但他们并没有抛弃自己的传统教育。他们仍然是阴险的毒蛇，是凶猛残暴、无法驯服、嗜血成性的怪物，致力于消灭他们遇到的所有人，只有恐惧才会压制他们，尽管一些人觉得这情有可原。由于阿帕奇人的利益与文明人相去甚远，因此我们有责任将这种恐惧强加给他们，以制止他们的反叛暴行，确保人民的安全。

这些野蛮人的部落组织形式一直没有得到正确的理解。我们理所当然地认为，他们在这方面与其他部落类似。事实并非如此。不管是在什么时候，不管从哪个角度看，阿帕奇人都是纯粹的民主主义者。他们只相信自己的意愿，不承认酋长、统治者和权威。他们永远不会授权别人代表自己。

在营地里，他们会选举临时统治者，以主持各项事务，每个人都可以随意决定自己的去留；在战场上，他们会选出一个领导者，以指导他们的行动，但他无权控制每个个体。战士可以服从当前的领导者，但这完全是自愿的。如果他觉得合适，可以随时切断自己与团队的联系。在这方面，纳瓦霍人有所不同。此外，纳瓦霍人还能编织优质毛毯，建造更加坚固的房屋，而且倾向于田园生活。因此，纳瓦霍人的流浪倾向要小得多。

这种不受任何控制的绝对个人自由是狭义的阿帕奇人最为重视的权利，也是美国政府与阿帕奇人缔结任何永久性条约不可逾越的障碍。与其他部落的交流使我们认为，阿帕奇人拥有类似的部落组织形式。这是一个致命的错误，它导致了对于条约和条款依从性的错误估计。如果一百多个阿帕奇人聚在一起签订条约，那么这项条约只会约束签署者，其他人虽然在场，但他们完全不会受到条约的束缚。接下来呢？没有签订条约的人会继续之前的抢劫和屠杀，我们会指责他们背信弃义，然后对他们施加惩罚。双方再次陷入敌对状态，而那些签署条约的人认为我们违反了约定。

我们面对的部落无疑是现今最具游牧性的部落。他们不建造房屋，从不在任何地点停留一个星期以上。他们会选择四五根细长柔软的树枝，将大头削尖，插在地上，并将尖端绑在一起，这就是阿帕奇人的住所。他们可以用二十分钟搭好这样一顶帐篷，弃之不悔。只有在冬天，或者团队打算停留几天时，他们才会使用这种临时建筑。当他们着急赶路时，连续几天每天行进八九十英里完全是家常便饭。他们在整个旅途中会骑着马以很快的速度奔跑。如果一匹或几匹马由于疲劳或其他原因死去，他们会立刻将其切开作为食物，然后继续赶路，直到有机会偷到另一匹马。

神奇的是，虽然他们具有很强的游牧习性，部族分布广泛，并且活动范围很大，除了作战以外完全不与其他任何种族交流，但他们的语言却非常规则和完整。他们的动词有主动和被动语态，不定式、陈述式、虚拟式和潜在式，现在时、未完成时、完成时和将来时，单数、双数和多数。他们的名词有主格、所有格、与格、宾格和夺格，并有与动词相对应的单数、双数和多数。他们的数词最高可达数千，与我们的十进制非常类似。

例如，我们说二、十二、二十、二百，三、十三、三十、三百，四、十四、四十、四百；类似地，阿帕奇人说 nakee（二）、nakesatah（十二）、natinyee（二十）、nat-too-oh（二百），kahyeh（三）、kayesatah（十三）、katinyee（三十）、kat-too-oh（三百），tinyee（四）、tinsatah（十四）、tish-tinyee（四十）、tin-too-oh（四百）。

to-dah 一词表示否定，所有的否定动词都是将 to-dah 拆开，将第一个音节置于肯定动词词首，将第二个音节置于肯定动词词尾。例如，ink-tah 一词表示坐或坐下。如果叫人不要坐下，他们会说 to-ink-tah-dah。El-chin yashtee hashtee 表示"我想和你说话"，To-el-chin-yashtee-hashtee-dah 表示"我不想和你说话"。许多相似词语拥有完全不同的含义，它们的唯一区别在于重音位置不同。例如，kah 既可以表示箭，也可以表示兔子，二者的区别在于，后者的第一个字母有一个重喉音。

对于所有首次见到的事物，他们会采用西班牙语名称，并且添加阿帕奇送气音 hay。pesh 的意思是铁。在他们熟悉金银铜铁的相对价值之前，他们将金和铜称为 pesh-klitso，意为黄铁；将银称为 pesh-lick-oyee，意为白铁。在了解金银铜铁的差异后，他们采用了西班牙语的说法，将金称为 oro-hay，将银称为 platahay，而铜则保留了 pesh-klitso 这一最初称谓。

阿帕奇语言意外的规则性和阿帕奇数字的丰富性意味着阿帕奇人拥有高超的智力，其他许多证据也支持了这一假设。1862 年冬，大约 1500 个阿帕奇人向加利福尼亚军队投降，包括梅斯卡莱罗家族许多优秀的战士和立法机构成员。他们曾是这个国家最为可怕的流寇，之前从未屈服于任何势力。萨姆纳堡（Fort Sumner）有一片巨大的居留地，卡尔顿将军将他们安置在那里一个叫作博斯克雷东多（Bosque Redondo）的地方。该地位于佩科斯河沿岸，距离西边的格兰德河大约400英里。西边125英里外卡皮坦山（Capitan Mountain）的主峰高耸入云，清晰可见。卡皮坦山和博斯克雷东多之间是一片起伏的草原，那里绿草如茵，栖息着数千只羚羊和鹿。这里最出名的阿帕奇囚犯包括吉阿纳塔（Gianatah，意为"随时候命"）、纳奇尼尔基森（Natch-in-ilk-isn，意为"彩色珠子"）、克洛森（Klosen，意为"发绳"）、图阿阿亚伊萨伊（Tooa-ah-yay-say，意为"游泳健将"）、纳卡延（Nah-Kah-yen，意为"敏锐的视力"）、纳坦克（Nah-tank，意为"矢车菊"）等，不一而足。

  这些人会抓住一切机会尽可能地获取信息。某位军官只要对他们表现出一点点善意，就会被他们的问题围攻，这种提问方式使人极为震惊。一次，笔者经历了这样的对话：

  "你们这些白眼睛的人说地球是圆的。这怎么可能？我曾多日旅行，不管我去哪儿，地面都是平的。请解释一下吧。"

  被质问的一方指着高耸入云的卡皮坦山，说道："你看到那边的山了吗？"

  "是的，那是卡皮坦山。"

  "你能看到它的哪个部分？"

  "顶部。"

  "为什么你不能看到底部？底部比顶部更宽更大。"

  "不知道。"

  在这件事解释清楚以后，阿帕奇人好奇地通过一片烟色玻璃观察太阳，以证实太阳的确是圆的。

  接着，他说道："但是你还说过，地球是不断旋转的。这怎么可能呢？如果真是这样，所有人都会摔倒。"

由于无法解释重力的吸引作用，笔者只好用一块强磁铁和一个小铁片来传达这一概念，这种类比显然得到了阿帕奇人的认可。

阿帕奇人还提出了许多其他问题，比如池塘和湖泊是怎样干涸的，云是由什么组成的，雨是从哪儿来的，雷电的性质是什么。这些问题都得到了回答。

在两三个月时间里，三四十个阿帕奇头面人物每天前来接受关于这类知识的指导，直到他们完全理解。

看到他们获取信息时表现出的快乐，卡尔顿将军在博斯克建了一所学校，用于教育年轻人，但阿帕奇人对此抱有怀疑和厌恶的态度。他们认为我们试图奴役他们的思想，控制他们的人身自由。他们很愿意获取口头传授的知识，但是无法接受正规学习的想法。

许多图片被寄到营地里，并被展示给阿帕奇人，图片内容包括一些大城市的街景、轮船、蒸汽机、火车等。他们最初总是把图片拿反，我们只得把图片正过来，放在他们面前，向他们详细介绍和解释不同事物。

一天，经过一番愉快的讨论，吉阿纳塔评论道：

你们想让我们的孩子读书。你们说，通过读书，你们得以建造那些巨大的房屋，在海上航行，和别人远距离通话，并且可以做到其他许多神奇的事情。现在，让我把我们的想法告诉你们。你们从小努力学习，以便长大后从事新工作。你们说，你们努力学习是为了更好地工作。你们还说，在你们长大后，劳动生活开始了。此时，你们开始建造巨大的房屋、巨大的轮船、巨大的城镇以及其他巨大的事物。在你们得到所有这些以后，你们会死去，将一切留在身后。在我们看来，这是奴隶制。从学会说话时起，到死去为止，你们一直是奴隶，我们则像空气一样自由。我们从不工作，墨西哥人和其他人会为我们工作。我们的需求很少，很容易满足。河流、树木和平原会产出我们需要的一切，我们不会去做奴隶。我们也不会把孩子送到你们的学校里。学校只会把他们培养成像你们一样的人。

我们完全无法让他们理解这段似是而非的论述的荒谬之处。不过，我们可以看出，通过我们目前已知的途径教化这些野蛮人的想法是多么荒谬可笑。在阿帕奇人看来，一切劳动都是极为可耻的，因此任何让他们劳动的努力都会受到坚决抵制。

在阿帕奇人看来，狩猎技能极为重要，仅次于熟练而灵活的偷窃技能。最能巧妙盗窃他人财物的人会获得最高荣誉。人们认为这种人最有能力抚养妻子，迎合她们的需要，因此他会受到众人的羡慕。个人作战能力在他们心目中排在第三位。如果他们的敌人不是处于绝对劣势，他们就不会进攻。"逃跑比战斗更容易，更安全"是他们之中流行的格言，尤其是当他们无法通过抢劫满足贪欲，展示他们珍视的抢劫技能时。

一次，纳坦克（意为"矢车菊"）和纳卡延（意为"敏锐的视力"）在围捕一头很大的美洲狮，后者掠食了他们的一些马匹。纳坦克在营地下游大约5英里的佩科斯河沿岸发现了它的巢穴，于是爬上一棵巨大的棉白杨，以便自在地观察美洲狮的巢穴。这棵树的一些枝条伸到了河流上方。纳坦克爬上一根突出的枝条，专心地注视那个隐秘的巢穴。这时，纳卡延向他发出了提醒。原来，一头美洲狮正蹲在距离他大约12英尺①的另一根树枝上，目不转睛地盯着纳坦克，显然带有敌意。狡猾的纳坦克转过头，看到了美洲狮，但是没有动。美洲狮摇晃着身体和长长的尾巴，用有力的利爪死死抓住树枝。突然，它跳了过来，舒展的身体在空中划过，刚好降落在纳坦克所在的位置，但冷静的纳坦克在同一时间松开了手，掉进了河里。失败的美洲狮吃惊地望着下面的河流，一边从树枝上刨下一道道树皮，一边发出极为愤怒的咆哮。纳坦克在水下游到了河岸边一个突出的地方。上岸后，两名战士很快用来复枪打死了美洲狮。

此次事件展示了阿帕奇人惊人的冷静和沉着，因为他们觉得这是一件不值一提的小事。

---

① 1英尺约等于30厘米。——译注

马匹是阿帕奇人衡量价值的标准，正如贝壳串珠是特拉华人（Delaware）的价值衡量标准。阿帕奇人用马匹购买妻子，妻子的价值是由丈夫向妻子家提供的马匹数量决定的。有的女人可以换取六七匹马，有的女人只要一匹马就能买到。能够换取六匹马的女孩觉得自己比只能换取两匹马的女孩高贵，正如穿着1500美元羊毛衫的贵妇有理由轻视只买得起20美元羊毛披肩的邻居。

上面的论述足以使读者感受到，我们对于这些野蛮人的政策是完全错误的。我们根据自己的猜测对待他们。我们过去的一切努力都失败了，未来也必将失败。我们完全低估了他们的人数、实力、智力和不屈的精神。我们以高高在上的姿态对待他们，根本没把他们放在眼里。我们没能深入研究他们的天性、训练、语言、习惯和思想。一切调查工作都带有僵化和形式化的官僚作风，调查结果也无人关注。我们已经花费了3000万美元，试图用对付其他部落的手段减少阿帕奇人的数量，但是完全没有效果，反而使他们怀恨在心，变得更加警惕和危险，并且使他们获得了很好的武器装备。

这些野蛮人几乎已经不受限制地控制了一片广阔而重要的区域。考虑到这个问题的特殊性和重要性，政府难道不应该立即对此给予合理的关注吗？

帝国岁月 —— 亚利桑那，1866—1869 年

卡米洛·C. C. 卡尔[①]
《美国骑兵协会杂志》第 2 卷，第 4 期（1889 年 3 月）：3—22 页

二十三年前，在 1866 年，面积达纽约和宾夕法尼亚 2.5 倍以上的亚利桑那领地就像现在的阿拉斯加内陆一样不为人知，而且交通不便。

美国之前的测绘几乎仅限于北纬 32° 和 35° 这两条线，那里有该领地仅有的从东向西跨越亚利桑那的公路。这两条线之间的广阔区域也许令许多人浮想联翩，但是没有人对这个问题给出过明确的回答。人们主要使用的是北纬 32° 附近的那条路，它从尤马堡延伸至新墨西哥，途经图森和鲍伊堡。这条长达 400 英里的沙土路十分荒凉，是先知耶利米所说"行毁坏的可憎之物"的生动再现。尤马和鲍伊之间只有图森一个定居点，那是个脏兮兮的村落，住着几百个居民。所谓的驿站只是建在水源旁边的茅舍或土坯房，所有旅行者可以在此停歇，饮用当地特有的饮料"镐柄威士忌"，让牲畜饮水进食。据说，这种饮料是用酒精、水、辣椒和烟草制作的，其比例取决于制酒时各原料的库存量。只要用镐柄将它们搅拌均匀，就可以饮用了。它可以为旅人带来某种刺激，同时又不会伤身，因此可以提振他们不断衰退的精力，或者让他们兴奋的大脑平静下来。

叛乱战争[②]期间，亚利桑那仅有的少数哨所被加利福尼亚军队占据，当时驻军能做的仅仅是占据哨所并获取足够多的口粮，以免被饥饿压垮。先要从洛杉矶

[①] 卡米洛·C. C. 卡尔（1842—1914）于 1862 年进入美国第一骑兵团，由于对比格伦普（Big Rump）的成功侦察而晋升为上尉。他在 1890 年成为《骑兵杂志》编辑，并在 1906 年以准将身份退役。
[②] 指南北战争。——译注

采购补给，然后跨越科罗拉多沙漠，运到300多英里外的尤马，接着需要把补给运到亚利桑那各哨所。这是一段前途未卜的沉闷旅程。鉴于当时的运输条件，没有人能保证在指定时间将补给送达哨所，各地驻军不得不精打细算地过日子，就好像他们即将遭到长期围困一样。

亚利桑那领地内只有一座锯木厂，位于领地首府普雷斯科特附近，那里的松树林为工厂提供了充足的原材料。在那片区域，可以用略少于木材重量的黄金买到木材，但是由于运费很高，这些木材很少被运到其他地方。该地通往其他地区的公路常常受到阿帕奇人的骚扰。从一个驿站去往另一个驿站的途中常常会损失部分甚至全部的骡子。如果骡队完好无损，那将是一件极其幸运的事情。

在巴特菲尔德（Butterfield）于1861年撤退之前，整个领地没有一条驿道。从洛杉矶到普雷斯科特的信件每个星期由邮递员骑马寄送一次。后来，德拉姆兵营（Drum Barracks）的军需官决定派出一头驮骡，由一名文职人员管理，专门负责寄送信件。这样一来，亚利桑那的其他哨所也能收到信件了。报纸和其他印刷品是由牛车或者其他同样迅速的交通工具运送的，但是这些交通工具常常无法抵达。

亚利桑那领地是加利福尼亚军区的一部分，军区总部位于旧金山，由麦克道尔将军[①]指挥。加利福尼亚军区的一切行政事务都在旧金山处理。考虑到两地之间交通运输的困难程度，可以想象，亚利桑那的事务常常陷入混乱状态。每个哨所的指挥官都拥有至高无上的权力。只要愿意，他们完全可以按照个人喜好行事，但是他们不能侵犯相邻哨所的权益。

所有的商业交易都是以黄金为基准进行的。我在亚利桑那的前三年时间里，我们从政府那里获得的报酬从未超过1美元70美分。在大多数情况下，1美元的价值只有60美分。

除了皮马人和马里科帕人，亚利桑那的其他所有印第安人都被称为阿帕奇人。可以说，他们要么一直与我们处于敌对状态，要么目前与我们处于敌对状态，

---

① 欧文·麦克道尔少将（1818—1885）于1864年到1868年担任加利福尼亚军区指挥官。

要么很快就会与我们处于敌对状态。除了奇里卡瓦人以外，其他阿帕奇人都没有马匹，他们只会把偷来的马匹当作食物。由于他们不骑马，因此我们很难在山里抓到他们。他们不穿衣服，只有一条围腰布。他们也没有辎重，只有轻武器。当他们沿着山坡向上或向下奔跑时，任何衣装齐整并且携带武器装备的士兵都不可能追上他们。他们的肤色也与岩石相近，肉眼很难分辨。据估计，他们大约有18 000人。他们以背叛和残忍著称。与平原印第安人和西北印第安人不同，他们似乎以撒谎和欺骗为乐，没有诚信观念——即使有，他们也从不遵守。

二十三年前，也就是在1866年1月，第一骑兵团在旧金山登陆。团部和五个连在普雷西迪奥（Presidio）停留了几天，随后被派往洛杉矶威尔明顿（Wilmington）海港附近的德拉姆兵营。三个连已被派往亚利桑那。他们是分批出发的，因为德拉姆兵营缺少交通工具，途中的水和粮草也不是很充足。桑福德上校①的第四个连即将出发。当时，我和大多数年轻人一样，身体健康，年轻且无知，因此辞去团部军需官的工作，以中尉身份加入桑福德的部队。

我们从加利福尼亚第二骑兵团那里接收了一批马。我从未见过比它们更加称职的马匹。唯一的问题在于，它们有一个顽固的习性，就是喜欢在骑兵第一次上马时将其摔下马背。它们把这一特点展示得淋漓尽致。每次上马时，部队几乎总要折腾几分钟，期间士兵、卡宾枪和战刀总要在空中乱飞一阵。还好，没有人受重伤。很快，我们就习惯了这种"高级花式"骑术表演，尽管我们的训练手册上并没有这方面的介绍。我们的卡宾枪是旧式夏普枪，用的是亚麻布弹药筒和雷管。

我不想在这里详细描述我们穿越科罗拉多沙漠、沿希拉河而上的旅程，我们每天的行程完全是由供水情况和沙尘暴决定的。在那里，沙尘暴会使生存成为一种负担，使旅行失去可能性。我们的部分路线需要穿越低于海平面的陆地。有时，我们希望大海重新回到这里，夺回属于自己的地盘，就像它过去对法老及其军队所做的那样。当时是年初，但热浪依然很猛，我们能够获得的饮用水稀少而肮脏，

---

① 乔治·B.桑福德（1842—1908），南北战争期间，由于作战英勇而晋升为中校。战后，他曾在边区的许多地方任职。1892年，他以第六骑兵团上校身份退役。

因此被潮水吞没对于我们被热晕的头脑和身体来说似乎是一种"求之不得的结局"。由于缺少个人经验，部队在行军命令方面遵循了当地流行的习俗。起床号在一天之中唯一有可能入睡的时候响起，我们每天早上三四点钟就开始行军。其结果是，人和牲畜必不可少的睡眠被剥夺了。由于每天的行程通常很短，因此我们很早就会抵达新营地。于是，我们整个白天都在对抗苍蝇和其他昆虫。到了夜晚，每个人都疲惫不堪。如果我们能在夜间获得充足的睡眠，即使白天在热浪中行军，我们也不会如此劳累。

从加利福尼亚沃纳牧场（Warner's Ranch）到马里科帕韦尔斯（Maricopa Wells）的300多英里的旅途中，我们从未见过可以勉强被称为草地之物。

经过一整夜的行军，我们穿越了马里科帕韦尔斯和希拉本德（Gila Bend）之间45英里长的沙漠。清晨，当我们走下山坡，前往马里科帕韦尔斯时，我们欣喜地看到了一片绿地。对我们疲惫的灵魂来说，那将是一个舒适的休息地点。不过，我们走近才发现，这只是一种幻觉，就像沙漠里的海市蜃楼一样。我们想象中的绿色草坪只是几棵盐草而已。这些盐草的叶片很硬，每片叶子都能立起来；而且这些叶子的含碱量很高，味道很差，就连饥饿的骡子也不愿意吃，吃了也活不了。

马里科帕韦尔斯之前是大陆通道（Overland Route）上的驿站，是尤马堡和图森之间除了又湿又油的咸猪肉和豆子以外唯一能吃到其他食物的地方。这里为亚利桑那领地南部唯一一家大公司所有，该公司控制了当地几乎所有政府合同和货运业务。马里科帕韦尔斯的运输车队一直没有停过，因此他们可以为自己和朋友提供所有必需品和一些奢侈品，包括旧金山上等的威士忌和香槟。这里是名副其实的沙漠绿洲。在许多方面，它能使疲惫的旅行者和当地旅居者回想起亚利桑那以外的花花世界。亚利桑那人亲切而又无奈地将这片土地称为"上帝的国度"。

这里的井深达三四英尺，可以抵达地下河——圣克鲁斯。井水的含碱量很高，用于盛装井水的素烧陶罐表面会结出一层坚硬的白色苏打和钾碱外壳。不过，这种水的水质已经是数英里内最佳的了。虽然这种水水质仍然很差，但是对于被旅途上的细小尘土噎到窒息的干渴灵魂来说，这种饮品还是很受欢迎的。

水井附近是皮马人和马里科帕人的居留地。这两个印第安部落一直对白人很友好，并与阿帕奇人为敌。马里科帕人是过去某个大部落的残部，该部落在马里科帕韦尔斯以西一两英里处一场与尤马人和科卡帕人（Cocapah）的战斗中几乎被全歼。我去该地参观时看到了被打死的马里科帕人及其对手成堆的白骨，可以想见当年那场战斗的激烈程度及其灾难性后果。

经过那场惨败，马里科帕部落剩余的成员将自己置于皮马人的保护下。在我们进入亚利桑那时，皮马部落有近4000人。根据他们的传说，大洪水淹死了所有居民，只留下了蒙特苏马（Montezuma）及其方舟里的人。洪水退去后，蒙特苏马用红土造了皮马人，用黑色泥浆造了皮马人的宿敌阿帕奇人。皮马人自豪地说，他们一直是白人的朋友，他们部落没有人杀死过美国人。至于墨西哥人，他们就没有这么肯定了。他们通过灌溉来耕种，政府依靠他们种植的玉米和小麦为麦克道尔堡和大陆通道上的其他驿站提供粮草。他们是我见过的最好看的印第安人。从整体来看，他们也是最体面的印第安人。他们聪明、好客，愿意随时为身穿美军军装的人提供帮助，尽管这会为他们带来不便。他们一直是我们忠实可靠的伙伴。

在几乎正对皮马居留地的另一面，在整个部落视线可及的一条高高的岩脊上，有两个展示物。我敢说，任何基督教国家之前都没有展示过类似的物件。两个粗糙的拉丁十字架耸立在岩石上，每个十字架高达8~10英尺。各种仙人掌环绕着十字架，伸出了可怕而多刺的枝条。每个十字架上都悬挂着一具阿帕奇男性干瘪的尸体，他们双臂张开，双脚并拢。这些阿帕奇人生前被人用绿色生皮带绑在十字架上。生皮带在阳光下干燥收缩，割穿皮肉，直达骨骼，使两个注定不会迅速断气的祭品承受了更大的折磨。在阳光的炙烤和烘干下，尸体没有腐烂，干枯的骨骼和萎缩的皮肤看上去像是埃及木乃伊。他们被挂在那里，为皮马人不断带来满足感，同时使路人感到震惊和恐惧。这两个阿帕奇人在袭击皮马村庄时被活捉。皮马人不会放过报复仇敌的机会。由于皮马人很少拷打别人，因此他们很可能对于如何处置阿帕奇人感到犹豫不决。这时，一个大概去过南方老差会教堂的人提议把他们钉在十字架上。这个建议被采纳并被付诸实施,其结果就是我前面描述的那一幕。

在更靠近马里科帕韦尔斯的地方,有两块木质床头板,那是原第一龙骑兵团两位战士的长眠之地。1846年,在杰出指挥官斯蒂芬·W.卡尼上校(Stephen W. Kearny)的领导下,第一龙骑兵团一部从堪萨斯州的莱文沃思堡(Fort Leavenworth)出发,途经新墨西哥和后来的亚利桑那前往加利福尼亚,两位战士就是在那次可怕的行军途中倒下的。卡尼率领疲惫不堪的部队在三次酣战中击败了敌对的墨西哥生力军,占领了加利福尼亚。

我们离开大陆通道,渡过希拉河,然后穿过希拉河和索尔特河之间35英里长的沙漠,那里尘土飞扬,水源匮乏。我们在过路时注意到,这片广阔平原的南部边缘生长着茂密的牧豆树。过了那里以后,看不到一棵牧豆树,只能看到黑肉叶刺茎藜和各种仙人掌,其中既有高达30英尺、长长的臂膀优雅地向上弯曲、宛如绿色大烛台的巨山影掌(又叫"苏瓦洛"),[①] 又有在地面上方枝丫伸展的普通刺梨。目前被仙人掌覆盖的土地显然经历过深耕,当时牧豆树是那片地区原始森林的一部分。在沙漠北部边缘附近,我们第一次看到了该地区史前人类修建的大型灌溉渠,今天的印第安人既不了解他们,也没有继承他们的传统。[②] 这些水渠的长度和面积都很大,它们向四面八方伸展开来。显然,在过去很长时间里,它们的建造者利用水渠耕种了数千英亩[③]土地。而现在,这些土地已经沦为了名副其实的沙漠。在各个方向都可以看到建在石基上的大型土坯房遗迹。这些建筑物的上半部分在大自然的作用下已经消失。整体来看,它们仿佛是巨大的纪念性土丘或金字塔。在一些地方,地面上散布着斧头、锤子和其他用青石制作的工具,其硬度足以使钢钎卷刃,但是制作者以某种神秘的方式将其抛光,使它们的表面像缎子一样光滑。地上散落着大量陶器,种类很多,既有半烧素陶,又有不输给现

---

① 卡尔写错了这种植物的拉丁语和西班牙语名称,它们分别应该是 Carnegiea gigantea 和 saguaro cactus。
② 被卡尔描述得神秘兮兮的史前人类其实是早期普韦布洛印第安人(Pueblo Indian)。
③ 1英亩约等于0.4公顷。——译注

代某些样式极佳的彩釉陶，上面或装饰着复杂的图案，或是希腊庙宇上面那种简单而醒目的回纹饰。那些颜料依然光彩夺目，尤其是黄色和黑色的颜料，就像这些陶器是前一天刚从窑里取出来的一样。

索尔特河意为盐河。这个名字听上去很可怕，但是河水却清澈甘甜，不含碱或其他明显的杂质。在我们的旅行日历上，我们在索尔特河扎营的那天是个值得纪念的日子。

我们从索尔特河出发，行军15英里，到达目的地麦克道尔堡，这是亚利桑那最新、最大、最好的哨所。它是前一年冬天由一个加利福尼亚步兵团建造的，他们在退伍之前完成了这项工程。这里位于弗德河后方大约0.5英里处，守军的所有水源都是用马车从弗德河运过来的。操场上既没有树也没有草，只有密密麻麻的花岗岩碎石，在烈日下闪着白光，非常刺眼，就像被粉刷过一样。这些碎石在白天吸收了足够多的热量，夜晚便将热量释放出来，整个晚上的气温几乎和白天一样高。在一年中的好几个月里，该地背阴处的白天平均气温约为115华氏度① —— 如果你能找到背阴处的话。

尉级军官的宿舍是土坯房，它们一个挨一个地排成一排，面对着操场，没有厢房和后院。根据情况，每名军官可以分到一个或两个房间。他们可以根据喜好将其作为客厅、卧室或厨房使用。这些房间长约15英尺，宽约12英尺，有一个充当门的开口以及一个远离操场、充当窗户的开口。士兵营房的样式和材质与军官相同，但是它们没有窗户的一面朝向操场。军官宿舍的地面是普通黏土，需要频繁洒水，以避免尘土飞扬，降低室内温度，否则人会受不了。这种地面的主要缺点在于，它们似乎对于一种讨厌的毒火蚁具有特殊的吸引力。这些火蚁不时从地面的某个地方成群地钻出来，肆意横行，占领床铺，将床铺真正的主人赶跑。

屋顶是由9~12英寸②厚的泥巴堆起来的，用于在雨季防止漏水。遗憾的是，为防止屋顶的黏土漏下来，建造者在橡条上铺设了小树枝，并在上面铺了一层厚

---

① 华氏度是温度计量单位，华氏度=32+ 摄氏度×1.8。——译注
② 1英寸约等于2.5厘米。——译注

厚的马粪。在一二月份的雨季和七八月份的零星降雨日，从屋顶漏进房间的雨水起初呈深棕色；随后，由于屋顶的泥巴溶进雨水并渗到下层，漏下来的雨水逐渐变淡，呈浅黄色。在这种时候，宿舍里的居住者会用橡胶垫盖住床铺和其他容易变质的物品，然后躲到户外。虽然户外更加潮湿，但是那里至少更干净，没有太多味道。

在我们到麦克道尔堡之后的一年多里，所有单身军官的宿舍都没有安装门和窗户。指挥官的军衔很高，是军需官的上级，因此在墙洞上奢侈地挂上了饰有美丽花彩的马车帘，那个墙洞预计将在未来某个时候安上一扇门。作为窗户的开口上挂着帆布或黄麻袋。只要在地里打进四个叉柱作为床架，将包装箱当成桌子，将蜡烛盒当成椅子，将小颈瓶及其配套的锡杯作为房间里的小摆设，就过上了最为奢侈的生活。我们不需要门来御寒。不过，我们的房间里常常会出现响尾蛇、巨大而可怕的蜈蚣以及拖家带口的蝎子（亚利桑那盛产蝎子）。当我们意识到这一点时，我们急切希望通过某种方式为它们的到访制造更大的困难。在号声的催促下起床时，如果发现自己的靴子和长筒袜成了一群快乐小狗的玩具，这可不是什么值得高兴的事情。这些小狗缺乏行为规范，常常将两三个邻居的衣服来回调换。此时，只有经过长时间搜寻和许多人的重新调配，才能重新拿回自己的衣服。

有时，狼群和狗群半夜在门口打架的叫声和咆哮声会让人从睡梦中惊醒，它们的战场似乎随时可能转移到本已十分拥挤的卧室内部。这种事情起初会让人觉得有趣，慢慢也就习以为常了。在黑暗中踩到盘成一盘或者正在爬行的响尾蛇会带来极其严重的后果，因此所有人在天黑后进入房间之前都会划上一根火柴，以看清周围的情况。

我见到的第一只蜈蚣是从指挥官客厅没有天花板的屋顶上掉下来的，正好落在桌子中间，当时一群军官正围着桌子打牌。那只蜈蚣几乎有 1 英尺长。即使飞来一枚炸弹，人们也不会像当时那样迅速而有效地分散开来。随后，他们饶有兴致地处死了入侵者。那时，我们关于蜈蚣的知识完全是从上一批守军那里听来的。根据他们的说法，蜈蚣脚的毒性和响尾蛇的牙齿不相上下。

我们的"衣橱"仅仅是钉在土坯墙上的几根钉子而已,因此我们的衣服也不能幸免。一天早上,我拿起燕尾服,发现衣服褶皱里有一窝小蝎子,大约12只,看上去像是漂白的对虾,但是每个小生命翘起的尾巴上都有一根刺,似乎随时准备为敌人带来超越当地高温的持续灼烧感。

守军的社交生活说起来很简单——我们没有社交。军需官每隔四到六个月来一次。此时,我们可以开始纵情饮酒和赌博。好在这都是过去的事了,我们现在甚至不愿意去回忆这些事情。

通过上述细节,可以想象,哨所里的生活缺少某种魅力,无法带来人类所必需的快乐。此外,我们并不能在哨所外面获得补偿,周边区域唯一有趣的地方在于其新奇的特产。这里有十几种我们之前从未见过和听说过的仙人掌,有像假紫荆(palo verde)这样无法生火的树木①,还有牧豆树。我们用撬棍收集牧豆树的干枯枝条作为燃料,而不是用斧子砍,因为斧子的利刃会使树枝像玻璃一样碎裂开来。这里还有有用但讨厌的加勒塔草(galleta grass)。我们总是用沉重的锄头而不是镰刀来收割加勒塔草,其尖刺可以穿透所有动物的肠子,除了强健的加利福尼亚马和军骡。我们总是将加勒塔草与玉米和小麦混在一起,形成一种黏糊糊的饲料,供这两种动物食用,这样可以在很大程度上保护它们的胃。我一直认为,如果单独吃加勒塔草,就连这两种动物的肠子也会被刺穿。加勒塔草是我们唯一的牧草,每吨大约100美元。战士们用加勒塔草填充被套。后来,有个人在被套上面躺的时间有点长,他突然跳起来,然后去找军医,因为他身上被扎出血了。从那以后,大家在使用这种被套之前先要拍打一番,这不是为了获得柔软的触感,而是为了把尖刺打平。

当地没有被爬虫和仙人掌占领的区域似乎已被凶猛活跃、无处不在的阿帕奇人牢牢控制。即使在大白天,如果没有足够多的护卫人员,任何人都不能前往距离哨所0.5英里远的地方。

---

① 假紫荆之所以不适合做燃料,不是因为它无法燃烧,而是因为它燃烧得太快,无法形成木炭。

每天早上都可以在哨所周围发现他们的踪迹。每天早上,老守军都会拿着前装式滑膛枪去打靶。阿帕奇人会取下枪靶上的弹头并在周围徘徊,希望捡到旧瓶子或者其他可以制作箭头的材料。他们偶尔会在距离哨所很近的地方向士兵射击,但他们并没有受到惩罚。你可能会问:为什么?下面是答案。麦克道尔将军设想并实施了一项计划:他要经营一家国有农场,以满足部队的所有粮草需求,或者至少提供足够多的粮草,使他能在向政府采购粮草时获得议价权。他选中了哨所附近一块大约0.5平方英里①的河边洼地,挖了一条几英里长的灌溉渠,这条水渠的一些地方深达10~12英尺。他还清理了这片土地上茂密的牧豆树、布尔灌木丛和仙人掌——这些工作主要是由驻守该地的美国第十四步兵团的三个连和美国第一骑兵团的一个连完成的。

我们的起床号大约在凌晨3点响起。骑兵前往马厩,为马理毛,然后返回营房,享用豪华的面包和咖啡,偶尔还能吃到一小片咸猪肉。农场工作从早上6点钟开始,一直持续到中午,此时大家可以享用午餐,包括面包和豆汤或者米汤。下午1点,工作重新开始,一直持续到晚上6点。此时,部队返回哨所。在为马理完毛之后,骑兵可以享用入夜时分的晚餐,其内容与凌晨时分的早餐非常类似。这带来了一种时间上的混乱感,使人很难将起床号和收工点名号区分开。

这种伙食是质量最低的基本政府配给,没有任何新鲜蔬菜。在阳光下,任何正常的温度计都会记录到135~140华氏度的高温。在这种条件下,这样的劳动当然令人备受煎熬。只要工作一个小时,大家的衣服就湿透了,就像他们刚刚穿着衣服在河里游过泳一样。只有在一天的工作结束后,在他们晚上躺下休息和睡觉时,他们的衣服才能晾干。在劳累和半饥饿状态下,人们很容易着凉,并且很快演变成恶性痢疾。哨所新墓地的很大一部分空间就是由这些人占据的,他们的死因便是食物不足和在酷热阳光下的过度工作。

我想,大约15人死在了那个夏天,他们下葬时有的裹着毯子,有的装在用衣

---

① 1平方英里约等于2.59平方千米。——译注

物包装箱制作的简易棺材里。我们不止一次协助埋葬那些曾为平叛战争立下汗马功劳的士兵，他们的棺材上写着简单而动人的铭文，比如"美国20号，25双军靴"或者"40条骑兵裤"，那是箱子的包装工之前写上去的。

要求提供棺材木料的申请以成本为由遭到拒绝。要想获取木料，只能去锯附近的绿色棉白杨树。只有从事过这项工作的人才知道这有多难。

部队军官不需要像士兵那样拿着斧子和铁铲参加劳动，但在用于维持生存的食物质量上，他们并没有受到任何优待。他们可以购买足够多的食物，仅此而已。在一年半的时间里，大家只能买到黑咖啡、干面包、大米和豆类、劣质牛肉或者更加劣质的猪肉。在200英里范围内，找不到任何蔬菜。土豆和洋葱的价格极其昂贵，前提是能买到的话。除了白糖以及偶尔会有的劣质火腿和干苹果，军官在粮食部（Subsistence Department）并不能买到什么东西。当我在亚利桑那第一次看到土豆时，我高兴地花了16美元买了半蒲式耳[①]。即使对方要价60美元，我也会乖乖交钱。在这里，金钱似乎失去了力量。钱既不能当饭吃，也不能买到人们急需的物品。最终，坏血病开始侵袭守军，驻地军医要求采购对抗坏血病的药物。此时，我们终于看到了来自250英里外的马车，上面装载着每蒲式耳45美元的洋葱以及同样昂贵的土豆和腌黄瓜。补救措施代价很高，但这是领导采取那些经济措施的自然结果。之后，部队在农田的一个区域开辟出了精致的菜园。他们原本可以在第一年同时建设农田和菜园。不过，由于农田工作高于一切，因此他们在农田完工后才开始建设菜园，这未免太迟了。

在这种情况下，你也许很想知道，是否有许多人做了逃兵。事实上，逃兵是很少的。这不是因为大家甘愿屈服于这种生存状态，而是因为他们看不到摆脱这种困境的明显出路。在军事驻地以外，整个亚利桑那只有不到1000个白人，其中70%左右是其他地区的逃犯。这些人面相凶恶，只要一照镜子，他们就会立刻掏

[①] 一蒲式耳约为35升。——译注

出手枪，朝着镜中人射击。①几乎找不到可以藏身或者获得援助的居民区。如果逃兵上了大陆通道，不管朝哪个方向走，他都会途经某个军事驻地。向南走会死于墨西哥人之手，内地则完全由阿帕奇人控制。如果逃离亚利桑那是一件比较容易的事情，我相信，用不了太长时间，军官身边就会只剩下少数忠于职守、意志极为坚定的老兵。

我在亚利桑那第一次指挥骑兵分遣队的经历或许可以让人们对于当时军事行动的难度有一些初步的了解。那天下午1点，我刚吃完所谓的"正餐"，指挥官②就找到我，对我说："我想让你带着桑福德上校部队的35名士兵、十天口粮和足够的弹药，向格兰特堡指挥官报到，以执行侦察任务。你们的交通工具包括10头驮骡。你们负责装货，然后护送马车队前往索尔特河渡口。你们需要在今天下午5点前启程。"

这位指挥官是那种纪律严格的老派人物，他会下达各式各样的命令，毕竟，执行命令的又不是他自己。他还喜欢看到下属迅速而精确地执行命令，所以，我立即行动起来，进行准备工作。毕竟，我只有四个小时的时间。

我本可以在半小时之内轻松地将分遣队和马车队准备停当，但驮骡队对我来说就像堪察加人眼中的蒸汽机一样陌生。人员、马匹、口粮和弹药很快准备就绪。之后，队伍的主角来了——10头半驯服的驮骡。我为每头骡子分配了一个人，并给每头骡子留出了足够大的尥蹶子空间，成功避免了人员伤亡。不过，我们花了好一会儿工夫才驯服了这些骡子。

下一步是将一车杂物运到眼前。我们没有一个人见过这些乱七八糟的货物，只有一个指挥官见过，连他也叫不出其中一半以上的名称。我们之前从未听说过像皮驮鞍、马毯、鞭绳这些奇奇怪怪的名字。最后，我们才发现，它们指的正是我们眼前的某些物品。几分钟后，我们意识到，只有凭借所有这些装备，我们才

---

① 根据1860年的人口普查，新墨西哥亚利桑那县（亚利桑那当时的称呼）的白人数量为2421人。到1866年，非印第安人口上升到了7200人。
② 美国第六骑兵团克拉伦斯·E. 贝内特上尉（Capt. Clarence E. Bennett, 1833—1902），西点军校1855级的学生，在南北战争期间晋升为加利福尼亚第一志愿骑兵团中校。

能将骡队转变成驮队。这就好比是一个从未出过海的人被扔到没有装备索具的船上，并被要求在指定时间内做好驶出港口的准备，但他对于出海后的任务只有一点模糊的概念。面对堆在甲板上的风帆和绳索，他会陷入怎样的迷茫呢？

一个老中士成了我们的救星。他曾在罗格河战争（Rogue River War）中第一龙骑兵团 A. J. 史密斯的连队里服役，见过这些装备，尽管他从未使用过。他善意地提供了他所掌握的知识。最终，尽管遭到了骡子的强烈反抗，我们还是将皮驮鞍套在了骡子上。接着，我们迎来了真正的挑战——将货物扔上骡背并使之固定在骡背上。这里的许多人无疑经常看到熟练的货郎搬运货物、调整鞭绳、打钻石结、最后喊着"很好"踢牲口的样子，认为这很容易。只有经过反复尝试才会发现，只有抓紧绳子、一口气完成所有操作，才能取得成功——而这一点仅仅通过观察是无法明白的。也许此时你才能感受到我当时在时间紧迫的情况下经历了多大的困难。

我们装上货物，绑上鞭绳。当然，和其他所有新手一样，我们在所有看上去应该打结的地方打了结。不过，由于某种神秘原因，当我们放开骡子时，货物立刻滑下来，朝着各个方向掉下去。最后，受惊的骡子乱拱乱踢，直接把货物抛向了空中。

时间不等人。此时是下午 4 点，但我们还没有将一包货物稳稳地放在骡背上。相反，在粗暴对待下，所有货物很快都被压碎了。我们都知道，只要有足够多的时间，我们就能学会装货，但在当前的命令下，在军营那种环境里，即使是比装货更简单的事情，我们也没有时间去学了。在这种紧急情况下，我的马车队成了运输工具的不二选择。货物、皮驮鞍和绳索都被扔进了空车厢。我本来还想把可恶的骡子也扔进车厢，但是被人拦住了。于是，队伍以纯正的骑兵风格离开了哨所。这样一来，我们既没有违反命令，又可以找时间在其他地方学习如何组织驮队。

由于次日需要穿越 35 英里的沙漠，因此我们午夜时起身，立刻开始装货。出于和前一天相同的理由，装货行动一直持续到早上 6 点，期间我们没有前进半步。我想，我们最好还是换个地方，因为眼前的行动正在变得单调乏味，于是我们离开了营地。从早上6点到晚上8点，我们一直在炙热的沙漠里，顶着仲夏的烈日，人和牲口都在忍受无法缓解的干渴。水壶里的那点存货早就在上午喝光了。

我们在类似的担忧和劳累中又度过了三个日夜，终于抵达了格兰特堡。这令指挥官[①]非常不满，因为骑兵的到来会消耗该哨所本已捉襟见肘的粮草。他请求的是步兵援助，因为他觉得骑兵在山中永远无法追上阿帕奇人。不过，他对于糟糕的现状做出了最好的应对。第二天晚上，在夜幕掩盖下，在一个混血向导的指引下，我们离开哨所，开始侦察皮纳尔山脉。一名墨西哥人随队同行。虽然他不是专业货郎，但在几名士兵的帮助下，他迅速而轻松地给骡子套上了装备，并且使货物稳稳地停在了骡背上，真是气死人。对他来说，这就像过家家一样简单。在他的指导下，我的手下很快学会了这门艺术。此后，我们在搬运为数不多的货物时再也没有遇到太大困难。

在连续五六个夜晚，我们牵着马从一边上山，再从另一边下山。在黑暗中，我们不断被岩石撞伤和擦伤，被仙人掌的刺刺伤。我们一边躲避因前方队伍行进而掉落的滚石，一边忍受缺水带来的干渴。我们几乎没有水源。我们整夜行军，白天在炽热的峡谷里休息，两侧山体反射的热量使沙地变得更加温暖。我们常常在日光下露营，但无法生火沏咖啡。原来，我们即将进攻一个大型阿帕奇村落。当然，这件事需要最大限度地保守秘密。

一天下午，在日落前大约一个小时，我们一反只在夜间行军的常规，离开了营地。走了不到半小时，我们突然发现前方山坡上出现了一大群正在逃命的阿帕奇人。我们无疑被向导背叛了。他多年来一直被阿帕奇人关押，大概是对自己的人身安全感到担忧，而且对陌生的士兵们没有太大信心，当我们靠近阿帕奇人，准备发起凌晨进攻时，他在指挥官不大情愿的情况下，强行说服指挥官开始行动。对方一哄而散。步兵觉得他们跑得没有阿帕奇人快，无法让对方停下脚步，而骑兵人数又太少，无法单独对其展开行动。于是，我们拖着疲惫的身体和烦乱的思

[①] 很可能是美国第三十二步兵团的弗雷德里克·E. 坎普中尉（Lt. Frederick E. Camp）。

绪返回了格兰特堡。

在我返回麦克道尔后不久，我们获得了侦察附近阿帕奇人的许可。在桑福德上校指挥下，部队顶着新月，带着一个平民向导和一个皮马印第安追踪者出发了。[①]天色很暗，只有上弦月洒下的一点微光。我们在马扎察尔山（Mazatzal Mountain）上开辟了一条新通道，然后进入通托河谷地。第二天晚上，我们穿过安查山脉，在梅多山谷（Meadow Valley）扎营。

我们对于这里的地理环境感到震惊。这里没有弗德和希拉的荒芜沙漠，取而代之的是水源充足的高原和深谷，上面覆盖着大片橡树、松树和胡桃树，以及茂盛的青草。到处都可以看到古代文明的建筑遗迹。这个文明非常先进，石墙上覆盖着用附近石膏床制作的灰泥，它们和帕罗斯大理石一样洁白和坚硬。我们感到了未知土地探索者感受到的那种激动，对于即将到来的惊喜非常期待，是我们每次从一个地方到另一个地方都会有的那种期待。

就在大部队检查周围环境的时候，一小伙阿帕奇人袭击了留在营地里的卫兵，但很快就被击退。我们急忙返回营地，开始追赶这些印第安人。我们的皮马追踪者在搜寻敌人踪迹时一点也不含糊。下午4点左右，我们登上一条山脊，眼前出现了一个大型阿帕奇村落，对方完全没有意识到我们的出现。

妇女和儿童正在收集草籽和葵花籽，那是他们制作唯一一种面包的原料。整支骑兵部队叫喊着冲下山坡，冲进惊慌的印第安人群，开始了奇袭。战斗打响了，我们的战士用手枪和卡宾枪开火。阿帕奇人主要以弓箭防御，少数人拥有火器。

当骑兵的冲锋势头结束时，战士们下了马，松开缰绳，开始了卡宾枪表演。大约十五分钟后，战事结束。我清点了战利品，包括15头死鹿和一些被俘的妇女和儿童。

此战的另一个结果是，在我们返回麦克道尔堡一两天后，科约特罗人的酋长

[①] 此次侦察从1868年9月27日持续到10月6日。亚利桑那志愿军的托马斯·尤因中尉（Lieutenant Thomas Ewing）是侦察兵向导，追踪者是马里科帕印第安人，不是皮马印第安人。5名军官和91名士兵参与了此次侦察。

德尔沙伊带着手下几百人来到我们哨所求和①。我们之前消灭的就是这个部落的印第安人。德尔沙伊做了最为慷慨的承诺，保证以后遵纪守法。为了证明自己的忠心，他提议带着全部大约 300 个战士加入我们的守军部队，以进攻和占领格兰特堡。这项提议遭到了谢绝，但它表明，阿帕奇人不知道不同哨所的部队属于同一支军队，他们觉得这些部队是相互敌对的独立实体，他们驻守亚利桑那各地是为了自己的利益。虽然德尔沙伊做出了这些承诺，但他不到一个星期就带着手下人偷偷离开哨所，然后重操旧业，找机会谋害过路的旅行者，抢劫牲畜。面对投降的阿帕奇人，找不到适合他们的居留地，也不可能将他们作为囚犯关押起来，于是拉锯、战斗和谈判的游戏也就没完没了地继续下去了。

在莫戈永、弗德、索尔特河和东福克河（East Fork）之间的区域，我们凭借一个骑兵连的兵力追逐并击溃了几乎每个角落的阿帕奇人，至少暂时如此。由于印第安人没有固定的住所，当我们在袭击村落后停止追逐逃跑者时，阿帕奇人会搭起新的窝棚或灌木丛小屋，像之前一样再次安顿下来。

我们想找非军方人士帮我们打理驮队事务，以延长我们留在战场上的时间，但是这些申请全都被哈勒克将军②拒绝了，他认为军人应该亲自完成这些工作。由于我们的士兵需要作战，因此我们在马匹上携带了十二到十五天的口粮。这些口粮有时包括腌牛肉，还有一些玉米粉（pinole）。玉米粉是用粗磨的印第安干玉米制作的，食用前需要加入水和糖，呈稀粥状，可以止渴。虽然它不能饱腹，但是可以缓解饥饿。不过，我们很快就对它产生了反感。长期持续食用玉米粉会导致肠道问题。即使不考虑这一点，玉米粉也是一种令人讨厌的主食。如果可以，我们会携带咸猪肉和硬面包，它们可以长期保存，无须考虑日期或用量限制。这项技巧是我们在波托马克军团（Army of the Potomac）时学会的。

---

① 卡尔犯了两个错误。德尔沙伊又叫"红蚁"（约 1838—1874），是通托酋长，也可以叫作亚瓦派酋长。卡尔还把瓦普埃塔（Wa-poo-eta）误认成了德尔沙伊。瓦普埃塔又叫"比格伦普"（卒于 1869 年），是另一个亚瓦派酋长，酷爱抢劫。瓦普埃塔手下有 748 人，德尔沙伊手下则只有 200 人——卡尔说有几百个阿帕奇人进了麦克道尔堡，他们显然不止 200 人。德尔沙伊和瓦普埃塔去世前一直是白人的死敌。
② 亨利·W. 哈勒克少将（1815—1872）从 1865 年到 1869 年负责指挥太平洋军区。

我们的所有侦察都必须在夜间进行，因为阿帕奇人白天一直在监视哨所周围的情况。如果一支部队试图在日落前出发，在他们渡过弗德河之前，烽烟就会从十几座山峰上升起，用于提醒阿帕奇人防备即将到来的危险。由于我们附近的印第安人不骑马，因此马匹白天扬起的灰尘也有同样的效果。

我们没有得到其他骑兵部队的配合。在1867年末以前，整个亚利桑那南部的骑兵只有第一骑兵团的四个连，驻守在麦克道尔、鲍伊、布坎南（Buchanan）和卡拉巴萨斯（Calabasas）。后三个哨所的骑兵需要尽全力限制科奇斯和奇里卡瓦人，同时护送车队和军需官在不同的哨所之间转移。奇里卡瓦人当时处于鼎盛时期。他们精通骑术，将墨西哥作为补给仓库，对于所有经过或者试图居住于鲍伊和图森之间区域的人都构成了威胁。由于没有其他部队配合，但又必须执行任务，因此我们只能独自行动。亚利桑那没有人有权命令不同驻军对共同的敌人采取联合行动。侦察活动的开展取决于不同哨所指挥官的心情和判断，被某个哨所的部队赶走的印第安人会跑到另一个暂时没有采取军事行动的哨所周围避难。

除了持续侦察，我们还需要护卫所有进入亚利桑那的军需官。每次履行这项职责时，部队都会在一两个月时间里失去部分人手和与此相应的有效力量。

为我们追踪敌人的皮马人有一种特殊的迷信，它一直妨碍着我们的连续行动。只要皮马人触摸到活着或者死去的阿帕奇人，或者在战斗中杀死某个阿帕奇人，他就不再继续行动了。这个将自己弄脏的皮马人会立刻被年长者接管，后者的职责是监视他，确保他喝水喝到呕吐和腹泻；确保他只用木棍触摸自己的身体，以避免使用手指；确保他只吃不含盐的食物；当他返回居留地时，确保他在某个地方独处，并为他提供饮水和玉米粉。经过四十天的节食和隔离，整个部落列队前来迎接这位杀死可恶的阿帕奇人的英雄，接他回家，并且大摆酒宴，欢呼庆祝，以表彰他的英勇。这种迷信行为本身没有坏处，其起源大概是某个在天花或其他传染病流行期间接触阿帕奇人的人遭到了隔离。不过，它严重干扰了我们对阿帕奇人的连续行动。部队在每次战斗结束后几乎总要被迫返回哨所，而不是乘胜追击。

1867年，刚刚组建的第八骑兵团第九连在麦克道尔和我们会合。此后，我们有了更多的侦察人手，但是困难并没有减少。行动艰难、粮食不足和缺乏合作的问题仍然存在。

在克鲁克将军担任军区指挥官之前，我们从未有过有组织和成体系的作战计划。①

在他的管理下，1872年，十七个骑兵连、美国第二十三步兵团的两个连以及足够多的印第安侦察兵组成了一支大部队，接管了该地区，一切必要的补给也都就位了。驮队也由非军方货郎打理，为连续而舒适的作战提供了保障。这样一支大部队在任何地区行动时都会在地表拉出无数条队列，像巨大的蜘蛛网一样。印第安人在逃离一支部队时一定会迎头撞上另一支部队。我们将阿帕奇俘虏安置在居留地，并且尽量将其限制在那里，而不是像之前那样，仅凭他们一文不值的遵纪守法承诺就让他们随意行动。我们还需要进行许多艰苦的战斗和侦察工作，但我们已经做好了充分的准备。我们有这样一种感觉：最后的胜利一定会为这场斗争画上完美的句号，我们一定会迎来相对轻松的日子，尽管这一天不可避免地被延迟了。在此之前，作战条件极为艰苦而且毫无必要，部队行动四处碰壁，毫无目的可言。只有歼灭敌对的阿帕奇部落，我们似乎才能迎来最终的和平——考虑到之前的参战人数，这显然是一项永远无法完成的任务。

在此，我想介绍一次有趣的带队经历。当时，我们想要寻找一条从麦克道尔堡到林肯堡（现在的弗德）的行车路线，这条路线需要经过一片未经探索的区域。我们是在雨季出发的，我们所走过的"马尔帕伊斯"②区域到处都是淤泥。我们很少骑马，马匹常常会深陷淤泥之中，队伍每天能走上9英里就已经很不错了。在抵达弗德河之前，许多牲口已经由于饥饿和劳累死在了路上。我们必须在此过河，但河水太深，走不过去。于是我们用干枯的棉白杨树干制作了一只大木筏，它可以像木塞一样轻轻地漂在水面上。我们在木筏上装了一些帆布包装罩和其他轻质物品，两个人驾着木筏驶向对岸。水面平滑如镜，没有一丝波纹，水流显然很慢。

---

① 1871年6月4日，名誉少将乔治·克鲁克就任亚利桑那军区指挥官。
② 意为"糟糕的地区"。

到了河中央，两个人惊叫起来，水面出现一个缺口，船头朝下沉入水中，再也没有出现。两个人游到岸边，但是货物和木筏残骸并没有浮上来。我们在沉船位置潜入水下一定距离，进行了仔细检查，但是并没有看到货物和残骸的踪迹。这只木筏的消失是一个谜，至今也没有人给出合理的解释。我们又造了一只木筏，在另一个地点下水，开始渡河。这一次，我们使用了用鞭绳制作的牵索。一些战士脱得一丝不挂，顶着飞雪将牵索拉到对岸，然后光着身子在那里等着，直到这边的人把他们的衣服运过去。

1868年12月，我幸运地收到了前往纽约市的征召命令。我没有等待领导的动员，立刻接受了征召，并且很快完成了此次7000英里远行的准备工作。

在马里科帕韦尔斯，在特使的建议下，我悄悄爬上了一辆平板车。拉车的是两头半拴的骡子，由马夫牵着。马夫拿着绳索，脚步很轻地跟在后面，如履薄冰。他挂上外侧套绳，取下骡子的眼罩。此时，两头骡子突然腾空而起，出发了。这一下，所有的搭扣和皮带发出了啪的一声脆响，我的脖子差点被扭断。随后，两头骡子落在了坚实的地面上，距离起跳点大约有6英里。落地后，它们全速前进。过了好一会儿，它们才把气喘匀，开始以正常的步伐前进。马夫唯一的目标似乎就是把控骡子的前进路线，让它们在前进时不至于偏离道路太远，以免它们跑到人迹罕至的沙漠里去。

我们穿过了马里科帕山。我向蒙特苏马巨大的躺卧雕像告别，希望自己永远不再回来。这座雕像是世界上最大的自然雕塑之一。[①]这位阿兹特克勇士的脑袋仰躺在山枕上。在落日余晖的映照下，陷入沉睡状的高浮雕面部轮廓清晰地显露出来，呈现出一幅极为高贵庄严的画面。他躺在那里，等待着那个约定时间的到来。届时，他将从死亡般的睡眠中清醒过来。根据皮马人的信仰，他将命令阿兹特克的加百列[②]发出信号，所有在那场大洪水之后死去的人（只有蒙特苏马及其家人躲过了）将全部复活。

---

① 1871年11月，卡尔回到亚利桑那，参加克鲁克的通托贝森之战，他在本文中赞美了此次战役的成果。
② 加百列是天使长，在天堂里担任重要职务。——译注

一路上，我坐在平板车狭窄的座位上，后背没有任何支撑，难受至极。为了不让车上的人饿死，马车偶尔会停在驿站，以获取必要的补给，比如咸猪肉和豆子。只有在这种时候，单调的行程才会被打破。经过三天两夜，我终于到了尤马堡。

尤马的军需官没有其他交通工具，因此雇用了一辆民用马车，以运送我和其他两位军官前往海岸。这辆马车没有弹簧，我们只能坐在横搭在马车底座上的粗木板上。我们花了五六天时间穿越科罗拉多沙漠。在哈昆巴山脉（Jacumba Range），马车发生了灾难性事故，我们差点被冻死。最后，我们终于来到了美丽的圣迭哥海湾。经过几天的休息，在亚利桑那服役三年的漫长噩梦被驱散了一些，但它并没有完全消失。

华拉派战争中的一起事件

詹姆斯·戴恩
普雷斯科特《亚利桑那矿工报》，1868 年 4 月 4 日

我们不得不再次记录一起印第安人残忍屠杀白人的事件。事件发生于 1868 年 3 月 21 日星期六上午，地点位于威洛斯营（Camp Willows）和卡顿伍兹（Cottonwoods）之间的普雷斯科特和哈迪维尔（Hardyville）公路上，距离东边的普雷斯科特 80 英里。下面对于这起事件的报道来自美国第十四步兵团第五连列兵詹姆斯·戴恩，由受伤的邮差查尔斯·斯潘塞提供[①]：

威洛格罗夫营（Camp Willow Grove），

亚利桑那，

1868 年 3 月 23 日

我非常遗憾地通知您，查尔斯·斯潘塞已被印第安人打成重伤。幸运的是，他的伤不致命。他目前在我们哨所的医院里，恢复得和我们预期的一样好。本月 21 日上午，和平常一样，斯潘塞和护卫在上午 9 点出发，带着寄往哈迪维尔和加利福尼亚的邮件离开哨所。还没到距此 4 英里的卡顿伍兹，他们就遭到了一伙华拉派印第安人的射杀，两个护卫特洛伊下士（Corporal Troy）和列

---

① 查尔斯·斯潘塞（1840—1886）在南北战争期间进入亚利桑那领地。虽然他死里逃生，但他并不怨恨华拉派人。他后来写道："我并不像人们想象的那样责怪印第安人。对他们来说，这是战争时期，他们的男人、女人和孩子曾被白人杀害，所以，他们有什么理由不进行报复呢？" 斯潘塞留在华拉派人所在地区挖矿，并和一个华拉派女子结婚。他在该部落获得了很大影响力，为军队组织了华拉派侦察兵。斯潘塞蛮横而酗酒。1886 年 11 月，他与一个商业伙伴发生酒后斗殴并被杀。Leo W. Banks, "Charley Spencer's Final Battle," *Arizona Highways* 75, no. 11 (November 1999): 10-13.

兵弗勒德（Flood）在第一轮射击中丧生，同时被打死的还有邮差胯下的骡子。斯潘塞迅速跳下骡鞍，抓起七发式来复枪，跑到黑肉叶刺茎藜丛后面，那是附近唯一的隐藏点。

很快，斯潘塞看到一伙野蛮人走向下士的尸体，开始扒衣服并损毁尸体。在他们进行这项残暴的工作时，斯潘塞突然向他们持续开火，打死了两个红色恶魔，这让他很高兴。其他人四散而逃，寻找藏身之所，斯潘塞也在做同样的事情。他找到了一个安全的隐藏点，还没等他钻进去，藏在岩石后面的十几个印第安人便开始向他射击。一颗子弹击中了他的大腿，从肉中穿过，使他倒了下来。接着，他们向他冲来，觉得一定会抓到他。他们想错了，因为他还没有开始战斗。他很快站起身，迫使野蛮人寻找藏身之处。接着，他爬到岩石之间的缝隙里，开始休息，他此刻需要休息。

在这段时间里，一伙印第安人扒下了遇难士兵的衣服，并将骡马的尸体切开，这花了大约二十分钟。接着，他们包围了斯潘塞，试图开枪把他打出来，但他也予以还击，于是他们发现这样做行不通。接着，他们试图通过叫喊把他吓出来，但他也朝他们叫喊，以表示对他们的蔑视。只要有机会，他就会朝他们开上一枪。于是他们改变策略，试图哄骗他，说他们想让他回家，还说他们不想杀他，不会开枪了。斯潘塞并没有上当。最后，下午4点左右，他们起身撤退了。原来，我们哨所派出了一个班的士兵，以查明开火的原因，因为军营那边听到了枪声。他们发现了下士的尸体，立即返回军营汇报。接着，罗宾逊中尉[①]带着20名士兵和一辆马车开始搬运尸体。斯潘塞听到了隆隆的马车声，但他无法走路，只能大声叫喊并按下手枪扳机，中尉这才注意到他的情况。他立刻被抬上马车，并被运回军营。在那里，军官和士兵们给了他无微不至的关怀和照料。他说，对方一共有75个印第安人，其中半数以上拥有枪支。

---

① 美国第十四步兵团的利瓦伊·H. 罗宾逊中尉（Lt. Levi H. Robinson，1840—1874）。

与上周六的邮件一同来到这里的约翰尼·奥唐奈（Johnny O'Donnell）和威洛斯营管理员找到了我们。在对上述事件的陈述中，他们指责威洛斯指挥官当天没有早点派部队前往冲突现场。他们说，在上午听到枪声后，部下请求他派人查看，但他没有听。这位指挥官在解释自己的行为时表示，他正在等待普赖斯少校[①]及其部队的到来，因此理所当然地认为该部队在科顿森林扎营并进行了射击。话虽如此，但是我们认为，只要听到连续射击，他就应该派出部队。我们还听说，普赖斯少校计划从东边而不是西边到这里。如果是这样，我们即便绞尽脑汁也无法解释指挥官的冷漠。我们知道，即使把平民放到这样的环境里，他们也会出去看看发生了什么事。

到目前为止，我们还不清楚邮件的下落，只能认为这些邮件和运载它们的骡子已经落入印第安人之手。这批邮件是在3月19日星期四上午离开普雷斯科特的。通过这批邮件寄信的市民当然不需要等待回复了，塞拉姆（Serum）[②]和他的战士们很可能会将其全部销毁。

奥唐奈所讲述的斯潘塞与75个或者100个愤怒的野人战斗和求生的细节使我们想起了一些拓荒者在"黑暗血腥之地"[③]的英雄事迹。幸运的是，斯潘塞上午出发时携带了足够多的来复枪和手枪子弹，所以他才能牵制敌人这么长时间。在下午的某个时候，一个印第安人走近斯潘塞的"堡垒"，用结结巴巴的英语让他出来并回家，因为他们不想再杀害任何士兵了。他说，他和其他印第安人就要回家了。接着，他走到了远处一座山上。过了不久，斯潘塞把帽子挂在枪支通条上，将其探出岩石。隐藏在附近的印第安人立刻开了枪，帽子被打成了筛子。他们显然觉得他的头就在帽子下面。如果前面提到的援兵没有到来，斯潘塞准备在夜幕降临后立刻爬到溪边（因为他无法走路），清洗伤口，然后拼命爬回威洛斯。

这是斯潘塞在亚利桑那第二次遭到印第安人劫杀。他两度证明了他是一个极

---

① 美国第八骑兵团的威廉·R.普赖斯少校（1838—1881）。
② 塞拉姆是华拉派三大酋长之一，另外两大酋长是瓦乌巴－尤巴和华拉派斯－查利（Walapais-Charley）。
③ "黑暗血腥之地"指肯塔基州，白人曾在此屠杀印第安人。——译注

为勇敢和镇定的人。他第一次遭到袭击是在大约一年前，当时他在奇诺瓦利（Chino Valley）的班哈特牧场（Banghart's Ranch）看管马群和牛群。凭借其冷静和勇敢，他保住了大多数牲口。他之前已经在哈迪维尔公路上运送了一段时间的邮件，有过许多次死里逃生的经历。

关于此次事件，一位军方人士说："有人宣称，人们可以在这条公路上安全地旅行，印第安人厌倦了战争，渴望和平。这话听上去似乎很有道理，不过，我不相信他们希望和平。他们只配拥有永不醒来的和平，也就是死后的和平。我们应该针对所有部落开展一场斩草除根的战争。在他们从世界上消失或者放下武器乞求和平之前，我们不能心慈手软。"这和我们的看法完全一致。

对怀特芒廷阿帕奇人的有趣侦察，
其中一些人要求获得和平和居留地

约翰·格林①

格兰特营指挥部
亚利桑那领地，
1869 年 8 月 20 日

助理副官，

加利福尼亚军区，

长官：

  我很荣幸地告诉您，遵照 1869 年 7 月 5 日图森分区指挥部的 73 号特别命令，我于 1869 年 7 月 13 日晚离开本军营，开始执行侦察任务。我们的队伍包括担任指挥官的第一骑兵团少校、名誉中校约翰·格林，第三十二步兵团中尉詹姆斯·卡尔霍恩（James Calhoun）和第三十二步兵团第九连的 25 名士兵，第一骑兵团第十一连的 30 名士兵，美国陆军代理助理军医 L. L. 多尔（L. L. Dorr）以及向导和侦察兵等人。

  关于大致方向和营地位置，您可以参考附件里的地图。②

  我在本军营和古德温营之间详细侦察了七天，希望找到印第安人，但是一无所获。我在 7 月 19 日抵达古德温营。

  7 月 20 日：留在古德温营，对于跟随我从该军营出发的部队进行组织。

---

① 美国第一骑兵团的约翰·格林（1825—1908）后来凭借在莫多克战争（Modoc War）中的表现获得了荣誉勋章。他在 1889 年以中校身份退役。
② 我看到的这份资料之中没有地图。

7月21日：离开古德温营。部队中增加了下列人员：第一骑兵团的约翰·巴里上尉（Captain John Barry），第一骑兵团的F. K.厄珀姆中尉，第二炮兵团的詹姆斯·巴塞尔中尉（Lieutenant James Bassel），第一骑兵团第十二连的45名士兵，第三十二步兵团的J. H.加拉格尔上尉（Captain J. H. Gallager）和E. B.里姆中尉（Lieutenant E. B. Rheem），以及第三十二步兵团第二连和第六连的40名士兵。我在前一天晚上下达命令，要求上午7点开始给骡子装货，并在装货完成后立刻出发，每支骡队由各部队的步兵分遣队护送（我还没有对部队进行组织，因为我准备在部队全部会合后的第一个营地进行这项工作）。9点，我带着格兰特营的骑兵分遣队，离开我位于古德温营附近的营地。由巴里上尉指挥的古德温营骑兵很快赶了上来。格兰特营驮队走了12英里，于下午1点在希拉河扎营，并在一个小时后赶到。古德温营驮队由加拉格尔上尉负责，护卫人员包括一名军官和40名士兵。不过，由于加拉格尔出现了无法解释的管理失误，驮队直到第二天才进入营地，而且丢失了5头骡子，至今没有找到。我逮捕了加拉格尔，将其送回哨所，命令巴里上尉查明原委，想在返回时起诉他①。另外，由于损失了这些骡子及其驮运的货物，我不得不把15名步兵派回去。

7月22日：在等待格兰特营驮队时，我派出侦察长曼纽尔、向导何塞·马里亚和6名侦察兵，希望发现印第安人的最新动向。他们渡河后行进了3.5英里，突然遇到了18个阿帕奇野人。他们显然准备去抢劫，因为他们携带了许多物资。战斗立刻打响，两个印第安野人当场被打死。第二天，在附近发现了另一具尸体。事后我从俘虏那里得知，还有一个人也死在同一天，两人都死于重伤。另有三人受了致命伤，不知现在是否还活着。当枪声传到营地这边时，我立刻派卡尔霍恩中尉带着第十一连的10名士兵朝那个方向前进。不过，由于他需要绕远，当他抵达现场时，战斗已经结束，侦察兵已经往回走了。

7月23日：我让巴塞尔中尉指挥步兵分遣队，让卡尔霍恩中尉指挥第一骑

---

① 调查委员会后来认为，加拉格尔需要为丢失的骡子和补给负责。

兵团第十一连分遣队，并在上午9点离开营地。在7月25日之前，没有发生值得一提的事情。25日，我带着20名骑兵和侦察兵，离开大部队，寻找印第安人的踪迹。行进15英里后，我们在一片橡树林里发现了他们的踪迹。一些印第安人曾在这里捡橡子。我认为他们的村落就在附近。我们小心地沿一条小溪而上，很快抓到了一个印第安老妇人。我们拼命向她打听村落的位置，但她很不愿意提供情报，而且想误导我们。很快，我们抓到了一个更年轻的印第安妇女。她说，村落在我们左边的山上。我们立刻冲上这座山，发现她没有说谎。就在这时，村落附近的其他妇女发现了我们，发出了警报。于是，印第安人立刻逃跑，进入了崎岖的深山里，我们根本无法追赶他们。我们缴获并销毁了他们所有的粮食和宿营用具，还抓到了一名儿童和两头驴。接着，我们沿溪而下，与部队会合，进了营地。俘虏告诉我，某个地方的印第安人抓到了一个白人妇女，他们觉得我们也许可以交换俘虏。第二天，我派印第安老妇人（她对印第安人没有价值，只是个累赘）努力寻找白人妇女，并说我愿意用年轻的印第安妇女和男孩交换她，但之后我并没有收到她的消息。

7月27日：行军途中，被俘的印第安妇女告诉我，距离小路大约3英里处有一片玉米地，位于圣卡洛斯河的一条小支流上。我派迈尔斯下士带着第三十二步兵团的12名士兵和侦察兵，前去摧毁玉米地。迈尔斯返回时说，他发现并摧毁了大约4英亩的玉米。

7月28日：这条小路穿过一个很深的峡谷，两边是高高的岩石峭壁。这一天，我派步兵在前方开道，以防遭袭时步兵和马匹在这片狭窄的空间里相互干扰。巴里上尉及其领导的分遣队负责护送驮队。穿过峡谷后，当我们停下来歇脚时，不远处出现了两个骑马的印第安人。我命令卡尔霍恩中尉带着第一骑兵团第十一连的10名士兵和一些侦察兵追击，我想附近可能有更多印第安人。他们差点追上印第安人，还打死了他们的一匹马，但对方还是逃进了深山。接着，我们继续前进。下午3点30分，我们抵达普列托河（Rio Prieto），在此扎营。来到河边时，我们发现，8~10个印第安人在对岸看着我们。事后我得知，他们接到了其他印第安人的通知，说我们正在朝这个方向前进。

7月29日：由于昨天道路崎岖，许多骡子的蹄铁脱落，我们只能留在营地，给它们重新安装蹄铁。我之前获悉，怀特芒廷河边种植着许多玉米。7月30日上午，我们开始朝该地前进。走了大约18英里，我们在河边扎营。我派厄珀姆中尉带着20名骑兵和一些侦察兵寻找玉米地。他们晚上回来后说发现了一些很大的玉米地。他们越往前走，前面的玉米地似乎就越大，但是他们当晚没有时间继续探索了。

大约日落时分，一伙人朝营地走来，有两个白人（库利①和多德②）、阿帕奇酋长平达基斯 [Pin-dah-kiss，又名米格尔（Miguel）③]、另一个印第安人以及一个和他们生活在一起、为他们充当翻译的墨西哥人。两个白人说，他们和米格尔是从新墨西哥温格特堡过来的，正在勘探黄金，温格特堡指挥官埃文斯上校还为米格尔写了一封推荐信。给他写推荐信的还有新墨西哥军区前指挥官卡尔顿将军和现任指挥官格蒂将军（General Getty）④。我当晚将这伙人看管起来，次日上午和他们进行了会谈。

米格尔说，他的村庄在30英里外的卡里加（Cariga）河畔⑤，还说他从未对抗白人，一直希望保持和平。由于部队已经进入该地区，因此他觉得他们现在应该进入居留地，以接受保护。他还说，他曾多次前往新墨西哥各哨所，并且总是受到很好的对待。我告诉他，他应该接受亚利桑那而不是新墨西哥的管辖。如果他想和军事当局达成协议，他必须前往麦克道尔营，面见军区指挥官。我还告诉他，我想和他说的只有这么多，但我还想派一些军官和士兵跟随他前往他的村庄，以检查他们是否在和白人进行武器和弹药交易，因为我之前获得的情报就是这样说的。如果一切正常，指挥官将和他进行进一步交谈。接着，

---

① 科里登·E.库利（1836—1917）后来娶了怀特芒廷酋长佩德罗的两个女儿，成了富有的牧场主。
② 亨利·W.多德（1839—1886）后来成了一名优秀的侦察兵。
③ 格林弄错了米格尔的阿帕奇名字，他叫埃什克伊巴（Esh-ke-iba）。事实证明，米格尔（卒于1874年）是白人忠实可靠的伙伴。
④ 名誉少将乔治·W.格蒂（1819—1901）。
⑤ 很可能是指卡里索溪（Carrizo Creek）。

我派巴里上尉、厄珀姆和卡尔霍恩中尉、50名骑兵、侦察长曼纽尔和8名侦察兵、向导加莱戈斯以及翻译乔治·科勒（George Coller）前去执行这项任务。

他们于7月31日上午8点离开营地。我相信绝大多数印第安人干过抢劫的勾当，因此指示巴里上尉在条件允许时消灭整个村庄，但我没有下达正式命令。他需要见机行事。巴里上尉离开后不久，我们拔营起寨，沿怀特芒廷河而上，走了大约5英里。我认为这里是玉米地的中心，因此就地扎营，然后命令一小队士兵守营，其他人全部出动，开始销毁玉米。部队花了近三天时间，销毁了至少100英亩刚刚长须的好玉米。我很吃惊，几乎无法相信阿帕奇印第安人能够而且愿意将土地耕种到这种程度。考虑到他们极为原始的工具和挖掘灌溉渠所需要的巨大劳力，我们不禁对他们的成功感到诧异。他们的农田比更加开化的部落还要好。

8月1日晚，巴里上尉率部返回。他说，当他到米格尔的村庄时，每间小屋、每个位置都竖起了白旗，男人、女人和孩子出来迎接他们，然后马上去收割玉米，以便为他们的马匹提供草料。对于他们的到来，村民表现得很高兴。军官们一致认为，如果他们朝村民开枪，他们就是冷血的杀人犯。侦察长曼纽尔没有这些道德顾虑，他在离开营地时一心想着割下对方的头皮，但是就连他也表示，在看到眼前的情景时，他也不想开枪了。巴里上尉还发现，两个白人只有一些口粮和工具，并没有武器弹药。正如他们所说，他们是来探矿的。

米格尔重申，他想前往居留地，以接受保护。巴里上尉重复了我之前对他说的话——他必须去麦克道尔堡面见军区指挥官。为此，巴里还给他写了封信。米格尔保证第二天出发，并且立即开始准备。两个白人也将陪他同行。

这些阿帕奇人的朋友很少。我相信，他们没有事务官。当他们向军官打探消息时，军官也无法告诉他们应该做什么。我们似乎没有关于他们的固定政策，只有一个整体思想，即将我们发现的印第安人全部打死。如果我们要采取行动消灭他们，我也会支持。不过，我和陪同我远征的大多数军官都认为，如果将米格尔及其部下安置在管理得当的居留地，并用一个军事据点保护他们，他们就会成为阿帕奇人融入文明社会的样板,因为他们似乎比我见过的其他部落更能接受现代文明。我甚至相信,如果管理得当,我们可以用阿帕奇人对抗阿帕奇人,从而在短时间里结束战争。米格尔说,他有一些士兵,如果需要,他随时可以让他们听我调遣。这个配有军事据点的居留地应当位于怀特芒廷地区。在那里,他们可以种植庄稼,自给自足,几乎不会增加政府的成本——那里的气候和土壤非常适合种植庄稼。唯一的困难在于,我们需要修一条通往该地区的马车道。不过,通过合理探索,我们可以完成这项工作。即使这个方案失败,位于该地区的军事据点对于压制亚利桑那的印第安人也可以发挥巨大作用①。

8月2日:我们完成了销毁玉米的任务。2日上午,我们离开美丽的怀特芒廷河谷,朝东南方向前进,在一片风景优美、地势起伏、绿草如茵、散布松树林的地区穿行。途中没有任何事发生,直到8月6日,我们下了纳塔内斯山(Natanes Mountain)②,进入一片草原。此时,侦察兵抓住了一个正在捡松子的印第安妇女。她告诉他们,左边有一个村落,右边也有一个村落。我命令卡尔霍恩中尉带着他的分遣队、哨所向导赫顿(Hutton)以及一些侦察兵去右边探查。走了一段距离,他们发现了一座几天前被遗弃的村落。我带着巴里上尉和他的分遣队以及其余侦察兵去左边探查。我们全速奔驰了大约1.5英里,然后又抓住了几个印第安妇女和儿童,并且发现了村落。村落位于一处高地上,背后是高耸巍峨的山峰。印第安人逃上了这座山,放弃了所有财产,包括大量粮食、兽皮、篮子、土缸、短柄斧、刀子、火药和子弹、绳索、鹿皮鞋、马鞍等,所有这些都被销毁或带走了。我们打死一个印第安人,俘获了七匹矮马、一头骡子和一匹公马驹。在销毁过程中,印第安人从高处向下射箭,但是没有伤到我们。我们随后穿过草原,安营扎寨。

8月7日:我们上午9点离开营地,下午3点抵达古德温营。

我有理由相信,阿拉瓦伊帕山脉③之中有印第安人,所以我决定对他们进

---

① 格林后来获得了建造军事据点的授权,于1870年5月建立了阿帕奇营。
② 纳塔内斯山又叫纳塔内斯高原,位于圣卡洛斯居留地西部。
③ 指圣卡塔利娜山脉(Santa Catalina Mountains),又叫卡塔利娜山脉。

行彻底搜寻。为此，我从古德温营带出了一支部队，包括巴里上尉、厄珀姆中尉和第一骑兵团第十二连的30名士兵，谢尔登中尉（Lieutenant Sheldon）、格思里（Guthrie）以及第三十二步兵团第二连和第六连的25名士兵——我准备在尤里卡斯普林斯（Eureka Springs）附近分兵①。

我在8月9日晚带着骑兵离开古德温营，并在当晚行进了15英里，到达布莱克罗克（Black Rock）。我命令由步兵护送的驮队第二天上午出发，沿图森公路前进，在科顿伍德或尤里卡斯普林斯和我会合。8月10日天刚亮，我就离开布莱克罗克，朝东南方前进，于上午11点30分抵达科顿伍德。我在此扎营，等待驮队，后者于下午1点30分抵达。赫顿发现了印第安人的一些踪迹，那显然是几天前的。我派曼纽尔和一些侦察兵前去确认他们的行进方向。曼纽尔晚上返回，说他发现了四五个印第安人和一头骡子沿科顿伍德河而上的足迹，还发现了他们昨天或前天晚上的宿营地。

8月11日：我们于上午7点30分离开营地，沿科顿伍德河而上，追寻他们的踪迹。在朝东南方向行进6~8英里后，我带着曼纽尔、一些侦察兵、卡尔霍恩中尉及其骑兵分遣队，继续追踪印第安人，同时命令巴里上尉带着其余部队前往阿拉瓦伊帕②，并在途经的第一条河边扎营。我走了大约2英里（我把侦察兵安排在前面，作为开路先锋，他们像警犬一样追逐着印第安人的踪迹）。这时，侦察兵发现，大约0.75英里外有一伙印第安人。我立刻下令冲锋。虽然这里位于深邃的峡谷和溪谷附近，地势崎岖，我们还是将五个印第安人中的三人打死，俘获了两名儿童、一头骡子以及他们所有的物资。巴里上尉听到枪声，赶了过来，在我结束冲锋后与我会合。接着，我们转移到阿拉瓦伊帕，安营扎寨。

8月12日：我把营地移到大约10英里外的尤里卡斯普林斯。在这里，我决定分兵，一半部队沿阿拉瓦伊帕山脉北侧前进，另一半部队沿南侧前进，但是向导告诉我，牲畜无法通过山脉北侧。13日上午，我命令厄珀姆中尉（格

---

① 尤里卡斯普林斯位于格兰特堡以西15英里处。
② 阿拉瓦伊帕溪起于尤里卡斯普林斯附近，沿西南方向汇入圣佩德罗河。

思里中尉病了）带着38名步兵、赫顿和加莱戈斯、向导以及3名侦察兵出发，带着四天的口粮，清查阿拉瓦伊帕山脉北侧，并在圣佩德罗与我会合。我带着骑兵、剩余步兵和驮队朝着稍微偏西的南方前进，在草原上走了15英里，在山麓扎营。

8月14日：沿西南方向穿过山口。当天的行程非常艰难，因为这里地势崎岖，大雨又使溪水暴涨，道路泥泞不堪。

8月15日：由于水位太高，无法过河，我们在营地里一直待到下午2点。接着，我们前进6英里，途中穿过了许多小溪。当晚，陪同厄珀姆中尉的3名印第安侦察兵抵达营地，说他们无法通过山脉北侧，只得返回，穿过山脉，追随我们的足迹前进。他们还说有许多人生病了，部队将于次日与我会合。

8月16日：我让巴里上尉牵着20匹马往回走，去接应厄珀姆中尉的部队。他们于下午2点抵达我的营地。下午3点，我将营地移动到大约7英里外的圣佩德罗河畔。

8月17日：我们沿圣佩德罗河而下，朝格兰特营行进。8月19日下午，我们抵达格兰特营。

此次出征，我们打死了8个印第安人（除了一个成年男孩，其他人都是战士），将3个印第安人打成重伤，俘获了13个妇女和儿童、7匹矮马、1匹公马驹、2头骡子和2头驴，缴获并摧毁了2个印第安村落及其财产，包括粮食和宿营用具，在怀特芒廷河边摧毁了至少100英亩刚刚长须的好玉米。

最后，我必须高度赞扬骑兵分遣队指挥官、第一骑兵团的约翰·巴里上尉和第三十二步兵团的詹姆斯·卡尔霍恩中尉，他们在各个场合都表现出了极大的热情，为此次出征的成功做出了贡献。

在这个疾病多发的季节，助理军医L. L. 多尔做出了极大的贡献。曼纽尔及其侦察兵在希拉河畔英勇作战，立了大功。士兵方面，除了少数例外，所有人的表现都十分积极，所以很难对他们进行点名表扬。不过，第一骑兵团第十一连约翰·沃德下士（Corporal John Ward）的坚韧和勇敢多次引起了我的注意。在最后一次遭遇战中，他打死了一个印第安人。

卡尔霍恩中尉还提到了第一骑兵团第十一连的列兵威廉·威廉斯（William Williams），说他特别勇敢。

另外，我不想自夸，但是一些印第安俘虏告诉我，在今年4月我对特恩布尔山（Mount Turnbull）村落的袭击中，30个印第安人被打死，还有许多人随后重伤不治。①

您忠实而卑微的仆人，
（签名：）约翰·格林
第一骑兵团少校，
名誉中校，
美国陆军，指挥部

军区指挥官认为此次出征非常重要，并且表扬了出征官兵的热情、勇敢和坚毅。他把这份报告转交给了副官，以便让印第安事务专员了解相关信息，并且要求采取措施保护和安抚当地友好的阿帕奇人，同时再次提及之前的建议，即再次名誉晋升格林上校，并为巴里上尉和卡尔霍恩中尉名誉晋升一级；对第一骑兵团第十一连的约翰·沃德下士和第一骑兵团第十一连的列兵威廉·威廉斯给予某种表彰，以赞扬他们在战场上极为勇敢的表现。

奉名誉少将奥德之命。

约翰·P. 舍伯恩（John P Sherburne），
助理副官

---

① 1869年4月29日，格林率领美国第一骑兵团三个连的部分小队以及美国第十四和第三十二步兵团的分遣队，袭击了特恩布尔山的一个阿帕奇村落。

阿帕奇印第安人的军事外科手术

E. 安德鲁斯[①]
《芝加哥法医》第 16 卷（1869 年 10 月）：599—601 页

新墨西哥和亚利桑那的阿帕奇人也许是世界上最难定居的群体。他们不仅没有农耕，而且一直鄙视打猎。在他们看来，唯一有价值的行当就是盗窃和战斗，其中盗窃最光荣。和其他印第安人一样，他们也有巫医。根据环境的需要，他们发展出了一套军事外科思想和实践体系。

咒语和其他无形的安抚方法占据了阿帕奇人很大一部分军事外科资源，但他们并没有完全忽略实体工具。他们的基本思想是，伤口的主要危险来自失血。在创伤仅仅来自刀箭的岁月里，这一观念一定非常接近事实。他们没有血液循环的概念，认为身体各部分拥有自己的永久血液储备。不过，他们也认识到，头部、颈部和胸部出血比四肢出血更加危险。根据这种基本的病理学思想，他们自然认为，外科手术的主要目的是通过堵住伤口来止血。这种病理学观念和处理方法显然来自几个世纪以来对于刀箭造成的伤口的观察。作为极端保守派，他们自然将同样的观念和处理方法应用到了美国军队和白人定居者带来的枪伤上。

在照顾伤员时，阿帕奇巫医首先需要在战场上收集白蜡树的新鲜枝条，其叶子可以用作伤口敷料。他们还需要采集龙舌兰的根，这种植物的根很有营养。阿帕奇人会将其烘焙后作为食物随身携带。在咀嚼并将营养物质提取出来以后，他们的嘴里会剩下一团木质纤维，像一团粗绳一样。医生先把一片新鲜的白蜡树叶放在伤口

[①] 写作此文时，E. 安德鲁斯是芝加哥医学院的外科教授。

上，然后放上一团咀嚼过的龙舌兰纤维，并将二者推进伤口里。这一方法对于箭伤一定很奏效，但对枪伤却收效甚微，因为枪伤很少流血。他们似乎不满足于单独一块止血塞，相反，他们觉得应该经常更换止血塞。在新墨西哥的一次战斗中①，大约二三十个野人受了伤。战后，美国军医发现了阿帕奇战地医院，里面有大约一蒲式耳沾了血的龙舌兰塞，那是他们不断更换敷料的结果。他们会持续这一过程，直到他们完全脱离出血的危险。下一步是进入伤口更深处，因为第一批塞子只是塞到了伤口表面。现在，他们用塞子填充箭头或弹头的整个轨道，直到最深处。这一次，他们会让塞子停留一小段时间。最后，他们取出塞子并外敷草药，以完成治疗。整个治疗过程伴随着一些类似哑剧舞蹈的迷信仪式。

去年，芝加哥市民 S. D. 费尔普斯（S. D. Phelps）跟随美国军队参与奇袭了某个阿帕奇村庄。在战斗中，费尔普斯遇到了对方的巫医并朝他开了枪。于是，他俘获了对方的手术用具，包括五块石头和一枚贝壳。石头的材质是碳酸钙，是用洞穴或泉水里漂亮的石笋切割而成的，上面有着美丽的黑色和浅褐色花纹。其中四块石头显然是止血塞。最大的石头大约 5 英寸长，呈圆柱形，有一点锥度，其尺寸刚好可以塞进滑膛枪弹头打出的伤口里。其他石头的尺寸依次递减，很可能是用在阿帕奇人和该地区其他部落用小石镞射出的伤口上。第五块石头应该只是个护身符，其形状类似得克萨斯犰狳。这块石头制作得很精巧，背面的色带条纹很像犰狳护甲上的一排排鳞片。两颗嵌进石头的珍珠代表犰狳的眼睛。第六件物品是穿了孔的贝壳，可以用线挂在脖子上，它很可能也是护身符。在战斗中被俘的印第安妇女看到这些石头时非常激动，乞求费尔普斯将其扔掉，否则没有一名士兵可以活着返回营地。

费尔普斯把这些文物送给了芝加哥科学院。想要进行相关研究，同时对民族学感兴趣的人可以去那里参观这些物品。

---

① 很可能是 1867 年 10 月 18 日美国第三骑兵团第四连和第十一连与反叛的梅斯卡莱罗阿帕奇人在新墨西哥迪亚布洛山脉（Sierra Diablo）进行的战斗。据说，印第安人有 25~30 人死伤。

亚利桑那探险：边区军旅生活中的一起事件

玛丽·W. 亚当斯①
《中部月刊》第1卷（1894年3月）：284—286页

1871年2月②，一小队人马愉快地从亚利桑那图森出发，开始了前往圣迭哥的长途旅行。当时，野蛮的阿帕奇人在更加野蛮的酋长科奇斯的带领下杀人越货，使那片地区的所有人都生活在恐惧之下。B. 上尉要与妻子和小女儿休病假③。R. 中尉④也要去休假，他要去见分居数月的妻子⑤和孩子。我丈夫获得了第一次晋升，他的新部队在俄勒冈，我们正在前往该地的路上。

拉塞尔中尉和我丈夫骑马走在前面，随后的旅行车上坐着伯纳德上尉、他的妻子和儿子、我和孩子以及马车夫。六个骑着马、拿着武器的士兵紧紧跟在旅行车后面，负责护送我们。不远处，四辆搭载行李和两三个退役士兵的军用货车连同车夫走在队尾。

我们刚刚向朋友们挥手道别，接受了他们的祝愿。此刻，我们沉浸在对于未来的美好期待中。

在第一天漫长而疲惫的旅行结束后，我们聚在篝火旁。我们的喜悦并没有褪

---

① 玛丽·怀尔德曼·亚当斯（卒于1917年）是美国第一骑兵团约翰·昆西·亚当斯中尉（Lt. John Quincy Adams，1843—1919）的妻子。玛丽于1867年12月17日与亚当斯中尉结婚，并在1868年末在亚利桑那与丈夫会合。他们的第一个孩子于次年出生在鲍伊堡。
② 亚当斯误把年份写成了1870。她丈夫的连队于1871年2月离开亚利桑那前往俄勒冈。
③ 指美国第一骑兵团的鲁本·F. 伯纳德（1834—1903）、他的妻子爱丽丝·弗兰克·伯纳德（Alice Frank Bernard）以及他们两岁的儿子哈里（早产于1868年10月27日的女儿维多利亚，死于1869年3月）。伯纳德之前是士兵，由于在南北战争中英勇作战而获得晋升。
④ 美国第三骑兵团的杰拉尔德·拉塞尔（Gerald Russell，1832—1905）。亚当斯在原文中用姓氏首字母称呼这些人，下面将其替换为完整姓氏。
⑤ 亨丽特·麦克尔罗伊·拉塞尔（Henriette McElroy Russell，卒于1892年）。

去丝毫，因为在那个年月，离开亚利桑那是一件令人兴奋的事情。我们快乐地交谈和说笑，直到夜深我们才不得不相互道别，回到舒适的帐篷里睡觉，为次日漫长的旅行积蓄体力。我们做梦也没有想到，第二天的经历会如此艰难而危险。

一觉醒来，我们神清气爽，精力充沛。我们唱着歌，开着玩笑，以同样的队列顺序再次启程。上午的时光过得很快，突然，货车那边传来了叫喊声和枪声，大家立刻屏住了呼吸。我们什么也看不见，因为路上有一条弯道，货车在弯道另一侧。有人说，"他们在打草原狼"，我们这才松了一口气。

不过，这种宽慰只是暂时的。一名士兵跑了过来，喊道："印第安人正在包围我们！"

他一边说，一边努力拔出印第安人射在他肩膀上的一支箭。

军官们开始紧急磋商。

我和伯纳德夫人用手边仅有的一点材料为这个可怜的士兵做了包扎，他的伤口还在流血。我们用披肩和包裹做了一个枕头，让他躺在旅行车地板上。在这个过程中，有其他士兵跑过来，说他们的同伴被打死了。

不过，我们还没有脱离危险。前面几英里外的皮卡乔山（Picacho Mountains）[①]脚下有一条狭窄的通道。想到印第安人可能会骑着从车队偷来的骡子抄近道在那条通道前拦截我们，我们顿时心头一紧。

我们迅速启程。拉塞尔中尉和我丈夫在前面开路，士兵们聚在旅行车周围，左右两边各两人，后面两人。每名士兵都和一个货车队人员同骑一匹马，士兵在前。在旅行车里，那个神志不清、奄奄一息的士兵躺在我们脚边。于是，我们开始了疯狂的逃生之旅。

马夫驾着马儿一路狂奔，旅行车左摇右晃，颠簸得很厉害。每个骑在马上的士兵都身体前倾，手里举着左轮手枪，面色凝重，盯着每一块岩石和每一片灌木丛，以寻找隐藏的敌人。那一双双勇敢而坚定的眼睛告诉我们，每个战士都会誓

---

① 图森西北大约 25 英里处一条很短的山脉。

死保卫女眷和儿童。只有上帝才会听到我们在那条荒凉的亚利桑那公路上疾驰时发出的痛苦祈祷——祈祷我们远离可怕的死亡，祈祷我们被俘后远离更加可怕的命运。

当我们靠近山口时，每个人都瞪圆了眼睛，以寻找敌人的可怕踪迹。幸运的是，我们平安地穿过了山口，进入了开阔的平原。我们安全了。

那天晚上，我们这一小群人聚在驿站的篝火旁，陷入了沉默。想到三位勇士的尸体孤独地躺在月光下，无人照料，我很悲伤。同时，我的心中也洋溢着一种难以言喻的神圣喜悦。我们失去了一切身外之物，只剩下了身上穿的衣服。不过，我还会在乎这些损失吗？我丈夫难道不是正坐在我身边吗？那个可爱的金发婴儿难道不是正安详地睡在我怀里吗？

前往尤马堡

"加舒恩茨"（Gashuntz）[①]
《陆海军杂志》第 8 卷，第 34 期（1871 年 4 月 8 日）

致《陆海军杂志》编辑：

下面是一个位卑言轻的骑兵在荒凉沙漠行走数百英里的经历，它给我们留下了极为深刻的印象，敬请惠阅。

首先，队伍包括担任指挥官的乔治·R. 培根中尉（Lieutenant George R. Bacon），美国陆军助理军医约翰·D. 霍尔（John D. Hall），第一骑兵团第十一连（总计 67 人），以及带领一队新兵离开弗洛伦斯（Florence）前往"步兵营"的第三骑兵团 W. W. 罗宾逊中尉。我们的交通工具是六辆行李车和一辆旅行车。

1871 年 2 月 17 日上午，在"别忘了给我写信""你会给我写信吗"等老掉牙的告别声中，我们启程了。如果不是亲身经历，我根本无法想象此次旅行会如此混乱。

我扭过头，最后看了一眼昏暗的格兰特营及其破旧的建筑。在两年多时间里，我一直在这里服役和劳动——老实说，我大多数时候是在劳动。虽然离开了这里，但我还是有些难过。幸运的是，未来的日子大概会好过一些。

大多数人只能步行，除了军官、洗衣女工和少数幸运者。遗憾的是，我并不在这些人之中。不过，我对此次调动还是很满意的，因为我可以前往加利福尼亚州旧金山，那是大西部的黄金之城。不难想象，我可以在那里和朋友们度

[①] 美国第一骑兵团第十一连显然跟在伯纳德上尉一行人后面走了很多天，上一篇文章介绍的就是伯纳德等人的旅行。第十一连的目的地是内华达州哈勒克堡的一个新驻地。和伯纳德一行人不同，这些骑兵没有遇到敌人。

过愉快的时光——前提是我能幸运地结束旅行。

第一天，我们在略有坡度的干燥沙石路上前进，穿过一个狭窄的峡谷。两侧的岩壁几乎与地面垂直，这种地貌很好地展示了水体的大规模剥蚀作用。这些岩石源于火山。根据它们的突出形态以及亚利桑那一些知名人士的坟墓判断，这里特别符合阿帕奇人的奇特作战方式，其成功率很高。

我们在干旱又恶劣的环境下走了一天，非常疲惫，在科顿伍德斯普林斯扎营。由于缺少木材和水源，所有人都感到有些不适。只有在沙子里面挖，才能挖到水。

我在毯子里找到了一个舒适的位置，准备在短短几个小时的休息时间里睡上一觉，可惜几个快活的士兵不停地聊天，一直聊到第二天出发。我们在出发前吃了饭，对亚利桑那的士兵来说，这是一顿提前的早餐，但我更愿意称之为晚餐，因为当时是午夜12点，距离我们扎营并没有过去多久。

当备受期待的"晒草者"展现出自己的光辉形象时①，我们已经走了几英里。一路上，我们很想加快脚步，但每一脚都会陷在沙子里。

走过16英里干沙路后，我们抵达朗德山谷（Round Valley），然后狼吞虎咽地吃了一顿午餐。如果哪个读者胃口不好，我想以无马骑兵的卑微身份衷心推荐他尝一尝亚利桑那的沙子。在这条行军道路上，政府口粮的"消失"方式是其他地方无法比拟的。

当我们走近弗洛伦斯定居点时，队伍像印度橡胶一样拉长了。弗洛伦斯位于希拉河畔，大概有500个居民。

第二天是星期日。在行进50英里后，我们获得了三个小时的休息时间，以恢复体力。

第二天拂晓时分，我们出发了。上午是凉爽的阴天，是最适合出行的天气，但是下午太阳出来了，路上尘土飞扬。总体而言，我们似乎又陷入了不适的状态。

---

① 指日出。

我没有错过怀特牧场（White's Ranch）和布莱克沃特驿站（Blackwater Station）之间那个著名的卡萨格兰德（Casa Grande）①。这里一共大概有九个房间。同我在索尔特河、通托河和亚利桑那其他地方见过的遗迹相比，这里的墙壁非常厚，而且似乎非常坚固，大自然对它们的侵蚀并不明显。这座建筑孤独地矗立在那里，只有传说，没有历史。当我拖着酸疼的双脚和疲惫的身体离开这座巨大而古老的建筑时，我不禁感到好奇：是谁建造的它呢？住在这里的又是谁呢？

我们行进了14英里，来到阿瓜普列塔（Agua Prieta）。此时已到中午，我们在此扎营。

这里有一个印第安村庄，由大约40个形状奇特的小屋组成。我没能找到任何牲畜。由此判断，他们没有牲畜。我在厨房里只找到了一些干南瓜，但印第安人对于物资匮乏似乎不以为意。相比之下，虽然我们物质丰富，但我们似乎并不满足。这很容易解释，因为我们对人工制品的需求太高了。晚饭后，一些皮马人前来拜访我们。为招待他们，我们拿出了班卓琴。于是，我们这一小群人似乎暂时忘记了路途中的痛苦。

第二天，我们一如既往地早早启程，从阿瓜普列塔出发，前往萨卡顿（Sacaton）。一路上的景致极为枯燥无趣。我们很想在萨卡顿扎营，但我们没有这么好运。于是，队伍继续前进，来到斯威特沃特（Sweetwater）。这里有更多的茅草屋、更多的印第安人和更多的南瓜。

我们在皮马的村庄之间穿行了两天，来到马里科帕韦尔斯。当天晚上，我们受到了阵雨的眷顾。由于拥有帐篷的幸运者很少，因此几乎所有人都被浇成了落汤鸡。

第二天早上，天气凉爽而晴朗。我们要在那里待到中午，以便为穿越马里科帕沙漠做准备。在此期间，我们匆忙地晒毯子，寻找前一天晚上被风吹走的

---

① 卡萨格兰德现在是国家景区，是美国西南部霍霍卡姆文化（Hohokam culture）古典时期（约1300—1450）建造的村落之中目前保存最完好的村落之一。

帽子。

  我不敢说有人在穿越沙漠时由于缺水而痛苦不堪，我只能说，由于缺水，会渴得很难受。

  过了希拉本德驿站后，各驿站提供的水中含碱量极大，"就连士兵"也完全不适合饮用，引号里的话是我听到某个人用正常语气说出来的。

  靠近希拉时，我们在安蒂洛普峰（Antelope Peak）找到了优质水源，但还是缺少木材。在这里，培根中尉让部队做了一点射击练习。住在那里的拓荒者似乎很吃惊，他们没想到我们这些士兵还能射击。不过，我们的确进行了射击，而且精准度很高。当地居民都发自内心地承认我们的枪法是一流的。

  在行进268英里后，我们来到了加利福尼亚州尤马堡，这里是人类花园的角落。在这里，我敢说，"天堂的居住者都流下了几滴眼泪"。是的，我们此时没有衣服，没有鞋子，而且，我们也已经没有脑子了。不过，中尉今天已经发话了，说这种不幸很快就会得到弥补。至少，我们很快就能穿上衣服了。

  我们在这里见到了伯纳德上尉和他指挥的第一骑兵团第七连，以及第一骑兵团的凯尔中尉（Lieutenant Kyle）。显然，他们在等待第一骑兵团第十一连的到来。不过，他们并没有等太久，今天早上很早就动身了。我并没有发现湿手帕。由此判断，琼斯在亚利桑那城的"宫殿"并没有明显的影响。不过，时间会创造奇迹。

  明天，我们将离开这里，前往加利福尼亚州的圣迭哥。

加舒恩茨

尤马堡，加利福尼亚州，1871年3月6日

历史真相：1871 年的"格兰特营大屠杀"

威廉·S. 乌里①

图森《亚利桑那每日星报》，1879 年 6 月 29 日和 7 月 1 日

斯通曼将军在最近的演讲中偏离了话题，提到了所谓的"格兰特营大屠杀"，称之为卑鄙的暴行。作为这项重要计划（对南亚利桑那来说）的参与者，笔者认为，为了公平对待笔者本人以及共同参与此次重要行动的长期受苦受难的勇敢者，我有必要向公众讲述将有耐心的人逼到绝望并最终导致这场悲剧的所有原因。为了充分了解当时的情况，我们有必要回到此次难忘事件的将近一年前。当时，我们将阿帕奇人聚集到格兰特营附近的居留地。在两三个相当软弱的典型"荷兰改革宗教会印第安事务官"②的管理下，他们在那里相对平静地生活了六到八个月。事务官们很快发现，他们无法控制这些野蛮的监护对象。于是，每个事务官都带着恐惧和厌恶逃跑了。在这个不幸的时刻，为了给皮马县老实本分的人民提供和平和幸福，这些残酷的恶魔被置于臭名昭著的美国第三骑兵团中尉罗亚尔·E. 惠特曼的管理下。惠特曼是善于钻营的老油条，他发现这件差事有利可图，便立刻开始了"暗箱操作"。于是，平均薪水只有 1500 美元的印第安事务官在两三年里就富了起来。

从 1871 年 1 月 1 日到发生所谓"格兰特营大屠杀"的同年 4 月 30 日，南亚利桑那的每一页历史都是用当地人民的鲜血书写的，下列事实充分证明了这一

---

① 威廉·S. 乌里（1817—1887）曾是得克萨斯突击队员，参军后历经得克萨斯独立战争、墨西哥战争以及与科曼奇人的作战。他于 1856 年在亚利桑那定居，是图森首任市长。他从 1873 年到 1877 年担任皮马县治安官。
② 荷兰改革宗教会是荷兰最大的基督教会，源于 16 世纪的宗教改革运动。——译注

点：詹姆斯·彭宁顿（James Pennington）在追逐被阿帕奇人偷走的公牛时，在距离图森不到 3 英里的地方遭到对方的伏击并遇难；邮差图巴克（Tubac）在距离图森不到 2 英里的李氏工厂附近遭到谋杀，马和马鞍被抢走；西姆斯（Simms）和萨姆·布朗（Sam Brown）在特雷阿拉莫斯（Tres Alamos）附近搬运农用木材时被杀害。所有这些谋杀案都发生在 1871 年 1 月。

2 月的历史充斥着抢劫和谋杀，实在很难一一列举。图森人比其他人更了解阿帕奇人的本性。在那段阴暗的日子里，他们不停地指控，说这些抢劫和谋杀是格兰特营居留地的印第安人干的。惠特曼否认了这些指控，他那群打手和下属也发誓说没有这回事。既然抗议没有用，绝望的图森人只能把事情掌握在自己手中。不过，在诉诸暴力之前，经过商讨，极度克制的人民决定派代表团去见军区指挥官斯通曼将军，当时他应该在希拉河畔的弗洛伦斯或其附近。大家推选的代表团成员包括本文作者、S. R. 德朗（DeLong）、J. W. 霍普金斯（J. W. Hopkins）以及另一位绅士，我现在不记得他的名字了[①]。

我们的朋友 P. W. 杜纳[②]在洛杉矶《快报》（*Express*）中对于此行结果进行了极为充分的报道，我在此无须多言。总之，此次行动完全失败了。我们被告知，图森拥有足够多的人口，可以照顾好自己。与此同时，抢劫和流血事件仍在继续，频率也越来越高，下面这些发生在 3 月的不幸事件就是明证：伍斯特[③]和他的妻子在圣克鲁斯河图巴克上游的自家牧场遭到杀害；库克[④]在索诺伊塔遇难；桑德斯（Saunders）和布兰查德（Blanchard）在卡拉巴萨斯殒命；朗（Long）、麦肯齐（McKenzie）和查宾（Chapin）在圣佩德罗自家农场附近被害；艾因萨（Ainsa）车队在弗洛伦斯和皮克特波斯特（Picket Post）之间遇袭，三人被打死，大量财物

[①] 还有两个图森居民被推举为负责拜访斯通曼的代表团成员，他们是查尔斯·S. 莫里和 D. A. 贝内特。乌里及其伙伴在 1871 年 3 月末拜访了斯通曼。
[②] 皮尔森·W. 杜纳（Pierson W. Dooner）是《亚利桑那周刊》（*Weekly Arizonian*）的出版人。后来，来自《亚利桑那市民报》周报的竞争使他被迫停业并在格兰特营大屠杀当天离开图森。
[③] 莱斯利·B. 伍斯特（Leslie B. Wooster），1871 年 3 月 20 日遇害。
[④] 3 月 18 日，位于克里滕登（Crittenden）的休斯牧场（Hughes ranch）遭袭，威廉·库克（William Cook）遇难。

被抢走①；约翰·T. 史密斯位于圣克鲁斯河图巴克上游的牧场遭袭，勇敢的牧工成功赶跑了印第安人，无人丧命，但可怜的牧场主失去了所有牲畜，包括犁马。这正应了莎士比亚笔下夏洛克（Shylock）的妙语："当你带走我的生计来源时，你也要了我的命。"

与此同时，由于流血和破坏事件接二连三地发生，图森人的激愤达到了新的高度。县政府频繁举行会议，与会者愤怒而激动，许多人发表了勇敢而空洞的演说，也提出了很多决议，但是大家并没有采取任何明确的行动，只有大约80多名坚强而勇敢的骑士在请愿书上签了字，同意与敌人决一死战。遗憾的是，在几天时间里，所有这些羽翼骑士的勇气似乎从他们的指尖溜走了，局面没有任何变化。不过，屠杀和抢劫事件并没有停止。我们现在来到了1871年4月中旬这个重要的时间。晚上10点左右，我既疲惫又沮丧地走向自己的住所。快到家时，我遇到了一个可靠的老邻居②。于是，我们进行了下面的对话。

"吉列尔莫（Guillermo）先生，我们怎么办呢？格兰特营的印第安人正在缓慢而坚定地杀害我们的人民，抢劫我们的财产。我刚刚跟踪了一伙前天晚上在圣泽维尔（San Xavier）盗窃牲畜的印第安人，我们成功打死了其中一个印第安人。我可以向你保证，我知道他是格兰特营的印第安人。我经常在那里见到他。他有一颗突出的门牙，我是不会认错的。"

我回应道："赫苏斯先生，让我们明天把大家召集到县政府，把这些事情告诉他们，把80多个勇敢的骑士聚集起来，然后立即开战。"

"吉列尔莫先生，你们那些发言和决议没有任何意义，不会产生任何效果。与此同时，我们的人民还会继续遭到屠杀。"

"赫苏斯先生，你觉得应该怎样改变现状呢？我会全力支持你提出的任何计划。"

---

① 这件事发生在3月10日。
② 赫苏斯·马里亚·埃利亚斯（Jesus Maria Elias），他家以前在图巴克附近经营牧场，非常富有，但是他们的财产被阿帕奇人毁坏了。

"吉列尔莫先生，你知道，帕帕戈人一直是我们的忠实盟友，愿意对抗凶恶的阿帕奇人。你也知道，他们对你我二人非常信任。我的建议是，我们明天共同前往圣泽维尔，和我们的忠实伙伴弗朗西斯科[①]谈一谈，让他立刻派信使前往所有帕帕戈村庄，召集最年轻、最勇敢的战士，并在4月28日上午之前将他们带到圣泽维尔。同时，我们和可靠的老邻居进行私下谈话，尽量将拥有坐骑和武器的人争取到此次行动中。一切准备就绪时，我们三三两两地离开，以免制造轰动，被印第安人一派的人发现。如果他们得知我们的目的，一定会背叛我们。我们还要告诉帕帕戈人朋友弗朗西斯科，让他在各村庄的印第安战士来到圣泽维尔时命令他们走小路前往里利托（Rillito），任何人都不能在图森露面。当所有人在里利托会合时，我们沿着从圣泽维尔盗窃牲畜的印第安人走过的道路前进，不管这条道路通向哪里。只要追上他们，我们就尽量把他们全部打死。吉列尔莫先生，我要坦率地告诉你，我相信，他们会把我们引向格兰特营居留地。所以，如果你不敢承担伤害居留地印第安人的责任，我们最好放弃此次出征。"

"赫苏斯先生，我不怕承担这种责任。我也不相信我们的人民会被这种无端的恐惧吓到。这些印第安人正在剥夺我们的一切谋生手段。他们正在以每周两到三次的频率持续抢劫我们。为了自保，我们必须杀掉他们，不管他们出现在哪里。我们必须以足够多的人数行动，以克服可能妨碍我们的所有障碍，不管是白人还是印第安人。"

我们的谈话就此结束。第二天早上6点，我们骑上马，前往圣泽维尔，去见我们的朋友弗朗西斯科。我们很快达成了协议。在离开前，我们欣喜地看到了信使骑着马前往圣泽维尔以西每个帕帕戈村庄的身影。随后我们返回图森，以完成和邻居们的密谋。接下来的几天，我们为行动筹集武器、马匹和粮草。在此过程中，我们得到了所有老图森人的充分支持（据说，他们非常支持我们的行动），而且这些人的民族成分也不尽相同。

---

① 弗朗西斯科·加莱里塔（Francisco Galerita，卒于1879年），帕帕戈酋长。

现在，我们来到了1871年4月28日那个难忘的上午。上午7点，一个帕帕戈人气喘吁吁地来到我家门前，以传达来自弗朗西斯科的喜讯：我们的帕帕戈援军已经抵达圣泽维尔，他们在吃过早饭后便会立刻赶往集合地点里利托。我赶紧把此事告诉了赫苏斯·埃利亚斯和其他可靠的伙伴，并且立刻让装载着武器、弹药和粮草的马车前往约定地点。不久，我悄悄骑上马出发了，并且让其他所有人以同样的方式出城。到了下午1点，所有人已经悄悄在里利托北岸集结并在此休息。队伍共有140人，其民族成分如下：92人为帕帕戈印第安人，42人为墨西哥人，6人为美国人。下午4点左右，我们完成了所有准备工作，武器、弹药和粮草也都分发完毕。于是，队伍沿里利托河而上。就在天黑前，在里利托河和圣佩德罗河分水岭旁边的山谷里，我们发现了几天前印第安人袭击圣泽维尔后返回时留下的足迹，这正是我们之前计划要走的那条路。行进几英里后，我们来到了前面提到的印第安人被打死的地方。我们稍作停留，以观察战斗现场和印第安人的尸体。随后，队伍继续前进。越过分水岭顶峰后，我们走上了通往圣佩德罗的下坡路。夜里1点左右，我们停下来休息。黎明时分，我们继续赶路，以便在外出抢劫的印第安流民发现我们之前抵达圣佩德罗河谷。队伍在圣佩德罗河谷背阴处隐藏起来，直到4月29日晚天黑前。此时，大家一致同意将此次行动最为积极的倡导者、勇敢的小个子墨西哥人赫苏斯·马里亚·埃利亚斯推举为指挥官。这样一来，队伍终于有了完整的组织结构。于是，我们开始了最后一段旅程。队伍仍然沿之前一直在追随的足迹前进。为了避免被狡猾的敌人发现，我们只能在夜幕掩护下行军。不过，我们之中最熟悉当地环境的人弄错了这里和印第安营地之间的距离，这使我们倍感震惊和羞愧，也几乎使我们的努力功亏一篑。我们所有人都认为这个距离只有15英里，但实际距离却有近30英里。我们原计划在接近目标时停下来，派出侦察兵，以确定印第安村落的具体位置。不过，当我们来到一个距离印第安营地很近的位置时，天已经亮了。我们没有时间再做侦察，只能发起无序的冲锋，打死我们遇到的所有敌人。

此时出现了一个有趣的插曲。在漫长的夜间行军过程中，我一直在队伍前面鼓励帕帕戈人，他们大部分徒步前进，一些墨西哥人也是如此。不过，我的水壶从鞍头上掉了下来。于是，我下马寻找水壶。当时天色还不太亮，看得不太清楚，因此我耽搁了一些时间，被行进的队伍甩在了后面。当我追到队尾时，我非常吃惊地发现，队伍停了下来。前面传话过来，说前面的人希望马上见到我。我立刻催马向前，追上了指挥官。经过询问，我得知指挥官命令帕帕戈人排成松散队形快速推进。帕帕戈人停了下来，拒绝前进，因为他们看不见我，不敢在我不在的情况下前进。此时他们离军事据点很近，担心受到美军的干扰。我快速跑到队伍前面，鼓励了几句。于是，帕帕戈人像鹿一样跑开了，尽管他们已经在夜间走了近30英里。在我们整个的军事生涯中，从未见过如此漂亮的松散队形：这些经过徒步长途跋涉的帕帕戈战士以大约2英里宽的阵形推进到了阿帕奇村落。我们也从未见过如此迅速有效的战斗：过了不到半小时，我们已经看不到一个活着的阿帕奇人了，除了被俘儿童和游离于队形之外并成功逃脱的大约7个印第安人——因此，如果不打破这个队形，我们就抓不到他们。

于是，被斯通曼将军斥责为卑鄙暴行的"格兰特营大屠杀"就这样结束了。我们打死了大约144个令大地母亲感到羞耻的嗜血成性的恶魔①。

在将这段真实历史留给美国人民去做公正判断之前，我想再总结几句。在离开图森开始这次对于人民福祉至关重要的远征之前，我在街上遇见了圣佩德罗河最古老的定居者之一——约翰·蒙哥马利（John Montgomery）②，他带来了令我十分悲伤的消息③。原来，躲过阿帕奇人残忍屠刀、没有被割掉头皮④的蒙哥马利和圣佩德罗的其他几个定居者决定放弃家园，带着家人来到图森避难，将辛勤耕

---

① 乌里并没有提到，在144个牺牲者中的136人是妇女和儿童——他们被凌辱，被棍棒打死，被剁成碎块，或者被石头击中脑部死亡。
② 约翰·蒙哥马利（1830—1924）是汤姆斯通（Tombstone）OK牧场的主人。
③ 蒙哥马利的OK牧场曾发生枪战，后来被拍成了热门电影。——译注
④ 阿帕奇人很少割头皮。

种的粮食拱手让给冷酷无情的野蛮人。

由于担心传到不友好的人那里，我们不敢把我们已经做出的决定告诉蒙哥马利，只能建议他等几天再行动——随着事态的变化，他们可能不需要放弃对他们非常重要的那点财产。和他告别后，我们的决心更加坚定了。虽然这篇文章已经很长了，但我还想再说几句，以纠正我们的朋友杜纳在洛杉矶《快报》上无意中犯下的错误。他在那篇文章中说，参与格兰特营事件的人亲自提起了诉讼，以证明自己的清白。在这一点上，他犯了很大的错误。所有相关人士都看得出来，由我们的邻居组成的大陪审团之所以提起诉讼，是因为他们怯懦地抛弃了自己的诚实，屈服于某个美国地方检察官的奉承和诡辩，其目的仅仅是为了通过这场一本正经的闹剧从政府那里盗窃尽可能多的资金。讽刺的是，保护政府正是地方检察官的天职。许多被起诉者的亲戚朋友在加利福尼亚和东部各州。关于此事，他们只会知道，他们的亲戚朋友由于无耻的罪名受到了审判，这当然不是令人愉快的结果。不过，这场对于我们生命的审判会揭露下列事实：我们在事发前一直在追随着刚刚从圣泽维尔盗窃财物的印第安人的足迹前进；被打死的一个印第安人胯下的马匹是从我们之中某个人那里偷来的；可怜的伍斯特的鹿皮鞋被我们从另一个印第安人的尸体上扒下来，其中一只鞋子内侧还有他的手写签名；伍斯特遇害妻子的许多服饰在印第安营地里被发现，并且得到充分指认，在李氏工场附近遇难的邮差的马鞍也是如此，在索诺伊塔、圣克鲁斯和圣佩德罗遇难的那些人的许多物品亦是如此。这些物品太多了，无法一一列举。最后，我要用一句话来结束本文：我写下的所有文字都是简单而朴素的事实。

格兰特营大屠杀

安德鲁·H. 卡吉尔

《亚利桑那历史评论》第 7 卷，第 3 期（1936 年 7 月）：73—79 页

亚利桑那格兰特营位于圣佩德罗河和阿拉瓦伊帕溪交汇处，距离图森 70 英里，在早期阿帕奇战事中是一个比较重要的据点，常常有四五个骑兵连驻守。在这里，我第一次见到了刚从西点军校毕业的约翰·G. 伯克中尉、罗斯中尉[1]和布罗迪中尉（Brodie）[2]。1870 年初，时任亚利桑那指挥官的乔治·克鲁克将军[3]为了发动战役，撤走了格兰特营的驻军，只留下 14 人。他让第三骑兵团第八连副官罗亚尔·E. 惠特曼中校负责领导这 14 人。

1870 年 11 月，我像往常一样来到格兰特营，以审查洛德（Lord）和威廉斯开设的军中商店的账簿。负责看店的是洛德医生的姻亲弗雷德·奥斯汀（Fred Austin）。在那里，我和惠特曼中校住同一个房间。一天上午，吃过早饭，我和惠特曼中校正在吸烟。这时，侦察兵兼翻译梅雷吉尔多·格里瓦尔贾（Merejildo Grivalja）[4]走过来，说印第安人在山上升起了烟柱，想要过来和我们会谈。中校让他做出回应，让他们过来[5]。大约中午时分，埃斯基明津[6]、德尔沙伊和另外三

---

[1] 美国第二十一步兵团的约翰·M. 罗斯（卒于 1884 年）。
[2] 美国第二十一骑兵团的亚历山大·O. 布罗迪（1849—1918），后来在美西战争中担任莽骑兵（Rough Riders）中校。他还做过亚利桑那领地州长。
[3] 卡吉尔说错了。当时领导亚利桑那军区的不是克鲁克，而是斯通曼将军。
[4] 梅雷吉尔多·格里瓦尔贾出生于奥帕塔（Opata）或墨西哥家庭，10 岁时被科奇斯俘虏。他后来成了美国西南部最为出色的向导和侦察兵之一。
[5] 这件事发生在 1871 年 2 月初。
[6] 埃斯基明津（1828—1895）是阿拉瓦伊帕阿帕奇人的首领。在 1873 年短暂逃离圣卡洛斯后，他开始务农，成为坚定的和平支持者。

个酋长来到哨所,被领进一个大房间①。在他们落座以后,我们向他们提供了烟草和纸张。大家开始吸烟。过了大约十五分钟,埃斯基明津站起来,转向惠特曼中校,说出了下面的话(梅雷吉尔多·格里瓦尔贾一直在翻译):

我是一个酋长,领导着1500个战士,他们分别属于皮纳尔阿帕奇部落和阿拉瓦伊帕阿帕奇部落②。多年来,我们一直生活在这里,在山峰和山谷之间游荡,围猎野兽,采集牧豆树的果实、龙舌兰和萨瓜罗仙人掌,种植一些玉米和瓜类。最初当白人来到这里时,我们把他们当作朋友。在很长一段时间里,我们帮助他们照料驿站里的牲畜,与他们和平相处。后来,军队来了。一次,他们把一些印第安人请到军营里吃饭,然后很不公平地绞死了他们。死者中包括我们科奇斯首领的兄弟。在此之前,只有帕帕戈人和墨西哥人是我们的敌人。科奇斯向所有白人宣战。从那时起,我们一直在战斗。住在华盛顿的白人首领派出几千人的军队攻打我们,在这片土地上到处追捕我们。现在,我们在这片土地上已经没有安全的落脚点了。

我和我的人民厌倦了战争,希望和你们讲和。我们想放牛,种玉米,像你们那样生活。持续的奔波把我们的妇女和儿童累坏了。这就是我们此行的目的。

他是我所见过的最优秀的印第安人。我还见过许多类似的人。

其他酋长也发表了类似的观点。

惠特曼中校告诉他们,他对于他们的到来很高兴。白人首领还会派更多军队前来攻打他们,和他对抗是愚蠢的想法。不过,他没有权力和他们缔结和平协定,因为他只是军队里的一名军官。如果他们真诚希望从此与白人和平共处,愿意把族人带到哨所,作为战俘向美军投降,放弃所有武器,他就会把他们安置在下游

---

① 德尔沙伊没有跟随埃斯基明津前来谈判。陪同埃斯基明津的两个人是桑托斯(Santos)和利特尔·卡普廷(Little Captain)。Don Schellie, *Vast Domain of Blood: The Story of the Camp Grant Massacre* (Los Angeles: Westernlore Press, 1968), 84-85.

② 这种说法严重失实,不知道是谁的问题。埃斯基明津领导的印第安部众只有300多人。

大约3英里处的军事居留地，那里有足够多的树荫和水源。他每天还会向他们发放半份口粮。他还会向白人首领写信，把他们的话转告白人首领，白人首领会派人与他们讲和。

他们又谈了一段时间，然后同意了这些条件。埃斯基明津走到外面，拿起一块石头，然后回到屋里，说："我和我的酋长相信你，你和我们说的是人话，不是狗话。"他把石头放在中校面前，继续说道，"我会把我的人带到这里。只要这块石头还在，我就会与你们的人保持和平。"

第二天，他们带着男人、女人和孩子来了。他们在军需官的仓库前排起了队，依次从中校面前经过，每个人放下手中的来复枪、手枪、弓箭、棍棒以及其他武器。我和惠特曼中校站在那里监视他们，确保他们只留下自己的刀子。接着，他们被带到哨所下游3英里处的居留地，以家庭为单位点名登记。他们的半份口粮是这样发放的：

每个家庭的户主连同妻子和孩子被叫到前面点数，然后户主为所有家庭成员领取口粮。接着是下一个家庭，以此类推。在点数和口粮发放工作结束前，任何人都不能离开队列。这样一来，我们每天都能知道有多少人在场。

惠特曼中校通过常规渠道给华盛顿写信。不久，他被解除军事职务，并被任命为印第安特别事务官。政府将派专员前来制定和平协议，并为他们安排居留地。在此之前，他需要继续为印第安人发放口粮。

在此，我要讲述一件发生在12月的事情，以表明他们拥有属于自己的法律。当时，我们在那里发放口粮，清点人数。突然，队伍中出现了骚动，然后一下子分成了两个部落，双方怒目相对，火药味十足。酋长们开始磋商。于是，中校骑着马走了过去，让酋长们来到他面前，询问发生了什么事。酋长们告诉中校，他们刚刚得知，一个阿拉瓦伊帕人打死了一个皮纳尔人，然后逃跑了。皮纳尔人想要和对方战斗，获得补偿。中校告诉埃斯基明津，他们不能打架，让他们安静下来，和他谈话。

当众人稍微平静下来的时候，埃斯基明津解释说，部落的法律是"以眼还眼，以牙还牙"。由于杀人犯已经逃跑,因此皮纳尔人有权杀死他的一个家人或者和他的部落开战。中校发现,被害者的唯一亲属是一个 60 岁左右的老印第安人。他表示,他愿意为老人买下一整头肉牛。老人也表示愿意,但埃斯基明津说,这只能拖延问题。要想满足皮纳尔人,必须由阿拉瓦伊帕人给予补偿。

最后我们发现,这件事还有另一个解决方案——阿拉瓦伊帕人向老人提供他们的一切财产,然后裸体离开。经过充分协商,他们同意了。于是,所有阿拉瓦伊帕男人、女人和孩子从老人面前经过,脱得只剩下围腰布,将衣服、篮子和其他所有物品送给老人。

当时天气很冷,他们连睡觉的毯子都没有了,这似乎很不人道。不过,他们的态度很坚定。于是,中校想出了一个办法。弗雷德·奥斯汀负责向哨所供应草料,这些草料是由墨西哥人提供的。经过安排,他们让阿拉瓦伊帕妇女收集和提供草料。作为回报,她们获得了票据,可以在军中商店购买除武器、弹药和烈酒以外的一切物品。于是,过了一个月左右,她们就买到了衣服和毯子。

事情进行得非常顺利,直到 1871 年 5 月的第一天。早上,我们还没有喝完咖啡,梅雷吉尔多·格里瓦尔贾就跑过来,说他感觉出事了,因为他在印第安人的营地里看不到一个印第安人,也看不到他们的炊烟。我们立刻上马,赶到那里,发现了 86 个妇女儿童和一个年纪很大的老人的尸体。周围没有活着的印第安人,我们掩埋了尸体,然后离开现场①。我们立刻得知,这件事是图森那帮人干的。印第安人当天下午再次升起烟柱,说他们想过来和我们谈话。我们做出了回应。来到哨所的还是那 5 个酋长。在像往常一样吸完烟后,埃斯基明津开口了:

去年秋天,我们前来向你投降,按照你的要求交出了我们所有的武器,与你讲和,并且给了你一块石头,以证明我们会遵守承诺。昨天晚上,白人、墨

---

① 死亡人数的估计存在差异。格兰特营的军医科南特·B. 布莱斯利(Conant B. Briesly)说,他看到了 21 具尸体,但他又补充说,阿帕奇幸存者告诉他,有 85 人被打死。格兰特营牛肉供应商迈尔斯·L. 伍德认为死了 138 个人。惠特曼本人报告说,有 125 人被打死。Thrapp, *Conquest of Apacheria*, 90.

西哥人和帕帕戈印第安人过来袭击我们，而我们没有武器。男人们带着他们能带上的女人和孩子跑到了山上。我失去了 2 个妻子和 2 个孩子①。其他人也失去了家人。你说你会保护我们。我知道你与此事无关，因为我们看到你们掩埋了死者。我们现在来是想问问你，我们应该怎么办。

中校告诉他们，他对此事一无所知。不过，既然他们已向政府投降，生活在政府的居留地上，这就是谋杀，是对政府的蔑视。他会给上面写信，确保罪犯受到惩罚。他让他们回去，在格兰特营旁边的河畔扎营。他说，他只有 14 个人，但有充足的枪支弹药。他让他们安排岗哨。如果对方胆敢再次前来，他就会给他们提供武器，亲自领导他们抵抗敌人。

埃斯基明津说："我不指望看到他们中的任何人受到惩罚，因为白人永远不会由于打死印第安人而受到惩罚。不过，我希望你要回被他们俘虏的 14 个孩子。"

他们又来了一次，并在河边扎营。中校向华盛顿政府写了一封信。加利福尼亚地方检察官被派过来，以提起诉讼，惩罚行凶者。

与此同时，在州长 A. P. K. 萨福德的帮助下，图森人捏造了对于惠特曼中校的指控，说他三年前进入亚利桑那领地时正在酗酒。惠特曼被解职，并被送上军事法庭。在两个月内，新任事务官赶走了印第安人，使他们再次走上战争的道路。惠特曼被判无罪，并被派回格兰特营，因为他可以把印第安人叫回来，他也的确做到了。

当美国检察官②露面时，我已经回到了图森。我之前认识他，因此邀请他和我们住在一起，他同意了。组建大陪审团时，我也在陪审团里，并被选为秘书，查尔斯·海登（Charles Hayden）被选为团长。为了提起诉讼，地方检察官想尽了办法，但是没有用。于是，他给司法部长阿克曼（Ackerman）发了电报。一天晚

---

① 根据文森特·科利尔后来的记录，埃斯基明津失去了 2 个妻子和 5 个孩子。
② 康弗斯·W. C. 罗厄尔（Converse W. C. Rowell）曾于 1849 年前往加利福尼亚淘金，还做过联邦士兵。他在 1869 年 7 月 1 日就任美国亚利桑那领地地方检察官。

上，当我们吃完晚饭回家时，他对我说："有个地方检察官曾经和朋友待在一起。他出去了，把司法部长发来的机密电报留在桌上。"说完，他把电报放在桌上，然后离开了。我理所当然地认为，他想让我看电报。于是，我看了。电报上说："如果你无法在三天内起诉，请给我发电报——我们将宣布戒严，由军事法庭进行审判。"我知道，这意味着他们一定要给犯人定罪，因为这种情绪在军人之中极为强烈，证据也很充分。我们知道这5个白人和20个墨西哥人是谁，但我们需要猜测帕帕戈人的身份。

第二天，检察官还是无法提起诉讼。于是，我让他离开房间，向陪审团发表了讲话。我告诉他们，如果他们起诉犯人，任何陪审团都不会为他们定罪，这一点他们很清楚。但是，如果他们不起诉，上级可能会宣布军事管制，他们将会接受军事法庭的审判。我终于说服他们提起了诉讼。我和地方检察官几乎整夜没睡，以起草文件——我们知道这5个白人和20个墨西哥人的名字，至于75个帕帕戈人的名字，我们只能杜撰了。第二天，大陪审团休会。不到一个小时，我促成此次诉讼的消息就传了出去。

当晚，我和地方检察官的肖像遭到焚烧。我被迫向洛德和威廉斯辞职，因为他们说，大家的情绪太大了，如果留下我，他们的生意会受损。于是，我成为地方检察官的职员。

一天，地方检察官找到我，说："卡吉尔，我想我必须更换住处了。我不想让你陷入任何麻烦，但我接到了让我在二十四小时内出城的通知。"

我告诉他，他不需要搬家，因为我也收到了同样的通知。于是，我让他把事情交给我处理。当晚，我前去拜访洛厄尔营（图森）的指挥官米兹纳上校（Colonel Mizner）[①]。我向他讲述了我收到的通知。准确地说，是展示。他当然很愤怒。美国地方检察官怎么能被赶走呢？我有一个墨西哥仆人，负责整理房间，替我跑腿，上校知道此事。他说："无论什么时候，只要有人为难你和地方检察官，你就让阿

---

① 亨利·R. 米兹纳（1827—1915）在南北战争中晋升为志愿军名誉准将。在1872年8月前，他以美国第十二步兵团少校身份担任洛厄尔营指挥官。

里杰莫罗（Alijemoro）给我传话，我会把图森从地图上抹掉。"与此同时，他派了一些士兵混在民众之中，时刻留意我们的情况。

格兰特·乌里①和海勒姆·史蒂文斯（Hiram Stevens）②被选为国会众议员，西德尼·德朗（Sidney De Long）③成了土地局登记员。我找不到工作，最后只能返回加利福尼亚。在我离开前，文森特·科利尔已经出发了。他让印第安人参加他的祈祷会，但是什么也没做，只是回到华盛顿提交了一份报告。接着，O. O. 霍华德将军来了，他请我前往克里滕登营。我来到图森，和他见了面，进行了一番长谈。接着，他让我带着帕帕戈人、马里科帕人和皮马印第安人前往格兰特参加和平会议。杰福兹上尉会把阿帕奇人和科奇斯的部族带过来。

会议成功举行，大家共同缔结了和平协议。阿帕奇人获得了他们现在居住的居留地，埃斯基明津被选为首领。

当我在1909年最后一次见到西德尼·德朗时，他告诉我，他这辈子唯一后悔的事情就是参与了格兰特营事件。

后来人们才知道，州长及其副官也参与了屠杀事件，因为副官为帕帕戈印第安人提供了一车武器弹药。

---

① 1891年，还在担任国会众议员的格兰维尔·H. 乌里（Granville H. Oury）去世。
② 图森商人海勒姆·史蒂文斯（卒于1893年）被选为图森公共安全委员会主席，该委员会的任务是处理印第安问题。
③ 格兰特营大屠杀事件发生时，西德尼·R. 德朗（1828—1914）在图森为一家贸易货运公司工作。他在1872年被选为图森市长。从1905年到去世，德朗一直是亚利桑那先驱历史协会书记。

亚利桑那印第安人

西尔维斯特·莫里①
《陆海军杂志》第 8 卷，第 41 期（1871 年 5 月 27 日）

大西部领地的知名绅士西尔维斯特·莫里先生向纽约《先驱报》寄来了下面这封关于亚利桑那领地阿帕奇战事的信件。它充分回应了我们上星期刊载的对于阿帕奇人的恳求：

致《先驱报》编辑：

先生，下面是美联社今天的电报：

亚利桑那印第安战争——

H. B. 库欣中尉②和一名士兵被杀

旧金山，1871 年 5 月 14 日

本月 5 日，W. B. 库欣中尉和第三骑兵团的 20 名士兵在图森东南的怀特斯通山（Whitestone Mountain）被著名的阿帕奇酋长科奇斯带着 150 个印第安战士击败。库欣和一名士兵战死。兰伍德上尉（Lanwood）和穆尔上尉（Moore）

---

① 1858 年，在辞去陆军中尉的职务后，西尔维斯特·莫里（1833—1871）在刚刚成立的亚利桑那领地定居。他成了成功的采矿企业家和土地开发者。莫里在南北战争中因为同情南方被捕，直到战争结束才被允许返回亚利桑那。

② 霍华德·B. 库欣（1838—1871）在南北战争期间进入志愿炮兵连。战争结束时，他已经成了美国第四炮兵团少尉。他的两个兄弟在战争期间声名鹊起：海军上尉威廉·库欣（William Cushing）用鱼雷击沉了南方邦联的"阿尔伯马尔"号，陆军中尉阿朗佐·库欣（Alonzo Cushing）在葛底斯堡（Gettysburg）指挥正规军炮兵连时牺牲。霍华德在 1867 年被调到美国第三骑兵团。他在亚利桑那出了名，被称为勇敢而机智的印第安斗士。

各带40人追击野蛮人,后者正在制造多起谋杀案。

现在,美国人对于阿帕奇人在亚利桑那的暴行已经习以为常了。由于这些恐怖袭击者逍遥法外,英国、法国和俄国的军官和人民认为美国政府没有能力保护边区。英国人降服了桀骜不驯的印度人民,法国人降服了阿尔及利亚部落,俄国人降服了高加索山地居民和印度边境部落。美国听任一小股印第安人在其最重要的领地上横行,这些人三百年以来拒绝友善、宗教和文明。美国眼睁睁地看着它的人民遭到屠杀,被烧死在火刑柱上;它的妇女遭到凌辱;它的领地被当地人遗弃;它从格兰德河到科罗拉多之间的土地处于不通信状态。此外,它还建立了一块居留地,每个印第安人都可以前往那里,在那里安全地待着,想待多久就待多久,然后随时离开,犯下抢劫和谋杀案,并且再次返回安全地带,在联邦旗帜的保护下享受战利品。

这个强大而仁慈的政府派我亲爱的朋友、年轻的库欣——军队不能失去的可怜而宝贵的军官——带着20人去对抗美洲最勇敢、最野蛮的酋长科奇斯及其驻扎在山岭之中的150个印第安战士。阿帕奇人对于这片山区的每个角落了如指掌[①]。

这不仅仅是一位军官的牺牲。军官们每次外出都可能被打死,这是他们的职责,因为在亚利桑那,美军在人数和地理位置上一直处于劣势。几个月前,我和库欣在野外度过了一个夜晚,他对于抓捕科奇斯及其团伙有着很大的希望和决心。如果得到充分支援,他完全可以做到这一点。然而,这只是假设而已。已经战斗了十四年、打死了几百个白人、造成了数百万美元财产损失的科奇斯向美军少校[惠特曼]寻求保护,说他"累了,想要睡觉,想要生活在居留地"。于是,[惠特曼]少校将他置于合众国的保护下。[斯通曼]将军反对这样做。战争部的资料将会证明这一暴行,我本人也通过书面形式提出了抗议[②]。现在,

---

① 1871年5月5日,库欣在侦察惠茨通山脉(Whetstone Mountains)时被打死。丹·特拉普怀疑科奇斯没有参与此次事件,认为朱是此次行动的阿帕奇方的领导者。Thrapp, *Conquest of Apacheria*, 77.
② 在这里,莫里把科奇斯和埃斯基明津弄混了。

我们看到了结果。亚利桑那和新墨西哥的所有敌对部落都会把库欣之死看作伟大的胜利。他是潇洒的侠客，是坚定的斗士。虽然印第安人最终干掉了他，但他身后会有许多人踏着他的足迹开辟通往未知土地的道路。他在亚利桑那这一代人之中留下了一个不会消失的名字，这也许会使他的兄弟、海军的"阿尔伯马尔"库欣以及他的其他亲属感到欣慰。

我不需要由于我和亚利桑那人民的愤怒而向虚伪的慈善家道歉。一些国会参议员和众议员出于伤感脆弱的同情心，呼吁为印第安人提供信仰和毛毯，建议军队结束血腥的屠杀。如果我有一种超能力，能够诅咒他们，让他们承受边区人民过去和现在所承受的痛苦，使死去的同胞睁开眼睛，那么，不仅我会诅咒他们，成千上万的亚利桑那人民也会和我一同诅咒他们。

总统刚刚指派极为勇敢能干的印第安斗士克鲁克将军担任亚利桑那指挥官。让他采取更多行动吧。让克鲁克获得他需要的所有兵力吧——他不需要太多。亚利桑那领地每一个身体健康的男人都应该支持他。我们倡导和平的时间已经太久了。现在，我们需要复仇。您忠实的仆人。

西尔维斯特·莫里
联合俱乐部，纽约，1871 年 5 月 16 日

印第安人和靛青

查尔斯·B. 杰农[①]

《洛杉矶矿业评论》第 8 卷，第 8 期（1911 年 5 月 13 日），9—10 页；第 9 期（1911 年 5 月 20 日）：13—15 页；第 10 期（1911 年 5 月 27 日）：12—13 页

    1871 年 6 月，我在亚利桑那皮普尔斯山谷（Peeples Valley）务农。我偶尔会去普雷斯科特。我只能在牧场留下几个人，我的妻子感觉很不安全。于是，她决定跟着我走到埃德·鲍尔斯（Ed Bowers）[②]的牧场和驿站，然后一边拜访鲍尔斯太太，一边等我回来。鲍尔斯家是当时离我家最近的邻居，他们家也在通往普雷斯科特的公路上，位于斯卡尔山谷，距离我家 12 英里。我带着妻子的兄弟 W. H. 史密斯和年轻人博伊斯（Boyce）作为护卫。第一天晚上，我们都住在鲍尔斯的牧场里。第二天上午，妻子在我离开时喊道："别忘了靛青！"她之前曾让我买靛青，但我忘记了。

    我告诉妻子，我只在普雷斯科特停留一天，第三天就回来。我需要找军需官办点事，他会把我带到惠普尔，赫伯特·鲍尔斯（Herbert Bowers）在那里开了一家军中商店。我发现赫伯特病得很厉害。由于他是我的好友，因此我在他那里待了很长时间，试图使他振作起来。他得了很重的黄疸。在我陪他的时候，他一直

[①] 查尔斯·B. 杰农（1839—1916）是亚利桑那最著名的拓荒者之一。由于身体状况不佳，杰农于 1863 年前往亚利桑那谋生。在那里，他在拉巴斯（La Paz）附近著名的瓦尔彻矿场（Vulture Mine）帮人挖掘黄金。杰农在南北战争期间由于对抗印第安人而出了名。1867 年 7 月，尤利西斯·S. 格兰特的姻亲、亚利桑那领地印第安事务负责人乔治·W. 登特让杰农在科罗拉多河印第安居留地担任亚瓦派人和莫哈维阿帕奇人的事务官。在之后的岁月里，杰农建立了一条穿越亚利桑那中西部的马车道，提起了许多采矿诉讼，担任过亚瓦派县和平法官、邮政局长、警官和代理治安官。

[②] 即爱德华·F. 鲍尔斯，后来竞选阿瓜弗里亚县（Agua Fria County）治安官，但是没有成功。

躺在床上。

我和军需官结了账，拿到了他的借据。我回到普雷斯科特时，已经很晚了。我把一切准备停当，计划次日上午动身回家。晚上9点30分，我从黛安娜酒吧出发，准备穿过广场，回到住处。我刚走到广场，就看到了赫伯特·鲍尔斯，他像雕塑一样站在那里。我的第一感觉是，他疯了。我问他站在那里做什么。他说："查利，印第安人打死了一个牧工[①]，从我的阿瓜弗里亚牧场带走了137头骡子、马和牛。我兄弟内森（Nathan）派人给我送了信，同时也给弗德营送了信。我去惠普尔寻求帮助，但是那里既没有人手也没有坐骑。我在那里只领到了一头老驮骡。"

我对他说："你去布鲁克（Brook）和林德（Lind）的马厩，让他们把所有鞍马牵到黛安娜酒吧这里，并且拴起来。然后，你去C. C.比恩（C. C. Bean）那里，告诉他，我想要他的鹿皮队——我要一个，我的姻亲史密斯要一个。"

我走进酒吧，向大家讲述了刚刚发生的事情，号召大家行动起来，把牲口抢回来。黛安娜酒吧位于圣迈克尔旅馆的一角，旁边还有好几家酒吧。消息很快传开了。许多人愿意前往，但他们没有马匹。只有两个愿意去的人有马，他们是柯克兰山谷（Kirkland Valley）的汤姆·罗迪克（Tom Roddick）[②]和哈西扬帕（Hassayampa）河源戴维斯牧场的杰夫·戴维斯（Jeff Davis）。我在人群里看到了约翰·麦克德尔温（John McDerwin），把他叫到一边，问他是否愿意第二天把我去追印第安人的消息告诉我妻子，说我不一定什么时候回去，他同意了。此时，马匹已经陆续来到了拴马架前。我挑出我想要的人，每个人都带上了我们能够弄到的一点干粮。晚上11点，距离我离开酒吧准备睡觉只过了一个半小时，我们已经有11个人骑上了马，带上了武器，准备对来自亚利桑那北部的阿帕奇人展开最为成功的突袭。

[①] 死去的牧工是南北战争老兵约翰·甘特（John Gantt）。
[②] 即托马斯·G. 罗迪克（约1837—1879）是亚利桑那知名人士，是优秀的印第安斗士、出色的侦察兵、成功的采矿者，也是酒鬼。

我见过约翰·汤森[1]。在我停留在普雷斯科特那天,有人把我引见给了他。由于他是印第安斗士,因此我在出发前询问了他在不在。有人说,他去了他在下阿瓜弗里亚的牧场,那里位于鲍尔斯牧场下游大约20英里处;他在途中会路过维克斯牧场(Vickers's ranch),该牧场位于当时从普雷斯科特通往阿瓜弗里亚的唯一一条马车道上。我想抄近路,因此我派两个人绕道维克斯牧场,请求汤森加入我们。他同意了。天亮前,我们来到了鲍尔斯牧场。我们的一些马匹需要钉掌,因此我们找到了为鲍尔斯工作的黑人铁匠,在一间很好的铺子里钉掌。凭借三把锤子,我们三下五除二地完成了任务。

天亮时,所有人都吃完了早餐。我们从牧场拿到了一袋面粉、一些咸猪肉和咖啡。出发前,我给大家开了个小会,提议选汤森为队长,大家一致赞成。除了汤森,我们又在阿瓜弗里亚定居点挑选了4个人。于是,我们16个人出发了。

我们把口粮和一些烹饪工具放在上了年纪的政府骡上。

我们在小路上拉长队列,然后快速前进。中午,我们停下来,让马匹饮水休息。汤姆·罗迪克之前几天一直在城里酗酒,他很想喝点威士忌,心想某些人的鞍袋里可能会有威士忌。在那个时代,每个人的马鞍上都有马鞍袋。汤姆朝汤森喊话说:"队长,如果我喝不到酒,我一定会死掉。"

汤森回答道:"哦!没那么严重,汤姆。"

汤姆说:"我和你打200美元的赌,如果我喝不到酒,我会在十五分钟内死掉。"

他没有死,但他也没有喝到酒。

第一个夜晚,我们在绿草如茵的山坡上扎营。第二天上午,我们在拂晓时分动身。大约日出时分,我们发现了一个兵营,士兵们正在吃早餐。他们从弗德营赶来,带着一个墨西哥向导[2]。这个向导被阿帕奇人囚禁多年,知道从哪儿穿越

---

[1] 约翰·B. 汤森(1835—1873)曾在邦联军中短暂服役,后来在1863年进入亚利桑那。他屠杀印第安人的恶名使他在克鲁克的通托贝森战役中当上了侦察兵。1872年9月末,汤森在一次侦察中割下了15个人的头皮,导致克鲁克解雇了他。
[2] 他们的向导是若泽·德·莱昂(José de Leon),许多人认为他是亚利桑那最优秀的向导。

山脉能走上驱赶牲口的印第安人所走的道路。所以，当他走上这条路时，他们就在那里安营扎寨，被我们碰上了。他们有 28 名士兵、一个医生以及一名年轻的带队中尉，名叫莫顿①。这位中尉刚从西点军校毕业。我们骑马前行，汤森在前领路。中尉向我们中的一个人打听谁是我们的头儿。对方说，走在前面的汤森是我们的队长。中尉向汤森打招呼，并且向他靠近。汤森稍微把马拉向一边，停了下来。中尉说："汤森先生，我叫莫顿，我想我们出来是为了同一件事，我想和你同行。"

"好的，"汤森说，"过来吧。"说完，他继续策马前进。

整个上午，我们走得很慢，很艰难。这里的山路很崎岖，在很多地方，龙舌兰长得很茂密，两匹马无法在小路上并排前进。龙舌兰的叶子像针一样尖锐，像钢铁一样坚硬。如果马匹不小心碰到，它就完蛋了。

士兵们的长队很快跟了上来。当我们爬上奥克斯尤克山（Ox Yoke Mountain）②的山顶时，他们追上了我们。在那里，我们发现了印第安人在其他抢劫行动中丢下的牛轭。墨西哥向导告诉我们，这里距离山下的弗德河有 12 英里。

在这里，墨西哥向导告诉我们，印第安人可能会在前面的灌木丛放火。于是，我们用最快的速度策马冲下陡峭的灌木丛小路。不过，刚走了两三英里，我们就看见下面的山谷升起了烟柱。眼前的小路向下通往一条布满陡峭沟壑的山脊北侧。由于是北侧，山势又很陡峭，因此草不是很容易燃烧。不过，几乎所有士兵都被火势挡住了，不得不离开小路，各自寻找最佳路线迂回前进。

我们于下午 2 点左右抵达弗德河。此时，人和马都又累又饿，但我们至少是安全的，没有受伤。我们在东侧支流的岔口渡河，然后扎营，让马匹休息吃草，同时我们自己也要吃点东西。在这里，我们充分考察了周围的环境，确定印第安人没有兵分两路，而是沿着同一条小路朝着东侧支流的上游方向走过去了。下午 4

---

① 来自美国第三骑兵团第一连、第五连和第七连的分遣队，由查尔斯·莫顿（1846—1914）指挥。莫顿后来做了将军。

② 实际上，给这座山取名奥克斯尤克的正是杰农。Barnes, *Arizona Place Names*, 213.

点左右，我们再次沿着小路前进，朝着河流上游走了几英里，然后开始攀登一座巨大的平顶山。这座山是由一块巨大的火山岩构成的。道路很陡，大家不得不下马[①]。汤森和我说过这个地方，说一些士兵曾经告诉他，他们来过这里，但是不得不撤退，因为印第安人从山顶往下扔石头，大大小小的滚石几乎覆盖了整个山坡。这座山有几英里长，从山顶向下几百英里都是垂直的峭壁，然后是通往下方河流的斜坡。小路从峭壁下方穿过。即使印第安人只抛掷小石块，他们也可以阻止军队通过这条小路。

在我们之前，一些队伍曾经来到这座山脚下，但是无法上山，只能放弃任务，原路返回。当我们来到这里时，我们聚在一起，一些人开始沿小路上山。汤森放任他们走了一会儿，然后把他们叫回来。他让一名士兵开枪，以便让那些听不见他说话的人归队。当所有人返回时，我们排成一列，这也是我们一直在使用的行进队形。日落前，我们回到了几个小时前的出发地。

汤森对中尉说："让你的手下开一两枪，作为标记。"

汤森想要开枪，但是不想让平民浪费子弹。他认为士兵有没有弹药区别不大。当我们那天上午追上军队时，汤森快要疯了，因为在此之前，共同追逐印第安人的平民和士兵始终无法友好相处。军官总是想要发号施令，每次都把事情搞砸。到目前为止，莫顿中尉还没有提出任何建议，只是跟着我们，汤森和其他平民对此都很满意。

我们生起很大的篝火，开了几枪，安排了机警的哨兵，然后铺床。平民的床铺是由鞍毯和鞍枕组成的。我们知道，印第安人正在四周高高的隐蔽处观察我们的一举一动。我们吃过晚饭，然后在燃烧着的篝火旁躺下睡觉休息。哨兵每两个小时更换一次。夜里2点，篝火全部熄灭。我们悄悄上马，尽量不发出声音，重新来到大山脚下，此时东方刚刚开始发白。我们开始悄悄地爬山。当天色亮到可以看清周围并射击时，我们都已经通过了最危险的区域。不过，我们还需要在大

---

① 波列斯台地（Polles Mesa）。

峭壁正下方走上几英里。在一些地方，峭壁似乎就高悬在我们头顶。

在通过这座巨大的黑色平顶山之前，我们走得很慢。接着，我们还需要翻越起伏的山丘，偶尔还要穿过高低不平的山谷。下午2点左右，走在前面的墨西哥向导举起了手，我们都警惕起来。原来，一个印第安人骑着马刚从前方大约1英里处的山脊经过。接着，我们看到了一大片相对平坦的土地，东侧支流岸边还出现了棉白杨。在这里，河里的水已经不多了。我和汤森跳下马，紧了紧马鞍上的肚带。同时，后面几个人以极快的速度从我们身边经过，其中包括中尉。

走了大约0.25英里，我前面的汤森在主路右边的旱地上发现了印第安人的足迹。我们在马匹和视力允许的范围内以最快速度沿着这条小路前进。当然，我们身后的人也都在跟随我们前进。我们看到了一片浅滩，然后策马以最快的速度穿过浅滩。在河流对岸，我们在灌木丛里发现了一处颇为隐蔽的印第安人的营地。大部分印第安人已经离开营地，正在通过厚厚的灌木丛向山上爬去。我们朝着每一个距离近到值得我们开枪的人射击。

在穿越干涸的河床时，我看到一个印第安人跑到了一座山的背面。我以最快的速度朝山顶前进。当我登上山顶时，我看到一个大块头朝峡谷跑去。我把他打下了山。当他下落时，我在大约75码[①]远的橡树丛里看到了另一个印第安人。我朝他开了枪，他倒在了灌木丛里。士兵之中有一个人是弗林下士（Corporal Flynn），他曾长期担任邮差，往返于弗德营和普雷斯科特之间。弗林跟着我上了山，看到了被我打倒的第二个印第安人。他说："你开了枪，但我觉得他只是受了伤。"

于是，我建议弗林骑马登上一座小山包，以监视印第安人倒下的地点，看看他有没有跑出来，同时掩护我留在原地的马匹。与此同时，我会进入灌木丛，察看那个印第安人的情况。弗林来到可以俯瞰四周的山包上，但是看不到印第安人。于是，我小心地走进灌木丛。几分钟后，我听到右边传来枪响。我转过头，看到

[①] 1码约为0.91米。——译注

大约 200 码外有七八名士兵。接着，我听到子弹击中身边岩石的声音。弗林像疯子一样叫喊起来，说："你们这些该死的家伙在做什么？想把白人打死吗？"

这些士兵看到我的黑帽子在灌木丛中移动，把我当成了印第安人，每个人都在马上开了一枪。我发现了印第安人，他很机灵，爬进了茂密的灌木丛里。

我们花了很多时间寻找这个机敏的印第安人，但是一无所获，只能回去寻找其他人。当我们返回印第安营地时，其他人都在等着我们。

莫顿、向导、一些平民和几名士兵在我们之前追踪的主路上前进时发现了一条大路。这条路与主路垂直，沿着一条小溪谷通往另一座印第安营地。这个营地比我们之前遇到的营地小得多。中尉没有来复枪，用45口径的手枪打死了一个大块头阿帕奇人——这可能是我们打死的第一个人。我们能够确认被我们打死的印第安人共有 35 人[①]。我们洗劫了营地，并于下午 5 点左右沿小路进发，一直走到天黑。

我们吃了点东西，围坐在营地里。这时，汤森问向导"Wapop"在阿帕奇语里是什么意思。向导说，它的意思是"哦，父亲"。接着，汤森说，他向一个大约 18~20 岁的印第安年轻人开枪，打断了他的腿。这个印第安人抓着灌木爬起来，单腿站立，拍着胸膛喊了两三次"Wapop! Wapop!"然后再次中弹。他可能是白人，由于长期跟随印第安人而忘记了母语，因为所有看到尸体的人都说，他的皮肤比其他印第安人白得多。

第二天上午，当天色亮到能够看清道路时，我们立刻出发了。我们不想错过任何岔道，因为我们正走在分隔东弗德河和其他河流的起伏山地之中，而且我们觉得印第安人会分成不同的小队赶路，因为他们在被白人追逐和紧逼时常常会这样做。幸运的是，我们前一天看到的骑在马上的印第安人没有看到我们，否则警报就会传开，我们就只能打死 35 个人了。

---

① 战斗发生在 1871 年 6 月 8 日。

第四天上午，我们骑着马，时而疾行，时而慢行，走了几个小时，穿过雪松和杜松林，越过山麓①的台地和丘陵。上午10点左右，领路者走进了位于大峡谷里的大型印第安村庄。河岸很高，近乎是垂直的。我们只能通过一条狭窄的小路以单列队形进入峡谷。印第安人正在逃跑，我瞥了一眼，看到几个印第安人正在躲进一道深谷，那里与营地附近的主峡谷相连。我策马跳到大约10英尺下土质松软的坡地上，穿过大约100码宽的深谷，去到对面的台地，然后开始冲锋，试图拦住我之前看到的正在走上侧谷谷口的印第安人。他们西边的山非常陡峭，没有灌木丛，他们不敢往上爬。我成功地追上他们，朝两个人射击，其中一个人倒下后又坐了起来。我刚要再给他来一枪，下士说话了："等等，伙计！"和前一天一样，他一直跟在我后面。"等等，伙计！不要浪费你们的弹药。我要用石头打死他们！"

当我跳下马，向第一个印第安人开枪时，我又在深谷下面看到了一个印第安人。我试图监视峭壁，以免他逃跑。我一直盯着他，因此他不可能爬上峭壁，而山又太秃了，他不可能从那一侧往上爬。几个人从印第安营地徒步来到深谷谷口，我让他们仔细看。他们看得很仔细，但是没有人发现那个印第安人。我并没有放弃，仍然守在原来的位置上。最后，一个名叫约翰·布拉德（John Bullard）的年轻人从杜松林走过来，在我最后一次看到的印第安人所在位置的正上方停下来。我向他招手，告诉他我看到印第安人的事情，让他钻进深谷，仔细搜寻，我站在外面负责监视。

他几乎没有耽搁，立刻爬了下去。很快，他爬到了一块巨石后面，消失在我的视野中。接着，传来一声枪响，布拉德从石头后面探出头来。然后，他又下去了，消失在我的视野中。接着，他的头又探了出来。这一次，布拉德爬上巨石，

---

① 马扎察尔山脉的山麓。

举起右手（几年前，在从汤森牧场前往鲍尔斯牧场的途中，他在阿瓜弗里亚遭到印第安人拦截。虽然他有手枪防身，但还是被打掉了右手的部分食指），朝我喊道："虽然我这个手指受了伤，但我还是杀了他。我非常感谢你，查利。"

在此之前，布拉德在这次旅途中还没有打死过印第安人。

我回到印第安人的扎营地点。大家已经洗劫了营地，找到了一些有价值的物品，包括装有许多靛青球的鹿皮袋，这使我想起了妻子的嘱托。我将大约一磅靛青球倒进马鞍上的手枪皮套里，准备带回家。众人缴获了一些枪支、几块鹿皮和其他一些物品，但是没有找到特别值钱的东西。

在印第安营地的战斗中，汤森差点被印第安人的子弹击中。他在灌木丛里行走，距离一个受伤的印第安人只有几英尺。那个印第安人躺在巨石后面，汤森看不见他。对方已经扣上了扳机，调好了瞄准镜。如果汤森再往前走一步，就会进入对方的射击范围。不过，上帝保佑了他。杰夫·戴维斯看到了印第安人，向汤森示意并叫住了他，同时杀死了那个印第安人。

我们在这个营地获得了许多烤龙舌兰和一些马肉。我们再次上路，向东南方行进，那里有许多丘陵和长长的台地。

走了大约三四个小时，我们走上了一条又长又矮、长满青草的山脊，其南边和西边有一条又大又宽的山谷。这座山谷很长，似乎通往后面的山中。小路沿山脊的顶部延伸，在一些地方很窄，因为它在一些很短的深谷谷口蜿蜒而过，这些深谷向东汇入下面的大河谷①。这条山脊先是向上抬升，然后陡然下降，通向我们西边的大深谷。当墨西哥向导骑着马接近山脊顶部时，他举起手，停了下来，拨转马头。他觉得他看到了两个骑着马的印第安人，他们在同一条小路上，在我们前面大约600码的地方往前走。汤森下了马，朝山脊另一侧窥视了一会儿，然后转身回来，朝着一条很陡的深谷往下走。我们可以看到，这条深谷通往巨大的干河床。如果我们能骑着马走下去，我们就能在印第安人看到我们之前接近他们。

---

① 通托溪谷。

汤森带着那支差点打死他的枪，马鞍上挂着几块鹿皮，上面放着两支枪。他从我身边经过，走下深谷，丢下印第安人的枪，卸下鹿皮，做好战斗准备。我没有别的战利品，只有靛青，但我不能丢下靛青，因为那是我妻子的嘱托。这是一条崎岖的深谷，但我们的马走得很稳。我们并肩来到平地上。这里的地面是柔软的沙地，我们策马前行。

印第安人走得很慢，似乎睡着了，因为他们就出现在我们眼前，距离我们最多300码。他们在主路上前行，正在穿越长满青草的浅滩，浅滩上分布着一团团橡树丛。我们策马疾驰，来到距离他们40码的地方，然后同时跳下马并开枪。我们朝着同一个印第安人射击，因为他离我们最近。我们可以看到，他前面的马鞍上横跨着一支长长的来复枪。我们下马前发现，有两个人骑在同一匹马上。枪响过后，离我们最近的印第安人一头栽下马去，同时掉下去的还有那支枪和他横跨在马鬐甲上的一大块马肉。

另外两个印第安人跳下马，开始朝我射击，因为我在开阔地上。汤森则躲在一小团灌木丛后面，他和印第安人之间隔着一匹马。他们一个人拿着亨利来复枪，一个人拿着六发式手枪，朝我开了三四枪。我侧身跳跃，试图给我的来复枪装子弹。这时，汤森开了一枪，打断了来复枪手的右臂。接着，两个人开始逃跑，并且尽量用灌木丛做掩护。跑了几步，他们跑到了一起，拿着六发式手枪的人拿到了亨利来复枪，并把手枪给了断臂的人。在这期间，我试图开枪，但灌木丛太多了，他们充分利用了这一点。

接着，我们两人向马匹冲去。汤森的马仍然站在他下马的地方，但我的马离开了一段距离。我认为它的做法是明智的，因为如果它像另一匹马那样站在我旁边，它就可能被击中或者被打死。当我跑向这匹马时，它害怕了，不让我骑。我意识到我无法轻易抓住它，因此开始徒步追赶印第安人。汤森沿着丘陵侧面前进，试图开上一枪，同时试图拦截他们，为我提供机会。印第安人一直在干河床里，距离我们射击第一个印第安人的地方大约0.25英里。干河床两侧生长着橡树丛，因此汤森无法开枪。汤森在印第安人左侧。要想开枪，他需要在马鞍上转身。他说，如果他在另一侧，他就可以朝他们开上许多枪。

深谷的尽头是一条低矮的分水岭，印第安人在那里分开了。一个人跑向下面的深谷，另一个人钻进灌木丛，失去了踪影。汤森一直盯着手持来复枪的印第安人，追了1英里左右，终于找到了开枪的好机会。他击中对方的后脑，对方立刻毙命。汤森策马向前，来到印第安人倒地的位置，抓起他的脚踝，把他拉出灌木丛。他的部分皮肤脱落了，就像被烫伤了一样。当我赶到时，汤森正在研究亨利来复枪，他问我有没有看到受伤的印第安人，我当然没有看到。他让我看印第安人的尸体上腿部脱落的皮肤。在我们讨论此事时，其他人开始出现在后方大约1英里外的山丘上。我们站起来，以便让他们看到。他们很快赶了过来。

我们想回到追赶印第安人时穿越的大干河床宿营。此时是日落时分，我们知道那里有水源和草料。在返回的路上，我和汤森并排骑行。其他人抓住了我的马，把它带了回来。我问："汤森，你下马时为什么没有开枪？"

他的回复是："你为什么没有开枪？"

我说："我当场打死了那个印第安大块头。"我们二人都认为自己朝印第安人开了枪。于是，当我们回到他倒下的位置时，我们检查了尸体，发现了亨利来复枪的小弹孔，弹头显然穿过了心脏，而我的大夏普枪弹头刚好从他的两肩之间穿过。我们同时开了枪，而且都觉得对方没有开枪。

汤森对我说："你打死了几个人？"

我说："昨天2个，今天上午2个。""你把这个也算进去吧，"他说道，"那一枪可以打死许多排成一排的人"。

"你打死了几个？"我问道。

"8个，"他回答道。"还有一个右臂被打烂的人跑了。我们明天上午去找他，他将是我打死的第9个人！"

我们同时射杀的那个印第安人的枪是他们抢牲口时打死的牧工的枪。他胯下的马来自鲍尔斯牧场，另一匹马则属于已故的罗伯特·波斯塔尔（Robert Postal）。那是一匹很有名的赛马。

当我和汤森追击时，其他人坐在原地看戏。直到枪声响起，他们才以最快的速度赶过来。

一名士兵发现了一条路，这条路穿过山谷，通往 8~10 英里外的山坡。他认出了这条路。几年前，他走过这条路。他说，这条路从老里诺营（Old Camp Reno）沿通托溪通往格林山谷。这是我们第一次对于我们所在的位置有了一点概念。

曾在当地生活过的人告诉我，我们扎营的那条小溪现在叫怀尔德拉伊（Wild Rye）①。

第二天上午，天一亮，我们就出发了，试图找到受伤的印第安人。我们发现了他的足迹，他在灌木丛中爬行，移动了将近 0.5 英里，然后通过某种方式点火求救。其他印第安人在夜间赶过来，把他带走了。所以，汤森此行只打死了 8 个人。

在确认无法找到受伤的印第安人之后，我们走上小路，并于上午 10 点左右抵达通托溪和之前提到的旧马车道。印第安人的足迹沿溪而下，来到一条小山谷的谷底，与马车道交汇。在那里，印第安人离开马车道，再次上山，向东而去。在这里，我们第一次停下来商议对策。我们的马状态很差，有几匹马失去了部分甚至全部的蹄铁。我们的食物也全都吃完了。我是说，平民的食物吃完了。所以，我们认为继续追击是愚蠢的。我们也意识到，印第安人已经充分警觉，因为过去的二十四小时，我们白天看到了山里的烟柱，夜间看到了山里的火光。

有的人支持打道回府，经由弗德营回家。有的人还提议沿小路返回。这个建议把聪明人逗得哈哈大笑。汤森发言了，说如果 500 人沿原路返回，他们就会折损一半的人。汤森找到了前一天认出马车道的那名士兵，详细询问了当地环境和道路。这名士兵只在那条路上走过一次，但他认为我们距离老里诺营不到 10 英里，而那座军营曾派马车通过里诺山脉前往麦克道尔。我们决定前往麦克道尔。当我们上马时，莫顿说："从现在开始，我们需要保持警惕，否则可能会有人受伤。"

他在此次旅途中从来没有一次说过这么多话，队伍中的平民群体也从来没有

---

① 格农说得没错，我们现在用那条溪的名字来称呼 1871 年 6 月 9 日发生在那里的追击战。根据莫顿中尉的记录，在两天的战斗中，他们打死了 56 个印第安人，打伤 8 人，他和汤森的部队没有伤亡。

听到中尉说过这么多话。我们大家这才觉得他是个正常人。就连杰夫·戴维斯也不再叫他"下士"。当他有机会和莫顿说话时,他称呼他为"莫顿先生"。

我们在一块很大的台地上商讨行进路线。我们正处在某种史前遗迹之中,这些遗迹绵延了数英里。

在抵达被遗弃的旧军营①之前,我们走得很顺利。我们在军营上方几英里处经过了一片旧菜园,这片菜园之前是用通托溪水灌溉的。我们事后得知,这片菜园在军营被遗弃前是由军队管理的。

大约中午时分,我们来到了旧军营的遗址。那天上午,我们走了20~25英里,并且花了很多时间寻找断臂印第安人。我们不知道那个印第安人是怎样用一只手生火的。他一定有火柴。

当我们在旧军营附近发现一条清澈的大河或者说大泉时,我们决定当晚在那里扎营,让马匹休息。为了保护马匹,一些平民上午一直在步行。我的马瘸得很厉害。抵达军营后,我所做的第一件事就是寻找之前的铁匠铺。我找到了许多旧蹄铁,它们比较完好,足以将马蹄与地面隔开。我还找到了许多钉子,其中大部分是弯的,但我拿到了足够多的钉子,为我的马钉上了蹄铁,并分了其他人许多钉子。

在我和其他几个人寻找钉子时,我们看到军营里的一些人跑向他们的马。同时,另一些正在摘黑莓的人跑回军营。我们吓了一跳。这里有一大片黑莓——这也是我在太平洋沿岸第一次看到野生黑莓。众人之所以如此激动,是因为通往麦克道尔的公路大约2英里外出现了一大团烟尘,那条路在那个位置穿过山谷谷口,通往开阔的台地区。我们的第一感觉是,这是印第安人和他们偷来的牲口,因为我们只能看见尘土和一些正在移动的事物。此时,我们只有几个人抓到了马缰绳。这时,我们听到了号声。士兵们说,那是冲锋的命令。我也是这样想的,因为他们一边卷起地上的尘土,一边来到距离我们大约不到400码的地方。接着,他们平静下来,骑着马缓步走进军营,没有一个人受伤。原来,这是一支来自麦克道尔的骑兵

---

① 里诺军营于1870年3月被遗弃。

连，他们的任务是追杀印第安人。由于我们的士兵全都骑在白马上，因此被误认成了一群羊。指挥官吹响了号角，我觉得他是想把羊吓跑，以免被羊吃掉。

军官停下来，和我们的人谈了一会儿，然后和一些小伙子也进行了热烈交谈，希望吸引他们入伙，追逐我们丢失的牲口。

他甚至提议让他的一些士兵下马，返回麦克道尔，以便让平民骑上新马。要是他没有吹号，我们中的一些人可能会接受他的邀请。我不记得这位军官的名字了。他们的向导是海·乔利（Hi Jolly）[①]，是50年代早期跟随运往得克萨斯的骆驼进入美国的那批人中的一个。

当麦克道尔的军官发现我们之前追逐的印第安人的足迹时，他走错了方向，没有追逐印第安人，而是走上了我们去往通托溪的那条路。事后，他由于此事受到了军事法庭的审判。我相信，是海·乔利的投诉把他送上了军事法庭。海·乔利是一个优秀细心的向导和侦察兵，在几年后死于尤马县阔茨赛特（Quartzsite）。1909年6月，沙洛特·M. 霍尔（Sharlot M. Hall）找到了他的坟墓，用花岗石板做了标记。

我们一伙人当晚睡在旧军营里。我们可以从各个方向看到山中的烽火。第二天，我们启程前往麦克道尔。此时，我们都喜欢上了中尉。汤森告诉中尉，他应该让他的人紧紧跟上，不要分散开，因为印第安人可能会把掉队的人拦住。翻越里诺山的路程漫长而崎岖。在兴奋的追击过后，我们都很疲惫，马匹也筋疲力尽，四脚酸疼。我们分散在道路两边。我们看到了距离我们10~12英里的麦克道尔。此时，我在道路较高的一侧骑行，汤森在道路下面。我看到他朝我走来。当他来到我身边时，他用手指了指军营，对我说："到了那里以后，假如他们不给我们口

[①] 他是希腊人，名叫菲利普·泰德罗（Philip Tedro），后来皈依伊斯兰教，改名为哈吉·阿里（Hadj Ali）。他在美国西南部的朋友将他的名字恶搞成了海·乔利。

粮，我们怎么办？"

我回答道："不知道。"

他低声说道："我们要占领军营。"然后他调转马头，回到他之前在队伍中的位置。

我在他离开时说："好的，汤森。"

我要在此说明，我们从第三天结束后一直在吃士兵们的口粮，并且已经在前一天吃完了他们所有的食物，只剩下我们在印第安营地里找到的一些龙舌兰。

不过，我们没有占领军营，因为指挥官热情招待了我们，为我们和马匹提供了很好的住处，并且命令粮秣站取出所有存货。我记得他是达德利少校（Major Dudley）①。我们在麦克道尔休息了两天，然后前往普雷斯科特，途经布莱克山谷和汤森牧场。在汤森牧场，汤森发现他的家人全都平安无事。他的妻子带着孩子们独自待在牧场里，周围几英里没有邻居。他们的牧场距离普雷斯科特40多英里，位于印第安人居住区的腹地，但她有狗和枪。这位女士抚养了许多孩子，目前住在该地区的某个地方。

印第安人不久以后打死了汤森。他们从很远的地方射杀了他，但是不敢走到他跟前去抢马。忠实的马儿在他身旁守了几天，然后回家了。人们顺着马儿的去路找到了尸体。原来，汤森在野外发现了一大群印第安人的踪迹。由于没有邻居跟着他，他一个人去追逐印第安人。他之前曾多次独自追逐印第安人。在他住在阿瓜弗里亚河畔的五年里，他一共打死了35个印第安人②。

第二天，我们在鲍尔斯牧场分开。在此之前，我们走了十一天，找回了大部分被盗的骡马，只有14匹骡马没有找到。士兵们前往弗德营，不住在阿瓜弗里亚山谷的平民返回了普雷斯科特。在普雷斯科特，我们发现当地人正在组织搜索队，准备外出寻找并掩埋我们的尸体。他们不知道我们和士兵们的联合行动，认为印

---

① 美国第三骑兵团的内森·A. M. 达德利（1825—1910）。
② 1873年9月16日，汤森在德里平斯普林斯（Dripping Springs）被打死，那里位于今天的亚利桑那州迈耶市（Mayer）以南16千米处。

第安人把我们包围在了某个小地方，比如弗德河东侧支流河畔的布莱克台地，并且把我们全部歼灭了。

我在上午10点左右抵达普雷斯科特①，准备当天出发，直接前往斯卡尔山谷。差不多两个星期前，我把妻子和孩子留在那里，准备只离开两个晚上。不过，我的朋友找到我，劝我第二天再走，因为他们正在为我和其他团队成员准备一场娱乐活动。我们在普雷斯科特庆祝了一天一夜。毕竟，包括平民和士兵在内，这是我们第一次跟踪、追上并严厉惩罚那些犯下罪行的印第安人。这其实是一场长期斗争的开始。在这场斗争中，印第安人每次都得到了最惨烈的后果。我们在麦克道尔的时候住在一个骑兵连的军营里，这个连离开驻地，去见克鲁克将军了。当时，克鲁克刚刚来到亚利桑那，正在巡视每个军事驻地，以考察地理环境。巡视结束后，他发动了一场战役，取得了很大的成功。

我把我的队伍送回布鲁克和林德的马厩，然后穿越广场。这时，有人向我引见了来自内华达州弗吉尼亚城（Virginia City）的约翰·邓恩先生（John Dunn）。我们谈了几分钟，他邀请我进店坐一会儿〔我们当时站在利维·巴什福德（Levy Bashford）的店铺前〕。

邓恩说："巴什福德先生，能否把那支枪拿给我？"巴什福德走到里面，拿出了一支崭新的温彻斯特来复枪——那是最新的型号。邓恩把枪递给我，说："看看好不好。如果好，请收下。"

我当然收下了。后来，这支枪在索尔特河谷连同我的房子和里面所有的物品一起被烧掉了。

邓恩的行为一定有所暗示，因为普雷斯科特市民给了约翰·汤森一支类似的枪，枪托铭牌上还刻着字②。他们还给了莫顿中尉两支镶金的45口径的手枪，上面也刻着字。弗德的老军官们是以戏谑的态度派莫顿出去的，并不指望他能有所收获，起初还觉得这件事很好笑。不过，当他在外面停留的时间超出口粮的规定

---

① 1871年6月17日。
② 枪托上刻着"普雷斯科特市民赠予J. B. 汤森，以纪念他的勇敢，1871年6月"。

时间时，他们开始担心这个"男孩"了——在他离开时，他们就是这样称呼他的。当他返回时，他们对他的称呼也变了。

当晚的娱乐活动首先是一桌酒宴。在巴什福德正在建造的店铺里，桌子从这一头顶到了那一头。桌子中间是一排酒篮，从桌子一端排到了另一端。这些葡萄酒来自哈蒙德港（Hammond port）。哈蒙德位于纽约州丘卡湖畔（Keuka Lake），是一座制造葡萄酒的城镇。第一道菜是葡萄酒。接着，霍华德法官讲了几句，眨了眨两只眼睛。然后，我们畅饮葡萄酒。随后，R. C. 麦考密克讲了几句，然后我们再次畅饮葡萄酒。就这样，我们说几句话，喝几口葡萄酒，直到大部分人醉醺醺地回家。普雷斯科特的老居民做事总是虎头蛇尾的。

我在晚上收拾好了所有行李。第二天上午，我带着威廉·H. 史密斯和查利·博伊斯前往斯卡尔山谷。到了鲍尔斯驿站，我看到门廊上坐着几位军官。我来到门廊边。当我的妻子和鲍尔斯先生走下台阶时，我把我在第二次战斗中装入靛青球的手枪皮套递给妻子，说："这是靛青，我拿到它可是花费了不少时间！"

第二天，我回到皮普尔斯山谷的家中。我本来只想离开家五天，但我却走了十九天。我在家里发现，约翰·伯格（John Burger）的伤口疼得很厉害。那年 4 月 1 日，伯格和 H. 威科夫（H. Wycoff）在从皮普尔斯山谷前往威肯堡（Wickenburg）的路上遭到印第安人袭击，威科夫被打死，伯格受了伤。他的身体右侧中了三弹，左侧大腿被射穿，落下了终身残疾。当我离开他时，他的所有伤口都快愈合了，也能拄着拐杖走上几步了。当我回到家时，他体侧的伤口已经严重发炎，长满了腐肉。他的一根肋骨被完全打断。当我离开他时，他的肋骨的两端已经很好地长在了一起。不过，当我把他的炎症消掉，把伤口上的腐肉烧掉后，我发现新骨头的末端形成了小溃疡，于是我用小刀将其切下。在我的精心照料下，伯格很快就能下地了，并且恢复得很好。他是菲尼克斯（Phoenix）的早期定居者之一，在汉伯格溪边（Humburg Creek）的自家工场意外身亡。他的妻子现在仍然住在菲尼克斯。我们一共打死了 56 个印第安人，找回了大部分牲口，只有 14 头没有找到。杰农太太也得到了靛青。

和平时期正规军生活中的事件

弗兰克·K. 厄珀姆[①]
《大陆月刊》第 5 卷，第 2 期，（1885 年 4 月）：426—429 页

在蜜月旅行中，我们先沿着太平洋铁路穿越美洲大陆[②]。当时，这条铁路刚开通不久。到了旧金山，我才知道，我的目的地并不是之前预期的俄勒冈或者华盛顿领地的舒适军营。相反，我需要返回亚利桑那。对此，我很吃惊，也很失望。我在前一年秋天刚刚离开亚利桑那，本以为我在那个领地的服役期已经彻底结束了。不过，我们只能接受现实，在短暂停留后乘轮船前往圣迭哥。从圣迭哥开始，我们坐上了旅行马车，在六月骄阳的炙烤下穿越科罗拉多荒芜的沙漠，沿希拉河缓慢前行。路上的沙土、碱尘和酷热几乎令人无法忍受。我们一共花了六个星期，从圣迭哥来到了我位于亚利桑那偏远角落的驻地。

离开图森后，我们走上了这段路的后半程。我们由 20 个人骑马护送，他们在我们的马车附近骑行，一直在提防着印第安人。夜间，我们一直有人骑马放哨，以提防凶残的野蛮人突袭我们的营地。这些野蛮人经常出没于以圣佩德罗河和德拉贡山脉为界的区域，路边那些孤独的坟墓每天都在向我们诉说他们的暴行。大多数坟墓上立着粗糙的十字架，大概是死者生前的熟人立的，也可能是过路的陌生人立的。这些陌生人不久之后可能也会面临和死者相同的命运。

---

① 弗兰克·K. 厄珀姆（1841—1899）于南北战争期间在加利福尼亚第七步兵团担任中尉。后来，他被任命为美国第一骑兵团少尉。他在 1892 年以上尉身份退役，成了洛杉矶志愿兵之家的代理主管。1899 年，厄珀姆死于武器走火。
② 1871 年 4 月 1 日，厄珀姆在伊利诺伊州迪克森市（Dixon）与萨拉·埃尔维拉·坎普（Sarah Elvira Camp）结婚，并把她带到西部。

这是差不多十五年前的事情。现在，当我听到其他人漫不经心地提到自己乘火车前往同一地区旅行并在几天或者最多一个星期之后返回时，我会瞬间产生一种类似于嫉妒或愤怒的情绪。很难想象，蒸汽和机车可以做到这些事情——它们显然使这段在荒原中穿行、把我们累得半死的旅程转变成了某种愉快的经历。

不过，任何旅程都有结束的那一天，我们这一次也不例外。此时，在回顾这段路途时，我甚至回想起了一些令人愉快的事情。由于人类大脑具有这种只记得闪光点、忘记其他一切的特质，因此我们回想起来的大部分经历都很愉快。抵达驻地后，我们在马车和帐篷里的生活暂时告一段落。我们期盼已久的驻地当时被称为军营。后来，它按照现代驻地的样式得到了彻底改建，获得了"堡垒"这一更加高贵的称呼。不过，当时几乎所有的边区驻地都被称为军营，这个称呼恰如其分，因为它们的确仅仅是军营而已。

这个驻地①由许多粗糙的木制建筑组成，它们是由士兵建造的，因此具有最为原始的样式。在我们到来的几个月之前，人们确定了这个哨所的位置，开始建造房屋。此时，建造过程还没有完全结束。整个哨所是以骑兵营的形式设计的，初始设计具有军事精度，严格遵循陆军条例中的方案。不过，哨所周围还有许多建筑，包括马厩、军需官畜栏和军中商店等，以及许多印第安村落，所有这些建筑与初始方案中的相关规定并不统一。因此，在从图森前往哨所的路上，我们看到的军营不像是由美国正规军两个骑兵连和两个步兵连驻守的军事哨所，反而像是边区小镇或采矿营地，安静地坐落在跨越狭窄山谷的山脊或者说圆丘上。虽然它看上去缺乏我们预想中的规则性，但是这里风景如画，充满自然魅力。

我们的旅行很无聊，因为在200多英里的路上，我们没有看到任何人和房屋。因此，可以想象我们抵达目的地后的喜悦。进入哨所时，我们看到一排长达0.25英里的军官宿舍，它与后方100码外的峡谷平行。这道峡谷的侧壁近乎垂直，下面五六十码处有一条美丽的山涧，其源头位于遥远的雪盖峰，我们可以在东边的

---

① 阿帕奇营。

地平线上方看到那些山峰。军官宿舍的正对面是士兵宿舍，每个连有6个木屋，与军官宿舍成直角，距离军官宿舍大约80码。中间是操场。军营前面和后面的风景很美，但是视野受限，大抵只能看到距离很近、非常突兀的松树以及由杜松覆盖的山坡。在东边和西边，在山谷上下，可以获得更加开阔的视野。虽然这里只能看到山景，但是更加壮观，永远不会让观看者感到无聊：山脊、悬崖和遥远的山峰以狂野而奇妙的形状与天空融为一体。日落时，一切都被染上了绚烂的色彩，呈现出一幅无与伦比的画面。

军官宿舍在外表、建造样式和大小方面区别不大。所有宿舍都很糟糕。现在的边区军队不会住在这种地方，他们会认为这里不适合居住。我们入住的宿舍可以作为参考样本。这里长20英尺，宽18英尺，圆木之间的缝隙处涂有黏土泥浆，包括里面和外面。屋子里只有一个房间，地板是未刨平的粗糙木板，一端有一个大壁炉，烟囱在外面，另一端有一扇门，那是唯一的出入口。房间一侧是合叶式窗户，只有一扇，有6块玻璃，可以向内侧拉开。屋子里没有天花板，盖有粗糙木板的光秃秃的椽条构成了没有瓦片的屋顶。这个屋顶通风极佳，但是无法遮风挡雨。木板在阳光的照射下严重弯曲变形，日光和月光常常可以透进来，在一定程度上弥补了窗户太少的缺陷。

我们很快住进了这个小屋，因为我们只用了几个小时就铺上了地毯，摆好了仅有的几样简单的家具。这些家具有的是我们从旧金山带来的，有的是驻地军需官制造的。这段时间天气一直很好，因此我们感觉非常舒适——至少和邻居一样舒适[①]，这在任何时候都是一种令人满意的感觉。不过，到了9月，当大雨和雷雨到来时，情况就不同了，此时我们不得不在房子里面扎营。我们需要把帆布钉在房间一侧的圆木上，距离地面大约10英尺，然后将帆布另一边搭在由两根立柱支撑的柱子上，形成像帐篷一样的简陋雨篷。我们可以躲在里面，直到暴风雨结束。我们也尽量为无法搬到帐篷里的物品盖上了帆布。幸运的是，虽然这个季节

---

① 这是一种幽默的说法，意思是作者和邻居的生活条件都很简陋。——译注

经常下雨，但是持续时间并不长。然而，在降雨过程中，雨势很猛。不过，这种事情很新鲜，而且并没有听上去那么可怕。

我们在这个房间里居住、睡觉、吃饭。饭是在军营另一间样式相同但面积小一些的房间里做出来的，那个房间在正后方大约20英尺处，类似于厨房和总储藏室，厨师就睡在帐篷里。饭做好后，由"我们的人"用托盘端到一座设有长桌板的"大房子"里。我们离开旧金山时忘了带上呼叫铃，因此从军需官的仓库借了一只牛铃，用起来还算不错。

这组营房位于驻地最左侧，因此与其他营房离得有些远。当你从前面提到的那条路来到军营时，你最先看到的就是这组营房。在遭到印第安人攻击时，这里也是首当其冲的营房。

不难推断，我们的日常家庭生活平静而简单。我们的朋友起初只有已婚军官的病妻，她很少离开房间。在我们到来之前，她已经超过一年没有女性朋友了。她只想养足体力，以便回到费城的家。几个星期后，她就启程了。除了这位女士和她的丈夫，还有几个单身军官。我们没有其他社交伙伴。在我们住在军营的两年时间里，我的妻子基本没有同性伙伴。只有在一小段时间里——大约六个月——另外两个军官的妻子可以和她做伴。所以，我们的社交主要靠自己。在一年中天气不错的时节里，我们偶尔出行，有时骑马，有时坐马车，更多时候是步行。我们穿越丘陵和松林，或者沿河而行，偶尔去一些印第安人的营地坐一坐。在那里，我们总是很受欢迎。他们对白人女性异常好奇。在自然资源丰富的地方，总是可以发现许多有趣的事物。每当我闲下来的时候，我们总是可以找到值得一游的地方。

在周围所有区域，我们最喜欢的散步路线是军营后面那条狭窄的山谷，那条山谷从头到尾大约1英里。在那里，我们还发现了一条被印第安人遗弃的通道。藤条和灌木在上面疯狂生长，挡住了这条路。士兵们清理了一部分植物，再次打开了通道，并将树木砍倒，架在小溪上，作为桥梁。那条小溪上有许多小瀑布，里面还有许多鳟鱼。整条山谷的两侧几乎都是陡峭的山壁。在山谷深处的许多地方，太阳每天只能照射一两个小时。在夏季最炎热的日子里，总能在这里找到阴凉的地方。

在对这条峡谷的凹陷处进行充分探索之前，为谨慎起见，我们进入峡谷时会携带武器，以应对熊的威胁。我们认为即使熊不住在里面，也会经常在峡谷里出没。我们之所以会有这种印象，是因为在我们到来后不久的一个晚上，在日落时分，一头大黑熊从军营上方的谷口出现，它从容地从军官厨房和山谷边缘之间的开阔地径直走过。

实际上，我是第一个看到它的人，因此有足够多的时间走进营房，拿上卡宾枪——我总是把卡宾枪放在床垫中间，装好子弹，以备不时之需——然后等着那头熊，因为它会走到距离房屋不到50码的地方。我从未打死过熊，但我很想打死它——可能是我太急了，或者是这个机会太难得了。不管怎样，我躲在厨房的墙角后面，一直等到我几乎可以看到它眼睛的时候，才开了枪。令我吃惊的是，那头熊只是摇了摇粗短的尾巴，以笨拙但异常迅速的步伐跟跟跄跄地沿着原来的路线逃跑了，这让我感到非常遗憾，因为我一直认为自己是个不错的来复枪射手。此时，其他人也弄清了情况，以同样的方式埋伏起来等着它，但他们的机会没有我那么好。虽然军官和士兵们用骑兵的卡宾枪和步兵的长汤姆枪朝着黑熊开了至少40枪，但它还是跑了。在这个过程中，它受到了几乎整条营房线的攻击。最后，它跑到悬崖边一个不那么陡峭的位置，像猫一样敏捷地跳了下去，然后同样迅速地爬上了峡谷另一侧的山壁，直到消失在杜松之中。在此之前，远程射击一直在持续。它无疑中了弹，但这显然不足以使它成为我们的盘中餐。在逃跑过程中，它可能会偷偷嘲笑我们这支"残暴军队"的可笑枪法。此后，我们对山谷的各个角落进行了仔细搜寻，但是没有发现任何有关这头熊的踪迹，大家也不再对进入山谷感到恐惧了。

前面也提到过，我的空闲时间非常有限。驻地军需官和粮秣官的职责落在了我的头上，这些工作占据了我白天的大部分时间，而且，我常常需要在距离宿舍很远的地方工作。除了与这些职责相关的普通日常杂务，我们还需要每四天集合近 1400 个印第安人，清点人数并给他们分配口粮。因为在当时，国家还没有为这些印第安人分配事务官，他们暂时由战争部管理。

因此，我的妻子大部分的时间只能独处，利用自己的资源度日。这里并不缺乏书籍和其他文字资料，因为军营订阅了大量杂志和报纸。不过，她也不能一直看书。在寻找消遣的过程中，她逐渐掌握了印第安人的语言，具体地说，是阿帕奇人的语言。在晴朗的上午，简单安排好一天的家务事后，几个最聪明的印第安青年男女常常会聚集在我家的小窗户外面，我的妻子会在里面和他们进行长时间的交谈——起初是通过符号，或者印第安人学会的少数几个西班牙词语。现在，这种交谈完全是用印第安语进行的。我的妻子很快通晓了印第安语，这显然使印第安人感到惊奇和高兴。于是，在几个月时间里，她成了当时军营里最了解印第安语的白人。不过，在尝试教导印第安年轻人学习英语时，她就没有这么成功了。虽然她对几个最有潜力的人进行了耐心教导，但她只能让最聪明的菲利比（Phillipi，他在很小的时候被墨西哥人俘虏了一小段时间，因此获得了这个西班牙语名字）笨拙地用大写字母在石板上写下"我疼痛的脸"这几个字。在完成这项壮举后，他显然觉得他对英文的探索已经足够深了，因此停止了对于英语的学习。我的妻子通过这种方式获得的知识使她在居留地各部族之中建立了声誉。和白人一样，在印第安人之中，一经重复，任何事情都不会被遗忘——而印第安人最喜欢在自己人之中传播八卦。酋长和头人[①]们每隔一段时间就会来我家拜访，他们似乎共同为我妻子授予了某种特殊地位，这个地位对女人来说很不寻常，而且是印第安人永远无法取得的。显然，如果愿意，她可以对他们的事务施加很大影响，但她没有这方面的野心。她的知识带来了一个更加实际的后果，那就是我们经常可以用低价买到各种野味。我们可以用 10 磅面粉买到 12~15 磅的应季优质野生火鸡，而面粉则是我们以每磅 3 美分的价格从哨所粮秣站购买的。

这只是夏季才会出现的情况。冬天孤寂而沉闷。幸运的是，这种情况持续的时间不长，而且并不严重。邮递服务时间不规律，充满了不确定性。在冬天，我

---

① 印第安人的小领导。——译注

们常常一连三四个星期收不到邮件。一次，我们连续五个星期没有收到邮件。最后，一份邮包意外地跟随货物经由新墨西哥抵达了军营。之后，来自圣菲的每周邮递服务特别照顾我们，可以在十到十二天内将东部朋友们的信件送到我们手上。不久，我们的日常生活发生了变化：一个小小的陌生人出现在了我们的屋子里，使我们变成了3个人①。我们的儿子也许是诞生在当地的第一个白人孩子。后来，这里成为人口稠密的地区。

在提到居留地的印第安人时，我需要解释一下，他们是由许多小部落或部族组成的。不过，他们都是阿帕奇人，相互之间多多少少都有血缘关系。同时，他们和亚利桑那领地其他地区的敌对阿帕奇也存在血缘关系。实际上，这些印第安人曾经是白人的敌人，但是已经和我们和平共处了许多年，以种植玉米为生。生活在远处定居点的白人仍然猜忌他们，认为或者至少宣称他们仍然经常接触敌对分子，为他们提供物质和信息援助，并且允许他们的年轻人和这些敌对分子一起袭击定居点和移民。虽然我们想尽办法寻找这方面的证据，但是并没有找到。不管怎样，军区指挥官对我们下达的命令是监视他们，为他们提供食物，每隔四天将他们召集到一起清点人数。我们在政府官员的严密监督下认真执行了这项任务。

同时，部分士兵经常对南部和西部的敌对印第安人进行侦察，这项工作主要是在通托贝森进行的，当时这片区域几乎完全不为部队以外的人所知，但是现在已经成了富有的放牧区。在当时，位于印第安人聚居区腹地的哨所有时只会留下不到40人的部队。一旦发生骚乱，这支小小的驻军就会遭到屠杀，外界不会提供支援，甚至不可能知道此事。

有时，我们会为此感到担忧，因为不是所有印第安人都喜欢白人，他们很容易发现我们的弱点，而且显然和我们一样充分而透彻地意识到了当前的形势和随之而来的诱惑。

不同部族相互之间存在纷争，这种纷争即使不是世代相传，也已经存在了很久。这是大多数印第安人的通病。这常常导致流血事件。只要他们有了杀人意图，

---

① 厄珀姆的第一个孩子弗兰克出生于1872年9月。

这种冲突就无法控制，尤其是当他们的杀戮通常发生在夜间时。不过，这给我们带来了很大的焦虑，因为很难判断这种麻烦全面爆发以后会以怎样的方式结束。由于我的家人也在这里，因此我产生了很大的不安全感，又不敢和妻子说。一天早上，我们发现了6个印第安人的尸体躺在距离军营不到1英里的地方，其中包括一个叫作"乞丐"的小酋长。原来，他们在夜间发生了冲突。之后几个日夜，印第安妇女的悲啼一直在山间回荡。

这种麻烦大部分是在他们酗酒之后发生的，此时他们沉睡的敌意会被唤醒，转变成似乎没有节制的疯狂的愤怒。他们种植玉米，政府发给他们的口粮之中也有一些玉米。他们喜欢从玉米中提炼一种被他们称为"提兹温"的邪恶的化合物。不过，要想痛快地喝醉，显然需要饮用许多提兹温，而且需要饮用很长时间，但醒酒需要的时间更长。为了畅饮提兹温，他们需要精心准备——在一些偏僻的角落偷偷积存玉米。他们可能需要一个星期才能积攒足够多的玉米。他们的行动受到了严密监视。当存放玉米的地点被发现时，如果它位于哨所附近——情况通常是这样——哨所会立刻派出一支由军官指挥的分遣队，有时甚至是一个骑兵连，以摧毁提兹温。接到这种任务的军官会带着恐惧和警惕进入村落，他常常会在村子里发现一两百个半醉的印第安人，他们都带着武器。此时，他需要破坏装有他们极为珍视的邪恶物质的容器。在这种场合，士兵们需要骑着马围挡住大部分印第安人，并且需要把卡宾枪上好子弹，进入战备状态；同时，军官和几名士兵下马，装出一副冷静和从容的姿态，前去销毁制造麻烦的烈酒。当然，军官本人是绝对感受不到这种冷静和从容的，因为他需要面对阿帕奇人带有威胁性的愤怒表情。这项令人不悦的任务是由我和其他中尉轮流分担的，这使我的妻子感到很焦虑。虽然这种经历对她来说是全新的，但她从未抱怨。

第二年，由于上述原因以及其他一些原因，印第安人变得更加讨厌，更难控制。所以，我们不得不安排哨兵将他们挡在哨所之外。于是，我妻子也就见不到太多印第安人了，只有拿着特别许可证的少数重要人物才能来我家探访。

一天下午，一些印第安人发生了不同寻常的骚动，他们聚集在哨所东边靠近图森公路的地方。还没等哨兵反应过来并采取措施阻止，一些印第安人就朝着哨所飞奔过来，其他人紧紧跟在后面。他们处于半醉状态，一边跟在后面跑，一边叫喊，一边用枪支和弓箭射击。

我说过，我的房子是这个方向上的第一座房屋，首当其冲。亡命徒们很快来到了这里，他们躲在房屋后面、房檐底下和烟囱后面，有的是为了获得掩护，有的是为了站住脚，因为他们也拿着武器。不过，尽管他们的前进受到了限制，但他们并没有停止开火。房间里的情况十分紧急。和平时一样，在一天中的那个时刻，我不在家，只有妻子和孩子在家。我的妻子完全清楚当时的情况。应该待在厨房或者附近的那个人已经不见了——他几分钟前还在厨房里——他显然在看到印第安人冲过来的时候可耻地逃跑了，要么就是躲起来了，尽管他曾在整个叛乱战争期间在军中服役，还做过中士。

我的妻子必须立刻采取行动，因为子弹从木头缝中飞进来的可能性很高，不容小觑；而且，当印第安人发现她只有一个人时，他们很可能会冲进房子里。不过，我的妻子并没有犹豫很长时间，她拿起挂在墙上的马鞭，立刻走出房门，用小鞭子灵活地抽打他们裸露的双脚和脚踝，把他们赶走了。一些入侵者是她认识的年轻印第安人，但他们立刻带着令人厌恶的微笑溜走了。显然，他们宁可去迎接对方的枪弹，也不愿意承受被女人鞭打的耻辱。整个事件发生在很短的时间里。当哨兵抵达现场时，警报的根源已经解除了，印第安人已经走了。直到几个小时后，我才在吃饭时听说这件事。

不久之后，我带着家人前往他们位于美国东部的家乡。在乘坐马车行驶了300英里后，我们抵达圣菲。在这里，我目送他们安全上路，前往最近的火车站。这条路仍然有250英里，幸好有一位同路的友好军官护送。几个月后，我们在哥伦比亚军区一个舒适的驻地再次相遇，那里的环境更加友好，更具文明气息。幸好我选择了这条路线，因为在我抵达驻地一两天后，信使带着急件匆匆赶到。原来，军区指挥官从旧金山向远至圣菲的各驻地发了电报，命令骑兵立即前往莫多克地区。于是，我们告别了亚利桑那。

与阿帕奇人共同度过的夜晚

[威廉·D. 富勒][①]
《陆海军杂志》第9卷，第25期（1872年1月27日）

致《陆海军杂志》编辑：

先生，米格尔向驻地军官发出了参加"baile"（舞蹈）的邀请。米格尔是怀特芒廷印第安酋长，而怀特芒廷人更有名的称呼是科约特罗阿帕奇人[②]。我们接受了邀请。由于对方承诺这是一场时尚的聚会，因此我们向米格尔暗示，我们将在晚上10点左右到场。回营号刚刚响起，印第安人的鼓声和歌声就传了过来，这意味着舞蹈开始了。于是，我们向印第安村落行进。

米格尔的营地位于溪谷一侧，那里有一片长草的平地，长几百码，宽度是长度的一半。平地和山坡上散布着18~20团篝火。每团篝火旁都围着一群阿帕奇人，有男有女，有老有少。火虽然很小，却很明亮。在暗淡的月光下，每个人的形象清晰地显现出来。保守地说，这里至少有200个阿帕奇人，有的在篝火周围闲逛，有的躺在地上睡觉。几个人蹲在一只旧军壶周围，似乎在烹饪。在被问及军壶里的东西时，只围着一条围腰布的厨师礼貌地回答道："一点牛肉，很多马肉。"同时把手架在喉咙上，指了指从营地拖过来的死马。

舞蹈还没有开始，但是许多木材已经堆到了篝火附近，随时可以点燃。还没等我们和米格尔寒暄，他就发布了几道简单的命令。其他几个人在一连串令人厌

---

① 威廉·D. 富勒（卒于1886年）是西点军校1861届毕业生。他在阿帕奇营担任美国第二十一步兵团第二连指挥官。1872年6月，他由于未公开的原因被捕。在受审之前，他辞去了军中职务。内部证据显示，富勒是本文作者。

② 实际上，米格尔（卒于1874年）是锡贝丘阿帕奇人的酋长。

恶的叫喊声中用阿帕奇语重复了他的命令。这种语言的一个奇特之处在于，在对话中，他们会在句尾提高声调，并将最后一个音节拉长，使之成为完美的嚎叫。不熟悉阿帕奇礼节的人会觉得他们处于极度兴奋的状态，但他们其实只是在召唤距离稍远的同伴而已。又过了一会儿，新的火堆被点燃，照亮了印第安人裸露的四肢和闪亮的眼睛。人们围着火堆站成一圈。主要的舞蹈表演者正忙着穿戏服，与此同时，阿帕奇女人可以和宾客们跳舞。

根据阿帕奇人的礼节，每位绅士有两个舞伴。两位女士面对舞伴，每人拉着他的一只手，3个人按照音乐和合唱的节奏，以某种狐步舞的步法前进几步，然后再后退几步。在音乐间隙，所有人转过身，同时其他姿态保持不变。音乐方面，他们只是在单调地敲击两面鼓，那是用生牛皮蒙在坛子或水壶上制作而成的。鼓槌是小树苗，一端呈环状。与此同时，还有十几位歌手在合唱，他们一直在用喉音重复某些歌词。音乐节奏并不快，但在舞蹈快结束时会加速。这种舞蹈可以很好地让双脚暖和起来。在11月夜晚的凛冽寒风中，这并不是一项令人讨厌的运动。

在我们跳舞时，围成一圈的阿帕奇人越来越多。到最后，有200多个皮肤黝黑的印第安男女蹲在火堆周围。突然，他们发出欢快的嚎叫，圈子左右两边打开，晚间的表演者出现了。

3位主要演员是阿帕奇小伙子，他们的打扮几乎相同，穿着鹿皮鞋、围腰布和从腰部垂到屁股下面的褪色鹿皮。他们用面具遮住脸，面具上带有由动物的角、羽毛和木材制成的各种头饰。除了围在腰上和肩上的花环，他们其他的身体部位是裸露的[①]。

他们来到距离人群只有几杆远[②]的地方，开始在那圈人周围进行一系列的跳

[①] 富勒描述的舞蹈具有仪式性，戴面具的舞者扮演的是怀特芒廷阿帕奇神话中的山神戈恩（gaun）。在他们看来，戈恩拥有支配人类的力量，这种力量的好坏取决于人们对待戈恩的态度。Gordon C. Baldwin, *The Warrior Apaches* (Tucson: Dale Stuard King, 1965), 106. 由于米格尔是锡贝丘阿帕奇人的酋长，而戈恩舞是怀特芒廷阿帕奇人的舞蹈，因此富勒的文章表明阿帕奇营居留地上的这两个分支在社交和仪式方面存在互动。
[②] 杆为长度单位，一杆为5.03米。——译注

跃和舞蹈。每个人两手各持一只木剑，经过几次上场和下场，他们终于进入了圈内[①]。这些舞者身材很好，肌肉发达，他们在舞蹈中用到了几乎每一块肌肉。跳了大约半小时后，他们下场，而后音乐停止。不久，他们再次上场，在圈子外围跳跃，然后从另一个方向进入圈内。一个阿帕奇人将一个好看的男孩带进圈内，让他抱着肩膀站在那里。戴面具的舞者冲过来，并在经过他身边时做出用剑刺他的动作。

  有时，某个演员会表演不输给任何芭蕾剧团的单人舞。我们看了大约一个小时。由于夜晚的空气变得寒冷起来，表演者似乎又没有什么新花样，因此我们一行人悄悄离开了营地。不过，他们单调的音乐直到拂晓时分才停止。此时，不知疲倦的阿帕奇人才停止舞蹈。

[①] 本卷第五章詹姆斯·S.佩蒂特的《阿帕奇战役记录——1886年》对于戈恩舞做了另一番描述。

亚利桑那的骑兵生活

[盖伊·V. 亨利][①]
《陆海军杂志》第 8 卷, 第 43 期 (1871 年 6 月 10 日)

麦克道尔营, 亚利桑那领地
1871 年 5 月 7 日

致《陆海军杂志》编辑:

先生, 为了消磨时间, 我似乎应该介绍一下这座哨所、这里的守军、他们来到这里的行军过程以及亚利桑那的整体情况。第三骑兵团第四连于 1871 年 2 月 21 日离开内华达州哈勒克军营, 乘火车从哈勒克车站前往旧金山。我们一直遵循着正常的旅行程序。不过, 到了内华达山脉(Sierra Nevada) 的特拉基(Truckee) 时, 我们于凌晨 4 点下车, 在 3 英尺的积雪中等待货运列车的到来。在这里, 人们获得了泡咖啡的机会。在接下来的旅途中, 我们穿过了广阔的雪地和一排排长长的雪棚。到了山顶, 我们拆下机车, 按着车闸沿下坡路走了几英里。整条路线上的风景都很美, 但我们想念之前离开的那列火车, 因为乘客中有一个戏班子, 他们会在车站表演舞蹈, 为我们提供消遣, 缓解旅途的沉闷。

我们上午离开寒冷、暗淡、枯燥、被积雪覆盖的内华达山脉, 晚间抵达春意

---

① 这些对于 1871—1872 年亚利桑那骑兵生活的匿名回忆显然出自美国第三骑兵团第四连军官的手笔。只有盖伊·V. 亨利上尉和威廉·H. 安德鲁斯中尉这两位军官跟随该连去了亚利桑那。从内容判断, 这些信件似乎是亨利写的。

盖伊·V. 亨利(1839—1899) 1861 年毕业于西点军校, 在南北战争中升至志愿军上校军衔, 凭借在科尔德港(Cold Harbor) 的英勇作战获得荣誉勋章。1876 年, 亨利随克鲁克北上, 参加比格霍恩战役(Big Horn campaign), 在罗斯巴德之战(Battle of the Rosebud) 中面部中弹。他在美西战争中担任志愿军少将, 在 1898 年 12 月到 1899 年 5 月担任波多黎各军事总督。

盎然的萨克拉门托，二者形成了鲜明的对比。我们在萨克拉门托停留了几个小时，因此有机会欣赏城镇。这里与其他城镇类似，唯一的区别在于酒吧的数量和约会的礼仪。第二天上午7点，我们来到旧金山湾码头，那里有一艘拖船正在等待我们，准备把我们运到天使岛（Angel Island），我们将从那里前往加利福尼亚州的圣迭哥。在这里，我们过得很愉快。这里空气清新，而且可以看到美景，包括金门海峡（Golden Gate）、海湾城（Bay City）、山羊岛（Goat Island）、前工程仓库以及普雷西迪奥、布莱克罗克和阿尔卡特拉斯的炮兵基地，它们唤醒了我过去的甜蜜回忆，而阿尔卡特拉斯饱经战争风霜的著名指挥官带着夫人和下属的到访使这种回忆变得更加清晰了。下属之中有一个炮兵学院优秀的毕业生，毕业后立刻破了婚戒。此时，他的妻子也在他身边。

我们在城市里没发现什么重要的东西。加利福尼亚人会指着大楼对你说，"就连纽约也没有这么好的建筑"。他们的自豪感虽然用错了地方，但却值得赞扬。3月1日，我们登上奥里萨巴号（Orizaba）。在例行晕船之后，我们来到了加利福尼亚州的圣迭哥。这座小镇的地理位置不错，有益健康，拥有高级旅馆，是病人的疗养胜地。由于新的铁路和太平洋轮船在此停泊，因此这里注定会成为一个重要地点。现在，你看到了"两脚着地"、极为光荣的骑兵，他们即将在沙漠中前进450英里，穿过一片极为单调无聊的区域。那里有着美丽的山艾，偶尔还会看到仙人掌。想到潇洒快活的骑兵即将迎来这样的命运，你会感到悲哀而沮丧。不过，你是军人。如果山姆大叔如此忽视你们的团队精神，国会又如此节俭，没有为你提供必要的资金，尽管你曾参与平叛，并在这个国家的要求下经历艰苦的生活，那么他们应该感到羞耻！不管怎样，我们都要履行职责。于是，我们出发了。我们以正常速度抵达科罗拉多河畔的尤马堡，这里据说是该地区最热的地点。我们在路上听别人至少提起一千次，当一个人死后下地狱时，他会派人回来取他的毛毯。我们参观了一些坟墓。至少，我们看到的坟墓是完整的。

对岸的亚利桑那城是一座热闹的城镇，打枪放炮是那里的家常便饭。那里没有烈性酒。军需官的仓库级别很高，这在很大程度上要归功于其建设者和目前的管理者，但是这里也没有烈性酒。我们受到了管理员的热情招待。尤马营可以很好地应对高温，那里有绿色的窗帘，还有洗浴设备，水是用发动机抽进室内的。但愿我们永远不要碰上更糟糕的住所。

我们从尤马堡出发，继续乘坐"11 路"前往麦克道尔营，沿途依然是交替变化的美景。我们穿越了几片沙漠。实际上，我们一路走过的地方全是沙漠。此时，我们开始想念科罗拉多西部可怕的暴风雨了。我们如期抵达了麦克道尔营。如果我们骑马时的表现和步行一样好，阿帕奇人的问题早就解决了。在这里，我们收到了许多好马，接替了第一骑兵团的桑福德上校。桑福德在该地区以善于对抗印第安人著称。他和他的部队所做的工作得到了山姆大叔的亲切认可，因此他们得以步行前往圣迭哥。他们的目的地是加利福尼亚州的贝尼西亚（Benicia）。

这个哨所坐落在弗德河畔的平原上，有充足的阳光将频繁被雨水打湿的土壤晒干，山岳为我们遮挡了一切强风。温度计在阴凉处的读数永远不会超过 116 华氏度。营房是用泥巴制造的，茂盛的绿色灌木丛可以遮阴，使之更加舒适。一切都很干净。厨房、食堂、桌子、镀银餐具和白色桌布都是一流的。我们的马厩是该地区最优秀、最整洁的。和骑兵类似，每匹马的名字都是以 D 开头的。每个人都有鞍架和一个存放杂物的地方，一切都井然有序。我们是这里唯一的骑兵，职务繁重，因此几乎没有机会训练。不过，我们每天上午在马厩集合时都会将毯子铺在马背上，然后跳过两道水沟和一根栏杆。这样一来，我们可以掌握最佳的骑乘姿势。我们有一座菜园，那里有菠菜，我们很快还能吃到甜菜、莴苣、卷心菜、土豆、豌豆、番茄和西瓜。

几天后会有一个骑兵连来到这里，之后还会再来一个骑兵连和一个步兵连。届时，我们就可以进行大规模地侦察了，因为印第安人现在很过分。我们夜间可以看到他们的篝火，早上可以看到他们穿过军营的脚印。就在我们抵达这里几天前的晚上，军营遭到了一轮射击，这给守军解了闷。哨兵在值夜班时不太容易入睡。这里目前的驻军包括第三骑兵团的 N. A. M. 达德利上校；第一骑兵团的谢尔顿少尉（Second Lieutenant Shelton, First Cavalry）①，他是驻地军需官和代理粮秣官；代理助理军医塞米格（Semig）②，他是驻地军医；指挥第一骑兵团第四连的盖伊·V. 亨利上尉；外出执行任务的 W. H. 安德鲁斯中尉；少尉空缺。总体而言，我们更喜欢在亚利桑那服役，享受该地区的气候和各种好处，不对我们的命运提出抗议。

整体来看，亚利桑那有许多美丽的河流、漂亮的森林、优质的牧草（喂养牲口不花政府一分钱）、凉爽的天气、肥沃的耕地（如果你能弄到水的话）和极佳的矿产资源（如果你能发现它们的话）。

由于居民对政府的无私奉献、在这里驻军极小的成本、由此带来的对于国家财政的节约以及对于国家的巨大利益，我们真诚希望山姆大叔继续把亚利桑那看作他最重要的军区之一。

《陆海军杂志》第 8 卷，第 48 期（1871 年 7 月 5 日）

麦克道尔营，亚利桑那领地，1871 年 6 月 18 日

致《陆海军杂志》编辑：

先生，自从上次给你写信以来，这里发生了许多变化。首先是第三骑兵团库欣之死。论英勇和坚韧，只有他在海军以鱼雷闻名的兄弟可以与他相媲美。我们还遗憾地收到了第一炮兵团阿斯伯里中尉（Asbury）和莫里森中尉（Morrison）的死讯。我们认识阿斯伯里，他是一位极为出色的军官。斯通曼将军被解职，一位中校奉命指挥排在他之上的上校和中校。我们不知道事情是怎么安排的，我们曾认为名誉军衔已被取消，但它似乎仍然存在。

---

① 爱德温·H. 谢尔顿（卒于 1880 年），西点军校 1870 届毕业生。
② 伯纳德·G. 塞米格（约 1841—1883），匈牙利移民。

斯通曼将军需要处理一个难题，他处理得很好。克鲁克将军面对着相同的难题，他的处理结果目前仍然有待观察。他的名声很好，但政府能否提供他所需要的援助？贵格政策是否会继续占据统治地位？他是否会像他的前任那样受制于该政策？

说一下弗德的情况。三个步兵连大约240人，大概有40匹马。一个骑兵连大约80多人，有大约25匹能用的马，事情就是这样。经济主宰一切，最终结果就是成本翻番。马车散架了，部队禁止雇用平民，骡子没有钉掌，骑兵的铁匠常常需要停下手上的工作，去处理军营事务。

在我写完上一封信后，米尔斯上尉[①]的第三骑兵团第十三连从惠普尔赶来，第四连分遣队也在执行完护送军需官的任务后返回。我们连队的人终于聚在了一起，可以训练了。据我们所知，一些骑兵团认为训练是很不合适的。在他们看来，这种训练并不包括侦察训练，因此没有必要。根据这种逻辑，你完全可以让士兵集体休假，只在战斗时将他们召集起来，因为纪律是没有必要的。训练和约束骑兵的做法（当你能在侦察中休息时）会成为笑料。据说，有一位军官来到这座哨所（当时由桑福德上校领导的第一骑兵团驻守；作为军人和绅士，桑福德在亚利桑那领地和其他地区很有名），当他听说守军实行卫兵交接制度时，他笑了起来，认为这是个很好笑的笑话，因为他从未见过和听说过卫兵交接。这就是大部分人的感受。

幸运的是，我们纠正了士兵们的这些思想（一些士兵在三年里从未接受训练；他们说，他们也不知道这是为什么）。每个骑兵都很自豪，因为他可以用双腿顺利操纵马匹；知道转身和转马的区别；可以跳过沟渠和栏杆；可以骑马完成战刀训练；能在马上取敌人首级，并能在地面上左右挥刀；能以第三剑姿掉转马头；可以像觅食者一样散开，也可以部署为散兵；可以在马上准确地为手枪或卡宾枪装弹并射击；可以在接到命令时出列（而不是像我看到过的那样，让其他骑兵后退，以便让

---

① 安森·米尔斯（Anson Mills，1834—1924）在1876年的比格霍恩和黄石远征中表现出色，升为上校。在军队普遍使用由他申请专利的子弹带后，米尔斯成了百万富翁。

一个骑兵留在前面);可以在奔驰时通过双腿操纵实现左转或右转,以便停下来;接受过无军衔者的指导,知道马匹的解剖知识和简单疾病的处理方法,这些无军衔者的知识是由军官传授的。不要告诉我这种骑兵没有价值,被训练占用了时间。当他们在侦察中接到"追击他们,兄弟们"的命令时,那些红皮肤的家伙还能像在面对没有受过训练的骑兵时那样轻易逃脱吗?我更喜欢训练有素的士兵。

一个以善于对付印第安人著称的亚利桑那平民[1]在一次侦察中打死了15个印第安人。他在返回后不久看到了第四连的训练。他说,这些人可以踏平一个印第安村落;他见过一些几乎没有受过骑马训练的士兵由于无法跳上马或坐在马上而摔倒;由于缺乏自信,这些士兵在其他训练中也没有发挥出应有的水平。有人可能会说,他们无法把士兵召集起来。可以训练6个人,然后放他们走。他们不会忘记学到的东西。然后,可以对其他人进行同样的训练。最后,整个连队都会得到训练。让我们共同努力,提高标准——如果有必要,可以设立骑兵学校,让每个团派代表参加,培训时间定为一年。[2]试试吧!

几天后,我们惊奇而欣喜地迎来了我们团的莫顿中尉,他带着他的第一连和20个平民。在这座哨所里,我们很少见到陌生人。他们刚刚从战场返回,摧毁了两个印第安村落,打死了56个印第安人[3]。休息几天后,他们返回弗德和普雷斯科特。第十三连已经外出七天,但印第安人像鹿一样,已经受到了莫顿中尉的惊吓,因此第十三连无法抓到他们。他们途经的地区道路非常崎岖。他们焚毁了一个印第安村落。他们在这片崎岖而贫瘠的区域发现了格林巴克山谷(Greenback Valley)[4],那是一个非常美丽的地方,有数英里的草地,有松树林,还有一条水势很猛的山涧,他们还看到了昔日城镇和堡垒的遗迹。

重点是,曾经生活在这片土地上的神奇而强大的族群到底是谁呢?他们后来怎样了呢?一切迹象表明,他们一定拥有许多人口,因为我们发现了城镇、碎陶

---

[1] 他是约翰·汤森。
[2] 1867年到1869年,亨利曾在弗吉尼亚州门罗堡炮兵学校接受培训。
[3] 指汤森的远征。
[4] 在通托贝森。

和大型灌溉渠的遗迹。阿帕奇人是他们的劲敌吗？如果是，这件事就很有趣了。不管你怎么评价亚利桑那，它自有它的魅力。这里有大量黄金；印第安人带来了一些样品，但是到目前为止，没有一个白人能够入侵他们的地盘。我必须结束这封信了。在克鲁克将军的领导下，我们正在为一场印第安战役做准备。你很快就可以收到我们的更多消息。你们是如何应对高温的呢？这里的阴凉处有 110 华氏度，平均 102 华氏度。刚吹起来的风也许是凉爽的，但是当它吹到你身上时，你会感觉自己站在魔鬼的火焰通道之中。不过，你可以称之为健康的高温。

《陆海军杂志》第 8 卷，第 50 期（1871 年 7 月 29 日）

圣克鲁斯河营地，图森附近，亚利桑那领地，1871 年 7 月 2 日

致《陆海军杂志》编辑：

先生，我上次给你写信时位于麦克道尔营。就像我当时预测的那样，根据上级命令，盖伊·V. 亨利领导的第三骑兵团第四连需要做好准备，前往图森，与克鲁克将军会合，以参加他对著名阿帕奇人的战役。我们耽搁了几天，钉马掌，修理备用马掌，整理驮队、骡子和装备，然后在 5 月 26 日告别麦克道尔。通常，我们白天晚上都要行军，因为当时的行军主要取决于气温。7 月 1 日，我们来到此地。我们在萨卡顿受到了皮马印第安事务官、美国陆军上尉格罗斯曼（Grossman）的热情接待。他对他的工作很有兴趣，似乎赢得了皮马人的信任。他会说皮马语和西班牙语，并在一本书里非常详细地记录了皮马印第安语的词汇。通过与印第安人交谈，他记录了该地区的历史。我听过其中的部分内容，非常有趣。我相信，《陆海军杂志》也许可以成为在军中乃至全社会宣传这篇有趣文章的媒介。

希拉河畔的定居点很密集。萨卡顿下游是卡萨格兰德，那里有三层高的巨大建筑物的废墟，这增加了该地区历史及其先民的神秘感。在弗伦奇约翰（French

John's）①，我们看到了一个只有15岁的小伙子，他因为杀人被捕，正在被送往图森监狱。他用猎枪把一个未蒙召唤的人送到了造物主那里。他需要为此承担可怕的责任。他们说，这里的人不在乎这种事。我仔细观察了这个小伙子。虽然他只有一只眼睛，但我还是在他的眼神里看到了足够多的东西。感谢上帝，我不是他。

距此9英里的圣泽维尔德尔巴克（San Xavier del Bac）教堂是一个很值得参观的地方。它是由耶稣会士在1668年建造的，是文明的不朽丰碑。别忘了，这里是亚利桑那！这座建筑具有撒拉逊风格。建筑正面在砖石结构上添加了许多奇特的装饰图案，两边各有一座高耸的钟塔，其中一座钟塔带有穹顶，另一座仍然处于未完工状态。建筑后面是一个俯瞰主教堂的巨大穹顶，墙上围着巨大的飞檐和巧妙设计的装饰。建筑材料是砖块，是在现场制作的。整个建筑具有完美而和谐的比例。不管从哪个角度看都没有任何缺点。帕帕戈印第安人是皈依者，牧师负责主持仪式。一些牧师的袍子上饰有华丽的黄金。帕帕戈印第安妇女负责唱诗。据说，她们的歌声非常甜美悦耳。今天，即使在纽约，拥有精美门面、穹顶和尖塔的圣泽维尔德尔巴克教堂也是一道亮丽的风景。

图森是一座典型的墨西哥小镇，到处都是墨西哥佬、酒吧和狗。

昨天晚上，我们听到了极为可怕的、持续不断的雷声。所有人都惊醒了。我们的队长立刻下令："去马匹旁边待命！"大家差点四散奔逃。至于高温，这里的阴凉处可以达到120华氏度，平均气温在107华氏度以上。现在，我们正在等待其他连队的到来。我们可能会在一个星期后和四个连一同前进，并在之后与另外三个连会合。克鲁克将军很认真，而且熟悉业务。他从俄勒冈带来了他最喜欢的侦察兵和货郎——这二者对于成功的侦察是至关重要的。

随着我们的前进，你还会收到我们更多的消息。我们去了山里，也许是怀特芒廷，那里的风很凉爽，可以打到许多野味，还可以抓到最肥美的鳟鱼。看着照片、旧信和珍贵的天竺葵，我们可以想象自己在大西洋沿岸，身边是我们珍爱的

---

① 很可能是指惠茨通山脉中的弗伦奇乔峡谷（French Joe Canyon）。

宠物。我躺在毯子里给你写信，希望你能顺利出版这封信。恐怕我们会去追逐阿帕奇人。不过，当我们找到阿帕奇人时，这是一种莫大的回报！

———❖———

《陆海军杂志》第9卷，第5期（1871年9月16日）

阿帕奇营，亚利桑那领地，1871年8月15日

致《陆海军杂志》编辑：

　　先生，上次给你写信时，我们即将离开鲍伊营。根据当时的组织，我们的部队构成是这样的：指挥官克鲁克少将，代理军需官和代理粮秣官罗斯中尉[①]，代理助理军医马林（Mullin），由盖伊·V. 亨利上尉指挥的第三骑兵团第四连，由弗兰克·斯坦伍德上尉[②]和罗宾逊中尉[③]指挥的第三骑兵团第八连，由迈因霍尔德上尉[④]指挥的第二连，由亚历山大·门罗上尉和伯克中尉指挥的第六连，由布伦特上尉[⑤]指挥的第十二连，货郎和骡子等，最后是由墨西哥人和印第安人组成的侦察兵和向导。我们在1871年7月14日离开鲍伊，并在8月12日来到这里。我们沿小路向北行进，前往格雷厄姆山（Mount Graham），夜间穿过一片危险的区域。在悬崖边，只要走错一步，就会掉下去，或者被树枝撞到头。我们越过特朗布尔山（Trumbull）、阿里尼帕山（Arinipa）和怀特芒廷，渡过希拉河、普列托河和怀特河，来到这里。我们中只有一个墨西哥人受伤，没有其他伤亡。

---

① 威廉·J. 罗斯（1846—1907）于1875年10月辞职，在亚利桑那定居。
② 弗兰克·斯坦伍德（Frank Stanwood，1842—1872）是一位很受欢迎的优秀军官。他在马萨诸塞州父亲的家中死于肺结核。
③ 威廉·W. 罗宾逊（1846—1917）参加了1877年的内兹珀斯（Nez Perce）远征和1890年的翁迪德尼之战。1910年，他以准将身份年满退役。
④ 查尔斯·迈因霍尔德（Charles Meinhold，1827—1877）是德国移民，由于在南北战争中作战英勇，获得了两次名誉晋升。
⑤ 托马斯·L. 布伦特（Thomas L. Brent，约1845—1884）的马由于失足踩到了他。之后，他由于残疾退役。去世时，他双目失明，几乎瘫痪。

至于印第安人，印第安事务局将科奇斯家族送到了新墨西哥的居留地。当然，他没有受到拘束，可以随意行动，因此我们无法抓到他。这是这伙印第安人最喜欢的把戏，我们越早阻止他们越好。不过，我们目前手上还有其他事情。我们需要把所有前来投降的友好的印第安人组织成部队，让他们为政府服务。

我们穿越的地区是我见过的环境最好的地区。山谷里覆盖着高大的橡树、松树以及上好的牧草，清澈的小溪里到处都是鱼，平原和溪流间还有鹿和火鸡。如果只沿着平原公路旅行，就无法了解真正的亚利桑那。那里有尘土、死水、牧豆树丛和炎热的空气，这里有绿草、溪流、郁郁葱葱的森林和凉爽宜人的空气——和平原相比，这里是完美的天堂。

亨利上尉的骑兵追逐一些印第安人，抓了两个俘虏，斯坦伍德上尉的骑兵抓了一些小驴，门罗上尉的骑兵差点抓住科奇斯[①]。我们在等待天气凉下来，届时印第安人将会聚在一起，到那时，我们的机会就来了。而现在，由于印第安人处于分散状态，我们并没有机会。

部队中的两个骑兵连被派回哨所，去取他们的马匹，这些马刚刚到位。克鲁克将军目前正在研究全面重组方案，其结果将在未来揭晓。可能会有朋友询问部队的位置。我们将出现在通托皮纳尔、安查山地区或其附近。当我们的人道主义工作取得进展时，你还会收到我们的消息。

附上下面的命令：

亚利桑那军区指挥部

战场，阿帕奇营，1871 年 8 月 14 日

第三骑兵团第四连（亨利上尉）、第六连（门罗上尉）和第八连（斯坦伍德上尉）将组成远征军，由第三骑兵团盖伊·V. 亨利上尉指挥，负责对抗本军

[①] 亨利没有提到，门罗放弃了在萨尔弗斯普林斯河谷（Sulphur Springs Valley）伏击科奇斯的机会。克鲁克愤怒地写道："于是，我们失去了给敌人沉重打击的绝佳时机，因为门罗缺少军人最重要的品质——勇气。" Thrapp, *Conquest of Apacheria*, 98-99.

区的敌对印第安人。此次远征将独立于一切哨所，但其指挥官有权要求一切哨所指挥官提供远征所需要的补给和援助。亨利上尉将向下方签名人汇报工作，接受具体指示。

签名，

乔治·克鲁克

中校

第二十三步兵团

名誉少将，美国陆军，统帅部

《陆海军杂志》，1871年10月22日

关于克鲁克将军指挥的战役，我们在亚利桑那的通讯员撰写了下述报道：

我的上一封信是在麦克道尔写的①。到了那里，我们收到了来自克鲁克将军的非官方消息，说和平专员已经出动，战争几乎已经停止。即使专员只有某些领域的行动权限，印第安人也会在遭到追捕时根据时机进入或离开这些居留地，使部队的一切行动完全失去意义。亚历山大·门罗上尉的第三骑兵团第六连被派往图森。弗兰克·斯坦伍德上尉和代理军需官罗宾逊中尉的第三骑兵团第八连被调到格兰特营。盖伊·V.亨利上尉和W.H.安德鲁斯中尉的第三骑兵团第四连需要返回阿帕奇营，以护送曾做过我们盟友的米格尔、卡皮坦·奇基托和佩德罗的阿帕奇印第安部落回家，同时防止他们杀害任何印第安人，以免为和平专员提供口实。这些人的表现很好。如果战争继续，他们就会证明克鲁克将军在初次进行实

---

① 没有找到这封信。1867年8月末，亨利上尉率领一支侦察部队从阿帕奇营前往麦克道尔营。这支部队由第三骑兵团的三个连、墨西哥侦察兵以及一个新招募的印第安侦察连组成。他的印第安侦察兵发挥了很大作用，使他的骑兵发现并多次击败敌人。

验时为他们提供武装的英明之处。在抵达坎宁克里克（Canyon Creek）之前，我们不得不像之前一样在野外行军，翻越一座比一座高的山峰。在这种地形限制下，亚利桑那的骑兵只能步行，同时还要照料马匹——唯一的好处是，马匹可以替人驮运马鞍。

现在，我们遇到了一个代表团[①]，他们告诉我们，和平专员已经到了阿帕奇，那里有许多印第安人。在他们看来，这些人之所以投降，是因为他们惧怕印第安士兵及其对其他人的影响，酋长们也担心他们的一些手下人会背叛他们。这证明克鲁克将军为永久和平做出了巨大贡献。

我们的印第安朋友们都快要饿死了，许多人发了高烧，有14个人已经死去。他们的处境非常可怜，如果传教士想要行善，他们可以在亚利桑那找到许多机会。而且，他们来得越早越好。

插一句，我们刚刚听到军士长对厨师说，"你把豆子煮软了吗"，对方回答说，"没有，长官。小伙子们发誓说，如果豆子不脆，他们就不吃"。

我想，传教士在这里不会获得足够好的名声，因此他们不会来。对于印第安人目前这种可怜而凄惨的状态，美国人民要负很大责任。

我们现在要展示两幅画面，让美国人民判断他们想要哪一种结果。对我来说，画作不是一个很好的比喻，因为我既不会画油画，也不会画素描。剧团也不是一个很好的比喻，因为亚利桑那并没有剧院。我的第一幅画是被任命为军区指挥官的克鲁克将军——这是一个有性格的人，一个军人（当然也是基督徒和绅士），他不是像人们想象的那样，准备杀掉所有印第安人，而是像在俄勒冈时那样，惩罚恶人，将其他印第安人安排到居留地上，告诉他们文明的优势，教导他们耕种放牧。他以很大的代价组织了驮队，为骑兵购买了马匹（他说，他的骑兵是由原第三骑兵团，即来复枪骑兵团以及原第一骑兵团的部分部队组成的，其中来复枪骑兵团是历史上组织最精良、最勇敢的团级部队，而原第一骑兵团拥有良好的名

[①] 文森特·科利尔及其代表团。

声,其状态可以从他们的番号上体现出来),让好印第安人前来投降,将他们组织成侦察兵。他目前还在野外旅行,以熟悉地形,为冬季战役做准备。当他准备就绪,想要实现永久和平时,美国人民放下了幕布,开始观看第二幅画。

这幅画完全与军队无关,其细节是这样的:前景是绅士和基督徒文森特·科利尔先生。任何军官都会同意他的观点,即尽最大努力教化印第安人,并在失败的情况下杀掉坏人。背景是他的助手。这里我不去具体评价科利尔的助手,但在大多数情况下,这类助手并不会为主人提供帮助。他们将印第安人召集起来,向他们提供毯子、衬衫和食物。他们向政府收取的毯子费用是 10 美元,但他们向印第安人提供的毯子成本只有 3 美元左右,这种毯子的质量很可能不太好。他们向山姆大叔收取的衬衫费用是 2 美元,实际成本是 0.25 美元。其中的差价显然被他们私吞了,或者成了某种良心基金,后者当然没有问题。

几个星期后,专员走了——他们当然不会在亚利桑那定居——印第安人再次变成敌对分子,第二幅画面的幕布也放下了,第一幅画面的幕布再次被拉起,这个过程需要付出很大代价。伟大的美国人民啊,你们还要被人骗钱骗到什么时候呢?我想,只要你们是美国人,不管怎样,你们都应该让第一幅画面的幕布在亚利桑那至少拉起一年时间。你们可以自己观察,自己决定,但是不要责怪军队。

我们将于明天抵达阿帕奇,并在休息几天后返回我们哨所。如果我们在阿帕奇获得新的消息,我会添上几笔。如果没有,当我们的幕布拉起时,我会告诉你克鲁克将军和原第三骑兵团的举动。到了阿帕奇营后,我们在这里看到了科利尔先生。牵走政府畜群并打死牧工的印第安人也在这里,他们受到的对待比那些长期和我们交好的印第安人还要好。我已经没有必要评论了。

阿帕奇人的抢劫和长途骑行

阿佐尔·H. 尼克森[①]

《哈珀周刊》第 41 卷,第 2116 期（1897 年 7 月 10 日）：693—694 页

在对抗美国人的日子里，阿帕奇印第安人是世界上最专业的盗贼。在拦截矿工、牧民和旅行者方面，很少有人能和他们相比，超过他们的人更是根本没有。他们可以隐藏在连鹧鸪都不敢停留的地方，不怕被人发现。在靠近猎物时，不管这个猎物是人还是动物，他们都可以在即使爬过一条蛇都会被发现的地方悄悄前进而不被发现。如果他们抓到的动物是活的，而且他们希望留下活口，那么他们就很少会被抓住，他们的战利品也很少会被抢走。

他们可以让那些看似筋疲力尽的动物快速前进。当士兵由于马匹无法前进而将其放弃时，阿帕奇人常常会抓住这些马，立刻骑上去，并在没有明显休息的情况下继续骑行 50 英里。实际上，他们常常两个人骑一匹马，两个人同时鞭策蹬踢这个可怜的动物。

1872 年 5 月的一天[②]，亚利桑那普雷斯科特附近惠普尔堡的妇女儿童在当时被称为锯木厂居留地的地方野餐，野餐地点在哨所后面的树林里，距离哨所大概三四英里。下午晚些时候，我和几个在军区指挥部执勤的军官骑马来到他们野餐

[①] 在南北战争中，阿佐·H. 尼克森（1837—1910）由于在安蒂特姆（Antietam）和葛底斯堡英勇作战而晋升为名誉少校。乔治·克鲁克将军回忆说，尼克森在葛底斯堡胸部严重受伤，"被当成死人丢在战场上，他的恢复几乎被视为奇迹。他现在（1871 年）胸部有个洞，几乎可以把拳头塞进去。有时，这个伤口使他很痛苦。不过，由于他具有极大的工作志向和热情，因此战后他一直在服役"。尼克森在克鲁克身边做了十年参谋，直到他在 1878 年 6 月 15 日晋升为少校。他在四年后退役。Dan L. Thrapp, Encyclopedia of Frontier Biography, 4 vols. (Spokane: Arthur H. Clark Company, 1990-94), 3:1054.

[②] 1872 年 5 月 22 日。

的小树林,在被女士们选为接待场地的漂亮的阴凉处和野餐者一起喝茶。当我们启程返回时,已经快到日落时分了。妇女儿童乘坐旅行马车和弹簧马车沿着往返锯木厂的主路返回,我们几个骑马的人抄近道走小路返回。这条小路沿山势而下,经过一条狭窄的峡谷进入哨所。在雨季,山谷里有一条小溪,但在其他时候,那里只有干涸的沙河床。

当我们在这条峡谷里缓慢骑行时,我在前方柔软的沙地上看到了一样东西。通常,这个东西不会引起人们的任何注意,但在当时,它使我惊出了一身冷汗。那只是一个脚印而已,是鹿皮鞋刚刚踩出来的,但它意义重大。据我们所知,附近的印第安人只有通托阿帕奇人。这是一伙狡猾而残暴的人,出没于普雷斯科特东南大约100英里的山区。克鲁克将军带着军区里的大部分部队正在距此很远的南方行动。眼前的脚印显然属于通托阿帕奇人,它意味着其他通托阿帕奇人也在附近,因此这里可能会有麻烦。我首先想到的当然是出来野餐的妇女儿童。在我们抵达驻地后不久,还没等我们出去迎接他们,他们就安全返回了。此时,我大大地松了一口气,庆幸没有发生什么严重的事情。这时,一个信使冲进哨所,带来了紧急情报。原来,阿帕奇人打死了牧工,带走了史蒂文斯先生的羊群。史蒂文斯牧场距离堡垒兼军区指挥部不到一英里。印第安人带走的羊群很可能是亚利桑那领地当时规模最大、最有价值的羊群,此次事件也是当地发生过的最大胆、最粗暴的抢劫事件。

此时,哨所里只有两个小型连队的部分士兵,一个是步兵连,一个是骑兵连。他们以病人和通常负责驻地后勤任务的士兵为主,更有能力的士兵已经被克鲁克将军带上了战场。

由于将军让我负责当地事务,因此我吩咐军营指挥官召集所有能走的人,然后带上他们以及几个军区职员,后者得到了我提供的武器。另外,还有一个值得一提的混血向导[①],他是我们从北方带到这个军区的。很快,我们走上了通往谋

[①] 阿奇·麦金托什(1834—1902),苏格兰人和齐佩瓦(Chippewa)妇女的儿子。

杀和抢劫现场的道路。

到了牧场，我们立刻赶往牧工尸体所在的位置，发现了被箭射成筛子并被严重损毁的尸体。经过仔细研究，我们发现，印第安人在发现机会之前躲了他几个小时。显然，当他放下来复枪，开始吃午饭时，他们突然发动袭击，打死了他。他们只用了弓箭，当然不会发出声音，因此不会引起军营守军的注意。直到晚上牧工没能返回时，人们才感到惊慌，开始寻找牧工。

只有亲历者才能充分体会到此类事件当时在亚利桑那造成的恐慌。阿帕奇人的抢劫总是伴随着最为野蛮残忍、令人恶心的场面，就连铁石心肠的人也会感到胆寒。

我们确定了抢劫发生的时间，然后开始寻找抢匪的足迹和前进方向。由于羊群规模很大，乍一看，这件事很简单。不过，当时天色很暗，因此我们过了好一阵才找到他们真正的行进方向。他们直接返回了哨所后面极为崎岖的山区，这解释了我在距离哨所很近的山谷里发现那只鹿皮鞋脚印的原因。他们显然曾派那个印第安人前来察看情况，以了解警报抵达军营的时间。

他们把羊群赶回山中的原因有两个：首先，他们可以躲过偶然路过的人；其次，如果我们想在夜间跟踪他们，我们会遇到很大的困难。我们刚进入这片崎岖的山地，困难就接踵而至。就连混血向导麦金托什也认为，我们应该等到白天再去追赶他们。我不同意这种观点。他们已经走了六到八个小时。如果我们等到上午，他们就会再走上差不多十二个小时。我听说，即使赶着羊群，这些印第安人的行进速度也很快[①]。所以，我相信，如果放任他们走那么长时间，他们就会彻底消失。因此，我决定继续追赶他们。即使我们一个小时只走一弗隆[②]，也比原地不动要好。

这天晚上没有月亮。当地有许多可怕的峡谷，峡谷里几乎看不到星光。当羊

[①] 尼克森可能是从约翰·克雷莫尼那里听到了这种说法。克雷莫尼说，阿帕奇人驱赶羊群的速度比牛群快。他们将羊群组织成平行四边形，将最强的羊放在边上，"通过这种方式，阿帕奇人一天可以带着20 000只羊走上50~70英里。"克雷莫尼写道。Cremony, *Life among the Apaches*, 115.
[②] 弗隆为长度单位，一弗隆为201米。——译注

群的足迹进入其中一个峡谷时，我们几乎看不到它们的足迹了。连找到自己的路都很费劲，更不要说寻找别人的足迹了。在这些难走的地方，多刺的灌木偶尔从羊身上拉下来的一小绺羊毛为我们提供了极大的帮助。另外，在我们寻找消失的足迹时，骑兵连里一个年轻的号手也成了我们的帮手。麦金托什是个有经验的追踪老手，克鲁克将军也觉得他是自己见过的最有经验的追踪者，但在这里，他却输给了年轻的乐手。我敢说，在那个漫长而沉闷的夜晚，当我们觉得只能放弃追踪时，我们不下五十次听到他用稚嫩而愉快的声音喊道，"它在这儿！"随后，我们继续循着足迹前进，直到再次受阻，被迫停下脚步。

快到早上时，我们开始在小路上发现许多被割断喉咙的羊羔。我们准确地判断出，这意味着印第安人正在接近大路或牧场附近。为避免羊羔可怜的叫声引起人们的注意，他们杀死了羊羔。

由于持续、坚定、无休止的追踪，到第二天早上拂晓时分，我们还在小路上——此时，我们已经离开了山区，距离暴行发生地足有30英里。由于天光放亮，道路平坦，因此对方的脚印很清晰，很容易追踪。此时的问题是，我们既要尽可能迅速地追赶他们，又要在追上他们时保留足够的体力，以便惩罚他们。我十分焦虑。日头正在偏西，小路上的迹象显示，我们距离对方仍然很远。所以，我开始担心，还没等我们追上他们，夜幕就会降临。如果这样，我相信，到了第二天早上，他们甚至可能渡过了弗德河，进入被称为通托贝森的地势崎岖的区域。在那里，他们可能分成小队，使我们的追踪失去意义。到那时，可怜的史蒂文斯先生就会成为穷光蛋。那群羊的价值超过20 000美元，这笔损失一定会把他毁掉。我非常清楚，我们前面是他一生的积蓄。

这种想法一直萦绕在我脑际。我越是这样想，我就越是频繁地用马刺去踢我那匹上了年纪的好马——本（Ben）。它真是一匹好马，曾带着我穿越数百英里的亚利桑那沙漠，之后还会带着我在同样艰难的环境里行走许多里格[①]。

---

① 里格为长度单位，一里格约为4.8千米。——译注

下午4点左右，我们沿着小路进入一条小山谷，然后突然转入一条很宽但非常崎岖、很不规则的峡谷。入口处的一些小水塘还没有平静下来，这说明这里几分钟前刚刚有人走过。我知道，我们离敌人已经很近了。

我找来两个连的军官博伊尔少校（Major Boyle）和韦森多夫上尉（Captain Wesendorff）①，告诉他们，鉴于当地地形，我们无法非常严格地遵守战术和命令，但是每位军官最好尽量领导自己的士兵。我会努力领导军区指挥部职员和其他士兵。当我们追上那些野蛮人时，我会开始冲锋。此时，所有人应该跟随我一起冲锋。

几分钟后，我们追上了他们。看到我们的出现，可怜的羊群突然发出了哀怨的叫声，就像观众在剧场里看到首席艺术家出现时发出的喝彩一样。由于没有其他冲锋信号，所以我们以此为契机开始了冲锋。这里的地势崎岖得可怕，巨大的石头、弯曲的古树和原木挡在我们前进的道路上。在地毯骑士看来，这是最不适合骑兵中队冲锋的地方，但是这些吃苦耐劳的边区士兵还是不顾一切地冲上前去，就好像这里是世界上最平坦的广场一样。

很快，每个人都成了自己的指挥官。峡谷里很快陷入了混乱中，岩石和装备的碰撞声以及羊群、印第安人和部队混杂在一起的叫喊声和射击声在山谷中回荡，这种场面之前从未在这里出现过，之后大概也不会再出现了。

在这混乱的嘈杂声中，有一个声音格外突出。我之前听人说，"像骑兵一样咒骂"用于表示极致的亵渎，但是直到这一天，我才充分理解了这句话的含义。骑兵部队的军士长是爱尔兰人，名叫巴雷特（Barrett）。他举止优雅，似乎是世界上最不显眼、说话最温和的人之一。不过，当部队开始冲锋时，这个沉默寡言、看上去人畜无害的家伙完全变了一个人。他像疯子一样策马冲在前面。他的左轮手枪每打出一颗子弹，他的马每跳跃一步，他都要尖叫着喊出人类发明过和想到过的所有绰号和咒骂。在最后一个印第安人消失前，从这个冷酷老兵唇间流泻出的

---

① 美国第二十一步兵团的威廉·H. 博伊尔中尉（1836—1919，南北战争期间是志愿军少校）和美国第一骑兵团的马克斯·韦森多夫中尉（1836—1906）。

吵闹声音从未停止。我一直在想，这些和其他所有印第安人一样、在学习语言之前似乎首先学会了亵渎言辞的阿帕奇野人一定觉得他是某个魔鬼的化身，曾做过毁灭天使的保镖。大多数印第安人像平常一样敏捷地溜走了，但是少数人停留的时间有点长，并为自己的轻率付出了死亡的代价。就我而言，我可以高兴地宣布，我们几乎找回了全部羊群，对此我很满意——唯一的损失是被劫匪杀掉和吃掉的少数几只羊以及他们在山里杀死的羊羔。

　　我们的人和马匹累得筋疲力尽，因此在距离战斗现场很近的地方扎营。我们刚布置好岗哨，喝完咖啡，每个人和每匹坐骑就在地球母亲的怀抱里选择了一个柔软的位置。由于我们这些追击者刚刚完成了艰难的任务，因此我相信，经过漫长而危险的骑行，我们睡得比躺在柔软枕头上的皇帝还要香。

　　第二天，我见到牧场主，告诉他，除了上面提到的损失，我们找回了他的全部羊群。牧场主乐坏了，他愿意为我们提供一笔丰厚的回报。我断然拒绝了，说我们只是在履行职责。他说："啊，是的，上尉。不过，假如你听从那个有经验的老向导的建议，等到第二天再去追赶印第安人——这也是在履行职责，不是吗？但是，如果你这样做了，那么每个人都会知道我今天会成为一个乞丐！"

霍华德将军的任务

[乔治·克鲁克][①]
《陆海军杂志》第 9 卷，第 37 期，1872 年 4 月 27 日

霍华德将军的任务——与印第安人打过十五年交道的寄信人认为"印第安人的性格为贵格政策带来了不可逾越的障碍，而贵格政策正是霍华德此次任务的指导思想"。

种植玉米的部落天生喜欢和平，在公平对待下是非常温顺的。他们已经接受了文明的基础——农业，因此他们更容易接受文明的其他成分。放牧的印第安人更具流动性，因此更难驾驭。其中，以马为主要财产的印第安人几乎一直处于战争状态：要么与白人为敌，要么与其他部落为敌。

在这类部落中，不同的部落又有不同的特征。例如，在平原印第安人之中，苏人（Sioux）享有背叛的恶名，其部落名称就是辱骂性的外号，表示"割喉"，是由他们更加体面的邻居夏延人（Cheyennes）取的。只要他们有机会犯下谋杀、抢劫和强奸等罪行，其代价仅仅是接受宽边帽朋友[②]的道德教育以及来自慈父的

---

① 乔治·克鲁克（1829—1890），西点军校 1852 届毕业生，在南北战争前曾在太平洋西北地区的许多地方服役。战争结束时，他成了志愿军少将。回到西北地区后，他在几次激战中击败了北派尤特印第安人（Northern Paiute Indians）。1871 年 6 月，他就任亚利桑那军区指挥官。

这封寄给《陆海军杂志》的信件虽然没有署名，但是种种迹象表明，它出自克鲁克的手笔，也可能是他的随从参谋约翰·G. 伯克替他写的。

根据这位匿名作者的说法，克鲁克拥有十五年对抗印第安人的经验。他常常利用媒体反对国家政策，宣传自己的胜利，或者让伯克替他撰写这类文章。克鲁克反对霍华德的和平之旅，认为在阿帕奇人持续抢劫的情况下，这种做法很荒谬，并不恰当。1872 年 4 月，就在《陆海军杂志》刊登这封信的时候，克鲁克拥有公开批评霍华德意图的迫切理由，但他选择了匿名，因为上级要求他与霍华德合作。克鲁克在回忆录中说，霍华德当时向克鲁克手下的军官许诺东部的好差事，以引诱他们，让他们接受他的思维方式。Martin F. Schmitt, editor, *General George Crook, His Autobiography* (Norman: University of Oklahoma Press, 1960), 168-70.

② 对于贵格派的讽刺性称呼。

和解礼物，那么使他们成为遵纪守法公民的一切努力都是徒劳的。他们需要接受迅速、频繁而严重的惩罚。他们的内在邪恶性来自几个世纪的习惯和教育，这种劣根性在几代人之内不会消失。直到最后一个苏人唱着战歌追随先人们前往极乐净土，这个问题大概才能得到解决。

阿帕奇人比苏人更加恶劣，正如鬣狗比狮子更加恶劣。他们嗜血、残忍、怯懦、记仇、反复无常、不懂感恩，缺乏其他宽容的情感，拥有野蛮动物的一切凶残特征，以及人类最恶劣的情绪。此外，他们还拥有人类的狡诈，这使他们更加可怕。如果不是亲眼所见，完全无法相信阿帕奇人对其残害对象（包括活人和死人）的躯体实施的暴行。他们对于善意的冷漠和完全不懂感恩的性格与卑鄙的畜生无异。他们不断拒绝各种和平建议。他们消灭了亚利桑那和新墨西哥南部的大量文明人口，使这些地区整体上陷入贫困。他们用最恶劣的背叛回应宽容，用暗杀回应友好。最后，出于恐惧，他们不得不假意投降，在军事居留地寻求庇护，一边接受政府代理人提供的食物、衣服和住所，一边秘密外出，谋杀和抢劫毫无防备的定居者，并在遭到追赶时再次寻求军事保护。最后，当他们的背叛行为被发现时，他们扔下面具，肆无忌惮地走上战争的道路，用更多暴行开启新一轮抢劫，其概况已通过电报传到我们这里。

亚利桑那指挥官克鲁克将军是一位有经验的印第安人驯服者。就在他准备大举进攻这些野蛮的屠夫时，这项计划被贵格政策打断了。霍华德将军不仅是出色的军人，还是优秀的绅士和慈善家，他接到了特别任务，准备劝说印第安人维持和平。与此同时，上级命令克鲁克将军暂时不要挥动教鞭。

霍华德将军已经来到亚利桑那边境，并与和平部落的酋长进行了一次会谈。就在宣布这些事情的电报到来的第二天，另一封快信向我们通报了克鲁克将军被迫按兵不动的后果。阿帕奇人正在各个方向上抢劫定居者，并在鲍伊营附近抢走了图森商人塔尔（Tull）和奥乔亚（Ochoa）的大型货车队（很可能包括15~20辆马车），打死了护送人员——人数不详。

这只是这些残忍的野人犯下的众多抢劫和谋杀案的序幕而已。如果霍华德将军在这种情况下与阿帕奇人讲和，我们觉得这是很不明智的，因为他们还没有受到应有的惩罚。如果在这种时候与他们求和，他们就会觉得白人很懦弱，并将缔结和约时通常会提供的礼物看作我们慑于他们的威力向他们进献的贡品。他们无法理解我们政府善待他们的原因，现在坚持和他们谈判是没有用的，会为白人定居者带来致命的后果。我们必须先把他们打服，让他们觉得我们的政府很强大，拥有保护我国公民的决心，然后才能安全地和他们讲和。我们似乎已经犯下了可怕的错误，让我们不要继续犯下同样严重的错误，因为这些错误会使我们付出生命的代价！

霍华德将军的和约

[奥利弗·O. 霍华德[①]等]
《旧与新》第 6 卷（1872 年 11 月）：620—627 页

也许，没有一个主题能像西部印第安人的状态或者我们和他们的关系那样让广大的美国读者提不起兴趣。在他们看来，一篇关于印第安人犯下谋杀案的报道可以完全推翻支持缔结和平条约以及任何认为印第安部落拥有善意的观点，不管当时情况如何，不管对方做出了怎样的挑衅，也不管他们的家园离我们多么遥远。

鉴于去年春天关于亚利桑那的战争和屠杀的谣言，格兰特将军派霍华德将军亲赴边区了解情况，尽可能地让不同部落和平相处，并为未来的发展打下良好基础。格兰特和美国人民一样，相信霍华德的仁慈和判断力。霍华德将军此行大获成功，这是他一生取得的最崇高的胜利之一。格兰特营是其中一次可怕屠杀的发生地，在这里的一次大型会议中，他让素不相识、相互敌对的部落首领走到了一起。在场的还有白人，我们怀疑其中一些人既不相信印第安人的诚意，也对此次会议不抱希望。不过，经过各方的合理协商，霍华德将军让这些酋长同意相互之间达成永久和平，并且同意与白人达成永久和平。他已带着这些敌对部落和邻近部落的几个代表前往华盛顿面见总统。

"他不是还得回来吗？因为又发生战事了。"读者疑惑地问道。

---

① 奥利弗·O. 霍华德（1830—1909）在南北战争期间获得了军队指挥权。作为虔诚的教徒，他在 1865 年到 1872 年担任自由民局（Freedman's Bureau）专员。霍华德曾参与内兹珀斯战役，做过太平洋军区指挥官。

他需要回到新墨西哥解决另一件完全不同的事情①。新墨西哥和亚利桑那是两个完全不同的地区。和在亚利桑那的情况类似，人们在电报中编造了关于他此行失败的各种谎言。不过，他自己的报告可以证明他有没有失败。与此同时，我们从华盛顿获得了他在亚利桑那举行的全体会议的原始报告副本。我们再次请求密西西比河以东的读者注意，亚利桑那不是新墨西哥。下面为读者介绍一下这些有趣而重要的会谈。

我们需要介绍的最早的事件是与阿帕奇酋长桑托②的一次非正式会议。桑托在格兰特营的会议中还会露面。在4月24日与桑托的会谈中，霍华德将军向他提出了一个重要问题。

霍华德将军：你认为偷窃马匹是正确的吗？

桑托：在附近没有朋友的情况下是正确的。这里面似乎存在区别。上帝让我们在此生活，我们没有衣服，食物也很少。不过，你们带着许多衣服、食物和好东西来到这里。

霍华德将军：我小时候通过耕种维持生计，我很努力地干活。大多数白人也是如此。他们的财产是他们通过努力工作获得的。任何愿意工作的人都可以获得好东西。

桑托：你会读书写字。你知道怎样制造产品，怎样干活。你对世界无所不知。你可以建造这所房子，你可以做许多事情。我们不能一下子和你讲清楚。我们想让你知道许多事情。只有待上足够长的时间，你才能了解我们。现在，这里有帕帕戈人。我们一直想和他们讲和。我不会谈论这件事，因为我无路可走（原文如此）。我可以上山，也可以渡河。

霍华德将军：如果你的孩子上学，他们就会获得和我一样多的知识。老人学不了太多东西，但孩子可以。

---

① 1872年7月，霍华德先去了新墨西哥，然后去了科奇斯在亚利桑那的山中据点，试图与这位奇里卡瓦酋长讲和。科奇斯同意搬到亚利桑那东南部德拉贡山脉的居留地。他们的协议从未得到书面记录。
② 一段时间以前，桑托将阿拉瓦伊帕的领导权交给了女婿埃斯基明津。

桑托：我们的慈父让我们生活在这里，为什么我们不能愉快地享用他向我们提供的每一样好东西呢？

霍华德将军：没错，说得好。还有一点，我们拥有一位共同的慈父，他创造了我们所有人。

桑托：我非常清楚这一点。我们拥有共同的父母，但是不知为什么，我们不是兄弟。

霍华德将军：我指的慈父是上帝。

桑托：是的。

霍华德将军：这是上帝之书（《圣经》）。上面说，"要彼此相爱"。

桑托：这正是我们想要的。我们想做正确的事情。全能的上帝可以听到我们现在的谈话。我们感谢你。

霍华德将军：好人爱别人，坏人恨别人。你知道是什么思想吗？

桑托：是我在心里看到的东西，有时，我的看法是错误的。

霍华德将军：上帝就像一种思想。他爱每个人。

桑托：他对墨西哥人和美国人的爱一定胜过我们。他给了他们所有好东西，但什么也没给我们。

霍华德将军：他派我、你们的事务官以及其他人来帮助你们。

霍斯耶（Hos-Yea，酋长）：你一定从各种书刊上了解到，阿帕奇人是一个古老的民族，拥有悠久的历史。不过，你从未在书上看到过，或者听任何人说过，阿帕奇人拥有好东西。他们一直很穷。

霍华德将军：你们出没的山中有许多金银，它们就在你们脚下。如果你们把它挖出来，你们就能买到所有这些好东西。你们可以种地，收获玉米、大麦、豆子、西瓜和南瓜。

霍斯耶：种植小麦和玉米很好。如果我们很久以前就学会了耕种，我们现在就会有所收获了。

霍华德将军：你们今年想种地吗？

霍斯耶：我们可以种地，但现在太晚了。

霍华德将军：现在种玉米还不晚，今年就能收上来。如果我和我的孩子又穷又饿，桑托拥有食物，他会给我食物吗？他会去华盛顿把食物给我吗？

桑托：如果我像熟识赫顿①和康塞普西翁②一样熟识你，知道你在受苦，我就会给你一些龙舌兰和牧豆，前提是我有办法找到你。我这辈子一直过得很艰难，我一直在奋斗。有时我也种地。我大多数时间在山里。

霍华德将军：如果桑托在山里和我单独见面，他会不会打死我，带走我的财物？

桑托：如果我们看到你们在山里行走，我就会跟踪你们，看看你们是不是图谋不轨。如果是，我们就会打劫。美国人怎么样，他们都是一个种族吗？都一样吗？

霍华德将军：不是。

桑托：我们也是如此，我们也有区别。我们无法判断其他人会做什么。过去，当他们对我们不好时，我们是坏人。现在，你向我们承诺了许多好事，我们和他们相处得很好。我们知道，我们现在比过去在山里生活得要好。

霍华德将军：一些美国人认为，这个世界上的所有土地都是上帝为所有子民创造的，不是为一个人，或者为某一群人，而是为所有人创造的。

桑托：一定有其他许多人是我们从未听说过的，你一定是慈父派来的。世界正在变平。旱谷和河谷正在被填平，荆棘正在被人拔起。

5月11日，霍华德与皮马和马里科帕印第安人的一些酋长举行了正式会谈。你一定还记得，这些人拥有农耕习惯。他们有一个重要的诉求，这个诉求很难满足。他们的土地完全依赖于希拉河水的灌溉。过去，河水很少断流。现在，定居者来到了河流上游，取水灌溉他们的土地，因此可怜的皮马人和马里科帕人失去了水源和粮食。他们的首领安东尼奥·阿苏尔（Antonio Azul）清晰地说明了这件事的来龙去脉。霍华德将军希望将他们搬到印第安人居留地上。阿苏尔和其他12

---

① 奥斯卡·赫顿，著名向导，偶尔猎杀阿帕奇人。
② 康塞普西翁，翻译。

名酋长热情地表示，他们愿意前去考察居留地上的一些土地。

按照时间顺序，接下来是前面提到的格兰特营大型会议。出席者很多，所有的白人官员都在场，还有一些图森市民，包括墨西哥人和美国人。墨西哥人带来了6个被俘的阿帕奇儿童，包括4名女孩和2名男孩，他们是在1871年4月30日的格兰特营大屠杀中被俘的。印第安人方面，有帕帕戈印第安人代表团，包括4名酋长；42名皮马人，包括13名酋长；还有1000名亲自到场的阿帕奇人。此次会议成了真正的和平庆典，尽管乐手们几乎没有携带乐器，指挥又是一个单纯而勇敢的绅士，他身为军人的名声比身为调解人的名声还要响亮。

霍华德将军用祈祷和一小段致辞开启了会议。经过一小段客套，前面提到的最年长的阿帕奇酋长桑托说道："我和我的兄弟姐妹遵照伟大领袖（霍华德将军）的命令来到了这里。"

他拿起一块石头，放在霍华德将军脚前：

我不会读书写字。这块石头就是我的纸。我想建立像这块石头一样持久的和平。这是我父亲传给我的纸和笔，我和你们一样向往和平。上帝把这种想法装进我的头脑——让和平像石头一样持久。之前，上帝也许给了你们一切，让我们从你们那里抢劫。也许，这是上帝为印第安人提供的生存之道。不过，这些都过去了。我们以后不会抢劫了，这就是我们把石头放在那里的原因。只要这块石头还在，我们就不会盗窃。

我们的朋友也来了，包括帕帕戈人和皮马人、美国人和墨西哥人，他们当然会和我们交谈。

在讲和之前，帕帕戈人和皮马人偷我们的东西，我们也偷他们的东西。现在，我们不会这样做了。我们和帕帕戈人一样，围猎兔子、地鼠和鹿。我们都有弓箭，拥有同样的武器。现在，慈父已经建立了和平，我们也许可以无忧无虑地一起打猎。

每个首领依次表示同意讲和。阿帕奇首领埃斯基明津的发言果断而慷慨，其译文精致简洁，堪称典范。

诸位酋长和族人的到来令我非常高兴。只要这块石头还在，我们就要遵守和平，远在华盛顿市的领导也会听到我们的话。霍华德将军用手表指导自己的行动，指针可以告诉他现在的时间。太阳是埃斯基明津的手表。只要和平还在持续，埃斯基明津的手表指针就永远不会倒退，二者将永远保持一致。

起初，有两个民族，分别占据着一座山丘。他们拥有火器，帕帕戈人和阿帕奇人生活在一起，拥有弓箭，他们最初是朋友。后来，他们相互敌对。现在，他们成为朋友的时刻到来了。过去，由于恐惧，他们不得不躲藏在山里。现在，他们讲和了。他们可以走出大山，进入平原，无忧无虑地坐在阴凉地里。

过去，在美国人占据这里之前，墨西哥人对我们发起了几场战役。之后，我们失去了开阔山谷中的道路和土地。现在，在霍华德将军的帮助下，我们又可以在这些道路上行走了，因为我们和所有人建立了和平，对此我们很感激。之前，墨西哥人和帕帕戈人与我们为敌，我们也与他们为敌。现在，我们已经把那块石头放在了那里。只要它还在，我们这边就不会发起战争。我在霍华德将军以及所有酋长和所有人面前放下了那块石头，以表示我们所有人即将开启一个全新的世界。你（霍华德将军）那天问我是否愿意面见所有这些人，并且承诺说，你会把他们带来。现在，你遵守了承诺。

对此，皮马酋长安东尼奥回应道：

我相信埃斯基明津所说的话——我们曾经是同一群人，我们曾经拥有分歧，现在，我们是朋友。我们理解并遵守国家、总统和将军制定的法律。如果你愿意建立并维持和平，你很快就会知道怎样做到这一点。告诉埃斯基明津，我很高兴能和他讲和。让他作为族人首领要求手下人遵守霍华德将军发布的命令。这是他能为族人提供的最佳指导。

这份报告接着提到：

接着，安东尼奥站起身，走向埃斯基明津，后者也起身迎接他。他们握手并相互拥抱。接着，皮马酋长以类似的方式与埃斯基明津和其他阿帕奇酋长握手拥抱。其他印第安人和在场所有人热烈鼓掌，并以其他方式表达了喜悦之情。不少人流下了眼泪。

"现在，"霍华德将军说道，"谁代表帕帕戈人发言？"
帕帕戈酋长弗朗西斯科回应道：

我无话可说。我听了所有的发言，感到很满意。放在那里的石头是和平的标志，我希望它能得到事实的验证。如果你们这些阿帕奇人遵守承诺，我以后永远不会带着恶意踏上你们的土地。我过去之所以这样做，是因为我被你们的抢劫激怒了。我遵守上级的命令，如果你们也能遵守上级命令，遵守承诺，我们就会在地上挖个坑，掩埋我们过去的一切分歧，就像我们之间从未发生过分歧一样。我想说的已经全都说完了。我们是朋友。如果你们想来图森，那就来吧。你们可以和我们交流，拜访我们，无须感到恐惧。

这里有必要附上霍华德将军在第二天会议结尾的发言全文。他对于从阿帕奇人那里俘虏来并由墨西哥人照管的几个儿童的命运做出了决定。
他说：

我耐心倾听了你们的发言，准备做出我的决定。不过，我想先说明一点。我觉得地方检察官麦卡弗里先生（Mr. McCaffrey）一定误解了我。我当然是想说，我相信，我们很容易与印第安人达成协议，让照管孤儿的好心人将他们带回图森①。昨天晚上，在与麦卡弗里先生交谈时，我说，我和科利尔先生以政府的信誉担保，孩子们一定会被送回去。我还向市民们宣读了我之前与这些阿帕奇人会谈的记录，我在会谈中明确保证，我会尽一切努力把他们送回去。在昨天会议快结束时，我大体上做出了决定：应该把孩子们送回到族人那里。当然，我愿意通过酋长和阿帕奇人协商，将真正的孤儿留在墨西哥人身边。根据伟大政府的承诺，我现在要重申这一点。

当我向地区检察官指出科利尔先生做出了这一承诺时，他回应道，当事务官的承诺超出他的权限时，这种承诺是没有约束力的。他还暗示我的做法超出了我的权限。我现在要做出回应：科利尔先生对这件事的承诺得到了内政部长和总统的确认；而且，我完全有权做出同样的承诺。请为我作证，自从来到亚利桑那领地，我一直对市民很友好；作为回应，你们几乎所有人对我也很友好。即使我们存在意见分歧，你们仍然热情地招待我，坦率而愉快地表达了你们的观点。不过，你们不能把我当成傻子。我知道，有一些坏蛋一直想要阻止我完成这项和平使命，想要毁掉我们之间的信任。例如，在我背后的一个小圈子里，当某个人听到别人让他退休的建议时，他说："不，我会把这场好戏看完，我要看看这帮家伙的表演。"有人试图证明，埃斯基明津没有谈判的权力——他不是真正的人物，不想讲和，对方说的许多话在翻译时被歪曲了。

现在，不要让一小撮坏蛋破坏这种和平，不要让你们所有的道路、农场和人民继续遭到抢劫、谋杀和伤害。

他转向埃斯基明津，说道：

---

① 克鲁克说，霍华德劝说那些收养了格兰特营大屠杀被俘阿帕奇儿童的图森居民，让他们带着孩子参加会议，并且承诺，如果这些孩子没有在世的父母，他就不会把孩子交给印第安人。埃斯基明津承认他们是孤儿，但是坚持要求对方将其归还。霍华德同意了。此时，克鲁克说："麦卡弗里法官在所有人面前站起来，谴责霍华德是骗子和畜生。" Martin F. Schmitt, ed., Crook, 172.

我知道，你们有些人不相信这个人。你们许多人不像我那样信任他。你们说，你们在这个领地待的时间比我长，比我更了解印第安人。这是事实，但我不妨把我的观点告诉你们。我的确相信他，他遵守了对我的承诺。所有人都可以证明，他遵守了他对哨所军官的承诺。

他抓起埃斯基明津的手，站在那里：

我告诉你们，我用我的生命替他担保。我愿意跟着他和他挑选的向导穿越你们的所有峡谷，穿越这个领地的任何区域。他做出了和平的承诺，他承诺帮助我们监督杀人犯和盗贼，我相信他会做到这一点。如果他说谎骗人，请告诉我，我会听你们差遣。

美国军官、地方检察官麦卡弗里对我的决定提出了申诉。我愉快地接受了他的申诉，并将此事交由我们的共同上级——美国总统处理，这是完全有必要的。

所以，我现在决定把孩子们交给这个哨所，即格兰特营的印第安事务官，让他照管他们。他需要派一个女基督徒在事务处照顾他们，教他们学习。这座建筑需要装修，这样他们住起来才会舒服。他们的亲戚朋友可以随意探望他们，包括墨西哥人和阿帕奇人。简而言之，我们要想尽办法，使他们得到足够的支持和舒适的照顾，直到总统做出关于他们的决定。

这场重要会议的第一天几乎完全是由各方的发言组成的，包括不同酋长、萨福德州长、代表美国人做出和平承诺的克鲁克将军以及代表墨西哥人的赫苏斯·马里亚·埃利亚斯的发言。第二天，霍华德将军听取了关于被俘印第安儿童处理方式的各种意见，并且做了决定。第三天，桑托阿帕奇人的几个酋长带着一个代表团来了。霍华德将军和他们进行了协商。他们表示希望和平，承诺会在八天内带着首领和更多印第安人来见霍华德将军。

5月30日，霍华德将军和代理印第安事务官达拉斯少校与其他几个阿帕奇印第安人首领见了面，这些首领的1200名追随者在附近扎了营。这些首领根据级别落座，其他印第安人围在他们身边。会议开始时，霍华德将军首先进行了祈祷。接着，他请各位酋长发表自己的观点。一些酋长发了言，其中米格尔·佩德罗和一个名叫埃斯卡尔特塞塔斯（Es-calt-se-tas）的老者是主要发言人。他们的请求和抱怨简单得有些可怜：最大的请求是一头奶牛和一头公牛，最令人恼火的抱怨是他们想让军事哨所上午早点发放口粮。

在交换完这些意见后，桑托向所有印第安人发表了讲话，让他们所有人倾听将军的讲话。霍华德将军拿起一块石头，说："我想让你们所有人维持和平，使之像这块石头一样长久。我听说你们内部有一些矛盾，我希望你们现在和平相处，让和平像这块石头一样长久。"

此时，他要求所有人站起来，互相握手。他们照做了，并且相互拥抱。霍华德将军问他们是否都是朋友，他们真诚地回答"是"。年长的埃斯卡尔特塞塔斯叫道："你是我的父母，我希望我能永远活下去！"

此次会议结束时，霍华德将军发表了下面的讲话：

你们所有人的首领再次相互建立了和平，并且与我建立了和平。美国人永远不会为他们提供食物。他们需要工作，种地，放牧。德国人也是这样做的。帕帕戈人、皮马人以及北方的许多印第安人也是这样做的。如果你们所有人能将今天建立的和平维持下去，就会取得进步。不过，你们不要坐在那里无所事事，只吃配给食物。你们必须种植玉米和其他作物，养牛，养绵羊，养山羊。过不了多久，你们就会穿上和我们一样好的衣服。我从很小的时候就开始工作了，种植玉米、土豆、小麦、饲草、南瓜和西瓜。我把它们卖了换钱，去学校学习读书写字，以便去其他地方谋生。如果你们的孩子也能这样做，他们就能变成像我一样的人。不过，你们必须不断地工作和学习。你们不想让孩子学习吗？政府愿意帮助你们，但你们必须自力更生。我们愿意帮助你们,使你们走上正路。之后,你们必须自力更生。我想让你们记住我所说的话,因为我是你们的朋友。现在,请所有向往和平的人鼓掌。

与会者极为真诚地回应了这一邀请,所有人都热情地拍起了手[①]。

[①] 这里的文本略去了结尾几段,其内容是霍华德随后与向往和平的皮马人之间的对话。

关于科奇斯

A. P. K. 萨福德[①]

图森《亚利桑那市民报》，1872 年 12 月 7 日

图森，1872 年 11 月 30 日

我最近拜访了阿帕奇战争的酋长科奇斯[②]。过去十二年，他领导着亚利桑那最危险、最具破坏性的阿帕奇分支。在这段时间里，除了在伏击中突然现身，人们很少看到他的身影。据说，他可以在同一时间出现在每一个地方。他的杀戮行径遍布亚利桑那、新墨西哥、索拉纳和奇瓦瓦，他的名字令人胆寒。我想，那些观察过或注意到这些恐怖场面的人也许愿意听一听我的所见所闻。

为了充分了解科奇斯及其分支的真实状况，我需要介绍一下。科奇斯是一个阿帕奇分支的酋长，这个分支过去生活在北至希拉河、南至索拉纳、西至圣佩德罗、东至新墨西哥明布雷斯的区域。据当地人说，他们一直与墨西哥人作战，他们的生活主要依靠抢劫。当亚利桑那刚刚划入美国的版图时，科奇斯试图与我们的人民和政府求和，而且十分向往和平，其原因他本人最清楚。这种关系持续到 1860 年。不过，在这段时间里，他不断在相邻的墨西哥各州抢劫，带回马群和牛群。他的印第安人偶尔会在距离其生活区域很远的亚利桑那境内抢劫牲畜，但是我们知道，当有人在这种情况下提出抱怨或抗议时，他会努力归还财物。

[①] 安森·P. K. 萨福德（1828—1891）从 1869 年到 1877 年担任了两届亚利桑那领地州长。萨福德倡导积极对抗敌对印第安人，公平对待和平部落。1871 年，他说服战争部将亚利桑那划分为单独的军区，随后通过斡旋，让乔治·克鲁克接替了乔治·斯通曼的军区指挥官职位。

[②] 科奇斯（约 1805—1874）是级别最高的阿帕奇酋长之一，其影响力远远超出了他所领导的奇里卡瓦部落的乔科嫩分支。

1860年，一个男孩①在索诺拉放牧时被俘，一些人认为他被科奇斯抓走了。因此，巴斯科姆中尉带着一个连前往指挥部附近的阿帕奇山口，在陆路邮政驿站扎营。中尉告诉驿站管理员，他正在前往新墨西哥，想要见见科奇斯。他让管理员去把科奇斯请过来。当科奇斯询问他想要做什么时，中尉说，他想在帐篷里招待科奇斯，因为他即将离开本地。科奇斯带着4个亲戚朋友来了。当他们在巴斯科姆的帐篷里落座时，他们突然被士兵包围了。科奇斯想知道原因。对方说，他和他的朋友成了囚犯，将被关押起来，直到他们释放那个男孩为止。科奇斯再次对这种背叛提出抗议，宣称他无法释放男孩，因为他对此事一无所知。他找到机会，拔出匕首，在帐篷上割了一个洞，逃走了。他很快把他的战士们召集起来，带着大部队来到驿站附近，表示希望谈判。一个驿站管理员走到科奇斯跟前，想听听他的意见。不过，当驿站管理员来到科奇斯的队列时，他被抓了起来，成了俘虏。随后的一两天，双方试图交换俘虏。科奇斯表示，如果中尉释放他的朋友，他就会释放俘虏。中尉表示，只有科奇斯先释放男孩，他才同意交换。不过，科奇斯一直宣称，他对男孩的事一无所知②。

当科奇斯最后一次前来谈判时，他带着他所俘虏的驿站管理员，用绳子将他的脖子绑在鞍角上。他再次提出，如果他的4个朋友获释，他就会释放管理员。驿站管理员乞求进行交换，因为如果不这样做，他就没命了。不过，中尉再次拒绝了。于是，科奇斯调转马头，以最快的速度拖着这个可怜人的脖子扬长而去。随后，中尉绞死了4个俘虏，科奇斯则成了强盗③。

不知道战争已经爆发的人民轻易成了牺牲品，接下来几天发生的可怕谋杀和虐待令人发指。从这时起，到今年9月第一天为止，科奇斯几乎每个星期都会犯

---

① 这个男孩在亚利桑那索诺克伊塔河沿岸被抓，该地位于巴斯科姆所在的布坎南堡以西12英里处。他叫米基·弗里，长大后成了印第安侦察兵和翻译。
② 巴斯科姆帐篷事件发生在1861年2月4日。科奇斯是无辜的，皮纳尔阿帕奇人在抢劫时带走了男孩。
③ 不幸的驿站管理员是詹姆斯·F. 华莱士，他当天没有被拖死，而是在几天后和其他三个美国人一起被处死。因华莱士和科奇斯俘虏的其他人质的死亡而下令绞死奇里卡瓦人的也许不是巴斯科姆，而是另一位级别更高的军官：以赛亚·N. 穆尔中尉（1st Lt. Isaiah N. Moore）。要想更加详细地了解巴斯科姆事件及其后果，参见 Edwin R. Sweeney, *Cochise: Chiricahua Apache Chief* (Norman: University of Oklahoma Press, 1991), 142-65。

下血案。他采取伏击的攻击形式，屡试不爽。有时，他看上去似乎带着大部队，但他其实只带了几个人而已。据说，他常常在同一时间出现在不同地点。他在报道中死了不止一次。人们普遍认为，他落下了终身残疾。在报道中，他的部队常常沦落到几近消亡的地步。不过，如果情况需要，他会带着一支规模不小的部队进行抵抗，成功挫败一切抓住他的企图。不管我们对他和他的部队有着怎样的印象，有一点是肯定的：他在十二年间成功抵抗了一切友好部落以及美国和墨西哥政府对他的所有进攻。而且，从今年4月1日起，他可以像开启敌对行动后的任何时期那样成功地杀人越货。我在他的活动区域生活了近四年，有时在他犯下可怕的罪行后试图追赶他，但通常会陷入极其艰难的地形之中，生怕反过来被他伏击。所以，我很想见见他，看看他是怎样一个人。因此，我向事务官托马斯·J. 杰福兹上尉[①]表达了我的愿望。他告诉我，他愿意陪我前往科奇斯的营地。

1872年11月23日，我在帕帕戈事务官R. A. 威尔伯医生的陪同下离开图森，前往萨尔弗斯普林斯，准备在那里和杰福兹上尉见面。不过，到了那里，我发现上尉去了居留地的另一个区域，以便为刚刚来到那里求和的一伙阿帕奇人提供粮食。在他返回前，我在萨尔弗斯普林斯耽搁了一天。杰福兹告诉我，他离开科奇斯营地的时间比他承诺的晚了两天。由于他通常可以准时赴约，因此他认为科奇斯会觉得这次的耽搁很奇怪。

科奇斯在距离萨尔弗斯普林斯大约20英里的德拉贡山脉扎营，我们朝着这个地点行进。走了不久，我们看到远处扬起一大片烟尘，并且很快发现，那是一群正在向我们迅速靠近的骑手。他们显然是印第安人。杰福兹上尉说，他们是科奇斯的人。当他们带着金光闪闪的长矛、骑着大汗淋漓的坐骑、杀气腾腾地向我们靠近时，杰福兹说："我不知道是怎么回事。他们看上去很激动。我担心出事了。"他们以最快的速度赶到我们身边，将我们围住。接着，这伙人的首领下了马，用他那双长长的、瘦骨嶙峋的胳膊抱住杰福兹上尉，就像母亲宠爱孩子一样。他的

[①] 托马斯·J. 杰福兹（1832—1914）是游历甚广的拓荒者。在来到美国西南部之前，他曾在科罗拉多做过马车夫，开采过黄金。

每个手下都依次拥抱了杰福兹。接着,杰福兹上尉向我们打招呼,说:"这是老头子。"我问是哪个老头子,他说:"科奇斯。"在被告知我的身份时,科奇斯真诚地和我打招呼。我们所有人坐成一圈,开始谈话。此时,科奇斯告诉杰福兹上尉,杰福兹的逾期未归使他非常担心,他担心他带到居留地来的野蛮的印第安人杀了杰福兹。他带着战士们打探杰福兹的消息。如果他们胆敢对杰福兹无礼,他准备将他们全部杀光,作为惩罚。

此时,我打量了科奇斯的外貌。关于他有许多相互矛盾的故事。现在,我要描述一下我眼中的科奇斯。他身高约6英尺,肩膀由于年老而有点下垂,五官端正,脑袋很大,很匀称,表情很悲伤,头发黑而长,夹杂了一些灰发,面部光滑,胡须已经用镊子拔下来了——那是印第安人的习俗。他穿着衬衫,头上和腰上围着棉布,脚上穿着鹿皮鞋,这就是他的全部装束。我觉得他大概有60岁。

我把随身携带的食物放在他们面前。除了科奇斯,所有人都高兴地吃起来。科奇斯没有品尝我的食物。他说,我不需要多心,因为他现在胃疼,几乎所有食物都会使他感到疼痛。接着,他问我是否愿意前往他的营地。在我做出肯定的答复后,他说,他的一些手下人昨天晚上喝了太多的提兹温。如果我当晚前去,他担心我会逃走,并且因我所见到的场面而对他们产生坏印象。因此,他希望我在附近扎营,第二天上午再去他的营地。我告诉他,如果我去他的营地,接受他的款待,那么事后报道我所观察到的异常现象是很不礼貌的。于是,我们没有再说什么,便出发了。到了距离他的营地大约1英里远的河边,我停了下来。科奇斯问我身上是否还有食物,我说没有。于是他说,我最好前往他的营地,和他共进晚餐。

他的营地位于山脚下的岩石之中。这个位置显然是精心挑选的,可以避免敌人突袭。在接到警报后,他可以在五分钟内带着族人躲开骑兵的追击。他的帐篷由几根围成圆圈的木棍支撑,上面围着兽皮,用于挡风。这里有大约400个不同年龄段的印第安人。科奇斯有三个妻子。最小的妻子和他住在帐篷里,为他制作衣服,给他做饭。另外两个妻子各有一个单独的帐篷,和各自的孩子住在一起。

我们到来后，科奇斯让妻子准备晚饭。很快，晚饭做好了，包括烤薄饼、煮牛肉、咖啡和糖。除了装在锡杯里的咖啡，其他食物没有给我们带来太大困扰。经过漫长的行程，我们早就饿了，因此觉得这些食物非常可口。虽然我们没能吃完，但是主人当然没有理由为此而抱怨。

杰福兹上尉告诉我，我不需要为随身携带的物品感到担忧，因为它们不会被偷走。所有人好奇地欣赏和把玩我带来的每一样物品。他们的手很干净，我连一个大头针都没有丢。

早餐和晚餐相同，但是多了龙舌兰饼，上面撒了牧豆粉。这些饼又甜又有营养，在任何地方都可以算作美味。早饭后，人们在地上铺了一块布，头人们围成一圈。此时，科奇斯说，他想谈一谈。

他说，他很高兴见到我。我能在无人保护的情况下来到他们之中，这说明我相信他的求和诚意。接着，他说，在他受到巴斯科姆中尉的不公对待之前，他一直是美国人的好朋友。在那之后，他认为他是美国人最可怕的敌人。他还记得，过去，平原上到处都是牛羊，山里面到处都是阿帕奇人。现在，牛羊不见了，阿帕奇人也大大减少了。当他对美国人开战时，他和他的部落发誓，为了占领这片地区，他们要战斗到最后一个人倒下为止。不过，他现在决定与墨西哥国界线这一边的所有人和平相处。我告诉他，我们的人不喜欢巴斯科姆中尉的做法。如果科奇斯没有开战，巴斯科姆就会受到惩罚，也不会有许多人死去。他说，他现在承认，因为那件事开战是错误的，双方都有错，都承受了苦难。我告诉他，总统很想让我们的人民和阿帕奇人和平相处，他在三年多以前就和我说了这件事。科奇斯回应说，总统是个好人，爱惜他的孩子，他对此很满意。霍华德将军和他说了总统的事，他喜欢霍华德将军，因为霍华德敢于前来见他。在之前的很长一段时间里，他只能与石为伴，藏身在石头后面。石头常常可以为他阻挡敌人的枪弹，使他死里逃生。

我和他谈了将近半天时间，然后告诉他，我必须走了。他说，在他求和之后，发生了一件令他不高兴的事情，他想坦率地把这件事告诉我。接着，他问我是否知道他的一个墨西哥男孩俘虏怎么样了。(在这里,我要解释一下,就在几天前,一个被科奇斯俘虏了十年的大约16岁的墨西哥男孩逃跑了,逃到了圣佩德罗的定居点,那里的人把他送到我这里,让我保护他。在我开始此次行程的前一天,我把他交给了认识他的叔叔。)我告诉科奇斯,我把男孩交给了他的叔叔,他已经回老家了。科奇斯说,他许多年前在国界线另一边抓住了那个男孩,救了男孩的命,把男孩抚养到了可以发挥作用的年纪,但是男孩逃到了圣佩德罗,那里的人把男孩藏了起来,他觉得他们这种做法很不友好。如果我和杰福兹上尉要求他放了男孩,他就会遵命。他并不觉得男孩有多重要,但是从原则上说,他觉得圣佩德罗人应该为那个男孩向他支付赎金。他问我能否要求他们支付赎金。

　　我告诉他,根据我国法律,那个男孩拥有自由的权利。根据我们的法律,包括总统在内,任何人都没有蓄奴的权力。如果他知道有哪个印第安人被我们的人民当成奴仆,我会确保这个印第安人得到释放。科奇斯回应道,他知道,如果那个男孩是美国人,他没有权利扣留他。不过,他是在另一个国家从另一个民族那里把他抓来的,他觉得只有墨西哥人才有权干涉。我告诉他,我们签订了条约,承诺对这类事情进行干预。接着,我问他是否知道我们内部不久前发生了战争,并且问他是否知道我们相互对抗的原因。他说,他知道这场战争,但是不知道原因。接着,我向他解释说,我们的一部分人民蓄奴,另一部分人民不蓄奴。对于这个问题,他们产生了纷争,许多人因此而死去。反对蓄奴的人取得了胜利。之后,我们制定了法律,禁止任何人将黑人、印第安人、墨西哥人和其他任何人种当作奴隶。科奇斯说,他觉得这样很好,他不会再提及此事了。

　　杰福兹上尉告诉我,如果效忠科奇斯的男女老少全部聚集在一起,他们的人数可以达到1500~2000人。根据最近达成的和平协议,他们可以保留财产和武器。我看到的印第安人骑着很好的马匹,通常拥有新式后装枪。他们选择自愿服从印第安事务官。除此以外,他们没有受到其他控制。杰福兹告诉我,到目前为止,他们服从了我们的所有要求。不过,他们从一开始就明确表示,他们不会接受军事当局的控制。他们目前的作战条件显然比他们开战以来的任何时候都要好。他们的人数也许变少了，但他们常常受到艰苦环境的锻炼，可以忍受任何不利条件。我的判断是，凭借更好的武器和对这些武器更加熟练地掌握，他们比过去更加可怕。科奇斯能够在这么长时间里对抗我们派出的远远优于他们的部队，同时为妇女儿童提供保护，这很神奇，说明他确实是一个出类拔萃的人才。的确，他们非常了解当地环境，这是一个很大的优势。他们拥有一套烟火通信系统，可以在当地广阔的范围内和他们的人通信。如果需要，他们可以就地取食。

人们常常提出一个问题。科奇斯会安分守己吗？我认为，他现在很诚恳，向往和平，但他和他的追随者是野蛮人。即使我们付出最大努力，某个真实或虚幻的原因随时都可能使他们再次走上战争道路。每个善良的人都希望实现永久和平。如果科奇斯能维持和平，那么，凭借克鲁克将军目前对于敌对分子的积极战争政策，阿帕奇人的麻烦很快就会结束，因为科奇斯这伙人之前一直在为格兰特、怀特芒廷和其他居留地的印第安人提供掩护，让他们外出抢劫并在结束罪恶行径后返回。

对我来说，这些印第安人最奇怪的地方在于他们对杰福兹上尉的信任以及他对他们的影响力。所有认识杰福兹的印第安人都很尊重他，认为他是个高尚的人。他在过去三年里经常与科奇斯会谈，是过去十二年去过科奇斯的营地并且活着返回的唯一白人。所以，我也许应该介绍一下他们相识并建立友谊的过程。杰福兹36岁，个子很高，身材匀称。他出生在纽约州，1857年来到科罗拉多丹佛市，做过一小段时间的律师。之后，他大部分时间在山里勘探金银。他去过北美几乎所有印第安部落，将他们的习惯和特征作为研究对象。他的性格很适合与他们相处。几年前，他担任了陆路邮政公司（Overland Mail Company）主管。在他担任负责人的一小段时间里，科奇斯及其团伙打死了他的21名员工。最后，他再次走上了勘探之路，并且下定决心，如果政府无法降服如此邪恶的敌人，他愿意试着和他们交朋友。在其他印第安人的帮助下，杰福兹在科奇斯的营地拜访了他。这一行为打动了科奇斯，他非常尊重杰福兹的勇敢和真诚。在杰福兹上尉的斡旋下，科奇斯在1870年被带到卡尼亚达阿拉莫萨（Canada Alamosa）居留地。杰福兹还把霍华德将军领进了科奇斯的营地。霍华德将军将他任命为印第安特别事务官。我想,除他以外,目前任何人都无法控制这些野蛮的家伙。我非常相信,如果政府继续让他负责此事,和平也许可以维持下去。

说到这里,我想指出,在我看来,政府在处理印第安人时最致命的错误之一就是从特定的宗教派别中选择事务官。这种选择的用意显然是好的,但是实际效果并不好。对于野蛮印第安人的成功管理和控制需要很特别的资质。事务官不仅要真诚、诚实、公平地对待印第安人和美国公民,而且应该耐心、冷静,具有很大的勇气。如果印第安人知道事务官畏惧他们,他们的信心很快就会消失。而且,事务官必须通过多年的交往和经历才能理解印第安人的性格。如果没有提前掌握这些信息,大多数事务官都无法在短时间内取得成功。只有在印第安人所在的区域,才能找到如此高效的事务官。霍华德将军已经在这个地区选择了两个事务官,让他们管理最难驾驭的阿帕奇人,这说明他也持有相同的观点。

军队与科奇斯

弗雷德里克·G. 休斯[①]

图森《亚利桑那星报》，1886 年 1 月 27 日和 31 日

1872 年 10 月 13 日，霍华德将军与科奇斯签订和约。11 月 2 日，我来到事务处。这段时期，在霍华德将军离开后，T. J. 杰福兹独自负责管理印第安人。事务处设在萨尔弗斯普林斯一个 10 英尺×12 英尺的小房子里，那是尼克·罗杰斯[②]的房产。当时，这是居留地上唯一的房屋（距离阿帕奇山口的鲍伊堡大约 30 英里）。居留地约有 70 平方英里，包括整个奇里卡瓦山脉和德拉贡山脉。

在我到来时，我发现印第安人仍然很胆怯。不要忘了，在与霍华德将军讲和之前，这些印第安人在十四年间一直处于战争状态。一些年轻的印第安战士是在部落与所有人开战时出生和成长起来的，许多人并没有经历过该部落的和平时期。在我到来几天后，科奇斯第一次来到事务处。

他带着大约 50 个印第安战士，这说明这个老家伙仍然疑心很重。他们在距离事务处大约 0.5 英里处扎营，我们可以在事务处看到他的营地。接着，他们开始三三两两地朝事务处漫步而来。大约 15~20 人首先来到事务处，确认没有异常，然后把杰福兹领到科奇斯那里。杰福兹又把科奇斯领回来。这是我第一次在和平状态下见到科奇斯并与他交谈。我在他处于作战状态时见过他几次，当时我们用

[①] 弗雷德里克·G. 休斯（1837—1911）是著名的亚利桑那拓荒者，南北战争期间在亚利桑那领地服役。他于 1866 年退伍，在新墨西哥定居。后来，他的朋友、印第安事务官托马斯·J. 杰福兹邀请他来到新建立的科奇斯居留地为他帮忙。休斯后来在皮马县监事会担任职员，还做过亚利桑那先驱历史协会主任。为掩饰挪用公款和用历史协会基金赌博的事实，休斯烧毁了图森县政府大楼。为此，他被监禁了一小段时间。

[②] 尼克·M. 罗杰斯（1847—1876）。

火药和铅弹相互问候。此时，他来到我面前，用两只手抓住我的手，说他之前听说过我，还说从今天起，他会成为我的朋友。他保守了这个承诺，直到去世。

科奇斯通知了住在墨西哥奇瓦瓦州哈诺斯镇（Janos）附近的哈内罗阿帕奇人（Janero Apaches）①，说他已与美国人讲和，他们必须停止抢劫美国人。12月初，这个部落传话过来，说他们也愿意讲和，并且定了一个日子，让杰福兹事务官在皮内里峡谷（Pinery Canyon）和他们见面。我们二人在约定的日子去了那里，看到大约200名印第安人在那里扎营。不过，当我们见到他们时，他们装出还没有决定要不要讲和的样子。我们很难判断他们想要什么，我觉得连他们自己也不清楚。不过，我一直认为，他们想讨便宜，但是又惧怕科奇斯。我们耽搁了两三天，和这些印第安人磨洋工。最后，他们终于和我们达成了协议，条款和科奇斯相同。

这个部落由纳蒂扎（Natiza）酋长领导。实际上，这些印第安人属于墨西哥政府，因为我之前说过，他们的家园位于墨西哥奇瓦瓦州。虽然这些印第安人与我们的政府和墨西哥政府为敌，但他们一直与哈诺斯镇人民和平相处，并与他们进行贸易。毫无疑问，哈诺斯镇人民向他们销售武器弹药，用于抢劫他们的同胞。

后来臭名昭著的印第安人朱、诺尔吉和杰罗尼莫都属于这个部落。当时，印第安人不是很看重杰罗尼莫。我直到现在也不相信他在敌对分子中会有追随者。我一直认为，他是居留地上最没有价值、最胆小的家伙之一。我曾两次见到印第安妇女用棍子打他。这些敌对印第安人之中包括科奇斯作战时期的老部下纳希尔扎伊（Nahilzay）、科奇斯之子、酷似科奇斯的内奇、奇瓦瓦以及其他6个具有指挥能力的人，但是就像我之前说的那样，我不相信杰罗尼莫会有追随者。我倾向于认为，军队在公众面前编造了杰罗尼莫的酋长地位，并且维持了他的这种形象。

在政府与科奇斯讲和后，亚利桑那所有的阿帕奇部落都处于和平状态，人们可以在墨西哥国界线以北的任何地区安全地旅行。不过，我们的墨西哥邻居不断

---

① 指内德尼人，即南奇里卡瓦人。

抱怨，因为在阿帕奇人与我们讲和以后，墨西哥的抢劫和谋杀事件不但没有缓和下来，反而愈演愈烈。当然，抢劫者来自我们的居留地。由于奇里卡瓦居留地建在墨西哥国界线上，因此我们受到了指责。不过，抢劫者其实来自所有居留地。实际上，印第安人说过，他们没有与索诺拉人和奇瓦瓦人讲和，也不会与他们讲和。印第安人会从霍特斯普林斯（Hot Springs）和圣卡洛斯居留地来到我们的居留地，因为我们的居留地刚好位于他们的前进路线上。接着，他们会从我们的居留地进入索诺拉和奇瓦瓦。

这段时期，其他居留地的事务官似乎每天都会召集印第安人点名。我事后得知，这并不是事实。即使这些事务官每天点名，他们也会发现，许多印第安人消失了，因为虽然从其他居留地来到我们这里的一些印第安人拥有通行证，但是还有许多人并没有通行证。（我想在这里替杰福兹事务官辩解一下。他一直坚决拒绝为印第安人发放离开奇里卡瓦居留地边界的通行证。所以，如果他们离开居留地边界，就是在自找麻烦。）

1873年2月，为了阻止这种抢劫，克鲁克将军将他在亚利桑那领地能够集结起来的所有部队召集到紧邻奇里卡瓦居留地的格兰特营。我们获悉，克鲁克到那里是为了每天召集我们的印第安人点名。我和杰福兹与印第安人谈论了这件事。我们发现，这种做法会使他们再次走上战争的道路。这很可能是克鲁克所希望的，因为我之前说过，他已经把所有部队聚集到了附近，准备随时对付印第安人。不过，我担心，如果他实施这一计划，印第安人会越过墨西哥国界线，之前十三到十四年一直在进行的战争又将持续下去。

当时担任格兰特营指挥官的布朗少校在伯克、罗斯、罗克韦尔中尉（Rockwell）以及一个骑兵连的陪同下前来拜访我们事务处，与我们的印第安人进行了会谈，然后返回格兰特营[①]。我事后得知，他们对于事务处的情况很满意。在他们返回格兰特营后，刚刚来到那里的部队被派回了各哨所。我一直不知道这是军官们的

---

① 这件事发生在1873年2月。

建议还是华府的命令。

我之前说过，当我们与奇里卡瓦人讲和时，我们在萨尔弗斯普林斯尼克·罗杰斯的牧场建立了事务处。当时，这只是事务处的临时地址。1873年夏，事务处搬到了圣西蒙沼泽（San Simon Cienaga）。不过，这个地点很容易让人生病。同年12月，事务处又搬到了奇里卡瓦山脉中的皮内里峡谷。

在事务处位于圣西蒙时，几名印第安人死于疟疾。显然，我们在那里的时候，科奇斯染上了疾病，这种病最终将老酋长带到了西方极乐世界[①]。

第二年6月，科奇斯在德拉贡山脉中的居留地逝世。据我所知，从他讲和到去世，他从未离开居留地。

科奇斯是一名非常优秀的印第安人。如果他的命运没有这么不幸，他一定会成为备受景仰的杰出人物。和他交谈是一件很愉快的事情。对他的家人和身边人来说，他比普通白人更有感情。虽然白人都说他残暴，但他完全没有表现出残暴的一面。他对这个野蛮部落的控制力同样令人震惊。他们一方面敬仰他，几乎到了崇拜的地步，另一方面，他们最怕的也是他。只要他扫上一眼，部落中最桀骜不驯的奇里卡瓦人也会平静下来。我曾见到，在被他盯上一眼后，许多人像被鞭打过的野狗一样悄悄溜走了，尽管他什么都没说。他们似乎带着迷信般的敬畏看待他。我常常觉得，他对他们的控制力与迷信存在很大的关系。

我记得有一次，在他去世几个月前，在他生病的时候，印第安人在事务处前面点起一堆篝火，科奇斯坐在旁边。一天，在往返事务处时，我刚好从科奇斯和篝火之间经过。我发现老家伙嘀咕了几句，但是没有注意。很快，一些印第安人告诉我，我从科奇斯和篝火之间经过的行为是一种凶兆。他们请求我沿原路返回。

---

① 大多数资料认为，科奇斯死于胃癌。

我答应了他们的请求。在我返回时，老家伙笑了，但这没能挽救他的生命。另一次，印第安人相信科奇斯中了魔法，认为对他施魔法的是当时正在拜访事务处的一个又老又瘸的霍特斯普林斯印第安人。他们相信，只有抓住这个印第安人并将其烧死，科奇斯才能康复。这个可怜的家伙在山里藏了好几天，但他们最后还是抓住了他。经过杰福兹事务官和其他人的长时间劝说，他们这才放走了他。

我永远无法忘记科奇斯去世时人们的哀悼。许多人在事务处附近扎营，大多数是妇女和儿童。他们来到这里显然是为了等待酋长去世的消息。当这个消息传来时，这些人发出的嚎叫听上去令人毛骨悚然。他们聚集在附近的各个角落。当一个村落的嚎叫声减弱时，另一个村落的嚎叫声又会响起。这种嚎叫声持续了一整夜，直到第二天拂晓。一切都变得很安静。整整一天，世界几乎被死寂笼罩。

科奇斯死后，科奇斯的长子塔扎（Taza）和部落巫医埃斯基尼亚（Eskinya）开始争夺酋长之位①。埃斯基尼亚是部落中最恶劣、最不安分的印第安人之一。另一边，科奇斯在临死前央求塔扎与美国人永远保持和平，塔扎也倾向于尊重父亲的愿望。塔扎被选为酋长，但埃斯基尼亚的朋友们之后一直心怀不满。

我在奇里卡瓦事务处待到了1874年11月。当时，我想尝试其他职业，不想继续教化阿帕奇人了，因此退出事务处，搬到圣丽塔（Santa Rita），开始从事采矿业。

1876年4月，在我住在圣丽塔时，我听说了奇里卡瓦人的第一次暴动，他们打死了尼克·罗杰斯和斯彭斯，谋杀了上圣佩德罗的牧场主②。事情发生几天后，萨福德州长派信使来找我，请我前往图森，说他想和我谈论关于印第安人的一些事情。

我预感到这件事与最近的暴动有关，因此迅速动身，第二天晚上在图森见到了萨福德州长。萨福德告诉我，圣卡洛斯的克拉姆事务官③接到了来自华盛顿的命令，需要把奇里卡瓦阿帕奇人转移到他的居留地上。不过，由于奇里卡瓦人已

---

① 塔扎（1843—1876）是科奇斯的长子。埃斯基尼亚（1820—1876）既是巫医，也是出了名的抢劫者。
② 罗杰斯及其助手奥利佐巴·O. 斯彭斯(Orizoba O. Spence)在用劣质威士忌为埃斯基尼亚一伙人劝酒后被打死。
③ 约翰·P. 克拉姆（1851—1932），后来成了著名的《墓碑镇碑铭报》的经营者，并且做了汤姆斯通（墓碑镇）镇长。

经造反，因此这件事很难办，他不想接受这项任务。我和州长进行了一小段对话。我告诉他，我相信这件事可以办成。他说，如果我愿意协助克拉姆事务官，他可以把这些人搬走。我立刻表示同意。就在此时，克拉姆走进来，事情就这样决定了。我们的安排是，我第二天去和奇里卡瓦人见面，把我们的想法告诉他们，克拉姆第二天前往阿帕奇山口。

第二天，我依照约定出发了。我先见到了科奇斯的两个儿子，把政府的意图告诉他们，建议他们和平前往圣卡洛斯。他们表示遗憾，说他和他们的伙伴并没有参与最近的暴动，杀人的是埃斯基尼亚领导的一伙人。他们也同意搬到圣卡洛斯，但是想让我帮他们争取到居留地以北旧普韦布洛（Pueblo Viejo）附近的一块地，以便和其他印第安人分开居住。我承诺尽最大努力帮助他们争取这块地。接着，我和当时臭名昭著的埃斯基尼亚见面了。他承认他和兄弟皮翁塞纳伊打死了罗杰斯和斯彭斯。他说，罗杰斯虐待他们，他们在喝醉后打死了罗杰斯他们。他还说，他不会去圣卡洛斯，但是如果让他们留在奇里卡瓦，他们会安分守己。

由于克拉姆事务官没有来到山口，因此我决定返回图森，看看怎样为科奇斯的孩子们在旧普韦布洛附近弄到一块地。回到图森时，我发现克拉姆还在那里。他告诉我，最好的办法是把他们安置在之前的古德温营，那是居留地中距离他们要求地点最近的位置。第二天，我又回头去找奇里卡瓦人。与此同时，考茨将军①把他能调遣的所有部队都派到了居留地周围的各个地点，他本人正在从普雷斯科特赶来，以便亲自指挥部队。

我刚回到阿帕奇山口，科奇斯的儿子派去找杰福兹事务官的信使就走进来，说他们正在和埃斯基尼亚团伙战斗，后者试图强迫他们一起造反，他们想让杰福兹派部队前去帮助他们。当时担任阿帕奇山口指挥官的麦克莱伦少校②立刻命令赫内利中尉③带着30人前往现场。我和杰福兹事务官陪他们一同前往。我们在天

---

① 奥古斯特·V. 考茨上校（1828—1895）从1875年到1878年担任亚利桑那军区指挥官。
② 美国第六骑兵团的柯温·B. 麦克莱伦少校。
③ 美国第六骑兵团的奥斯汀·赫内利中尉（1848—1878）。

黑后离开了阿帕奇山口，以免被可能正在监视我们的印第安人发现。午夜前，我们来到了科奇斯的孩子位于12~14英里外的营地。

科奇斯的孩子告诉我们，他们打死了埃斯基尼亚，而且知道皮翁塞纳伊中了弹。除此以外，双方各有四五个人战死。不过，他们一直掌控着局势。他们还说，他们愿意跟着我前往任何地方。

天亮后，他们立刻带着我们前往战场，让我们察看前一天被打死的人。回到营地时，我们看到埃斯基尼亚那伙人在附近徘徊，显然是想继续战斗。美军和印第安人向他们发射了一轮子弹，但是没有人受伤，他们也没有回击。之后，他们示意想要谈判。于是，我们让他们进来。

谈了一会儿，他们装出愿意前往圣卡洛斯的样子，但我持怀疑态度。朱、诺尔吉和杰罗尼莫都在埃斯基尼亚这伙人中。这是星期日上午的事情。第二天是星期一，按照约定，印第安人将在阿帕奇山口与克拉姆事务官、考茨将军及其参谋见面。科奇斯的孩子们同意上午9点到场，但是朱和诺尔吉那伙人说，他们不想和科奇斯的孩子们一起来，他们将在下午4点到场。两伙人都按照约定来了。前一伙人告诉我们，他们愿意前往圣卡洛斯。不过，当朱、诺尔吉和杰罗尼莫到场时，他们说想请二十天的假，他们托词说，需要把家人召集起来。

我立刻意识到，他们请假是为了找机会离开这个地区，因为当时居留地已经被部队团团包围了。克拉姆问我怎么看他们请假这件事，我把我的想法告诉了他。于是，他拒绝了他们。接着，他们请求十天假期，又被拒绝了。最后，他们把时间减到四天，克拉姆事务官同意了。对于他们的目标而言，四天和二十天没有什么区别。

看到这些印第安人想要离开，我很高兴，直接去找考茨将军，把我的想法告诉了他。我还把我认为印第安人将会选择的路线告诉了他。他告诉我，他会派当时同样驻扎在圣西蒙沼泽的奥格尔比上尉[①]去山谷跟踪他们。

---

① 美国第八步兵团的弗雷德里克·D.奥格尔比上尉（卒于1877年）。

不过，军队事务总是充斥着繁文缛节，无法立刻采取行动。当奥格尔比上尉抵达那里时，他只看到了对方的脚印。

当朱和诺尔吉一伙人离开时，他们把受伤的皮翁塞纳伊留在被他们抛弃的营地里。部队把皮翁塞纳伊送到杰福兹事务官那里，请求他把皮翁塞纳伊带进阿帕奇山口的营地里照料。克拉姆事务官派出了一些阿帕奇侦察兵，他们把他带了进来。

皮翁塞纳伊右胸被打穿，看上去快要死了。不过，在一个星期之内，在县治安官及其副手带着他前往图森时，他逃跑了。不出一个月，他就跟着朱和诺尔吉团伙在索诺拉山谷里干起了杀人放火的勾当。

之后，在印第安人转移的过程中，并没有发生值得一提的事情。他们很老实，没有在路上制造麻烦。

第二章

1872—1878 年
克鲁克的通托贝森战役及后续

克鲁克在 1872 年的战役

约翰·G. 伯克[①]
芝加哥《洋际报》，1883 年 7 月 5 日[②]

昨天，在帕尔默旅馆，克鲁克将军的参谋约翰·G. 伯克上尉接受了《洋际报》记者的采访，谈论了克鲁克将军及其十年前对阿帕奇人发起的战役。他说：

克鲁克将军在 1871 年来到亚利桑那。当时，他只是第二十三步兵团的中校，却被任命为亚利桑那军区指挥官，这使那些不认识他的人议论纷纷。多年来，阿帕奇人一直在进行抢劫。定居者白天不敢在大路上行走，他们甚至不得不在夜间工作。农民拥有卡宾枪、来复枪和手枪，他们在田里干活时把这些武器绑在犁把手上。为了让大家对于当时该地区的情况有所认识，我要告诉你们一个事实：除了抢劫，阿帕奇人在短时间里极其凶残地杀害了 400 多个公民。格兰特总统决定结束这种状态，不再理会克鲁克缺少最高级别肩章的事实。

当时，东部有很多人急于将印第安人发展成基督徒。这些人不认识克鲁克将军，相信了关于他的传说，即他将发动一场战争，将阿帕奇人斩草除根。他们说

[①] 约翰·G. 伯克（1846—1896）16 岁进入联邦陆军，在斯通河之战（Battle of Stones River）中获得了荣誉勋章。南北战争结束后，他进入西点军校就读，被任命为美国第三骑兵团军官。当克鲁克将军担任亚利桑那军区指挥官时，伯克成了他的参谋。接下来的十五年，伯克大部分时候都在为他服务。作为专注的人种学家、细致的观察者和优秀的写作者，伯克对于他所接触的印第安人发表了许多文章。他的著名人种学作品包括《阿帕奇巫医》（*The Medicine Men of the Apache*）和《莫奎斯人的蛇舞》（*The Snake Dance of the Moquis*）。他写下了一些宝贵的历史作品，其中最著名的是《与克鲁克在边区》（*On the Border with Crook*）。伯克还留下了非常详细的日记，一共 124 卷，现存在美国西点军校图书馆。
[②] 在担任克鲁克的参谋期间，伯克经常为支持克鲁克的媒体提供采访和报道。伯克有时为克鲁克辩护，他的文字很真实。他在写作时拥有基于近距离细致观察的坚定信念。
伯克这段评论的后一部分涉及 1883 年马德雷山脉战役，这场战役在伯克接受《洋际报》采访不到两个月前结束。克鲁克为投降的奇里卡瓦人提供了看似宽容的条件，因此受到了一些军人的批评。

服总统限制克鲁克将军的行动，以便让他们再做一次努力，通过劝说使阿帕奇人建立和平。经过大约一年的努力，这些人并没有成功地感化阿帕奇人。

此时，总统命令克鲁克将军放手行动，制服阿帕奇人。针对阿帕奇人的行动始于1872年9月，并在次年5月结束。这场战役的结果是，6000个阿帕奇人无条件投降，被安置在分配给他们的居留地上。战役结束时，阿帕奇酋长查利潘（意为"鹿皮色帽子"）①在弗德营对克鲁克将军说道："我们之所以向你投降，完全是因为你为我们准备了太多的铜子弹。我不知道我们与白人和墨西哥人打了多少年。我的父亲和他们交战，我的祖父和他们交战，我的族人见过他们，而且常常打败他们。我们从未惧怕他们，但你指挥我们的一些人来打我们。你把我们的部落一分为二。当我们出外打猎或抢劫时，我们不知道我们的村子会不会被摧毁，我们的鹿、妇女和儿童会不会被带走。在几个月的时间里，我们每天都在遭受攻击，被你们的士兵骚扰。所以，我想求和，我会答应你的一切要求。"

克鲁克将军告诉酋长，仅仅讲和是不够的。阿帕奇人不仅必须和解，而且必须变得像白人一样。换句话说，他们必须工作。弗德营附近有一些很适合耕种的土地，克鲁克将军让这些印第安人做准备，以便在上面种庄稼。他们当然没有农具，但他们用烧过的木棍尖端以及破旧的小斧子和铲子从事了大量劳动。我可以保证，我们从未征服过比阿帕奇人更加恶劣的印第安人。我也可以公平地说，没有比今天的他们更有秩序的群体了。如果不考虑那些依靠印第安战争发财的人施加的影响，任何事情都无法阻止奇里卡瓦人成为遵纪守法的好公民。阿帕奇人耕种了50英亩土地，修建了5英里长的灌溉渠，以便把水引到田里。他们建造的村庄拥有横平竖直的街道，而且每天早上都要打扫。

遗憾的是，接下来，他们开始犯下最恶劣的罪行——他们开始赚钱了。他们开始向军需部提供木材、干草等物资，其价格不到承包商的一半。这些承包商并不像人们想象的那样，他们不是为了健康来到亚利桑那的。当他们无法与勤劳的印第安人竞争时，他们把印第安人送到了圣卡洛斯居留地，在事实上结束了克鲁

---

① 查利潘是阿帕奇莫哈维酋长，领导着2000多个敌对的通托贝森印第安人。

克将军与他们建立的和平。印第安人在许多方面和白人类似，尤其是在这方面：如果政府不允许他们享受劳动成果，他们就不会劳动。印第安人也许不像白人那样了解金钱的价值，但他们知道这是钱，是他们通过劳动赚到的。因此，他们对于剥夺自己收入的人民和政府没有好感。

克鲁克将军靠着他的个人影响力使亚利桑那维持着今天的状态。他知道每个印第安人的名字，他们也非常尊敬他。他们像拜访朋友和导师一样拜访他，向他讲述他们的故事。在我们看来，这些故事琐碎而荒唐。他们不知道不同肩章和星花的差异。他们向克鲁克将军倾吐心事，因为他们认识他。即使拥有12个以上星花的军官来到这里，他们也会像对待其他陌生人一样对待他。克鲁克将军对印第安人的影响力是一种个人特质。如果不让他留在这里，这种影响力就会消退。他在十年前成功处理印第安人意味着他目前对这伙印第安人的处理方式是最明智的。

他会把他们安置在圣卡洛斯居留地。在那里，其他所有印第安人都会监视他们的一举一动。克鲁克将派2000名侦察兵看管这75~100个印第安男人，他们属于同一种族，使用同一种语言，这些侦察兵也理解他们在战争中的诡计。此外，克鲁克还会派5000个男人、女人和孩子作为警察监视他们，因为这些人向往和平。十年前，克鲁克在征服他们时只有很少的士兵和侦察兵，但他成功维持了6000个阿帕奇人的秩序和纪律。他指出，他现在的人手将会得到扩充，因为一些阿帕奇人会帮助他监视这些人。正如克鲁克将军的一名阿帕奇侦察兵所说："我们最好让奇里卡瓦人生活在这里的居留地，因为我们可以监视他们。如果把他们送回马德雷山脉，他们就会反过来监视我们。"

除了南北战争时期，克鲁克将军已经在边区连续生活了三十二年。所以，他在这段时间获得了许多宝贵经验，有资格从事目前的工作。内布拉斯加西北角的苏人非常信任他，其他部落也是如此。我们发现，被俘的印第安人之前在抢劫墨西哥人。我们发现他们有许多钱。我们在他们那里发现了一些物品，包括一组修理缝纫机的完整工具。至少有一个优秀的缝纫机修理师可能已经被送上了天堂，这也许会使那些只损失钱财的人感到安慰。

与美国第五骑兵团在亚利桑那的早期岁月

佚名[①]

《西部赢家》第 1 卷，第 11 期（1924 年 11 月）：3 页

1872—1873 年，亚利桑那军区指挥官乔治·克鲁克将军组织了一场针对敌对阿帕奇团伙的特别战役[②]。这些阿帕奇人显然正在抢劫散布在亚利桑那少数河谷并且相距很远的小型定居点。部队由多支分遣队组成，每支分遣队通常包括两个骑兵连和一些友好的印第安侦察兵。每个分遣队拥有自己的行动区域，我只介绍我们连所属的分遣队与敌对分子的一次交战。此次作战的指挥官是美国第五骑兵团名誉少校布朗[③]，他的部队包括第五骑兵团第十二连和第十三连，以及由第五骑兵团 E. D. 托马斯中尉[④]领导的一些皮马侦察兵。

布朗少校的目标是位于索尔特河险峻河谷某个位置的阿帕奇据点。一个曾在那里生活过的友好的阿帕奇侦察兵同意充当向导，但他要求在夜间行军，因为他说，部队白天一定会被对方发现、伏击并消灭。他还说，如果提前得到通知，那个地区的阿帕奇人并不惧怕前来进攻他们的任何部队。不要忘了，在当时，美国陆军的总人数在 23 000 人左右，而美国人却希望他们能在驻守各个沿海堡垒的同时控制从墨西哥国界线到英国国界线之间的所有印第安人。

---

① 这篇文章的署名是"美国第五骑兵团的老年非战斗人员"。
② 作者犯了常见的错误，将居住在马扎察尔和皮纳尔山脉以及索尔特河地区的印第安人称为阿帕奇人。实际上，他们是亚瓦派人，属于尤马部落，他们的语言与阿帕奇人没有关系。
③ 美国第五骑兵团的威廉·H. 布朗（1840—1875）。作为优秀的战斗军官，布朗还为克鲁克将军执行了几次更具外交性质的特别任务，包括拜访科奇斯，以了解他与霍华德将军的协议条款。
④ 美国第五骑兵团的厄尔·D. 托马斯（1847—1921）在 1875 年 3 月成了军区指挥官奥古斯特·V. 考茨的助手，直到考茨在 1878 年 3 月被解职。后来，托马斯在普拉特军区服役，1911 年以准将身份退役。

我们留有人看守马匹和驮队。每个人带着背袋，里面装有足够多的子弹。毕竟，顶针袋里能装的子弹太少了。每个人还带着少量食物，当然还有水壶。天气寒冷刺骨。我们排成一路纵队，沿着狭窄崎岖的小路走了整整一夜。就在黎明不久前[①]，前方出现了光亮，我们派了两名印第安侦察兵前去打探消息。他们很快返回，说光亮是一伙阿帕奇人发出的，他们袭击了希拉河谷的皮马印第安人和少数白人家庭，回到了根据地。他们把偷来的一些疲惫的骡马留在了一个小山谷里，自己走了。布朗少校命令伯恩斯上尉带着他的连队留在被盗马匹所在的位置，以便在其他阿帕奇人到来时挡住他们，避免部队遭到两面夹击。

大部队留在原地，罗斯中尉[②]带着印第安向导和15人沿着阿帕奇人返回根据地的足迹前进。走了不到0.5英里，向导示意停下脚步，悄声说出了"阿帕奇"一词。接着，他带着罗斯中尉和两名侦察兵悄悄来到前方的拐角，向周围张望，发现阿帕奇根据地位于前方大约35码远的地方。

那是一个又长又宽的开阔洞穴，洞穴前几码处有一个由巨石堆成的堡垒——这座天然堡垒很可能被阿帕奇人加固了。山洞外面燃烧着篝火，一群印第安人正在篝火周围载歌载舞，显然是在庆祝他们对希拉定居点的血腥袭击。几个女人在做饭，一些印第安人坐在山洞里观看舞蹈。罗斯中尉悄声吩咐大家前进，接着，他们向舞者发起一轮射击。几个人被打死，倒在地上。

其他人立刻冲向山洞，或者守住堡垒。不到三分钟，他们就向士兵们开火了。在凌晨朦胧的光线中，他们只能隐约看见对方的身影。此时，伯克中尉带着四五十人沿着崎岖的小路迅速赶来，及时挽救了罗斯和他的几名手下，使他们躲过了遭到敌人反击的命运。原来，当第一轮枪声传来时，布朗少校派他们迅速前去增援。伯克和罗斯中尉迅速部署士兵，切断了阿帕奇人从两翼撤退的路线。当布朗少校带着其他人到来时，他们包围了印第安人，因为山洞位于无法攀登的峭壁下面。双方一直战斗了两个小时左右，直到天光大亮。这时，我们才发现，洞

[①] 1872年12月28日。
[②] 威廉·J. 罗斯。

穴顶部全是岩石，可以挡住射向山洞的子弹。

于是，战士们朝着洞穴顶部发起了一轮又一轮射击，其效果很快就显现了。一些印第安人发起了冲锋，一队在前，另一队在右翼，还有一队登上堡垒，迅速射击，显然是想为冲锋提供掩护。不过，此次冲锋被击退了，印第安人伤亡惨重，堡垒上的几个人也被打死了。

接着，部队向山洞里发起了一轮又一轮射击。此时，伯恩斯上尉带着连队来到了山洞上方的悬崖。他们无法下来进攻阿帕奇人，因此开始往下抛掷石块。不过，印第安人一边唱着歌，一边叫喊着，一边继续反抗。

过了一段时间，我们可以明显看到，战斗即将结束了。死亡之歌渐渐消失了。布朗少校命令伯恩斯上尉停止抛掷石块，然后下令冲锋。冲锋结束后，活着的印第安战士只剩下几个受了致命伤的人。不过，有一个印第安人躲过了这次冲锋。他一定是在冲锋中平躺在地面上，然后爬走了。不过，当他确认已经到达安全地带时，他忍不住跳到一块很高的岩石上，发出了一声挑衅的叫喊。于是，驮队铁匠卡希尔（Cahill）[①]在800码外开了一枪，打死了他。

这场战斗一共打死了八九十个印第安人[②]。我们在尖利的岩石小路上走了一夜，大部分士兵的靴子都被扎破了。许多人的脚都流了血，一些人在几天时间里都无法穿鞋，只能光脚骑行。此次行动很好地体现了这支第五骑兵团70年代早期在亚利桑那三年半时间里的生存状态。我还要说一句，我们的皮马盟友全部暂时退出了行动，离开了我们，以便为这场战斗中被打死的同胞禁食默哀。

[①] 弗朗西斯·卡希尔（1846—1877）是爱尔兰移民，曾经参过军，以铁匠身份加入第五骑兵团。1877年8月17日，他在格兰特堡附近与人发生争吵，成为第一个被亨利·安特里姆（Antrim）开枪打死的人。安特里姆就是后来的比利小子。

[②] 这场战斗的第一份官方报告称，有57个印第安战士被打死，但是没有报告妇女儿童的死亡人数。布朗带走了18名俘虏。

索尔特河洞穴之战

约翰·G. 伯克

《约翰·G. 伯克日记》(*John G. Bourke Diary*) 第 1 册：68—92 页，美国西点军校图书馆

1872 年 12 月 26 日，星期四。在营地等待埃斯基明津的信使。上午 9 点左右，埃斯基明津向布朗少校派来了 3 个人。他们发现了新的足迹，通往德尔沙伊根据地方向。我们的部队今天将前往萨拉多河（Rio Salado）[①]，在河谷扎营。明天，我们将循着对方的足迹沿河而下，在对方观察不到的地方扎营。从那里，我们将继续前进，奇袭印第安村落。

中午 11 点 45 分，拔营起寨，沿着小路往回走，朝西北方向走了大约 300 码，然后向西走，来到伯恩斯上尉的营地——距离我们的营地大约 0.5 英里——然后向稍微偏南的西方前进，翻过山丘，一共走了 2~2.5 英里，在我们昨天走下的高山大约正西方向的一座山上停下来。这里的山上覆盖着萨瓜罗仙人掌。接着，我们走下陡峭但不难走的斜坡，并于下午 1 点 5 分抵达萨拉多河——行程 4 英里。这里的萨拉多河只向大约西南方向延伸了一小段距离，河道极其曲折。我们过了河，沿右岸而下，走了大约 0.75 英里并扎营。营地其他方向不会被阿帕奇人[②]看到，但西方视野开阔。天气非常温和。今天走了大约 4.5 英里。我们一共有 220 个战斗人员。

12 月 27 日，星期五。留在营地，等待埃斯基明津返回。所有人都相信能在德尔沙伊的根据地找到他。如果是这样，我们就能取得此次战役中最大的成就。

[①] 索尔特河。
[②] 伯克错误地将敌人称为阿帕奇人。他们是亚瓦派人，属于尤马部落，其语言与阿帕奇人没有关系。

得知我们的行动不像兰德尔①和更北边的部队那样成功，我们很失望，但我们希望这个星期会有好运，以适当弥补我们过去的挫折和辛苦。

下午12点40分，离开营地，沿小路往回走了大约300码（向北），然后朝差不多正西方向前进，爬上非常陡峭难走的斜坡，穿过12月26日营地以西山脉中的山口。在山口顶部停下，等待驮队跟上来——行程2英里。此时，我们位于圣诞节那天走下的海伊山（High Mountain）西偏南大约5°的方向。这里的地势非常崎岖——山口左手边的山脉顶部是数百英尺高的陡峭岩架。最高的山峰上有一株龙舌兰，像哨兵一样俯视着下面的山谷和溪谷。我们从另一边下了山，向西南方向前进——路况很差，有很多松散的岩石——走了大约1.5英里——向西转——沿山谷向西南前进，在300码外翻越一座山，然后转向西北，爬上很高的山顶——行程1英里——南面的萨拉多河向西方和西南方延伸，穿过非常陡峭的峡谷。我们此时所在的山峰非常狭窄——从另一边下山，走了大约0.5英里，停下来（行进方向为西南）。今天的路况在各个方面都很差。我们不仅需要爬上陡峭的山峰，还要爬很久的山，路上到处都是松散尖利的石头，我们的坐骑需要艰难而谨慎地前行。一头骡子今天上午由于吃了被称为"康普拉"和"马约"②的昆虫而死去。天气很好。显然，被我们称为"织布针"的山峰位于萨拉多河南岸。

穿越山谷，沿河而下，向西走了大约0.75英里，左手边是峭壁——最西侧的山峰孤零零地耸立在那里。我们为埃斯基明津感到担心，他已经离开三天了。向西南方和西方前进，走了大约1英里或者更远一点——坡度很陡——左手边的山谷很险峻——向下进入河谷，河水向南汇入萨拉多河。在抵达营地前看到了一个印第安妇女的脚印，她在我们下山时一直在监视我们，刚刚沿河谷朝下游方向逃跑了。我们还看到了刚刚留下的矮马的脚印。

---

① 美图第二十三步兵团的乔治·M. 兰德尔（1841—1918）。兰德尔被普遍视为当时在亚利桑那领地服役的最优秀的步兵上尉，也是居留地印第安人的优秀管理者。印第安人尊重他，爱戴他。兰德尔参加了美西战争，后来在菲律宾担任吕宋军区指挥官。他在1905年以少将身份退役。
② 意为"多买"和"五月"。

我们现在可以看到高高的方山，德尔沙伊的根据地就在山顶上。于是，我们不得不在行动中格外小心。我们不能生火，而且需要严格禁止骡马爬上可以从德尔沙伊的山上看到的山丘，并且严格禁止唱歌等行为。实际上，为了确保行动的隐秘性，我们没有忽略任何一项保密措施。我们为夜间步行做了一切准备：每个人照管好武器，确保子弹袋里装满子弹；检查服装，只保留御寒所需要的服装；带上一两天的口粮，以及任何时候都非常重要的少量火柴。许多人让阿帕奇盟友做了鹿皮鞋，这种鞋很适合爬山，不会伤到脚趾。

天空被云层遮蔽，因此，布朗少校允许印第安人炖煮今天死去的骡子。高尚的红种人一直携带着它的遗体。当印第安人认识的一颗星星升到我们的经线位置时，我们就会出发。

晚上8点，我们的印第安人走在前面，随后是伯恩斯的连队，随后是阿尔米（Almy）和泰勒，最后是皮马人，由老酋长安东尼奥领导。我们朝着差不多正西方向走了大约3英里。路上，右边两座很高的砂岩孤峰非常显眼。接着，小路向左转，我们大体上朝南方前进，走了大约1.5英里，我们遇到了一座陡峭的山峰。我们艰难地向上爬，尽量不发出声音，以免惊动敌人。

半夜12点15分，我们登上山顶——我估计，这里距离营地只有大约五六英里。此时，我们休息了近一个小时，每个人回到队伍中的位置，然后俯卧在地上。我们很快派出了阿帕奇侦察兵，他们很快就回来了，说下面的山谷里发现了火光。此时，我们以一路纵队前进，抵达一处黑暗深渊的边缘。我当时不知道它的高度和深度。在这个寒冷刺骨的夜晚，我们在深渊边缘静静等待，既没有毯子，也没有大衣，直到早上的日光照射在周围的山丘上。

此时，我们终于可以考察当地环境了。这里是阿帕奇-莫哈维人和通托人的根据地之一，是皮马人非常畏惧的地方。它位于一座很高的山脉顶部。除了我们走过的那一侧，大部队很难从其他位置上山。即使是我们走过的那一侧，土壤也很容易发出声响，如果不是极为小心，脚步声可以传到几英里外。

即使我们可以发动进攻，阿帕奇人也可以在巨石的掩护下毫发无伤地逃走。

看着下面这块地方，我们看不到最近有人居住过的迹象。考虑到我们不久前对于胜利的热切渴望，这种失望令我们更加痛苦。

大部分人很疲惫，于是便坐下来休息，但约瑟夫·费尔梅尔①和其他几人沿着小路向萨拉多河走去。他们不是为了找到敌对印第安人，而是为了考察当地环境。在距离我们大约300码的地方，在一个隐蔽的地点，他们发现了最近遭到遗弃的印第安村落，那里有三四个棚屋。他们快速经过村落。又走了一段路，在他们即将下山时，他们遇到了15匹骡马，随即又看到了一个印第安村落，位于很难进攻的地方。我稍后会进一步描述这个村落。

他们立刻向印第安人发起了极其英勇的冲锋，打死了6人，将其他人赶进山洞，那个村落就在洞口。与此同时，布朗少校接到了消息，命令大部队全速前进。面对即将到来的战斗，大家的热情又被点燃了。于是，我们拖着疲惫的双腿开始前进。村落位于一个面积不大的椭圆形隐蔽处，其他细节我不想再赘述了。在围绕萨拉多河的峭壁顶峰，岩石上有一个小洞穴，或者说洼地，位于村落上方，距离村落至少500英尺。峭壁距离萨拉多河水面的高度有1000~1200英尺。在洞穴前面，一个10英尺高的天然砂岩堡垒为印第安人提供了充分保护，但是散布在各个方向上的大量巨石也挡住了被困者射向我军的子弹。

我们的政策很明显——至少有一部分屡教不改的阿帕奇人已经被围，无法逃脱。为了公平对待战士们，爱惜他们的生命，军官下令不要进攻对方的工事，但是要瞄准每一个露头的印第安人，饶过妇女儿童，打死每个男人。我们两次要求被困者交出家属，承诺不伤害他们。不过，对方相信可以击退我们，因此将挑衅的叫喊作为唯一的回应。当我们以致命的准确率向他们开枪时，他们轻蔑的叫喊声很快转变成了绝望的呻吟。他们试图鲁莽地突围，但是试图逃过我们交叉火力的人每次都会被打死。一个印第安人成功突破了我们的火线，他身高超过6英尺，看上去很壮实，身材很好，但是表情很狰狞。他走下布满大石的干谷，跳上一块

---

① 约瑟夫·费尔梅尔（1830—1904）是普鲁士移民，在南北战争期间担任加利福尼亚第一骑兵团军官。战后，他和一个阿帕奇女人结了婚，在亚利桑那放牧，为军队充当侦察兵。

石头，发出一声叫喊，我不知道这代表了挑衅、逞强还是喜悦。我们 12 个隐藏在这里的人用来复枪对准他，开了枪。他一定是被所有子弹同时击中了，从头到脚被打成了筛子，倒在地上死掉了。我提到这个细节是为了说明我们对他们的射击在准确率和数量方面是多么致命。

此时，我们向山洞口发起了一轮射击。在三分钟里，部队中的每个人以最快的手速打开并关上了卡宾枪的枪闩。此时，敌对印第安人全都挤在狭窄的小空间里。我从未见过比这更加可怕的地点。正如一位同僚军官所说，射向山洞口的子弹就像打在湖面上的雨点一样。

有一点不得不提。伯恩斯上尉的第五骑兵团第七连成功在山洞上方的峭壁顶峰上占据了一个位置，向下方正在战斗的可怜虫进行了一轮又一轮致命的射击。他们对于子弹的杀伤效率不太满意，因此从峭壁上抛下了大量石块，发出隆隆的声音。石块所到之处，一切皆成齑粉。

此时，军官下令冲锋，大家一拥而上。走进山洞，眼前出现了可怕的一幕——一个角落堆着 11 具死尸，另一个角落堆着 4 具，小小山洞的每个缝隙处都堆放着尸体，一共有 57 具（此战一共打死了 76 人），20 个妇女儿童被俘。数量可观的战利品被销毁。我们发现了龙舌兰、毯子、种子、兽皮以及这些游牧野人的全套装备。我们的俘虏几乎都受了伤，有轻有重。幸运的是，我们将他们安全地救了出来。我们的一个皮马盟友被打死。除此以外，我们没有损失。

阿帕奇人在亚利桑那受到的最具标志意义的打击就这样结束了。我们不仅摧毁了整整一个部落，还摧毁了一个积极抢劫希拉定居点、拒绝政府一切求和建议的部落。他们的酋长纳尼－查迪（Nanni-Chaddi）去年曾去麦克道尔和那个该死的文森特·科利尔谈判，从他那里获得了毯子和其他必需品，并且承诺返回麦克道尔，遵守合法政府的要求和命令。他还去过格兰特，在那里，在和罗亚尔上校（Colonel Royall）的交谈中，他吹嘘说，美军从未发现他的巢穴，未来也不可能发现。

与科奇斯会谈[①]

约翰·G. 伯克

《约翰·G. 伯克日记》第 1 卷：125—127 页，177—183 页，
美国西点军校图书馆

1873 年 1 月 29 日，星期三。沿道路前往圣佩德罗河中部渡口，然后前往萨尔弗斯普林斯。收到来自克鲁克将军的快信，天气很冷，风很大，天空晴朗，晚上寒冷刺骨。

1 月 30 日，星期四。留在萨尔弗斯普林斯。昨天向杰福兹事务官发送了消息，请求与科奇斯面谈。今天，一大群印第安妇女儿童来到我们营地，但科奇斯不在其中。杰福兹长官不久之后现身，与布朗少校[②]进行了交谈，并且和他安排了与科奇斯的见面。向克鲁克将军发了快信。

2 月 3 日，星期一。沿西南方向穿越萨尔弗斯普林斯，行进了 10~12 英里，来到德拉贡山脉的第二道山谷。在那里，我们找到了科奇斯和他的家人，以及几个年轻的印第安战士。

[①] 虽然克鲁克将军主要忙于通托贝森的持续行动，但他一直在留意科奇斯和奇里卡瓦人。为确保他们维持和平，克鲁克在 1873 年 1 月 5 日派布朗上尉带着美国第五骑兵团的六个连拜访科奇斯。科奇斯分支的事务官托马斯·杰福兹和酋长的一个好友为他们的会谈充当了翻译。

布朗和科奇斯在 2 月 3 日会面。两个人身体都不好。布朗在远征的大部分时间里一直在生病，科奇斯正在癌症中垂死挣扎。第二年，布朗被派往加利福尼亚购买马匹，随后请了一年病假。1875 年 6 月 3 日，艾琳·拉克（Irene Rucker）和菲利普·H. 谢里登中将结婚。据说，布朗喜欢拉克。布朗显然很消沉，在婚礼第二天便自杀了。

和他记录的其他事情一样，伯克详细而准确地描述了布朗少校和科奇斯的会谈。杰福兹翻译时留出的空档使伯克有机会几乎一字不差地记下讨论内容。

[②] 伯克用布朗上尉的名誉少校军衔称呼他。

科奇斯是一个容貌姣好的印第安人，大约50岁，腰板很直，身高6英尺，胸部很厚实，高鼻梁，黑眼睛，嘴唇紧闭，和善甚至有些忧郁的表情使他那坚毅的面容有所缓和。他看上去比我见过的其他印第安野人整洁得多。他的举止非常温和。他的言语和行为丝毫没有表现出他们种族的野蛮特征。他礼貌地接待了我们，尽管他几乎没有恭维我们。他表达了向往和平的诚挚愿望。他说，根据他与霍华德的协议，美军可以在他们居留地的道路上通过，但是不能在居留地居住，美国公民也不能在那里定居。关于墨西哥人，他说，他们和美国人在这件事情上处于不同立场。墨西哥人没有像美国人那样与他讲和。他承认，他的手下经常在墨西哥抢劫，但他无法阻止，因为所有居留地的印第安人都在这样做。

我们的会谈很简短。谈话结束后，我们返回了萨尔弗斯普林斯的营地。印第安营地里有许多儿童，这令我非常吃惊。

第一骑兵团 W. H. 布朗少校与印第安酋长科奇斯［又名谢斯（Cheis）］的会谈记录

1873年2月3日

布朗少校：我从克鲁克将军那里来到这个地区与科奇斯见面。将军听说科奇斯处于和平状态。根据科奇斯的行动，他知道科奇斯一直保持着和平。将军还想根据和平协议保持彻底的和平。不过，为了做到这一点，他希望知道协议条款的内容。他从未见过这份协议。他早晚会收到这份协议，但是这里距离华盛顿很远。为了以最便捷的方式了解协议条款，他派我来找科奇斯，以弄清他所理解的协议条款，尤其是涉及部队在科奇斯居留地上行动的内容——特别是部队是否可以进入居留地——以及关于墨西哥的规定，即和平是否适用于该国人民。

科奇斯：和之前一样，根据紧急情况的需要，部队可以在居留地的道路上反复通过，但是任何军人都不能来到居留地上生活，平民也不能这样做。

布朗少校：协议中对于墨西哥人有何规定？

科奇斯：（尽量回避这个问题）刚才说了，霍华德将军允许他们在播种的时节去格雷厄姆山收集橡子和牧豆，但他们不能在格雷厄姆山生活。

布朗少校：告诉他们，这没有问题。他们可以去格雷厄姆山采集种子和他们需要的类似事物，但是他们必须生活在居留地——不过，他们每次都必须通知事务官，以便使部队知道他们的到来。还有，如果他们想来新哨所的所在地参观，一些人可以跟着我回去。（布朗少校重复了关于墨西哥的问题。）

科奇斯：在这件事情上，墨西哥和美国人有着不同地位。这里有许多年轻人的父母和亲戚被墨西哥人所杀。现在，这些年轻人可能偶尔会去墨西哥人那边搞点破坏。我不想在这件事情上说谎，他们的确去了，但这并不是我指使的。

我已经和美国人讲和，但墨西哥人并没有像美国人那样来和我讲和。我本人不想去墨西哥，我也不愿意去，但我的手下人可能会去。我认为，我本人与墨西哥处于和平状态，但我手下的年轻人可能偶尔会去抢劫，就像其他所有居留地上的印第安人那样。我不想对此说谎，我阻止不了。到处都有坏人。我们许多人曾经与弗龙特拉斯处于和平状态，一些墨西哥人让我们来到这里盗窃美国人的马匹，这些马很大，在墨西哥很值钱。不过，当我们的人回到墨西哥人那里时，墨西哥人杀了他们，把马和牛带走了。为什么美国人不让我们去那边偷墨西哥人的东西？

布朗少校：告诉他们，我们现在已经与墨西哥讲和，不能伤害他们。当我们和一个人交朋友时，我们从来不会在他背后做伤害他的事。如果我们与墨西哥开战，我们会给墨西哥人传话，说我们要来了。如果我们攻打他们，我们会光明正大地攻打他们，而不是在他们背后搞小动作。我想说的已经说完了。回去以后，我会把关于科奇斯的一切告诉将军，使他了解科奇斯的一切，就好像他亲自来过这里一样。

科奇斯：好的。当你们把这片土地提供给我们时，我们可以随心所欲地在这里游荡。我不想让我手下的年轻人在这片土地上做任何错事。我喜欢你的说话方式。（这句话的后半部分布朗少校似乎听懂了，但是我没有听懂，这里将其略去。）我和我的人民都为和平而感到高兴。

会谈结束时的礼仪和开始时相同，大家进行了常规的握手。

亚利桑那印第安战役中的事件

韦斯利·梅里特[①]
《哈珀新月刊》第 80 卷，第 459 期（1890 年 4 月）：725—731 页

下列与征服阿帕奇人有关的事件大体上采用了一位在亚利桑那参与阿帕奇战争多年的优秀将军[②]的原话，展示了边区陆军在所谓和平年代的另一种生存状态。

从弗德河向东到怀特芒廷脉，向南到圣卡洛斯，向西到麦克道尔营，向北回到原点的平行四边形区域面积达 15 000 平方英里，由险峻的山峰、深邃的山谷、遍布树木的山涧和神秘的森林组成。这里到处都可以看到漂亮的小河谷和小平原，它们是一片片孤立的绿洲。在这些绿洲之间的天然屏障中行军是一件极其困难的事情。

侦察队沿着曲折的小路艰难跋涉，终于抵达了陡峭崎岖的山脊。在这里，近乎垂直的下坡路通往下方距离较远的适合宿营的平地。站在制高点上，你可以清晰地看到，那片美丽的草原面积很小，四周被几乎无法进攻的山脉包围。这就是队伍的临时休息场所。到了黎明时分，漫长而痛苦的攀岩行动又会重新开始。在大部分偏远的山区，小溪边或者河床上的狭窄通道是唯一可以通行的路线，但在这里，高山上的急流从各个方向倾泻而下，大部分流入了阴暗险峻的箱形山谷。这些山谷被纯净、清澈、深邃的溪流像串珠一样串起来，将平原之间的通道切断。

[①] 韦斯利·梅里特（1834—1910）是一位成功对抗印第安人的将军，曾在北部平原的许多地方服役。他在 1900 年以少将身份退役。这里的材料节选自梅里特的文章《三场印第安战役》。
[②] 虽然梅里特没有提到消息提供者的名字，但是从上下文来看，这个人可能是乔治·M. 兰德尔上尉。

要想穿过山岭，只能艰难地翻过崎岖的山坡。

这片阿帕奇人的天堂存在许多不同的气候条件。从布莱克台地松林凉爽的背阴区到索尔特河和希拉河谷地炙热的沙荒地区，人们从一个极端走到另一个极端。不过，人们宁愿留在最恶劣的环境里，也不愿意为了进入更好的环境而穿越数英里错综复杂、崎岖险峻的山区，这种行程太折磨人了。

多年来，在上面恰当勾勒的这片战场连同亚利桑那广阔领地的邻近区域，美军与许多阿帕奇部落之间发生了无数冲突。某个骑兵团的历史学家详细编辑了一份资料，记录了1871到1875年山区侦察的艰难困苦。这份资料显示，在这一时期，该团与野蛮的抢劫犯进行了97次战斗[①]。

1872年初，我们发现，一部分阿拉瓦伊帕阿帕奇人（Arivaipa Apaches）将格兰特营作为补给基地，他们的团伙沿各个方向出发，进入亚利桑那领地的定居区抢劫。只有理解了山区部落的战斗性质和模式，才能更好地理解定居者对于这些抢劫犯的恐惧。正如一位老马车夫对一位骑兵军官所说："我们对于他们的恐惧就像对于鬼的恐惧一样。我们永远看不到他们，但是我们在路上会不断四处张望，时刻保持警惕。当他们发动袭击时，我们只能看到架在一堆石头上、带着瞄准镜的来复枪发出的闪光。"这些红色杀人犯像蛇一样，伸直身体躺在石头后面。

所有阿帕奇人都是步行者和登山者。他们会盗窃马匹并骑行，但是在被赶进山里时，马匹会变成他们口粮的一部分。阿帕奇人的身材很好，身体健壮，两条腿像钢丝一样结实，身体像猫一样轻盈活跃。在崎岖的山坡上，根本抓不到他们。要想在与他们的战斗中取得成功，需要在灰蒙蒙的黎明时分在敌人上方距离很远的山石露营地出发，凭借技巧和高度谨慎发起进攻。对于不管拥有多少军队都绝对无法在白天攻破的天然堡垒，我们通过夜间行军发动了多次突袭。如果印第安人发现正在登山的纵队，即使在夜晚，他们也可以击退对方并对其造成重大伤亡。

作为战役的第一步，指挥官[②]下令每天在距离哨所不到5英里的指定地点为

---

① George F. Price, *Across the Continent with the Fifth Cavalry* (New York: D. Van Nostrand, 1883), 192.
② 乔治·克鲁克。

所有接受口粮的印第安战士点数。为了让执行这项细致危险任务的军官确认人数并为他们做记录，我们为每个符合战斗年龄的印第安人发放了一个印有数字的金属牌①。许多印第安人在接受这项命令时面色阴沉，很是不满，因为这项命令会限制他们外出。他们采取蹲坐的姿势，以半径逐渐增大的同心圆队形坐在将军面前，蜷着身子，珠子般明亮的眼睛炯炯有神，很像盘旋在那里、随时准备发动袭击的毒蛇。显然，如果条件允许，他们会以最为致命的方式反抗这种对他们的限制。

第二天，接到任务的骑兵军官在一名勤务兵的陪同下离开哨所，骑行4英里，与年轻的野蛮人见面，进行第一次点数②。

这位被选中的军官服役多年，身经百战，但他随后承认，他宁可去防守毫无希望的矮墙工事，也不愿意接受这份差事。

不过，将军告诉他，他们不适合派部队执行这项任务，因为一些印第安战士可能会产生恐慌，由于无知而制造麻烦。将军说，他们的目标是为印第安人提供公平的机会。于是，他出发了。他把心提到了嗓子眼，而且非常相信，如果他不保持镇静，某个年轻的印第安人就会从背后给他一刀，借以提升自己的地位，然后走上战争道路。他们选择的地点位于山脚下，山上是居留地最大的印第安村庄。到了那里，军官看到整个部落叫喊着从山坡上冲下来。当他们走近时，他恐惧地感觉到，他们几乎全都喝醉了。为了"庆祝"前一天令人不快的命令，他们进行了提兹温狂欢。

面对这些人，中尉下了马，以一种极不自然的冷淡态度站在一棵巨大的棉白杨脚下。勤务兵骑在马上，在后面几码远的地方牵着马。他们很快发现，几个酋长仍然保持清醒，他们在尽最大努力维持秩序。在他们的控制下，众人在距离树木大约20码的地方停下来，坐在地上，试图摆成通常的半圆形队列。接着，点名军官走了过来，手里拿着铅笔和本子。虽然他感受到了暗杀的危险，但他仍然坚

---

① 1873年春，在查利潘投降后，克鲁克开始认真实行为阿帕奇男人"贴牌"的计划。
② 接下来的叙述似乎是指1873年8月沃尔特·S. 斯凯勒中尉对于通托反叛者德尔沙伊的逮捕。斯凯勒带了至少8名士兵，很可能也带了经验丰富的侦察长阿尔·西贝尔。Dan L. Thrapp, *Al Sieber, Chief of Scouts* (Norman: University of Oklahoma Press, 1964): 120-24.

定地从每个圆形队列前面走过，检查标牌上的数字。

许多坏蛋带着粗鲁和嘲弄的醉态在他面前摇晃着标牌。有一个人拒绝向他展示标牌。中尉暂时不理会这个反叛者，将检查过程执行完。此时，他面对着一个棘手的问题：他要么抓捕这个喝醉的年轻野人，要么屈服于对方藐视他执行命令的侮辱行为。如果是后者，印第安人一定会对此加以利用，将其看作示弱姿态。

面对困境，他把牵马的勤务兵叫过来，然后转向附近最可靠的酋长之一[①]，示意酋长把那个年轻人带过来，强迫他出示标牌。听到酋长的命令，这个年轻人懒洋洋地站了起来，但是并没有走过来，只是用傲慢的醉态盯着政府代表。中尉向仍骑在马上的勤务兵吩咐了几句，然后骑上自己的马，似乎准备离开。此时，在他的示意下，出色的老勤务兵突然拔出左轮手枪，对准那个年轻的野人，同时专横地示意他跳上马，坐在军官身后。

老酋长立刻接管了局面，抓起这个家伙的双臂，几乎是把他扔上了中尉骑乘的马上。于是，在勤务兵手枪的持续逼迫下，他们骑着马离开了。印第安人很快意识到了这个自大狂的失败，犯人和抓捕者一行人身后传来了叫喊声、尖叫声和嘲弄的笑声。犯人被安全运送到哨所禁闭室，这充分证明了这位坚定的军官在面对阿帕奇人的野蛮愤怒时表现出的胆量和勇气。

这种抓捕行动并不总是如此成功。几个月后，两名士兵去逮捕一个披着毯子坐在地上的年轻人。这个印第安人迅速丢开毯子，拿着刀子左右一挥，砍死了其中一名士兵，另一名士兵也身负重伤。

之后，对于印第安人的每日检查再也没有出过麻烦。那些宁愿作战也不愿意持续接受口粮的年轻人偷偷溜走了，再也没有出现。通过点数程序，我们获得了敌对分子人数的准确估值。这些人大多数静静地离开了，只有一个例外。亡命徒春兹和科奇纳伊想做战争酋长，在军事据点附近犯下了冷酷的谋杀案，然后带着直系亲属逃进了深山[②]。正在进行训练的一位军官和 10 名骑兵立刻对这伙人展开

[①] 莫哈维人查利。
[②] 1873 年 5 月 27 日，春兹和被科奇纳伊开除的侦察兵钱戴西在圣卡洛斯事务处射杀了雅各布·阿尔米中尉。

了追击[1]。

一直保持友好的卡扎多分支的 3 名阿帕奇侦察兵加入了追击行列。他们在谋杀现场找到了敌人的足迹。那里躺着一个无辜的墨西哥年轻人的尸体，胆小的暗杀者从背后击中了他的头部。侦察队伍循着敌人的足迹，很快发现了一个地方，地面上画出了与道路交叉的痕迹，木棍上竖起了红旗，这显然是战争宣言。

接着，敌人的足迹通往最为崎岖的地区。这条小路似乎直插地底，深入第一道箱形峡谷底部的小溪，随后沿着对面山坡曲折而光滑的小路蜿蜒而上。这个小队整天步行，牵着马匹磕磕绊绊地在碎石路上前进，只在天黑后看不到脚印时停歇，在光秃秃的岩石上度过寒冷的冬夜。他们没有食物，只能盖着鞍毯过夜。不过，这只是一场悲剧的序曲而已，这场悲剧的主角是天生的领导者和亡命徒——春兹和科奇纳伊。

不久后，由于事务处搬到了圣卡洛斯[2]，因此这些亡命徒趁着雨夜和暴涨的希拉河将骑兵营地与印第安人分隔开的时机，大胆进入了阿帕奇村庄[3]。

巧的是，那天晚上，由于河水暴涨，许多年轻人认为对岸的美军不会打扰他们，因此喝上了提兹温，很快进入了最容易闹事的精神状态。印第安妇女会用发酵玉米制作烈酒，阿帕奇人喜欢用这种酒故意把自己灌醉。这是一件很难处理的事情。军方常常派坚定的年轻军官带着一群士兵进入他们的营地，制止醉酒狂欢。这是一项极为危险的差事。在此之前，这种行动每次都能取得成功，但是不管怎样提防，我们都无法阻止他们盗窃和购买玉米，再次制造提兹温。

我们很难判断春兹和科奇纳伊带着追随者来到印第安营地后发生了什么。卡扎多随后报告说，他们在众人面前发表了长篇演讲，说所有不跟着他们走的年轻人都是懦夫。在这种时候，他们的奚落、指责和呼吁引发了一场轰动。大家冲向印第安人这边与骑兵营隔河相望的马车队营地，那里有为军队提供的物资。马车

---

[1] 领导这支分遣队的是美国第五骑兵团的查尔斯·H. 沃茨中尉（Lt. Charles H. Watts）。
[2] 事务处在阿尔米去世前搬到了圣卡洛斯。
[3] 这件事发生在 1874 年 1 月末。

夫立刻被打死，马车被掠夺。接着，整个部落在野蛮的叫喊声中走进深山。

之后才是真正的战斗。两个骑兵连从距离最近的阿帕奇堡匆匆赶到，带着一队被编为侦察兵的勇敢而忠诚的怀特芒廷阿帕奇人①，进行了长达70英里的行军。

这支部队循着极具破坏性的阿帕奇人的足迹，对其展开追击。敌人的足迹径直通往圣佩德罗河定居点，随后返回，沿着圣佩德罗河谷而上，通往希拉河北部山区。

部队不需要沿着敌人的足迹前往圣佩德罗河下游白人定居者被摧毁的住所。在袭击者的足迹返回的地点，撕破的裙子、孩子的服装、毁坏的家庭用具散落在路上，这说明红色恶魔已经洗劫了和平的居民区，只留下一片废墟②。事实的确如此，后来到访现场的人证明了这一点。双眼盯着天空死去的母亲、无助的小孩子毫无生命迹象的尸体，以及边区家庭天然守护者被剥去头皮并遭到乱砍的惨状组成了印第安战斗团伙袭击过后的熟悉画面。

前进的部队在山中备受折磨，三天没吃东西。最后，他们终于在皮纳尔山顶一个无法直接进攻的位置发现了整伙印第安人。圣卡洛斯的指挥官③很有勇气，非常了解印第安人的性格。此时，他已经争取到了敌对分子中一个反叛者的支持，他承诺带领部队在夜幕掩护下进入那个天然堡垒。

远征队立刻出发，包括来自阿帕奇堡的士兵以及从距离最近的各哨所召集来的骑兵部队。队伍只在夜间行军，白天停止前进，隐藏起来。第三天早上黎明时分④，他们抵达了与皮纳尔山直线距离15英里的地点。

当太阳升起时，印第安根据地的轮廓变得清晰可见。它高耸入云，看上去非常可怕。敌人并没有试图掩饰篝火发出的烟雾，这非常罕见。这个令人沮丧的证据足以说明敌人的根据地很难靠近。

---

① 兰德尔上尉负责领导这支远征队。随后，怀特芒廷侦察兵和第五骑兵团六个连的部分士兵也加入了队伍。阿奇·麦金托什担任向导。
② 50个反叛者中的一群人袭击了最北边的坦佩（Tempe），在那里折磨并打死了一家六口人。
③ 指兰德尔上尉。
④ 1874年3月7日。

卷曲的烟柱清晰显示出了这个牢不可破的据点在崎岖的山脊上的位置。显然，阿帕奇人很有安全感，而且在公然挑衅。

虽然直线距离只有15英里，但是那个反叛者坚持认为，我们必须从北面绕行，以便绕过前方恐怖的深坑。为了抵达山顶，我们必须在亚利桑那最为崎岖的地段走上25英里。

队伍在下午较早的时候生机勃勃地出发了。我们只带了最优秀的士兵。所有人步行前进。病弱和疲惫的士兵留下来看管马匹和驮队，他们必须将一切隐藏好，以免被敌人的外围侦察兵发现。

在怀特芒廷盟友的带领下，部队排成长长的纵列，以一列纵队向前推进。印第安侦察兵只裹着围腰布，身体柔软而优雅，像一群灰狗一样围在面色阴沉的反叛向导身边监视他。军官和士兵用背包携带着两天的口粮，放弃了一切多余的重量，用沉默节省体力，坚定而努力地跟在健步如飞的向导身后。

他们面对着一项艰巨的任务。这里遍布碎石。他们每隔一段时间就要翻越近乎垂直的峡谷陡坡。整整一夜，他们磕磕绊绊、手脚并用、极其辛苦地前行。队伍中没有人能够说出他们是怎样成功翻越那些幽暗漆黑的峡谷的。在信念的指引下，他们排成紧密的队形，摸索着走到阴暗深坑的底部，然后以同样的方式气喘吁吁地从另一侧艰难地爬上去。如果阿帕奇侦察兵背叛他们，任何一个黑暗的深坑都可能变成屠宰场。

他们进行了最简短的休整，因为如果无法在天亮前抵达山顶，敌人一定会发现、击退并消灭他们。在黎明的微光出现前，他们已经看出，他们正在攀登最后的山坡，这也是最高的山坡。大家小心地从一块岩石爬上另一块岩石。在近乎垂直的山脊侧面，部队不时会遇到从地面突起的尖坡。

进攻是分三队进行的，每一队沿天然的云梯向上攀登。行动的时机很好。就在黎明的第一道光线出现时，右侧的怀特芒廷侦察兵开火了，他们叫喊着冲向受惊的敌人。此时，部队已经爬上了顶峰。这个堡垒营地在得到提前预警时可以击退一个旅，但它此时已有三处被占领。战争酋长春兹和科奇纳伊之前曾努力向大家证明这座天然堡垒是牢不可破的,但它现在已被占领,因此部落的团结被打破,领导者的信心动摇了,他们对美军的恐惧也加深了。没有被打死和俘虏的印第安人以小队形式分散到了周围的深山里[①]。远征部队以类似方式分散开来,以小队形式沿各个方向在山中侦察,使敌对分子没有机会袭击定居点。

不久,被打散的部落派信使来到圣卡洛斯求和,希望回到这里。指挥官会见了每个信使,说只要交出4个歹徒中的一个或全部,任何一伙人都可以回来。这4个歹徒是春兹、科奇纳伊、佩德罗河谋杀案中最积极的领导者之一——佩德罗,以及不久前帮助春兹在事务处打死骑兵军官的钱戴西。指挥官还告诉他们,如果不能活着交出上述歹徒,他们应该自行处死这些歹徒。只要拿出这些严重罪犯已被处死的证据,其他印第安人就可以回来,在这里和平生活[②]。

所以,最终结果:印第安人自行惩罚了歹徒,提供了令人满意的证据,证明他们已进行了公正执法。在夏天到来之前,阿里瓦伊帕部落重新在圣卡洛斯事务处定居。

[①] 《大事年表》(*Chronological List*)显示,敌对印第安人有12人被打死,25人被俘虏,联邦军队方面没有损失。

[②] 实际上,许多印第安人已经返回事务处,听凭克鲁克将军发落。克鲁克将军对于他提出的条件是这样说的:"我拒绝接受他们的投降,但我告诉他们,我不会伤害他们,因为他们已经前来归顺于我。但我会把他们全部赶回山中,并在那里将他们全部打死。他们曾对我说谎,我不知道他们现在对我说的是不是谎言。他们乞求我允许他们留下来,对于未来做出了各种承诺。我最后妥协了,让他们留下来,条件是他们需要把某些罪魁酋长的脑袋交出来。他们同意了。" Schmitt, *Crook Autobiography*, 181.

关于亚利桑那战役

查尔斯·金①
密尔沃基《哨兵报》，1880 年 3 月 28 日

目前，夏延人和苏人正在由于最近的忏悔和变革而受益，北部平原和落基山脉的拓荒者和军人也在等待印第安人的出现。不过，我们每天都会读到维多利奥酋长发动巧妙袭击并取得胜利的报道。虽然我们也像麦考伯②一样等待着北部边区的老朋友们发生动乱，但是周日《哨兵报》的读者们也许希望对于维多利奥正在领导的那群人的举止和习俗能有所了解。

1874 年，我对他们已经非常熟悉了。也许我认识的不是他们那伙人，但他们都是阿帕奇人。这些恶棍比其他阿帕奇人更难对付，甚至很难在新墨西哥和亚利桑那找到他们。当时，在那片地区，当他们想要战斗时，他们就会战斗；当他们觉得逃跑和躲藏更加明智时，他们就会逃跑并躲藏起来。亚利桑那东北部与其他地区完全不同，巨大而贫瘠的山脉从西北向东南平行延伸，像最为猛烈的海浪一样。你越是深入亚利桑那领地的东北部和北部地区，地势就越陡峭，越崎岖，越险峻，越难走。在深邃、阴暗、宽阔的山谷中，你会遇到狭窄而曲折的峡谷，它们极为深邃狭窄。虽然你似乎可以在最宽的地方把帽子扔过去，但是这些峡谷似

---

① 查尔斯·金（1844—1933）是西点军校 1868 届毕业生。南北战争期间，16 岁的金跟随他的父亲、密尔沃基《哨兵报》前发行人鲁弗斯·金准将（Brig. Gen. Rufus King）进入军队，担任志愿勤务骑兵。小金在亚利桑那戴蒙德比尤特（Diamond Butte）的战斗结束后拒绝了名誉晋升。他在森塞特山口受伤，康复后随克鲁克的部队参加了 1876 年苏族战争。1879 年 6 月，金由于残疾退役。他返回密尔沃基，开始为密尔沃基《哨兵报》撰稿，介绍他在印第安战争中的经历。他根据自己关于苏族战争的文章写成了备受关注的《与克鲁克作战》（Campaigning with Crook, New York: Harper and Brothers, 1890）一书。金成了多产的战争小说作家，并且第二次入伍，担任威斯康星国民警卫队副官，并在美西战争中担任志愿军准将。
② 狄更斯的小说《大卫·科波菲尔》中的人物，总是生活在幼稚而不切实际的乐观幻想中。——译注

乎深不见底，只有经过几个小时的上山和下山，在羊肠小道上蜿蜒前行，有时甚至需要手脚并用，你才能到对面。

在这些地区，骑兵像炮艇一样毫无用武之地。我们的驻地遍布亚利桑那领地，它们位于这些深邃的山谷中，每个哨所都有一两个连。在奉命侦察这些陌生山脉的凶猛步行者时，第五骑兵团会借鉴克鲁克将军的做法——在小路上骑行尽可能远的距离，然后将马匹隐藏在幽暗的山谷或河床上，脱掉骑兵靴，穿上印第安鹿皮鞋，在露营地留下看守人员，其他人带着印第安向导步行前进，翻越峭壁和峡谷，一直追踪到敌人的巢穴，然后以各自为战的方式将其击败。这是疯狂而充满激情的经历——在我整个服役期间，这是最不像军事行动的经历。不过，这是我们惩罚阿帕奇人的唯一途径，我们别无选择。

我们的敌人会散布在所有这些山脉中，一些团伙有60~80人，另一些团伙人数更少，每个团伙都拥有自己的酋长。当我在1874年春天抵达亚利桑那参与作战时，我在克鲁克将军位于普雷斯科特的指挥部见到了他，和他经验丰富的随从参谋伯克中尉进行了长谈，获得了一些宝贵信息，随后前往第十一连位于弗德河谷的驻地①。我知道，大约一个星期后，我就会走上战场，寻找阿帕奇人。

当时，有两三个很厉害的团伙在安查山脉和马扎察尔山脉游荡。领导他们的酋长叫作德尔沙伊、埃斯凯尔特尔西和埃斯基明津［士兵们叫他斯金吉姆（Skinn' Jim）］。远在南方，第五骑兵团的汉密尔顿上尉②和斯凯勒中尉各自率领的部队正在搜寻这些险峻的要塞，将反叛者逐渐驱赶到北边。现在，从弗德营派远征队沿河而下、在通托贝森某个荒凉的地点迎击他们的时机已经成熟了。一支部队在海尔中尉（Lieutenant Heyl）③的带领下奉命包抄大马扎察尔山脉；另一支部队由我指挥，任务是沿布莱克台地山麓向东南追捕敌人，一直追到安查山脉。这是我第一次搜捕野蛮人，我衷心希望此次行动取得成功。

---

① 指弗德营，位于弗德河东岸，在弗德河与比弗溪（Beaver Creek）交汇处以北1英里的地方。
② 约翰·M. 汉密尔顿上尉（1839—1898），后来在美西战争中在古巴圣地亚哥战死。
③ 美国第二十三步兵团的查尔斯·H. 海尔（1849—1926）。

现在，我和我的部队大概已经走了几个月，但我们从未发现一个敌对印第安人。不过，克鲁克将军这套制度的美妙之处在于，只要他击败了这些亚利桑那印第安人的一个部落，他就会将他们转变成侦察兵和盟友，以对抗其他敌人。

他对阿帕奇人的要求是，对方应当放弃对于美国和墨西哥定居点的袭击，来到居留地，接受粮食和管理。不过，他通过翻译向阿帕奇人明确表示，如果他们不来居留地接受他的条件，他就会追击他们，将他们斩尽杀绝。

华拉派人是一大群山中猎人，击败他们花了一点时间。不过，当他们被制服时，华拉派人成了我们最宝贵的侦察兵，帮助我们解决了阿帕奇-莫哈维人和阿帕奇-尤马人。所以，当我进入战场时，亚利桑那东北部武力对抗我们的印第安势力只剩下了通托人，这伙人屡教不改。

我的小部队于3月21日从弗德营出发。凭借斯托弗（Stauffer）和温泽中士[①]出色的表现以及分配给我们执行任务的盟友表现出的神奇的"追踪"技能，我们的搜寻结果极为成功——我们打了两场小仗[②]。在其中一次战斗中，我们袭击了毫无防备的通托人，狠狠惩罚了他们。在我们返回时，埃斯凯尔特尔西带着50多个印第安战士前来投降，这使我们很满意。四支部队在战场上同时行动是他无法承受的。

不过，我在这篇文章中想要介绍的是我们这些印第安盟友及其特点，因为我花了许多时间观察他们。他们共有14人，属于两个部落——阿帕奇-莫哈维和阿帕奇-尤马部落[③]。他们瘦削而结实，肌肉发达，长着敏锐的黑眼睛，粗糙而蓬乱的头发垂在肩上，前面留着和眼睛平齐的刘海。一些人拥有我们的蓝色军装和步兵靴，但大部分人穿着阿帕奇鹿皮鞋。这种鞋设计得很巧妙，不仅覆盖了脚

---

① 军士长鲁道夫·斯托弗和伦纳德·温泽下士（不是中士）凭借在1872年通托贝森战役中的表现获得了荣誉勋章。
② 指1874年5月24日在斯托弗比尤特山顶和6月3日在布莱克台地的战斗。这两场战斗一共打死了19名印第安人。
③ 阿帕奇-莫哈维人和阿帕奇-尤马人既不像当时许多作家认为的那样是单独的部落，也不是阿帕奇人，而是由于生活区域不同而分开的亚瓦派人的分支。亚瓦派人认为，他们的部落有三个群体：西部群体、东北部群体和东南部群体。他们都在使用尤马语的方言，但他们的词汇略有差异。阿帕奇-莫哈维人可能是指东北和东南亚瓦派人，阿帕奇-尤马人可能是指西部亚瓦派人。William T. Corbusier, *Verde to San Carlos* (Tucson: Dale Stuart King, 1968), 13-14.

面，而且一直向上延伸到大腿，像舞台紧身裤一样。除了下雪天，遮腿的部分常常被卷到脚踝处。新鞋子鞋底的兽皮上还带着毛，在大脚趾处翻上来，留出很大的空间，可以避免在崎岖的小路上踢到脚趾。毕竟，他们常常要走小路。阿帕奇鹿皮鞋没有任何装饰，苏人和阿拉巴霍人（Arapaho）极为珍视的漂亮串珠在阿帕奇人那里很少出现。阿帕奇男人穿着衬衫和鹿皮鞋，用一条棉布（最初是白色的）充当围腰布。你永远不会忘记这些裸体游牧者跳上山坡的景象，他们手里拿着来复枪或弓，像岩羚羊一样敏捷，像雄鹿一样轻盈优雅，但是身后拖着一条可恶的棉布，像风筝的尾巴一样。

我们到处都可以读到关于印第安人淡泊严肃的描述，但我的阿帕奇人像黑人一样愉快，有说有笑，可以连续唱上几个小时（但是不太好听）。士兵们喜欢他们，向他们提供烟草以及额外的糖和咖啡，宠着他们，并为几乎所有人起了外号。

6月一个晴朗的夜晚，我把他们聚在我周围，以便把他们所有人的名字记在笔记本上。他们的笑声在峡谷两岸的松林间回荡，极具感染力。当时，我们正在返回途中，不会有遭受突然袭击的危险，但我们当然部署了哨兵，每个人都把武器放在手边。士兵们穿着破烂的衣服，满面胡须，饶有兴致地围在我们的篝火旁。

最快乐的傻小子是我们的翻译阿拉哈瓦，又叫华盛顿·查利，他在前往旧金山时学到了一点英语。他说话时带有浓烈的洋泾浜腔调①，这意味着他的英语是在华人社区学到的。

"过来，查利。告诉他们，我想把每名侦察兵的名字记在本子上 —— 看到了吗 —— 以便记住他们的名字。"查利连说带比画，把"大队长"的想法告诉了大家。读者需要知道，在这些阿帕奇人中，"大"指的不是身高，而是在人群中的辈分等级。在这里的服役人员中，辈分最小的人恰恰是个子最高的人。

接着，他们全都围过来，以查看他们的名字。他们像印第安妇女一样好奇，叽叽喳喳说个不停。一个人向查利说了些什么，引起了大家的欢呼。查利解释道：

---

① 中式腔调。——译注

"克沃纳希尔卡（Kwonahilka）说，你也许可以给他们所有人来点烟草。这样一来，你也许就能知道所有人的名字了。"于是，我拿出了烟草，他们将其卷成烟卷。然后，我们开始干正事。我学着他们的样子发喉音，这使他们发出了愉快的笑声。"克沃内吉埃萨（Kwonegietha），瓦乌瓦梅查（Wauwamecha），乔拉卡（Cholaca），托亚（Toyah），基萨伊米（Kithaymi），托马瓦雷查（Tomawarecha），乌尔尼亚科肖拉（Ulnyakoshorah，这是异教徒的名字），胡斯卡拉马（Huskarahma）"等等。之前，士兵们早已为他们起了简单易读的外号，比如"千斤顶""爆米花""威士忌"等，但是在那天晚上之前，士兵们从未见过他们原本的阿帕奇名字。

他们在入伍时得到了像行李牌一样的铜牌，上面有部落编号（一表示尤马，二表示莫哈维）和个人编号。他们永远不能将铜牌丢掉，因为许多人需要通过这些铜牌确保人身安全。接着，我们唱了一首歌。在我听过的所有古怪的喉音咒语中，这是最糟糕的一次。他们蹲坐在地上，用油腻的袋子进行了某种游戏，然后开始念起了刺耳的打油诗——一个人起头，确定节奏和腔调，其他人用咕噜咕噜的声音加入进来。当他们以 2/4 拍快速唱歌时，我听不清歌词，但是过了一会儿，千斤顶给我们来了点不一样的东西，他来了一段独唱，其中每个押韵乐句都是咕噜咕噜的合唱，无法准确翻译。

我尽量将其平实地抄写下来：

特亚马，特亚马
（连续的咕噜声）
塞亚纳，塞亚纳
阿帕奇莫哈维，（咕噜声）塞亚纳吉。

密尔沃基《哨兵报》，1880年4月4日

　　我最近与威斯康星第五团的一个老战友见了面。他后来进了第十二步兵团，最近刚从亚利桑那回来。此次见面使我想起了我第一次搜寻敌对印第安人时发生的一起事件。我领导的部队和阿帕奇盟友同我上星期日和你讲述的那批人是一样的。我们在［1874年］5月25日晚上攻打了埃斯凯尔特尔西那伙敌对通托人。凭借良好的管理和完全出其不意的袭击，我们对他们造成了他们永远无法忘记的打击——打死了14个人。接着，他们似乎朝着各个方向逃进了深山里。经过五天的追捕，我们认为通托贝森已经没有敌对分子了，决定在布莱克台地的峭壁和幽暗的深谷中寻找敌人的巢穴。

　　1874年5月30日晚，华盛顿·查利对指挥官说："也许我们明天去莫吉万①寻找他们，能抓到更多通托人。"在与阿帕奇莫哈维首领克沃纳希尔卡用带有喉音的话语进行商议后，他补充道："通托人不会骑马翻越莫吉万。非常安全。"

　　查利通晓多种语言，他为自己流利的语言感到自豪。我们刚出发时，我听不懂他在说什么。但是现在，我渐渐能听懂了，而且觉得他的说法挺有意思。

　　斯托弗中士有着古铜色的脸庞和一双柔和的棕色大眼睛，他沉默而耐心地站在一旁，等待明天的命令。虽然我受过教育，但我对于印第安战事的了解不及他的1/10。不过，如果我不明确地询问他的意见，他连一个字都不肯说。我们走了一整天，正在露营。在与太阳平行的东西向宽阔河谷的边缘，我们在小树林里小心地生起了火。太阳早已消失在了高高耸立的马扎察尔山的后面，那座山位于西边20英里处。向东眺望，20英里外雄伟山脉的山脚下漆黑一片，但其巨大的正面却是粉红色的，在我们看不见的发光体的照射下熠熠生辉。这似乎是之前从未有

---

①　莫戈永山脉。

过的景象，看上去吉祥而诱人。"我们黎明动身，中士，我们会去台地那边碰碰运气。"于是，当太阳再次出现，为马扎察尔的山峰镶上金边时，我们哆哆嗦嗦地骑上马，因为夜晚非常寒冷。不知疲倦的阿帕奇人步行，在我们前方和两侧蹦蹦跳跳地往前走，驮骡满意地跟在蓬佩（Pompe）和铃铛后面慢跑。我们走下雾蒙蒙的山谷，很快以一列纵队沿山中小路蜿蜒前行。行军顺序很简单，只要跟着前面的人走就行了。我们让老克沃纳希尔卡和六七个合适的侦察兵跟着温泽中士走在最前面，随后是骑在小马"布朗科"上指挥部队的中尉，接着是排成一列的军士长和大部队，之后是驮骡及其守卫者和照料者。每当我们遇到上山或下山的陡坡时，骑手都要下马，用手牵着缰绳，马匹在后面跟着他的脚步前进。每个来到首领下马处的士兵都需要依次执行相同的操作。小路在岩石、溪谷和峡谷中穿行——无法容许两个人并排前进。

太阳出来了，明亮而温暖地挂在头顶上，天气开始显现出夏季的特征。我们距离前方令人头疼的屏障越来越近。最后，下午1点，就在高山的山脚下，我们发现了一片可爱的绿色河谷，一条翻腾的小溪在河谷中流过，溪水凉得像冰，清澈得像水晶。我们在此停歇，所有人开始用餐，随后是步行侦察。我们花了几个小时，在山石中爬行，搜寻野蛮敌人的踪迹。下午晚些时候，我们来到了一个被遗弃的据点。他们的棚屋和许多工具还在，但那个在亚利桑那州被称作"牧场"的地方已经废弃了。日落时，我们又累又饿地回到营地。许多马匹用嘶鸣欢迎主人，要求提供糖和盐。

在这种时候和这样的气候条件下，露营生活拥有无法形容的魅力。这里有充足的水源、青草、树木、野味和鱼，以及无与伦比的野外美景，我之前从未有过这样的经历。人、马和周围的一切看上去都很健康，而且生机勃勃。在丰盛的晚餐过后，当我们平静地吸烟时，除了防备措施，我们已经忘记了危险的任务。我在侦察笔记本上写下当天的事件，然后翻看家里的领带、袋装日记本、一本小书以及其他更加神圣的文件，这些物品在这种环境下常常被人遗忘。我看了看日期，发现今天是 1874 年 5 月 31 日三一主日①。士兵们在越来越浓的暮色中唱着一些欢快的军歌。印第安盟友黝黑的面庞在火光下闪着光，微笑着感受白人的欢乐。这是乡愁吗？我不知道，但我丢下烟斗和还没有合上的小日记本，悄悄离开众人，沿着小溪漫步，一直走到看不到营地也听不到营地声音的地方。我想，我似乎听到了远处严肃的晚钟声和光荣的三一颂歌越来越响亮的胜利之音——我已经三年没有听到这些声音了。

6 月 1 日星期一早上，我仿佛听到了愉快的圣诞颂歌。在我们骑行的过程中，长有羽毛的歌唱家在树枝上唧啾啼啭。我从未听过这种鸟儿的叫声。我们在深山里又搜寻了两天。星期三中午，我们在和安息日晚上那条小溪一样冰冷的另一条小溪旁饮马。这时，阿帕奇人发生了骚动。克沃纳希尔卡、托亚和查利在溪边激动地说着什么，同时用手指着刚好位于水边的某些东西。其他人沿着河岸蹦来跳去，几乎快要四脚着地了。温泽中士迅速走过来，默默地行了个礼，说："是通托人的迹象，长官。"我们跟着斯托弗中士加入了侦察兵的队伍。在两侧河岸之间的流水宽度达到 20 英尺的一处地方，一些石头像垫脚石一样通往河流对岸。河岸由岩石和砾石组成，但石头缝隙中有一些细细的沙子，由于涨潮的缘故仍然是湿的。在一两处地方，沙子上出现了通托鹿皮鞋带尖大脚趾的微弱印迹。我永远不会注意到这种痕迹，但印第安人永远不会错过。

"多久了，查利？""也许两天，也许是昨天的。等等，我们再找几个脚印。"

搜寻还在继续。此时，印第安人几乎是手脚并用地在小树丛和森林中爬行。不久，上游传来低沉的叫声。我们穿过灌木丛，发现千斤顶站在倾斜的沙质河岸上，两眼放光，脸上流露出难以抑制的兴奋。他没有说话，只是指着脚边的泥土。那里有三双鹿皮鞋的清晰鞋印，最近的边缘与水面平齐。它们是在不到三小时前留下的。查利及其兄弟们很快得出了结论：敌人的巢穴位于台地正面悬崖峭壁的某个地方。

---

① 圣灵降临节后的星期日。——译注

"通托人来这里取了水。看这里。"查利指着溅有水花的潮湿地面说道，那显然是敌人在爬上河岸时溅上去的。

显然，他们不是位于东侧黑暗峡谷河源的另一边，就是位于同样远的山峰上。如果是后者，要想找到他们，我们必须爬山。峡谷和山坡上生长着茂密的树木，我们沿任何方向都只能看到几百码远的地方。我们只知道，我们位于悬崖最底部，只要沿着45°的斜坡走上1000码，就能抵达峭壁。

他们的巢穴在上面某个地方，我们的任务是前往他们的老巢，亲手将他们打败。我们无法判断此次追踪需要多长时间，因此决定立刻出发。首先，我们把马匹牵到岩石和树木深处，以确保马匹和驮骡的安全。一支多人卫队和三个货郎留下来照看它们。接着，每个人脱掉骑兵靴和马刺，换上印第安鹿皮鞋，鞋底厚厚的鹿皮足以保护双脚。不到十分钟，我的小部队已经卸掉了不必要的装备，做好了准备。

"光荣战争的壮观排场"在这里是多么可笑啊！我们只有带有白色毛毡的老旧的宽边软帽、灰色和藏蓝色的法兰绒衬衫，以及和泥土颜色相同的猎裤。军官和士兵都一样。整个军队没有任何装饰。每个人手握卡宾枪，身上缠着弹药袋。一个负责断后的人带着水壶、一小包绷带和手术用具，以备不时之需。

我问了句"大家都准备好了吗？"然后，我们就出发了。没有命令，没有队形，所有人都默不作声。士兵们紧紧跟在我后面，查利和他的阿帕奇伙伴悄无声息地蹿到前面，在崎岖的上坡路上分散开来。后面是我所见过的最干净利落的队尾。

靠近溪流的地方生长着茂密的灌木和矮橡树。一旦远离溪流，进入上坡道，矮树丛就消失了。我们在斜坡上横向铺开。这里有许多树木，但树枝距离我们头顶很远，地面上方20英尺以内的树干是笔直而光秃的。地面到处都是岩石和石板的碎片，那是创世以来每一场暴风雨和山崩带来的碎屑。小草的叶子随处可见，但我们爬山时走过的土地上并没有人类的脚印。那么，前面那些不声不响的家伙为什么毫不犹豫地招呼我们上去呢？他们在我们前面200码的地方，像黑豹俯身追逐小鹿一样悄无声息地移动。偶尔，他们中的一个人会给我打手势，指向根部稍有磨损的弯曲的树枝，或者被脚踩得翻转过来、潮湿一面朝上的石头或石板的碎片①，并为"大队长"的赞赏而自豪。只要被太阳晒上一个小时，碎石的湿面就会变得像旁边的石头一样又干又白。我们持续而沉默地攀爬，有时穿过山谷，有时走过崎岖的山脊。皮肤黝黑半裸的侦察兵一直毫无差错地带领着我们前进。我们偶尔需要停下来喘口气。像这样攀爬一个小时对于肺部是一种考验。最后，跟在我旁边的斯托弗中士伸手指向右边，以示警告。两名侦察兵跪在突起的岩石后面，一边向前窥视，一边示意我们停步。在无意中分散成散兵线的部队停住了脚步。不久，我来到山脊前，按照他们闪闪发光的眼睛的指示，急切地向前方望去。500码外是另一处更高的岩石突起。岩石上方，在蓝天的映衬下，矗立着巨大的悬崖——那是台地②的西部边界。那个位置周围和更远处是茂密的橡树和劲松、贫瘠的岩石和巨石群以及沉陷在山中的幽暗溪谷。那里也许适合做老鹰的巢穴，但我觉得其他生物不可能在那里居住。

"看见什么了？"我向身边的两个阿帕奇人乔拉卡和基萨伊米悄声问道。他们激动地指着前面的岬角，但我还是什么也没看见。接着，爆米花加入进来，悄声说"老巢"，并做出从地面螺旋上升的手势，以表示"烟雾"。

确实——我用望远镜看到了目力不及的事物——不是一个，而是好几个闪亮而无色的热气柱，从前面的岩石上方升起。这显然是印第安村落。现在可以进攻了。我命令温泽中士带着查利和半数侦察兵，命令加纳下士（Corporal Garner）③带着10名士兵，穿过岩石和树木，前往右翼，以便从南面发起进攻，并在条件允许的情况下绕到印第安据点的东侧。我们让他们在十分钟内爬到阵地上。接着，我和斯托弗中士带着其余士兵和印第安侦察兵向左右铺开，蹑手蹑脚地从一棵树前进到另一棵树，穿过前面的洼地，开始从岬角西坡向上攀登。我示意大家屏住

---

① 这些都是敌人的踪迹。——译注
② 布莱克台地。
③ 第十一连的亚历山大·加纳下士。

呼吸，放慢速度，但是没有用。每名士兵都想第一个登顶。所以，为了不被大家甩在后面，我不得不冲在前面，喘得像疲惫的马儿一样。当我们快要登顶时，右边传来两声枪响，一声叫喊和欢呼，然后是散乱的射击声。我们焦急而匆忙地爬上岬角，发现我们正好位于印第安村落正中间。接下来的事情大概没有人能做出准确的描述。几秒钟疯狂而激动人心的激战，迅速的射击和叫喊，惊慌逃跑的印第安妇女，两三支没有瞄准的箭发出的呼啸，穿越棚屋的冲锋。我们一边开枪，一边将敌人赶进对面的溪谷。很快，我们就毫无希望地被甩在了后面。追逐者和被追逐者的枪弹声逐渐消退，我们一个接一个地返回村落。虽然没有追上他们，但我们取得了胜利。

关于这场只持续了一分钟的战斗，我只有一件事情记得很清楚。当我们穿过乱石，朝着一群想要去取武器的印第安人冲锋时，我前面几码处的领头人发现一个通托人突然出现在他前进的道路上，因此稍作停顿。对方举起双手，露出乞求的目光，胸部裸露，显然是印第安妇女。于是，他放下卡宾枪，继续向前冲。一秒钟后，他感觉有锋利的东西在左臂下划过。原来，那个人的复仇之箭从他手臂和体侧之间的打猎衫穿过。她想要射死饶恕他的人。

我们焚烧了棚屋和他们的一切物资储备，带走了我们能带走的兽皮和毛皮，将掩埋被敌人遗弃的尸体的工作交给了他们，并在当晚回到下面的山谷，与我们的卫兵和马匹会合。

与阿帕奇人的战斗几乎没有值得评论的地方。

密尔沃基《哨兵报》，1880年3月17日

1874年，克鲁克将军正在征服之前很难对付的部落。在亚利桑那之前的指挥官中，没有人比他更了解阿帕奇人，在他们愿意遵纪守法时以更好的态度对待他

们，在他们造反时更加严厉地惩罚他们。面对如此敏捷的敌人，所有前任的方法都用不上。陡峭的山脉、崎岖难行的山谷和炙热的沙漠全都对印第安人有利，对美军不利。最后，政府选择了当时只是中校的克鲁克，让他顶着将军的名誉军衔领导那个可怕的军区，派给他一个骑兵团，以接替在该领地有过几年不幸经历的骑兵团。将军亲自走上战场，很务实地教导新骑兵如何对付山地印第安人。他在几年前的叛乱战争中学到了这方面的技巧。他征服了一个又一个部落和一个又一个团伙。最后，到了1874年，他们几乎全都集中到了大型居留地上，只有亚利桑那东北部山区还有少数分散的团伙，其中最重要的是两个固执的酋长——埃斯基明津和埃斯凯尔特尔西及其追随者。这些敌对分子几乎就是通托部落和谢拉布兰卡（Sierra Blanca）部落的全部成员。

1874年的整个春季和夏季，将军派骑兵侦察队在山中搜寻这些顽抗分子，每个侦察队配有负责追踪的印第安盟友和驮骡小队。将军的命令是，在发现顽抗分子时就地将其解决。当时最东北部的两个兵站是普雷斯科特以东大约50英里公路里程的弗德营以及位于莫戈永山脉山麓丘陵中的阿帕奇营。各分遣队从这两个位置出发，向北发动突袭。这两个地点还是巨大的弗德居留地和圣卡洛斯居留地的哨所，那里住着几千个凶狠且难以驯服的阿帕奇人，他们现在看上去平静而满足。老军官和步兵留下来驻防，年轻人负责疲惫的追击工作。

我当时是第五骑兵团第十一连中尉，驻扎在弗德。我们于5月和6月在布莱克台地周围和通托贝森与阿帕奇人进行了一些激战。在随后的夏季休整中，我们几乎没有进行过侦察。不过，到了初秋，反叛者在其他一些人的增援下再次在我们东南方向的山区现身，骑兵再次接到了寻找和打击他们的任务。

我当时在勘测弗德营的军事居留地。10月的一个温暖的下午，我正在忙着制图，一些牧工骑马赶到哨所，向指挥官汇报说，一伙阿帕奇犯人两天前从我们东北部的雷德罗克（Red Rock）地区赶来，牵走了他们的一大群牛。他们起初认为牛群只是受惊迷路了，因此跟踪了牛群。不过，他们很快发现了通托人的鹿皮鞋印。于是，他们回来提供消息，恳求军队夺回他们的牛群。这些抢劫犯当然拥有很大的起步优势，但他们不可能走得很快。他们选择的路线显示，他们正在前往斯诺莱克（Snow Lake）地区，准备进入小科罗拉多河奇基托（Colorado Chiquito）。我在半小时内坐上了马鞍，沿弗德河谷朝着20英里外的印第安居留地狂奔。我的任务是找到在那里担任指挥官的斯凯勒中尉，带上15~20名印第安侦察兵，尽快返回哨所。与此同时，梅森上校[①]和伊顿中尉[②]会组织一支部队，做好明天拂晓动身的准备。

遗憾的是，我想要的侦察兵已经不在了。之前帮助我追踪敌人的是优秀的阿帕奇-莫哈维人，但斯凯勒只能提供我不认识的一些阿帕奇-尤马人，而且，他也不是特别推荐这些人。就连他们也出去搜寻敌人了，但他可以派他们带着武器和装备当天晚上赶到驻地。于是，我骑着马一路小跑返回哨所。日落后不久，我回到了哨所。我向你保证，我们吃晚饭时胃口很好，因为我们走了40英里的路。

与此同时，第一连和第十一连的20人被挑选出来。我的这支部队由伊顿中尉担任副指挥官，老哈里·霍斯（Harry Hawes）担任后勤队长，阿帕奇-尤马人充当侦察兵和追踪者。我们接到的命令是在黎明时动身，夺回牛群，惩罚偷牛贼。当夜晚些时候，当我和伊顿给家里写信时（有时，我们这些军官和士兵在这类行动结束后就没有机会写信了），我们听到土坯营房后面传来马匹上山的声音，是阿帕奇-尤马人到了。我们给他们提供了食物和宿营地点。随后，我们也上床打了个盹。

凌晨3点30分，我们再次起身，穿上粗糙耐用的登山装备。凌晨5点，就在第一声起床号响起时，我们从畜栏里鱼贯而出，渡过弗德河，朝东北方向策马奔驰。我的目标是最远抵达阿诺德牧场，在那里露营到黄昏，然后开始登山。那时，即使是眼睛最尖的印第安哨兵也看不到我们。当然，到了此时，所有居留地都知道部队出动了。还没到傍晚，我和伊顿就已经相信，我们的侦察兵是最不愿意跟我们走的人。

---

① 美国第五骑兵团的尤利乌斯·W.梅森上尉（Julius W. Mason），名誉上校。
② 美国第五骑兵团的乔治·O.伊顿（1848—1930）。

我们一大早沿着比弗溪谷蜿蜒而上，上午 8 点抵达牧场，在溪边的小树林里卸下马鞍。我们在这里隐藏了一整天。期间，我和伊顿与牧场主威尔士·阿诺德（Wales Arnold）对于山中小路进行了讨论。有一条比较平坦的小路，但是很绕远，它离开河谷向北延伸了几英里，然后绕了一个大弯，从我们东边绕到大约 40 英里外的斯通曼湖[①]。我的计划是夜间行军，抄近道翻越山脉。我相信，我们可以在抵达斯通曼湖之前发现被抢走的牛群的脚印。只要穿过山脉，我们很快就会追上他们。阿诺德说，来自温格特堡的信使偶尔会走这条近道。我们的阿帕奇-尤马人直摇头，说他们从未听说过这条路。不过，我们中的一个骑兵不到三个月前骑马走过这条路，他觉得自己不管白天还是夜晚都能认清这条路。

一到傍晚，我们就装好马鞍，骑上马，在阿诺德及其牧场人员的祝福声中出发了。天上没有月亮。虽然夜晚很清新，星光点点，但是当我们开始沿着第一道山谷崎岖的山坡向上攀登时，天色还是很暗。在亚利桑那以山中侦察为目的的骑行与我之前和之后的一切骑行都不大一样，因为我大多数时候需要步行。

由于山势很陡，需要下马，走在马匹的前面或后面。整个队伍鱼贯而行，阿帕奇侦察兵通常在前面，随后是指挥官，之后是骑兵，最后是驮队。我们在 10 月 28 日夜间的行军也不例外。我们连续几个小时在松散坚硬的岩石和怪石嶙峋的山路上连滚带爬地上山，常常脚滑。我们扭动身体，转来转去，气喘吁吁，用马缰绳拉着倒霉的坐骑，不断向上攀登。最后，到了晚上 10 点左右，我们终于来到了山脉最西侧尖坡的顶峰，大家一个接一个地默默爬了上来。驮骡跟在头马叮当作响的铃铛后面。最后，在晴朗无云的星空下，整个队伍集合在小小的台地上——只有侦察兵还没到。他们很久以前就开始抱怨和抗议了："军队走得太快了。"这种说法很可笑，因为我们每小时几乎走不上 2 英里。他们一个接一个地掉到了队尾。此时，他们疲惫地爬上峭壁，悄悄地聚集在台地边缘。我们在问话时发现，他们的"巡佐"并不在那里。有一个人解释说，他"回家了"，另外两个人生了"重病"，无法继续前进。此时，情况已经很明显了。由于某种原因，他们非常害怕跟

[①] 这个名字来自乔治·斯通曼准将。

随这支分遣队前进。我们的侦察兵之前从未出现过害怕敌对阿帕奇人的逃兵和懦夫。那么，这些家伙为什么如此软弱呢？

一小时后，部分原因出现了。我们绕过高耸崎岖的尖坡，来到了一个可以看到北边地表轮廓线的位置。在那里，也许在20英里外印第安居留地的东部边缘，一团巨大的烽火将亮光照射到雷德罗克地区以外很远的地方，包括远处布莱克台地①松林覆盖的顶峰。在岩壁的遮挡下，任何人都无法从河谷看到这团烽火。

当夜晚些时候，我们连滚带爬地走下一道幽暗峡谷的崎岖斜坡，来到一处可以为牲口提供水源和青草的隐蔽地点，印第安人仍然无可奈何地走在后面。在这里，我们裹在毯子里，睡到黎明，然后仔细打量着周围的情况。9名侦察兵成功爬到了这里，其他人消失了。

我们在此用过早饭，检查了马蹄。出征前，每匹骡马都得到了铁匠和马医的细心照料，但是现在，4头牲口在上山下山过程中弄丢了蹄铁，还有20多头牲口的蹄铁松掉了。

第二天夜晚，我们艰难地穿过三道深邃崎岖的峡谷。我们三次命令印第安人走到前面，但他们每次都在黑暗中成功溜到了后面。日落前不久，我们发现了通托人的踪迹。新的烽火在北部天际升起。这些可怜虫显然相信，我们正在慢慢地径直走向毁灭的深渊。我说"慢慢地"是有原因的，因为我们直到夜深才上马。我们一路连滚带爬地前进。晚上10点左右，在最前面"摸索着前进"的泰勒中士和骑兵弗兰克·比法尔（Frank Biffar）②停了下来。当我走到跟前时，他们指着东部低矮的天际线上一片宽阔阴暗的区域说道："那是树林，长官，我们一定快到公路了。"午夜时分，我们发现了牛群的脚印，欣赏过了斯通曼湖星光点点的湖面，失去了全部侦察兵和队伍中的半数蹄铁。

离开弗德时，我们整天穿着轻便的夏季服装。除了烹饪，军中严禁生火。在这里，我们爬到了很高的地方，水壶里的水都上冻了。上午8点30分，7个倒霉

---
① 布莱克台地被称为"（通托）贝森边沿"和"莫戈永火口沿"，它从弗德营向东延伸，与霍尔布鲁克（Holbrook）通往阿帕奇军营的道路相交。
② 伯纳德·泰勒中士和列兵弗兰克·比法尔，二人均隶属于第五骑兵团第一连。

的侦察兵慢腾腾地来到了露营地。据说，他们全都生了重病，但他们的胃口都很好。我们把牛群的脚印指给他们看，告诉他们，他们可以在下午4点之前休息睡觉。到了下午4点，我们会向前推进，穿过树林，抵达树林最东边，等到天黑，然后骑马穿越开阔的台地。如果他们能跟着我们，当然很好；如果不能，他们最好还是滚开。毕竟，他们只是我们的累赘。

当天下午晚些时候，我们一边默默留意偶尔出现的蹄印和牛群踪迹，一边在茂密而挺拔的松树和雪松之中轻快地穿行。日落时分，我们抵达一处很高的横向山脊，停下来等待我们宝贵的盟友。我们发现一名侦察兵的脚的确被燧石片割伤了，因此不得不同意他的请求，把他架上一匹备用骡子。他认为他会回家，但他发现自己还要随队前进，这使他很不满。当夜晚些时候，当我们朝着斯诺莱克的方向下坡时，他打了瞌睡。他的骡子受到了路边某样东西的惊吓，这使他大头朝下摔了下去，划了一道巨大的伤口。伊顿给他做了包扎。为此，我们耽误了半个小时左右。第二天，10月31日，我们接近了猎物，并且仍然隐藏在暗处。我们不仅想找回牛群，而且想要收拾阿帕奇人。

当天下午晚些时候，当太阳开始在台地空谷对面投下长长的影子时，我们从一处低矮山脉的顶峰向对面窥视。在前方2英里处被称为贾维斯山口（Jarvis's Pass）[①]的峡谷入口处，我们看到了丢失的公牛。我们留下两三名士兵和印第安侦察兵跟着哈里·霍斯照看驮队，其他人重新装好马鞍，多系了一圈肚带，检查了卡宾枪的枪闩和左轮手枪的弹膛。（在亚利桑那，军官和士兵拥有类似的武器、服装和装备。我们不再需要佩剑，正如我们不再需要肩饰。）随着一声"上马"，我们骑着马向山顶走去。一开始，我们走得缓慢而谨慎。到了山顶，我们排好队形，然后开始策马小跑——没办法，这里是一片起伏的开阔地，在超过2英里范围内没有任何遮蔽物。接着，当我们抵达下面的平地时，在没有命令、冲锋号和其他战斗中出现过的任何激励信号的情况下，骑手们自动跟随着首领的步调，开始狂奔。我们骑的是矮小的加利福尼亚混血马，不是很快，但是非常适合爬山。我们

[①] 更为人熟知的名字是查韦斯山口，距离森塞特山口大约14英里。

似乎走了很长时间才走过平原的一半路程。接着，大家分散开来，以便在靠近牛群时将其围住，并且避免过度拥挤，以防阿帕奇人隐藏在远处的岩石后面打伏击。虽然我焦急地张望，但我没有看到一个敌对印第安人。实际上，在我们将他们赶出巢穴之前，我并不希望见到他们。迫近的马蹄声的轰鸣和一些士兵难以抑制的欢呼吓到了牛群，它们开始摇头摆尾地在小路上到处乱跑，但是我们并没有发现劫持者的任何踪迹。我们在牛群周围骑行，有的在北边，有的在南边，有的在慌乱中进入了牛群。我们本以为山口入口处的岩石后面会射来子弹，但是什么也没有发生。即使在奔跑中，眼尖的人也会在公路柔软的地面上发现通托鹿皮鞋的鞋印，但是我们既没有听到枪声，也没有听到叫喊声。在烽火的警告下，他们曾严密监视顶峰。在发现我们到来时，他们立刻分散到距离最近的山中，认为我们只要得到牛群就会放过劫持者。

不过，这不是克鲁克将军对待这些反叛者的想法。刚到黄昏时分，我们就留下4名士兵和精疲力竭的印第安人，让他们通过绕远但平缓易行的道路将牛群赶回山谷，其他人当晚向前推进，穿过贾维斯山口，同时强迫少数几个阿帕奇-尤马人留在我们身边。夜里1点，我们进入了桑塞特山口的中心，距离小科罗拉多河只有18英里。这片人迹罕至的山区是反叛者最有可能休整的地方，因为他们觉得进入了安全地带，就不会遭到追击了。在这里，我们隐藏在一条深邃的峡谷里，直到黎明。我们的侦察兵再次提出抗议："没有通托人！没有通托人！没有印第安人！"我们只好把他们眼皮底下的鹿皮鞋印指给他们看。在这里，在11月的第一个星期日，我们爬上南边的高山，看到了流氓团伙，执行了命令。一队印第安盟友在第一声枪响后扭头就跑。他们的做法显然不无道理。敌人有很多，激战持续了好一会儿。我在此后好几个星期都没有写信，而且直到今天再也没有用右肩进行过射击，但是弗德上游再也没有发生过牛群失窃事件[①]。

[①] 在金的分遣队中，只有他在森塞特山口的战斗中受了伤。一个敌对印第安人被打死。在和泰勒中士在前方侦察时，金被击中右臂。泰勒把他背下山。伊顿中尉带着部队迅速赶到，驱散了进攻者。如果没有这两人，金就会被打死。事实上，他的右臂几乎落下了终身残疾。泰勒中士凭借森塞特山口的表现获得了荣誉勋章。遗憾的是，他在1875年4月15日死于肺淤血，没能领到勋章。

弓弦路

乔治·O. 伊顿（由唐·拉塞尔编辑）
《西部赢家》第 15 卷，第 8 期（1938 年 9 月）：1 和 3 页

编辑［拉塞尔］注：

  在 1930 年 9 月 12 日去世几个月前，82 岁的乔治·奥斯卡·伊顿在迈尔斯堡（Fort Myers）写下了下面的手稿。伊顿在南北战争最后一年在缅因第五步兵团服役，被詹姆斯·G. 布莱恩（James G. Blaine）送到西点军校，于 1873 年毕业。他被派到第五骑兵团。在他来到亚利桑那后不久，他参加了桑塞特山口的战斗（1874 年 11 月 1 日）。在此次战斗中，由于他对分遣队出色的指挥能力以及作为一名中士所表现出的英勇，营救了身受重伤的远征指挥官查尔斯·金中尉。金后来成了著名小说家。年轻的军官伊顿于 11 月 17 日到 12 月 5 日在同一地区的远征被称为"伊顿侦察"。此后不久，就发生了这篇手稿描述的事件。

  1875 年 3 月，伊顿接到了将莫哈维人、尤马人和通托人从弗德营转移到圣卡洛斯居留地的艰巨任务——这些部落在路上还发生了战斗，这使情况变得更加复杂。1876 年战役初期，伊顿所在团的马匹炸圈，他意外中弹。不久以后，他从陆军退役，成了小有成就的土木工程师。他是《上校的女儿》（*The Colonel's Daughter*）和查尔斯·金将军的其他故事中杰克·特拉斯科特（Jack Truscott）的原型。

  原始手稿是写给金将军的，第一段中的"你"指的就是金将军。

在你带着被印第安人打伤的手臂离开弗德营前往北方地区后不久，我花了几天时间前往距离普雷斯科特3英里的惠普尔堡军区指挥部，以打发无聊的时光。

在勤务兵的照料下，我骑着一匹好马，很快走完了40英里的路程。我在下午晚些时候到了那里，因此决定在向克鲁克将军正式汇报之前骑马前进。在我骑行穿过操场时，发现周围很安静，唯一可以看到的士兵是在远处放哨的哨兵。我下了马，敲响了将军的房门。

"见到你非常高兴，"将军握着我的手说道，"因为我急需向比尔斯普林斯营的指挥官传达消息。这里和圣弗朗西斯科山脉（San Francisco Mountains）之间发生了严重的印第安人暴动，这座军营的所有步兵和骑兵已经全部出动。据报告，比尔斯普林斯营的华拉派人很不安分。所以，我必须向那里的指挥官传达命令。"

将军说，他不想命令我前去，因为"他找不到足够的人手，无法为我提供任何像样的护卫队"。

我说："我会去。而且，我可能不需要任何护卫队。"

他说："你是想独自一人去冒险吗？印第安人很可能会攻击落单的人。"

我说："是的，没错，但是如果我不走寻常路，悄悄穿越森林覆盖的地区，我可能会溜过去，不会遇到任何印第安人。"

"你到底在想什么？"将军问道。

我解释说："军需官带着大批护卫军人在这里和比尔斯普林斯营之间行走时选择的道路一直令我感到困惑不解。我曾走过这条路，也曾站在两端向对面凝望，暗自纳闷。"

"将军，你知道的，从这里到比尔斯普林斯营的旅程既漫长又令人疲惫，要在相对平坦的地区走上一整天。不过，整条道路呈巨大的牛轭形，两端分别是比尔斯普林斯营和惠普尔营。我们可以透过你的窗户眺望牛轭的开阔尽头，看到比尔斯普林斯营的大概位置。二者的直线距离肯定还不到迂回路程的1/3。这条远距离道路第一次被采用时可能是有原因的，但我常常在想，命运是否会给我从牛轭一端直接走到另一端的机会——现在，我的机会似乎来了，如果你允许的话。"

"我当然愿意给你这个机会，"将军说，"祝你好运。关于你即将穿越的地区，我一无所知，但是如果这片地区很崎岖，几乎无法通行，那么你可能不会遇到印第安人。你不走常规路线的想法使我很高兴，因为印第安人一定会埋伏在那里，袭击毫无防备的倒霉定居者。"

第二天早上黎明时分，军营仍然处于沉寂之中，我带着温彻斯特来复枪、装满子弹的腰带和水壶，骑着一匹有点疲惫的马，开始了前途莫测的冒险。

我把北边距离很远的十字架山（Cross Mountain）作为地标，以保持直线前进。之所以这样命名，是因为侧面深谷里的积雪在阴暗的背景下呈白色十字形状。

不到十分钟，我进入了渺无人烟但平坦开阔的林间空地。树木很稀疏，没有阻挡马匹快速前进的矮树丛。

事情进行得很顺利。大约半小时后，道路的前方和右边出现了看上去几乎只有 3 英寸高或者再高一点的很黑的土地条纹。根据我在亚利桑那的经验，我知道，那是可怕的箱形峡谷的顶部轮廓线。亚利桑那的这片地区覆盖着一层大约 300 英尺深的岩浆。在这些岩浆冷却后的岁月里，地震使火山岩的许多地方（主要是在此地）像玻璃一样从上到下裂开，在顶部留下 50~100 英尺宽的垂直撕裂的凹陷。这些裂缝可以延伸数英里，被称为箱形峡谷。奇怪的是，这些箱形峡谷大部分相互平行。如果想努力穿越这种地带，在痛苦地翻越一道峡谷后，只要再走上几码，又会在前方看到与刚才类似的深邃峡谷。

要想越过我所遇到的第一道箱形峡谷，我只能牵着马沿着山脊向上或向下走，也许要走上 1 英里左右，以寻找侧壁由于某种原因部分崩塌的地方，至少足以使我牵着马在不受伤害的情况下走到谷底。来到谷底以后，我必须以类似的方式横向移动，寻找可以爬出峡谷的地点。

我就是这样做的，而且只走了大约 2 英里的路程。不过，我刚回到既定方向上，就遇到了另一道箱形峡谷。简单地说，在这段旅途中，我每隔一段时间就要穿越一道这样的峡谷，穿越所有这些峡谷花费了我许多时间、体力和脑力。不过，一段时间以后，我感觉我已经安全通过了峡谷地段。远处的克罗斯山仍然在中午的阳光下闪着白光。我想，我显然已经找到了大家沿牛轭形小路绕行而非直行的原因；而且，我至少没有在这种研究中遭到攻击。

就在此时，我发现了一个严重的问题。上午灼热的阳光透过稀疏的树木倾泻在我们身上，空气中没有一丝风。我的马出了一身臭汗。接着，我也陷入了同样的窘境。我们遭到了缺水的折磨。我的水壶变得很热，但在喝完之前，水至少是湿的。我不时用水壶喝上一小口，湿润口腔，然后把水直接喷到马儿的鼻孔里。马儿起初会躲闪，但很快就习惯了，完全不再退缩。这些水可以避免灰尘进入它的鼻孔。当马儿停止流汗时，它的鼻孔开始变干。

我们渴得很难受，但我们已经进入了更加平坦的地区，尽管此时树木非常稀少，地面上还出现了许多孤零零的小型不规则地垛。我一次可以看到几个地垛，在我前方大约0.25英里或者更远的地方。我当然需要非常仔细地审视地垛，以察看那里是否隐藏着印第安人。

忽然，我看到或者说我认为我看到了奇怪的现象：1.5英里或者更远的大型地垛正在向我移动。我对自己说："你是理智的人，你非常清楚，这是干渴导致的幻觉。如果你集中全部意志力，命令地垛固定在地面上，它就会遵从你的意志。"

我的理智是这样想的。不过，当我下定决心，命令地垛"静止不动"时，我并没有获得约书亚让太阳静止不动的运气①，因为地垛还在向我移动。幸运的是，它永远无法靠近我。此时，视野中的所有地垛都在以类似的方式向我移动。我一直没有让头脑屈服于幻觉，一直不相信地垛在移动，但我看到的地垛确实在移动。

此时，我牵着马，但我没有停下来，而且继续让克罗斯山维持在视野范围内，尽最大努力前进。于是，我们几乎在不知不觉中穿越了地垛区域，进入了树木更加茂盛的地区。接着，就在这片新土地的边缘，我们发现了水！

---

① 在《约书亚记》中，为了让部队获胜，约书亚让太阳停了下来。——译注

泉水从小小的泉眼涌出来，注入一条小溪。周围的许多迹象表明，许多动物曾来这里喝水。我很难控制我和我的马，但我拥有足够的决心，可以非常缓慢地喝水，并在可能的情况下喘口气，以免饮水过量。我不喜欢冒险，但我还是松开了我曾多次拉紧的马鞍腹带，以便让马儿能更好地呼吸，因为这在适度休息和安全灌水之后是很有必要的。水使我们恢复了惊人的活力。在确认我们恢复了体力和精神后，我们在下午3点左右动身了。

我估计，如果我们能从这里径直前往目的地，我只需要走12~18英里。我希望在这段路途中不要遇到麻烦，尽管我此时正在接近老华拉派居留地，那里什么都有可能发生，就连克鲁克将军也不了解那里的情况，只知道他们由于其他阿帕奇子部落离开居留地而变得躁动不安。

我的行动没有秘密可言。显然，惹事的印第安人不在那里，而且在附近虐杀路人的希望很小，很难吸引他们在此逗留。我唯一担心的是偶遇游荡的独立印第安人团伙，而这种担心恰恰变成了现实。

此时，我快速骑马向前推进。当我穿越右侧有上升斜坡的一小片低地时，斜坡顶部突然出现了5个印第安人，他们正悠闲地向我走来。当他们清楚地看到我时，他们吓了一跳。他们之中没有女人，这对我来说很糟糕，因为他们可能是作战团伙。他们身上涂了许多颜料，但他们看上去很犹豫，而且脚似乎很疼。在我刚刚看到他们时，他们距离我大约300码。我用手示意他们停下来，于是他们暂时停止了前进，但我没有停下来，而是一直催马前进，试图超过他们。只要超过他们，他们就无法拦住我了。我很愿意在不深入了解他们的情况下离开此地。如果他们真的脚疼，我觉得我的马可以甩开他们，把我带到比尔斯普林斯营。

不过，当我一边考虑这些事情，一边骑马前行时，一个印第安人突然毫无征兆地从人群里跳出来，迅速朝我开了一枪，子弹打在马匹附近的地面上。我已经把温彻斯特来复枪放在了左臂臂弯里。在他开枪后，我几乎立刻回敬了两枪。我没有瞄准任何一个印第安人，而是朝着人群开枪，因为他们站在一起。由于他们在我右侧，因此我在开枪时不得不在马鞍上扭转身体。

我的某一枪显然击中了某个目标，因为他们拖着至少一个人跑开了。很快，每个印第安人都藏在了树后。他们没有像我见过的其他印第安人那样第一时间躲起来并向我射击，这很奇怪。我的马很怕枪。在我进行两次射击时，它一动不动地站在原地。不过，在射击后，我立刻对那里的一切失去了兴趣。在印第安人反应过来并开始猛烈射击或者采取其他行动之前，我已经骑着我的好马开始从那里到比尔斯普林斯营的狂奔。

不过，我再也没有看到任何印第安人。就在日落时分，我骑马进入比尔斯普林斯营，打听了指挥官所在的位置，向他行了礼，说我有一个包裹要给他，而且我愿意等他在闲暇时写回信。他的反应是："你到底是从哪里来的？你是怎样过来的？你的护卫队在哪里？"

关于科约特罗阿帕奇人的报告

L. Y. 洛林[1]
休伯特·H. 班克罗夫特（Hubert H. Bancroft）收藏，班克罗夫特图书馆
加利福尼亚伯克利大学

目前，在这个哨所附近听觉范围以内扎营的印第安人被称为科约特罗阿帕奇人，更常见的名字是怀特芒廷阿帕奇人[2]。他们大约分为15个子部落或分支，每个分支平均110人。根据每月进行的官方统计，部落总人数为1650人。这些分支有不同的名称。每个分支有一个酋长，其职位通过世袭获得，或者来自基于智力、果断、勇敢和其他性格的选举。

世袭总酋长埃什凯尔达西拉[3]已经退休。目前的大酋长帕隆[4]是由克鲁克将军任命的，这一任命得到了所有印第安人的认可和同意。后面会讨论帕隆的性格。

在不经意的观察者看来，这些印第安人的身体在尺寸和发育方面并没有任何引人注目或不同寻常之处。不过，如果仔细观察，你会发现，他们身材结实，通常拥有强健的肌肉。根据对于大约20人的随机测量，男性的平均身高为5英尺8

---

[1] 伦纳德·Y. 洛林（1844—1903）1867 年被任命为军官，从 1874 年到 1877 年在亚利桑那领地服役。他在阿帕奇营服役 6 个月时撰写了关于怀特芒廷阿帕奇人的报告。

[2] 历史上，人们曾用各种混乱的名字称呼西阿帕奇人和奇里卡瓦阿帕奇人。组成西阿帕奇人的 5 个群体和 20 个分支常常被共同贴上科约特罗人的标签。19 世纪的最后几十年，科约特罗这个名字常常用于表示生活在布莱克河以南的怀特芒廷群体。准确地说，怀特芒廷群体可以分为两个分支，即东部和西部怀特芒廷阿帕奇人，他们的居留地从怀特芒廷延伸至皮纳莱诺山（Pinaleno Mountain）。洛林写作此文时，聚集在阿帕奇营周围的是东部怀特芒廷分支，西部怀特芒廷分支已迁至希拉河沿岸的杜威弗拉茨（Dewey Flats）。关于西阿帕奇人的群体和分支，参见 Grenville Goodwin, *The Social Organization of the Western Apache* (Chicago: University of Chicago Press, 1942), 1-62。

[3] 埃什凯尔达西拉（全盛期约 1850—1875）是怀特芒廷阿帕奇历史上最受尊敬的酋长之一，对美国人通常很友好。

[4] 帕隆在 1880 年部落内部战斗中被打死。

英寸。这些人呼气结束时的胸围约为 34.5 英寸，吸气结束时的胸围约为 36.8 英寸。最大的胸围数据来自一个身高 5 英尺 11 英寸的人，他在呼气结束时的胸围是 44 英寸。最小的胸围数据来自一个身高 5 英尺 2 英寸的人，他在呼气结束时的胸围是 32 英寸，吸气结束时的胸围是 33.5 英寸。据观察，他们的肺活量很大。上述有关肺部扩张的数据并不准确，因为很难让他们理解测量要求。他们的胸部通常又厚又宽，胸骨和锁骨明显向前向上突起，暗示了强大的肺活量。

男性和女性的手和脚都很小，而且很纤细，尤其是脚踝和手腕。他们四肢通常又直又细，并不臃肿；关节小而紧实，长骨的横突很小，并不明显；肌肉既不庞大也不突出，但坚硬而结实，发育良好，尤其是下肢。女性的肌肉比男性多，因为她们经常需要做苦工，搬运木材、水和各种重物。她们可以轻松地将二三百磅的重物背在后背上。男性通常又瘦又高，女性往往很肥胖，身材也要矮得多，这使她们显得更肥胖。他们的眼睛几乎总是黑色或棕色的，只有少数人拥有其他颜色的眼睛。他们的眼睛通常又大又明亮，分得很开，一条横向直线可以充当两只眼睛的对称轴线。他们在平静时眼神温和，但在激动时两眼放光，充满活力。

他们的睫毛和眉毛通常生长得很精致。他们的头发都是黑的，无一例外，通常又直又粗糙，发量很多。男性和女性通常把头发留到双肩，从中间分开。寡妇留着刘海。很年轻的女性在丈夫去世时会把头发全部剪短。未婚女性会在脑后把头发打成结，用一块法兰绒或鹿皮系成沙漏形状，作为装饰，上面扣着许多闪闪发光的铜纽扣。儿童和老年女性通常蓬头散发，而且头上常常能看到虱子。

他们没有一个人是光头，就连头发变白的老年男女也长着浓密厚重的头发。男性通常没有胡须，任何出现在脸上的毛发都会被拔掉。为消灭虱子，使头发平滑而有光泽，他们有时会把一种略带蓝色的特殊泥巴涂在头皮上，让其停留许多天。洗掉泥巴后，头发会呈现明亮而有光泽的黑色。他们还会用皂荚根制成的溶液洗头。这种溶液容易起泡，拥有很好的清洁效果。

他们的额头底部很宽，但顶部会变尖。他们的额头通常很低，而且常常向里凹陷。

他们的鼻子很直，而且往往很平。一些男性拥有高鼻梁。侧翼和鼻中隔的软骨很厚，鼻孔宽而膨胀，但很少能被人看到。鼻腔凹陷处的底部与黑人类似，与白人同一部位的前缘不在同一水平线上。据说，在孩子出生后，母亲做的第一件事就是把孩子的鼻子往上打，同时用拇指顶着硬腭往上压，使犁骨和鼻中隔突出来。值得一提的是，不管是醒着还是睡着，不管是剧烈运动还是休息，他们都在用鼻孔呼吸，这样可以使他们的牙齿不受极冷和极热空气的侵袭，同时也不会受到胃部产生的气体的作用，并且可以避免肺部突然吸入冷空气，这些事情常常会让使用嘴呼吸的人受到伤害。他们的鼻子作为天然呼吸器官，非常适合这一功能，很令人羡慕。他们的鼻子里面有细小的毫毛，可以避免吸入异物。鼻子突出的骨骼提供了曲折的呼吸通道，充当了巨大的空气加热器。

他们的嘴又大又宽，嘴唇厚重而突出，没有表情。他们的嘴从一边直直地延伸到另一边。许多人的嘴与黑人的嘴非常类似。

他们的下巴不大，常常很尖，而且向里凹陷。

他们的耳朵也不大，与脑袋贴得很近。他们的颧骨与其他印第安人类似，高而突出，与尖尖的额头和下巴组合在一起，使面部从上到下呈椭圆形。他们的面部角度比白人要小。

枕骨区的头骨平坦而向上延长，使头顶非常突出，呈锥形。这种状态是绑住孩子后背导致的。由于颅骨此时没有完全骨化，具有可塑性，因此从前向后的持续压力导致了这种伸长。这种特征在一些人身上极为明显，几乎达到了畸形的程度。

他们的牙齿通常保护得很好。我们认为，这在一定程度上是由于他们不用嘴呼吸，前面提到过这一点；也可能是因为他们的食物很简单，因此很少出现消化不良导致的疾病。很老的人牙齿可能磨到了牙床，但是并没有龋齿。儿童乳牙和恒牙的生长时间和顺序与白人大致相同。

他们并不文身。他们在脸上涂抹各种颜料，最喜欢朱红色或者某种色度的红色。他们还会使用银黑色的比伦巴戈（bilumbago）。白色颜料是用石膏制作的，黄色颜料是用赭石和槐蓝制作的。他们现在主要从白人那里获取颜料，因此他们涂完颜料时看上去五颜六色的，很难分辨他们的流行样式。

文身常见的风格是在红色背景上添加另一种颜色的横向条纹。在鼻子、脸颊和额头上，斑点和圆片有时会取代条纹。有时，条纹是垂直或倾斜的。适婚寡妇会在一种颜色的背景上涂抹另一种颜色的一排排横向涡卷图案。追求她的男性会以同样的方式涂抹自己，以公开自己的意图。未婚女性可以随意选择涂抹风格，但一般来说，她不能涂抹成寡妇的模样。据观察，女性越漂亮，她涂抹的颜料就越精致，因为她知道，她的美值得别人将大量注意力和羡慕的眼光投在她身上。

几乎所有人都很喜欢涂抹颜料，无论男女，这种热情在他们很小的时候就产生了。母亲会为婴儿涂抹颜料，刚懂事的儿童会将他们能找到的一切鲜艳事物涂在脸上。他们从不涂抹身体。深色颜料用于哀悼，或者用于即将走上战场的勇士。他们通常用水或唾液润湿颜料，用手指涂抹。女性通常在项链上挂着圆形小镜子，类似于商店里销售的廉价剃须镜，用于正确涂抹颜料。

这些人休息时的相貌很温和。虽然他们面容粗糙，但他们表现出了最大限度的友好。不过，在激动时，他们的表情会活跃起来，脸上的每个部位都会显露出邪恶和嗜血的征兆，尤其是眼睛。即使在观看蒙面人舞蹈的激动时刻，我也观察到了这种凶残的面容。

目前，除了少数例外，这些印第安人看上去很温顺，但我们不知道他们这种状态会保持多久。这里的人普遍认为，他们之所以如此温顺，完全是因为一支大型军队的存在使他们感到畏惧。如果军队撤走，他们会立刻像之前那样与白人为敌。他们被迫来到居留地并维持和平不过是大约两年前的事情。

在诚信方面，他们的道德水平很高。说谎在他们那里是禁忌，说谎者会受到谴责。他们会认真偿还债务，包括内部债务以及他们与白人的债务。不过，必须承认，他们许多人在有机会时会行窃，我们知道他们在这个哨所犯下的许多盗窃行为。

我们认为，他们的智力高于印第安人的平均水平，尤其是在考虑到他们的优势时。他们的语言可以在一定程度上证明这一点。他们在交流时几乎完全使用语言，很少使用手势。

和大多数未开化的民族类似，他们非常奸诈，我可以举例证明。一些人懂西班牙语，只有少数人懂一点英语，而且水平非常有限。

他们一直是尚武的民族，纳瓦霍人、索诺拉人和其他人是他们的世仇。袭击敌人获得的战利品是他们的主要生计来源。直到不久前，他们大多数人都在与政府作对。

他们忍受冷热变化的能力令人吃惊。他们曾在没有食物和水的情况下光头在骄阳下整日步行，行进40~60英里。他们还曾在两天时间里步行120英里，相当于从这里到祖尼（Zuni）村庄的距离。我曾在这个冬天见到只穿着围腰布和一层薄棉布的印第安人暴露在低于冰点的温度下，尤其是儿童，他们甚至一丝不挂。即使在冬天，我们也很少看到15岁以下的男孩穿着围腰布以外的服装。

他们的视力异常敏锐，这可能是因为他们经常在户外用眼，而且虹膜是深色的，可以阻止过多的阳光照进视网膜，避免眼睛被晃到。

这些人在他们选择的生活区域内到处流浪。他们经常移动村落，其原因有很多，比如污物或害虫的积聚，或者某种流行病的暴发。只要有族人去世，他们就会在第二天搬家，并且烧掉被他们遗弃的住所，无一例外。他们很少一次在一个地方停留几个月以上，而且总会选择地势较高的干燥地点居住。这个地点还必须远离任何水源，因为他们相信，水散发出的蒸气是不健康的。他们常常住在距离水源两三英里的地方，因此妇女们需要将他们的生活用水搬运同样远的距离。

他们的房屋是成群修建的，与等级和地位无关。每个分支的房屋聚在一起，这些聚落之外是更小的聚落，那是家属和近亲的住所。这些房屋完全是由妇女建造的，其建造过程如下：先将一系列柱子或木棍插在地上，弯成圆锥形，以围出一片底部直径约为8英尺、高约5英尺的圆形区域，然后在这个框架上覆盖雪松树皮、树叶和草，有时还会用到生兽皮。她们甚至不会使用稻草，只是将上述材料松散地扔到框架上。她们在背风面开一个小口，作为门，其大小只够爬进爬出。这个开口不会关上，但她们会用一两个用灌木和废弃物制作的挡板来防风。在这个住所内部后方，她们在地面挖出像浅水池一样的空间，它比浅水池小，但足以让两个人并肩躺卧。这个挖出来的巢穴铺有稻草、树叶或生兽皮，充当了他们的床。他们在房屋中间生火，烟从屋顶和墙壁的缝隙排出，从远处看，就像着火的粪堆或者正在工作的炭窑一样。

在被熊熊火焰加热并且住进一大家人时，这些房屋里的空气会拥有难以描述的奇特味道。他们必须在短时间内搬出去，毁掉一个村落，然后住进另一个村落。在此之前，他们从未管理过村落，也没有修建过排水设施，而是不断在村落臭掉后将其遗弃，就像前面说的那样。不过，由于他们目前住在哨所附近，因此他们被要求保持整洁，而且常常受到阿帕奇营指挥官的检查。当检查团到来时，女人们会跑出来，以最勤恳的态度打扫和巡查房屋周围，而当检查团走过时，她们会立刻停下来，为她们的演技打趣开玩笑，这种景象非常滑稽。

从外表判断，他们并不注重个人卫生，尽管有人曾看到他们在小溪里洗澡，偶尔还会在虱子太多时洗头。他们的头发常常粘在一起，尤其是妇女和儿童，他们的脸上、手上和身上也堆积着泥垢，服装上也满是尘土，因此他们看上去很恶心。在点查人数的日子里，我们常常看到妇女们坐成一排，相互检查对方和孩子的脑袋。最令人难以想象的是，如果发现虱子，她们会将其吃掉。相互清理虱子似乎是她们的友好礼仪，而且常常是一种消遣。

在采取敌对行动时，他们通常会步行，在白天行军，因为他们不敢在夜间赶路。在他们的信仰中，巫师和死者的灵魂会在黑暗中出现。

一些酋长拥有马匹，但是这些马通常遭到了过度骑乘，而且没有受到很好的照顾，因此非常虚弱，无法充当可靠的坐骑。他们通常以伏击的形式作战，隐藏在遮蔽物后面。据说，在与纳瓦霍人和墨西哥人交战时，他们会进行正面作战，因为他们并不惧怕对方。当他们成功俘获许多牲畜和战利品时，他们会变得无所畏惧，白天晚上都敢行军。一般情况下，在傍晚行军时，他们会携带用绳索绑起来的雪松树皮，作为火把。在正面作战时，他们拿着长矛冲锋，一边跑一边叫喊。第一次冲锋后，他们会藏起来作战。曾指挥他们对抗反叛者和游荡分子的军官表示,他们非常勇敢。他们通常会把俘获的马匹吃掉。

他们的武器是弓箭和带有金属尖端的长矛。箭尖上装有金属或燧石。长矛的把手或长柄是用仙人掌内部的木质部分制作的。在制作另一种用于内部战斗的武器时,他们将直径大约3英寸的石头包在兽皮或牛尾里,然后插上结实的木棍,作为把手。

他们对于俘虏的处理并没有遵循印第安人的一般规则。在这方面,他们的做法不仅仁慈,而且很高尚。他们不是拷打或者残忍地杀死俘虏,而是将其收养。从各个方面来看,他们就像俘虏的亲属一样。这一事实得到了他们之中许多俘虏的验证,包括印第安人和墨西哥人。这份报告中的许多信息就是其中一个俘虏向我提供的。此人名叫米格尔,他是墨西哥人,在大约10岁时被这些印第安人俘虏。除了被政府雇用为翻译的几年,他一直和他们住在一起,现在是一个分支的酋长。他目前被这个哨所雇用为翻译。他把阿帕奇语译成西班牙语,再由另一个翻译转译成英语。他在用印第安母语向印第安人发表长篇演说时精神饱满,声情并茂,印第安人听得也很专心。由此推测,他是很有口才的演讲家。除了米格尔,还有其他墨西哥俘虏,包括一些妇女,她们一直和印第安人住在一起。有时,劫持者会为俘虏的所有权发生争执,导致俘虏被打死。另一些时候,当大家狂欢或酗酒时,比较明智的年长者会把俘虏藏起来,因为一些人在获得俘虏的战斗中失去了亲属,他们此时很可能会报复,使俘虏成为牺牲品。他们不会割头皮,但是据说会切断俘虏的手足。

他们的管理是通过代代相传的传统习惯和习俗实现的。宣战或开战等公共安全措施、饥荒或干旱时的应对措施、应对流行病的手段和途径、对于习俗的违反者以及盗窃犯和杀人犯等犯人的惩罚是由酋长、意见领袖和老人组成的委员会讨论和决定的。有时,面对战争威胁,以勇敢和威猛著称的酋长会被暂时选为战争的领导人,每个人都要服从和尊重他。

当罪犯向受害者或死者亲属支付一定数量的牛马或其他财产时,各种罪行都可能被宽恕或原谅,这很常见。其中,应支付财产的数量和种类是由委员会决定的。之后，罪犯会恢复所有权利，包括社交和其他权利。这一原则也适用于致人死亡的事故。此时，事故制造方需要弥补死者亲属的损失。请看下面这个最近发生在本哨所的惊人案例。

一名军官在哨所附近打猎时意外射杀了一个印第安人。事故发生时，他正在和对方进行友好的交谈。幸运的是，其他印第安人也在场，他们了解这场事故的来龙去脉，看到了军官试图挽救这个人并把他的尸体运回哨所，以便将其交给家人掩埋的行为。之后，酋长和哨所指挥官经过讨论决定，军官应该提供包裹尸体的毯子，而且应该为幸存的寡妇提供一匹马。虽然这是一场悲剧，但它引发了许多可笑的事情。

这些人的婚姻关系和习俗具有一夫多妻制的特征。每个男人拥有2到8个妻子，有人会有10个妻子。不过，许多人满足于一个妻子。和其他所有一夫多妻制的群体类似，在这里，妻子的众多意味着妇女地位的下降。可以说，妇女是"伐木者和取水者"。这种生活辛苦而乏味。如果妇女拒绝执行指派给她的任务，她就会遭殃。我常常看到妇女背着沉重的木材艰难前行，木材上可能还放着她的婴儿，她的丈夫则在旁边骑着马。我还见过妇女砍伐树木的情景，这显然需要她使出全身力气，而她的丈夫则安静地躺在旁边，抽着烟冷眼旁观。在一天中的某些时候，你可能会看到一队妇女鱼贯而行，从村庄前往小溪，背上背着装满水的大水壶。同时，你会看到男人们正在进行博弈游戏，以消磨时间。

婚姻是通过购买实现的。如果男人爱上年轻女人，他就会向本分支的酋长、女人的父亲和其他亲属提出请求，不会咨询女子的意见。婚姻的价格在七八头牛马之间。双方谈好价格后，由男方支付。然后，新娘就会被带走。他们不会举行婚礼。男方提供的牲口中最好的一只会被挑出来宰杀，以招待新娘的亲属，其余牲口被酋长和新娘的父母瓜分。如果男人对妻子很好，而且妻子拥有姐妹，那么男人拥有购买妻子姐妹的特权。

如果妇女不守贞节，丈夫会把她的鼻子割下来，但她不会被休，除非丈夫选择这样做。实际上，这种事情似乎没有其他耻辱，因为妻子通常会维持原有地位。

这些印第安人之中有一些妇女遭受了这种刑罚，这使她们看上去丑陋而恶心。你只有看到她们，才会体会到这一点。这种习俗已被军事当局制止，一个被控违反这项规定的印第安人目前被关在禁闭室里。

如果一个男人回家时怀疑妻子不忠，他可以把妻子的双手绑起来，看着她，直到她承认罪行，说出情人的名字。丈夫会向那个人报复。他可以选择把妻子留下，也可以休妻。如果一个男人侵犯了兄弟的妻子，他会被绞死。如果他有后代，他的后代会被掐死或绞死。血亲之间从未出现过婚姻。妇女几乎无一例外地在某个时候结婚，中年未婚妇女在他们之中非常罕见。男人通常也都会结婚。据我们所知，居留地的老年单身汉只有两个。他们之所以未婚，也许是因为他们缺少维持家庭所需要的财产和养家所需要的食物与服装。

他们有一个十分引人注目的习俗，那就是女婿和岳母之间的关系。岳母永远不会看女婿或者和女婿说话。他们的行走道路不能交叉。如果岳母看到女婿意外向她走来，她会用毯子或双手遮住眼睛。如果妻子去世，岳母仍然要继续回避女婿，除非他和她家以外的女人结婚。如果这种说法属实，这种习俗也许白人可以接受。岳父也要尽量回避女婿，永远不能接受女婿用手递来的东西。不过，这种往来禁忌不像岳母那么严格。

这些人的穿着很难公正描述，我对此有些犹豫。他们本民族的服饰与他们接触的各种人群发生了很大的融合，因此极难描述，很难判断哪种服饰属于哪个群体。下面描述了男性的许多服饰。他们头上有时戴着普通草帽或毛毡帽，或者墨西哥宽边帽，有时将一条彩布缠在额头上，露着头顶。冬天，他们上半身通常裹着毯子。有时，他们会穿衬衫，甚至会穿马甲和外套。有时，他们会穿裤子，有时，他们会穿棉布或棉绒布衬裤。他们会没来由地坚持保留围腰布这一装束。不管他们在其他方面的穿着多么现代和文明，他们都会把围腰布宽松的一端悬挂在裤腰前后，如果他们的围腰布拥有宽松一端的话。他们虔诚地坚持这种具有悠久历史的装束。有时，他们不会以传统的方式穿裤子，而是把裤子叠起来，围在腰上。有时，他们会把裤子和上衣的内外反穿。我们曾看到一个人并没有把裤子穿上，只是把裤子扣在腰上，任凭裤腿耷拉在后面。用鹿皮制作的鞋子拥有长长的靴筒，男人、女人和孩子都会穿生皮鞋垫。为避免变质，他们会在天气温暖时取出鞋垫，绑在胳膊上。许多男人会穿戴军人的服饰，尤其是在军中服役的士兵。由此判断，拥有军人的穿戴和外貌似乎是他们最大的愿望。不过，他们在赌博时会随意押上他们拥有的财物，服装也不例外。所以，前一天还穿着全套军礼服的人常常会在第二天只剩下最不可缺少的几样装备。

女人穿着带有长袖或短袖、制作得像普通睡衣一样的短上衣，其下摆可能掖在裙子的腰带里，也可能不掖，裙子底部刚好盖住膝盖。她们冬天也会披毯子。已婚妇女在夏季只穿着由腰及膝的裙子。即使在冬天，她们也可能只将一块不到一平方码①的未漂白棉布披在一侧肩膀上，并在对侧手臂下方系紧，对侧的肩膀和胸部则裸露在外。

这些女式服装是用他们从哨所商人那里买来的未漂白棉布、廉价印花布或鹿皮制作的。漂亮的未婚女性偶尔会穿着和白人女性类似的连衣裙，甚至可能有裙撑、花朵或其他时尚装饰。

妇女的服装很肮脏，布满泥垢，这使她们看上去恶心而粗野。可以说，她们是庞大的"不清洗族群"中的一分子。

男人的装饰很少，包括珠子项链、饰有雷管的皮手镯、帽子或头上的杂色缎带，有的人还会在耳朵上戴上一串珠子。喜欢炫耀的男人偶尔会戴上有火鸡羽毛和缎带等装饰的巨大头饰。他的脸会被涂成最时髦的样式。他会披上中间缝有鲜艳的班丹纳手帕的棉质床单，而不是披毯子，其他方面的装束也很花哨。这些装束与他立下的功劳相符，这一点与文明社会类似。

女人的装饰包括许多杂色珠子项链。据估计，一个女人佩戴的珠子有时重达一两磅。她们还会佩戴黄铜耳环、珠状耳饰以及用皮革和珠子制作的手镯，她们几乎总会把圆形剃须镜戴在脖子上。老年男女不会佩戴饰物。儿童会模仿大人，

---

① 1平方码约为0.84平方米。——译注

佩戴各种饰物。

男人和女人穿戴的各种服饰大部分是由男人裁剪制作的。这种分工确实出现了颠倒，男人负责缝纫和制作衣服，女人负责所有户外工作。

他们的家庭有大有小，取决于妻子的数量。平均而言，每个妻子通常有2~4个孩子。孩子出生时很少出现畸形或患病，包括身体和头脑方面的问题。在和他们共同生活的三十年间，翻译米格尔只听说过两个傻子。畸形足、斜视、兔唇、腭裂、驼背和脊柱弯曲等先天畸形非常罕见。双胞胎也很少。所有孩子都由母亲喂养。很多时候，母亲会把孩子喂到三四岁。孩子两岁前通常会被绑在摇篮里，他们不允许不满14或16个月的孩子走路，认为这样会造成伤害。

他们的摇篮是一个大约3英尺长、1英尺宽的平坦木质框架，两头各有一个把手。摇篮较高或较宽的一头绑着倒置的草筐，以围住和保护孩子的头部。平坦的摇篮表面盖有鹿皮，上面垫着稻草，供婴儿躺卧。鹿皮有两片侧翼，当孩子躺卧时，他们会把侧翼折过来，像系鞋带一样系在孩子身上，最上面可以盖到脖子，手和胳膊也被包在里面。他们用雪松树皮吸附排泄物。他们会把绑在摇篮里的孩子放在地面上，立靠在树木或其他物体上，背在母亲后背上，或者挂在鞍桥上。

杀婴和堕胎在这些人之中很常见。如果母亲有理由猜忌丈夫，她会杀死婴儿。私生子会被遗弃，或者被母亲处理掉。

在大约10岁前，男孩和女孩在各个方面都会受到同等对待。之后，男孩会获得很高的地位。他们会打猎或玩游戏，女孩则开始做苦工。

这些人的食物包括动物和植物。动物性食物主要有牛肉、鹿肉、野生火鸡、马肉、羊肉、骡肉和驴肉。他们将嫩驴肉视作美味，他们还会吃许多小动物的肉，比如各种小鸟、兔子、老鼠、松鼠等。他们从不吃鱼，认为鱼不干净。他们尊重狗，因此没有把狗肉当作主食。植物性食物包括各种玉米、小麦、许多花草的种子、橡子、矮松子、各种仙人掌的果实、南瓜、西瓜、各种绿色蔬菜、蘑菇等。动物性食物通常是通过炖煮和烘烤制作的。在烧烤时，他们通常把食物放进火里，或者绑在木棍上，放在火上烤。在保存牛肉和鹿肉等动物性食物时，他们将其切成条，然后晾在外面，用于风干和腌制。在食用各种谷类和种子时，他们会进行烘烤，然后用磨粉石研磨。磨粉石是一种中间被挖空的石头。他们将谷物倒进磨粉石，然后用另一块圆形石头研磨，就像研钵和研杵一样。他们将这些食材磨成粉，然后做成饼烘烤。以这种方式制作的葵花籽是他们的一种主食。目前，他们很少将玉米作为食物，而是将其保存起来，用于制作民族饮料提兹温，同时用政府发放的面粉作为替代品。各种仙人掌的果实可以生吃，也可以切片、风干并保存起来。南瓜和其他蔬菜会通常会用来炖煮或烘烤。

如上所述，他们的烹饪极为原始，主要包括炖煮和烘烤。他们使用的器具是他们自己制作的陶罐，形状类似于墨西哥土锅。不过，他们很少用火。烹饪通常是在家里完成的，许多家庭成员会急切而饶有兴致地观看烹饪过程。除了少量盐，他们不会使用其他调味料。他们厌恶胡椒粉、醋和芥末。与制作食物相关的所有工作都是由妇女完成的，男人只负责打猎和获取野味。

他们只会简单地耕种土地，耕种方法极为原始。播种时，他们用尖木棍在地上挖出小坑，把种子放进去，盖上土。他们懂得灌溉。由于他们不记录时间，因此他们的种植时节是由某些杂草或野生植物的生长时间决定的。例如，当某种野生植物长到大约3英寸高时，他们就会种玉米，不会考虑天气。据观察，和之前没有隶属于政府的时候相比，他们现在耕种的土地有所增加。

虽然他们到处流浪，生活模式毫无目的性，但是根据观察，他们在很大程度上具有未雨绸缪的精神。他们将过冬用的各种食物存放在涂有石膏的柳条箱或容器中，以免被动物吃掉，并将其贮存或隐藏在岩石或峡谷的缝隙中。他们曾贮存了两年的粮食，每次只取出需要的少量食物。他们存储了大量的玉米，以满足对于酒精兴奋剂的需求，这是人类的通病。

被他们称为提兹温的兴奋剂是这样制作的：将精选并晒干的一定数量的玉米放进地上的坑里，坑里铺有稻草，玉米上面还要再铺一层稻草；用温水使玉米在几天时间里保持湿润，直到发芽。夏天发芽大约需要四天，冬天需要六天。发芽过程开始后，将玉米从坑里取出，铺在地上晒干。完全晒干后，用磨粉石研磨玉米，将得到的粉末与水混合，达到稀粥的浓度。此时，将其放在慢火上煮十二小时，期间不断加水，因为水会蒸发。接着，将液体滤到土锅里，然后等待发酵，这需要大约十小时。如此制作的提兹温在颜色和黏稠度上与烘焙酵母类似，含有大约1/100的酒精，看上去不容易让人喝醉，事实也的确如此。提兹温制作者会提前两天发出宴会通知，邀请朋友。这种提前通知是一种禁食信号，因为禁食会使人体进入容易醉酒的状态。与会者到齐后，开始喝酒。他们用四五个大型容器盛装饮品，众人围坐成不同的小圈子。女人很少在场，因为她们通常被排除在这些娱乐活动之外。一个人举起杯子，绕行一周，依次从每个容器接一杯酒，然后迅速喝掉。通过这种方式，他一次会喝下将近1夸脱[①]酒。接着是下一个人，依此类推。这一过程会持续下去，直到大家喝醉。喝醉需要的量通常在6夸脱左右。

为了畅饮提兹温，印第安人愿意付出他们拥有的一切。有时，他们通过发酵龙舌兰制作某种醉人的饮料。

一次醉酒很少持续一天以上，因为提兹温很快就会被分解。喝醉时，他们的话很多，而且喜欢争吵。他们会敲着胸脯，以印第安人的方式吹嘘他们打死过多少人。酗酒会导致打架，而且常常会死人。为避免这些事情，军事当局禁止制造提兹温。尽管如此，当局仍然需要严密监视他们，以免他们非法制造提兹温。

这些人制造和使用的家庭用具和餐具数量很少，构造极为简单。下面是他们主要的家庭用具：水罐或水缸是用柳条编制的，缝隙处填有树脂，用于防水。它们大小不一，最小的有1夸脱，最大的有10~12加仑[②]。水缸的形状类似于旧式水瓶，经常被妇女用来取水。水缸上有两个把手，上面系有用皮革或生皮制作的宽宽的带子。这种容器被放置在后腰上，由皮带支撑，处于直立位置。皮带向上穿过额头，妇女身体前倾，与水平面大约成45度角。容器口很大，塞有稻草。女人需要通过这种方式背着水缸，像狗狗小跑一样行走很远的距离。还有一种陶器具有几乎相同的形状，但是通常要小一些，用于烹饪。一种圆锥形大筐用于搬运木

---

① 1夸脱约为0.95升。——译注
② 1加仑约为3.8升。——译注

材、干草、粮食等，其开口位于底部。它们很大，容积通常有三四蒲式耳。它们的搬运方式和水瓶相同。

在没有火柴的情况下，他们很容易生火。他们将小木棍或芦苇秆的一端弄得又圆又钝，然后放在两手之间迅速搓动，使其末端在承接它的另一块木头的杯状孔洞里迅速旋转。杯状孔洞里有一个延伸到木棍末端的小槽，里面有几颗沙粒，可以增加摩擦力。在孔洞里，被磨碎的木质颗粒几秒钟就会起火，火会从小沟槽里窜出来。

他们所理解的鞣制兽皮过程非常简单，并不完整。用于鞣制的工具和装备极为简单原始。这项工作是由妇女完成的。

如前所述，男人是根深蒂固的赌徒。在满足这一癖好时，他们最常玩的游戏是"康奎恩"（con-quin）和"纳祖斯"（nazus）。康奎恩是一种和卡西诺有点类似的纸牌游戏。纳祖斯则是一种用一个小木圈和两根长杆进行的游戏。这种游戏有两个玩家，每人拥有一个光滑精致的锥形杆，长约10英尺。游戏场地覆盖着一层稻草，可以使杆子自由滑动。一个玩家在场地上滚动直径约9英寸的小圈。每个玩家将杆子熟练地滑向圈子，使圈子套住杆子的大头或把手。圈子和杆子会被计分，游戏分数取决于圈子套在杆子上的位置。在每个村子里都能看到这种游戏，他们几乎所有人一直都在玩这种游戏。

儿童拥有各种玩具。男孩拥有弓箭、鞭子等。他们的主要娱乐似乎是扔套索，他们扔得非常熟练。小女孩拥有小摇篮和木质玩偶，玩偶穿着印第安服饰。他们为婴儿提供了各种小物件，比如珠子、熊爪以及挂在摇篮上方绳子上的鸟喙。

虽然这些人的文明程度很低，但他们的贞操可以与许多高级种族相比。前面提到过他们对于违法者的残暴惩罚，这似乎使忠贞成了一种义务，尽管忠贞并不是他们自愿遵守的品德。

和其他许多印第安人一样，仇恨和报复是他们的鲜明特征。关于他们的好客和感恩，我没有亲身经验，但是据说，他们非常好客，并且怀有感恩之心。我可以通过亲身经历证明，他们拥有友谊，因为我自认为和他们中的几个人交了朋友。

不过，如果他们成为敌对分子，我并不知道这些友谊能否得到维持。

他们非常勇敢，但是这种勇敢来自无知和动物的本性。我可以举出许多个体嗜血而勇敢的例子。他们相信，一些代代相传的服饰可以使穿戴者刀枪不入，穿戴这些服饰的酋长比平时要鲁莽得多。

他们之中流行的疾病主要有痛风、腹泻、痢疾、感冒、结膜炎、疟疾等。不过，我很少看到结核病或脑积水、髋关节疾病等联合疾病。据我们所知，他们的性病并不常见。结膜炎是非常流行的疾病，它会引起许多不适，也会导致严重的后果。有的人结膜炎很轻，有的人结膜炎很重。结膜炎主要发生在儿童身上，原因包括烟雾刺激、不讲卫生和寒冷。许多人之所以患上结膜炎，是因为涂在脸上的颜料不慎入眼。很多人都忽视了结膜炎这一疾病，导致角膜混浊和损伤，最终丧失视力。

他们的疾病是由所谓的"德金"（de-jin，即巫医）治疗的。巫医通常是老人，凭借经验、年龄、知识或自诩的超自然的本领获得了巫医地位。他们使用草药的根茎等部位制作各种汤剂和浸液，还会使用蒸气浴，但他们主要依赖于超自然力量，包括各种颂歌、咒语、舞蹈和其他把戏。他们之所以将医术作为职业，通常是因为他们自称在梦中受到了高人指点。他们分为各种派别，一些人依赖于草药和其他实物疗法，一些人依赖于咒语，还有一些人依赖于双手发功。

他们将蒸气浴作为治病手段、清洁程序和战士走上战场之前的准备活动。他们会建造与住房类似但小一些的棚屋，将其完全封闭。患者被安置在棚屋中，接受熏蒸。他们将水倒在棚屋中间被加热的巨大石块上，生成大量蒸气。熏蒸持续到患者无法忍受为止。蒸气浴结束后，患者立刻跳到冷水中，然后擦干身体。可以在哨所附近的小溪岸边看到许多这样的棚屋。经历过这一过程的印第安战士说，他们感到非常轻快和强壮，可以更好地迎接长途旅行。

有时，巫医守在患者家门前，伴着鼓声吟唱单调的歌曲，类似于一个人在远处大声数数时发出的噪音。他会持续吟唱二十四小时，或者到没有力气为止。我听到过这种试图使病人摆脱邪灵的吟唱过程。吟唱发生在我在家可以听到的地方，因此这些叙述来自我的亲身经历。有时,在吟唱过程中,患者家属会附和巫医的歌声。

从结果来看,下面的疗法可以说很少会失败。巫医将患者和一个年轻未婚女性安置在一所房子里,房子的所有开口全部封闭,只在顶部留出一个小圆孔。房子里放有一盆水,上面漂着一只模型船,船里装着某种药物。在白天某个时候,阳光一定会透过房子顶部的开口照在水面上。女人的职责是监视这一时刻,告诉大家船只是否在被阳光照射时发生了移动。如果船只发生移动,她会大喊,站在外面等待信号的一群男性亲属会立刻发射一轮子弹。在他们看来,病人此时可以康复。不过,如果船只没有移动,一切希望都会消失,只能由"医生"完成他的工作。他们的治疗全凭经验,"类似疾病用类似药物治疗"的原则还没有被他们接受。除此以外,所有医学流派在他们之中似乎都很流行。

虽然他们的生活模式充满不确定性,许多人因暴力而死,但是他们中许多人都很长寿。我们可以从他们的医学实践中获得关于病理学和治疗方法的许多有趣数据和事实。我在这方面经验有限(在这里只驻扎了两个月),因此没有涉足这一领域。

他们敬畏死亡,很少提到死亡,如果提到,他们也从不提及死者的名字,只说"故去的那位"。当一个人去世时,亲戚朋友会瞻仰他的遗容,每人捐出一些小型个人物品,陪他上路。接着,死者的女性亲属把尸体裹在毯子里带走,安放在险峻的峡谷或旱谷里,并用大块石头盖住,以免被野生动物损坏。我有幸目睹了一次葬礼:4个女人抬着尸体,每人拿着毯子一角,后面跟随着其他许多女人;在前往长眠地的过程中,她们发出了撕心裂肺的哀悼之声;男人一直没有触摸尸体,只是站在一旁观看,或者躲开。

如果死者拥有马匹,马匹会被杀掉,以陪伴主人。如果寡妇很穷,马匹不会被杀死,但是马鬃和马尾会被剪掉。我得知,屠杀马匹的做法被克鲁克将军下令禁止。将军显然认为这种做法很过分,而且很不道德。

第二天,死者的村庄会被遗弃和烧毁,居民像阿拉伯人一样搬到另一个地方。

剪短头发的寡妇此时开始哀悼。她忧郁地坐在那里，发出以假声结尾的短促刺耳的哭声。这种哭声日夜持续，其持久性令人震惊。寡妇会持续哀悼六个月或一年。这段时间，她不洗脸，不梳头。哀悼期结束时，她开始涂抹颜料，以表示她想结婚。死者的兄弟或直系男性亲属可以优先将她娶为妻子。如果她没有被这些亲属选中，她必须得到他们的同意，才能嫁出这个家。如果违反这一规则，她可能会失去鼻子。

丈夫对丧妻的哀悼要轻得多。通常，仅仅过去几个月，他就可以在脸上涂抹与某个适婚女性类似的颜料，以表示他的续弦意图。不过，丈夫的悲痛有时也会很强烈。他会脱掉所有服装，带着蓬乱的头发和充血的眼睛疯跑几天。在这种状态下，有人甚至会自杀。

这些印第安人的宗教与我们熟知的大多数印第安人的宗教类似。他们相信，人死后有两条路：善良的人会前往西方极乐世界，邪恶的人会前往沸水坑，在无意中踏入坑中，然后忘记一切。

他们有很多迷信，而且非常荒谬。这里举几个例子。他们从不提及闪电。他们非常怕熊，甚至不会提及熊，尽管他们今后可能会猎熊。他们将蛇视为圣物，永远不会杀蛇。巫医有时会捉响尾蛇，将其带进村庄。大家会旁观，说"好，好"，然后看着蛇毫发无伤地爬走。

他们非常尊重狗。所以，每个村庄都会有像狼一样看上去令人厌恶的野狗。他们从不虐待驴和骡子。马就不一样了，他们对待这种可怜动物的态度是最为残忍的。

前面已经提到了关于水、鱼和夜间邪灵的迷信。有时，在传染病暴发期间，他们会怀疑某人是疾病的元凶并将其逮捕。这个人通常是女性。人们会指控她取出了死去亲属的内脏，并在烧掉内脏后将灰烬四散开来，导致了疾病的传播。她通常会成为群体愤怒的牺牲品，就像新英格兰早期被控使用巫术的女巫一样。我还可以举出其他许多迷信的例子。不过，希望上面的例子可以使读者对其性质有所认识。

从我可以确认的情报来看，他们的传统大部分虚幻而不完整。由于他们不记录时间，因此几乎无法获得关于他们的起源以及他们来自何方的线索，也不可能知道他们在这个地区生活了多久。对他们来说，过去遥远而晦涩，过去发生的事件仿佛是失真的梦境。他们之中没有一个人能说出自己的年龄，就连父母也不知道孩子的年龄。

他们说，他们许多年前来自新墨西哥方向，本来越过了这一地区，但是草原狼告诉他们，他们不能越过普列托河，那是此地以南的一条小河。草原狼可能是当时他们酋长的名字。他们还讲述了他们的其他传统，但是这些传统晦涩而可笑，不值得一提。

这些人没有宗教习惯和仪式，因此没有宴会和节日。他们夜间在户外举行社交聚会，表演民族舞蹈，我曾多次目睹这些户外舞会。舞会上的场景极为古怪独特。他们用松木生起巨大的篝火，男人们围着篝火排成大圈，有的人坐着，有的人站着。大圈上有一个用于进出的开口，舞会场地外围有一些小型篝火，妇女和儿童以家庭形式聚在篝火周围。

音乐由8~10个男声组成，他们和着枯燥的鼓声，共同发出庄重单调的吟唱。每段音乐都很短。他们在吟唱每段音乐时都要敲一下鼓，这种鼓声也可以起到保持节奏的作用。

音乐开始后，女性每两人结成一对，大部分是少女。其中一个人会跑上来触碰一名男性，表示她们想和他跳舞。被触碰的男性会跟着她去找她的伙伴。此时，3人手挽手。男人站在中间，朝一个方向看，两个女人一边一个，朝着和男人相反的方向看。他们以这种姿势前后移动15~20英尺的距离，通过一系列小碎步与音乐合拍。

在一通鼓声中，音乐停止，舞蹈结束，女人们非常随意地跑回篝火旁。这种舞蹈可能发生在圈内，也可能发生在圈外。根据亲身经历，我认为这种舞蹈形式极为无聊，非常令人厌倦。

过了一会儿，音乐风格会发生改变，变得更加热烈有力。此时，家庭舞蹈会停下来，两三个身穿戏装扮演邪灵的男性现身。观众用响亮的叫喊声欢迎他们。他们用面具遮住脸，头上装饰着巨大的木角。他们几乎裸露的身上装饰着雪松，手里拿着木质匕首，和着音乐节奏，一个接一个地围着火堆转圈，同时扭动着身体，挥舞双臂。观众发出的喝彩声会使他们更加卖力，而这又会使观众更加激动。此时，场面变得有趣起来。舞者狂野而猛烈的动作、观众由于鲜艳的颜料和火光的反射而变得丑陋可怕的激动面容、古怪的戏装、歌者庄严的吟唱以及来自各个角落的怪异叫喊声组成了令人久久难忘的场景。

在我最近参加的一次舞会上，一个患有髋关节疾病的可怜男孩被带到圈内，放在毯子上。戴面具的人围着男孩转了几圈，然后，每个人走上来，将剑搭在他患病的肢体上，以便将他们认为附在他身上的邪灵赶出去。

在上个圣诞假期，为了给印第安人提供消遣，这个哨所的军官举办了一次这样的舞会。除了规模更大以外，我们在各个方面都遵循了印第安人的风格。中央的篝火很大，周围是一圈彩色灯笼，作为男士圈的标志，再往外是另一圈灯笼，那是家庭圈的标志；居留地上的几乎所有印第安人都到场了。我们给他们分发了几箱硬面包、一些新鲜的牛肉和烟草，作为礼物。我们还准备了爆竹，用于娱乐。他们第一次见到爆竹，因此非常恐慌，但是这种恐慌很快转变成了愉快和惊讶。所有人都相信，此次活动为印第安人带来了很多快乐。

战舞和前面类似，只是由战士代替了戴面具的人，他们拿着武器，做出各种动作，模仿战斗姿态并发起冲锋。在军官舞会当晚，他们表演了战舞。

少数著名人物的性格可能并不无聊，这里随便做一些不完整的介绍。

世袭酋长埃什卡达西拉老态龙钟，已经退休。他曾是一个勇敢而英俊的印第安人。他在几年前曾跟随霍华德将军前往华盛顿。他现在很喜欢炫耀将军送给他的一本《圣经》、一封带有亲笔签名的信和一张照片。他曾与政府为敌，现在似乎对印第安人和政府的关系很满意。

目前的大酋长帕隆是克鲁克将军几年前任命的。到目前为止，他的忠诚和智慧完全令人满意，证明了将军的英明选择。他20岁左右，身材短小精悍，看上去比较柔弱。虽然他很年轻,但他表现出了许多良好的性格和很强的决断力。他从少年时起就以临危不惧、勇敢冷静著称。他的父亲是一个子部落的酋长,他和他的父亲一直对白人很友好。据我们所知,他从未打死一个白人。他现在很和善,帮助我们管理他手下的人,让他们听从政府的安排,这证明了他的忠诚。

帕隆的哥哥佩德罗比他大20岁左右,是一个子部落的酋长。他是居留地上最聪明的印第安人之一。他非常可靠,值得信任。他很勤劳,被认为是他们之中最富有的人,他耕种了一大片土地。在刚刚过去的一年,他种植的玉米卖了700美元。他有大约35头牛,还有一些骡马。他想让他的孩子接受教育。他最喜欢的儿子是个聪明英俊的小伙子,他想让儿子成为部落里第一个给总统写信的人。佩德罗可以自己签名,这是他炫耀的资本。他一直对白人很友好。

埃斯基因拉由于鲁莽大胆的性格获得了"迪亚布洛"①的外号,他大约35岁,他以战斗拼命著称,曾在战斗和提兹温狂欢中受伤。他个头和力量都很大,邪恶的表情常常通过微笑得到缓解。他向我展示了他的许多伤疤。过去两个月,为了给死去的兄弟报仇,他在哨所附近打死了印第安凶手,并且帮助我们打死了另一个印第安人。这个人制造提兹温,因此埃斯基因拉前去逮捕他,但他进行了反抗。埃斯基因拉是一个子分支的酋长,这个位置是他父亲传给他的。为说明他的性格,我想介绍下面这起最近发生的事件。他接到命令,需要派某个女人去确认某些人是否正在非法制造提兹温。他没有派出这个女人,因为他喜欢她,怕她拒绝执行任务。如果那样,他就必须处死她。他一直对白人很友好。从他的行动来看,他未来也将如此。

诺奇阿伊德尔克林②大约50岁,是个诚实清醒的人。作为酋长,他的子部落人数是最多的,这可能源于他的慷慨和温和。他牢牢控制着手下的人,对待白人和印第安人一视同仁。他曾经与政府为敌,但是现在看上去对政府很友好。

这些印第安人目前拥有的居留地约有8000平方英里,位于亚利桑那领地东南

---

① 意为魔鬼。——译注
② 酋长兼巫医,他的学说在1881年引发了锡贝丘溪事件。

部。这里囊括了他们一直占据的大部分土地,这片区域包含了怀特芒廷的很大一部分,因此非常崎岖,但是风景如画。这些印第安人长期在此居住,因此拥有山区民族的一切本能和习惯。他们与通托阿帕奇人和锡贝丘人是东部和北部印第安人的世仇,后者主要包括纳瓦霍人、莫奎斯人(Moquis)和普韦布洛人。小科罗拉多河谷是双方土地的分界线,被视为中立地区。如果这些敌对部落的人在此相遇,他们不会发生战斗。

据说,这些人的天然智慧程度很高,值得我们认真教化。过去两年表明,他们非常温顺,很愿意做正确的事情。我们应该派务实的工匠和技师教他们盖房制衣,让他们过上舒适的生活,同时派务实的农夫教他们以最佳方式耕种土地,饲养牲畜。我们应该教他们的孩子学英语,使他们的下一代与白人建立紧密的联系,形成其他方式无法实现的强烈的同情心。语言不同的种族之间总会有或多或少的隔阂。

当他们拥有住房和床铺,而不是像愚蠢的牲畜一样趴在地上睡觉时,当他们学会穿衣和保持个人卫生时,当他们养成勤劳的习惯,过上初步的文明生活时,他们可以更好地理解和接受基督教的奥秘。在这种改变发生之前,让他们皈依基督教的一切努力都是徒劳的。

他们目前处在严格的军事监督下,看上去非常安分。许多人经常短期入伍当兵,只有他们可以获得枪支。要想远离这个哨所,任何人都必须向指挥官申请通行证。对于手下任何玩忽职守的士兵,没有军衔的印第安军官会立刻向上级报告,或者惩罚他们。他们渴望像白人那样行动和生活,我们应该向他们提供一切便利条件。

目前,一支由白人和印第安士兵组成的侦察队已经离开这个哨所,以惩罚和驱逐在其居留地上游荡的其他部落的反叛团伙。

这种令人满意的现状完全来自军区指挥官克鲁克将军明智而审慎的管理。他只向他们做出了几项承诺,而且一直在严格履行这些承诺。他们畏惧他,尊敬他。如果他对他们仁慈而稳定的处理方式能够得到维持,他们就会得到教化,实现自给自足，最终成为体面而值得尊重的群体。值得一提的是，美国第二十三步兵团的乔治·H.兰德尔少校在担任这个哨所指挥官期间迅速而果断地执行了军区指挥官的政策，非常值得表扬。同样值得表扬的还有目前的哨所指挥官、美国第八步兵团的F.D.奥格尔比少校，他投入了全部精力和注意力，以改善这些印第安人的生活状况。

最后，我要答谢著名的可靠向导兼翻译C.E.库利先生提供的友好协助。库利目前受雇于政府，在这个哨所工作。

上述大部分资料来自库利对于这些印第安人的长期接触和充分了解，以及他的翻译才能，在此表示感谢。

我恭敬地提交这份报告，希望它能加深读者对这些印第安人的了解。

阿帕奇营，亚利桑那领地

1875年1月11日

（签名：）L.Y.洛林

助理军医，

美国陆军驻地军医

维多利奥和他的年轻人

E.C. 肯布尔[①]
《纽约时报》，1880 年 11 月 28 日

1875 年秋，阿帕奇酋长维多利奥[②]的团伙拥有不到 100 人。我们的军队曾在新墨西哥和亚利桑那徒劳地追赶这伙人。最近，墨西哥方面报道了他的死讯。当时，维多利奥的居留地在霍特斯普林斯（奥霍卡连特），位于圣菲西南大约 250 英里处。一两年前，我们将他从图拉罗萨[③]迁移到那里，这是我们十年内强迫他进行的第三次搬迁。1877 年春，这些印第安人再次启程前往新"家"，接受亚利桑那圣卡洛斯事务官的管理。他们很不情愿，但这项措施很有必要。维多利奥及其团伙跑回了奥霍卡连特和卡尼亚达阿拉莫萨附近的老家，并从那里开启了最后一次反叛。

当维多利奥 1876 年春在奥霍卡连特居留地时，位于华盛顿的印第安事务局发现了一个问题，因此派一名检查员[④]迅速离开华盛顿，前往当地事务处，检查那里的记账方式。根据发往华盛顿的报告，从去年秋天起，奥霍卡连特的印第安人数量出现了惊人增长，这种增长还在继续。根据口粮报告，冬天和春天过后，印第安人从 450 人增长到了 1200 ~ 1300 人。这显然是源于某人的欺骗行为。检查员抵达圣菲后开始了调查。期间，新墨西哥南部发来快报，称阿帕奇人已经造反，

[①] E.C. 肯布尔是印第安事务局检察员。
[②] 维多利奥（约 1825—1880）是东奇里卡瓦人，是最伟大的阿帕奇战争酋长之一。
[③] 新墨西哥图拉罗萨居留地 1874 年 7 月被放弃。
[④] 这里所说的检查员就是肯布尔本人。

如果没有政府干预，奥霍卡连特事务官①的人身安全可能会受到威胁。该地区指挥官哈奇将军当时在圣菲，接到消息，他立刻命令距离事务处最近的哨所派部队出动。第二天上午，他在检察员的陪同下前往奥霍卡连特。

他们乘坐的交通工具是一辆满是泥土的小篷车，被不满的当地旅行者戏称为"颠簸车"。每当它像击球手僵硬的短击挥棒一样摇摆时，坐在皮革车厢里的乘客往往会甩掉帽子，光头栽进对面同伴的怀里，这也许就是其外号的由来。我们在残酷的凌晨3点启程离开圣菲。在阴冷的早上，我们在车厢外与马车夫一同骑行。黎明时分，马车夫把一个地方指给我看。几个月前，倾盆大雨冲毁了部分道路，冲走了一辆内陆马车，淹死了马车夫和一匹马。

我的同伴用低沉的声音讲述了这起事件。说完，他带着严肃的表情陷入了沉思。过了好久，他才回过神来，补充道："那天晚上，吉姆说了不该说的话。"接着，他说，一个马夫离开我们即将抵达的驿站时，他发现黑云正在西边聚集，因此对吉姆说，在进城之前，他会被浇成落汤鸡。吉姆发出了可怕的诅咒，说自己对此很期待。他还用我听过的最卑污的语言诅咒上帝，因为上帝"总是与他作对"。就连马车夫也会被这种亵渎吓得不寒而栗。灾难过后的第二天，吉姆的尸体在0.5英里外的溪谷里被人发现。

我们骑行了一天一夜，于次日黎明时分抵达阿尔伯克基（Albuquerque）。我们在一处低洼的土坯墙驿站里歇脚吃晚饭。对方端上了一盘炖猪皮，这是那个肮脏小屋可以提供的唯一伙食。根据那片地区的风俗，马车夫没有坐下来和我们共进晚餐，而是在外面"随便吃点东西"，就像他后来跟我说的那样。当我们提到猪皮时，他很愤怒。"他们给你们吃这种东西吗？"他说，"你怎么不把桌子踢翻呢？他们上次给我们吃猪皮时，我们就是这么干的！"

到了克雷格堡（Fort Craig），哈奇将军和检查员离开驿道，乘坐旅行车前往35英里外的麦克雷堡（Fort McRae）。部分路段穿越了著名的霍尔纳达－德尔穆埃托，

---

① 这位事务官是新墨西哥索科罗的约翰·M. 肖（John. M. Shaw）。

意为"死亡之旅",因为这片地区的饮水站相距 30~50 英里。在漫长的旅途中,许多人死在这片炎热干燥的荒原上。日落时分,我们进入了更加令人绝望的地段,叫作死亡泉谷(Ravine of the Spring of Death)。这里发生过阿帕奇伏击战,充满了血腥的回忆。这里的凉爽泉水将许多饥饿的旅人引向更加可怕的命运,关于印第安人袭击和屠杀的血腥传说为残阳下每块突兀的岩石都赋予了忧郁而凄惨的色彩。

我们在夜间途经麦克雷堡。这里到霍特斯普林斯——奥霍卡连特事务处还有 18 英里。哈奇将军及其同伴带着向导和 6 人的护卫队在 4 月 21 日下午出发,希望在天黑前抵达目的地①。我们途经可怕的卡尼亚达阿拉莫萨小镇,那里住着最卑劣的墨西哥盗贼和亡命徒。他们向印第安人出售烈酒和小型装饰品,以换取政府发给他们的商品,借以维持生计。到处都可以看到政府的财产,包括军用水壶、斧子、锡器和服装。墨西哥佬裹着毯子悠闲地散步,毯子上印着将近 0.5 英尺长的字母 U.S.I.D.(政府商品标识)。当维多利奥及其团伙大摇大摆地离开居留地,去山谷里散心时,他们最喜欢光顾这座小镇。

当我们靠近事务处时,周围的景象变得壮观起来。不过,我们注定要在路上度过另一个夜晚——我们的向导走错了路。在我们这一小群人返回正道之前,夜幕降临了。这里被高耸入云的山体环绕,我们准备在既没有水,也没有任何干粮的情况下露营。用当地人的话说,这叫"旱营"。我们把坐骑的腿绑好,安排一个人放哨,然后把毯子铺在沙地上。

我们的露营并不沉闷。我们刚刚入睡,就听到事务处方向茂密的松林外传来印第安人的鼓声。不久,我们听到了印第安人共同吟唱的声音。他们在激动地跳舞。在至少一个小时的时间里,我们躺在那里听着越来越大的喧哗声。午夜后不久,我们被沿主路而来的马蹄声惊醒。哨兵前去侦察,不久,他带着居留地牛肉承包商汤姆·赖利回来了。当赖利认出哈奇将军时,他立刻汇报说,奥霍卡连特的情况非常糟糕——印第安人喝醉了,正在自相残杀。我们前半夜听到的声音来

---

① 哈奇在报告中说,他们在 4 月 20 日抵达奥霍卡连特。

自"提兹温舞蹈",有两三个印第安人在舞蹈中被射杀。提兹温是阿帕奇人自己酿造的玉米发酵饮料。根据他们的饮用方法,提兹温可以成为最令人疯狂的烈酒之一。他们将玉米发芽浸泡,在阳光下暴晒几天。提兹温的味道很温和,与柠檬水类似。为了喝醉,印第安人会彻底禁食两三天,然后饮用大量提兹温。在提兹温狂欢期间,他们会唱歌,跳战舞。此时,他们常常会解决私人恩怨。印第安人常常在争吵时杀人,因此他们的提兹温舞蹈往往会演变成死亡之舞。

"他们非常激动,全身赤裸,"赖利描述起了他刚刚看到的场景,"身上只挂着子弹带,每个人都拿着来复枪,随时准备动手。老维多利奥也在那里,还有洛科和纳纳,以及那帮张牙舞爪的手下。"他说,他们点着脚从一边跳到另一边,"就像踩在热烤盘上一样",同时不断相互监视,找机会射击或躲闪。"我刚刚对自己说,"赖利继续说道,"如果我离开那个地方,他们可能会将这种提兹温凡丹戈舞蹈一直持续下去。"

第二天早上,事务处方向一片寂静。我们继续前进,快到中午时抵达事务处。这里位于山谷中,被高山环绕,通过一条狭窄的山口与距离最近的文明世界相通。如果有100个坚定的战士守在这里,任何军队都无法攻进来。这里是维多利奥的家园,是他最喜欢的避难所,也是他上次被驱逐的居留地。这里有锯木厂、商店、学校和事务处建筑,但维多利奥及其印第安战士将学校看作剥夺他们自由的陷阱。因此,几乎所有学生都是事务处员工的孩子。吸引印第安人的主要地点包括发放口粮的政府库房和畜栏,还有商店。

看到"大队长"和来自华盛顿的陌生人,维多利奥的追随者非常激动。"大队长"是他们对哈奇将军的称呼。和访客突然来到阿帕奇营地的情况类似,妇女和儿童迅速躲了起来。当我们骑马走向事务处时,许多阿帕奇妇女和她们的孩子正聚集在商店前的广场上,平原上也散布着矮马。十分钟后,所有的矮马、印第安妇女和婴儿兜全都消失了。我们从事务官那里得知,其他事务处印第安逃犯的频繁到访使他名义上控制的这些印第安人变得很不安分,他们目前正在窝藏一些奇里卡瓦避难者并为他们提供食物,这些避难者与亚利桑那最近发生的暴动和谋杀事件有关[①]。这些人的到访使他们常常处于愤怒和躁动状态，很难控制。

在我们交谈时，事务官向窗外望去，突然叫道："维多利奥来了。"这位声名显赫的酋长带着随从洛科、纳纳、拉斐尔（Rafael）、文森提奥（Vicentio）和其他6个分支酋长骑马来到门前，下了马，大约30个头人和士兵在后面步行跟随。未经通报，酋长们便面色凝重地走了进来。其他人留在门口。

维多利奥肆无忌惮地走上来，与在场的白人握手，他的同伴也一一效仿。接着，他们把肮脏的靴子扔在床上和折凳上，坐在那里默默地看了我们几分钟。当时的维多利奥看上去矮小而结实，下颌沉重而紧绷，眼睛与马萨诸塞州肤浅政客的著名形象没有太大区别。他穿着满是灰尘的杂色衬衫和粗布裤子，身上没有油彩、羽毛和其他任何装饰。他们每个人都把来复枪横放在膝盖上。维多利奥第一个开了口，他直截了当地询问哈奇将军此行的目的，将军幽默地回避了这个问题。事务官在这伙人面前放了一只锡盆，里面装有烟草和一些用于卷烟的普通稻草纸，这是大多数新墨西哥人的吸烟方式。在手下人卷烟时，维多利奥再次开口，用西班牙语盘问我们。

维多利奥：我问了我的朋友，为什么他们来到我的地盘。

哈奇将军：我知道你在这里窝藏和供养了一些印第安坏人。

维多利奥：这话昨天成立，但是今天不成立了。

哈奇将军：此话怎讲？

维多利奥：那些印第安坏人全都死了。

哈奇将军（旁白）：哈！他们在这里也学会了怎样把印第安坏人转变成好人。

维多利奥接着说，在当天早上的舞会上，来自奇里卡瓦的3个避难者被射杀。他很想知道军队是否即将进入山谷。哈奇将军费了很大力气才成功回避了这个问题。

"慈父希望你成为他的首领之一，"检查员说，"如果你愿意提供一些年轻人，他会让他们成为士兵（警察），以维持居留地的和平。这样一来，他就根本不需要

[①] 显然，他们是斯基尼亚和皮翁塞纳伊团伙的奇里卡瓦袭击者的家人，4月初在奇里卡瓦居留地附近谋杀了马车驿站所有者M. N. 罗杰斯及其助手A. O. 斯彭斯。大部分袭击者藏身于德拉贡山脉。

派白人士兵来到这里了。"

维多利奥说："我太老了。如果我骑上你们的美国大马，它可能会带着我跑掉，我的年轻人就会嘲笑我。我的事务官父亲今天会为我们提供牛肉吗？当我的朋友来看望我时，我们应该举行宴会。"

接着，一个老酋长站起来，说道："我是老人。许多年前，在我的头发还没有变白时，当美国人刚刚进入这片地区时，我们像现在这样坐在房间里吃面包，喝咖啡。我们之前和你们的人发生了一些矛盾，但是当他们邀请我们参加宴会时，我们觉得一切都过去了。我们放下枪和弓，准备和你们的人一起吸烟。在我们吃饭时，房子突然被军队包围，他们把枪架在窗户上，把我们的人打倒，只有5个人没死，我是幸运的逃脱者之一。我不知道我是怎样逃离围栏的。当枪声响起时，我什么都不记得了。等我回过神来，我已经逃进了山里，一只手还紧紧握着刚才喝咖啡用的锡杯。在那之前，我会喝你们递来的水。在那之后，我甚至不敢躺在路边。①"

我想，是不是因为这样，所以现在坐在这里和我们谈话的家伙每个人都把枪支横放在膝盖上？如果被哈奇将军调到这里的某个连突然出现在窗前，会对此次会议造成什么影响呢？会议结束了，但是并没有达成令人满意的结果。事务官宣布，他已下令将牛群赶过来，第二天就会分发牛肉。

检查员已经开始检查花名册和印第安家庭的登记数量。就像他预料的那样，他发现，只有450~500个印第安人有资格在这个事务处接受口粮。不过，种种证据表明，每周发放的牛肉是这个数量的3倍。怎样解释这一点呢？

夜幕降临了。吃过晚饭，我们准备休息。牛群已被赶进畜栏，印第安岗哨也已经安排妥当。我记得，在种种不确定之中，我们并不觉得为卧室门上锁能确保我们的安全。虽然当我在华盛顿和格兰德河之间的任何地点过夜时，我从来都没有忘记这一防备措施。

---

① 这很可能是指1856年4月的事件。当时，名誉中校丹尼尔·T. 钱德勒领导的一支分遣队曾向一群聚集起来等待与事务官见面的和平的明布雷斯人开火。

深更半夜，我们被叫醒。有人报告说，畜栏方向发生了枪击。接着，又传来两声枪响。随后，我们听到印第安人的叫喊声以及牛群的吼叫和奔跑声。显然，有人在驱赶牛群。事务官走进房间，十分平静地告诉我们，维多利奥手下的年轻人经常以这种方式将牛群赶走，他无力阻止。"被偷走的牛能要回来吗？"我们问道。"有时能，有时不能。""你怎样向军区解释要不回来的牛呢？""将它们登记为已发放给印第安人。"事务官迅速回答道。印第安人口迅速增长的谜团开始有了一点眉目。

上午，事务处周围看不到一个阿帕奇人。我们最先注意到的是聚集在商店门前的一群白人雇员，他们专注地凝望着居留地北边的山丘。当我们走到近前时，他们说，他们在一座山峰上看到了"烟"，即阿帕奇人的烽烟信号。"又出现了！"一个人叫道。就在他说话时，一道黑色烟柱在静止的空气中直直地升起，然后随风飘走。很快，又出现了两三缕更浅的烟柱。"他们在给洛科的营地发信号，说军队正在赶来。"熟悉阿帕奇人烽烟信号的店主说道。

行动的时刻到了。经过短暂商议，事务官奉命向维多利奥营地发出消息，告诉他必须在太阳升到山丘上方之前把昨晚牵走的牛群送回来。一个混血墨西哥人骑上一匹速度很快的小野马，向四五英里外的营地疾驰而去。在他离开大约二十分钟后，我们在另一个方向看到了一团烟尘，随后看到一群人和牲畜从小山后面向南迅速移动，显然是在朝事务处赶来。

他们是谁？是抢劫团伙吗？他们是否喝了提兹温，处于醉酒状态？我们可以看到，他们来回骑行，以狂乱而古怪的方式不断相互超越。我们静静地站在那里，观察他们的动向，感到焦虑而疑惑。接着，店主再次开了口："这是一伙正在驱赶牛群的印第安人！"事实的确如此，因为过了不久，我们听到了牛群的喧闹声，看到了竖着尾巴向前冲的牛群长长的牛角。在距离我们0.5英里的地方，大约二三十个印第安人骑着马迅速离开队伍，朝商店直冲过来。当他们走近时，我们可以看到维多利奥矮小健壮的身影。他用红色手帕绑着蓬乱的头发，穿着肮脏的粗布衬衫，敞着领口，此外没有穿其他衣服。作为大酋长，这个形象看上去很不体面。他俯身趴在凶猛的小矮马上，就像被绑在马上一样，无所畏惧地径直走向我们站立的地方。

"早上好，先生们！"他开了口，"希望你们昨晚过得愉快。"接着，他说，他手下的一些年轻人昨晚开了点玩笑，牵走了事务处的牛群。他听说之后立刻把他们叫到一起，要求他们前往溪谷，把他们藏在那里的牛群赶回来。他和他的一些士兵跟着他们，以确保他们将牛群全部送还事务处。现在，它们就在那里。只要事务官做好准备，他就可以发放牛肉了。

维多利奥全副武装，他的跟随者也是如此。他们骑着最快的矮马。当他结束简短的谈话时，他突然转身，和同伴飞奔而去，与畜栏边那群人会合，后者正在看守气喘吁吁的牛群。事务官也走了过去，他的一些员工准备开门。当我们转身准备返回宿舍时，我们看到事务官和维多利奥进行了短暂的交流。我们激动的心情开始平静下来，希望我们有办法克制这个粗野的阿帕奇人。这时，传来两声枪响，子弹在我们头顶呼啸而过。维多利奥的"年轻人"立刻在牛群中开始了胡乱射击。我们看到畜栏里的事务处人员四散奔逃，牛群朝着四面八方疯跑。空气中似乎充满了颤抖的叫喊声、尖叫声和来复枪弹的嗡嗡声。畜栏外面的草原上，疯狂吼叫的公牛和横冲直撞的矮马乱成一团，肤色黝黑的矮马骑手身后飘扬着长长的头发，他们似乎正在开枪。

在这种狂乱的场景中，就在我们迅速思考对方接下来的行动时，我们听到了军号声。我们侧耳倾听，没有错，我们来到事务处时经过的遍布岩石的山口传来了军号的清晰回声。所有人的目光全都转向了那个方向的树林。此时，某种奇怪的颜色与松树的深绿色混合在一起，仿佛远处的蓝色地平线已将松林撕开一般。那种暗淡的色调似乎带有神奇的生命力，正在以起伏的褶层向前推进。现在，我们在这种色彩中看到了生命体，他们排着长长的队伍，向远处伸展开来，融入更加明亮的天空和阳光中。此时，我们的眼睛被钢铁的闪光晃到了。我们发出了热情的欢呼，因为一队身穿蓝色军装的小伙子在哈根上尉（Captain Hagen）的率领下骑着马从树林里走了出来，带着老兵的沉稳在事务处门前摆好阵势。我们扭头去看杀牛犯，这才意识到他们的叫喊声在几分钟前就停止了。虽然平原上散布着被宰杀的肉牛，但是维多利奥及其团伙已经不见踪影。他们再次躲进了深山的怀抱。

军队抵达后不久，我走进事务处办公室。事务官和一些员工也在那里，一个职员正在笔记本上记录一些令我感兴趣的内容。

"赖利提供了多少头牛？"事务官问道。

"42头。"领头的牧工回答道。

"印第安人带回来多少头？"

"36头。"

"只有7头还活着，"事务官继续说道，"36乘以750（每头牛平均净重），除以14（每个印第安人每周口粮中的牛肉磅数），得到1875个印第安人。①"

"是磅数。"检查员疑惑地说道。

"是印第安人数，"事务官重复道，"是出现在这件事中的印第安人总数！"

奥霍卡连特阿帕奇人数的惊人增长之谜解开了。还有一个身在外地的事务官接到了印第安事务局通过电话发出的愤怒询问。经证实，他曾不止一次允许维多利奥以这种方式向他的团伙发放口粮。在维多利奥返回畜栏的那个上午，他也提出了同样的要求②。

第二年春天，维多利奥连同洛科、纳纳和其他人接到了离开奥霍卡连特并前往圣卡洛斯山脉的命令。从此，这个桀骜不驯的阿帕奇人开始在奥霍卡连特积极制造麻烦。在接下来的岁月里，这个印第安人以及政府、将军们和墨西哥南部的所有人都遇到了很大的困境。这场暴动最终以维多利奥及其勇士的死亡收场。

---

① 这一句中的数学计算有误，但原文也是如此。
② 肖事务官提交辞呈并获得批准，他在1876年6月19日辞职。

第三章

1878—1883 年
暴动和骚乱

1879 年与维多利奥之战

查尔斯·B. 盖特伍德[①]
《大分水岭》第 11 卷（1894 年 4 月）：102—104 页

　　许多阿帕奇酋长的名字都令亚利桑那、新墨西哥以及墨西哥索诺拉州和奇瓦瓦州的人民感到恐慌。其中，最有名的是奇里卡瓦阿帕奇部落的科奇斯和杰罗尼莫，以及沃姆斯普林斯阿帕奇部落的曼加斯·科罗拉达斯和维多利奥。这两个部落在过去三十年间制造的麻烦比其他所有阿帕奇人加起来还要多。其他部落只是互相争战，科奇斯和曼加斯·科罗拉达斯领导的这两个部落则联合在一起，不仅与其他同族部落为敌，还与所有人为敌。这两位酋长是事实上的领袖，维多利奥和杰罗尼莫则徒有虚名。他们在定居者之中的名声比在他们自己人之中的名声还要响亮。从 1879 年到 1881 年，新墨西哥、墨西哥北部和亚利桑那的一部分地区遭到了阿帕奇人的威胁，他们名义上的酋长是维多利奥。这些恶行真正的策划者是纳纳[②]、托马西托（Tomacito）和图里维奥（Turrivio）。维多利奥中了风，是个年老力衰的酋长，几乎无法跟随妇女儿童采集食物。最终，在 1881 年，他和部落

[①] 美国第六骑兵团的查尔斯·B. 盖特伍德（1853—1896）。从他来到亚利桑那的 1878 年 2 月到 1885 年 1 月，他几乎一直在战场上对抗敌对阿帕奇人，或者管理居留地上棘手的印第安部落。他在杰罗尼莫最终的投降过程中扮演了重要角色。1886 年 10 月到 1890 年 9 月，盖特伍德担任纳尔逊·A. 迈尔斯将军的随从参谋。他在晋升为上尉之前死于癌症。

[②] 纳纳（约 1800—1896）是重要的明布雷斯领导者，但他既不是酋长，也不是子酋长。他在墨西哥特雷斯卡斯蒂约斯带领团队进行抢劫时与维多利奥死里逃生。1881 年，年迈的纳纳带领几个印第安战士展开了一次极为成功的阿帕奇抢劫，在新墨西哥西南部和亚利桑那南部狂奔 1000 多英里，与美国军队进行了十几次小规模冲突，俘获了几百匹骡马，然后躲进了马德雷山脉。

中的许多妇女儿童遭到墨西哥人突袭并被打死①。托马西托和图里维奥在1879年被打死，因此纳纳成了沃姆斯普林斯幸存下来的唯一有能力的领导者。

我曾领导一支印第安侦察队，并曾履行管理阿帕奇人的职务，因此参与了从1879年到1886年对抗这些人的所有战役。

1879年4月，名义上由维多利奥领导的沃姆斯普林斯人离开了居留地，其理由在他们看来很充分，主要包括事务官的掠夺和管理失误导致的不安（和西边的故事相同），以及他们杀人、抢劫、盗窃并从整体上制造混乱的内在愿望。总结成一个词，就是"报复"。他们穿过新墨西哥，回到旧墨西哥，进入亚利桑那，沿途尽是烧毁的牧场、森林大火、死去的牛羊以及遭到杀害的人类尸体。他们骑着从途经的牧场抢来的精力充沛的马匹，日夜奔驰，有时连续骑行三十六个小时，连觉都不睡，难怪部队追不上他们。毕竟，部队每个星期都要使用相同的坐骑，而且很少能在夜晚循着他们的足迹前进。西南部的军队人数这么少，又没有经过忍受这些艰苦条件的训练，而他们竟能在如此广阔的地区为散布各处的定居者提供这么大的保护，这真是美国陆军的光荣。强悍的美军骑兵分遣队的及时出现挽救了许多居民、牧场和小村庄。

印第安人很快从墨西哥马德雷山脉据点卷土重来②，带着从科曼奇人、纳瓦霍人和梅斯卡莱罗人的反叛者中招募的新人，重新开始了规模更大的抢劫行动。他们在9月与已故的陆军上尉拜尔（Beyer）打了一仗③，备受鼓舞，变得更加大胆。顺便一提，在此次战斗中，目前已晋升为上尉的第九骑兵团中尉M. W. 戴拒绝丢下伤兵独自撤退，冒着重火力带走了一个残疾士兵。由于这一冒犯行为，指挥官拜尔想让军事法庭审判戴中尉。美国国会为此向戴中尉颁发了金质奖章。

在新墨西哥服役的少数侦察兵和追踪者来自纳瓦霍部落。和亚利桑那的阿帕

---

① 盖特伍德从未亲眼见到维多利奥，他对这位酋长的描述与当时认识维多利奥的事务官、军官和其他人的描述截然不同。认识维多利奥的人一致认为，他仍然精力旺盛，很有能力，是明布雷斯人真正的酋长。盖特伍德可能把维多利奥和纳纳弄混了。纳纳虽然还有精力，但是年事已高。 Dan L. Thrapp, *Victorio and the Mimbres Apaches* (Norman: University of Oklahoma Press, 1974), 364n.
② 维多利奥并没有像当时许多军官认为的那样跨越国界进入墨西哥。
③ 此战发生在阿尼马斯溪，时间是1879年9月18日。

奇侦察兵相比，他们属于冷静派。除了少数例外，他们强烈反对在即将靠近敌人时继续追踪。所以，A. P. 布洛克索姆中尉[1]和我的两个亚利桑那侦察连接到了向第九骑兵团的 A. P. 莫罗上校[2]报到的命令。莫罗当时是少校，是贝厄德堡（Fort Bayard）的指挥官。当我们抵达贝厄德堡时，指挥官刚刚收到拜尔的战报。拜尔已撤出 40 英里外的战场，正在返回贝厄德堡。当时，贝厄德堡已经有了几支卫戍骑兵连，加上两个侦察连，可以组成一支可观的部队，完全可以上战场[3]。莫罗上校发布了命令。我们迅速安好马掌和骡掌，带好口粮和弹药，向拜尔发现敌人踪迹的地方前进。侦察兵和布洛克索姆中尉领导的骑兵分遣队径直穿越明布雷斯山脉，前往战斗地点，其余骑兵则沿着老卡明斯堡（Fort Cummings）的马车道绕行。这很有必要，因为后者带着马车队，前者则只带着驮骡。

我们花了几天时间穿越了明布雷斯山，因为大部分路段根本没有道路，山势陡峭而崎岖。到了第三天或第四天，我们在拜尔战斗过的阿尼马斯山谷西北几英里的地方发现了敌人的足迹。接着，我们甩开驮队，将所有牲畜留在身后，带着侦察兵和一支下了马的骑兵分遣队，追着敌人的足迹连续走了三个晚上，每个人都带着口粮和装备。

我们白天藏在狭窄的山谷里休息。雨下个不停。我们只敢生很小的火做饭，因此没有机会烘干衣服和队伍中少数的几张毯子。在我们携带的少数食物中，唯一没有被雨水淋湿的只有咸猪肉。面包和烟草混在一起，成了糨糊，既不能吃，也不能吸。第二天，我们在被遗弃的营地里发现了一些腌马肉，在一定程度上弥补了口粮的短缺。第三天，一头被遗弃的老骡满足了我们持续已久的需求。士兵们一段时间以前让它驮运了许多货物，直到它走不动路，只能留在原地等死。接着，敌人又用了它一段时间，直到它快没气时才丢下它，让它自生自灭。我们可以看到它身上的每一块骨头。它受了这么多虐待，你可以想象到它的后背是什么

---

[1] 美国第六骑兵团的奥古斯图斯·P. 布洛克索姆（1854—1931）。他在美西战争中在圣胡安山（San Juan Hill）受伤，1918 年以准将身份退役。
[2] 1891 年，阿尔伯特·P. 莫罗（1842—1911）以美国第三骑兵团上校的身份结束了军事生涯。
[3] 莫罗带着 6 名军官、36 名侦察兵和 191 名士兵组成的部队进入了战场。

状态。在侦察兵切断它的喉咙以后，不到几分钟，我们就用路上捡来的平底锅在小火上炖起了咸猪肉和骡肉。骡肉很硬，根本嚼不动，只能整块吞下去。骡子躺在地上，背对着营火，这种场景并不利于增进食欲。不过，总比饿肚子要强。

我们从道路的状态和路上的踪迹得知，我们正在接近敌人，而他们并不知道我们在靠近。第四天，骑兵及其马车队还有我们的驮骡跟了上来，这是非常令人欣喜的重逢。当时，我们已深入明布雷斯山脉东北的布莱克岭。实际上，这两座山脉是被当地崎岖地势打断的一道连续的山脉。雨已经停了，太阳正在竭力将地表晒干。太阳表现得很出色，才过了几天，我们就不得不寻找水源了。我们刚被浇成落汤鸡，现在又要忍受干渴之苦。

我们白天从这个营地出发。日落前①，走在前面的侦察兵发现了在深邃峡谷里扎营的维多利奥团伙。他们在大约同一时间看到了侦察兵。于是，有趣的战斗开始了。听到枪声，队伍后面的人当然开始了急行军。敌人起初看到的侦察兵很少，认为他们已经稳操胜券，因此表现得轻松而幽默，问我们敢不敢走过来，甚至邀请我们共进晚餐。我的军士长迪克回应道："我们来了。"当老维克的勇士们看到40多名侦察兵和同样多的白人和有色人种正规军冲下峡谷，向他们的营地走来时，他们顿时四散奔逃，夜幕掩护了他们的逃亡。战斗结果是，他们损失了两个小伙子和一个妇女，我们没有伤亡。他们成功赶走了牲畜。由于他们在抢劫过程中没有携带太多战利品，因此我们在他们的营地里并没有找到太多值钱的东西。

当晚，由于水源有限，侦察兵在前一晚战场附近的峡谷露营，距离大部队大约1英里。峡谷大概有800英尺深，两侧陡峭而崎岖，生长着松树、橡树和茂密的矮树丛。另一个营地位于下方峡谷的尖锐拐角处。

第二天一大早，我们刚吃完早饭，下方峡谷就传来一声枪响，接着是一轮齐射。然后，声音突然增加，变成了更多枪响和更多齐射，混杂着指挥的喊声，这些声音在峡谷中反复回荡，直到演变成一片喧嚣。如果一个紧张的人待在我们营

---

① 1879年9月29日。

地里倾听这种声音，他一定会发疯。

布洛克索姆让大家拿起武器，然后令我带着20个人以最快的速度步行去向莫罗上校报到。我们出发了，激动的噪音越来越响亮。到最后，我相信，该地区仍然保持着清醒头脑的人就只有下士了，因为他在一段时间以后冷静地告诉我，要想躲避交叉火力，我应该坐在岩石的另一侧。在此之前，我觉得我们都会被打死，因为每个人都失去了理智，都在用尽全力嘶吼，同时朝空中开枪。不过，当我在岩石合适的一侧站稳以后，我吃惊地发现，他们非常冷静，而且瞄得很准，一些人甚至还在说笑。我后来回忆起了下士告诉我保护岩石的愚蠢之处时脸上愉快的笑容。虽然被岩石挡着，但我知道，我们位于峡谷拐角内侧莫罗营地的上方，而敌人占据着拐角外侧，他们之间的间隔很清晰，远处只能看见一缕缕烟雾，至少在我看来如此。侦察兵当天早上早些时候跟踪敌人分散的足迹，在距离敌人四五英里时听到了枪声。我们和他们之间的地势非常崎岖，不过，他们在一小时内就在攻击者的右侧和后方出现了。此时，我们对面莫罗上校位于峡谷高侧的阵线进一步向前推进，我们这一队则迅速包抄敌人的左翼。同时，布洛克索姆加入我们之中，接过了指挥权。此时，敌人躲到了大约1英里外地势更高、更加崎岖、也更加易守难攻的隐蔽处。当侦察兵开始出现时，我们只能透过灌木丛和树林隐约看到他们的身影，无法判断他们是敌是友。他们的射击似乎并没有使喧嚣的声音有所增强。不过，当我们在喧嚣中听到中士杰克·朗粗哑的吼声——"非常好！该死的，冲啊"——时，我们才知道他们是侦察兵，于是加快了包抄速度。敌人试图用突破短跑纪录来躲避子弹的样子总是很令人鼓舞。

这些粗野的无赖似乎消失在了高耸崎岖的堡垒之中。追逐他们是没有用的。偶尔会有几个人出现在山顶和悬崖上，朝我们抖动围腰布，或者通过其他方式挑衅，让我们进入他们的后院。于是，我们返回营地，再次享用早餐，同时讨论上午的行动。

在士兵们吃早饭时，敌人似乎偷偷接近了莫罗营地上方的岗哨（他们很容易做到这一点，因为那里遍布矮树丛、岩石和原木），发动了突袭，打死了一个人，占领了高地——你可以亲自看看他们是怎样办到的,他们的阵地位于峡谷拐角外侧。莫罗上校及其部队花了一段时间才爬上陡坡,从深邃的峡谷爬到了地面上。幸好他们没能迅速爬上去,因为累得气喘吁吁的人并不能很好地与以逸待劳的敌人搏斗。

因此,侦察兵有时间回到这里,从侧翼和后方包抄敌人,并且开展了一场小混战。在这场战斗中,每个人都遭到了攻击。从敌人阵地附近和逃跑路线上的一摊摊血水以及带血的破布和羊皮鞍毯判断,许多敌人中了弹。我们一直不知道具体的受伤人数,因为他们把伤者带走了。第九骑兵团的两个有色人种士兵头部中弹牺牲。一个助理军医遭到踩踏,因此辞去了职务,后来走上了民间行医之路。

阿帕奇印第安人很少如此大胆地袭击美军,他们再也没有袭击过这支部队。

这里水源稀缺,我们又抓不到敌人,因此只能撤退,从其他方向寻找进入敌人堡垒的入口。将牲口运出峡谷绝非易事。我们来时走过的路过于陡峭,无法攀登,只能开辟新的道路。第六骑兵团的布洛克索姆带着一支下马的分遣队在前面开道。我有幸走在队伍中间的安全位置,负责带领马匹和驮队。第九骑兵团的赖特带着一支下马的分遣队殿后,侦察兵在侧翼。部队其余人员处于待命模式,哪里需要就去哪里。医生认为跟着先头部队是最安全的,因为那里离敌人最远,但是一些粗野的恶魔绕到了布洛克索姆前面,向他行礼,显然是在开玩笑。结果,医生吓得飞快地往回跑,一直跑到峡谷边,来到赖特身边。接着,他又以同样的理由往前跑,并且决定跟着骡子一起走。不久,侦察兵离开侧翼,被调到敌人那边,我和医生则坐在安全地点,看着骡子经过。此时,可恶的野蛮人来到了对面的悬崖上,搞得我们非常紧张,赶紧找地方躲起来。在侦察兵再次将他们赶走以后,我们从松树后面钻出来,在山脊最高处追上了奔跑的骡子。当天下午晚些时候,我们在距离敌人只有几英里的地方扎了营。

经过一个月的疲惫行军,我们再次追上了他们。他们从布莱克岭的堡垒以小队的形式分散到了新墨西哥南部更大的区域,不时抢劫没有保护的偏远牧场,并在附近的城镇抢劫。

关于他们血腥行动的谣言从四面八方传来，所有谋杀案都被归咎于阿帕奇人。你可以穿上鹿皮鞋，打死邻居，然后将罪名推给可怕的阿帕奇人。

一次，我的侦察兵在格兰德河边距离圣何塞只有几英里的地方发现了两具白人的尸体。我们追着两个墨西哥人的脚印进了城，但是没有人相信这些鹿皮鞋印是墨西哥人或白人的。不过，那的确是墨西哥人的脚印。任何有理智的人都会在别人的提醒下看出印第安人的脚印与墨西哥人和白人脚印的区别。脚印的尺码、形状以及双脚着地和离地的方式毫无疑问地显示出了脚印主人的种族。牧场主会告诉我们，某个人向敌对分子出售武器和弹药，而且他们有证据。

"好的，把证据交给我们，我们会逮捕他们，把他们交给相应的民事机关处理。"不，他们说，如果他们作证，他们担心遭到谋杀，但是军队应该把这些人揪出来处死等等。人民和报纸以各种可以想到的方式辱骂军队。新墨西哥军区指挥官哈奇将军受到了各种辱骂，因为他不愿意在每个提出申请的牧场主那里派驻骑兵，而后者申请驻军的原因可能是想以过高的价格出售草料。步兵不会购买补给。在他们口中，每个军官都是懦夫，每名士兵都是流氓和盗贼。

许多牧场主意识到了部队需要克服的困难，赞赏他们的付出，不愿意蓄意散布遭到抢劫的虚假谣言，然后取笑军队信以为真的样子。不过，这种人只是特例。

我们跨越新墨西哥的高山和沙漠，在格兰德河谷时而逆流而上，时而顺流而下，时而跨越河流，追了维多利奥近一个月。我们每天白天行军，夜晚也常常赶路，有时步行，有时骑马。我们将维多利奥称为机警的老狐狸，但他其实配不上这个称呼。他开始加倍提防我们，尤其是在晚上。有几次，我们差点抓到他，但他太狡猾了。他们克服了惧怕黑暗的迷信，整晚设置哨兵和侦察队，使我们的奇袭变得非常困难。

我们之前的战斗发生在9月26日和27日。最后，他们在10月的下半月集中兵力，打死了从梅西亚（Mesilla）赶来参战的比尔·琼斯及其带领的14个人,然后前往墨西哥①。我们和他们隔着好几天的行程。与此同时,布洛克索姆的侦察兵服役期满,返回了亚利桑那。莫罗上校带着第九骑兵团的普林顿上尉(Purington)②和道森上尉(Dawson)③的两个连、第六骑兵团坎贝尔上尉④的一个连以及17名印第安侦察兵,共计不到100人,在两国交界线附近的墨西哥帕洛马斯湖(Lake Palomas)以南再次开启了追踪之旅。

我们即将进入一片未知区域,据说那里很缺水,仅有的一点水源含碱量又很高,不适合饮用。所以,在离开帕洛玛斯湖前,每个人都在水壶里装满了水。我们沿西南方向前进,在酷热下走了一整天。大约天黑时,我们在古德塞特山脉(Goodsight Mountains)山麓附近的山石中发现了一个小水池,每个人和牲口都喝到了大约半品脱⑤水。我们在此扎营过夜。第二天一大早,天刚蒙蒙亮,我们就上路了。队伍再次在沙土和酷热中跋涉了一整天,穿过古斯曼山脉北边的沙漠。小路在沙丘和火山岩床之中朝各个方向蜿蜒前行,整体往南走。马和骡子开始累得走不动路,并且受到干渴和酷热的折磨。后卫每打死一匹马,就有一名士兵从骑行改成步行。人和牲口就这样艰难前行,并且常常停下来,以便让疲惫者获得一点喘息之机。晚上9点左右,我们在一片平坦的盐碱地上发现了一摊泥浆,在此扎营过夜。这里原本是一摊脏水,但敌人当天骑着马从这里走过,池水翻腾得很厉害,呈稀泥浆状态。人和牲口试图在此喝水,但是不太成功。这两天,我们走了整整70英里,整个队伍已经没有一滴水了。

前方仍然是未知区域,前景并不乐观,但最终赶上敌人并狠狠惩罚他们的希望正激励着大家付出额外的努力。而且,和后退相比,如果继续前进,我们可能会更快找到水源。如果向西走一天,进入哈奇特山脉(Hatchet Mountains),我们也可以在那里找到水源。于是,次日天亮后,我们早早动身了。后卫部队杀死的

---

① 1879年10月13日,W. T. 琼斯和6名梅西亚志愿兵在被遗弃的卡明斯堡西南3英里处的劳埃德牧场附近遭到伏击。
② 乔治·A. 普林顿(1838—1896)。
③ 拜伦·道森当时是中尉。
④ 查尔斯·H. 坎贝尔(1845—1915)由于执勤时醉酒遭到指控,在军事法庭受审,并于1881年获得辞职许可。
⑤ 1品脱约为568毫升。——译注

坐骑越来越多。在行军过程中，阳光似乎越来越灼热。人们开始支付一个月的工资或者全部财产，只为获得一口水。队伍中没有人唱歌，说笑，谈话，吸烟。一个有色人种士兵过去常常在行军途中和晚上的营火旁弹起班卓琴，以调节气氛，但他此时也不出声了。一直步行的印第安侦察兵更适应艰苦条件，比其他人更能忍受干渴，但是就连他们也开始表现出痛苦。有几次，我们经过了狡猾的野蛮人等待伏击我们的地点，但他们放弃了伏击，这显然是因为我们在靠近这些地点时格外谨慎。下午，我们发现了一片清澈凉爽的水池，但是里面有一只被打死并被开膛破肚的草原狼，而且水里还有其他一些讨厌的有害物质。不过，很难阻止大家在此饮水。有几个人喝完水之后很难受。一些没有骑马的人病得很厉害，不得不被人扶上队伍中残存的最好的骡马。

我们就这样拖着长长的队伍疲惫地前行。天黑后[1]，我们进入了古斯曼山脉突出的山脊，这里距离墨西哥奇瓦瓦州哈诺斯镇大概有20英里。在这里，非常平坦的小路在两条平行山脊之间穿过，山脊上覆盖着灌木和岩石。每条山脊上都有一排印第安战士，隐藏在灌木中和岩石后面，等待我们沿着开阔的道路走进射程范围。不过，我们的侦察兵不会被敌人匆匆穿过小路试图逃跑的伪装欺骗。满月刚刚升起，在月色下，可以看清距离很远的人。当他们看到我们走来时，他们一定会窃笑，对于如此轻松获得的胜利沾沾自喜。不过，他们笑不了多久。一些侦察兵成功来到了一队敌人的后方，而且没有引起他们的注意。他们发起了一轮射击。接着，一排下了马的士兵发起了冲锋。于是，敌人仓促撤离了位置有利的阵地。他们在几百码外更高的山脊上集结起来，并且守在那里，直到双方开枪发出的闪光几乎重叠在一起。不过，阿帕奇人不擅长近距离作战。他们终于四散奔逃了，这是他们的一贯作风。我们的战士稳步推进。此时，我们明显看出，敌人的数量远远多于我们，而且我们正在进入更加崎岖坎坷的山区。他们当然对这里很熟悉，而我们完全不了解当地的环境。前方大概有水，但是我们不一定能找到。

---

[1] 1879年10月27日。

敌人再次占据更高的阵地，士兵们再次对指挥官"前进，冲锋"的命令做出响应，漂亮地爬上了山坡。印第安人似乎拥有充足的弹药，他们在用改良版温彻斯特来复枪迅速开火。当我们的先头部队进入直射范围时，整个山顶都陷入一片射击的火光之中。

我带着几个人站在战场左后方的山峰上，更好地目睹了这部分战斗。斯普林菲尔德卡宾枪的闪光距离山脊顶部越来越近，从上方传来的温彻斯特来复枪声非常频繁，几乎变成了连续的吼叫。我觉得一定有整整一半的士兵失去了行动能力，但他们在缓慢前进过程中发出的反击枪声却非常响亮。突然，枪声停止了。我可以明确听到大石头滚下山坡发出的隆隆撞击声。前锋部队来到了至少20英尺高的坚固岩壁前，无法爬上去。他们之前没有发现这道岩壁，因为月亮从敌人阵地的后方升起，岩壁隐藏在阴影里。敌人从这里将沉重的石头滚向我们的士兵，幸运的是，没有人受伤。不过，有几个人在最密集的火力中被打死，还有几个人受了伤。

由于无法走到敌人近前并在他们愿意的情况下与他们一决雌雄，莫罗退到了无法攻克的山脊脚下的一个小山脊后面。我的分遣队被召回。坎贝尔上尉带着没怎么参战的第六骑兵团占据了我们右后方的阵地，以保护马匹和驮骡。指挥官命令他带着他的连（大约30人）向前推进，绕过我们右翼，因为敌人占领的山脊在那个方向似乎更加平缓，然后前进足够远的距离，使主攻阵线通过右翼行动来到他的左侧，以便从左侧进攻敌方阵地，争取将其拿下。

由于第九骑兵团的埃米特、戴、芬利和谢弗（Schaeffer）中尉[①]已经跟随先头部队参与了艰难的进攻，因此指挥官派我带着6个人走在坎贝尔前面，对他的行进方向进行侦察。我们侦察后发现当地地形和我们预料的相同。虽然我们在矮树丛的掩护下谨慎前进，但是敌人还是发现了我们，而且显然看懂了局面，对我们非常关注。这里没有大型遮蔽物，但我们把身子压得很低，躲过了他们的攻击。

---

① 罗伯特·T. 埃米特、马赛厄斯·W. 戴、莱顿·芬利（Leighton Finley）和查尔斯·谢弗。

很快，我们清楚地听到敌人冲向我们的脚步声和射击声，看到了前方不到100码的灌木中冒出的脑袋。我们希望通过转换阵地和迅速射击将他们限制住，使他们相信我们的人数多于他们，直到坎贝尔赶来。这个办法在一段时间里起到了作用，但坎贝尔并没有来，印第安人则接近了我们这支小型分遣队和大部队之间的位置，这使我们很难受。

我不知道我们等了多久的增援，感觉好像过了一个世纪。最终，莫罗上校命令我们跑回临时大本营。我们在很短的时间里完成了三四百码的狂奔，至少我是如此，因为我是第一个回到阵地向上校报到的人。坎贝尔没有像莫罗希望的那样行动，他通过迂回路线出现在了阵线左侧和预定位置有一定距离的地方。据他说，这是他接到的实际命令。不管怎样，我们失去了击溃敌人的机会，原因有两个：首先，我们事后发现，敌人在那里占据并加固了一个坚固的阵地；其次，士兵们又渴又累又困，已经筋疲力尽，再也无法登山了。在从岩壁撤回来的时候，所有人都卧倒了，其中大多数人睡着了。实际上，在激战期间，许多人只要一停下来就会卧倒睡着。军官需要将他们叫醒，以便让他们继续射击。这一次，我们可以听到的唯一噪音是维多利奥本人在整个战斗期间不断敲打出的通通声，伴随着他尖利颤抖的"良药"歌声。此时，他正在向我们的侦察兵发表演说，试图劝说他们弃暗投明，共同打死在场的所有白人和黑人士兵，但他没有成功。

在与军官们讨论了形势后，上校认为，他现在最应该做的是带着部队寻找水源。我们仅有的一个向导对于周围环境一无所知，但他说，西边大约18英里外的山脚下有一座老旧的牧场，我们可以从前一天穿过的平原看到那座山。

此时是10月28日凌晨2点左右，天气非常寒冷。指挥官命令军官们悄悄叫醒士兵，带着他们来到后方牲口的所在位置。这很不容易。许多士兵表现出了因极度缺水而导致的精神失常症状，需要小心引导。人们愿意出两个月的工资和100美元的高价，只为喝到一口水，但是队伍中已经没有水了。考虑到他们的经历，他们已经非常听话，非常遵守纪律了。我们需要对一些人进行监视，以免他们离开队伍去找水。最虚弱的人骑着马和骡子，最强壮的人步行。就这样，我们艰难地走完了 18 英里，来到了被遗弃的牧场。月亮已经下山。我们来到这里时，天已经黑了。一些侦察兵走在前面，他们沿着从泉眼涌出的小溪生起巨大的篝火，以照亮水源。接着，出现了你在一生中不会经常看到的场景：白人、有色人种、红种人、马和骡子纷纷向小溪冲去；他们喝水，在水里打滚，爬出来，又冲进去；他们在水中哭泣，欢呼，舞蹈；混入水中的泥土对于他们喝水似乎没有任何影响。

你无法限制任何人的饮水量。没有人试图这样做，甚至没有想过这样做。每个人和牲口都在忙着大口豪饮，将水和泥浆一齐吞下去。等到把肚子喝饱以后，他们爬出小溪，来到地面上，就地卧倒，就像死了一样。几个最强壮的人松开马和骡子的鞍带和包裹，让它们与铃马分开。它们没有走失的危险。附近的青草长得很好，而且还有水源。可怜的牲口之前跟着主人一同受罪，它们从嘴里伸出的肿胀的舌头充分证明了这一点。少数足够强壮的人为疲惫者放哨，以免印第安人发动奇袭。他们愉快地履行了这一职责。

上午 10 点左右，一泼冷水浇在我的脸上，把我浇醒了。一些醒着的人正在沉睡者之中穿行，把水倒在他们身上，以免他们被太阳晒伤。这是怎样的景象啊！士兵们以各种姿势躺在骄阳下，因为这里没有遮蔽物，也没有人寻找过遮蔽物。

足有一半的人被拉到溪边，扔进凉爽的水中，以便使他们恢复活力。没有一个人或牲口由于饮水过量而受伤。口粮出现了短缺。在休息一两天后，队伍缓慢地返回补给基地贝厄德堡。

从帕洛玛斯到牧场，这支队伍在七十六个小时里行军 115 英里。如上所述，我们的水源很少。期间，我们还在古斯曼山脉进行了夜间作战。

在四十九天里，这支队伍在往返贝厄德堡的路途上走了 975 英里，包括侧翼侦察兵在内的印第安盟友在同一时期走了 1125 英里。这支队伍比之前和之后的其他任何队伍走得更远，吃了更多的苦，与阿帕奇人战斗得更加频繁。由于篇幅所限，这篇文章没有提及其他一些战斗。据我所知，这是这支队伍的事迹第一次得到公开。

与此同时，墨西哥政府对于莫罗进入他们的领土提出了抱怨。在那里，莫罗差点遇到严重的麻烦。不过，由于他曾与两个国家的敌人战斗过，因此他得到了原谅。数年后，纳纳告诉我，在古斯曼战斗中，他们有几个人被打死，还有许多人受了伤。如果我没记错的话，我们有几名士兵被打死，还有六七个人受了伤，一名侦察兵被打死，还有一名侦察兵受了伤，他就是令人敬畏的杰克·朗中士。作为补偿，朗后来打死了两个奇里卡瓦人。根据纳纳所说，当时对抗我们的共有150个印第安小伙子，他们是从纳瓦霍人、梅斯卡莱罗人、科曼奇人和利潘人的反叛者之中招募的。

1880 年与维多利奥之战

约翰·康莱恩[①]

《巴勒斯坦简报》（357 号支部，底特律），1903 年 11 月 15 日：80—81 页

1880 年 4 月 4 日，由美国第九骑兵团第一、第四、第六和第七连组成，包含 7 名军官和 148 名士兵的新墨西哥部队第二营在美国第九骑兵团亨利·卡罗尔上尉的指挥下从新墨西哥图拉罗萨前往 28 英里外的新墨西哥马尔帕伊斯普林斯（Malpais Springs），以对抗维多利奥的敌对印第安团伙。美军认为，敌人当时位于圣安德列斯山脉（San Andreas Mountains），这座山脉与新墨西哥南部的格兰德河平行，距离格兰德河大约 25 英里，距离东边的马尔帕伊斯普林斯只有几英里。

我们在天黑前两小时来到泉水边，扎营过夜。4 月 5 日上午，我的第九骑兵团第一连奉命前进，以查明维多利奥团伙在圣安德列斯山脉的位置，并与从西边进攻维多利奥的部队中麦克莱伦少校[②]的部队取得联系，为对方提供协助。

我沿着差不多正南方向朝圣安德列斯山脉黑姆布里洛峡谷迅速行进了大约 37 英里。下午 4 点 20 分，我发现了大约 50 匹马和至少 10 头牛刚刚留下的脚印，脚印在距离峡谷口不远的地方向上延伸。我跟着脚印走了大约 1.5 英里，来到一个地点。这里的峡谷变得非常狭窄，或者说挤在了一起。部队在此下马停歇。我强烈感觉到印第安人就在不远处，因此派一小支后卫部队看守后方马匹，没有马的士兵立

[①] 约翰·康莱恩（1844—1916）是西点军校 1870 届毕业生，凭借 1880 年 4 月 7 日在黑姆布里洛峡谷（Hembrillo Canyon）的英勇作战晋升为名誉上尉。1891 年，康莱恩由于残疾以少校身份退役。他从 1896 年到 1900 年担任底特律警察局长。

[②] 美国第十骑兵团的柯温·B. 麦克莱伦（1829—1898）。

刻形成开放的内凹战线，左右两翼靠在峡谷陡峭的侧壁上，面朝前方。我派了一个骑马的哨兵守在峡谷上方，距离前沿阵线大约400码，派另一个骑马哨兵守在左后方。前方哨兵和战线中的士兵躲在岩石和小石块后面。我还把2个平民向导和4名士兵派到峡谷上方，以查看情况。他们回来说，他们没有看到印第安人。

不过，我可以肯定，印第安人就在附近。在做好进攻印第安人并避免被对方奇袭的所有准备后，根据我通常的习惯，我用望远镜仔细检查了峡谷的各个方向。快到下午5点时，我在峡谷上方看到2个印第安人。当我把望远镜转向右边时，我发现大约35~50个印第安人正从山坡上跑进峡谷。我向阵线上的士兵通报了他们的到来。下午5点30分，我们的阵线开了第一枪。当印第安人前进到大约250码时，我们开始了猛烈的射击，迫使他们停下来寻找掩护。印第安人起初射击速度很快。之后，他们保持着断断续续的射击，直到7点30分，此时战斗结束，印第安人撤退。

印第安人多次试图从侧翼包抄我们，但他们在这个方向上的进攻被击退了。

当印第安人在我们前方大约350码的位置时，我们听到了维多利奥向子酋长之一查瓦南（Chavanan）下达命令的声音。查瓦南当时在我们右侧对面，维多利奥让他从右侧包抄我们。

维多利奥的印第安人试图发动突袭，冲击我们的营地，让我们的马匹受惊并将其俘获，但是我们挫败了他们的企图。晚上7点30分，他们退到峡谷上游，在前方大约500码的干河床附近生起巨大的篝火，并在峡谷上方大约2.5英里远的山顶生起另一堆篝火。

战斗持续了两个小时，7点30分结束，此时天色已黑。战斗地点没有水。除了途经的小路，我不知道哪里还有水，因此我决定与大部队会合。晚上11点，我们在路上遇到了前来与我们会合的大部队。

伤亡方面，霍金斯下士和平民恩班克（Enbank）受了轻伤，一匹公家的马和一匹私人的马被打死，还有一匹公家的马受了伤。

4月6日上午，重新会合的部队向西边的圣何塞峡谷谷口前进。在那里，部队兵分两路：第六连和第四连由卡罗尔上尉指挥，第一连和第七连由库萨克中尉（Lieutenant Cusak）指挥。第一连和第七连的骑兵试图攀登一处非常陡峭的山坡，但是爬不上去，于是向左绕行，穿过南边的丘陵，来到黑姆布里洛峡谷谷口对面。

在这里，一个信使追上我们，带来了上级的命令：追随卡罗尔上尉的足迹并与他会合。我们立刻遵命，行军至晚上10点。此时道路消失在黑夜中，我们只得在午夜时扎营。

7日上午，天色大亮，我们找到了卡罗尔的足迹，向前推进，上午8点30分在黑姆布里洛峡谷顶部附近与卡罗尔上尉的部队会合。在我们为了前往卡罗尔上尉所在位置而攀登山坡时，印第安人从对面的山丘向我们射击，但是没有伤害到第一连。就在军官们商议将印第安人从有水源的阵地赶走的最佳途径时，他们的思路被两三轮射击打断了。原来，麦克莱伦少校所率部队的印第安侦察兵把我们当成了维多利奥的团伙，朝军官们开了枪。他们是从俯视我们阵地的后方高山顶上射击的。虽然他们朝400码范围内的第二营四个连和他们的马匹发射了150~200发子弹，但是只有一头骡子膝盖受了伤，可见印第安友军的射术并不精湛。

上午9点多，库萨克中尉指挥的第九骑兵团第一连和第七连以及印第安侦察兵部署成大约700码宽的散兵线，向前推进，将印第安人赶下位于水源以东的山丘，他们早上曾在这里向我们开火。印第安人向东南方撤退，逃上了一座高山。库萨克中尉在散兵线停留了一段时间，然后让我负责指挥，自己回去与卡罗尔上尉商议情况。

下午3点30分，我前去进攻位于南边山峰上、俯瞰水源的印第安人。在朝这个方向前进时，库萨克中尉在4点左右传话过来，让整支队伍在第二营的火力掩护下从右侧绕到水源处，那里已被印第安侦察兵占领。他们于上午11点占领了第一条河，下午4点前占领了第二条主河流。维多利奥团伙占据的阵地有天险之利，覆盖了大约2.5英里的阵线。

维多利奥被赶下了所有有水源的山丘,沿东南方向迅速穿过山丘,朝怀特沙漠(White Sands)南端的怀特沃特(Whitewater)方向逃进了圣奥古斯丁(San Augustine)大平原。卡罗尔上尉两次受了重伤。我方无人牺牲,但许多人受了伤,一些人伤势严重①。在这场战役中,我们营行进了1031英里。

---

① 7个骑兵后来重伤不治。

对哈瓦苏派和华拉派印第安人的侦察

威廉·R. 普赖斯[①]

惠普尔营，普雷斯科特，亚利桑那领地

1881 年 7 月 1 日

致亚利桑那军区助理副官：

长官，根据 1881 年 5 月 30 日第 60 号特别命令第 5 段、来自亚利桑那军区指挥部的指令书，以及来自战争部和内政部的信函，我带着 H. P. 金斯伯里中尉、第六骑兵团第十一连的 25 名士兵、美军陆军助理军医埃利奥特·科兹（Elliott Coues）[②]以及由 35 头牲口组成的驮队，离开亚利桑那领地弗德堡，行军 26 英里，抵达斯波尔丁牧场（Spaulding's Ranch）；6 月 2 日行军 21 英里，抵达亚美利加牧场（American Ranch）；6 月 3 日行军 13 英里，抵达威廉森牧场。在这里，我与卡尔·F. 帕尔弗里中尉（Lieutenant Carl F. Palfrey）、工兵部队、第二十步兵团第二连的一名士兵以及三辆马车会合。

6 月 4 日，我们行军 18 英里，抵达奇诺瓦利的罗杰牧场。

6 月 5 日，我们带着骑兵和驮队，追随印第安人的踪迹，沿着稍微偏西的北方前进，经过皮卡乔山脉[③]的山麓西侧，在近乎直行 32 英里后抵达克林池（Kerlin's

---

[①] 美国第八骑兵团的威廉·普赖斯（1838—1881）。普赖斯是备受尊重的骑兵军官，在南北战争期间曾经获得志愿军准将级名誉头衔。他从 1867 年起在亚利桑那服役，对于华拉派战争的结束发挥了重要作用。在普赖斯介绍的此次侦察中，他的生命正在由于糖尿病而逐渐凋亡。侦察后不久，他请了病假，被送到美国东部。1881 年 12 月 30 日，他在妹妹位于宾夕法尼亚州日耳曼敦（Germantown）的家中去世。

[②] 科兹（1842—1899）1881 年 11 月从陆军辞职，成了著名的鸟类学家和历史学家。

[③] 位于图森西北大约 25 英里处。

Tanks，一些地图将其不恰当地称为"卡林斯井")①。这个水池位于溪谷谷口，在弗洛伊德山（Mount Floyd）最高峰的正南方，距离山麓 5 英里。还有一个重要地标呈圆垛形，像小山一样，位于南边 5 英里处。这片水域位于老比尔（Beal）公路上，被人以那支远征队某个成员的名字命名②，这个名字深深地刻在岩石上，每个字母长达 3 英寸。我费了很大力气确定这里有没有活水。我认定，在一年中的这个季节，这里既没有渗水，也没有补充水源，一支包含 70 头牲畜的队伍可以在三天内将水全部喝光。我们一天都不能在此停留。

我的 3 辆马车不得不迂回前进。我们扎了一个旱营，第二天下午 5 点抵达克林池。我们走了 50 多英里。

6 月 6 日，我们通过侦察寻找基萨哈池（Kisaha Water），那是位于弗洛伊德山西北方向的印第安人的蓄水池，但是道路已经看不清了，向导又跟在马车那边。我在走了 20 英里后返回克林池。我们事后从印第安人那里得知，那个水池快要干了，我们在那里取不到水。

6 月 7 日，我们沿比尔公路向东行进数英里，将弗洛伊德山甩在左边，然后向北转，并在行进 19 英里后抵达了布莱克池（Black Tanks），位于哈瓦苏派村庄以南 55 英里处。

我从这里派出两个士官、一个华拉派印第安人以及一个熟悉印第安人的货郎作为翻译，向印第安人发出警告，说我即将到来，要求他们的大酋长纳瓦霍（Najavo）③ 三天后在卡特拉克特峡谷（Cataract Canyon）④ 道路右边 6 英里处的一个地点和我见面。如果愿意，他可以将两名士兵作为人质，以保证他安全返回。

6 月 9 日下午，在给牲口灌了水后，我带着骑兵和驮队向北行进，走到深夜，在行军 18 英里后扎旱营。6 月 10 日，我们行军 12 英里，来到卡特拉克特峡谷边缘。峡谷有 2500 英尺深。我们花了一个小时，沿着非常陡峭、曲折、崎岖、

---

① 又叫克林井。
② F. C. 克林。
③ 此处原文有误，应为 Navajo。——译注
④ 卡特拉克特峡谷从亚利桑那威廉斯东北大约 20 英里处向西北延伸，汇入科罗拉多大峡谷（Grand Canyon）。

危险的小路走了超过1英里,才来到了谷底。我们很快遇到了纳瓦霍和他的一些随从。货郎在他身边,两名士兵留在村子里。这里有两处眼泉,水质很差,只够我的队伍中的半数成员饮用。牲口整夜挤在泉眼周围,以争抢从地里渗出来的几滴水。

苏派部落的酋长纳瓦霍起初紧张而激动,疑虑重重。他担心我们把他们搬到其他居留地上。他们随后恢复了信心,说他们只想留住他们耕种的一点土地;他们目前自给自足,不会为政府增加开销,制造麻烦。我向他们保证,我们的目的是确定并为他们保留他们耕种过的所有可耕土地,确保他们曾使用过的所有灌溉水源不被任何白人侵占。

6月11日行军30英里,来到印第安村庄附近的河源。下午晚些时候,纳瓦霍带着所有族人来到我们营地,共有200多人。他希望我向他们解释我们此行的目的。他带来了杏子、干桃和腌鹿肉,作为友好的礼物。作为回礼,我给了他一些面粉和烟草,他将其分给了印第安人。他们接受礼物时有些犹豫,因为他们非常担心这是他们搬离家园的信号。他们显然听到了谣言(大概来自华拉派人),说他们所在地区发现了矿产,他们必须离开家园,因为白人要在这里采矿。

我对我的任务和意图做了解释,他们真诚地接受了。随后,他们似乎完全理解了这件事,说我们能来解决他们的麻烦和忧虑,他们对此很高兴。接下来的几天,我和他们进行了几次会谈。

为了让印第安人对我们的意图更加放心——由于牧草和水源很差,一些牲畜可能走散,破坏他们的庄稼;由于天气很热,蠓虫和蚊子让人和牲畜倍受困扰,我让金斯伯里中尉带着骑兵第二天返回布莱克池,我同翻译查尔斯·斯潘塞以及帕尔弗里中尉等测量土地和居留地的工作人员留下来。

6月12日,部队行军24英里,来到峡谷顶部。6月13日,部队行军30英里,来到布莱克池。

哈瓦苏派印第安人

这个奇特、古怪、自给自足的群体与外部世界完全失去了联系，生活在几乎无法通行的峡谷里，峡谷与周围台地的高度差可达 3000 英尺。他们有 60 个男人、53 个女人和 101 个儿童，共计 214 人。和大多数印第安人类似，他们实行一夫多妻制，但是只有 10~12 个男人拥有不止一个妻子。他们经常与近亲结婚，所有人都是亲戚，有或多或少的血缘关系。我们可以明显观察到这种近亲结婚的后果。

他们显然是华拉派部落的分支，因为他们的语言与华拉派人几乎相同，而且隶属于华拉派人。他们东边最近的邻居是莫奎斯人，他们与莫奎斯人贸易频繁，但他们听不懂莫奎斯人的语言。他们在八十到一百年前占据了这个地区，当时这里被莫奎斯人遗弃。他们所说的莫奎斯人显然是生活在亚利桑那所有可耕种地区的史前种族，这些人留下了陶器、人工湖、村落废墟和水渠，现在的莫奎斯人是距离他们最近的后代。我们可以在村落上游 15~20 英里处观察到岩屋和陶器的遗迹，这意味着在之前某个时候，水平面比峡谷高得多，而且有更多的土地可以耕种。

水从红色砂岩层下冒出来，几乎立刻达到了最大流量，我觉得大约相当于 5000 矿工英寸[①]，或者说可以汇成宽 8 英尺、深 4 英尺多的小溪。水中溶有许多石灰，在水花与树枝或灌木接触的每个地方都形成了钟乳石。我们得到了许多美丽而神奇的化石，比如铁线蕨化石，但它们很脆，无法用牲口完好地驮运。水呈深蓝色，他们的种族名称很可能来自于此。他们自称阿瓦苏兹人（Avasuz），与西班牙语中的 agua azul（蓝色的水）非常相似。

就在他们耕种的土地下游，水被三处美丽的钟乳石分开，这些钟乳石的高度从 50~200 英尺不等。过了钟乳石，水以级联瀑布的形式下降 1500~2000 英尺，在大约 8 英里外的下游进入峡谷。

---

① 矿工英寸为水流量单位，1 矿工英寸为每分钟 1.5 立方英尺。——译注

就连这些擅长走小路的印第安人也认为，这些钟乳石附近的道路非常危险，因为他们有许多同伴曾坠下悬崖，在下面的岩石上摔得粉身碎骨。最后一位受害者是爱尔兰人，他去年不顾同行两位采矿伙伴之一的请求和抗议，坚持前往科罗拉多河。他的同伴拒绝跟着他自寻死路。他带着300英尺长、3/8英寸粗的绳索，系在下面的某个地方，绑在树根上，然后跨越深渊。走到大约一半的时候，他掉了下去，在下面的岩石上摔得粉碎。过了好几个月，他的尸体才被发现。

这片土地完全是通过灌溉耕种的。我估计，耕种面积不超过300英亩，其中适合灌溉的土地不超过400英亩。他们种植了8种作物：玉米、豆子、西瓜、香瓜、桃、杏、南瓜和葵花籽。男人负责大部分户外工作，包括种地和灌溉。他们的灌溉方式很原始（小面积灌溉），与墨西哥人、莫奎斯人和纳瓦霍人类似。

矿　产

我们在峡谷里发现了琼斯贝克曼矿业公司的两名矿工。他们让我们观察地层中一道浅浅的白云石条纹。他们说，这些白云石沿水平方向延伸了60英尺，从岩脉看，厚度有2~6英寸。他们向我们展示了一些小型矿石样品。他们说，每吨矿石可以卖到40美元。

我想，不会有人在这里投资，除非他们发现大量富矿。在这里采矿会遇到几乎所有障碍：开辟进入峡谷的道路需要的巨大成本；水源地之间相距甚远，不管朝哪个方向走，都要走50英里；木材、草料等资源也很稀缺；此地与外界的彻底隔绝可能会将资本拒之门外，直到亚利桑那其他许多有希望的采矿地点得到开发。我相信，这些人会勘探几个月，然后放弃这里。

纳瓦霍和所有苏派人似乎都很高兴，因为我们在他们指定的地点竖立了石碑，这些石碑覆盖了他们所有的可耕土地和他们需要的所有水源，他们有权占有这些土地，驱赶一切入侵者。对于那里的8~10个矿工，他们认为，如果这些矿工好好看管马匹，目前围绕他们庄稼的栅栏已经够用了。不过，如果矿工认为这里的矿产是有价值的，会有更多的人和马匹来到这里，他们就需要更好的栅栏了。如果政府修建2英里的大型栅栏，路权方面就不会有问题。

当年秋季，这些印第安人沿峡谷东侧而上，围捕猎物。他们打死了许多鹿，制作了优质的鹿皮。他们擅长商品贸易。实际上，他们与莫奎斯印第安人进行了大量贸易，用龙舌兰和鹿皮交换纳瓦霍人、莫奎斯人和祖尼人的毯子。之后，他们用这些毯子换取华拉派人的马匹和鹿皮。

我想，美国工兵部队的帕尔弗里中尉会完成他的报告，这是他的任务。他奉命陪我，但我不知道他接到的命令是什么。他告诉我，我们在印第安人面前竖立的石碑位于居留地界线以内。在完成准确测量后，我们会看到这一点。

我们于6月14日离开峡谷，15日抵达布莱克池。虽然峡谷里的生活在许多方面很有趣，但在峡谷里的四天非常难受，因为天气太热，蠓虫和蚊子也很多。在两天的返程途中，我们饱受缺水之苦。我们派一个信使前往布莱克池，让人们拿着水壶在小路上迎接我们。布莱克池的水几乎用光了。我们从印第安人那里得知，克林池干了。我们需要派运粮马车途经扬斯（Young's）前往皮奇斯普林斯（Peach Springs），宿一次旱营，第三天抵达皮奇斯普林斯[①]。

在沿原路返回时，我们非常遭罪。皮奇斯普林斯是距离我们最近的水源，位于西边45~50英里处。

6月16日下午，布莱克池几乎干了。我在牲口每次饮水后对水深做了标记，证明了这只是个水池，没有活水和新鲜水源。它为我的队伍（71头牲口，39个人）提供了六天水源，以每头牲口10加仑计算为4260加仑。我想，当我6月7日刚刚抵达这里时，池里有近5000加仑的水。我们装满水桶和小木桶，让运粮马车出发。他们需要扎两次旱营，途经扬斯，第三天在皮奇斯普林斯与我们会合。

6月17日下午3点，在牲畜饮水后，这里只剩下一小摊泥水，里面的动物和蔬菜成分可能和水一样多。我们从池里钓了几只大蝾螈（墨西哥蝾螈）[②]。这是

[①] 位于华拉派居留地最南端。
[②] 几种大型美洲火蜥蜴中的一种。

一种长相丑陋的低等动物，大约9英寸长，有着与狗相似的尾巴、头和4条腿。我们带着前一天晚上装满的水桶，沿着连续的小路向西移动了18英里，晚上9点扎早营。

6月18日，我们继续沿相同方向前进了28英里，下午3点左右抵达了皮奇斯普林斯。在这里，我们自从6月5日离开罗杰牧场以来第一次喝到了纯净的活水。6月19日，我们在皮奇斯普林斯停留。部分人员沿皮奇斯普林斯峡谷而下，行至科罗拉多大峡谷的戴蒙德河口。我带着驮队前往巴利（Barley）牧场，巴利将在第二天晚上在米尔克威德斯普林斯（Milkweed Springs）迎接我们。6月20日，我们行军18英里，来到米尔克威德斯普林斯。替整支队伍携带行李的马车不得不在平整道路上绕一个大弯，直到夜里很晚才与我们会合。华拉派印第安人一直在关注我们的动向，塞拉姆（Scherum）和他的兄弟①在河水这一侧几英里处迎接我们。许多印第安人聚集在这里开会，其中许多人见过我，所有人都听说过我。我在米尔克威德停留到25日，与华拉派人会谈。部分部队去了科罗拉多大峡谷。

华拉派印第安人

1867年，这个印第安分支有1500多人，包括四五百个战士。他们是野蛮、有能力、不愿和解的对手。除了对抗白人所需要的火药、雷管和铅弹，他们几乎没有什么需求。他们不论冬夏都几乎全裸，以老鼠、蜥蜴和兔子为食。他们在两年多时间里遭到了我军的持续追逐，于1869年投降求和。他们的一些重要人物戴着镣铐被送到旧金山，在阿尔卡特拉斯岛和天使岛被关押了几个月。经确认，他们中的175人被打死，其中大部分是战士。

他们彻底臣服，之后再也没有给政府造成任何严重的麻烦。我在亚利桑那服役期间，他们为征服阿帕奇-莫哈维人，即亚瓦派人的行动提供了50个向导和

---

① 华拉派·查利。

侦察兵。克鲁克将军第一次组织了100名华拉派人，用于征服通托人和阿帕奇南部分支。他们曾被迁至科罗拉多河居留地。作为山地印第安人，他们在那里大批地死去。他们给克鲁克将军传话，说他们不想战斗，但是他们不可能在那里居住，他们宁可在山区家园战死，也不愿意像现在这样在低洼的河边病死。克鲁克将军多次为他们求情，现任军区指挥官威尔科克斯将军也做了同样的事情。不过，由于他们只进行了轻微的抢劫，没有制造严重的麻烦，因此政府几乎没有对他们采取行动。塞拉姆（Sherum）、索昆尼亚（Soquonya）、索斯库奥雷马（Soskuorema）、科瓦罗（Cowarrow）以及部落中的大部分人在集体会议中提出希望我帮助他们，向有关当局做出下列陈述。

他们说，在他们过去自由生活的地区，白人占据了所有水源，带来了大批牛群，它们在过去一两年间迅速繁殖。在许多地方，水源地被安上了围栏并被上锁，他们被赶出了所有水源地。他们说，铁路正在修建中，这需要更多水源，而且需要更多的人，他们会占据当地残存的小溪。他们强烈要求及早为他们划出下列居留地。他们强调，这片土地永远不会为白人带来任何用途；上面没有矿藏，因为它已经得到了彻底勘探；这里几乎没有可以耕种的土地；这里水源也很少，地势极为崎岖，缺少牧草，不适合放牧。

我相信他们说的话。根据我的观察，我相信上述说法是真实的。所以，我衷心建议尽早为他们划出下面的居留地。

居留地

居留地始于蒂纳哈斯普林（Tinnahah Spring）以东5英里的科罗拉多河所在地，向南延伸20英里，抵达高台地顶峰；向东偏南40度延伸25英里，抵达缪齐克山脉（Music Mountains）的某个位置；向东延伸15英里；向东偏北50度延伸35英里；向北延伸30英里，抵达科罗拉多河；沿该河延伸，抵达起始点。居留地南部边界位于皮奇斯普林斯以南至少2英里，东部边界位于派恩斯普林斯（Pine

Springs）以东至少 2 英里[1]。

所有方位和距离都是估算的。

我相信，上述土地只有一个合法的地权申请者，即查尔斯·斯潘塞，他和这些印第安人共同生活了许多年。我相信，他认为米尔克威德斯普林及其北边另一处位于河谷下游很远的地点归他所有。之前有人申请过皮奇斯普林斯的地权，但是据我所知，那里已经一年多没有人居住了。

这些印第安人看上去很贫穷。他们能在这片贫瘠荒凉的地区存活下来，这本身就是一个奇迹。他们说，他们以草籽和龙舌兰为食。在他们所在地区的数百英里范围内，我们甚至没有看到一只兔子[2]。我们有必要每三四天向他们分发牛肉。皮奇斯普林斯将成为向他们提供食物的合适地点[3]。

利特尔·卡普廷

他们抱怨说，利特尔·卡普廷在尤马堡服刑结束并返回之后一直在说谎，制造了许多麻烦。他声称拥有直接来自华盛顿的文件，不再效忠于部落，让我的部队从这片地区穿过。他说，我会逮捕索昆尼亚的 4 个人。他向一些妇女和老人射击，以恐吓印第安人。他获得了很大的影响力，将许多年轻人招至麾下，带着他们去了朱尼珀山脉（Juniper Range），那是他们从未生活过的地方。他们担心他会让他们所有人陷入麻烦。

我通知他在奥克斯威洛斯（Oaks and Willows）[4]和我见面。他非常傲慢无礼，证实并重复了印第安人报告的所有谎言，并且证明他在身边聚集了一大批追随者，而且可以带走足够多的人，使部落分裂，因为他所选择的地区很适合打猎。他不承认军区的权威，很快就带来了严重的麻烦。我决定逮捕他，把他带到这个哨所。

---

[1] 位于科罗拉多大峡谷上缘下方。
[2] 松子也是华拉派人的一种主食，它使盛产黄松的派恩斯普林斯成为上述居留地的一个吸引人的地点。
[3] 普赖斯的建议被接受。1883 年，以此为基础建立了华拉派居留地。
[4] 位于莫哈维堡－普雷斯科特公路上的驿站。

我会建议将他铐起来，让他与其他囚犯一同劳动，直到他表现出足够的诚意，证明他回去以后会好好做人。

我们于6月25日离开了米尔克威德，来到大约18英里外的哈克伯里（Hackberry）。次日，我们沿主路前往普雷斯科特。除了在奥克斯威洛斯逮捕利特尔·卡普廷，我们没有遇到其他事情。我们于6月30日抵达普雷斯科特。哈克伯里与普雷斯科特相距111英里，总行军距离为433英里，部分部队多走了70英里。

金斯伯里和第六骑兵团第十一连的士兵在侦察中一直非常高效和快乐，此次侦察的成功要归功于他们。陪伴我的美国陆军助理军医科兹和工兵部队的帕尔弗里中尉在极度缺水和艰苦骑行的条件下非常乐观，毫无怨言。

我努力遵守了我收到的所有命令。
做您忠实的仆人，
是我无上的光荣，
威廉·雷德伍德·普赖斯，
第六骑兵团中校

锡贝丘溪事件后的战役

约翰·F. 芬纳蒂[①]

芝加哥《时报》,1881 年 9 月 18 日至 10 月 21 日[②]

托马斯堡,亚利桑那,9 月 13 日——自从我奉命进入这片被上帝遗弃的地区报道阿帕奇"战争"以来,在几天时间里,我一直忙着赶路、发电报和等待回复,因此没有太多闲暇时间,只能把我能发的消息通过电报发送出去。我从旧金山赶往图森时非常匆忙,没有太多时间观察沿途环境。我在加利福尼亚观察到的地区大部分是小麦产区,我们途经的车站月台上堆积着几百万袋粮食。漫长的干旱使土地干裂,空气污浊,烟雾弥漫,我几乎无法看清黄金州[③]西南部的整体地貌。

一列长长的货运火车在距离洛杉矶大约 130 英里处脱轨,我们在荒凉的溪谷里停留了八个多小时。我从未见过如此混乱的事故现场。列车的货物以杂货和烈酒为主,后者品种多样,既有威士忌,又有香槟。大约 100 名华人受雇清理残骸,他们成功喝到了足够多的散酒,醉得一塌糊涂。这无疑是我们长期滞留的原因。南太平洋铁路过去几个月很不走运,需要赔偿巨额损失。在亚利桑那大暴雨的冲击下,铁路状况很差,这种情况还会持续一段时间。

我们的火车上乘客很少,因为人们担心不合理的延误,而且非常惧怕印第安人。铁路当局的顽固态度令我钦佩和吃惊,他们请求政府为员工提供武器,并且

[①] 芝加哥《时报》派资深战争通讯员约翰·F. 芬纳蒂(1846—1908)前往亚利桑那,以了解锡贝丘溪事件的真相,并报道即将到来的残酷的报复性战役。芬纳蒂在 1876 年苏族战役罗斯巴德之战中的行为赢得了克鲁克将军及其手下军官的尊重。此次任务使他写成了备受称赞的《征途和露营》(*Warpath and Bivouac*) 一书。

[②] 芬纳蒂刊登在芝加哥《时报》上的报道不符合时间顺序,我将其整理成了正确的顺序。下面选取的是重新排序后的第一部分,于 1881 年 9 月 18 日刊载,题为《干旱的亚利桑那》。

[③] 加利福尼亚也被称为黄金州。——译注

允许行李员带走乘客携带的武器。这似乎是几乎所有太平洋沿岸铁路的命令，看上去非常荒谬。

行李员将枪支放在他的车厢里并为此收费。由于钱进入他自己的腰包，因此他在搜查武器时比爱尔兰和俄罗斯警察还要敏锐。由于他们是在奉命解除乘客的武装，因此乘客只能乖乖服从。不过，这种习俗难道不是侵犯了美国公民拥有和携带武器的权利吗？谁给了铁路系统凌驾于宪法之上的权威？也许，铁路之王作为愉快的统治者，觉得自己比宪法还要大。如果是这样，那我们就别再吹嘘拥有"太阳底下最好、最自由的政府"了。

我们在图森附近脱轨，延误了三小时。火车差点彻底报废，而威尔科克斯将军和代理州长贾斯珀（Jasper）也在这列火车上。

图森很像古老的墨西哥小镇——它本来就是古老的墨西哥小镇，所以，即使我有时间，我也几乎不需要浪费笔墨描述它。房屋主要是用难看的黏土坯建造的，大多数房屋只有一层，没有什么精致的建筑。我在那里遇到了一些讨厌的人，他们的人生意义似乎就是向旅客收取大量费用，然后提供尽可能少的服务。我想，有许多值得尊敬的人不在此列，但在我停留图森期间，我只发现了三四个这样的人。

我从图森继续向东行进了85英里，来到威尔科克斯。由于军区指挥部似乎正在流行腹泻，因此我很难把报道发送出去。这种状况一直在持续。军事线路的负责人对于威尔科克斯占据西联电报公司（Western Union Company）最大份额的现象感到不满，命令军事电报操作员不要用他们的线路发送报社通讯员的报道，除非得到距离最近的指挥官的同意。我想，这大概是上级的命令。这条源于1880年版的通信服务指令第41条的俄国规则应该被取消，这是美国政府的耻辱。我没有时间详细评论，因为我和军方人员被军区指挥部发出的众多互相矛盾的电报命令耽误了一段时间，因此心烦意乱。而且，我将在几分钟内离开这里，前往阿帕奇堡。我从威尔科克斯乘坐驿站马车走了70多英里才来到这里。从这里走印第安小路前往阿帕奇堡要走大约90英里。

从商业视角来看这场战役，卡尔起初没有得到大量支援以及美军没有对阿帕奇反叛者开展有力侦察的现象是很奇怪的。不过，军事天才的一些思想是平民百姓无法理解的。

我抵达阿帕奇堡时会进行更加详细的报道①。

阿什克里克（Ash Creek），亚利桑那领地，9月15日——为了与卡尔将军会合，我加入了塔珀少校的队伍。我们于今天早上黎明时分离开托马斯营前方杂草丛生、碱性很强的希拉河岸。队伍包括第六骑兵团的36名无军衔军官和士兵、50名最近招募的尤马和莫哈维印第安侦察兵以及三四个货郎。这些货郎以墨西哥人为主，非常熟悉骡子这种高贵又聪明的动物的习性。这队人马对于离开军事电报局非常高兴，因为他们可以躲过威尔科克斯将军从战地指挥部——铁路上发来的越来越多的命令文件和撤销命令的文件。一旦走上比年久失修的马车道近上许多英里的印第安小路，威尔科克斯就只能通过信使向指挥官传达代理助理监察长和代理助理副官的命令了。大家最怕的是在讨厌的希拉河畔驻守几天的命令。如果那样，队伍中一半的人都会进医院，因为这条世界上最恶劣的河会对当地守军的肠胃造成了既不英勇也不浪漫的影响。不过，想到英国黑太子爱德华和亨利五世同样死于这种讨厌的疾病，由于腹泻而奄奄一息的士兵应该可以获得些许安慰。

天气温和，风很小。当清晨最初的阳光洒向地面时，在典型的弗吉尼亚年轻人盖特伍德少尉的带领下，印第安人步行出发，离开托马斯堡，沿着正北方向搜查峡谷，这也是我们的前进方向。所有印第安人带着最新的改良版陆军滑膛枪，长长的黑发上围着与东方头巾类似的红头带。这些土著人不像平原红种人那样天生喜欢骑马。不过，如果能够弄到牲口，他们更喜欢骑行而不是步行。作为侦察

---

① 下面的报道出现在1881年10月4日的芝加哥《时报》上，节选自《凶猛的敌人》一文。

兵，他们步行更加高效，因为他们可以更加轻松地搜查敌人的隐藏地点。通常，敌人会隐藏在岩石和树木后面，等待有利时机，以便跳出来伏击粗心大意的行人。侦察兵领先士兵一个小时左右。塔珀少校想要看看他们的侦察情况，他让奇弗中尉指挥连队和驮队，然后带着我和几个信使快速前进，以便追赶侦察兵。土著人在非常坎坷崎岖的地面上走得很快。虽然我们大部分时候骑马小跑，但我们并没有追上他们。我们翻过第一道峡谷，在峡谷顶峰几棵大树的阴凉处停歇。我最近见过许多山区，普通的高地几乎不会给我留下什么印象。不过，当我们在那里等待后面的队伍时，我情不自禁地欣赏起了眼前壮观的景象——不远处俯瞰希拉河的萨德尔罗克山（Saddle Rock Mountain），遍布四周的嶙峋怪石，使风景免于单调的漫山遍野的树木，以及就连意大利最好的季节也几乎无法媲美的天气。

峡谷的岩壁在我们前方扩展开来并逐渐消失，露出一片广阔的草原，草原后方是峭壁，上面显然生长着许多松树。平原呈祖母绿色，似乎生长着茂密的植物。事实的确如此，因为今年降水量很大，台地上的草长得很茂盛，这是亚利桑那之前不曾有过的现象。连队和驮队花了一个多小时才赶到我们的休息地点。期间，印第安人一路小跑地前进，滑膛枪在阳光下闪闪发亮，红色头巾使我想起了我在某处读到的印度兵的行军状态。除了这些花哨的野蛮人，其他士兵看上去非常普通，因为美国陆军在战场上的穿着几乎完全随意，没有人试图制造舞台效果。只要保持武器整洁，士兵们穿什么都可以。

"从那片草原到阿什克里克将是一段漫长疲惫的行程。"盖特伍德少尉在侦察兵前面骑行时对塔珀少校说道。

"看上去不到10英里。"少校说道。

"我打赌是15英里。"奇弗中尉走上来说道。

众所周知，在山区，距离很有欺骗性。虽然我们之前有过许多同样的经历，但我们在抵达阿什克里克之前再次印证了这一点。我们的马以矫健的身姿向前奔跑，但是眼前的距离似乎并没有缩减。在并不崎岖的路段，地面由于最近的大暴雨变得很潮湿，很难快速前进，而且十分危险。在一条由雨水汇成的小溪边的一处，少校的马匹几乎陷到了腹部。我的马匹紧随其后，负重更多，陷得更深。我敏捷地离开马鞍，然后费力地把马拉出来。我的马非常害怕，如果地面再坚固一些，它就会逃跑。少校让部队沿一条更好的道路通过，所有人才安全通过了这一地段。

抵达阿什克里克时，天色已经很晚了。我们至少走了35英里。在那里，我们发现了正在露营的印第安人。他们打死了一只很大的鹿。当晚，所有人都吃到了鹿肉。如果大城市居民能有行军35英里和呼吸高原空气后的胃口，不辜负他们的菜肴，那该有多好啊！

布莱克河另一边的小溪，亚利桑那，9月16日——和平常一样，我们昨晚在露水下睡了一夜，早上6点动身。我们首先要穿过被称为罗基峡谷（Rocky Canyon）[①]的关口。印第安信使说，敌人扬言要在这里袭击塔珀少校的部队。少校没有理会这种威胁，但他采取了防范袭击的常规措施，因为每个优秀军人在穿越危险的峡谷时都会这样做。印第安人走在前方和两侧，随后是士兵，驮队紧随其后，大家手里拿好所有装备，以防桑切斯[②]和他的割喉队对我们下手。我们在峡谷里穿行了一个多小时，但是并没有看到敌人，而且没有看到敌人的任何踪迹——至少没有不久前的踪迹。过了峡谷，我们进入树木繁茂的地区。由于漂亮的矮橡树形状很独特，因此这里看上去就像一片巨大的果园。亚利桑那盛产橡树。一些岩石低洼处积聚了许多雨水，因此人和坐骑并没有遭受干渴之苦。当我们抵达荒凉、怪异而美丽的布莱克河谷时，已经过了中午。在暴乱发生后不久，比德尔少校带着一支弱旅，在布莱克河西岸修建了非常可靠的堡垒。唯一的缺点是，堡垒位置太高，难以取水，而没有水就无法实现长期防御。

---

① 很可能是指罗克豪斯峡谷（Rock House Canyon）。
② 在迪亚布洛（埃斯基因拉）死于部落内讧后，桑切斯接替了他的位置，成了这个锡贝丘阿帕奇团伙的酋长。

马车道已被洪水彻底冲毁。我们走下崎岖难行的道路，来到渡口。在这里，我们吃惊地发现了绳索渡船。敌人显然懂得利用这些渡船，但他们并没有将其损毁。我们的印第安人聚集在码头周围，并不在意他们宝贵的兽皮被又深又急的河水打湿。船停在对岸，塔珀少校命令一个非常英俊的年轻尤马酋长骑着马游过去。这个土著人立刻遵命。接着，我们发现，他根本不需要游泳，因为河里有一条狭窄的浅滩，两边各有几码的深水区。于是，在少校和其他军官的带领下，所有士兵涉水过河。不过，河水仍然没过了鞍条。我那匹加利福尼亚马习惯了这种事情，它和其他马匹表现得一样好。随后，我们幸运地将整支队伍运到了河对岸，没有发生任何意外。我们用渡船把印第安步兵渡过河，也把驮骡渡过了河，因为水流湍急，那些可怜的动物无法背着重物过河。过河后，骡子在对岸发出了惊人的叫声。它们显然对于能够躲过此次危险非常感激。

我们不可能在河边露营，因为这里四周都是悬崖，非常危险。塔珀少校经验丰富，勇敢可靠，他带着队伍继续向北行进了4英里左右，穿过台地，在我写稿的地点扎营，这是个很好的营地。唯一的缺陷是地面很潮湿，蚊子也很活跃。自从我们离开希拉河以来，周围的地貌并没有发生明显的变化。我们今天的行程一定有25英里。

阿帕奇营，亚利桑那，9月17日——昨晚11点左右，我们的印第安人报告说，有人在营地周围徘徊。

他们借着月光发现了对方。不过，在觉察到被发现后，入侵者撒腿逃跑了。我们做好准备，以便在他们和同伙再次出现时给予热情的迎击，但他们并没有出现。我们让哨兵负责监视，其他人睡觉，暂时忘却了边区生活的烦恼，直到中士用粗哑的声音宣布行军时间到了。

我们所有人顺利穿越像果园一样的区域，抵达特基克里克（Turkey Creek）另一边的七英里山（Seven-Mile Hill）。那里的峡谷一路向下，通往阿帕奇堡。就在我们抵达高原时，我们在右手边看到了两堆长方形的石头，左边也有一堆石头。

"那是坟墓。"少校说道，"显然，部署在渡口的两名士兵和前去警告他们的人被埋在这里。"

我们随后确认了这一点。

我们又走了100码，在道路右手边看到了另一座坟墓。坟墓顶端飘扬着一块被石块压住的红手帕，令人毛骨悚然。道路另一边出现了另一座坟墓，几乎与它平齐的地方还有一盒空弹壳。那是摩门英雄亨德森（Henderson）在死于野蛮人的伏击前发射的子弹。这里有近200枚弹壳。在50码外的树林中，我们看到了他的马车残骸，阿帕奇人在此烧死了这个因伤无法行动的可怜人。他的车上有一些煤油，残暴的恶棍用这些煤油实施了最后的恶行。几片不足一平方英寸的烧焦的骨头是勇士亨德森的所有遗物。

这些军人和平民在大白天极为小心地赶路，在他们最意想不到的地方遇到了印第安人。他们应该是在卡尔将军遭到攻击的第二天，即9月1日遇害的[1]。他们的坟墓将长期警醒这条偏僻道路上的旅人。在屠杀前一天，克鲁克将军的首席助手约翰·G.伯克中尉在艺术家莫兰（Moran）[2]的陪伴下刚好经过了这个地点，伯克中尉幸免于难。现在，他显然可以活着完成关于亚利桑那和美国其他地区印第安人的学术书籍。

遇难者被奥弗顿中尉领导的第六骑兵团的一队人马掩埋了。邮差在下方峡谷靠近哨所的地方被害，一个叫卡伦（Cullen）的人在距离士兵和摩门教徒牺牲地1英里左右的菲普斯牧场被射杀[3]。菲普斯本人在矮树丛里躲到天黑，逃过一劫。他听到了雇工被射杀的枪声，猜测开枪的是印第安人，他幸运地猜对了。可怜的卡伦在吃饭时被那群卑鄙的人射穿了脑袋。

---

[1] 谋杀发生在1881年8月31日。
[2] 彼得·莫兰在伯克手下担任战地插画家，为伯克研究霍皮印第安人（Hopi Indians）的人种学作品绘制插画。
[3] 被害者是约翰尼·考登（Johnny Cowden），是牧场主约翰·菲普斯的老员工。

在盖特伍德的带领下，侦察兵小心地沿七英里河谷而下。塔珀少校带着所有人马紧随其后。路况很差。20个勇士几乎可以在此挡住一支军队，但我们并没有遇到拦路者。在距离阿帕奇堡不到1英里时，队伍停了下来，少校骑马上前，向卡尔将军报到。我们很快抵达了阿帕奇堡。当哨所出现在眼前时，一个勤务兵骑马上前，向奇弗中尉指定了我们在畜栏后面的扎营地点。我们还没有解下马鞍，塔珀少校就走过来说："我们上午跟随卡尔将军前往锡贝丘。大家做好一切准备。"

我走向军官们的集合地点，发现了卡尔将军。我上次见到他是在五年前的9月，地点是在布莱克山（Black Hills）附近的怀特伍德溪（Whitewood Creek）。他的外表没有发生太大变化，锡贝丘溪事件似乎并没有给他带来负担。他第一眼就认出了我，用美国陆军全体军官在战场内外对待朋友和敌人一视同仁的友好态度对待我。根据惯例，偶尔会在他们之中遇到势利眼、炫耀狂和傻瓜，但大多数军官都是相处愉快的同伴，乐于助人，脾气很好，至少对陌生人如此，很合我的胃口。如果他们之间偶尔产生分歧，那就不关我的事了。实际上，边区军事驻地的惰性和倦怠甚至会让天使加百列火冒三丈[1]，尤其是在和平时期。

将军急于上战场，但我从他的言行判断，他对于立刻捉住大量敌对分子几乎没有信心。他对阿帕奇人了如指掌，知道他们会团结在一起，直到遭到人数远超自己的军队围攻。

我从卡尔将军那里得知，最近的叛乱似乎源于古怪的迷信。一个有着无敌名字的天才巫医向怀特芒廷阿帕奇人灌输了一个信念：虽然他们最喜爱的一些酋长之前在战斗中死去，但在一段时间内，他可以使这些酋长复活。他说，"我将在玉米成熟时做到这一点。"玉米成熟了，他的承诺没有兑现。他担心遭到殴打，因此告诉天真的受众，说他与死者的灵魂进行了交流：只有白人离开当地或者被赶走，他们的尸体才能从死人中站起来。这是叛乱的直接诱因。当亨蒂希上尉和一些士兵遇害时，如果这个奸诈的巫医没有在锡贝丘溪被打死，这场运动无疑会传播开来，

---

[1] 加百列是天使长，很少发脾气，这里用加百列来反衬边区驻地的惰性。——译注

至少在一段时间内取得成功。

所有印第安人都有一定的兽性。他们抵挡不住背叛的诱惑，因为狗改不了吃屎。指望相互憎恨的人去喜欢白人是不现实的。在他们眼中，白人是异类和征服者。如果印第安人持续服从白人的利益，这一定是出于恐惧和利己，而不是出于爱。

在印第安问题上，内政部似乎彻底失败了。在这方面，整个政府都很软弱。我们的印第安政策非常丢人，完全无法与任何得体的政治家风度相提并论。我本人非常怀疑政府是否真的想要结束印第安人的胡作非为。白人犯下谋杀案后通常会被绞死或监禁。对于印第安人，情况就不同了。他们对白人的屠杀似乎被看成无害的嬉戏。虽然失去了亲人，虽然寡妇在悲泣、婴儿在恸哭，但是制造这些惨剧的褐皮屠夫似乎并没有受到制裁。以我作为印第安事务观察者的浅见，美国政府患上了"仁政方向错误"这一严重的慢性病，对野蛮人异常仁慈，对各领地的白人却极为冷酷。

我很容易就从阿帕奇堡的周围环境看出，这里处于受攻位置，几乎每个方向都有俯瞰哨所的高地。不过，我相信，即使守军兵力不足，印第安人也不会贸然攻打拥有坚定守军的哨所。用边区人的俗语来说，他们缺少采取此类行动所需要的胆量。他们差点烧掉菜园里的一些房屋，那里距离操场也许有 0.25 英里。要不是卡尔将军在紧要关头从锡贝丘返回，他们一定会发起规模更大的进攻。

锡达溪，亚利桑那，9 月 18 日——这个宿营地点位于阿帕奇堡北偏西 15 英里处。今天中午，卡尔将军带着 11 个军官、185 个骑兵、50 名印第安侦察兵和 20 个货郎离开了阿帕奇堡。我已经通过电报介绍了部队的组织形式和军官的名字，这里就不重复了。

今天下午，我们发现了大约四天前通往布莱克河圣卡洛斯渡口的脚印。这意味着敌对分子曾向事务处逃窜。神奇巫医的意外死亡可能吓到了他们。他们现在很可能在事务处进食和补充人手,因为在这种情况下,他们会受到尊重。闲暇时,他们可能还会做一些割喉游戏。

除了异常美丽而广阔的风景,今天的行程并没有值得一提的见闻。我觉得附近并没有敌对印第安人。卡尔将军正在遵照通过铁路发来的命令行事,因此没有发挥个人判断力的空间。不管怎样,我觉得如果红皮无赖能够避免战斗,那么他们并不想打仗。他们一开始就犯了严重的错误,这用光了大多数人的勇气。我坚信,如果他们觉得可以逃过绞刑,所有人都会心甘情愿地投降,而他们又拥有足够厚的脸皮,相信白人的一切宽容政策①。

卡尔将军位于锡达溪边的营地,亚利桑那,9月18日,发自阿帕奇堡,亚利桑那,9月19日——卡尔将军领导的部队今天②中午离开阿帕奇堡,来到这个大约位于阿帕奇堡和锡贝丘中间的地点,但是没有发现任何敌对印第安人及其最近留下的痕迹。和平常一样,有许多关于他们的谣言,但它们并不真实。由于该地区前所未有的降雨,草生长得很好,这对骑兵非常有利。大自然为牲口提供了如此丰富的食物,因此它们不可能受苦。怀特芒廷阿帕奇人由于愚蠢的杀戮行为而放弃的地区是亚利桑那最美好的地区。根据《时报》通讯员的观察,在所有领地中,从托马斯堡到这里的地段拥有质量最好的牧草。不过,除了现在这种雨季,这里很缺水。如果我们想要发动印第安战争,最好在此次侦察的十五天内展开。

敌对分子在整个暴动事件中最无耻的举动是把他们的妇女儿童送到事务处。他们显然觉得白人既没有常识,也没有正常的仇恨。他们在锡贝丘袭击卡尔将军

---

① 下面的报道出现在1881年9月20日的芝加哥《时报》上,题为《追踪》。
② 这里的"今天"是1881年9月18日。

的几乎同一时间打死了3个军人和3个平民①。他们背叛暴行的牺牲者位于七英里峡谷谷口的新坟可以让每个从托马斯前往阿帕奇的旅行者回想起这些反叛野人的邪恶本性。《时报》通讯员在道路上看到了位于一些岩石附近的一堆堆弹壳，那是亨德森去世前向敌人射击的证据。他的篷车和被烧毁的遗骨也在那里。死亡地点的风景非常优美。乍一看，没有人会把那个地点与大约两个星期前发生的恐怖事件联系在一起。显然，附近仍然潜藏着一些小团伙，等待拦截信使和人数较少的旅行者。

印第安人愚蠢荒谬的最新表现是，他们相信他们的巫医可以让死人复活。《时报》通讯员向卡尔将军询问这一思想是否来自基督徒。将军说，他觉得不是。他认为，这种覆盖整个印第安种族的迷信在太平洋沿岸部落中存在了几个世纪②。被打死的巫医煽动怀特芒廷侦察兵造反，说只有白人离开当地，死人才能复活。他的迅速离世显然使这种说法不攻自破。侦察兵在距离此地大约2英里处发现了大约40人一个星期前的脚印，脚印通往东南方向布莱克河的圣卡洛斯渡口。

卡尔将军所率部队的人员构成如下：纵队指挥官、第六骑兵团尤金·A. 卡尔上校；副官威廉·卡特中尉（First Lieutenant William Carter）；军医G. W. 麦克里里（McCreery），第六骑兵团第二连；布莱克少尉（Second Lieutenant Blake）③，美国第六骑兵团第三连；托马斯·克鲁斯少尉，第四连；威廉·斯坦顿中尉（First Lieutenant William Stanton），第五连；奥弗顿中尉，第六连；T. C. 塔珀少校；B. H. 奇弗中尉④。印第安侦察兵由C. B. 盖特伍德少尉指挥，与骑兵在一起。整支部队有大约250个有效作战人员，包括印第安侦察兵。我们上午朝锡贝丘溪进发⑤。

---

① 4个平民和3个军人在1881年8月31日遇害。
② 卡尔说错了。正像托马斯·克鲁斯观察的那样，基督教对诺奇阿伊德尔克林的神秘思想产生了混乱而不可磨灭的影响。诺奇阿伊德尔克林年轻时被送到圣菲上学。"吸收了基督教的一些元素，但是几乎没有理解这些内容，"克鲁斯说，"他对耶稣复活的故事产生了极为深刻的印象。" Thomas Cruse, *Apache Days and After* (Caldwell, ID: Caxton, 1941), 93-94.
③ 约翰·Y. 布莱克（约1856—1907），后来在布尔战争中担任爱尔兰旅指挥官。
④ 两个人隶属于美国第六骑兵团第七连。
⑤ 下面的报道出现在1881年10月4日的芝加哥《时报》上，题为《凶猛的敌人》。

桑切斯酋长的玉米地，卡里索河，亚利桑那，9月19日——我们非常艰难地跋涉了20英里，今天下午早些时候抵达这里。这是一片美好的河谷，种植着许多印第安玉米，大部分属于桑切斯。邪恶的酋长桑切斯曾在锡贝丘与卡尔将军握手，投入其麾下，然后加入到对他的反叛攻击中。盖特伍德的侦察兵发现了一些骡子和一头驴，将其作为战利品没收。大部分玉米已被销毁，许多玉米被带走，作为马饲料。河谷很深，有点窄，斜坡上生长着树木，水的含碱量很大。在穿越锡达溪时，我们牵着马走了很远的路。我们没有发现新的脚印。阳光很毒，马匹似乎比人更遭罪。我很累，就此停笔。

卡尔将军的营地，锡贝丘溪，亚利桑那（印第安袭击地点），9月20日——我们今天又走了至少20英里，从桑切斯农场来到此地。路况一直很差，直到我们走出溪谷，来到这片美好的河谷。几个星期前，这里发生了印第安历史上最激动人心的事件之一。在穿越峡谷时，我们看到了一只死去的政府骡，上面还带着皮驮鞍。这头骡子在战斗中被射杀。当然，它散发出难闻的味道。

我们发现印第安人在下游河岸平原最宽阔的地点聚在一起，因此朝那个方向骑行。接近那里时，空气中充斥着可怕的味道。我们可以毫不费力地分辨出，那是人体腐烂发出的味道。我们很快发现了原因。印第安人在卡尔将军撤退后挖开了死者的坟墓，肮脏的地面上散布着曾经健壮英俊的第六骑兵团亨蒂希上尉和4名士兵遭到解肢、难以辨认的尸体。他们曾想尽一切办法将其解肢。上尉的一只脚被带走，腿骨暴露在阳光下，令人作呕，上尉的一只手也被带走了。他的其他部位也遭到了残忍的解肢。他的脸被石头砸烂，他的蓝衬衫还挂在身上，身体半趴着，还带着军衔条的马裤被扔在恶心的尸体旁边。蛆虫在他的脑袋和脖子上爬行。你完全无法辨认出,这具可怕的残骸是第六骑兵团身体最健壮、最受欢迎的军官。我们竟然像虫子一样可怜而悲惨!自负拥有傲人身材的他可以在几天的风吹日晒下被摧残得就像从未存在过一样,真是可悲。

4名士兵的恐怖程度和不幸的上尉相比有过之而无不及。他们全都遭到了一定程度的肢解。周围几百码范围内的空气非常难闻,一些新兵甚至开始呕吐。

下游灌木丛中躺着另一具尸体,那是一个名叫米勒的士兵[①],他曾去下游捡木柴。他也遭到了严重肢解,脑袋完全消失了。

卡尔将军让克鲁斯少尉带着一伙人重新掩埋遗体。他们很有效地完成了任务,为坟墓做了仔细的标记。不过,恶臭还在,因为尸体在地面上留下了一些腐烂物质。

我见过许多可怕的景象,变得已经有些麻木了,但是,亨蒂希及其不幸同伴的遗体是我见过的最恐怖的场景。

卡尔将军带着老军人的坚忍默默看着这一切,但是我想,他一定会想到,他差点成为河岸边可怕尸体中的一员。同样的想法一定也会让卡特副官和克鲁斯少尉感到不安,他们也在被反叛侦察兵及其同伙袭击的队伍之中。

如果袭击发生在河谷的狭窄地段,或者卡尔将军没有选择这么好的宿营地,那么前去逮捕锡贝丘巫医的大部分人都无法活着返回阿帕奇堡。

幸运的是,在行军途中,我们没有太多时间进行悲观的反思。我们很快在闻不到尸体味道的地方扎了营,享用了晚餐,就好像我们从未见过异常事物一样。

───────❖───────

卡尔将军的营地,锡贝丘溪,9月21日——印第安侦察兵今天在玉米地里发现了3个年纪很大的印第安妇女,把她们带了进来。她们无法远行,因此被亲属

[①] 威廉·米勒(William Miller)。

抛弃。可怜的老家伙们吓坏了。其中一个人看上去有 100 多岁。要不是同行的向导伯恩斯①进行干预，侦察兵无疑会打死她们。将军把她们交给一直保持忠诚并且陪伴他远征的 4 个怀特芒廷印第安人。这消除了老婆婆们的恐惧，使她们停止了惊恐的辩解。她们属于巫医的村庄，说她们在屠杀事件后只见过一个男人和一个女人。

卡尔将军命令她们留在棚屋里，并且警告侦察兵不要伤害她们，否则就会受到惩罚。野蛮的侦察兵很不情愿地答应了。关于印第安人的残暴性格，还有什么好说的呢？

沃姆斯普林斯，布莱克河附近，亚利桑那，9 月 25 日——卡尔将军在锡贝丘河谷附近停留了很长时间，相信那里只有几个印第安老妇人、许多简陋的棚屋——类似于祖鲁人的棚屋，就像画报上展示的那样——以及足够为骑兵部队提供至少几个星期粮草的印第安玉米。要不是军官阻止，我们的土著盟友一定会打死老妇人。如果机会允许，他们无疑会变成大坏蛋。他们抓到了大约十几头公驴，得到了将其据为己有的许可，因此把气撒在了驴子身上。他们两人同骑一头小驴，这与他们的长枪和奇特装束共同构成了一幅非常可笑的画面。作为报复，驴子日夜发出讨厌的叫声，在峡谷中形成了巨大的回响，任何野蛮人的叫喊都无法与之相比。

21 日下了小雨。22 日，将军收到了桑切斯和其他坏蛋投降的消息，认为他只需要处理叛变的侦察兵，决定分兵追逐目标。因此，他命令塔珀少校带着第六骑兵团第三连、第七连和盖特伍德少尉的印第安侦察兵侦察锡贝丘溪和卡里索溪沿岸及之间地势起伏的地区，直到布莱克河沿线。其他人跟随指挥部前往阿帕奇堡。我决定跟随塔珀，原因如下：首先，我想去见识一下新环境；其次，我和塔珀很

---

① 约翰·伯恩斯（John Byrnes）。

熟，知道如果他能在印第安人那里制造一些值得叙述的新闻，他是不会逃避这种消遣的，而且根据之前的经历，我相信，事情不会像看上去那样顺利，名誉少将威尔科克斯和事务官蒂法尼一定会很快为军队找到新任务。在我看来，到目前为止，此次战役的走向取决于圣卡洛斯印第安事务官的情绪。他前一天看上去支持和平，后一天又会全力支持战争。我不知道桑切斯被捕的详情。把他抓起来当然很好，但是如果在事务处附近部署足够多的兵力，抓住整个作恶团伙，将他们全部绳捆索绑，效果要好得多。看到最重要的酋长身陷囹圄，起初看上去愿意投降的其他印第安人自然会溜之大吉。我不知道下命令的人是谁，但是这个人极大地增加了抓捕敌人的难度[①]。后来的事情证实了我的猜测。

23 日上午，塔珀少校带着克雷格中尉[②]、奇弗中尉、盖特伍德少尉、桑兹中尉（Sands）、65 名士兵、50 个印第安人、6 个货郎和你们的通讯员，离开了锡贝丘河谷。我们在骑马经过亨蒂希上尉及其遇害同伴的坟墓时行了礼，朝峡谷下游径直前进，经过一座完全被遗弃的印第安小村庄，抵达一条很深的溪谷。在这里，我们发现了印第安人的脚印，看上去是十天前留下的。这条路很宽，它离开峡谷，朝卡里索溪方向延伸。少校让队伍停下来，派侦察兵去锡贝丘溪下游方向探路，以查看这条路有没有通往布莱克河的出口。侦察兵沿锡贝丘溪走了几英里，发现了所谓的"箱形峡谷"，即拥有峭壁的溪谷。这里完全不适合马匹通行，就连步行队伍也很难爬出来。

确定这一消息后，我们只能沿小路前进。天色已经不早了，牲口也有些累了。我们决定原地扎营，第二天早早动身。侦察途中的营地生活很无聊，整体上让人感觉很不舒服。行军就不同了。此时，你的血液可以自由循环，而且存在作战的可能性——这才是真正的军旅生活，前提是内政部以及从铁路和事务处向队伍发来的大量混乱命令允许他们这样做。

当指挥部位于军用电报线附近时，切断与指挥部的联系是一件令人非常满意

[①] 芬纳蒂弄错了。桑切斯向蒂法尼投降时只有一个要求：在受到审判时获得法律顾问，接受公平的审判。
[②] 美国第六骑兵团的路易斯·克雷格（Louis Craig, 1851—1904）。

的事情。对于大部分老兵来说，看到带有红墨水签名的相互矛盾的命令是一件很恐怖的事情。美国正规陆军的许多人员非常优秀，但是其中掺杂了过多的"名誉少将"以及在其高贵姓名前面按顺序添加一堆大写字母的别出心裁的绅士。

我记得有一次，在1864年，某个志愿团的上校对士兵的要求变得非常严格，有时会严厉惩罚某名士兵。此君在纽约某个区很有影响力，一位政客来到州长岛（Governor's Island）①进行调停。上校听了一会儿，最后失去了耐心，说："B先生，如果你有事要忙的话，请把事情交给我，因为这是战争，B先生，这是战争。"

所以，在某种意义上说，这是"战争"。显然，众多将军们似乎并没有掌握情况。不过，根据难以捉摸的神意，我衷心希望他们不会被情况左右。将军们之前曾被情况左右。布拉多克（Braddock）②曾被情况左右。圣克莱尔（St. Clair）③曾被情况左右。卡斯特（Custer）④也是如此。卡尔本来也会这样，但他是务实的作战将军，打破了局面的束缚，就像熟练的渔夫常常不得不从龙虾的钳子里挣脱出来一样。这些情况很可怕，尤其是在电报线附近。

提到卡尔，他在锡贝丘的行为赢得了手下士兵的尊重。他从不躲藏，一个中士朝他喊道："看在上帝的份上，将军，快躲起来吧，否则你一定会被打死。"勇敢的老首长潇洒地回答道："哦，这些该死的狗崽子，他们打不着我，该死的。"他们果然没有打中他。

我向一个参加了那次战斗的士兵询问将军是怎样活下来的。"该死的，我怎么知道。"他说，"将军在开阔地走来走去，子弹似乎故意躲着他。我每次都觉得他会倒下，但他并没有倒下。他像站在操场上一样发布命令，看上去威风极了。他在防守哨所时也是这样。他骑着马，冒着枪林弹雨到处巡视，发布命令。他身边的火力非常密集。他的马被打中了马蹄，但他并没有中弹。如果我能解释这件事，

---

① 位于纽约市。——译注
② 爱德华·布拉多克（1695—1755），英国陆军少将，在法国印第安人战争中担任英国指挥官，遭到法国人和印第安人伏击，死在战场上。——译注
③ 阿瑟·圣克莱尔曾率领美军镇压印第安人，结果大败而归。——译注
④ 乔治·阿姆斯特朗·卡斯特（1839—1876）在1876年率领美军袭击蒙大拿州印第安人时战败身亡。——译注

那就见鬼了。戈登中尉①刚一现身，腿上就挨了一枪。"

锡贝丘溪事件中发生了一件可笑的事情。斯顿坦中尉曾用极为郑重的口吻询问卡特中尉鞍袋里有没有一双多余的干净袜子。

沙利文（Sullivan）②差不多是最后一个骑上马的士兵，他被第一枪射中了胸部。"狗娘养的。"他从马鞍上掉落时喊道。另一枪射中了他的心脏，使他停止前进，倒地毙命。

可怜的亨蒂希上尉在倒地时只喊出了"我的上帝！"他的心脏被射穿了。

年轻的爱尔兰新兵福伦（Foran）③拒绝在敌人的火力下卧倒，他的肠子被射穿。勇敢而年轻的麦克里里医生把他扶上马，带着他走了一多半的路，帮助他上马和下马。由于伤口疼痛难忍，他不得不频繁地上马和下马。最后，医生只能把他绑在马上，但他弄断了绳子，头朝下挂在马上，痛苦地扭动身体。医生把他翻过来，放在马鞍上，但在登上高山的山顶时，他说："没有用的，医生，我不可能活着下山。"他乞求松绑。当他的请求得到许可时，他突然高高地跳起来，然后伸直手脚，掉在地上，没了呼吸。卡尔将军的儿子表现得非常冷静，真是虎父无犬子。

上面这些都是我在篝火旁的简短笔记。虽然这些事情有点陈旧，但它们可以说明当时战斗和撤退的性质。驮骡是最主要的防御手段。部队之所以能安全撤退，在很大程度上是因为阿帕奇人不喜欢在夜间进攻，这是众所周知的事情。他们非常迷信。

天气变得很冷，当然，我指的是 23 日夜晚的天气。我在毯子里瑟瑟发抖。不过，24 日上午天气很好。在太阳从周围的山顶爬上来之前，我们整个队伍已经动身，侦察兵在前。我们沿着印第安人的脚印，在不是特别难走的路段走了几英里。侦察兵报告说，有美国军队在锡贝丘方向距离我们几英里的地方扎营。当少校奉

---

① 查尔斯·G. 戈登（1837—1898）在亨蒂希上尉死于锡贝丘溪后接替他担任连队指挥官。
② 美国第六骑兵团第四连列兵约翰·沙利文。
③ 美国第六骑兵团第五连列兵 J. F. 福伦。

命出发时,他已经下定了只寻找印第安人的决心,而且一直在坚持。我们很快发现了其他部队留下的交叉脚印——后来发现,那是麦克莱伦少校的部队——并在几英里外发现了通往右边、朝西南方向延伸的印第安人脚印,那正是我们要走的路。我们翻越了我所翻越过的最讨厌的山峰之一,进入一片美丽的台地。这里散布着漂亮的树木,绵延几英里。突然,台地消失了。盖特伍德少尉手下的首席白人侦察兵伯恩斯说,我们正在进入"魔鬼地带"。

事实证明,这不是夸张,因为我们很快就进入了非常可怕的峡谷。我们牵着马,连滚带爬地走了很远的距离,才走到峡谷底部。太阳火辣辣地烘烤着我们。我们的衣服被树枝划破,整个队伍非常难受。对我来说,这种事情的新鲜感已经消失了,也许,这就是我觉得它不太有趣的原因。

在走下荒凉的山坡一段时间以后,我们突然看到了水源。接着,我们得知,我们来到了卡里索溪峡谷几乎不为人知的区域。显然,白人骑兵之前从未来过这里。这里有一条非常好认的印第安小路。我们知道,这是最好的向导。上山和下山很快摧毁了马和骡子的士气,就连我们的印第安人也有些疲劳。这里很不适合扎营,因为这里四面环山,处于绝望而无助的位置,周围可能隐藏着敌人。不过,我们不得不在某处扎营。于是,我们在此扎营,因为部队发现,河谷下游的环境更差。幸运的是,这里有许多优质的牧草和水源。我们非常疲惫,觉得简单的休息已经很难得了。不知疲倦的厨师弗伊(Foy)很快做好了美味的军人晚餐。当太阳投下的影子开始变长时,我们的快乐达到了环境所允许的极限。我们甚至有点渴望抽上一支好雪茄,喝上一杯啤酒,但是这种奢侈永远属于那些从未离开文明世界的人。军人和通讯员不能指望一切称心如意。如果印第安人的子弹在他们肚子上打个洞,你们这些坐在个人舒适住所里,或者在自家壁炉旁品尝美味托迪酒的绅士们会关心吗?是的,真的,普通美国公民很少知道和关心军人和记者在这种生活中的遭遇,除非一个营遭到屠杀,使芝加哥和纽约惊讶七天,或者通讯员的头皮被割掉。在听到历史学家在行军途中遭遇的事故时,普通美国公民也许有理由说:"什么,史密斯被打死了?活该!他去那里做什么?为什么他不待在后方?"我的读者朋友们,我之前从来没有机会指出,印第安战事是没有后方的。它就像是没有裙撑的波士顿美女一样。

不过,我必须承认,战争通讯员的遇难比例是很小的。"布尔溪"拉塞尔现在还活着①,这件事为我提供了某种精神支撑。

此刻,我所在的 A 字形帐篷前方生起了巨大的篝火。插在木板上的蜡烛为我带来光亮,塔珀少校刚刚洗好的汗衫被人挂在燃烧的木材旁边的木棍上,以便烘干。我已经感受到了一群蚊子聚集在我周围导致的最初症状。我将采用英国人的方法克服这种困难,让它们吸不到血。

我们今天上午继续朝卡里索河谷下游前进,穿过异常崎岖的陡坡区域。在这里,一伙人数够多的坚定的敌人完全可以把我们的小部队全歼。但是,我们能做什么呢?命令就是命令,必须遵守。卡尔将军之所以发布这道命令,是因为来自电报局的建议说,我们的对手很弱,无须担心。

在距离锡达溪河口几英里处,我们看到了非常漂亮的盐泉。矿物质在此积聚了几个世纪,现在已经形成了很大的盐床。如果某家公司能够对其进行开发,将获得很大的收益。泉水大约20平方英尺,非常深,也非常清澈。这是我所见过的最美丽的自然景观之一。由于它在地图上没有标注,因此部队用精力旺盛的指挥官为它命名,称之为"塔珀泉"。我希望这个名字能够得以保留,因为我几乎可以确定,我们是第一支在这条河谷走过的骑兵部队。

离开塔珀泉,我们不得不翻越更多陡峭的山峰。就在我们沿着山坡走向锡达溪时,我们在下面的河谷里看到了一群马,它们身上安着马鞍。我们轻松认出了卡尔将军及其部队,我们在 23 日上午刚刚和他们分开。我们立刻意识到出事了。我们没有猜错。

将军是从锡达溪上游走过来的。见到我们,他很高兴,说他收到了威尔科克斯将军的消息。敌对分子拒绝投降。来到事务处的桑切斯和其他酋长被捕并被戴

---

① 记者拉塞尔曾在南北战争中报道了第一次布尔溪之战。——译注

上了镣铐，这大概就是敌人不愿投降的原因。我不知道管事的人是谁，不过，如果他们有一点常识，他们怎么会指望像阿帕奇人这样多疑的群体在酋长被捕并且自己有机会逃跑的情况下留在他们身边呢[①]？这是特雷维尼奥将军（General Trevino）对梅斯卡莱罗人所犯错误的重演[②]。根据印第安人的本性，逃跑的敌对分子一定会让散布各地的定居者以血来偿还领导者这种疯狂的决策。如果我们能把所有人抓起来，戴上手铐，实施绞刑，情况就完全不同了[③]。

卡尔将军的部队，圣卡洛斯河，亚利桑那领地，10月3日——包括印第安战役在内，任何战役所依据的原则也许都没有现在这样古怪。你也许可以用地图和指南针管理文明军队的行动，但对阿帕奇人的同样做法导致了到目前为止几乎前所未有的军事困局。威尔科克斯将军将所有可用部队召集到他的军区，这没有任何问题。他们的集合速度相对缓慢，但这很难避免，因为交通运输缺乏良好的组织——这一点应该始终得到指挥官的密切关注。不过，在最终把部队投入战场以后，军区指挥官应该允许不同部队的领导者根据自己的判断行动，而不是用命令严格限制他们，就像限制卡尔将军那样。走上战争道路的印第安人很少会把自己限制在之前走过的道路上，他们常常开辟新的道路。在战场指挥部队的军官应该有权沿新的道路前进，直到追上印第安人。根据威尔科克斯将军发布的明确命令，这支部队的首长根本无法根据自己的判断行事。如果他没能执行命令，沿军区指挥官指定的道路前进，那么假使战役以失败告终，他可能会成为替罪羊——之前的下级指挥官常常会有这样的遭遇。所以，他严格遵守了命令。其结果是，我们没有取得任何战果，只是逮捕了47个怀特芒廷印第安人，其中40人是自愿投降

[①] 1881年9月23日，威尔科克斯将军下令逮捕乔治和博尼托这两个酋长。
[②] 指墨西哥将军杰罗尼莫·特雷维尼奥1880年12月对维多利奥展开的行动。特雷维尼奥只是把阿帕奇人赶出了国界，使之进入新墨西哥。
[③] 下一篇报道在1881年10月14日，题为《阿帕奇行动》。

的，其他人被事务处的印第安警察毫不费力地带了过来。

印第安事务官蒂法尼上校声称，如果圣卡洛斯和希拉河事务处周围没有那么多部队，他会逮捕所有怀特芒廷反叛者。希拉河事务处的主要问题是，那里没有足够多的兵力，只够把敌人赶走，就像对奇里卡瓦部落那样。在军方试图逮捕怀特芒廷部落的乔治和博尼托之前，奇里卡瓦部落完全没有表现出逃跑的意图。人们普遍相信，乔治和博尼托与阿帕奇堡以南七英里山的谋杀案[①]有关。

受到威胁的酋长狡猾地煽动了奇里卡瓦人的恐慌。顺便一提，奇里卡瓦人完全不需要为最近的犯罪行为担忧。结果，亚利桑那最优秀的 72 名印第安战士走上了战争之路。不过，我不得不相信，只要找到借口，他们就会重新开始多年前在臭名昭著的科奇斯领导下成功实施的罪行。整个事件最奇怪的地方在于，当奇里卡瓦人在道路上公然屠杀平民时，乔治和博尼托仍然在距此 15 英里的希拉河事务分处及其附近徘徊。看起来，他们既不敢返回事务处，也不敢离开。这些狡猾的酋长领导着大约 50 个配备精良武器的印第安小伙子，将妇女、儿童和财产托付给了"友好"的怀特芒廷人。所以，我们几乎无法对他们开展有效的突袭。我相信，我们很快就会采取这种行动。不管怎样，如果不能抓住或消灭乔治和博尼托，这个地区的印第安问题就不能得到解决。这件事最大的障碍是，其他据说安分守己的怀特芒廷印第安人很可能加入到他们的队伍中。这将使他们获得至少 300 个男性作战人员。在当地如此崎岖的环境里，这是一支很可怕的力量。

只要走上几英里，印第安人就可以进入崎岖的地区。在那里，即使是 3 倍于他们的军队也拿他们毫无办法。我们当然有印第安侦察兵，不过，在锡贝丘溪事件后，许多军官对于大多数印第安侦察兵的忠诚度产生了深深的怀疑。有些军官说，与其拥有一半友好印第安人和一半敌对印第安人，还不如让所有印第安人走上战争之路。在这种分裂状态下，白人定居者和旅行者的危险会大大增加，因为无法分辨敌对印第安人和友好印第安人，除非后者与军队同行。所以，许多本来

---

① 这起谋杀事件是朱的奇里卡瓦团伙犯下的。

可以采取必要防御措施的公民在最意想不到的时候遭到了屠杀。

在我看来，除了不同部落之间的刻骨仇恨，任何事情都无法阻止所有印第安人的全面暴动，尽管他们全都属于同一种族。可以用指定的酬金收买任何印第安人，让他追杀某个同胞，将对方的头颅装在袋子里拿回来领赏，就好像那是野兽的头颅一样。虽然他们相互憎恨，但是从个体和集体的角度看，他们最恨的还是白人。他们之所以与白人保持友好，仅仅是为了获取口粮、武器、弹药以及他们自己无法制造的其他奢侈品。

当他们存储了足够多的物资时，他们可以随意展开谋杀和抢劫行动。在尽兴后，他们同样愿意返回并"忏悔"，然后在机会合适时再次使出同样的把戏。任何友好的对待都无法消除印第安人的杀人欲望。事务处和军队最宠爱的印第安人恰恰是在此次可怕事件爆发时背叛卡尔将军的那群侦察兵。居留地制度是一次失败，这一点正在变得日益明显。我无法提出更好的制度，也许，我们可以向印第安领地以外的所有印第安人宣战。如果他们不退回印第安领地，那么他们就只有死路一条。这种将野蛮人从美国各州和各领地定居区整体搬迁到印第安领地的做法也许昂贵而血腥。我毫不怀疑这一点。不过，长期来看，它的代价要更小，而且从各方面看都比目前的修补政策更加高效。这里的和平每一年都会被少数桀骜不驯的野蛮人破坏，导致商业行为被搁置，定居者心灰意冷，白人死亡比例极高。难怪每当某个不起眼的部落异想天开地想要挣脱束缚、反抗政府时，都会有一大批人逃离这个地区。

印第安人的本性极为邪恶，只有恐惧和迷信才能对他们造成影响。他们可能对少数人表现出某种道德，但是这种道德极为扭曲，可以毫不夸张地称为不道德的冲动。这听上去可能自相矛盾，但是下面的例子可以说明这一点。有人指控某个阿帕奇酋长打死了一个定居者。这个定居者是酋长多年的好友。看起来，酋长待他亲如兄弟。这位阿帕奇酋长说："懦夫可以杀死敌人——任何懦夫都能这样做。不过，只有勇者才会杀死朋友！"

从本质上说，持有这种观念的头脑与其说是愚昧，不如说是堕落。在这种情况下，即使传教士再有信心，他又怎么能将这些懒惰奸诈的流民转变成基督徒呢？

不管是在这里，还是在其他地方，人们普遍认为，电报通信部门是一个几乎无用的机构。在有机会表现自己时，接线员都很优秀，但线路常常停摆，完全不值得信赖。在格兰特和托马斯之间，部分问题显然来自奇里卡瓦人的袭击，但在这里和托马斯之间，线路的缺陷源于极不完美的线路架设方式。因此，这里完全处于不确定状态。比德尔少校发来了一份简略的电报，说部队在格兰特堡附近与敌人进行了小规模冲突①，但我们没有收到详细信息。我们觉得那个方向没有敌人，因此这份报告令我们很惊讶。如果军队打击了野蛮人，我希望他们能把事情做到位。奇里卡瓦人的覆灭将对其他不满者起到很好的示范效果。如果发生了战斗，我会为我没有亲眼看见这场战斗而遗憾，因为从常规渠道获得信息不是很容易。不过，想到我无法在同一时间身处两地，而印第安战争的发生地点又像三猜一纸牌游戏中的获胜牌一样不可捉摸②，我感到了一丝安慰。

如果乔治和博尼托没有投降，我觉得卡尔将军很快就会对他们采取行动。将军之所以没有进攻他们，仅仅是因为他不想引起其他部落的恐慌，怕他们立刻走上敌对道路。如果其他部落造反，以目前军队散布各地的状态来看，这将是一件非常尴尬的事情。上述酋长未来的行动无疑取决于奇里卡瓦人的命运，如果奇里卡瓦人成功逃过严厉的惩罚，这个地区发生更严重暴动的可能性就会大大增加。一些已经为政府服务一段时间的奇里卡瓦侦察兵昨天拿到了工资。他们很可能也会走上抢劫谋杀之路，至少部分人有可能。我看不出给敌对部落成员发工资、使他们变得比之前更加可怕的做法有什么意义。不过，拒绝支付工资将被看作宣战行为。我们现在像之前那样向他们支付工资的做法可能也不错③。

① 显然是指1881年10月2日在锡达斯普林斯附近与朱领导的奇里卡瓦人未分胜负的小规模冲突。
② 在三猜一纸牌游戏中，庄家将三张牌倒来倒去，玩家猜哪张牌是获胜牌，但是很难猜中。——译注
③ 下一篇报道在1881年10月5日的芝加哥《时报》上，题为《红种人的叛乱》。

圣卡洛斯，亚利桑那，10月4日——这里和威尔科克斯之间的电报通信上午重新建立起来了。关于星期六以来托马斯营沿线以南发生的所有事件，《时报》显然已经得到了消息。最基本的情况已经众所周知了。根据各种消息来源，我们知道，奇里卡瓦人在袭击中打死了10个平民和5个军人，平民之中大部分是墨西哥人[①]。这个地区发生暴动的各种危险并没有消除。乔治酋长的团伙在距此15英里的希拉河事务分处附近游荡，可能会制造麻烦。我们已通知所有友好的印第安人今天来到河流以南，每天接受副事务官霍格（Hoag）点名。今晚，卡尔将军将率领可以离开事务处的部队前去逮捕乔治及其团伙，除非麦肯齐（Mackenzie）将军[②]发来相反的命令。麦肯齐的部队据说出现在了托马斯营，他本人现在无疑也抵达了那里。作战部队包括大约70名骑兵、30名骑马步兵以及将近100名圣卡洛斯部落的侦察兵，分为两队。他们很可能会迎来规模不小的战斗。如果获得许可，《时报》通讯员将随队同行。如果没有事务分处其他印第安人的支持，乔治一伙人本身并不可怕。在这种情况下，麦肯齐的部队距离很近，可以提供一切必要的支援。明天中午之前，将确定逮捕和其他行动的一切具体方案[③]。

卡尔将军的指挥部，圣卡洛斯，亚利桑那，10月6日——最近，这里的一切都处于极度混乱的状态。我们在这个事务处轻松逮捕了怀特芒廷印第安人，但希拉河事务分处的部队人数太少，那里的逮捕行动导致原本应该留在居留地的印

[①] 1881年10月2日，朱的团伙在锡达斯普林斯附近打死6个货郎，抢劫了货车，随后在公路上打死了一个来自格兰特堡的定居者。当天晚些时候，他们打死了从格兰特堡前来维修电报线路的4名士兵。追击的骑兵与奇里卡瓦人战至夜晚。
[②] 拉纳尔德·S. 麦肯齐（Ranald S. Mackenzie, 1840—1889），印第安战争中涌现出的最有天赋、最成功的指挥官之一。
[③] 下一篇报道在1881年10月7日，选自《谨慎的印第安战士》一文。

第安人逃走了。因此，我们将会迎来一场非常疲惫、明显不划算的长期战争。走上战争之路的奇里卡瓦人之前由科奇斯领导，他们人数虽少，却很难对付。在再次臣服之前，他们显然会在领地北部大肆抢劫，制造恐慌。这里的形势最令人恐慌的地方在于，参与七英里山谋杀案的怀特芒廷部落酋长乔治和他的一些同伙拒绝进入事务处。他们在附近游荡，我们准备在很短的时间内对他们开展行动。如果他们持敌对态度，这里和托马斯之间的道路就会很不适合旅行。托马斯和格兰特之间的军用电报线从星期六起就不通了，因此，两地之间无法发送消息。这条线路到现在还没修好。这里和托马斯营之间的线路在今天的大部分时间里也处于故障状态。比德尔少校从托马斯向卡尔将军发来一份简短的电报，说押解从这里运走的印第安囚犯的部队与敌对分子发生了小规模冲突。这一情报没有得到证实，但 6 个墨西哥人和 2 个白人在格兰特营和托马斯营之间遭到奇里卡瓦人杀害的说法显然得到了证实。在电报通信完全恢复之前，重要信息很难迅速传递出去①。

托马斯，亚利桑那，10 月 9 日——贝利（Bailey）的侦察连军士长、怀特芒廷印第安人杰克前天晚上被逃离这个哨所的 8 个奇里卡瓦人杀害，这一消息使留在居留地上的怀特芒廷印第安人非常激动。杰克的帽子和头巾在距此 0.5 英里的希拉河边被人发现。在我们看来，奇里卡瓦人觉得他会把他们出卖给军事当局，因此用刀刺杀了他，让他的尸体朝希拉河下游漂去。怀特芒廷人昨晚想要杀死留在奇里卡瓦营地里的人，但是被侦察长库克②阻止了。他们目前正在河里打捞杰克的遗体。如果他们发现遗体，就很难阻止他们展开屠杀。如果他们只是杀死奇里卡瓦人，不波及其他人，那当然很好，但是一旦杀戮开始，就很难判断它会在哪里停止了。麦肯齐将军预计今天将从圣卡洛斯返回。他在与印第安酋长的谈话中

---

① 下一篇报道在 1881 年 10 月 11 日，选自《流民的报复》一文。
② 詹姆斯·H. 库克（1857—1942），著名的牛仔和侦察兵。

很强硬，他向他们明确表示，他不想再听他们胡扯。他说，只有罪犯才会为军队的出现而恐惧。我们收到了新的报告，得知有人发现了印第安人逃离事务处的足迹。不过，这些报告显然是在夸大其词①。

威尔科克斯，亚利桑那，10月12日——阿帕奇战争显然可耻地失败了。虽然怀特芒廷和奇里卡瓦屠夫很粗野，但他们占据优势，尤其是奇里卡瓦人，他们是阿帕奇大家族中的谋杀骑士。在跟随布莱克少尉和威尔科克斯中尉的分遣队从托马斯营返回格兰特营的途中，我有机会在锡达斯普林斯附近看到了萨马涅戈（Samaniego）②倒霉的马车队被打成筛子的马车。印第安人对车夫弟弟领导的6个勇敢而不幸的墨西哥人的射击一定非常恶毒。车辆上的弹孔数量惊人，考虑到这一事实，我们会对6个不幸者对抗75个阿帕奇人长达两个小时的壮举感到吃惊。在车辆旁边发现的尸体上布满了铅弹。这些人壮烈牺牲了，"猎枪"史密斯牧场前面标志5人共同墓地的粗糙十字架将神圣的影子投在埋藏英雄的土地上。道路上散落着死去的骡子，大道沿线长达几英里的草地遭到践踏，这暗示了战斗的激烈程度。

直到墨西哥人死去一段时间以后，军队才赶到。有一个墨西哥人非常镇定地装死，逃过一劫。在军队露面之前，印第安人悠闲地对马车进行了大规模抢劫。墨西哥马车夫半趴在草地上，看到了这一切。一个印第安人走上来，用枪托敲击他肩胛骨之间的部位，以确认他是否还活着。墨西哥人忍受了敲击，逃过了被对方割头皮的命运。如果奥弗顿中尉的骑兵在阿帕奇人位于马车周围空地上的时候赶到，一定会有许多野蛮人被打死或捉住。不过，奇里卡瓦人知道他们正在被人跟踪，没有逗留太长时间。他们朝东偏南方向沿铁路和希拉河之间的诺顿斯图尔

---

① 下一篇报道在1881年10月21日的芝加哥《时报》上，题为《阿帕奇暴行》。
② 图森的M. G. 萨马涅戈。

特新驿道退到格雷厄姆山脉的山脚下。在这里,在与道路相交汇的一条小溪谷里,他们打死了 2 个电报维修员和 3 名士兵。

当第六骑兵团奥弗顿中尉和格拉斯中尉①的连队突然发现尸体时,尸体还有温度。奥弗顿下令检查尸体,就在他下达命令时,埋伏的印第安人朝他开火了。他对士兵进行部署,战斗开始了。第五骑兵团桑福德上校的两个连正在押送怀特芒廷囚犯。听到枪声,他们迅速赶来。威尔科克斯将军派伯纳德上尉的连队和卡尔上尉的部分部队支援奥弗顿和格拉斯。他带着护卫队的剩余人员前往尤里卡斯普林斯,并将囚犯运往格兰特营。之后,囚犯被送上火车,前往洛厄尔营。平心而论,为了在这场战斗中惩罚印第安人,威尔科克斯将军似乎做了他能做到的一切,但他并不走运。士兵们攻击印第安人的地点对他们极为不利。妇女、儿童和矮马几个小时前就离开了,此时已经进入格雷厄姆山脉深处。印第安战士之所以与美军战斗,完全是为了争取时间。他们有效完成了这一任务。他们守在朝山脚下延伸的森林里。这是一座天然堡垒,到处都是岩石,而阿帕奇人的躲藏艺术无人能及。

他们的火力虽然密集,却和骑兵的火力一样无效。这很神奇,因为骑兵作为进攻方,不能像敌人那样仅仅躲藏,只能更多地暴露在枪弹之下。许多骑兵的马匹被射杀,但是人员方面,只有一个中士被射杀,另有 4 名士兵受伤。此次冲突持续到夜晚。据我所知,骑兵打了 4000 多发子弹,却没有产生明显的效果。我在此不作评论,因为我当时不在场,无权批评我没有亲眼看见的战斗。我相信伯纳德、奥弗顿、格拉斯及其连队做了他们力所能及的一切,但他们并不走运。在这场与敌方殿后部队的战斗中,奇里卡瓦人明显是获利的一方。我想,所有人都会承认这一点。公平地说,印第安人在此次事件中的射术并不值得吹嘘。

夜幕降临时,士兵们几乎打光了子弹,口粮也全部吃完了。许多人失去了坐骑。由于当天战果不佳,所有人都很沮丧。我说这些只是为了陈述事实。到了现

---

① 美国第六骑兵团的约翰·N. 格拉斯(1853—1892)。

在，这些几乎已经不是新闻了。不过，人们会问："为什么军队没有追击敌人？"这是很自然的疑问。答案是，伯纳德的部下完全没有做好长途追击的准备。在听到枪声之前，他们并不知道印第安人就在附近。奥弗顿和格拉斯已经进行了长途行军，吃光了口粮。我说过，他们已经消耗了大部分弹药。所以，骑兵在格兰特营一直休息到第二天上午。

与此同时，印第安人走下格雷厄姆山脉，径直穿越西南方向的平原，在发源于波因特夫芒廷①附近的小溪边宿营，进行休整，以便在凌晨时继续撤退。就连包括我在内最恨他们的人也不得不承认，他们拥有令人羡慕的非常规作战天赋。一些平民试图把他们赶走，但平民和军队一样失败了。对于军方和平民来说，这些厉害的野蛮人是一块非常难啃的骨头。东部勇敢的绅士们只会在纸上消灭印第安人。他们应该来到亚利桑那，亲自动手试一试。许多优秀的军人在这些印第安破坏者面前名誉扫地，对此我并不吃惊。在这片讨厌的山区，面对这些精确了解各种大小石块掩护价值的阿帕奇绅士，就连拿破仑·波拿巴也会束手无策。"打完就跑"是印第安人的格言。它非常有效，但最常做出艺术性撤退的却是白人。难怪在文明战争中声名鹊起的将军们担心在现在这种"战役"失败后不可避免地遭到取笑。这些印第安人逃跑时像水银一样，战斗时像土匪一样。（如果他们的射术再好一点，军队花名册上的空缺就会大大增加。）

你知道伯纳德追逐敌对分子进入德拉贡山脉的结果。那是非常古老的故事，任何吹毛求疵的评论家都不会怀疑伯纳德的勇敢和能力。要想对付阿帕奇人，伯纳德无疑是最佳人选。不过，面对这群躲藏在山区堡垒中的狡猾、讨厌、神出鬼没的敌人，他又能做什么呢？哪位军事天才和评论奇才能站出来解决这个问题吗？如果能，他就可以去做亚利桑那州长，反正我是不稀罕这个职位。

由于此次暴动，军队情绪低落，这并不奇怪。威尔科克斯将军快要疯了。卡尔将军很不高兴。伯纳德上校咒骂连连。参谋为此争论不休。前线军官悲叹自己

---

① 波因特夫芒廷（Point of Mountain）是加利乌罗山（Galiuro Mountains）东南山麓的驿站，位于威尔科克斯西北几英里处。

走了背运，士兵们闷闷不乐，多多少少感觉自己受到了羞辱。

我想对美国正规军说上几句。我有权发表评论，因为我随军出征了好几次。军队的组成人员很优秀，包括军官和士兵。不过，以我的拙见，军队缺乏良好的管理。各连队由于士兵服役期满或开小差而人员不整，却无人问津。遇到紧急情况，部分空缺会被新兵填充，而这些新兵在第一次出征时通常比废物强不了多少。这支军队受过培训的士兵头脑灵活，服从命令，勇气可嘉，并不比世界上其他地区同样人数的军队差。绝大多数前线军官可以熟练使用武器，完全有能力在任何地区领导部下。一定比例的前线人员最好光荣退休，这对军队有利，对他们自己也有利。他们已经过了当打之年，属于另一个年龄范围。和带有奴性的人相比，这支军队更需要年轻的新鲜血液。我们希望消除团级部队——包括所有骑兵和大部分步兵——陈腐、过时、打击士气的资历晋升制度，使这些新鲜血液获得一些尚武的光荣情绪。当然，所有等待继承职位的老家伙都会嗥叫着反对这种做法。让他们嗥叫吧。他们叫得越欢越好。如果国会承认印第安战事是合法战争——它比和平战争要危险得多——将取得优秀战功的高效年轻中尉晋升到一些年老、迟钝、毫无战果的上尉、少校或上校之上，他们就会为军队注入一种精神，这种精神曾使衣衫褴褛的法国人在共和国将军的带领下将奥地利神枪手赶出阿尔卑斯山口并征服意大利。军人也是凡人，要想赢得胜利，必须激发他们的斗志。仅仅履行职责的毫无热情的中尉与怀着快速晋升的美好希望追击文明或野蛮敌人的中尉之间存在天壤之别。这种晋升希望应该从将军一直蔓延到士兵中。在目前的迟钝制度下，最擅长对抗印第安人的斗士仍然维持着中尉和上尉的军衔。获得晋升的人少之又少，而且他们的晋升完全依赖于资历。如果作战军官获得奖励，他会被调离战场，获得驻地军需官、地区军需官或者类似职位，这使他完全无法发挥作为军人在战场上最重要的作用。我认为，这是美国军队最愚蠢的做法。我可以举出许多例子，但是没有必要。军方比我更清楚这一点。

"按战功晋升会使军队陷入政治斗争之中"是反对这种观点的主要正当理由。我相信它会导致一些游说，就像参谋任命一样，但是如果明确规定战功晋升必须基于得到参战军队承认的实战功绩，那么我觉得没有立下赫赫战功的军官是没有脸为快速晋升而游说的。我承认，这项改革涉及许多复杂因素，军队中的保守派——我指的是在健康和年龄方面正在迅速接近极限的绅士们——也会坚决反对，但是年轻强壮的群体会同样强烈地表示支持。根据目前的愚蠢制度，展示出优秀作战天赋的前线军官需要等到某个上级军官退休、辞职或去世以后才能得到晋升。还有比这更刻薄的制度吗？它使陆军军官变得像星期日上午在理发店门前排号等待刮脸的人一样，需要等待理发师叫号。我承认，按资历晋升有一定的可取之处，但是在我看来，反对这项制度的理由远比支持它的理由重要。

我再说最后一点。如果一位军官在南北战争中获得了名誉军衔，但是不了解印第安事务，从未证明过自己对抗印第安人的才能，那么他不应该指挥或藐视那些了解印第安人的习惯、在野蛮人的奇特作战方式中证明过自身能力的军官。所谓的"名誉军衔"有太多水分，我们的军队又过于缺乏常识。军衔和战术类似，在阅兵式上看起来很威风，但在需要真正做事的地方，它通常一文不值。据我所知，仅仅拥有常规战争经验的将军加上臃肿而野心勃勃的参谋群体极易打击军队士气、让野外军事行动陷入瘫痪。对于任何级别的军官来说，最倒霉的事情莫过于完全被参谋左右。从实用角度看，他还不如被敌人左右。不管是什么时候，都应该由将军管理参谋，而不是由参谋管理将军。

这使我想到，麦肯齐将军作为战场部队指挥官是非常胜任的，但是如果政府将亚利桑那和新墨西哥领地组织成一个军区，将其置于麦肯齐的指挥下，情况要好得多。

从黑姆布里洛峡谷到切弗隆福克

托马斯·克鲁斯[①]
查尔斯·P. 盖特伍德收藏,亚利桑那历史协会,图森

洛厄尔堡,亚利桑那领地
1883年5月25日

亲爱的阿博特(Abbot):

我收到了你让我写信的请求。我看了77届毕业生的历史记录,认为信件是其中一个很有趣的部分,所以我很愿意遵从你的命令。

离开西点军校后,我和尚克(Shunk)[②]前往波士顿旅行。我已经收到了在第六骑兵团任职和驻守亚利桑那阿帕奇堡的命令。我在地图上找到了亚利桑那,但是完全没有发现阿帕奇堡这个名字。在我抵达亚利桑那之前,我一直没有找到它的位置。

我在9月10日离家前往驻地,以便留出足够多的时间赶路。出发后,"赠地道路"的问题让我有些担忧,不过我发现,只要交纳过路费,我就能通过。我继续前进,直到发现阿帕奇堡的位置。我还发现,即使知道了它的位置,抵达那里也很困难。我最终抵达了托马斯堡,那是我乘坐驿站马车和四轮马车可以到达的最远处。

托马斯堡指挥官[③]看到我很高兴。在我到来后,他很快冲到电报局,发了一

[①] 美国第六骑兵团的托马斯·克鲁斯(1857—1943)。克鲁斯凭借在比格德莱沃什的行动赢得了荣誉勋章。他在1918年以准将身份退役。
[②] 威廉·尚克。
[③] 美国第十二步兵团的梅·H. 斯泰西(May H. Stacey, 1837—1880)。

封电报。当我第二天和他谈论去阿帕奇堡的事情时,他告诉我,我将留在托马斯执行临时任务。他还说,军需官不久前刚刚来到这里。我当时很单纯,没有听明白后一句话的意思。不过,我很快就懂了,因为我收到了担任驻地军事法庭记录员的命令。原来,13个在发薪日喝醉酒的人需要接受审判。

哨所指挥官和艾夫斯(Ives)存在分歧,所以,我把几乎所有诉讼文件写了两三次,他才满意。最终,我在11月抵达我的哨所,并且立即接到外派任务,将一些印第安人送到圣卡洛斯。我在12月第一次打死了一头鹿。

1880年1月1日,我成了一个印第安侦察连的军需官。当月3日,我跟随77届毕业生盖特伍德离开哨所,开始了血腥而光荣的旅程,目标是全歼维多利奥团伙。我们在新墨西哥和亚利桑那到处巡游,最终于3月底在格兰德河畔投入哈奇将军麾下。这段时期,我们在山里被冻成冰棍,在平原上被烤成焦炭。我还看到了印第安战争的一些可怕后果,因为我掩埋了被维多利奥团伙屠杀的一群人的尸体。

4月2日左右,侦察兵在圣安德列斯山发现了敌对分子。我们兵分三路追赶敌人。其中一路纵队过早抵达了集合地点,遭到了印第安人的进攻和包围①。当我们于4月6日早上6点赶到那里时,敌人正在对卡罗尔上尉及其部队展开激烈进攻,后者已经断水两天了。我刚进入战场时并不害怕,但是当几颗弹头向我飞来时,我感到很不舒服。我断定,他们是真的想要射杀我。这使我改变了看法,我的舒适感和信心顿时减了一大半。我相信,我没有打死任何印第安人,因为我没有看到任何射击目标。实际上,我只看到了一道冒着烟、向外发射子弹的长长的山脊。

战斗结束后,我见到了我们班的泰勒②。他向我讲述了印第安人是如何攻击他们的。如果他愿意,他显然可以用比我更精彩的文笔叙述这场战斗。我在战后

---

① 黑姆布里洛峡谷的三日战斗导致一个军官和7名士兵受伤。克鲁斯在战后发现了一名死去的印第安战士。除此以外,印第安人的损失不明。
② 美国第九骑兵团的查尔斯·W.泰勒中尉。

第一次看到了死去的印第安人。

梅斯卡莱罗印第安人为敌对分子提供了援助和鼓励，所以，哈奇将军去找他们面谈。他们拒绝对话，于是，在 4 月 16 日晚，我们接到了将距离事务处 3 英里的印第安人全部打死的命令。大约黎明时分，我们突袭了一处营地，打死了 6~8 个人，其他人飞快地跑进了事务处①。我在事务处见到了格里尔森②和芬利③。接着，我们沿着维多利奥的足迹追赶他，一直追到 5 月 10 日。此时，印第安连接到了返回亚利桑那的命令。我们在 5 月 22 日抵达亚利桑那。随后，我被任命为印第安连指挥官，这使我很难受。在接下来的夏天和秋天，我们一直在侦察和旅行，旅行和侦察。唯一的变化是，我们有一次追着维多利奥进入了老墨西哥。不过，我们没有抓到他。我在 11 月 17 日返回阿帕奇，我在战报中的评价还不错，对此我很自豪，因为我的心里一直存在强烈的逃跑念头。

在阿帕奇，事情进展得很顺利。我负责驻防，偶尔外出侦察。到了 1881 年 6 月下旬，情况发生了变化。当时，哨所附近的印第安人开始表现出不满的迹象，因为一个巫医说，他可以把他们祖先的灵魂召唤回来，前提是白人必须离开这个地区。8 月，他变得更加坚定，说白人必须在玉米成熟时离开。我注意到了手下印第安侦察兵的嘀咕和不满。当指挥官卡尔将军询问我的意见时，我告诉他，如果我说了算，我就会解雇所有印第安侦察兵，然后雇用一批尤马人，因为现在这些侦察兵隶属的部落是最不满、最不可靠的。指挥官发了电报，请求按照我的建议行动，并且请求再派两个骑兵连来到这里，因为情况很紧急。

就在此时，我们收到了来自印第安事务官的请求和来自军区指挥官的命令，二者内容相同，那就是逮捕或打死巫医。随后，电报线发生了故障，我们在一段时间里没有收到其他消息。卡尔将军与军官开会，决定执行命令，并且带上我的侦察兵，因为把他们留在后方比带上他们更危险。

① 根据《大事年表》第 72 页的记录，印第安人有 10 人被打死。
② 本杰明·H. 格里尔森（1826—1911）最初是平民，在南北战争中升为志愿军准将。战后，他担任美国第十骑兵团指挥官，是黑人士兵的强烈支持者。他在 1890 年以准将身份退役。
③ 美国第十骑兵团的莱顿·芬利中尉（1856—1894）。

于是，8月29日，我们带着72名白人士兵和22名印第安侦察兵离开阿帕奇。到了锡贝丘溪，我在巫医家里找到了他，这使我非常吃惊。接着，卡尔将军走过来，告诉巫医，他必须跟随我们返回哨所。巫医想等到第二天再走，但他的请求遭到拒绝。一个中士和10名士兵负责看守他。如果他试图逃跑，或者他的朋友试图把他救走，他们可以朝他开枪。

接着，队伍沿溪而下，走了大约2英里，然后扎营。路上，印第安人不断从附近的峭壁和溪谷中走出来。当我们抵达宿营地时，我们周围聚集了大约200个携带武器的印第安人。我感觉我正站在一箱带有瞬发引信（quick fuse）的火药上。一些印第安人走进营地，卡尔将军命令连队指挥官把他们赶出去。我已经下了马，完成了值日报告。当我转过身，准备命人把巫医看好时，我突然听到了战斗的呐喊声。有人喊："小心，他们要开枪了。"接着，我似乎看到了闪电。我的感受如何？我当时呆住了，因为我看到，我们的侦察兵正在朝我们开枪。我不知道自己是否中弹，因为他们距离我不到20英尺。接着，我意识到，这是生死攸关的时刻。当对方发起另一轮射击时，我就地卧倒，然后站起来，拿起我的枪，开始射击——朝着某个目标射击。

当我们发起第一轮射击时，印第安人撤退了。接着，卡尔将军做出了防御部署。我们清点人数，发现一名军官和6名士兵被打死，一人受了致命伤，一人受了轻伤。印第安人带走了我们的部分牲口。他们从峭壁向我们射击，直到天黑，然后离开了那里。

在第一轮射击中，中士①跳到巫医跟前，将其射杀。巫医的儿子骑着一匹矮马试图闯进来，之后被打死了。他的妻子抓起一支左轮手枪，试图朝一名士兵开枪，却被另一名士兵打死了。天黑之后，我们掩埋了死者。即使我能活到玛土撒拉（Methuselah）②的年纪，我也永远不会忘记坟墓上的拍击声③，因为我们完全

---

① 美国第六骑兵团第五连的约翰·F. 麦克唐纳中士。
② 玛土撒拉是《圣经》中记录的人物，据说活了969年。——译注
③ 可能是指将坟墓上的土拍实，或者是指悼念死者时的拍手仪式。——译注

不知道第二天能否逃过一劫。

晚上 11 点，我们启程前往哨所。经过艰苦的行军，我们在第二天下午 2 点左右抵达了 45 英里外的目的地。印第安人紧紧跟着我们，第二天突袭哨所，但我们所有人又累又气，只想让他们送上门来。他们发现自己捅了马蜂窝，很快放弃了进攻。

秋天和冬天，我们很高兴地读到了自己的讣告[①]。同时，我们也在追踪印第安人。

1882 年 1 月，我返回位于肯塔基州欧文斯伯勒（Owensboro）的家中。2 月 14 日，我与比阿特丽丝·科特雷尔小姐（Miss Beatrice Cottrell）结婚。

我在 3 月返回阿帕奇。4 月，奇里卡瓦印第安人暴动。我们沿着他们的脚印，进行了我所经历过的最艰苦的几次行军，但是并没有与敌人发生战斗。

7 月，我的侦察兵叛徒和其他一些锡贝丘印第安人冲进事务处，打死了一些警察，然后扬长而去。阿帕奇堡的部队倾巢而出，军官之中包括我和康弗斯[②]。与此同时，第三骑兵团进驻亚利桑那。

我们沿着敌人的足迹前进，最终在切弗隆福克（比格德莱沃什）追上了他们。他们守在坚固的堡垒中，和我们隔着一道深邃陡峭的峡谷。他们已经制订了袭击一个连队的计划。

下午 3 点 30 分左右，战斗开始了。说实话，这场战斗很激烈。康弗斯是第一个中弹的家伙，但我们当时都认为他伤得不重。一个连留在峡谷边缘牵制印第安人，两个连被派到两翼，以穿越峡谷，将敌人包围。下午 5 点左右，我们完成合围。接着，战斗变得非常激烈，因为印第安人距离我们不到 100 码。我看到了射击目标，在我参加过的所有战斗中第一次击中了敌人。

经过大约三十分钟的战斗，我负责的侧翼平静下来。由于地上躺着四五个印第安人的尸体，因此我认为对方已经放弃了营地。于是，我叫上 4 个人，穿过溪

---

① 后方误以为他们已经去世。——译注
② 美国第三骑兵团的乔治·L. 康弗斯（1857—1946）。

谷，冲进营地。不过，许多印第安人还没有死。等我回过神来，我发现，我距离枪口不到15英尺（我第二天进行了实测），而操纵扳机的是一个生龙活虎的印第安人。砰！枪响了，我觉得我完蛋了。不过，我左边距离我大约2英尺的部下倒了下来。我也扑倒在地。我的上尉说，他也觉得我死了。接着，枪声变得震耳欲聋。在枪声中，80届毕业生摩根[1]打死了一个印第安人，但他随即被另一个印第安人击中。我们还有4个人受了伤。我把我的部下拉回来，问他哪里受了伤，他说他伤到了胳膊。我很羡慕他，因为我想，带着轻伤和克鲁斯太太回到家乡成为英雄是世界上最美好的事情之一。不过，和往常一样，我羡慕错了对象，因为这家伙不只是胳膊受了伤，而且当晚就去世了。

第二天，我巡查战场，看到11个死去的印第安人。有人告诉我，还有3个印第安人也死了[2]。次日一大早，来了一群欢乐的游骑兵，他们不是来战斗的，而是来认领被印第安人俘获的大小马匹的[3]。我们返回驻地。在战报中，我对敌营的"英勇冲锋"备受赞扬，但是说实话，我当时并没有意识到危险，否则我就不会进去了。

军区指挥官认为，我们需要换个环境。所以，1882年11月，我们接到了在此驻守的命令。我们非常高兴地遵从了命令，因为这是一个很不错的哨所，附近的城镇有大约6000名居民。唯一的不足是，在夏天，即使在阴凉地，温度计也会奇怪地上升到115~120华氏度。

当前驻地——洛厄尔堡，亚利桑那领地

你忠实的，

托马斯·克鲁斯，

第六骑兵团少尉

---

[1] 美国第六骑兵团的乔治·H.摩根（1855—1932）。
[2] 根据《大事年表》第76页的记录，印第安人有16人被打死。
[3] 指一群当地暴徒，他们冒领了印第安人盗窃的大小马匹。

阿帕奇人在亚利桑那的最后抵抗：比格德莱沃什之战

威尔·C. 巴恩斯[①]
《亚利桑那历史评论》第 3 卷，第 4 期（1931 年 1 月）：36—59 页

1882 年 7 月 6 日，大约 60 个怀特芒廷阿帕奇人扫荡了圣卡洛斯事务处，劫持并带走了 6 个印第安妇女。他们朝着圣卡洛斯河上游骑行，在距离事务处几英里的地方伏击并打死了侦察长 J. L. 科尔维格（"锡贝丘查利"）和他的五六个印第安警察[②]。仅仅四个月前，科尔维格的前任侦察长斯特林[③]在与顽抗分子遭遇时以类似方式被打死。

接着，这伙人向北骑行，从格洛布东侧穿行而过，然后向西穿过格洛布北边的惠特菲尔德（Wheatfields）地区，穿越普莱森特瓦利（Pleasant Valley），经过佩森（Payson）和东弗德（East Verde），沿途焚烧牧场，屠杀定居者，其行径令人发指。

在暴动和科尔维格遇难的消息传出后，五支美国骑兵连开始对袭击者进行野外追踪。

A. R. 查菲上尉和弗兰克·E. 韦斯特中尉（First Lieutenant Frank E. West）的第六骑兵团第四连首先从盆地西侧的麦克道尔营进入战场，他们的任务是前往怀尔德拉伊溪，等待事态进展。查菲带着阿尔·西贝尔和 8 名通托印第安侦察兵。

[①] 威尔·C. 巴恩斯（1858—1936）1879 年进入通信兵团。在阿帕奇堡服役期间，他爬上哨所附近有敌对分子出没的高高的山脊，以探查卡尔上校锡贝丘远征军的返回。为此，他获得了荣誉勋章。退役后，巴恩斯成了富有的牧场主，还做过美国林业局检查员。他还写了许多关于亚利桑那早期生活的作品。
[②] 这伙锡贝丘溪反叛者的领导人是纳蒂奥蒂什。他在 1881 年 9 月朱和内奇逃跑前夜逃脱了逮捕。
[③] 艾伯特·D. 斯特林（1835—1882）。

艾伯特·D. 金上尉和富兰克林·D. 约翰逊少尉的第三骑兵团第四连、乔治·L. 康弗斯少尉指挥的第三骑兵团第五连、弗朗西斯·哈迪中尉（Lieutenant Francis Hardie）指挥的第三骑兵团第九连、乔治·A. 多德上尉（Captain George A. Dodd）指挥的第三骑兵团第十一连、亚当·克雷默上尉和托马斯·克鲁斯少尉指挥的第六骑兵团第五连、莱缪尔·A. 阿伯特上尉（Captain Lemuel A. Abott）和弗雷德里克·G. 霍奇森少尉（Second Lieutenant Frederick G. Hodgson）指挥的第六骑兵团第十一连离开盆地东侧的阿帕奇堡，其任务是对该地区进行侦察，积极追逐敌对分子的踪迹。上述各连全部由第三骑兵团 A. W. 埃文斯少校指挥。

第三骑兵团乔治·H. 摩根少校指挥的第五连26名印第安侦察兵同样跟着查菲的部队离开麦克道尔，其任务是对该地区进行侦察，尽量向查菲报告对分子的动向。

杰拉尔德·拉塞尔上尉和亨利·韦塞尔斯上尉（Captain Henry Wes-sells）指挥的第三骑兵团两个连从普雷斯科特附近的惠普尔营赶来。

亨利·金斯伯里中尉指挥的第六骑兵团第十一连和乔治·F. 蔡斯中尉（Lieutenant George F. Chase）指挥的第三骑兵团第一连迅速离开弗德堡，以侦察敌对分子的踪迹并对其进行拦截，以防他们爬上盆地边缘的陡坡，绕到东侧，安全返回阿帕奇印第安居留地。弗德堡西边是老弗德公路，又叫克鲁克公路，它与通托贝森边缘的走向基本一致。

希拉河圣卡洛斯上游的托马斯堡派出了第三骑兵团的4个连，领导者包括乔治·A. 德鲁上尉（Captain George A. Drew）、彼得·D. 弗鲁姆上尉（Captain Peter D. Vroom）、埃米特·克劳福德上尉、查尔斯·莫顿中尉、约翰·M. 波特中尉（Lieutenant John M. Porter）和布里顿·戴维斯少尉。

所以，我们出动了至少15个骑兵连（共计大约350人）、一个印第安侦察连以及整整150头驮骡，外加许多货郎，他们都在这片地区搜索敌对分子，并从各个方向对其进行合围。

今天，你可以在这片地区建好的汽车道上行驶，也可以在盆地边缘下方开车经过，在六个小时内从菲尼克斯轻松抵达佩森。所以，你几乎无法真正感受到这些军队在 1882 年面对的任务有多艰难。在美国，没有比这里更崎岖、更坎坷的地方了。花岗岩地层对马蹄损伤特别大，如果骑兵的战马和驮骡丢了蹄铁，它们肯定会变瘸，除非立刻给它们安上蹄铁。

布里顿·戴维斯少尉在妙趣横生的《关于杰罗尼莫的真相》（*The Truth about Geronimo*）一书中写道：

> 一支由 30 头驮骡组成的驮队跟随部队离开托马斯堡。骡子状态不佳，货郎很难让它们跟上部队。我奉命前去确保它们跟上队伍。当晚，德鲁决定夜间行军。小路穿过溪谷，那里的芦苇和矮树丛比骡子的脑袋还要高。为避免惊动敌人，铃骡的铃铛被取下。我们进入溪谷十五分钟后，就听不到圣保罗大教堂的钟声了。我觉得亚利桑那中部仿佛到处都是骡子，它们全都迷路了，它们想回到铃骡身边，认为如果它们持续叫喊，我就会帮助它们归队。
>
> 那天晚上，我学会了驮队的所有诅咒语言。对于想要学习驮队诅咒语言的人来说，那些货郎用英语、西班牙语、印第安语、爱尔兰语和德语进行的教学已经完全够用了。我们留下两个货郎寻找迷路的骡子，其他人在第二天上午 10 点左右追上了部队。

查菲上尉首先在东弗德河畔佩森上游发现了敌对分子的足迹。他知道来自阿帕奇堡的埃文斯少校（士兵们称他为"豆子"埃文斯）的部队就在几英里外，因此派信使传话，说他可以使用另一个骑兵连。

康弗斯少尉指挥的第三骑兵团第九连整夜行军，在发生战斗的 1882 年 7 月 17 日黎明追上了查菲。摩根和他的印第安侦察连之前已经追上了查菲的部队并与之会合，他们和第九连一同前进。

印第安人显然准备爬出盆地，沿着边缘的克鲁克小路（Crook Trail）悄悄溜走，前往东边几英里外为其提供庇护的居留地深处。他们在盆地边缘 2000 英尺高的陡坡上选择了最崎岖、最危险的一段，位于东弗德河口。这个地点今天叫作隧道山（Tunnel Hill），因为一家来自格洛布的公司1885年在此扎营，开始挖掘隧道。他们说，那是从格洛布通往弗拉格斯塔夫（Flagstaff）的铁路的一部分。今天我们可以看到它，那是位于坚硬岩石中的孔洞，入口处有16平方英尺，长约112英尺。它距离赞恩·格雷（Zane Grey）的小屋很近。

这些敌对分子强迫没有钉蹄的矮马沿着高大的陡坡向上攀登。走到一半时，他们可以俯瞰整个地区，就像从飞机上俯瞰一样。他们当然意识到，军队一定在追赶他们。

查菲的第六骑兵团部队骑着灰白色的马。康弗斯的第三骑兵团部队也是如此。从上面看，这些白马在下面的绿色松林中就像长长的鹅队一样。

敌对分子没把他们放在眼里，他们觉得自己有能力击败一个骑兵连。他们从未想到，那里的美国陆军不止一个白马连。

而且，他们感觉很安全，因此没有沿着这支部队的道路往后看，没能看到另外几支骑着黑马和栗色马的骑兵连，以及摩根少尉的印第安侦察连。这个侦察连由阿尔·西贝尔领头，正在松林下潜行，像饿狼一样，渴望着一场盛宴或战斗。

在山顶，印第安人大胆地向北边骑行。在距离杰纳勒尔斯普林斯几英里处，小路突然下陷，进入组成东锡达溪河源的众多峡谷之一。这里距离现在的平肖护林站（Pinchot Ranger Station）很近。这里完全是由深邃陡峭的峡谷组成的迷宫，周围是茂密的松林，但是当时比较平坦，没有矮树丛。狡猾的阿帕奇人准备在这里对查菲及其部队进行突袭。

他们在小路所在的峡谷谷口用岩石和圆木搭建了矮防护墙，认为部队会盲目地骑马进入陷阱，以一列纵队在崎岖的小路上分散开来，在阿帕奇人的来复枪下沦为待宰的羔羊。

遗憾的是，他们的计划忽略了阿尔·西贝尔和至少32名通托侦察兵。查菲让他们走在部队前面，以便发现这种陷阱。他们很快发现了陷阱，接着，战斗开始了。

下面对于战斗的叙述选自布里顿·戴维斯所写的《关于杰罗尼莫的真相》一书。转载得到了耶鲁大学出版社的许可和克鲁斯将军的同意。

这场战斗是我们在阿帕奇人获得现代武器后与他们进行过的最成功的战斗，下面对于这场战斗的描述是由美国陆军退役将军托马斯·克鲁斯提供的。克鲁斯当时是少尉，他在战斗中的英勇表现为他赢得了国会荣誉勋章。[①]

敌对分子看到了查菲骑白马的部队，从下午3点左右到天黑一直在观察他们。他们没把这支部队放在眼里，决定第二天借助有利地形开展伏击。不过，他们完全没有看到阿帕奇堡的部队。第二天上午，他们的哨兵报告说，查菲的部队是一支孤军。

埃文斯上校让查菲第二天上午伴装孤军继续前进，他会在黎明时分跟在后面。康弗斯的第三骑兵团第九连同样骑白马，他们将走在我们纵队前面。如果印第安人停下来与查菲战斗，两个白马连将同时与他们作战。当其他连赶到时，他们将处于最有利的位置。

7月17日黎明，我们谨慎地出发，看到查菲正在未受拦阻地攀登盆地边缘。接着，我们跟在他们后面，抵达杰纳勒尔斯普林斯，看到了敌对分子昨晚宿营的痕迹。随后，我们继续前进。路上，我们抱怨自己运气不佳，即将在崎岖缺水的纳瓦霍地区进行沉闷的行军。走了大约1英里，菲查的一个信使骑马冲了过来。康弗斯带着白马连向前狂奔。有人传话过来，说印第安人已在深邃地缝的另一侧扎营，并且做好了歼灭菲查的一切准备。那条地缝是迪亚布洛峡谷（Canyon Diablo，比格德莱沃什）的分支。

那里距离我们大约3英里。当我们迅速向其靠近时，我们偶尔可以听到枪声和齐射声。西贝尔和侦察兵在深坑另一侧发现了敌对分子，接着，查菲让部队下马，派几个人前往深坑边缘。看到他们，敌对分子开了枪。随后，康弗斯快马赶到，在几乎可以清晰地看到敌对分子的地方下马，把马匹送到后方，以

[①] 下面是克鲁斯对于战斗的叙述。

散兵线沿峡谷边缘前进，似乎准备沿着小路走下去。接着，部队和敌对分子在峡谷两侧开始了猛烈交火。作战地点位于莫戈永山脉顶峰高台地上的密林之中，那里生长着茂密的大松树（公园里的那种松树，没有任何矮树丛和灌木丛）。这片台地从东到西有一条巨大的地表裂隙，那是火山裂缝，宽约700码，深约1000码。通往纳瓦霍地区的小路在此非常陡峭，两边都有绵延数英里、近乎垂直的陡坡。这个交叉点被敌对分子占据，他们的火力覆盖了小路上坡和下坡的每个位置。

埃文斯上校[①]及其部队骑马赶到，在距离峡谷边缘大约300码的地方迅速下马。查菲向他汇报，总结了情况，然后开始提出军队部署建议。埃文斯打断了查菲，让他按照自己的想法部署军队，并且让他全权指挥，说发现印第安人的是他，这是他的战斗。

这是我在漫长军队生涯中观察到的最无私的放权行为之一。别忘了，查菲不仅是埃文斯的下级（上尉），还属于另一个骑兵团，即第六骑兵团，而埃文斯上校属于第三骑兵团。以这种方式捆绑在一起的不同部队之间总是存在荣誉竞争。

查菲立刻忙碌起来。他命令克雷默和克鲁斯的第六骑兵团第五连、由弗兰克·韦斯特中尉指挥的第六骑兵团他自己（查菲）的连以及由西贝尔领导的部分印第安侦察兵小心地走到小路右侧，在东边大约一英里处寻找可以通行的地方穿越峡谷。在抵达峡谷另一侧时，他们需要组织队形，以进攻和包围主路。查菲让康弗斯及其部队朝深坑对面持续猛烈地开火。L. A. 阿伯特上尉和F. G. 霍奇森少尉的第六骑兵团第十一连、F. H. 哈迪中尉和F. C. 约翰逊的第三骑兵团第五连，以及第三骑兵团乔治·H. 摩根少尉领导的其余印第安侦察兵负责从西侧穿越峡谷，然后向东包抄。

每个连留下几个人看管驮队，保护马匹，以防敌对分子在未被觉察的情况下成功来到峡谷这一侧并展开突袭。

---

① 他在1901年获得的军衔。

这些行动在下午3点左右开始，当时阳光明媚。当我们出发时，我们听说康弗斯的头部中弹，被抬了回来。当他从我身边经过时，我看到了他，冲过去想和他说几句话。他说他的眼睛出了问题，但他觉得自己很快就会康复。

这个可怜的家伙一直没有康复。一颗44口径的弹头击中了一块火山岩，将其打成两半，其中一半打进了眼睛，牢牢嵌在眼窝里，就连世界上最优秀的外科医生也束手无策。这块石头永远留在了那里。康弗斯现在还活着，在为政府尽职尽责地奉献了一生后，他以上校身份退役。不过，他时常被几乎无法忍受的伤痛困扰。

一支纵队最终发现了通行地点。我们沿陡峭的斜坡走下深坑，在深坑底部发现了一条美丽的小溪。这时，有人惊叫着指向头顶。当时是下午3点30分，但天上的每颗星星都清晰可见。

经过努力攀爬，我们终于从另一侧爬出深坑，形成了散兵线，其中第九连与西贝尔及其侦察兵在右。我们迅速向前推进。刚一出发，我们就听到几轮枪声，知道另一支包抄纵队开始了战斗。就在此时，西贝尔及其印第安人和第九连冲进了印第安畜群。当敌方畜群看守者的注意力被另一个方向的枪声吸引时，我们的人很快使他们失去了战斗能力。侦察兵把矮马赶到一起，将其置于我们纵队后方，留下看守者，然后离开马群继续前进。

阿伯特的另一支纵队最终走下了峡谷并开始沿另一侧向上攀登。快到顶部时，他们遇到了一小群印第安人。对方正沿着侧面一条小溪谷往下走，显然是想绕到还在峡谷对侧边缘射击的队伍后方，他们觉得那是查菲的白马连。他们觉得他们不会在这一侧遇到抵抗，因此迅速前进，没有采取通常的防备措施。此时，阿伯特朝他们开火，打死打伤了好几个人。这群人顿时惊慌逃窜。

他们朝着后方的大本营和矮马群跑去，与营地里朝峡谷对面射击的人会合。他们知道出了问题，但是不知道是什么问题。当敌人这群主力在树林中穿行时，我们看到了他们，起初觉得他们想要对我们进行突袭，夺回矮马群。不过，他们其实完全不知道我们在那里。我们直接朝他们开火，造成了更多死伤，把他们赶了回去。

此时，韦斯特已经从战线右侧席卷了纳瓦霍小路，因此撤退路线已被切断。接着，我们围成半圆形阵线，朝印第安营地推进，把前方的敌对分子围在峡谷边缘。

此时是下午5点，茂密的森林中已经出现了浓重的阴影。我率领第五连左翼，紧邻峡谷边缘。前方大约200码的地方散落着一些毯子、炊具和其他装备，这意味着这里曾是敌对分子的大营。西贝尔就在我身边。

在合围的过程中，敌对分子突然发起了猛烈的射击，对部队造成了一些伤亡，包括第三骑兵团的摩根少尉和第五骑兵团的康恩中士（Sergeant Conn）①。当摩根的印第安侦察兵被留在战线后方时，他加入了韦斯特的部队。当战线在树林中推进时，摩根获得了几次向敌对分子射击的机会，最终打死了一个敌人。他对于自己的成功异常欣喜，喊道："我打死了他。"于是，他将自己的位置暴露给了躲在同一巢穴里的另一个印第安人，后者朝摩根开了枪。子弹射穿了手臂，射进肋部，似乎穿过了两个肺。士兵们打死了那个印第安人。

我们觉得摩根当晚一定会死去，但他现在还活着，身体健康，是一名退休上校。从弹孔来看，我们觉得他的肋骨被打断了，但是医生发现，当弹头打碎臂骨时，它的力量大为减弱，并没有打断肋骨，而是在皮下绕过臂骨，嵌进了后背的肌肉里。医生最后挖出了弹头，交给了摩根。

康恩中士是第六骑兵团的重要角色，已在该团服役二十年左右。弹头正面击中了他的喉咙，打出了一个可怕的洞，挤开了颈静脉（医生是这样说的），擦过脊椎，离开身体，在十三号衣领上面的脖子上留下了像银圆那么大的洞。

与此同时，我和西贝尔向前推进。我看到西贝尔打死了3个爬到峡谷边缘想要溜下去的敌对分子。他说，"他在那里"，然后扣下来复枪扳机。被击中的

---

① 丹尼尔·康恩是"波士顿爱尔兰裔瘦子"，有着浓重的土腔。在服役二十年后，他获得了口粮中士这一通常很轻松的职位。阿帕奇侦察兵给他起了"猪中士"的外号，因为猪肉是标准的战地口粮。Thrapp, *Al Sieber*, 253-54.

印第安人会举起双手，似乎想要抓住什么支撑物。在此之前，不管我怎么瞪大眼睛，我都看不到这些印第安人。接着，在奔跑的惯性作用下，他向前扑倒，滚了几圈。一个在峡谷边缘中弹的印第安人显然栽了下去，我觉得他似乎掉落了十分钟。

此时是下午5点30分左右，天色正在变暗。我和我的部下与营地里的印第安人之间只隔着大约75码和一条大约7英尺深的溪谷。我知道，如果不迅速占领营地，印第安人就会在夜幕的掩护下逃跑。于是，我决定穿过溪谷，占领营地。我把我的想法告诉了西贝尔，但他立刻提出了抗议，这使我很吃惊。

"不要这样做，中尉。不要这样做。那边有许多印第安人，他们一定会干掉你。"

"为什么，阿尔？你已经把他们全都打死了。"我回应道。同时，我向手下人下达了指令。我让他们把枪支装满子弹，再带上一些子弹，然后冲向溪谷，在隐蔽处藏身，并在接到命令后一口气冲进营地。我们就是这样做的。期间，我们没有伤亡。我想，这是因为克雷默上尉的部下和西贝尔用火力压制住了敌对分子。

当我们在溪谷另一侧冲锋时，我很快发现，就像西贝尔说的那样，那里有许多印第安人，这给我们带来了麻烦。不过，我带着霍兰中士（Sergeant Horan）①、马丁中士以及另外6~8名老兵，他们一点也不害怕这种事。我们行动得很草率，突然，一个距离我不到6英尺的印第安人用枪对准了我。我觉得他不会射偏，因此我举起枪，站在那里，等待子弹的冲击。他很紧张，按下扳机时颤抖了一下，子弹偏了一点，射中了我左手边和我前后只差一英尺左右的苏格兰年轻人麦克勒农（McLernon）②。麦克勒农倒地。我开了枪，然后倒在地上。

西贝尔、克雷默上尉和其他几个人看到我倒地，觉得我一定中弹了。我发

---

① 约翰·T. 霍兰，当时是下士。
② 约瑟夫·麦克勒农。

现我没有中弹，但是看到麦克勒农倒在我身边很近的地方。我问他是否中弹，他说："是的，长官，手臂被打穿了。我想我的手臂被打断了。"

我让他静静地躺着，说我们会返回溪谷。当枪声缓和下来的时候，我站起来，发现他已失去意识。我把他往回拖了大约20英尺，躲在斜坡后面，然后又把他往回拖了一小段距离。最后，我和霍兰中士把他带到了溪谷底部。

在我们带着麦克勒农返回时，阿伯特的部下看到他们之前没有看到的几个敌对分子站起来射击。于是，那条战线上的所有人开始朝敌人开火。他们不知道，我就在他们的射击线路上，距离他们只有200码。空气中的子弹变得非常密集，这说明他们正在靠近目标。几块石子和岩石或铅弹的碎片打到我的脸上，我的脸出血了。我相信我中了弹，很快就会倒下。克雷默的部下蜂拥着冲向敌人，但夜幕很快降临，战斗结束了。

我从印第安营地里找了几条毯子，为麦克勒农铺好铺盖，但是弹头击碎了他的肋骨，穿透了两个肺。过了一个小时左右，他静静地离去了。

克鲁斯将军的陈述到此结束。根据当时在阿帕奇堡担任军事电报操作员的作者（巴恩斯）在阿帕奇堡与部队军官和士兵讨论此次战斗时留下的笔记、华盛顿的军方记录以及克鲁斯将军和摩根上校后来的回忆，一些战斗细节如下：

战斗当天快要天黑时，亚利桑那北部山区常见的强烈暴风雨席卷了整个地区。雨转变成了冰雹，在地面堆积了四五英寸。当人们找到可怜的康恩时，他半埋在冰雹里。在这些不利条件下，印第安人在夜间溜走了，几乎所有人均为步行。那里距离阿帕奇居留地边界不到20英里，进了居留地，他们就不会继续遭受攻击和惩罚了。

第六骑兵团霍奇森少尉领导的夜间警卫队或者说巡逻队留在战场上，其余部队后退，在距离峡谷不远的开阔平地上宿营。

第二天是7月18日。一大早,霍奇森的部下似乎听到了伤员的呻吟声。走投无路的阿帕奇伤员是非常危险的家伙。士兵们在似乎发出呻吟声的区域谨慎地搜寻。此时,有人从峡谷边缘由岩石堆成的矮防护墙后面开了一枪。他们立刻隐藏起来。根据升起的硝烟(当时没有无烟火药),他们确定了敌人的位置,朝岩石射击。敌人又开了两三枪,然后没了动静。

士兵们进行了几分钟的连续射击,然后开始冲锋。他们在岩石后面发现了缩成一团的年轻阿帕奇妇女——敌对分子只带着五六个妇女——身边有一个小婴儿,还有一个看上去没有参与射击的很老的妇女。

一个妇女从腰带里拔出刀,猛烈地攻击士兵。士兵们将其制服,解除了她的武装,发现她有一支来复枪,她射出的三枚子弹是她最后的弹药。她的腿部膝盖上方中弹,弹头打穿并击碎了骨头。

士兵们用松树苗制作了一具粗糙的担架,带着这个可怜的妇女沿着崎岖的小路走下谷底,然后从另一侧爬上去,前往营地。一名士兵抱着婴儿。这个妇女一定备受折磨,但她没有发出一声呻吟。

第二天,7月19日,军医在靠近大腿的地方为她截肢,而且没有使用任何麻醉剂和兴奋剂。在手术中帮忙的士兵说,他们从未见过像那个阿帕奇年轻妇女那样在痛苦中保持坚毅和淡然的人。

1882年7月20日,已为伤员提供了最舒适服务的部队掩埋了死者,射杀了许多失去蹄铁的马和驮骡,然后开始返回各自的驻地。

来自阿帕奇堡的纵队选择了一头温顺的鞍骡,在军用马鞍上盖了许多层毯子,形成了一个宽敞的座位,然后让受伤的女人坐在上面,让一名士兵牵着骡子。她抱着婴儿,在道路崎岖的山中骑行了漫长而炎热的七天,来到了阿帕奇堡。

不久以后,我看到她拄着拐杖在哨所附近跛行。最后,他们为她安上了假腿,她可以非常优雅地走路了。

部队的伤亡人员包括手臂受伤的第三骑兵团第四连军士长泰勒,以及颈部被射穿的第六骑兵团第五连中士丹尼尔·康恩。几年后,我在首都华盛顿附近的军人之家看到了他，他很强壮，而且精神饱满。同一连的列兵约瑟夫·麦克勒农两个肺被击中，死在战场上。第六骑兵团第十一连的列兵蒂莫西·福利（Timothy Foley）、詹姆斯·穆莱卡（Muleca）和约翰·威特（Witt）受了重伤，但都已康复。

印第安侦察兵中的列兵皮特（Pete）在战斗刚开始时头部被射穿，当场死亡。

正如克鲁斯将军所说，第三骑兵团少尉乔治·H. 摩根和第三骑兵团少尉小乔治·L. 康弗斯受了重伤。两位军官被人从战场送往最近的军事驻地弗德堡，在那里，他们受到了最全面的治疗。康弗斯后来被送到美国东部，以接受进一步治疗。

根据我的记忆，部队里没有军医。查菲从弗德堡迅速召来了两个军医，他们在战斗次日抵达战场。

部队返回阿帕奇堡以后，不到一个星期，侦察兵报告说，附近的怀特芒廷印第安营地出现了一些在战斗中受了重伤的印第安人。指挥官[①]是个明智的军人，熟悉印第安事务的特点和怪异性。他没有派骑兵部队追逐敌人，而是先向普雷斯科特的军区指挥官克鲁克将军发了电报，请求指示。克鲁克把电报发给了旧金山的大军区指挥官，大军区指挥官又向华盛顿的陆军指挥部请求指示，陆军指挥部又把问题反映给了负责印第安事务的官员。

最后，华盛顿发来一封简短的电报，称在居留地和平生活的印第安人不应该受到打扰，不管他们过去做过什么。和之前一样，印第安权利协会（Indian Right Association）掌握了话语权，印第安反叛者没有受到任何惩罚。

不出六个月，我们已经和曾经参与战斗、现在生活在阿帕奇堡附近的印第安人讨论战斗了，他们向我们讲述了许多战斗细节。

他们中的一些人告诉我们，关于查菲部队的规模，他们被误导了。他们宣称，他们只看到了白马骑兵，认为附近没有其他士兵。

克鲁斯少尉告诉我，战斗次日——7月18日上午，查菲命令他极为仔细地清点战场上的死亡人数。他发现并标记了22具死尸，但他相信，还有一些死尸位于

[①] 美国第六骑兵团的乔治·W. 斯科菲尔德中校（Lt. Col. George W. Schofield）。

岩石中难以接近的地点，他的部下无法找到它们。

实际上，在部队离开后来到战场的平民声称，他们发现了一些克鲁斯没有发现的尸体。

根据战争部的记录，只有5个骑兵连参与了战斗，包括第三骑兵团第四连和第九连、第六骑兵团第四连、第五连和第九连，以及摩根的印第安侦察兵第五连。其他部队[①]于18日上午抵达战场，此时战斗已经结束。

埃文斯少校在官方报告中称之为"比格德莱沃什之战"。他说，比格德莱沃什是迪亚布洛峡谷的分支。这是因为，当时他们手里唯一的地图就是这样标注的。在1851年西特格里夫斯地图和1879年史密斯军用地图上，它被称为比格德莱河（Big Dry Fork）。在这两张地图上，这条河看上去是流入迪亚布洛峡谷的。我们现在知道，它是东锡达溪的东侧支流，而东锡达溪在圣菲河畔温斯洛以东大约3英里处汇入小科罗拉多河。战场位于科科尼诺县（Coconino County）科科尼诺国家森林的最东端。

在今天的森林地图上，战场位于巴特尔格朗德岭（Battleground Ridge）北端。这条山岭的终点就是发生战斗的那条峡谷的起点。巴特尔格朗德岭在杰纳勒尔斯普林斯东北大约3.5英里处，位于泉水边缘，距离西北的朗谷（Long Valley）美国护林站大约8~10英里。

来自阿帕奇堡的部队于1882年7月27日下午返回驻地。当指挥官站在人行道上检阅行进的部队时，我就站在电报局古老的木屋门口。受伤的印第安妇女跟着驮队，对于她所吸引的目光感到非常激动和喜悦。所有人都在很过分地取笑那个骑在马上抱着婴儿的士兵。婴儿躺在柳条兜篮里，那是一名印第安侦察兵为他制作的。

第六骑兵团骑的是加利福尼亚血统的西部马匹，这种坐骑体型较小，精力充沛，脚步稳重，马蹄坚硬结实，习惯于夜间在马腿被绑住的情况下外出觅食。我

---

① 巴恩斯忽略了阿尔·西贝尔的小型印第安侦察连。

想，第六骑兵团的每个骑兵返回阿帕奇时都骑着和出发时一样的坐骑。

另一方面，最近刚刚从堪萨斯州海斯堡（Fort Hayes）来到亚利桑那的第三骑兵团的马匹是高大而骨骼纤细的肯塔基品种，马蹄硕大而脆弱。如果这种马失去一只蹄铁，而且不马上修复，它们就彻底瘸了，只能被留在后方；而且，它们完全没有接触过绑腿，不会在白天艰苦行军过后在野外觅食。

在我们面前经过的队伍中，第三骑兵团有几名士兵和至少一个军官骑着从敌人那里俘获的印第安矮马。他们的坐骑报销了，而且来自老肯塔基的许多漂亮的骑兵马匹在一瘸一拐地前行，到了哨所就再也走不动了。出于各种原因，第三骑兵团的几乎每个连都在行程中失去了马匹。我手上有一份第三骑兵团第四连1882年7月的花名册，上面说，金上尉在抵达阿帕奇堡时要求成立调查委员会，"以减轻他对于骑兵在战役中失去7匹马的责任"。这个团其他每个连的坐骑也都有着几乎相同的命运。

1882年的暴乱发生一两天后，格洛布附近的一小群市民组织了所谓的"格洛布游骑兵"。当地人极为热情，对于没能保护定居者的军方非常不满。在这种情绪下，他们开始了对敌对分子的追逐。在外出两三天后的一个夜晚，他们在索尔特河畔的牧牛场宿营，把一些马匹关在小木屋附近的畜栏里，给其他马匹绑上绑腿，让它们在附近吃草。

第二天大约黎明时分，印第安人袭击了这里，把几颗子弹打进了小木屋，以唤醒沉睡的勇士，使其知道他们就在附近，然后带着畜栏里的所有马匹以及他们在附近能够找到的所有牲口匆匆离去。两三个人骑着他们可以找到的牲口追赶印第安人，并在战事完全结束后抵达战场。

戴维斯少尉对此写道：

> 战斗结束后的第二天早晨，其中两个人来到我们营地，寻找他们的马匹。他们开始挑选我们从印第安人那里俘获的畜群中的每一匹好马，声称那是他们的马。

我站在查菲身旁。查菲双手插在兜里，任凭他们指认马匹，但他变得越来越愤怒。最后，其中一个人指认了查菲的母鞍马是自己的马，他的同伴也支持他的说法。

接着，我们周围的空气变得有些阴郁。在查菲的连续质问下，两个人灰溜溜地跑了。他们没有拿到任何马匹。几个小时后，这些马匹的真正主人、受伤的西格斯比（Sigsbee）兄弟［戴维斯少尉错误地称他为比克斯比（Bixby）——W. C. B.］来到营地，找回了他的牲口。

事实上，几个参与战斗的军官告诉我，一些听说了战事的市民一两天后来到战场，开始洗劫印第安死者的尸体及其营地，还割下了他们的头皮。查菲少校立刻制止了这种做法，但是他们在附近徘徊，等着部队离去，然后割下死者的头皮，还剥光了死者的尸体。

这些所谓的游骑兵中的一些人跟着部队来到了阿帕奇堡。几天后，我亲眼看到哨所附近的士兵拿着6个刚刚被割下的印第安人的头皮，那是他们从这些平民勇士那里买到的。

我们永远不应该忘记，阿帕奇人从来不会割下死去敌人的头皮。第六骑兵团的许多人曾在平原服役，那里的印第安人的确会割下死去敌人的头皮。他们从印第安人那里学到了保存头皮的方法：首先制作一个直径大约6英寸的小木圈，类似于妇女刺绣使用的那种木圈；然后用粗线或麻绳把头皮缝在木圈边缘和上方，使其伸展开来，就像制革时拉伸小兽皮一样。一些被整理成这种形式并且带有原主人黑色长发的晒干的阿帕奇人头皮在哨所附近被人兜售，每块头皮要价10美元。

军方在战后没有掩埋敌人的尸体，这种做法受到了相当多的批评，但军队这样做也是迫不得已。那片地区遍布岩石，他们没有合适的工具，尸体又非常分散，散布在发生战斗的崎岖峡谷的岩石和深邃裂缝里。他们掩埋了本方死者，这几乎是他们在这种条件下能够做到的一切。

（战斗结束后不久目睹战场的平民的信件。）

洪堡（Humboldt）的 C. P. 温菲尔德写道：

说到美国军队与阿帕奇印第安人之间的战斗，它是在杰纳勒尔斯普林斯峡谷和米勒峡谷（Miller Canyon）之间的某个位置以及东锡达溪东岸的一些小峡谷里进行的。我想，你应该知道正确的日期，即 1882 年 7 月 17 日。战斗于上午 11 点开始，持续了两三个小时。在一两个小时里，战斗非常激烈。接着，印第安人开始分散，胡乱射击。他们说，大约 40 个印第安人被打死，另有大约 40 人从侧面的峡谷逃跑。我指的是战斗人员——他们还带着许多妇女儿童。这些人全都以某种途径成功逃跑了。美军在当地以北大约 35 英里处发现了其中一些人。他们全都拥有枪支，试图组织战斗。（温菲尔德先生搞错了，至少，军官们没有报告这起事件——W. C. B.）

这场战斗发生在罗克克罗辛（Rock Crossing）附近，距离通托贝森边缘大约 10 英里——而不是在迪亚布洛峡谷。那个地点叫巴特尔格朗德岭。我跟着驮队，位于战线后方大约 0.5 英里处。我曾在一天中的任意时段进入过克利尔克里克峡谷（Clear Creek Canyon），但我从不记得我在白天看到过星星。

印第安人在通往杰纳勒尔斯普林斯的隧道公路处爬出通托贝森，向西走上巨大平坦的山岭并扎营，将一些巨大的橡树树干收集起来，生起很大的篝火，然后杀了两头骡子和一匹马，进行了大型户外烧烤。

我们当晚抵达那里时，篝火还在燃烧。阿尔·西贝尔派了两名印第安侦察兵探查印第安人，汇报他们的动向。侦察兵在黎明前不久返回营地，说印第安人扎了营，正在加固堡垒，准备战斗。货郎接到命令，需要在天色亮到可以看清周围事物的时候立刻准备驮骡，然后整理宿营装备，以最快的速度追赶部队。我们照做了。

如果你去过通托贝森边缘的杰纳勒尔斯普林斯，你就会知道，你可以很清楚地看到下面的盆地。

那些印第安人可以从那里向下看，看到我们所说的骑灰马的"白马连"。他们觉得那就是追赶他们的全部军队。所以，他们觉得可以加固堡垒，等待军队骑马进入他们的巢穴，然后歼灭整个连。一个返回居留地的印第安人就是这样说的。他们不知道，这个连后面还有两个骑兵连和一个印第安侦察连。印第安人说，他们从山顶只能看到白马。

军队伤亡方面，一个列兵阵亡，摩根少尉的两个肺被射穿。我们用驮骡把他载到阿帕奇堡和弗德营之间的公路上。在那里，我们用一辆政府旅行车把他们全部拉到弗德。第二天，少尉被送到惠普尔堡。他后来在菲律宾被打死。（请摩根上校注意——W. C. B.）部队骑马来到山顶并下马。每四个人留出一人牵马。接着，他们以最快的速度冲下山——包括印第安侦察兵和骑兵，摩根少尉在前。印第安人兴奋起来，向高处射击，子弹甚至将我们驮队所在位置的松树树冠击落。

在战斗最激烈的时候，阿尔·西贝尔的一名侦察兵看到他的两个兄弟和父亲与印第安人在一起，他丢下枪，向家人跑去。西贝尔让他停下来，他没有理睬。西贝尔举起来复枪，扣动扳机，击中了他的后脑。死在战场上的骑兵被埋在那里，坟墓用石头做了标记。

我在四年后的1886年去了那里，看到了坟墓，并在距离战场大约0.5英里的峡谷上游洞穴里发现了一个印第安人的骨骼。

洪堡，亚利桑那
1929 年 8 月 18 日

（考虑到温菲尔德先生的叙述完全来自回忆，这段描述与当时的官方记录和其他书面记录非常吻合。此外，他还提到了其他人没有提到的几件事——W. C. B.）

佩森位于亚利桑那的通托贝森，当时驻守在那里的护林员弗雷德·W. 克罗克森（Fred W. Croxen）在下面的叙述中提到了关于此次战斗的事件。此次发表得到了他的许可。

亚利桑那最后一次真正的印第安人袭击事件发生在 1882 年夏。肇事者是一伙印第安反叛者，他们曾在锡贝丘的战斗中打死了亨蒂希上尉和几名士兵。此次事件于 1881 年 8 月 30 日发生在阿帕奇印第安居留地上的锡贝丘溪，这种事件只会引发更多麻烦。

86 个印第安人逃离居留地，向西穿越普莱森特瓦利。在那里，他们杀了几匹马，偷走了图克斯伯里（Tewksbury）家族和阿尔·罗斯（Al Rose）的其他几匹马。离开普莱森特瓦利后，印第安人向北前进，试图袭击巴尔埃克斯牧场，那里距离普莱森特瓦利大约 9 英里。当时，这座牧场由鲍勃和威尔·西格斯比管理。一个名叫路易·乌东的瑞士人和他们住在一起，他在斯普林克里克峡谷（Spring Creek Canyon）的戴蒙德比尤特（Diamond Butte）正下方发现了一座富矿。

乌东来到牧场是为了让西格斯比一家人证明他的土地所有权。当天早上，鲍勃·西格斯比和乌东在房子东边的山脊上看守鞍马和驮马时遭到印第安人袭击，双双遇难。

威尔·西格斯比听到枪声，怀疑是印第安人所为。他抓起水桶，跑到溪边，装满水，跑回房子。那是一座墙壁很厚的土坯房，顺便一提，这所房子现在还在，是指挥部的牧场小屋。当威尔向门口跑去时，一个印第安人朝他开枪，但他滑倒了，印第安人显然觉得他被击中了，因此非常大意。很快，当他在距离房子很近的胡桃树树杈后面抬起头时，西格斯比幸运地将其打死。西格斯比被围攻了三天。期间，一个印第安人试图将房子前面被印第安人打死的骡子的骡鞍割下来，但被西格斯比打死。他还干掉了在房子东边几码处高地上树桩后面藏身的另一个印第安人。据说，印第安人发现部队正在追赶他们，因此离开这里，这给房子里可怜的西格斯比解了围，令他长叹了一口气。当军队赶到时，他们在两个白人倒下的山脊上将其掩埋。他们的尸体现在仍然埋在这些匆忙挖成的坟墓里。

离开西格斯比牧场后，印第安人继续沿相同方向前进，来到了伊萨多·克里斯托弗（Isadore Christopher）的地盘。克里斯托弗是法国人，他在此定居，并且发誓说，他会冒着生命危险留在这里赚钱。他遇到了许多困难，但他坚持留在这里，想变得富有。在这里，印第安人焚烧了两座木屋，那是他当时建造的全部房产。幸运的是，克里斯托弗当时不在家，因此躲过了印第安人的魔爪。

军队在后面追得很紧。当他们赶到时，木屋的废墟还在冒烟。克里斯托弗之前打死了一头熊，把熊的尸体挂在一座小木屋里。军人们看到了火焰中的尸体，认为印第安人已将克里斯托弗打死并焚尸。离开克里斯托弗的地盘后，印第安人朝西前进，沿之前的印第安小路从北边越过戴蒙德里姆（Diamond Rim），经过吉姆·罗伯茨的地盘——这里目前为作家赞恩·格雷所有。他们继续向西，从目前的 E. F. 派尔（Pyle）牧场附近经过，在东弗德河畔扎营，那里目前是老贝卢齐（Belluzzi）的牧场。

在这里，部分印第安人朝东弗德河下游走了近 5 英里，在亨德肖特（Hendershot）现在的地盘袭击了梅多斯（Meadows）一家。

吉姆·伯切特（Burchett）和约翰·克尔（Kerr）已经从格洛布骑马赶来，向马里斯维尔（Marysville）、佩森和周边地区的定居者发出了警告。人们聚集在佩森，幸运地躲过了袭击。老梅多斯对于这种无所事事的状态感到厌倦，决定返回东弗德河畔的房屋。他说，他不相信印第安人发生了暴乱；即使发生了，能够打死他的子弹还没有被人铸造出来。于是，梅多斯一家人返回了住所。

梅多斯有一个儿子叫亨利，在弗德营服役。他回到家，以便让家人防备印第安暴乱。他在晚上 11 点左右到了家。由于大家全都躺在床上睡觉，因此他没有叫醒他们。他觉得印第安人离那里很远。

黎明时分，父亲听到房子北边有狗在叫。他觉得那是一头熊在寻找同伴，因为他之前把几头熊关在了围栏里。他拿上 50 口径的长汤姆来复枪，出去查看情况。当他绕过一棵倒下的松树树冠时，他被两个印第安人击中，左右两边各有一颗弹头穿过胸膛，从后背射出。儿子们听到枪声，抓起来复枪和子弹带，跑到外面。亨利前臂骨骼之间中弹，还有一颗弹头击中了他手上的子弹带，引爆了三颗子弹，其中一颗子弹的黄铜端朝前打进了他的腹股沟。

最先在科尔德斯普林牧场（Cold Spring ranch）定居的多克·梅西（Doc Massey）和约翰·格雷（John Grey）接到了来自佩森的信使的通知，知道印第安人造反了。他们骑马前往梅多斯牧场。梅多斯太太告诉他们，她的丈夫被打死，两个儿子受了伤。他们骑马前往佩森，通知那里的人，后者前来看望他们。他们掩埋了父亲，将其他人拉到东弗德河下游西德尔的地盘。他们把老人埋在木屋地板下面，以免印第安人返回时找到并损毁他的尸体。几年后，他的尸体被转移到佩森公墓。现在，他仍然被埋在那里的梅多斯地块。

弗德河口附近麦克道尔营的 A. R. 查菲少校是美国第六骑兵团第九白马连的指挥官，他接到了来自圣卡洛斯的通知，得知印第安人逃跑了。他前往普莱森特瓦利，在印第安人离开时赶到，得知了他们在附近的抢劫行为。

我们不知道他是否从麦克道尔带来了印第安侦察兵。（他带来了——W. C. B.）不过，老居民说，他带着 40 名士兵、40 名印第安侦察兵和驮队。据汤姆·霍恩说，当时著名的侦察兵阿尔·西贝尔、帕特·基欧（Pat Kehoe）和米基·弗里也跟着部队，他们从圣卡洛斯赶来，追上了部队。霍恩说，他是当时的侦察长。（他不是侦察长——W. C. B.）

查菲沿敌人的足迹前进，发现敌人在东弗德河口目前被称为老隧道公路（Old Tunnel Road）的地方爬上了通托贝森边缘。此时，他要求部下将吃饭和喂马以外的时间都用于赶路。他们沿敌人的足迹爬上盆地边缘，在杰纳勒尔斯普林斯突袭印第安人。战斗在此打响，并沿目前的巴特尔格朗德岭向下延伸。

当部队突袭印第安营地时，印第安人正在举办大型宴会，大口吃肉。他们还偷了图克斯伯里家的一匹母马。在逃离部队前，印第安人用刀刺死了这匹母马。这一行为没有什么明显的理由，只是为了展示他们残暴野蛮的本性。查菲在亚利桑那经历过许多印第安战事，因此下达了击毙敌人的命令。他们打死了 86 个印第安人中的 80 人，只有 6 人被俘，其中一些人伤势严重。（根据克鲁斯少尉的说法，这是一个错误——W. C. B.）

战斗即将结束时，一名士兵在东锡达溪边被称为罗克克罗辛的地方被打死。

他的尸体被埋在峡谷边缘一座孤独的坟墓里，没有标记，已被人遗忘，但它显然是军人的坟墓。

这个地区现在流传着一个故事，说一个印第安妇女在此次战斗中受了伤，一条腿被打断。一两天后，她在蓝岭（Blue Ridge）目前被称为亨特斯普林（Hunter Spring）的地方被俘，那里位于罗克克罗辛西北大约2英里处。她在被俘时请求士兵把她的另一条腿砍断，使她能够重新走路。那条腿并没有被砍断。汤姆·霍恩在书中提到了一个印第安妇女，很可能就是她，但他没说她请求把她的两条腿砍掉。他说，当他们把她带回军营时，军医截断了她的一条腿。按照霍恩的说法，这个妇女在岩石和灌木丛里藏了一个婴儿。在士兵们找到并带上婴儿之前，她折腾了好一通。

据可靠人士称，在此次战斗结束后的几年里，可以在东锡达溪沿岸从罗克克罗辛直到琼斯克罗辛（Jones' Crossing）的浅山洞里看到印第安人的尸骨，他们在伤痛中逐渐死去。

正如前面所说，当佩森及其附近的人听说印第安人暴动时，他们在西德尔的地盘"筑起堡垒"。那是一座土坯房，那片土地目前为奥古斯特·皮珀（August Pieper）所有。已婚男士和家属负责驻守堡垒，单身男士负责侦察。

一些单身男士遇到了部队，参加了巴特尔格朗德岭和罗克克罗辛的战斗。

此次战斗的地点后来一直被称为巴特尔格朗德岭。驮队曾在这座山岭西侧的峡谷扎营，部队战后也曾在此扎营。这里目前被称为饼干盒峡谷（Cracker Box Canyon），因为部队在战后拔营起寨时留下了饼干盒，其中一个旧盒子的一部分被钉在树上。此次战斗三十五年后，我看到了那个被钉在树上的饱经风霜的旧盒子。

一个曾参与战斗的印第安侦察兵目前住在佩森，他叫亨利·欧文（Irving）。他的英语很差，无法叙述这场战斗。他说，他在战斗中打死了两个印第安人。

上面大部分叙述是由威廉·克雷格向我提供的。克雷格目前仍然住在亚利桑那佩森，他曾在梅多斯家的父亲和儿子遭到枪击后帮助他们一家人转移。其他内容是我平时收集的，来自老居民的叙述，老居民向年轻一代讲述的故事以及汤姆·霍恩的书①。一些内容可能存在错误，但大部分内容是对事实的直接叙述。不过，它们是老居民对于战斗的回忆，而且是他们在战斗结束超过四十五年以后讲述的。

克雷格长官最近告诉我，此战结束后不久，6个没有编制的阿帕奇印第安人来到圣卡洛斯投降。这些印第安人包括4个男人和2个女人，他们之前一直藏在通托贝森马扎察尔山脉东侧的迪尔溪（Deer Creek）河口。他们之前从未来过事务处，我们也没有对他们做过记录。他们本来不想投降，但在巴特尔格朗德岭的灾难性战斗结束后，他们意识到，他们的日子很快就会走到尽头，很可能会被俘或被杀——后者的可能性很高。他们是通托贝森区域最后一批投降的无编制印第安人。

佩森，亚利桑那
1929年7月28日

这两份个人叙述是由经历过亚利桑那早期岁月的人写下的。从历史学家的视角看，它们非常宝贵。它们提供了与官方和军事报告完全不同的视角，而后者是亚利桑那早期历史的主要依据。

即使它们在一些细节上与公众普遍接受的事实不完全相符，我们也会对它们非常宽容，因为这些事情发生在将近五十年前，而人类的记忆在经过岁月的洗礼后很不可靠；而且，这些老居民在1882年时大多已经成年了，因此他们现在的年纪一定很大了。

老人克里斯托弗将熊挂在小木屋里的故事有多个版本。其中一个是，士兵们真的认为那是人的尸体，因此将烧焦的遗骸埋在木屋废墟附近的坟墓里。他们从未想过，他们在为熊的遗体举行告别仪式。那个年代的平民喜欢拿军人开玩笑。

汤姆·霍恩不是当时的侦察长，而是某驮队的货郎——如果我没记错的话，

---

① Tom Horn, *Life of Tom Horn, A Vindication* (Louthan, Co.: N.p., 1904).

是圣卡洛斯驮队。可靠的军官告诉我，霍恩没有参战，他在战线后方的驮队里。我在华盛顿的军需官资料中查找了霍恩担任侦察兵的记录。结果显示，他只在1885年10月13日到1886年9月30日被美国政府雇用为亚利桑那鲍伊堡侦察兵。那是迈尔斯在墨西哥追逐杰罗尼莫的时期。霍恩在书中花了很大篇幅描述了他在锡贝丘之战中的经历，这段故事是彻头彻尾的谎言。我认识参与此次战斗的每一名士兵、军官、货郎和侦察兵。我在队伍离开阿帕奇堡时在场，并在他们结束此次不幸经历后返回的那个下午在哨所以西四五英里处迎接了他们。汤姆·霍恩每次都不在队伍中。克鲁斯将军说，他对锡贝丘战斗的长篇大论从头到尾都是杜撰的。

几年后，军方挖出了在德莱沃什战场遇难并被埋葬的士兵和印第安侦察兵，将其转移到阿帕奇堡，用完整的军事葬礼将其埋葬在哨所墓地。

1887年，我在战场东侧几英里处的西切弗隆峡谷（West Chevelon Canyon）谷口开始经营牧牛场。在之后的岁月里，我曾多次骑马前往战场。当时，地面上散落着许多人类和动物的骨架、头骨和其他残骸，不过，大多数残骸最终被去当地的游客带走了。

上面提到的饼干盒还在树上，就像克雷格先生说的那样。顺便一提，这些盒子装的是供战场上的部队食用的硬饼干。在那个年代，他们会吃许多硬饼干。

我手上有一份印第安侦察兵第五连的花名册，上面没有名叫欧文的印第安人。不过，名单上有一个人叫亨利。可以很容易猜到，他后来被称为亨利·欧文。毕竟，这是一个比较合理的猜测。

6个没有编制的野生阿帕奇人战后前来投降的故事很有趣。它很可能是以事实为依据的。在那个年代，任何稀奇古怪的事情都有可能发生。

关于此次战斗，有一件事一直令我印象深刻。参战的印第安侦察连成员大部分是反叛者所在的阿帕奇分支——怀特芒廷阿帕奇人的亲属、朋友和成员，只有一个人在战斗中投敌，这充分体现了他们作为军人对于政府的忠诚。

拉弗蒂的追击

威廉·A. 拉弗蒂[①]

图森《亚利桑那每日星报》，1882 年 5 月 17 日

《星报》今晨刊登了拉弗蒂上尉下面的日记。拉弗蒂对印第安人[②]的成功追击使他受到了亚利桑那领地的称赞。这段文字对该事件作了简明的叙述，没有多余的评论。日记如下：

我们上次走过这条欢快的路线。我们 4 月 24 日晚上 11 点左右离开鲍伊堡，25 日下午 5 点在盖利维尔（Galeyville）发现了一大群人的足迹。我们在盖利维尔以南 8 英里的凯夫溪（Cave Creek）休息了几个小时，与塔珀的部队[③]会合，包括塔珀的连队和米尔斯[④]的侦察兵。他们不想在白天穿越圣西蒙谷，以免被人看到。我们于下午 6 点再次出发，以步行和骑马小跑的方式穿过河谷。敌人的足迹通往东南方向，在铁路交叉点以南大约 35 英里处抵达佩隆西略（Peloncillo）。敌人的足迹经常中断，显然，印第安人在寻找水源。于是，我们在凌晨 2 点 30 分盖着大衣和鞍毯躺下休息，直到上午。此时，驮队还没有赶到。

第二天，我们沿敌人的足迹非常艰难地穿过新的山口[⑤]，然后在佩隆西略东侧克洛弗代尔（Cloverdale）以北几英里处扎营。第二天，27 日，我们循着脚印来

[①] 美国第六骑兵团的威廉·A. 拉弗蒂（1842—1902）。他在美西战争期间参与了圣地亚哥（Santiago）和圣胡安（San Juan）的战斗，曾以美国第五骑兵团上校身份担任波多黎各马亚圭斯（Mayaguez）军区指挥官。
[②] 洛科的奇里卡瓦分支。1882 年 4 月初，在查托、奇瓦瓦和内奇的抢劫团伙的压力下，他们不情愿地离开了圣卡洛斯附近的事务分处。
[③] 阿尔·西贝尔跟着塔珀的部队，担任侦察长和向导。
[④] 安森·米尔斯。
[⑤] 拉弗蒂和塔珀的部队在沿小路穿越佩隆西略山脉时攀登了 5000 英尺。

到距离克洛弗代尔不到 2 英里的地方。在继续向南行进了大约 6 英里后，敌人几乎朝着正东方向穿过阿尼马斯山谷（Animas Valley），然后沿着最初的小路翻过阿尼马斯山脉的最高峰。对小伙子们来说，这是一段非常艰苦的路程。这里位于山口以南大约五六英里处，靠近国界线，位于墨西哥境内。下午 6 点，我们靠近了山口东端。此时，我们停下来休息了两个半小时，以准备晚饭。从早晨 6 点开始，我们已经走了大约 35 英里。晚上 8 点，我们留下卫队看守营地里的驮队，然后启程，因为这里的脚印很新。晚上 10 点左右，西贝尔和几个走在前面的印第安人认为敌人就在前面不远处宿营。一两名侦察兵悄悄潜行了 3 英里，发现了敌人的营地。接着，我们让侦察兵当晚部署在上方的山上。米尔斯和达尔①在早上之前成功完成了部署，他们沿着山脉潜行到了阵地上。达尔脱下了鞋子，以免在岩石上发出声响。骑兵的任务是占领印第安营地西侧平坦的平原。印第安人的营地左侧是险峻的山峰②。从夜里 12 点到凌晨 4 点 30 分，我们牵着马，小心地向前移动，每走 10 码就要停下来侧耳倾听。没有人说话，没有人吸烟。最后，我们刚好在破晓时抵达目标阵地，距离营地 800~1000 码。

当侦察兵可以看清周围环境时，他们将发起一轮射击，作为冲锋信号。凌晨 4 点 45 分左右，山上发出了射击的火焰，宣告了战斗的开始③。在同一时间，骑兵跃上马匹，叫喊着冲向营地前方的盆地。印第安人的营地距离岩石不到 100 码。接着，他们跳下马，开始朝印第安人迅速射击，后者向岩石跑去。当他们躲进岩石时，他们立刻对我们疯狂开火，因为我们距离很近。接着，我们牵走了他们大部分牲口，步行回到距离他们很远的地方。在这里，我们连的古德里奇（Goodrich）被打死，米勒身负重伤。接着，我们在平原上形成无马散兵线，持续开火，直到上午 11 点 30 分。

此时，我们确信，我们无法让野蛮人离开岩石，继续射击毫无意义，只会减

---

① 美国第十二步兵团的弗朗西斯·J. A. 达尔（1859—1918）。
② 恩梅迪奥山脉。汤姆·霍恩称之为"哈诺斯平原中间非常险峻的小山"。Thrapp, *Sieber*, 229.
③ 洛科的儿子和 3 个阿帕奇妇女毫无戒心地走向达尔中尉及其侦察兵的藏身处，以寻找洛科团伙藏在岩石中的龙舌兰，这导致战斗提前开始。当他们走到距离侦察兵不到 25 码的地方时，达尔发出了开枪的信号。

少我们的弹药。因此，我们决定撤退。我们撤退得很慢，一个连暂时守在散兵线上。印第安侦察兵首先鱼贯而出，来到距离山峰很近的地方。此时，我们努力向印第安人猛烈开火，以免印第安人将全部注意力放在正在撤退的侦察兵身上。印第安人非常愿意停火，在我们开始撤退后一枪未发。

我们返回前一天晚上的营地，也就是我们前一天晚上 8 点离开的地方。这里距离战斗地点大约 8 英里。我们已经二十个小时没有进食了，在我们吃晚饭时，福赛思中校[①]带着几个骑兵连和两三个侦察连和我们会合，并且取笑了我们。他们有点懊恼，因为他们没有参与这场战斗。我们之前完全不知道还有一支部队距离我们不到 75 英里。否则，我们就会持续战斗，直到他们赶到。不过，我们不会在他们赶到之前按兵不动。

第二天，福赛思带着我们所有人继续前进，尽管我们累得要死，几乎无法发挥作用。我们在墨西哥境内朝南走了 35 英里。第二天（30 日）上午，我们在国界线以南大约 40 英里处遇到了加西亚上校的团，有 273 人[②]。我们得知，29 日上午早些时候，在我们的战斗结束大约六个小时后，加西亚看到了大平原上的烟尘，知道敌对分子正在赶来。他沿着平原上的一条小溪埋伏起来，将手下人——全是步兵——隐藏在草丛等遮蔽物后面。他打死了 78 个印第安人，部下有 23 人战死，30 人受伤。我们所有人跟着他参观了战场的部分区域。我看到了超过 30 个印第安人的尸体。加西亚请求福赛思将军返回美国，称所有逃跑的印第安人已经分散成了很小的团伙，继续追逐已经失去了意义。于是，福赛思将军将亚利桑那部队解散。我们打道回府，福赛思带着第四骑兵团前往塞珀（Separ）。

我们认为，我们打死了至少 12 个印第安男人和五六个印第安女人。这是西贝尔和基欧等人的谨慎估计，他们一直在密切关注战场。我们得到了他们的 75 头牲

[①] 乔治·A. 福赛思中校（1837—1915）的部队有大约 400 名骑兵，主要来自他自己的团，即美国第四骑兵团，另有第六骑兵团的几个连和 50 名侦察兵。从阿帕奇战役的标准来看，这是一支庞大的部队。福赛思在《哈珀斯周刊》第 43 期（1899 年 1 月 14 日）第 43—46 页题为《阿帕奇袭击》的文章中记录了他在墨西哥的事迹，这篇文章还收录在他的作品 *Thrilling Days in Army Life* (New York: Harper's, 1900) 中。

[②] 墨西哥最成功的印第安对抗者之一洛伦索·加西亚上校及其墨西哥第六步兵团。

口，质量很好。他们在野外丢下了 20 具印第安马鞍和 15 匹印第安死马。在第二天上午死去之前，许多敌对分子显然是徒步走过了 25 英里的平原。

我失去了 3 匹马，包括我的坐骑老吉姆。它受了伤，我不得不将其射杀。我骑了它七年多，但是它不能走路了。为了解除它的痛苦，我只得将一枚卡宾枪的弹丸打进它的脑袋。可怜的家伙，我感到很难过。在战斗中，十二连有 28 人，塔珀有 27~28 人，印第安侦察兵有 49 人，还有基欧、西贝尔、米尔斯、塔珀、托尼（Toney）、达尔、布莱克、我，以及伯恩斯和卡罗尔医生。我想，每个人都发射了 50~80 颗子弹，有的人发射了更多。我使用了大约 40 发子弹，而且打得很慢，很谨慎。

军队与印第安人

阿尔·西贝尔[①]
普雷斯科特《信使周报》，1882 年 5 月 27 日[②]

考虑到我们最近与沃姆斯普林斯印第安人的战斗很不体面，我想向您讲述一些事实，这些事实毫无夸大的成分。我将从斯坦斯峰（Stein's Peak）的战斗开始讲起，一直说到加西亚上校在墨西哥的战斗。

4 月 23 日，福赛思中校带着大约 6 个骑兵连[③]和 25 名侦察兵，在斯坦斯峰附近的道特富尔峡谷袭击了印第安人，在战斗了三个半小时后带着所有部队撤退。他说，是因为他们缺水。我想在此说明，道特富尔峡谷[④]里是有水的。接着，印第安人离开峡谷，穿过圣西蒙山谷，在盖利维尔以北大约 6 英里处的奇里卡瓦山脉扎营[⑤]。福赛思中校带着 6 个骑兵团开始追逐敌人，但是他们沿着小路朝圣卡洛斯方向往回走，在距离斯坦斯峰大约 20 英里处遇到戈登上尉[⑥]的第六骑兵团。此时，福赛思断定印第安人没有返回事务处。于是，他将戈登上尉及其部队收入

[①] 阿尔伯特·西贝尔（1844—1907）是最伟大的边区陆军侦察兵之一。他是德国移民，曾加入明尼苏达第一步兵团，在葛底斯堡身负重伤。战后，他去了西部，在亚利桑那普雷斯科特附近定居，成为牧场领班和管理者。当克鲁克将军于 1871 年来到亚利桑那时，他先是将西贝尔雇用为货郎，之后很快任命西贝尔为侦察长。从 1872 年到他在 1887 年阿帕奇·基德暴乱中受伤，西贝尔参与了阿帕奇战事中的几乎每一场重要战役。思拉普称他"非常聪明、诚实、勇敢、忠诚，配得上他曾效力的军官对他的众多赞美之词"。Thrapp, *Encyclopedia*, 3:1307.

[②] 这篇文章是阿尔·西贝尔 1882 年 5 月 17 日从麦克道尔堡寄给普雷斯科特《信使周报》的信件。这份报纸是他的朋友约翰·H. 马里昂（John H. Marion，1835—1891）经营的。思拉普认为，马里昂对这封信进行了大量编辑，至少在西贝尔撰写这封信时提供了帮助。不过，他认为这封信很可靠。Thrapp, *Sieber*, 225.

[③] 福赛思带着 5 个骑兵连。

[④] 战斗开始于道特富尔峡谷，结束于霍斯舒峡谷，通常被称为霍斯舒峡谷之战。

[⑤] 这是一座短命的银色帐篷，后来成了偷牛贼的大本营。

[⑥] 查尔斯·G. 戈登（1837—1898）。南北战争期间，他在加利福尼亚第二骑兵团服役。战后，他被任命为美国第六骑兵团少尉。他在 1887 年由于残疾退役。

麾下，开始返回斯坦斯峰。

这座山峰距铁路大约 7 英里。福赛思中校曾率第四骑兵团的 6 个连攻击敌人。在那里，如果愿意，他可以将敌人围困任意长的时间。如果他无法对敌人开展有效进攻，为什么他不请求更多部队前来增援呢？毕竟，附近有许多部队，他可以在十二小时内将所有部队调过来。如果敌人撤退，他们无路可走，只能进入河谷。还有比这更好的结果吗？塔珀上尉带着第六骑兵团仅仅 39 名士兵和 45 名侦察兵进行了战斗，在易守难攻的地点对抗了同一伙敌人。据我亲眼所见，他们打死了 17 个男人和 7 个女人，俘获了 74 头牲畜。既然 84 个人能做到这一点，为什么 500 个人却毫无作为呢？

作为美国军官，塔珀上尉和拉弗蒂上尉很好地履行了职责，远远超出了预期，而且他们并不知道，有一支部队距离他们不到 125 英里。福赛思中校的向导说，他们在两天中的不同时间看到了塔珀部队扬起的烟尘，却没能追上他们。别忘了，福赛思中校 4 月 26 日在塔珀后方仅仅 5 英里处扎了早营，27 日离开塔珀的路线，走了 12 英里，来到迈纳斯溪（Miners Creek），让牲口喝水，然后往回走了 12 英里，回到小路上，并在前进一小段距离后再次扎营。同一天，塔珀和拉弗蒂穿越了阿尼马斯山脉，夜间走了一小段路，发现了宿营的印第安人。据说，福赛思中校在塔珀后方仅仅 5 英里处迷路了。至少，这是他给出的借口。如果你无法跟踪一大群印第安人、一支骑兵部队和四支驮队刚刚留下的清晰脚印，那么你最好还是待在家里，让其他希望抓捕印第安人的人去追赶敌人。

4 月 24 日晚，圣西蒙驿站的塔珀上尉及其部队以及鲍伊堡的拉弗蒂上尉及其部队听说印第安人在盖利维尔附近。于是，两位指挥官立刻启程，于次日早上 5 点抵达。得知印第安人已在当晚穿过河谷，前往克洛弗代尔地区，塔珀决定白天休息，夜晚加紧脚步追逐敌人。他不想让印第安人知道有人在追赶他们，而不让他们了解这一消息的唯一途径就是不进入河谷，因为他们可以在 35 英里范围内看到他的部队。25 日下午 5 点，他率部离开营地，骑马奔跑了大约 35 英里。

在这里，敌人分散开来，因此脚印消失了。由于天色已黑，因此他又在此停留了几个小时，直到天色亮到侦察兵可以发现脚印为止。他们一大早就发现了脚印。于是，他们继续追击，直到次日夜晚，然后扎营，以便让驮队赶上来，为士兵们提供食物。当晚，福赛思中校在我们后方5英里处扎了旱营。驮队当晚在行进了46英里后抵达营地。士兵们吃了点咸猪肉和面包，睡了一小觉，次日一早继续追击。他们当天穿越了阿尼马斯山脉和河谷。就在进入对面河谷之前，队伍停了下来，吃了点东西，然后继续前进，尽管他们当天已经走了35英里。

走了大约7英里，我对塔珀上尉说，我觉得印第安人就在前方大约两三英里处宿营。如果他能让队伍停下来，我会前去探查。我带上3名侦察兵，在半小时内发现了营地。一名侦察兵爬到营地跟前，看到他们正在做法。在熟悉了当地位置后①，我立刻返回，向塔珀上尉报告了营地的地理环境以及如何采取安全、合理而谨慎的行动。米尔斯中尉和达尔中尉带着侦察兵爬到敌人和山脉主体之间的小山之中，敌人就在这些小山的脚下。我带着塔珀上尉和拉弗蒂上尉沿河谷而下，把他们领到几乎位于印第安侦察兵正对面的阵地上。

此时，天色已经比较亮了，侦察兵被迫开始了战斗，因为洛科的儿子和两个妇女②在寻找藏在岩石中的龙舌兰时无意中发现了侦察兵。侦察兵立刻开始射击，打死了洛科的儿子和两个妇女。

骑兵立刻开始准备战斗。图伊中尉③将塔珀上尉的连队部署在距离山脉主体大约400码的一座险峻的圆形小山附近。拉弗蒂上尉喊道"前进，第十三连的战士们"，然后与塔珀上尉和布莱克少尉冲向敌对分子所在的岩石。

所有马匹都在争先恐后地向前奔跑，冲向前方的可怕陷阱。连队在距离印第安营地大约500码的地方停下来，因为一个印第安男人和三个印第安女人正在那里驱赶牲畜。拉弗蒂立刻认识到了错误，因此他让连队上马，继续冲锋，一直来到距离敌人大约150码的地方。塔珀上尉开始寻找自己的连队，但是当他经过敌

---

① 西贝尔在晚上10点以后发现了洛科的营地。
② 一些资料显示，有3个妇女陪着洛科的儿子。
③ 蒂莫西·A. 图伊（Timothy A. Touey, 1852—1887）是西点军校1875届毕业生，在西南部一直服役到35岁去世，死因是"慢性病导致的疲劳"。

人时，敌人在他头顶发出了巨大的枪声，向拉弗蒂的连队进行了一轮又一轮猛烈的射击。整个连几乎都被包围，距离敌人很近。每个人都意识到，留给自己逃跑的机会已经不多了。实际上，如果敌人保持冷静，这个连就没有任何机会了，每个人都会被打倒。不过，敌人打得太高了，子弹每次都从我们头顶掠过。

所有人只剩下一件事情要做，那就是各自寻找最佳逃跑路线。他们缓慢撤退，并且持续向印第安人藏身的岩石射击。后方大约150码的地面上有一条小水沟，我和另外5个人藏在里面。水沟里只能藏6个人，因此连队其余人员继续后退。我们很快发现，我们在那里什么也做不了，因此决定出去。我们采取了最安全的方式：一个人站起来奔跑了二三十码，然后在地面躺上几秒；大约五分钟后，另一个人采取同样的行动。子弹像冰雹一样在每个人身边扫过，但所有人都安全逃了出来，米勒和戈尔迪克（Goldick）①除外，前者受了伤，后者被打死。塔珀上尉的连队和印第安侦察兵尽最大努力射击，以吸引敌人的注意。同时，拉弗蒂上尉撤退，并且带走了印第安人的74头牲口。

洛科试图让侦察兵倒戈，但他们辱骂他，向他所在的岩石射击。当拉弗蒂上尉将连队撤出时，他立刻在塔珀右侧组织散兵线，持续射击，直到中午12点。

我们没有采取其他行动的希望。我们无法包围敌人，把他们拖在那里，因为可以投入战线的士兵只有39人。即使让他们冲向印第安人藏身的岩石，我们也无法打死一个印第安人，只会让所有人白白送死。部队后撤10英里左右并扎营。此时，队伍中的所有人已经三十六个小时没合眼了，马匹也在这段时间里一直没有解开马鞍。

塔珀上尉在战斗中表现得很勇敢，展现出了试图消灭整个敌对团伙的进取精神，值得敬佩。图伊中尉在完全没有藏身的情况下将塔珀的连队部署在崎岖的堡垒周围，在整个战斗过程中一直守在那里，显然表现得很好。拉弗蒂上尉和布莱克少尉在冲锋中非常显眼，一直冲在前面。第十三连跟在他们身边，表现得很低

---

① 这名士兵叫古德里奇。

调。米勒中尉和达尔中尉脱下了靴子，在夜间和侦察兵爬进了岩石中，并在那里藏身。这对他们显然很危险，因为如果被敌人发现，他们中的许多人都会被打死，甚至会被全歼。他们显然漂亮地完成了任务。向导帕特·基欧（Keogh）和罗沃（Rower）[①]鼓励印第安小伙子们，为他们的良好表现而喜悦。整个队伍冷静而成功地执行了作战计划。

　　塔珀扎营后不久，福赛思中校带着7个骑兵连和2个印第安侦察连赶到。得知战斗的消息，福赛思对塔珀上尉说，他想让塔珀的部队当晚跟着他追赶印第安人，因为对方距离他们只有10英里。塔珀告诉福赛思，他不想走，因为他的部队必须睡觉和休息，他还说，他第二天会追上福赛思。福赛思中校决心让印第安人看到一支绵延50英里的大部队，因此当晚带着由400名士兵和50名侦察兵组成的小规模分遣队扎营。真相是，塔珀上尉带着执行战斗任务的39名士兵和45名侦察兵在我所见过的最难打的地点之一（我见过许多战场）攻击了印第安人，而当时指挥450名士兵和侦察兵的福赛思中校却没有追击同一伙印第安人，因为他想展示规模更大的部队。长长的队列看上去很威风，但他们却抓不到印第安人。

　　塔珀的战斗发生在4月28日上午。29日，敌对分子在科拉利托斯河遭遇了加西亚上校领导的275名士兵。一场血腥的战斗在此打响。据我所见，有11个印第安男人和许多妇女儿童被打死，14个妇女和11个儿童被俘；墨西哥军队有23人死亡，大约30人受伤。他们打死的印第安男人可能不只这些，但我没有看到他们的尸体。当加西亚开火时，沃姆斯普林斯分支的所有年轻男人全都策马逃跑了。老男人留下来，为家人而战，并与家人共同战死，而年轻男人只管自己。沃姆斯普林斯印第安分支将不复存在，因为老男人和几乎所有女人都被打死了。年轻男人将与朱联合，形成亚利桑那这片地区数年来最强大的印第安分支之一。

　　我们再次对抗他们的日子迟早会到来。在他们最终覆灭之前，许多可怜人将会死于他们之手。朱现在可以聚集起150个年轻男人，他们全都精通印第安战事，

[①] Thrapp, *Sieber*, 227 中将这个人称为罗纳（Rohner）。

勇敢而无所畏惧。任何小规模部队都无法应对他们，而只有小规模部队才有可能追上他们。只有将每支部队的人数控制在150人，各部队保持在可以相互支援的范围内，我们才有可能在发现他们的足迹后追上并消灭整个团伙。除此以外，我们并没有其他办法在最终消灭他们的目标上取得任何进展。

如果福赛思中校展现出与塔珀上尉和拉弗蒂上尉一样的精力，他就可以在战斗前追上我们，整个沃姆斯普林斯印第安分支和朱分支的大约60人就会成为好印第安人，即死去的印第安人，亚利桑那领地今天就会处于快乐、和平、不受打扰的状态，可以继续繁荣发展。第六骑兵团戴维·佩里少校将骑兵以小队形式分散开来，使印第安人无法躲过所有小队顺利逃脱。这些部队规模必然很小，因为佩里的总兵力并不多。不过，他将各支部队部署在可以相互支援的范围内，确保了他可以歼灭整个敌对团伙。不过，福赛思中校在抵达亚利桑那后接过或者试图接过佩里少校为了追逐这个敌对团伙而调动的每一支部队的指挥权——至少是他可以通过信使或其他途径控制的每一支部队的指挥权。于是，他破坏了佩里少校之前的所有安排。他是第六骑兵团两支部队没能及时追上我们并参与战斗的唯一原因。所以，我们这支小部队只能像上面描述的那样削弱敌人的力量，无法摧毁整个团伙。

如果墨西哥人在塔珀对抗印第安人的地点攻击他们，墨西哥人就会在早饭之前被全歼。如果塔珀没有在28日和印第安人作战，墨西哥人将永远不会看到印第安人，因为他们只是在前往哈诺斯途中在这条河边扎营过夜，并不知道印第安人即将到来。这是他们自己的说法，我已经从头到尾详细回顾了整起事件。没有人能真正否认本文的任何一句话，因为我完全没有偏离事实真相。

阿帕奇人口中的锡贝丘

阿尔奇萨伊等

《约翰·G. 伯克日记》第 60 卷：21—63 页，
美国西点军校图书馆[①]

阿帕奇堡，亚利桑那，1882 年 9 月 22 日

在场人员：克鲁克将军，随从参谋伯克上尉，助理军医 J. O. 斯金纳（Skinner），翻译 C. E. 库利和塞韦里亚诺，佩德罗（使用助听器的耳聋酋长），卡特毛思·摩西（Cut-mouth Moses），阿尔奇萨伊[②]，尤克莱尼（Uclenny），埃斯克特谢劳（Esketeshelaw），诺基-诺基斯（Niqui-Noquis），佩尔蒂（Pelti），诺钦（Notsin），莫斯比（Mosby），奇利（Chile），埃斯基尔蒂（Eskiltie）以及其他 40 人左右。

克鲁克将军：我想把你们在这里所说的一切记录在纸上，因为记录在纸上的文字永远不会说谎。一个人的记忆可能出错，但纸上的文字在我们所有人死亡并被遗忘后，仍然可以长期保持新鲜和真实。这样做不会让死人复活，但今天记录在纸上的文字也许可以为活人提供帮助。我想知道我离开这里以后导致此次麻烦和目前事态的所有原因。我希望你们用最简洁的语言大胆讲述事实，以便使所有人都能毫无困难地阅读这段文字。

[①] 伯克的会议记录还被收录在克鲁克将军与居留地印第安人会谈的官方报告中。见印第安事务局，1882 年收信，19337 号，国家档案馆，华盛顿市，哥伦比亚特区。

[②] 阿尔奇萨伊（约 1853—1928），怀特芒廷阿帕奇酋长和侦察兵。他凭借在 1872—1873 年通托贝森战役中的表现获得了荣誉勋章。阿尔奇萨伊后来成了著名的牧场主，晚年多次前往首都华盛顿，曾拜访西奥多·罗斯福总统（Theodore Roosevelt）和沃伦·G. 哈丁总统（Warren G. Harding）。

阿尔奇萨伊：你离开这里时，一切都很好，没有坏印第安人在外面游荡。我们都很满意，一切都很和平。你在这里的军官都被调走了，新的军官来了——他们是另一种军官。好人一定都被调走了，坏人取代了他们的位置。我们无法确定他们想要什么。他们似乎今天想要某样东西，明天又要想要另一样东西。

也许错的是我们，也许错的是他们。不管怎样，我们并不信任他们。

我们种植玉米和西瓜，自给自足。圣卡洛斯事务官①从不向我们提供口粮，但我们并不介意，因为我们可以照顾自己。

一天，圣卡洛斯事务官派人来，说我们必须放弃自己的家园和玉米地，去那里生活。他派印第安士兵抓捕我们的妇女儿童，把我们赶到了那片炎热的土地上。

佩德罗②：你（克鲁克将军）在这里时，我们都很满意。但是我们不明白，为什么你走了？为什么你离开我们？你在这里时，一切都很好。后来，来了一个军官，脸上长满了浓密的大胡子（卡尔将军）。

他派人找我。我的腿瘸了，几乎无法走路，但我还是去了他的住所。他说："我要出征。"我说："为什么？这片地区没有坏印第安人，为什么你现在想要出征？"

当他说要出征时，我告诉他，印第安人获得了在锡贝丘河沿岸和卡里索河沿岸不超过那座山（用手指）的地方以及其他地区种地的许可，他们都很满意；他们都有通行证，正在种植玉米，饲养大量牧牛，非常满意。我问他为什么要出征对抗他们。在他那次远征中，印第安人的一切都被摧毁了，他们的玉米被砍倒，牛群也被赶走了。

塞韦里亚诺③：就连我养的许多牛也被士兵和平民带走了。

佩德罗：我问他为什么要出征，并且告诉他，我在华盛顿时，总统说过，我们都是好印第安人，都是拥护和平的人。这时，他以一种很愚蠢的方式看着我，只是窃笑，并不答话。翻译查利［即查利·赫尔（Charlie Hurrle），被印第安人称为

---

① 事务官 J. C. 蒂法尼。
② 佩德罗（约 1835—1885），怀特芒廷阿帕奇酋长，他的两个女儿嫁给了科里登·E. 库利。佩德罗一直是美国人的朋友。
③ 格拉西亚斯·塞韦里亚诺（约 1841—1883 之后）是墨西哥人，小时候被怀特芒廷阿帕奇人俘获和收养。

查利]①在场，但我无法从他那里获得信息。

接着，我直接回家，看到军队开始穿越山口（用手指），这是唯一令我满意的地方。

之后，我派这个名叫诺钦的印第安人追上卡尔将军，问他想要去哪里。卡尔将军说，他想去锡贝丘逮捕跳舞的印第安"医生"诺奇阿伊德尔克林。

我对此并不担心，因为我知道，这些印第安人没有制造麻烦，他们都是好人。接着，科克伦少校②告诉我，他收到了圣卡洛斯事务官的消息，所有阿帕奇人都要前往那里。他说："你（佩德罗）最好返回你在福里斯特代尔（Forestdale）的玉米地。"这是卡尔将军和士兵们启程前往锡贝丘之后的事情。

当塞韦里亚诺向我们传达锡贝丘战斗的消息时，每个人都很激动。我想，我最好带着我的所有女人和孩子去库利③家。当科克伦少校向我传达圣卡洛斯事务官的消息时，我准备前往玉米地，但是当我听说战斗的消息时，我想，我最好还是去库利家。

这件事情现在已经完全过去了，我想说的都说完了，但我还想说点别的，我不理解这件事。我现在已经老了。我一直在做正确的事情。

当我感到无聊时，我常常给所有妇女、儿童和小伙子传话，让他们过来跳舞。其他人也做过同样的事情。我从未听说过这件事有害，但是那场战役的起因恰恰是锡贝丘河畔的印第安人在跳舞。

为什么会有这种变化？你（克鲁克将军）在这里的时候，每当你说一件事情时，我们都知道那是真的，并且会记在脑子里。格林上校在这里的时候，我们的妇女儿童很高兴，年轻人在快乐中成长。我还记得布朗、兰德尔和其他一些军官，

---

① 包括印第安人和白人在内，大多数人都认为查利·赫尔是一个不光彩的人物。赫尔是德国移民，以美国第六骑兵团列兵的身份来到亚利桑那。他学习阿帕奇语言的方式不为人知。不过，当他在1881年5月退伍时，他勾搭上了臭名昭著的阿帕奇妓女汉娜（Hannah）。查尔斯·柯林斯认为他是锡贝丘溪事件的主要煽动者，丹·思拉普怀疑他对阿帕奇语并不精通。Collins, *Apache Nightmare: The Battle of Cibicue Creek* (Norman: University of Oklahoma Press, 1999), 227; Thrapp, *Crook and the Sirra Madre*, 20-22.
② 美国第十二步兵团的梅尔维尔·A. 科克伦（Melville A. Cochran, 1836—1904）。
③ 科里登·E. 库利。

他们对我们很好,是我们的朋友。

但是,为什么在他们之后来到这里的人如此不同?我过去很快乐。现在,我一直在思考和哭泣。我不知道,老约翰·格林上校、兰德尔以及其他那些好军官在哪里?他们怎么样了?他们去哪里了?为什么他们不回来?年轻人也在问同样的问题。

阿尔奇萨伊:当你(克鲁克将军)来到这里时,你让我在兰德尔少校的连队里当兵。我参加了你的第一次战役,我一直是士兵们的朋友。现在,在此次锡贝丘溪事件中,我蒙受了不白之冤。我被关了五六个月的禁闭,而这仅仅是因为我试图成为白人的朋友并帮助他们,这很遗憾。当我去见卡尔将军时,库利跟着我,推荐我当差。卡尔将军让我返回库利的家,尽量打探在外游荡的阿帕奇人的消息。我照做了。

在这些事情结束之后,他在晚上派人逮捕我,我在圣卡洛斯和托马斯营被关了六个月禁闭。

我和尤克莱尼尽最大努力帮助白人,但我们却被卡尔将军抓起来,关在禁闭室里。

我一直表现得很诚实。我一直信守诺言,遵守命令。我曾对抗阿帕奇－尤马人、阿帕奇－通托人、皮纳莱诺人(Pina lenos)以及其他许多人,甚至对抗过我自己的族人。

兰德尔少校在这里的时候,当印第安人在圣卡洛斯暴动时,我曾帮助他对抗印第安人,我参与了所有战役。那时候我们都很快乐,他信守承诺,说话算数。他做的一切都是为了我们,我们信任他,现在仍然想念他。

他去了哪里?为什么他不回来?其他人在他走后来到我们这里,但他们言行不一,我们无法相信他们说的话。他们说,这个人是坏人,那个人是坏人。我想,问题在于,他们自己就是坏人。哦!我的朋友兰德尔,那个总是留着浓密小胡子的上尉,他在哪里?为什么他不回来?他是我的兄弟,我一直在想他。

卡特毛思·摩西(参与锡贝丘战斗的印第安侦察连军士长):卡尔将军派人找

我，说他想让我去锡贝丘，对印第安医生说，卡尔将军想见他。医生不在家。一个印第安人告诉我，医生不在家，但他会在六天内前去拜见卡尔将军。我在大约三天后把这件事告诉了卡尔将军。结果，卡尔将军带着士兵去了锡贝丘。当我们抵达卡里索溪渡口时，卡尔将军向每名印第安侦察兵提供了20发子弹。

当我们抵达锡贝丘时，卡尔将军派我和另一个印第安人前往医生种玉米的地点。我和军队几乎前后脚到了那里，刚开始和医生交谈，军队就来了。我告诉医生，卡尔将军派我找他。他没有答复，只是垂头坐在那里。我带着医生前往卡尔将军的营地。我坐下，医生也在我旁边坐下。一名士兵走上来，开始殴打印第安士兵，让他们走开。

接着，卡尔将军的厨子开始朝印第安士兵开枪。我们刚抵达营地，这件事就发生了。我和医生在上游河岸，卡尔将军和亨蒂希上尉在下游距离我很近的小溪谷里，但是我看不到他们。枪声响起之后，印第安人和白人士兵开始互相射击。其他印第安士兵跑进灌木丛，但我留在原地。我坐在医生旁边。他们对医生开的第一枪没有打中他，第二枪将他打伤。接着，我在一堆皮驮鞍后面卧倒。

医生头部中弹，一声不吭地倒下了，我躲到了皮驮鞍后面，这就是我看到的全部。我可以听到医生的呼吸。

我跟着军队回到这里。卡尔将军走到我跟前，连说了三个好："好！好！好！你跟着我们一起返回阿帕奇营！"

当他们在卡里索向印第安士兵提供子弹时，一个军官问我："你们是谁的朋友？你们是支持我们，还是帮助锡贝丘的印第安人？"印第安人什么都没有说。没有一个人说过想要对抗军队。

医生被打死后，军队离开那里，整夜行军，回到这里。我无法判断有多少印第安人参与了此次战斗。我站在士兵这边。另一边有四五个酋长，但我不知道他们带了多少人。

当我逮捕医生时，他孤身一人。哨所的所有白人士兵全都去了那里。我听到印第安人说，卡尔将军把部队从这里调了过去，想要和他们打仗，但是他们（印第安人）不想打仗。如果愿意，他们可以在那片崎岖地带打死所有士兵。

我是首批入伍的士兵之一，之后一直在当兵。我攒下钱，购买牲畜，拥有了一大笔财产。在我看来，卡尔将军去那里只是想摧毁一切。印第安人和白人偷走了我的一切财产。现在，我一无所有。

普列托河营地，亚利桑那领地

1882年9月23日

在场人员：克鲁克将军，约翰·G.伯克上尉，助理军医约翰·O.斯金纳，翻译C.E.库利先生和塞韦里亚诺，阿尔奇萨伊，卡特毛思·摩西，奇利，库洛，诺钦，纳加塔巴（Nagataba），扬克（Yank），科曼奇（Comanche），查利，瑙蒂纳（Naudina），卢尼，尼塔，齐迪库，克利西。

克鲁克将军：我希望你们说实话。对于已经发生的事情，我掌握了许多信息。如果你们说的话和我知道的事实不符，我就不会相信你们所说的我不知道的事情。你们这里的任何人不会由于说实话受到任何伤害。所以，你们必须说实话，说出所有真相，不能有半点虚假。所以，请大胆发言吧。

库洛（前侦察兵之一）此时表示，他愿意首先发言。

克鲁克将军：我希望你讲一讲你所知道的发生在锡贝丘的事情。

库洛：我跟着士兵们离开阿帕奇营。当我们越过卡里索渡口时，他们向我们提供了弹药。接着，一个军官问我们："你们会支持我们，还是反对我们？"在他问我们这个问题时，我们信任管理我们的军官，即留着长胡子的领导——卡尔将军。我们回答说，我们相信他，愿意支持他。之后，摩西（当时的侦察兵军士长卡特毛思·摩西）派我和这里的查利（指着一个前侦察兵）前去通知医生，说士兵们来抓他了。

当我们赶到医生那里时，士兵们也在我们身后跟来了。当军队来到印第安医生那里时，摩西和印第安士兵带上医生，跟着军队返回原地，开始扎营。

当他们给骡子卸货时，卡尔将军的厨子生了火。厨子朝我们开了一枪，我们都开始逃离他，跑向小溪附近柳林中的驮队和皮驮鞍那边。当我们跑到那里时，白人士兵朝我们开了枪。双方持续射击了一小会儿。之后，我们分散成一到四人的小组，逃跑了。在我们散开以后，我再也没有看到那群士兵。我们都很害怕和担忧，因为那些军官对我们的态度很差。

之后，我们一直在外面游荡，没有去见任何军官，因为在遭受这样的对待后，我们很害怕。阿尔奇萨伊找到我们，说你（克鲁克将军）在这里。于是，我们一路小跑地过来了。

据我所知，除了医生，印第安人这边没有人被打死，但我听说有几个印第安人受了伤。我不知道有多少白人士兵被打死。

白人士兵在我之前返回了阿帕奇营。接着，我从生活在阿帕奇营附近的印第安人那里得知，一些白人士兵被打死。我本人没有去阿帕奇，我去了塞韦里亚诺牛群附近的卡里索河源。我现在向你讲述的事情是我从生活在哨所附近的印第安人那里听说的。我们不想和士兵们打仗。这场战斗对我们来说是个意外，因为在那之前，士兵们是我们的好朋友。当枪声响起时，我们跑开了，以便隐藏起来，或者跑到射程范围以外。

你（克鲁克将军）来到这里，我很高兴。我信任你，愿意把我知道的一切告诉你。即使没看到你，我也愿意跟着你前往圣卡洛斯。

查利：那个军官（卡尔将军）是个怎样的人？他在想什么？怎样的思想会使他做出那样的行为？看起来，一切都很正常，令他非常满意。我们在这里，是他的士兵——我从小就开始当兵，他说他对我们很满意。他从未对我们和翻译说过对我们不利的话，但他却突然翻脸，以那种方式对待我们。他到底是怎样的人呢？

在他到来之前，我们有其他许多指挥官，他们都是好人，对我们很好。在此次事件之前，他也是这样。他出了什么问题？他从未向我们解释。他一直没有和我们说话。我们之前是他的士兵。过去，如果他对我们不满意，他常常惩罚我们。他常常由于我们没有在小路上找到水源而把我们关禁闭——这没有问题，在我们的意料之中。但是，我们不明白，为什么他在锡贝丘那样对待我们。

我是跟着摩西逮捕医生并把他带去军营的那伙人中的一个。那里有一大群白人士兵、印第安士兵、妇女和儿童，他们都离得很近。我去了玉米地，摘了一些青玉米。就在我用玉米制作面包时，枪声响了。我不知道是谁开的第一枪。当其他印第安侦察兵四散奔逃时，我跟着他们逃跑了。我沿着锡贝丘溪向下游跑。当我朝下游跑远时，一个印第安人带着女人走到我跟前说，营地发生了战斗，医生被打死，还死了一些白人士兵——但他不知道具体人数。我只知道印第安人这边死了一个医生。

我们不想和军队打仗，因为他们是我们的朋友。我们都这样认为。

我不在那群人之中，但是一个锡贝丘酋长在所有人逃跑时发现了一头装载弹药的骡子。

我们一直在等待一个可以让我们信任的人来到这里。我们中的许多人都在指责军队。我很高兴见到你，这就是我所知道的全部事实。

卢尼（前侦察兵，独眼米格尔之子）：我想说的和大家相同，我对锡贝丘那位军官持有相同看法。我想，他的脑子出了问题。我知道是他的厨子开了第一枪。随后，士兵们朝我们开火，我们才四散奔逃。

尼塔（前侦察兵）：我们跟着科曼奇在那边放牧政府骡。当我们晚上返回并解下马鞍时，我走进白人中士伯恩斯所在的房间，那里有一箱子弹。我透过破掉的窗户看到了装有20发子弹的箱子。我伸手去拿子弹。中士将我逮捕，关在禁闭室里，安上锁链，剪下我所有的头发（在印第安人眼里，这是一种侮辱），说我需要在禁闭室里待上三十天，并且支付15美元。

当他们把阿尔奇萨伊送到圣卡洛斯的禁闭室时，他们也带上了我。我在禁闭室里待了四个月。我对锡贝丘溪事件一无所知。

齐迪库（前侦察兵）：我看到了那个厨子。我站在皮驮鞍旁边，距离他所在的木柴堆很近。我看到厨子用手枪开了第一枪。白人士兵几乎立刻抓起枪,开始朝医生附近的锡贝丘印第安人射击。接着,战斗开始了①。我只看到一个印第安人中了弹,就是打死亨蒂希上尉的那个印第安人。亨蒂希上尉中弹时,我就在他旁边。射杀他的印第安人是霍希(Haw-she)。

此时,克鲁克将军询问经历过锡贝丘溪事件的人员的名字。他们回答说,除了阿尔奇萨伊、奇利(Chili)和诺钦,目前在场的人当时都在那里。卡特毛思·摩西留在士兵之中,其他人逃到了山里。纳加塔巴、扬克、科曼奇、尼塔和齐迪库还参与了1882年7月17日布莱克台地顶峰的战斗②。

此时,阿帕奇人对于自报姓名表现出了奇怪的回避态度,看上去很可笑。没有一个印第安人表现出任何逃避责任的想法,但是没有人愿意说出自己的名字。在被询问时,他们总是指向右边或左边的人,后者会报出他的名字。但是轮到自己报名时,他们又会指向别人。月亮很亮,噼啪作响的火堆又将火光照向天空,因此我们的照明很充足,不需要灯笼和蜡烛。

参与布莱克台地战斗的5个印第安人说,纳蒂奥蒂什找到他们,说他的印第安分支已将家属从圣卡洛斯带走,他想让他们跟着他走。纳蒂奥蒂什控制着圣卡洛斯卡里索各分支的所有印第安人。桑切斯和纳蒂奥蒂什之间发生了冲突。纳蒂奥蒂什告诉这5个印第安人,说白人准备杀死所有阿帕奇人,士兵们将会朝他们开火,就像在锡贝丘时那样。所以,他说服他们跟着他走。"我们参加了布莱克台地的那场战斗。我们有十五六人被打死,11人受伤。我们在战斗结束后离开了纳蒂奥蒂什,不知道伤者是否死亡。在通托贝森,有两个印第安人被打死,两人受伤,其中一人不

---

① 阿帕奇人对于战斗起因的叙述与在场白人军官的叙述存在明显差异,白人军官后来发誓证明,是侦察兵先开的枪,他们排成了射击队列,因此他们的射击显然是有预谋的。
② 这场战斗又叫比格德莱沃什之战,或切弗隆福克之战。

久就死了。①"

克鲁克将军：天色不早了。我们明天早上再谈吧。

阿尔奇萨伊：我想说几句。我对于今晚这里所有人的言行非常满意。这些印第安人不应该受到指责。面对各种言行，他们很难知道应该做什么。不过，圣卡洛斯事务处的锡贝丘分支有一些坏印第安人。

我对这些谈话很高兴。我理解你（克鲁克将军）对我所说的一切。

这些印第安人不应该受到指责。他们遭受的对待使他们被迫卷入了这件事。我向你伸出了手，你也向我伸出了手。如果你像印第安人那样了解一切，我想你是不会责怪他们的。在你管事时，所有印第安人都觉得他们可以放心地入睡。你说话直来直去，我想我也是这样。当你伸出手时，你是真诚的。当我伸出手时，我也是真诚的。我们很高兴你对我们说我们不会受到伤害。

克鲁克将军：听了你刚才说的所有内容，我想我能理解你。白人认为，这些印第安士兵在锡贝丘背叛了白人士兵，所以才会动手。因为当白人士兵反叛时，我们也会将其处死。整件事情似乎充斥了许多神秘和混乱的元素，双方都各执一词。

你们迅速赶到这里，这使我相信，你们讲述了你们知道的事实。我做事从不半途而废。我要么做一件事，要么做另一件事。

我希望所有拥有政府枪支的人将其上交或归还。只要这样做，我们就会将过去的事情一笔勾销，重新开始。我很快就会派军官去阿帕奇堡招募士兵，就像兰德尔少校在这里时那样。我会让这些士兵像过去那样管理所有印第安人。他们必须汇报一切情况，使罪人受到惩罚，避免无辜者跟着他们遭殃。这位军官将直接接受我的指挥。当然，如果他不合适，我会把他换掉，直到我找到合适的人选。

---

① 伯克没有说明这些话是谁说的。

当这个军官到来时，你们就会知道。届时，你们可以把枪支交给他。

阿尔奇萨伊：我们在很长一段时间里都没有优秀的翻译。当斯坦利（Stanley）和我们在一起时，塞韦里亚诺是我们的翻译，我们可以毫无困难地理解对方的要求。许多印第安人都说我的坏话，但你和我之间进行了交谈，你理解我，我也理解你。

（会议在晚上10点30分左右中断。）

圣卡洛斯河畔营地，亚利桑那领地
圣卡洛斯事务处以北4英里
1882年9月26日晚12点

在场人员：乔治·克鲁克将军，随从参谋约翰·G.伯克上尉，助理军医J.O.斯金纳；为阿帕奇人充当翻译的C.E.库利先生和塞韦里亚诺，以及为阿帕奇－尤马人和阿帕奇－莫哈维人充当翻译的阿帕奇－尤马印第安人迪克（Dick）。

在场人员：纳瓦坦（Navatane），诺迪昆（Nodikun），桑托斯［桑切斯］，朱恩（Jun），波迪尔昆（Podilkun），博尼尔克（Bonilke），楚纳蒂尔（Chunatil），卡皮坦·奇基托[①]，古迪甘亚（谢拉布兰卡阿帕奇人）；埃斯基诺斯波斯［圣卡洛斯阿帕奇人］；查利潘，通托阿帕奇人；楚纳惠维－加尔（Chunahuevi-Gal），阿帕奇－尤马人。

克鲁克将军：我想知道我上次离开之后发生的事情和麻烦。我希望你们尽量用简洁的语言来表述。

卡皮坦·奇基托：当我最初来到阿帕奇营求和时，担任指挥官的是格林上校。他对我们很好。我们很满意，直到我们被迫搬到这里。从那以后，我们一直不满意。当我第一次见到格林上校时，他告诉我们，我们应该心满意足地生活在自己

---

① 卡皮坦·奇基托是阿拉瓦伊帕酋长，在格兰特营大屠杀中失去了许多族人，但他一直对美国人很友好。

的家园。那次谈话后，我返回我在锡贝丘的家园。我在那里很满意，一直留在那里。那里的土地很好，水也很好，我很满意。那时，我可以进入阿帕奇营，与兄弟和朋友见面，寄往华盛顿的信件中也提到了我们。我们有朋友，感到很满意。

不管我是否收到书面文件，军官对我说的话都很友好。他说的一切都很好，所有道路都很安全。生活在卡里索河畔的家园期间，我们一直很满意。

克鲁克将军，当你几年前来到这里时，我很满意。你走后，我常常想念你，想念我过去的家园。我希望上帝保佑我再次回到那里。这个地区（圣卡洛斯）的水质很差，所有人都病了。土地很差，气候也不好。我们希望返回家园。当我们最初被人带到这里时，我们受到了友好的对待。我们现在对这里不满意。在我的家园里，我知道居留地的边界线在哪里。如果我越界，士兵就会把我拉回来。我愿意生活在边界线以内。

希望你行行好，用你的影响力让我和族人返回家园。那里的土壤很好，水源充足。在那里，通过劳动，我可以获得足够的食物。

我想回去的原因之一是，我在这里没有足够的食物。我获得的七日口粮不到三天就吃完了。我们在这里没有受到良好的对待，一切都不好。

桑切斯[①]：很久以前，我不是首领，而是士兵，但我现在是酋长。我希望所有人能倾听我所说的话。自从我来到这里，我从未感到满意。我睡不好，感觉不自在。现在，我很高兴你（克鲁克将军）能来到这里，我希望你能让我返回家园。我对这里不满意，希望你允许我返回家园。我们永远拿不到寄给我们的物资，因为这些都被人扣下了。这里的事务官对我们不友好，他所有的下属也是如此。裤子和衬衫被寄到这里，但我们并没有拿到。我现在穿的衣服是从别人那里弄到的，事务官没有给我任何衣服。（桑切斯穿着一套被遗弃的军官服装。）我对这里不满意。没有一个事务官对我们友好。我宁可生活在没有口粮的家乡，也不愿意生活在这里，尽管这里的事务官向我提供口粮，并且做出了各种承诺。

---

① 桑切斯，锡贝丘阿帕奇酋长，与诺奇阿伊德尔克林关系密切。

我知道华府给我们寄来了物资，但我不知道它们的下落。它们从未出现在印第安人面前。所以，就像我之前说的那样，我宁可回到没有口粮的家乡，也不愿意在这里。你很清楚，政府给我们寄了许多物资。它们去了哪里？这里瘟疫横行，我的族人一直病得很厉害。事务官向我们提供的物资不够多，我们一个六口之家只能得到三码棉布，每家只能得到一条毯子。20人七天的口粮只有一条牛肩肉。

一段时间以后，一个大肚子事务官（蒂法尼）来到这里。我不知道他来这里是做什么的。他是我们见过的最糟糕的事务官。他的文件没有一份是好的，他的通行证和命令没有一个是好的，他的话没有一句是好的。他在文件里说，他在供养许多印第安人。他在撒谎，因为许多印第安人从未得到任何口粮。我把手交给你，请你允许我们返回家园。这里的一切都不适合我，但我在家乡一直很满意。所以，请把我们送回去。

胡安·克利西：我之前和克鲁克将军交谈过，我没有忘记他对我说的话。很高兴能够再次和他交谈。希望他能倾听我所说的话。

我之所以来到阿帕奇营，是因为当我和白人战斗时，你（克鲁克将军）打死了我所有亲戚和许多族人。所以，我不得不投降并来到阿帕奇营。在这里，我受到了友好对待。

和你谈话后，我很满意。我没有忘记这件事。在我和族人被带到这里之前，我很满意。从那以后，我一直不高兴。一切都被归罪于印第安人，但是应该受到指责的是事务官和他们对待我们的方式。他们从我们这里揩油，我们没有得到应得的物资。事务官告诉我们，当他给我一杯面粉（一个印第安妇女喊道："不是一杯，那只有一勺。"印第安人笑起来。），并说这是每人七天的口粮时，我知道他在说谎。我很清楚，他在偷我们的口粮。

我们的肉里面包括了蹄子、角和内脏。当我想用生皮为鹿皮鞋制作鞋垫时，我们需要从事务官那里购买，他什么都卖，也卖兽皮。每20人七天只能得到一条牛肩肉，这是不够的。一车车的毯子、鞋子和靴子被运到这里，但我们什么也没有得到。我们只得到了那种衬衫和裤子（指着旁边的印第安人）。一堆堆毯子被运到事务处，但我们从未分到毯子。它们去哪里了？飞走了吗？事务官不愿意给我们打猎通行证，就连附近这些小山也不行。我们没有足够的食物，所以我们只能请求获得打猎通行证。我和我的家人都没有足够的食物。我们的肚子一直是空的。克鲁克将军，求你把我们送回家园。在那里，我们可以获得足够的食物。

当我想要某样东西时，只要我询问翻译，他总是说"你会付给我多少钱？"这里的一切都需要用钱买。在我过去生活的地方，我身边都是白人，从未遇到任何麻烦。我对这里不满意，想要回去。

我得到了外出耕种土地的许可。我种了许多玉米，还有其他各种作物。当玉米长到齐膝高时，事务官改变了心意，把我领了回来，不允许我前去照料庄稼。所以，玉米烂在了地里。我从这里一天就能走到那里。当我请求翻译去和事务官谈论这件事时，翻译又会说"你会付给我多少钱？"我很沮丧，不再询问此事。我希望你在华盛顿给我说好话。在我自己的家园，我可以凭借双手自食其力。

我完全理解你前几天所说的一切，希望你相信我现在所说的话，这都是真的。

查利潘：当我在很久以前首次和你（克鲁克将军）见面时，你向我伸出手，说："记住我对你说的话，我是你的朋友。"我没有忘记这些话。我再次向你伸出手。我是你的朋友，愿意把事实告诉你。我从未忘记你对我说的话。你让我坐下来，守规矩，我一直是这样做的。我们等了你很长时间。你告诉我，你永远是我的朋友，所以我在很长时间里一直在等你回来。我每天都在想你。你现在来了，但我的族人已经不多了，他们几乎全都死了。

你曾经在这里，后来走了，消失了很长时间。现在你回来了。所以，我想告诉你，我们现在生活在水深火热之中。我们不满意，不快乐。我现在没有家人。我的母亲、妻子和孩子几乎全都死了。请允许我们返回家园。在那里，我可以再次快乐起来。这是你多年前给我的文件。我想让你阅读这份文件，看看我做得怎么样（递上酋长委任状，时间为1874年8月）。

现在，希望你能尽最大努力，让我们离开这个地区。如果你不能让我们迅速返回家园，我们很快就会死去。当我在弗德营和你讲和时，你让我接受一位军官的领导。在那里,我们总是可以得到完整的口粮,包括肉、面粉、咖啡、糖——什么都有。我们从不挨饿,肚子总是饱的。来到这里以后,我们得不到口粮,常常饿肚子。我们在这里无法种植任何粮食。我每年都试图种地,但我没有任何收获。所以,我今年不会再去尝试了。

我一直在尽最大努力承受这一切。我把我的族人聚在一起。不过,如果同样的人继续长期管理我们,我不知道我的族人会做出什么事来。我们的一切努力都失败了,我的族人不会在这里停留太长时间。我想说的就是这些。

(由于其他所有酋长表达了相同的观点,因此我们没有向阿帕奇人询问其他证词。)

楚纳惠维-加尔(阿帕奇-尤马人首领):我听到了其他酋长的发言。他们的发言和我对这件事的看法一致。我想和你交谈,因为我多年前就知道,你是我们的好朋友。你在很久以前和我谈话,让我守规矩,像白人一样定居生活。我记得你对我所说的一切,我一直在遵照你的说法行事。其他酋长向你讲述了之前发生的一切和事务官对待我们的恶劣态度。我让我的一些族人当了侦察兵,其中4人在上次战役中牺牲了。我们一直在帮助白人。我种了许多玉米、南瓜、西瓜和其他作物,但我很难有所收获,因为水源很少,太阳会把所有东西晒干。

事务官对我们一直很好。这里的第一位事务官给了我们五口之家三条毯子,第二位事务官给了我两条毯子。不过,我很难通过种地实现自给自足。

古迪甘亚(谢拉布兰卡阿帕奇人):克鲁克将军,你能来到这里,我很高兴。你之前在这里时是我们的好朋友,我们所有人都很满意。

我想返回家园。和这里相比,我更喜欢那里。我们自己的土地很好。在那里,所有人都很快乐,也很满意。可是在这里,大家都病了。这里很热,水也不好。在阿帕奇营的时候,我可以得到所有口粮,包括牛肉、糖、咖啡——什么都有——而且很快乐。这里的口粮连一半都不到。在我自己的土地上,我可以在没有口粮的情况下凭借自己的劳动养活家人。这里生长的一切在那里同样生长得很好。请允许我返回家园。

埃斯基诺斯波斯（圣卡洛斯阿帕奇酋长）：这里是我的家园。我对这里没有意见。我在这里出生长大。其他印第安人来自凉爽的山区，不喜欢这里。我可以得到足够的食物。

（会议结束于下午3点15分。）

圣卡洛斯营地，亚利桑那领地

圣卡洛斯事务处以北4英里

1882年9月27日下午3点

在场人员：克鲁克将军，随从参谋约翰·G.伯克上尉，助理军医J.O.斯金纳，翻译C.E.库利先生和塞韦里亚诺。

克鲁克将军：我想知道你们为什么走上战争之路。

曼纽尔：克鲁克将军，我无法想象你上次离开以后发生的事情。我做了很长时间的士兵。我曾是兰德尔少校的第一批士兵，当时的一切都很好。不过，现在的一切像是一场梦，我无法解释这场梦是怎样发生的。

事务官允许我们在锡贝丘河畔种地，并且向我们提供了锄头和铲子。我们的作物长得很好。我不知道为什么军队被派到那里，也许我们作物的良好长势使事务官发了疯。所有墨西哥人和美国人都会种植玉米，并且从中获得快乐。

那个胖事务官发现我们种植玉米后，为什么会把士兵派到我们那里？我们做了什么？我们种了许多作物，包括玉米、西瓜、香瓜、豆子——什么都有。我不理解为什么事务官总是派人前来查看我们在做什么。他们的马匹总是践踏我们的玉米地。我们种植的土地旁边有一条开阔的公路，那里从来没有被人盗窃的马匹经过。我们从未做错任何事情。那么，为什么事务官要把军队派到那里呢？

如果阿帕奇营指挥官——卡尔将军——想要逮捕医生，他为什么不派人去做这件事呢？他可以毫无困难地做到这一点。可是，他却带着部队远道而来，然后朝我们开枪。当然，我们的一些人进行了还击，但是谁会任人宰割呢？我们无法理解为什么军队以那种方式对待我们。我们一直是他们的好朋友。

那次战斗之后，我们来到这里找事务官，他是我们的首领。不过，他对我们很不友好，我们担心他也会朝我们开枪。事务官说："走开。"我说："我想留在这里，因为我属于这里。为什么你让阿帕奇营那个军官和我们作战？我们是你的人，你是我们的指挥官。我们想留在这里。"但是他说："走开，去山里。"我告诉事务官，我没有做错任何事，没有造反，没有偷窃任何事物，我想留在这里，因为我属于这里。不过，他却把我抓起来，五花大绑，还把我的头发绑起来，安上手铐脚镣，关在监狱里。我没有做错任何事，至少我认为如此。

克鲁克将军，当我听说你即将到来时，我说："但愿他能早点来！但愿他能今晚来！但愿他能今天来！"最后，当我听说你已经到来时，我骑上马，来到这里。

我从卡里索骑马一路跑到这里。当我们住在这条河流上游时——当我被人从禁闭室放出来的时候——每个人都说，我的一切财产都会被剥夺，我会被安上镣铐，送往图森。最后，阿帕奇-尤马侦察兵来到我们营地，朝我们开了两枪。此时，我们所有人都觉得，与其留在这里被人打死，我们最好还是跑到山里藏起来。

在你管事的时候，当阿帕奇军官兰德尔少校和奥格尔比少校在这里的时候，一切都进展得很顺利。他们对我们很好。不过，在你走后，来了另一群人，他们似乎完全不关心我们。他们对我们从来没有耐心，一切似乎都出了问题。现在，你回来了。我们觉得你会把一切再次整顿好，就像之前那样。我想让你知道，我讲述的都是事实，没有一句谎话。

圣卡洛斯河畔营地，亚利桑那

（同上）

1882 年 9 月 29 日早上 5 点 45 分

在场人员：乔治·克鲁克将军和随从参谋约翰·G. 伯克上尉，翻译 C. E. 库利先生和塞韦里亚诺。

克鲁克将军：我想知道你到底为什么出走。

诺德斯基[①]：我以前在阿帕奇营的时候，我很喜欢那里。我还记得，有 4 个指挥官对我非常好。当兰德尔少校担任阿帕奇指挥官时，所有印第安人都能得到约定的物资，包括老人和小孩。所有人都很满意。我们从阿帕奇来到这里以后，在一段时间里，白脸事务官（克拉姆）对我们也很好。不过，很快一切就变了，变得很糟糕。我们受到了恶劣的对待，无法得到足够的食物。在梅雷吉尔多担任翻译时，一切都很顺利，我们什么都能理解。在他走后，我们无法理解任何人。他们为每 10 个人提供一条毯子——其他毯子被运到了附近的采矿小镇。披肩和其他物品也是如此。

我不知道那个胖事务官是个怎样的人。（在谈到蒂法尼事务官时，印第安人总会使用某种表达方式，塞韦里亚诺将其翻译成西班牙语"Hijo de puta panzon"[②]——这无法翻译。）他在这里时，一切都是错的，他身边的每个人都有问题。那个胖事务官在这里时，我们在居留地西边格洛布附近种了许多玉米。一天，他把我们叫过去。他有两袋墨西哥银圆——每块银圆在商店里值 75 美分。他说："你们不能

---

① 诺德斯基是友好的酋长，在锡贝丘骚乱期间一直保持忠诚，曾在事后试图劝说敌对分子投降，却被事务处警察吓跑。
② 字面意思是"娼妓的胖儿子"。

回到那里，你们必须放弃那片地区。你们必须拿上这些钱。"我说："为什么？我不想要这些钱，我想要我自己的土地。那是我的。"他说："如果你们不拿上这些钱，我就把你们全都杀了。"

这里的土地很好。当我们种玉米时，玉米长得很好，但是随后就枯萎了。事务官也是如此。他们一开始很好，但是很快抛弃了令人愉快的行事方式，这让我们很痛苦。事务官将一切都算在口粮里面。就连我们的狗也被算作接受口粮的受众。请你帮助我们。我们在这里受到了不公平的对待。一切都需要用钱。就连翻译也在剥削我们。如果我们让翻译跟着我们去找事务官谈话，他总会说："你会付给我多少钱？"每个人对我们都不友好。事务官被派到这里的目的是对我们友好，但他并不友好。我们都知道，他从我们身上揩油。

佩德罗的分支生活在福里斯特代尔，自力更生。他的族人不需要向事务官讨要任何生活物资。军队在这里时，我们没有任何麻烦。我们和他们相处得很好。我们是好朋友，他们对我们很好。不过，军队走了以后，一切都变了。事务官的下属很不友好，总是威胁我们。他们会无缘无故地用关禁闭威胁我们。他们说，他们要没收我们的武器。他们总是敲打我们，粗暴地对待我们。

当一个印第安人做错事时，他们从不努力寻找犯人，只会惩罚整个分支。他们会无缘无故地朝一个分支开枪。他们就是这样打死了那个女人，她什么也没做。他们想要逮捕的是另一个印第安人，但这就是他们的行事方式。当兰德尔少校在阿帕奇营管理我们时，如果一个印第安人做了错事，少校会派人逮捕他，并对他所在的分支说，军队不想伤害无辜，但是他们需要交出罪犯。这是正确的做法。我们总会交出坏印第安人，他会被关禁闭。不过，我觉得胖事务官蒂法尼想要逼我们造反——我们都觉得，他不管怎样都想杀死我们，我们最好还是立刻跑到山里。我想请你帮个忙，让我返回家园。我可以凭借双手自力更生，不需要你们提供口粮。

图布卡辛达：克鲁克将军，我第一次见到你时，我看到了兰德尔少校。你在这里的时候，兰德尔似乎一直在照管我们所有人。我们感到很快乐，也很满意。自从你们离开后，我们过得一直很悲惨。最近，在锡贝丘溪事件之后，我们每个白天黑夜都会接到各种消息；我们将被关禁闭，没收武器，并被赶出这个地区。一个人会突然无缘无故地被关禁闭，然后被放出来，没有人对此做出解释。我们无法理解这意味着什么。

我们获得了去卡里索种地的许可。我们种了很大一片玉米地。我们养了100多头奶牛。在锡贝丘溪沿岸，我们养了200多头奶牛、许多母马和公马驹，并且种了另一片不错的玉米地。我们即将变得很富有。当指挥官（卡尔将军）带着军队离开阿帕奇堡时，他让士兵把马骑到我们的玉米地里——庄稼全毁了。我们的奶牛被打死或偷走，我们的母马也是如此。在我看来，美国人似乎不想让我们工作，不想让我们自力更生。他们想要摧毁我们的一切，逼我们造反。

锡贝丘溪事件后，我们从未获得安宁。首先，一个人找到我们，说我们会被关禁闭。接着，另一个人说，我们会被逮捕、缴械，并被送到很远的地方。所以，我们非常激动，无法平静下来。有人认为，我们最好马上造反，以结束这种状态。我们想，与其死在这里，还不如在山中战死。

锡贝丘溪事件后，在卡尔将军离开后，我们把近来的所有麻烦归咎于胖事务官蒂法尼。他总是把我们赶来赶去，想尽一切办法虐待我们。

（会议于上午6点50分结束。）

阿帕奇问题

乔治·克鲁克
《陆海军记录》，1882 年 10 月 21 日

　　克鲁克将军写了下面这封信，介绍了他的调查结果，以及他对于棘手的阿帕奇问题的意见和看法。

亚利桑那军区战地指挥部，
圣卡洛斯事务处附近军营，亚利桑那领地，1882 年 9 月 29 日
加利福尼亚州旧金山，太平洋军区副官：

　　长官，我很荣幸地告诉您，自从我本月 11 日离开普雷斯科特指挥部以来，我与阿帕奇部落的印第安人进行了几次会谈，包括反叛者和非反叛者。这里附上当时制作的会议记录。这份记录不完美地总结了我通过个人方式和私人谈话从他们那里了解到的印第安人的情绪。不过，它可以使我们了解印第安人对于所发生的事情的看法。您应该记住，和私人谈话相比，在会议中，当陈述被记录成文字时，印第安人要更加谨慎、胆怯和多疑。

　　我相信，印第安人坚定地认为去年的锡贝丘溪事件是白人士兵有预谋的袭击。我相信，如果我们惩罚参与事件的印第安士兵，他们一定会造反。我不想表达我对于此次事件的观点，不过，我相信，根据我对印第安人和当地地形的了解，如果这些印第安人真的想要造反，我们的士兵没有一个人能活着离开那里。当然，失去朋友和亲戚的印第安人事后自然会在阿帕奇堡附近实施抢劫。

　　当我最初拜访印第安人时，他们忧郁而多疑。我花费了很大的力气才让他们

开口。我责骂他们，说我一直真诚对待他们，他们应该为不信任我而感到羞愧。在我消除他们的疑虑后，他们终于回心转意，开始和我坦诚地交谈。

他们都承认，情况已经糟到不能再糟了。他们说，一个政府官员对他们这样说，另一个官员对他们那样说，最后他们对每个人都失去了信心，不知道应该相信谁，应该相信什么，因此轻信了墨西哥人和整个地区其他不负责任的群体编造的所有故事。

他们不断被告知，他们将被缴械，然后遭到攻击，就像在锡贝丘时那样。翻译很无能，有的翻译甚至存在偏见。大概是由于这种无能和偏见，无辜的印第安人被安上镣铐，并被关押起来。没有人知道什么时候会轮到自己。他们很快得出结论：不管怎样，他们都会被全部杀死，与其这样死去，还不如战死。

我坚信，印第安人很快就会发生全面暴动。考虑到他们将在整个地区抢劫的数百个毫无防备的牧场工人和勘探者，这种意外事件的悲惨后果不难想象。而且，根据印第安人的解释，我相信，以7月布莱克台地顶峰战斗为终点的过去这个季节的所有麻烦仅仅是锡贝丘溪事件所导致的不良情绪的正常发泄和激化而已。

九年多以前，我把怀特芒廷阿帕奇人安置在居留地上。当时，这些印第安人被安置在目前的土地上。怀特芒廷分支很快实现了自给自足。在锡贝丘不幸事件发生前，他们以牲畜形式积攒了许多财产。不过，后来的战役几乎完全剥夺了他们的财产。

当我来到这里时，生活在希拉和圣卡洛斯的人纷纷来见我，悲伤地讲述了这里不适宜的气候以及他们在获取物资方面遇到的困难。之前的事务官没有为他们提供足够的物资，不允许他们打猎。由于土壤性质、灼热的太阳和稀缺的水源，他们无法种粮食。所有人都在恳求我，希望我能让他们返回之前的家园，并且保证，他们将自力更生，不会向政府索取任何物资。

将这些印第安人转移到现在的位置相当于将佛蒙特和内布拉斯加凉爽山地的居民转移到瘴疠横行的佛罗里达沼泽区。这块居留地目前的面积很大，足以容纳这里的所有印第安人。这里拥有各种土壤和气候条件，符合他们的不同要求。在这种情况下，我们不需要将所有分支集中在同一地点。所以，我不知道为什么不能让山地居民生活在更适合他们的地区。我真诚地建议让他们返回之前的家园。根据我的判断，他们在这里永远无法自给自足。由于他们在吃饱饭时更容易控制，因此我很想把他们安置在更适合他们的习性、让他们生活得更健康的地点。如果让他们远离疾病，鼓励他们种地，他们就不会长期需要口粮救济，很快就会积累财富。有了财富，他们就会感到满足，不会轻易挑起战争。

目前，野外的敌对印第安人只剩下了躲在墨西哥的奇里卡瓦人。墨西哥人对于这个团伙的追捕似乎没有取得太大进展，他们随时可能跨越国界线回到美国。我军对他们的追逐几乎不会取得成果，因为根据我们最近与墨西哥的公约，如果我没理解错的话，我们只能沿着刚刚留下的脚印追逐印第安人。不过，要想确保胜利，我们必须对他们开展持续追逐。他们可以从目前的位置在国界线两侧随意抢劫，我们完全无法阻止他们。

敬上，
您忠实的仆人，
乔治·克鲁克准将，
亚利桑那军区指挥官

克鲁克将军的回归

穆拉特·马斯特森[①]
普雷斯科特《亚利桑那民主党》，1882 年 11 月 25 日

听说克鲁克将军昨晚返回，结束了对于亚利桑那南部印第安人两个月的探访，本报编辑于今天上午去了指挥部，对克鲁克进行了非常愉快友好的采访，并将其呈现给读者。本报编辑知道，关于印第安问题的任何信息不仅会受到《亚利桑那民主党》读者的关注，也会引起亚利桑那全体公民的兴趣。C. P. 伊根上尉[②]把我们引见给了将军。顺便一提，普雷斯科特市民非常熟悉和喜爱伊根。伊根是一位彬彬有礼、平易近人的绅士，也是一位非常有趣、令人愉快的谈话专家。

将军很有礼貌地接待了我们。我们说明来意后，将军非常友好地同意回答我们提出的任何问题。我们立刻用上了头号双动式自动采访设备，向他提出了下列问题：

"将军，关于印第安人与白人的关系，你觉得他们的精神状态如何？"

"非常不安和不稳定。"

"将军，他们是否承认考虑过全面暴动？"

"是的。他们说，所有人似乎都在反对他们，他们无法相信任何人，无法将任何人当作朋友。一个军官某一天让他们这样做，另一个人第二天又会让他们那

[①] 马斯特森是普雷斯科特《亚利桑那民主党》的编辑，他大概就是采访克鲁克的人。
[②] 查尔斯·P. 伊根（1841—1919）是爱尔兰移民，曾担任亚利桑那军区补给主管。克鲁克的前任奥古斯特·V. 考茨准将起初被伊根的谈话魅力吸引，但他后来发现，伊根上尉"对他人事务的极端看法和干涉"使他受到了军官同僚的反感。1887 年 11 月，军事法庭判定伊根犯了赌博罪。根据规定，负责分配的官员禁止赌博。不过，伊根的职业生涯几乎没有受到影响。他在 1900 年以准将和粮秣总长的身份退役。

样做。某人在他们不知道原因的情况下将他们关禁闭,第二天大概又会将其释放,同时将其他人关押起来。所以,他们不知道自己的前途,不知道自己应该做什么,最无聊的谣言也会让他们激动起来,激发他们的反抗情绪。他们坦率地承认,他们最终认定,他们只有死路一条,与其等死,还不如拿起枪,死在战场上。"

"你在居留地看到了多少印第安人?"

"各分支大约有1300个印第安小伙子——居留地上大约有15~20个分支。他们非常分散,只有一小部分在事务处附近,一些人完全离开了居留地。准备造反的人离居留地很远,分散在山里。"

"你是怎样劝说他们来到事务处的?"

"根据我之前和他们交往的经验,他们非常信任我。我派人让他们回来和我谈话,并且告诉他们,即使我的决定对他们不利,他们也不会由于回来谈话而受到任何伤害。他们起初很不情愿,非常犹豫。我之前在这里时非常熟悉的一个家伙对此感到犹豫。我问他:'为什么?你不认识我吗?'他回答说:'说真的,我不确定。你看上去和之前一样,但我无法判断谁是朋友,谁是敌人。'最后,在少数人回来以后,其他人也回来了。"

"他们对于你的安排有什么反应?"

"他们看上去非常满意。现在,就墨西哥国界线这一边的印第安人而言,他们没有任何暴动的危险,除非出现我们无法控制的因素,使他们走上造反之路。"

"将军,我看到报纸上说,你制定了一些管理他们的规则。你能否介绍一些细节?"

"每个分支的印第安人都有编号,每个人都会拿到一块铜牌,不同分支拥有不同形状的标牌。这些标牌不仅显示了拥有者所属的分支,而且显示了他在分支里的编号。这些标牌连同对拥有者充分完整的描述被记录在册。接着,我们告诉他们,任何出现在居留地以外或者没有标牌的人都会被看作敌对分子,并且受到相应的对待。我们在居留地也重新进行了调查。我们将在春天为他们提供种子,允许他们在居留地内部选择耕种地点。在此之前,他们只能在事务处周围耕种,而圣卡洛斯事务处位于领地最贫瘠、最没有吸引力的区域，这很能说明问题。印第安人还备受疟疾折磨，在事务处周围大批死亡，这自然使他们很失望。现在，他们可以自己选择地点，因此他们很满意。"

"和你之前在这里时相比，他们的文明水平有何进展？"

"从照顾自己这方面来看，他们比之前差多了。在我离开之前，许多人积累了不少财产，处于很好的起步状态。我将一些人招募为士兵，鼓励他们用工资购买牲畜——马和牛。他们都照做了，而且过得不错。现在，除了少数分支，大部分人没有任何财产。他们失去了一切，但他们还算过得去，还能得到可以舒适过冬的物资。不过，他们有时会缺少衣服。"

"我想，你解雇了从他们那里征召的大部分老侦察兵？"

"是的，当他们的服役期结束时，他们都被解雇了，因为他们大部分都是男孩子和小伙子，在族人中没有地位和影响力。不过，少数人被重新征召，其他人将根据完全不同的制度招募。从现在开始，我们只招募在分支内部拥有个性和地位、对族人具有影响力、能够管理他们的人。把陌生人派去管理他们会引发他们的嫉妒，就像请欧洲人来管理美国人的事务一样。我们有两个军官驻扎在圣卡洛斯，两个被称为侦察长的平民负责管理他们，还有两个翻译。"

"他们对于更换事务官反应如何？"

"非常满意。威尔科克斯事务官向他们提供了他们有权获得的一切，没有人比印第安人更能认识到这一点。"

"他们对于前事务官蒂法尼是否存在抱怨？"

"是的。他们大声指责他，说他在他们眼前卖掉了他们的补给，他们知道那是属于他们的。他们说，他没有给他们足够的食物，而且他存在偏私，允许一些人随意行动，却对另一些人非常严厉。"

接着，我们向将军展示了图姆斯通《共和报》（*Republican*）的剪报，上面说，我们最终决定将亚利桑那军区指挥部定在瓦楚卡堡（Fort Huachuca）。我们问他对于此事的了解程度。

"事实很简单,"他回答道,"指挥部是根据战争部长的命令定在这里的,只有战争部长的命令才能将其更改。我当然没有听说此事。我想,战争部长也不可能支付搬家所需要的费用。就我所知,军官们对于目前的位置非常满意。"

谈到印第安人的管理,将军说,这方面的成功秘诀是公平对待印第安人,他们非常清楚他们应该得到什么,这是他们的预期。

事务官蒂法尼名誉扫地

詹姆斯·H. 图尔

图森《亚利桑那星报》，1882 年 10 月 24 日

致地方法官威尔逊·W. 胡佛大人（Hon. Wilson W. Hoover）：

美国第一司法区地区法院本期大陪审团已结束其工作，请求提交下面的报告。

关于其管辖范围内出现的所有事务，陪审团提起了 30 起诉讼，进行了一次充分调查。在考察从圣卡洛斯带到这里接受审判的 11 个印第安犯人的案件时，我们产生了十分浓厚的兴趣。美国地区检察官花了很多时间准备此次调查，与领地各地人员进行了大量通信，以获得可能澄清此事的一切证词。司法部下令在本期法庭处理这些案件。印第安事务官威尔科克斯①通知地区检察官，如果这些印第安人不会被带走接受审判，他应该在 10 月 1 日前将其释放。各部门与地区检察官的官方通信被呈交给大陪审团，其中包括蒂法尼事务官写给内政部的一封信，信中要求立刻审判这些印第安人，但蒂法尼事务官却不加惩罚地释放了所有有罪的印第安人，没有提交他们遭受惩罚的任何报告或请求。他把这 11 个人监禁了十四个月，没有提起对他们的任何指控，没有为他们提供足够的食物和服装，允许这些被大量证据证明有罪并且自己也承认罪行的人无视法律，厚颜无耻、大摇大摆地离开。在他的权势遮蔽下，这是对所有制度和规范的嘲弄。他说，这与公平无关。假使一名官员拥有哪怕一丁点儿的人格，他又怎么会在知道这 11 个人无辜的情况下将他们关押十四个月，而且没有对他们的任何指控和控告？这个谜只能由拥有

---

① 菲利普·P. 威尔科克斯。

印第安事务官印章的蒂法尼来解释。整个程序是一种极大的耻辱。

大陪审团的调查揭露了蒂法尼事务官管理下圣卡洛斯居留地的工作流程，它是当代文明的耻辱，是国家形象的污点。与这些事情相关的许多细节不在我们的管辖范围内，但是作为诚实的美国公民，我们觉得我们有责任对于蒂法尼事务官和那帮公款侵吞者的行为表达我们的极度憎恨。他们作为印第安官员诅咒了亚利桑那，他们导致的痛苦和人员损失比其他所有原因加起来还要多。不过，我们相信，在克鲁克将军审慎而公平的管理下，这些罪恶将得到缓解。我们由衷地相信，如果得到许可，克鲁克未来可以使蒂法尼事务官这样的官员失去存在的必要性。大陪审团的调查还发现，克鲁克将军获得了所有印第安人极大的信任。印第安犯人在大陪审团面前承认了这一点。他们说，克鲁克愿意公平对待所有人，他们对此非常满意。我们对大量证词进行了详细分析，对囚犯本人进行了批判性考察，但是没有找到他们犯下任何罪行的证据。然而，经过仔细研究，大陪审团发现了他们所调查的罪行的真正实施者。不过，我们认为，目前在这里揭露他们的行为是不明智的。我们详细调查了关于印第安商品以及圣卡洛斯和其他地区交通运输的各种指控，获得了大量在我们看来非常有用的信息。

在几年时间里，这个领地的人民逐渐得出了结论：亚利桑那印第安居留地的管理是对政府的欺诈，印第安人的持续反复暴动及其造成的破坏源于圣卡洛斯印第安事务官对于印第安人的恶劣忽视和冷漠。不过，在大陪审团通过当前调查揭露蒂法尼事务官的恶行之前，人们对于他们公然违反法律、藐视公共正义的持续欺诈和邪恶行为并没有形成合理的认识。

欺诈、贪污、密谋、盗窃、阴谋和对抗似乎是这个居留地的行为规范。大陪审团在开始这项调查时几乎没有想到，他们即将打开潘多拉魔盒，发现犯罪历史上很少有人企及的罪恶。

凭借手中的巨大权力，印第安事务官几乎可以犯下任何罪行。他的行为似乎不会受到任何限制。他可以勾结仓库管理员和书记长（chief clerk），随意发放口粮，由政府买单，而收益会进入事务官巨大的口袋。印第安人被派到煤田，在白人的监督下工作。所有工人和监工由事务处库房提供食物，并且常常从事务处领取工资，但他们却没有为事务处带来任何收益[①]。

他们用政府的工具和马车运输商品，开采煤矿，为这个封闭式公司的利益服务，其效果是相同的。所有盈余物资都被用于为事务官的利益服务，没有带来任何收益。

政府承包商与事务官蒂法尼勾结，获得了从未交货的大量物资的收据，收益被瓜分，这是对美国国库的公然掠夺。当600个印第安人拿着通行证离开时，他们的口粮仍然被清点，并被提交给了由蒂法尼及其同事组成的共同援助协会。

每个印第安儿童从降生在这片眼泪之谷的那一刻起就开始接受口粮，成为蒂法尼贪污资本的一部分。与此同时，印第安人被忽视，他们忍饥挨饿，心怀不满，动荡不安，直到最后，凭借野蛮人特有的警惕的眼睛，印第安人看到了政府通过事务官对其神圣义务的履行方式。

这是大陪审团的共同证词，并得到了白人目击者的支持。这些和类似现象也许是我们荒凉的平原上遍布遇难者坟墓的原因。

最后，我们想向法庭表达我们对于本期陪审团事务得以迅速充分结束的感激之情。我们还想感谢地区检察官扎布里斯基（Zabriskie），他总是迅速高效地向大陪审团提供强有力的支持。感谢马歇尔·蒂德博尔（Marshall Tidball）及其副官，他们积极热情地履行了此次落在他们头上的责任。感谢所有联邦军官，他们给予了恭敬、殷勤而友好的关注。

大陪审团团长

大陪审团与印第安人进行了非常生动的交流，而且特别关注了帕森·蒂法尼（Parson Tiffany）。

大陪审团高度赞扬了克鲁克将军，相信他的管理会抵销蒂法尼犯下的罪行。

[①] 收益没有记在事务处的账上。——译注

大陪审团的格言：不让一个印第安事务官逃跑。

图森《亚利桑那星报》，1882年10月25日

在《星报》于星期二刊登的大陪审团报告中，团长詹姆斯·H. 图尔的名字被无意中忽略了。本报为此致歉。由于这份优秀文件及其预示的美好未来，整个地区都以图尔少校为荣。他在陪审团调查各项事务时表现出的能力、公正和精力非常突出，值得特别提及和表扬①。

---

① 这是《星报》编辑路易斯·C. 休斯（1842—1915）的观点。在评估蒂法尼事务官及其同伙的罪行时，休斯对于陪审团工作的赞扬值得认真考虑。休斯是参加南北战争的老兵，是"杰出的改革家"。在来到亚利桑那之前，他在宾夕法尼亚倡导八小时工作制，引起了轰动。他在图森做律师，于1877年创办了《亚利桑那星报》。休斯做了两任地区检察官，被选为领地司法部长，担任过一届州长。他在亚利桑那的改革活动包括反对赌博和贩卖酒类，倡导妇女选举权。

约翰·G. 伯克对于大陪审团的判决是这样说的："边区陪审团从未说过对红种人有利的话，除非其理由显而易见，可以得到大众的理解。美国大陪审团报告的说服力与落满灰尘的法庭档案中的大部分文件类似。" Bourke, *On the Border with Crook* (New York: Charles Scribners' Sons, 1891), 439–40.

印第安暴动的终结

菲利普·P. 威尔科克斯
丹佛《论坛报》，1882 年 11 月 2 日

圣卡洛斯事务处的 P. P. 威尔科克斯事务官昨天返回丹佛。他去了圣詹姆斯，在那里忙了几个小时，和朋友握手，解释他的头皮没有被人割掉的原因。他说，他来到这里不是为了逃离可怕的野蛮人，而是为了宣传这座城市的宜居性，并在选举日投票。他对于他现在管理的印第安人非常满意，说他在居留地不会为他的个人安全而担忧，也不怕暴动。"怎么会呢？"他昨晚对《论坛报》的记者说，"全面暴动的日子已经结束了，不会再有了，印第安人战争之毯最后的褶皱已经被熨平了，他们现在像羊羔一样温顺。"

"但是你的管辖区有那么多部落和分支，你不怕他们制造麻烦吗？"记者问道。

"哦，他们当然可能会出现一些内部问题和分歧，但他们永远不会把问题闹大。我们拥有镇压一切骚乱的办法。"

"你的管辖区有几个部落？"

"我的管辖区目前有 6 个不同的部落，他们几乎都是阿帕奇大族群的分支。他们是圣卡洛斯阿帕奇人、怀特芒廷阿帕奇人、奇里卡瓦人、尤马人、莫哈维人和通托人。"

"他们都生活在一起吗？"

"不，他们是分开住的，使用三种不同的语言。他们之间几乎没有交流，很少互相拜访。不过，他们之间没有敌对冲突。尤马人、莫哈维人和通托人走得最近，因为他们相互通婚，使用相同的语言。"

"你认为印第安人保持和平的原因是什么呢?"

"首先,克鲁克将军实施了严格的纪律。克鲁克目前带着一些人驻扎在居留地。他实施了监视制度。在这种制度下,我们可以判断一个印第安人是否离开了居留地。这种制度的效果很好,可以把野蛮人限制在居留地界线以内。"

"这是什么制度?"

"我们每天都会统计印第安人的人数。我们每天会到访不同营地,让居民排好队,进行点数。如果少一个人,酋长需要负责,他必须派人寻找缺席者。这种做法可以把所有反叛者限制在居留地上。每当我们听说有人外出时,我们就会派人寻找他们,将他们带回来。一旦进了居留地,他们就不再外出了,因为我们不会发放通行证。你可以看到,这种做法的效果很好,因为它使印第安人认识到,我们是掌权者,而且准备持续控制他们。"

"印第安人不会反对这种每日点数制度吗?"

"这项政策大约三个星期前刚刚实施时,他们的确表示了强烈反对,但他们正在逐渐习惯这种制度;而且,他们并不打算强烈抗议,因为他们现在受到的待遇比过去好得多。他们吃得很好,只想打猎,躺在帐篷周围晒太阳,为烟草和毯子而赌博。"

"顺便问一句,威尔科克斯长官,如果发生暴动,印第安人能召集多少小伙子?"

"大约 1200 人。居留地上一共有 5000 多个印第安人。"

"你隶属于印第安部,克鲁克将军隶属于战争部,为什么你们之间没有发生冲突?"

"这很奇怪。你知道吗?在我们处理印第安事务的历史上,这样的事情还是第一次发生。我之前从未听说过这种事情。克鲁克将军的所有观点既公平又明智,我衷心支持他的政策。他做得非常好,我会尽我所能帮助他。我们不会在任何事情上产生分歧。当一个人提出建议时,另一个人会默默接受并将其付诸实践。这是一种令人鼓舞的工作状态,其结果是,我们消灭了许多游荡的阿帕奇团伙。"

"阿帕奇人如何看待克鲁克将军?"

"他们对他充满了敬畏和尊重。他告诉他们，通过和平奋斗，他们可以发展壮大。他在他们大多数人心中留下了不可磨灭的印象。他们将来也会听从他的吩咐。"

"他说的和平奋斗指的是古老的农业理论和自给自足政策吗？"

"从某种程度上说，是的。事务处位于希拉河沿岸，那个地方非常贫瘠，土壤缺乏肥力。我和将军非常清楚，那里的土地无法耕种。明年春天，大约有2000个印第安人将被搬到居留地的北部边界。那里得到了许多阿帕奇溪流的充分灌溉，土壤非常肥沃，很容易耕种。那里的木材和草料也很丰富，他们可以在那里随心所欲地打猎、钓鱼和种地。这种前景令他们非常高兴，他们非常期待这一天的到来。"

"如果遇到麻烦，你们有哪些防范措施？"

"哦，我们有充分的保护措施。托马斯堡距离我的指挥部约35英里，就在居留地边上，那里有5个步兵连。格兰特堡在另一个方向上，距离指挥部70英里，拥有同样多的部队。不过，我们不会指望他们提供支援。除了我的39名侦察兵，居留地上还有两个连的印第安士兵，他们就够用了。"

"这些印第安人靠得住吗？"

"他们之前经受过考验，能够胜任。这些连队和侦察兵团完全由莫哈维人和尤马人组成。他们一直很忠诚，从未在我们需要时抛弃我们。克鲁克将军目前有一项计划，准备增加印第安士兵的人数。他将组建几个新的连队，使他们对政府产生好感。他们收到的额外工资可以实现这一点。"

"他们是怎样的士兵？"

"说实话，他们是我见过的最优秀的士兵。当我前往事务处时，我对所有的印第安人有着天然的仇恨，对他们的士兵持有很大的偏见。不过，我很快意识到，这种偏见是错误的。他们什么也不管，只知道遵守纪律，执行一切命令。他们只有一个目标，即取悦首长。他们通常可以成功做到这一点。他们希望白人当首领，领导一切。他们会牢牢记住从他那里学到的东西。你知道，丹佛的查尔斯·威尔科克斯是我的侦察长，他非常令人满意。他的手下训练有素，愿意跟随他前往任何地点。他很受他们欢迎。当初任命查利真是选对人了。我身边都是科罗拉多人，我觉得这样很好。他们很可靠，我知道他们的能力。我上任时清理了之前的团队，因为我想使用我所信任的人。"

"事务处的煤矿如何？"

"哦，它们都在那里，"威尔科克斯说道，"但是我可以保证，我并没有利用它们为事务官谋利。"

此时，威尔科克斯的另一批朋友来了，记者向他道了晚安。

圣卡洛斯事务处简介

弗雷德里克·劳埃德

圣卡洛斯事务处，

亚利桑那，

1883 年 2 月 10 日

医疗主任，

亚利桑那军区，

惠普尔营，普雷斯科特，亚利桑那领地

长官：

您上月 5 日要求我提供我能获取的综合统计数据，涉及圣卡洛斯事务处印第安人的人数、性格、武器、饮食、服装、住所和职业等，以及男人、女人和儿童的相对比例，他们的疾病、治疗方法，以及也许可以用于研究印第安人习惯和特点的其他所有信息。根据这一命令，我很荣幸地提供以下信息：

我在这里只服役了三个月。我之前观察印第安人性格和习俗的机会很少，而且很随意。①

---

① 虽然劳埃德医生自称他的观察存在局限性，但他提交的文件被某位书目学家恰如其分地称为"极其有趣（虽然有些地方存在错误）的报告"。Colin Storm, *A Catalogue of the Everett D. Graff Collection of Western Americana* (Chicago: University of Chicago Press, 1968), 638.

劳埃德的错误通常出现在他对各个阿帕奇群体和分支的分类上，这些错误在当时和现在都很常见。实际上，就像我在引言中解释的那样，关于哪些阿帕奇分支组成了指定群体或民族，人们目前还没有形成准确的共识。人们普遍认为，怀特芒廷和科约特罗是圣卡洛斯群体的分支，通托人由南部和北部两个不同的群体组成。不过，圣卡洛斯事务处当时的所有"部落"均有与西阿帕奇人类似的共同特征。

目前居住在这个事务处的印第安人包括一个尤马族部落、一个莫哈维族部落以及阿帕奇人的圣卡洛斯部落、科约特罗部落、通托部落和怀特芒廷部落。

尤马人和莫哈维人是脱离其部落或民族的分支，他们的家园分别位于科罗拉多河谷和弗德河谷。这些印第安人通常被称为尤马－阿帕奇人和莫哈维－阿帕奇人，但这仅仅表示他们与这个事务处的阿帕奇人存在联系。

文献学者在区分源于印第安人自身的名称和欧洲人赋予他们的名称时遇到了困难。在将印第安名称翻译成英语时，同翻译成西班牙语和法语相比，印第安发音似乎得到了更好的保留。爱荷华和马斯夸卡斯（Musquakas）这些部落名称的发音不会使人怀疑它们来自印第安以外的语言，但阿西尼伯因（Assiniboin）和威斯康星（Ouisconsin）显然来自法语，而本文讨论的部落名称显然来自墨西哥西班牙语。科约特罗显然来自墨西哥词语"coyote"，意为草原狼。通托来自西班牙语，意为愚蠢。据说，拜访通托部落的人发现他们在使用尤马和阿帕奇两种语言，很可能是二者的变体，因此称其为通托人。不管事实如何，通托人显然会说阿帕奇和尤马两种方言。

这里的尤马人和莫哈维人是尤马和莫哈维部落的小分支，这两个部落分别生活在科罗拉多河沿岸和弗德河谷。为方便描述，我可以将他们放在一起，因为他们使用相同的语言，经常通婚，在习俗和举止方面的区别不大。这里的尤马人包括 131 名成年男性、99 名成年女性、49 名男童和 34 名女童，共计 313 人。莫哈维人包括 209 名成年男性、171 名成年女性、108 名男童和 95 名女童，共计 583 人。我们认为，这两个分支对白人保持和平，值得信任。他们比阿帕奇人更加保守、庄重、勤奋，在制陶和编筐等原始艺术方面领先邻居一小步，在其作品中表现出了技术和品味。他们的习俗允许一夫多妻，但是相对来说，拥有不止一个妻子的男人并不多，没有一个男人拥有超过两个妻子。他们将死者火化，阿帕奇人则将死者埋在山中的岩石下面，并在上面堆积灌木，作为位置标记[①]。和阿帕奇

---

① 阿帕奇人也会把死者埋在土里。

人类似，在某人死去后，他们会烧毁与死者有关的所有物品，包括棚屋、衣物和烹饪用具。他们中的一些人拥有类似犹太人的外貌，男性并不讨厌，女性看上去很美，这一事实似乎可以证明一些人的观点，即印第安人是消失的以色列部落的一部分。和阿帕奇人相比，这两个分支的男人对待女人更加体贴，他们会承担一些日常劳动。不过，在女性道德标准方面，阿帕奇人更胜一筹。

阿帕奇人比他们的邻居更加健壮、大胆、暴躁，他们的外表和体格更加接近美洲土著。他们的头很圆，脸很宽，颧骨很高。在这些特征上，怀特芒廷印第安人是最突出的。

这里的4个阿帕奇分支共有1090名成年男性、1247名成年女性、673名男童和668名女童，共计3678人。

根据上面的数字，这里的印第安人共计4574人，其中男性1430人，女性1517人，男童830人，女童797人。儿童分布在各个年龄段，从婴儿到青少年都有。除了成年阿帕奇人中的女性多出157人，其他类别的男性均多于女性。而且，儿童与成年人的比例并没有人们预想的那么高。这种现象并不支持一夫多妻制会导致儿童众多的理论。阿帕奇人实行一夫多妻制，一些男人拥有多达6个妻子，很少有人在已婚状态下仅仅满足于一个妻子①。虽然目前阿帕奇人女性过多，关于婚姻的习俗也很自由，但强奸仍然是他们经常抱怨的罪行。根据印第安人的普遍传统，阿帕奇人从女方父亲或族人那里购买妻子，通常需要提供一匹或几匹矮马；之后，妻子就成了他的动产。如果女方家中还有妹妹，他常常会把一个或者所有妹妹买下来——尽管对方可能不超过五六岁——然后将其带回营地，让她们在进入青春期之前和他们住在一起。在这些婚姻交易中，即使新娘到了拥有个人判断力的年纪，她的意愿也不会得到理睬。不管她对男方多么反感，只要她们家人的贪心得到满足，她就必须表现出最优雅的顺从。

在这里的4个阿帕奇分支中，怀特芒廷印第安人是最好战的，他们的女人最

---

① 劳埃德似乎夸大了一夫多妻的流行程度。其他大多数观察者认为，一夫多妻在很大程度上仅限于富有的酋长和子酋长，而且女性离婚的容易程度几乎和男性相同。

有道德。平均来看，他们的身材比其他人更加魁梧，通常可以通过颧骨的宽度和突出程度将他们分辨出来。对称的拱形大嘴和整齐的牙齿常常使这群野人中的女性拥有一种粗犷之美。阿帕奇人是一个无忧无虑的群体，他们之中常常充满了欢声笑语。他们对待族人和朋友非常友好，常常可以看到几个相同性别的人勾肩搭背地走在一起。他们勇敢而有耐心。虽然他们大多数时候无所事事，但这似乎主要源于缺少工作，而不是天然的懒惰。他们似乎缺乏感激之情。他们看上去并没有意识到自己低人一等，在面对高等文明时没有任何羞愧之情。即使你能在他们身上找出各种优点，你也必须承认，他们擅长背叛和虐待，以折磨别人和嗜血为乐。在渴望展示威力的病态欲望的驱使下，任何血缘纽带都不足以阻挡他们屠杀的双手。兄弟姐妹哭泣求饶，最终仍不免在同胞的来复枪和棍棒面前倒下，儿童的脑浆也会迸溅在树木和石头上。

据说，这个事务处的印第安人拥有先进的武器和充足的弹药。不过，他们只有在打猎时才会携带枪支。弓箭似乎很少用来防御和进攻，而沦为了男孩的玩具。作为消遣，男孩会埋伏起来，等待草地鹨的到来，后者通常会被带有钢尖的箭射中。长矛曾经是他们的可怕武器，目前已被弃用，不会经常被人看到。

这些印第安人常常表现出务农的愿望。在本文写作之时，他们已经种植了很大一片大麦。他们打理过的整洁的田地遍布希拉河和圣卡洛斯河谷，在事务处沿东西方向绵延几英里，田地四周围着用灌木和树苗制作的简易栅栏。许多人正在距离圣卡洛斯很远的地方耕地。

在为事务处军队切割、收集和运输草料时，他们表现出的勤劳和毅力使污蔑所有印第安人天生懒惰的说法不攻自破。在六个星期里，这些人提供了200吨草料。为了理解这种说法的意义，我们必须记住，每一片草叶都是用刀子切割的，大部分草料由男人、女人和儿童驮在后背上搬运，平均搬运距离为4英里，只有很少一部分草料是由驴子和矮马驮运的。在收割干草的最佳时期，事务处周围的场面极为热闹。从黎明到傍晚，目光所及之处，只能看到一大片移动的草料。搬运草料的是男人和女人、男孩和女孩、驴子和矮马，但他们大部分人都隐藏在一捆捆草料下面。他们用肥皂草的叶子制作绳索，将草料紧紧绑在后背上，所有人向同一个中心点汇集，将草料堆在那里。肥皂草是丝兰的一种。

跳舞是印第安人的主要娱乐活动，男女都喜欢跳。战争舞只能由携带武器的战士表演，玉米舞用于庆祝，由女性表演的妇女舞具有单纯的社交性质。男人会玩一种与美国年轻人熟知的"简式曲棍球"类似的游戏。还有一种很受欢迎的男性游戏，尤马人称之为塔德比（tuderbe）。这种游戏需要滚动一个圆环，两个参赛选手会把杆子扔到圆环顶部，将其打倒。竞走是另一种他们非常喜欢的消遣。他们最近举行了几次竞走比赛，部分观众向三位最优秀的选手提供了 5~2 美元的分级奖励。印第安人对于和声几乎没有概念。他们经常唱歌，但他们的歌声极其平淡无味。我从未听到印第安妇女用歌声哄孩子睡觉。男人和女人都酷爱赌博。他们最喜欢的游戏"蒙特"——一种墨西哥纸牌游戏，赌注通常是钱，但在没有钱时，他们会赌上子弹、毯子、口粮票或者身上的衣服，完全沉浸在这种放纵的激情之中。这种做法常常使妇女和儿童很受罪，他们常常因此而失去口粮。

阿帕奇人热情好客。他们住所的门总是敞开的，这大概促成了这一特点。很少看到印第安人只和家人分享食物。虽然妻子只被看作财产，但她们在饮食方面维持着自己的地位。她们常常在就餐过程中补充新的食物。她们会一边烹饪，一边品尝。

他们的食物目前主要是印第安事务官发放的口粮。男人、女人和任何年龄段的儿童每个星期可以获得 5.5 磅面粉和 10.5 磅新鲜牛肉（有时会减少到 6 磅），每 100 份口粮还包括 4 磅咖啡、7 磅糖、2 磅盐、2 磅肥皂以及 0.5 磅烟草。除了上述口粮，他们还可以从周围的深山和河谷中获取丰富的野味。他们不吃鱼，鹿肉是他们最喜欢的野味。他们不完全排斥火鸡，但火鸡肉不是他们最喜欢的食物。不过，他们喜欢用火鸡羽毛装饰战帽，其地位仅次于老鹰的羽毛。关于蔬菜，他们有亚利桑那特有的野生土豆（一些人认为它是爱尔兰土豆的前身）。孩子会在早春时挖掘和收集还没有豌豆大的野生土豆。成熟的野生土豆与人为栽培的爱尔兰土豆几乎一样大，似乎同样富含淀粉。龙舌兰是他们最喜欢的奢侈品，它来自一种与卷心菜类似的植物的芯。他们剥下外层叶子,将内芯放在土里烤,然后用石头将其打碎,大量存放起来。食用时,他们会将其放在水里浸湿。它的味道是甜的,显然含有糖。墨西哥人蒸馏龙舌兰酒时使用的也是这种植物。另一种美味是萨瓜罗果脯。萨瓜罗是一种巨型仙人掌,它在6月下半月成熟,此时印第安人纷纷进山,采集这种果实。许多果实立刻被酿成酒,这种酒当场就能使人喝醉。不过,大量果实被晒干,并被制作成形状不规则的蛋糕,香甜可口。这片亚热带地区盛产的野生水果和浆果在印第安人的夏秋饮食中占很大比例。矮小的白橡树是这里最常见的灌木之一(因为它无法达到树木的高度),遍布亚利桑那的山坡,其橡子被加到汤里,作为食用坚果。他们也会烤制和生吃橡子。他们不会直接吃猪肉,但他们喜欢食用粮秣站发放的咸猪肉。

和其他种族类似,印第安人似乎天生喜欢酒精。印第安玉米经过原始发酵程序制作的酒精产品被称为"提兹温",这几乎是他们唯一的酒精来源。这是一种相对柔和的饮品,为充分体验其效果,准备饮用提兹温的人通常会在饮用前长期禁食,因为他们通过经验得知,他们在空腹时更容易喝醉。政府当局严禁制造提兹温。如果违反这项禁令,被发现的人将会被长期监禁。不过,他们饮用提兹温的愿望极其强烈,经常违反这一规定。简而言之,和沉溺于酒精饮料的白人类似,印第安人对提兹温的制造和饮用是这个事务处印第安问题最频繁的来源。

大部分印第安男人从10岁起就开始接触烟草。吸烟是他们最喜欢的享受方式,但他们也常常咀嚼烟草。根据我的观察,妇女通常没有这种习惯。

这个事务处的印第安人的装束多种多样。在他们12月下半月领取年金以后,他们的装束得到了改善。常常可以看到男人和女人穿着和白人完全相同的衣服,只穿着毛毯和围腰布的成年人是很少见的。不过,常常可以在营地里看到全裸的儿童,他们大冬天在外面玩耍,看起来很舒服,并没有意识到他们正处在寒冷的空气中。如果我们能以更短的间隔向他们发放服装,或者他们拥有像永久土坯房那样更好的住所,可以保存个人物品,这些人很快就会抛弃印第安服饰,采用白人服饰。引导他们不在脸上涂抹颜料可能需要更长的时间,因为他们认为这种习俗具有防病的意义。红色似乎是他们最喜欢的服装颜色。到处都有人在炫耀红毯子和红棉布。与其他精神和物质偏好类似，对颜色的品味也是可以继承的，我仅举一例：米基·弗里具有爱尔兰－墨西哥血统，小时候被阿帕奇人俘虏，他选择了绿色的毯子。在此之前，不管出于怎样的意图和目的，阿帕奇人都不会选择绿色①毯子。

  这些印第安人的住所和最低级的野蛮人处于同一水平。几乎所有的印第安人人都住在棚屋里。制作棚屋时，他们先在地面挖出大约1英尺深的坑，然后将大树枝和树苗插在地上，围出直径大约8英尺的圆形空间，并将树枝顶端弯曲，凑在一起，形成圆顶。棚屋顶部和侧面盖着帆布、灌木和干草，用于防雨。从地面挖出的松土被堆在棚屋周围，以加固棚屋底部，为居住者挡风。一个1~3英尺宽的开口充当了出入口。棚屋内部的高度足以使人站直身体。地上铺着叶子和干草，上面铺着毯子，晚上充当床铺，白天充当休息场所。天冷时，他们会在门边生起小火堆，以提高室内温度。棚屋顶部和侧面带有支架，上面挂着肉类以及其他物品和换洗衣物。没有人试图模仿白人使用舒适的家具，地面同时扮演了床架和桌椅的角色。

  他们已经表现出了务农的意愿，他们似乎普遍希望将务农作为谋生手段。如果能让他们依附于某个有限的区域，使他们的建筑、围栏和设施不受破坏，直到季节的周而复始使他们重新回到这里，同时他们的其他积累也能得到保存，那么他们将取得很大的进步。在我看来，每当他们宣称愿意占据一小块明确的土地作为永久住所时，如果我们能向他们提供小而牢固的住房，我们就可以在教化他们的任务上取得进展，这种进展甚至可能会很省钱。我知道，要想实现这种计划，我们需要克服印第安人的一些偏见和迷信，但我相信，这种困难并不是无法克服的。

  在这里，印第安人患有疟疾、痢疾和腹泻。据说，梅毒在尤马人和莫哈维人之中很常见。几乎没有人得肺结核，即使有人得，那也是梅毒引起的。他们对于

---

① 绿色是爱尔兰人和墨西哥人喜欢的颜色。——译注

体质性肺病的抵抗力很可能源于气候影响。当亚利桑那河谷地区冬季的极佳气候广为人知时,受到肺病尤其是肺结核威胁和困扰的人很可能会在冬季纷纷来到这里度假。目前,亚利桑那领地通常被形容为夏季火炉,死在尤马的士兵及其毯子的故事流传甚广,但是事实上,除了少数位置很低的地点,亚利桑那夏季的高温很可能并不比美国同纬度其他地区更加强烈。不管怎样,凭借在河谷地区更加稳定、和佛罗里达一样温暖的冬季气候,不会产生露水的干燥空气,除了最炎热的月份以外很少降雨的特点,以及持续光照的有利因素和山区纯净空气的吸引力,亚利桑那一定很快就会成为备受肺病困扰人士最喜欢的冬季去处。肺炎、胸膜炎和风湿并不常见,饮食不规律、暴饮暴食、烹饪不佳和疟疾导致的消化道疾病困扰着这里的印第安人。

巫医并没有消失。病人通常会先向巫医寻求帮助。如果巫医无法迅速缓解病情,他们会转而求助白人医生。在为病人治疗时,巫医坐在离病人很近的棚屋里,进行响亮而单调的吟唱。巫医似乎不分日夜地长时间重复同样的词语。印第安人将疾病归咎于女巫的力量,将他们所认为的女巫杀死,这种情况很可能比我们知道的要更加频繁,因为他们会尽量背着白人做这种事情。几个星期前,这里发生了一起这样的事件。一个印第安人的几个孩子病死了。他相信,他们的死源于某个印第安妇女的巫术。他朝她开枪,然后试图逃跑,但被当局知道了。那个妇女正在康复中,而那个男人被关进了监狱。巫医就是这样向病人及其朋友传达令人鼓舞的消息:善灵会驱逐女巫,后者是魔鬼派来让病人难受和不得休息的。巫医偶尔会停止吟唱。此时,如果病人患上的是本地常见病,他会给病人服用神秘的药剂,通常是药粉。

虽然要求提交本报告的命令没有提出相关要求,但我也许可以为某个非常复杂的话题提出补充建议。每个政治经济学家都会为改善印第安人的生存状态和预防印第安人暴动提出计划。我想,每当印第安人愿意切断部落关系时,为每个印第安人分配可耕种土地的计划都会得到授权和执行。不过,根据我有限的观察,只有当印第安人接受白人监工的直接监督时,这项计划似乎才能取得良好的结果。

如果每个印第安务农新手都能生活在白人农民身边,他们很快就会成为高效而进步的长期耕种者。不过,如果他们和其他具有同等水平的人在一起,他们就找不到可以借鉴的高人了。

让每个印第安人生活在各个文明行业勤奋的白人身边的制度很快就会将他们从野蛮人转变成普通公民,永远终结印第安暴动及其导致的所有可怕后果。我会根据人口将印第安人分配到各州,不包括不久前还在蓄奴的州,因为它们已经背负了消化黑人的任务。接着,每个州可以根据人口将印第安人的名额分配到各县,每个县又可以进一步将其划分到各镇。如果需要,每个镇可以将其分配到每个家庭。我们不需要将不同的民族、部落、分支和家庭分开。一个或多个民族可以去一个州,一个或多个部落可以去一个县,一个或多个分支可以去一个镇,完整的家庭或个人可以与白人为邻,或者并入白人家庭,从而联合在一起。政府可以为他们的搬迁和临时生活提供慷慨的补助,其费用很可能不会超过目前花在他们身上的费用。他们目前所占土地的销售收益可以成为为他们谋利的基金,某些单独区域或地段可以保留下来,为那些想要单独返回住所或家园的人提供落脚点。

宪法中的某些规定可能会使这项计划失去可行性。不过,如果没有这些障碍,这样的制度可以在一代人之内将印第安人从野蛮的杀人犯转变成节俭的公民,在几代人之内通过通婚形式将大多数印第安人吸收到白人群体之中,这种吸收很可能对白人有利无害。

我是您

忠实而卑微的仆人,

(签名:)弗雷德里克·劳埃德,

代理助理军医,美国陆军

19世纪80年代的亚利桑那陆军哨所生活

安东·马扎诺维奇[①]
《亚利桑那每日星报》，五十周年版，1927年

1881年初春，我进入美国第六骑兵团，服役期五年。我从加利福尼亚州旧金山来到洛厄尔营。火车离开尤马后，我对亚利桑那有了一些了解。这里是一片广阔的沙漠——有山脉、仙人掌，还有绵延数英里的沙地。抵达距离图森7英里的洛厄尔营后，我向副官办公室报到。洛厄尔营是美国第六骑兵团的团指挥部，指挥官是卡尔上校，J. B. 克尔中尉是团副官。

我被派往团乐队执勤。我发现，哨所的军队生活非常沉闷。驻扎在哨所的军官偶尔举办舞会，图森的名人会受邀出席。不过，普通士兵在发薪日之间的生活非常无聊。过了发薪日，一些人会得到二十四小时离队许可，前往图森，在国会厅、皇宫酒店或时尚酒吧花掉两个月的薪水。许多人会去打庄或者玩墨西哥三猜一。一些人会喝下过多的"牛仔愉悦"饮料并沉醉其中，超过返回期限。在这种情况下，当他们返回军营时，就会被关禁闭。

哨所的每日程序是这样的：日出，起床；晨炮；骑兵排队接受点名；升星条旗；值日军官站在操场上，接受每个连军士长的汇报；所有人在操场集合。发薪日过后，一些人会不辞而别。军士长会报告说："某某列兵无故缺勤。"借着亚利桑那的月色骑马溜走的人如果被捉住，将会受到严肃处理，接受军事法庭的审判，被判

[①] 安东·马扎诺维奇（1860—1934）1868年从奥地利移居美国。1870年，10岁的马扎诺维奇进入陆军，被分到美国第二十一步兵团乐队，1873年退伍。他在1881年再次入伍，被分到美国第六骑兵团第十二连。马扎诺维奇后来在西部好莱坞演戏，并在百老汇从事舞台制作。

在阿尔卡特拉斯岛军事监狱服刑四到五年，并被军队不光彩地开除。步行逃跑的人也会受到同样的对待，但他们只会被判两三年。

起床号之后是马棚号。骑兵会到畜栏那里刷洗坐骑。上午9点，所有负责站岗的骑兵在营房前排队。乐队演奏进行曲，士兵们在操场中央集合。接着，副官检查武器装备。乐队在副官后面。之后，新卫兵前往禁闭室，替换之前的卫兵。

卫兵交班之后是伤病员集合号。伤病员集合号之后，包括乐队在内的每个连派两三个人把马匹牵出去放牧。上午10点到12点，乐队为晚间的音乐会练习。音乐会在指挥官营房前面的乐队演奏台上举行。

洛厄尔营没有军中商店，所以，为了打发时间，士兵们会打牌、阅读家乡来信并给家人写信。

下午4点，骑兵马匹放牧归来。接着，号手会吹响马棚号。人们排队前往畜栏，照料马匹。日落时会响起黄昏礼炮，一队卫兵会降下星条旗。

晚上9点，号手吹响熄灯号，兵营里的所有灯光熄灭。在洛厄尔营，我们有一支棒球队。我们曾在国会街尽头的莱文斯公园和图森队打过几场球。

士兵们常常因醉酒或者做出非常粗野的举动而被捕入狱。第二天上午，他们会被带到迈耶街接受审判。不管是否有罪，法官都会要求犯人上交15美元的罚金或者接受十五天监禁。9/10的受害者会说："我没有钱。"法官会询问他在镇上有没有能借钱的朋友。如果有，他可以在警员的陪同下外出筹钱。

一天晚上，我被抓了起来。我骑马进入国会厅，去了酒吧，要了一杯饮料，然后立刻连人带马被扣了下来。有人用44口径边区柯尔特手枪指着我，要求我下马。不用说，我立刻遵命，被拉到了拘留所。第二天上午，我在审判时声称自己无罪。接着，警员走了出去，带来了更多目击者。我仍然声称自己无罪。不过，法官说，我要么上交15美元，要么被关押十五天。我告诉审判官，他要100万都没有关系，因为我身无分文，而且没有可以借钱的朋友。我的回答引起了轰动。法官和逮捕我的军官耳语了几句，然后说"放人"。回到军营时，我由于逾期归队而被关在禁闭室。我被关了十天。

第十天，在卫兵交班结束后，我被派到外面，在别人的监视下从小水沟里舀水。这条水沟环绕操场，沿军官营房前的道路朝下游流去。外面真热！我敢用一枚墨西哥跳豆赌一只角蟾，外面的阴凉地足有110华氏度。我需要不时靠在棉白杨上休息一会儿。在我做了一个小时左右的洒水工作后，勤务兵走过来，交给我一封信，那是我在纽约市的哥哥寄来的。我打开信，靠在树上。不久，有人在我的肩膀上拍了一下，吸引了我的注意力。我转过身，发现我正站在值日军官查菲上尉面前。他问了我一些问题，还问我为什么被关禁闭。我回答了所有问题。结束问话后，上尉转向卫兵，命令他把我带回禁闭室，并且让他给卫兵中士传话，让卫兵中士当天不要派我外出。他说，天气太热了，我不应该充当人肉洒水车。当晚熄灯号响过之后，勤务兵来到禁闭室，向卫兵中士传达了一道命令："释放禁闭室里的列兵安东·马扎诺维奇。"

听到乘骑号音，骑兵总是很高兴，因为他们即将追逐阿帕奇人。

我曾多次前往图森，在皇宫酒店结识了一个不错的小伙子。他总是对来自军营的伙计们很友好。凭借手上的铜币，我们中的一些人很容易获得大开眼界的机会。这个小伙子名叫诺克斯·科比特（Knox Corbett）。多年以后，我在洛杉矶亚利桑那南加利福尼亚协会举办的年度舞会上再次见到了他。

5月，怀特芒廷阿帕奇人开始制造麻烦。卡尔上校奉命前往阿帕奇营。当时，我与乐队里的两个德国号手发生了争执。还没等别人上前阻止，他们就被我打倒在地，爬不起来了。第二天上午，卫兵交班结束后，勤务兵走过来，命令我向副官报到。当我走进办公室时，军官命令我收拾东西，前往格兰特堡，向奥弗顿中尉报到，然后在美国第六骑兵团第六连执勤。这显然是个好消息。我第二天坐上了南太平洋铁路的列车，晚间抵达威尔科克斯，那里有一辆旅行车正在等我。不到三小时后，我来到了新驻地。

格兰特堡位于格雷厄姆山脉脚下，距离威尔科克斯27英里。这个位置很理想，可以看到几英里外的风景。东北方向是美丽的萨尔弗斯普林斯河谷，西边是德拉贡山脉和多斯卡贝萨斯山脉（Dos Cabezas mountains）之间的碱性平原，一直延伸到老墨西哥边界。著名的科奇斯堡垒就在德拉贡山脉之中。

日出后，碱性平原看上去就像岛湖一样，可以看到神奇的海市蜃楼。距离格兰特堡3英里有一个名叫博尼塔（Bonita）的定居点，那里有几家酒馆，一两家商店，以及一家舞厅。迈尔斯·M.伍德及其家人住在那里。河谷里的每个人都认识伍德法官。伍德法官目前住在洛杉矶。

当这个定居点最初建立时，人们留出了一块空地，作为墓地。当地人在墓地周围扎上了篱笆。不过，当地环境优美，因此从未有人在这条阴暗悠长的小路上走过。经过两年等待，有人打死了一个墨西哥人，墓地总算开了张。比利小子打死的第一个人也被埋在这块墓地上[①]。

格兰特堡并不比洛厄尔营强多少。洛厄尔和格兰特的骑兵营房都是土坯房。来自威尔科克斯的诺顿斯图尔特公司在格兰特开了一家军中商店。

在我加入连队几天后，乘骑号响起了。连队里的所有人都发出了喜悦的叫喊声，因为他们知道，这意味着他们即将追逐敌人。来自副官办公室的勤务兵宣布，我们即将开始急行军，向托马斯营进发。所有人冲向畜栏，开始安装马鞍。在军需官畜栏，驮队人员正在忙着装载我们的补给。不到一小时，我们已经做好了出发准备。第一连和第六连在操场集合，等待上马的命令。戈登少校[②]、尤金·奥弗顿中尉和约翰·格拉斯冲出营房。我们听到每个连的军士长喊出注意、向右看齐、向前看、一到四报数的命令。他们向右看齐、向右转，然后向军官行礼。最后，出发的命令终于响起了：准备上马，上马，双数向左排成一排，前进。很快，军号吹出了快步前进节奏，我们开始策马小跑。

傍晚早些时候，我们抵达了锡达斯普林斯[③]。在这里，我们停下来喂马，吃晚饭。然后，我们继续前进。来自阿帕奇营的信使自愿穿越敌对印第安人的战线，

[①] 马扎诺维奇指的是格兰特堡的军中铁匠弗兰克·P.卡希尔，他在1877年8月被比利小子打死。
[②] 乔治·A.戈登（1833—1878）是西点军校1854届毕业生，在南北战争中晋升为志愿军名誉中校。在马扎诺维奇描述的这段时期，他是格兰特营的驻地指挥官。
[③] 诺顿斯图尔特牧牛公司的总部牧场，距离格兰特营大约16英里，位于通往托马斯营的路上。

我们立刻明白了我们迅速离开格兰特堡的原因。怀特芒廷阿帕奇人在锡贝丘战斗后包围了哨所，切断了政府电报线。两个人自愿突围报信。一个人翻越七英里山，另一个人抄近道，成功突围。他成功抵达了90英里外的托马斯堡。他叫威尔·C.巴恩斯，现在是助理护林员，在华盛顿总部工作。两个星期后，另一个人的尸体在哨所视野可及之处被人发现。他叫欧文斯（Owens）。他遇到了一伙印第安人，被他们从马上打了下来。

早上，我们这支小部队抵达托马斯营，在此扎营。我们把坐骑拴在哨兵线上，布置了哨兵。疲惫的骑兵走进营地，或者说来到户外，因为我们并没有遮风挡雨的帐篷。上午9点之前，没有人打扰我们。吃过早饭，我们得知，格兰特堡指挥官接到了亚利桑那军区指挥部的命令，需要率领第一连、第六连和托马斯堡的一个连前往阿帕奇营，以支援守军。

军区指挥官是威尔科克斯将军，驻扎在惠普尔营。希拉河水暴涨，我们无法过河。我们需要等到水位下降到足够低的时候才能过河。军需官向我们发放了挡雨的帐篷，以免我们被雨淋湿。两个星期后，水位更高了，我们奉命返回驻地。

又过了两个星期，指挥部命令我们排除万难前往阿帕奇营。相信我，每个人都很想外出，期待踏上刺激的冒险之旅，因为在发薪日之间，骑兵在哨所里的生活非常孤寂。

我们抵达托马斯营，然后立刻行动起来，想办法将物资和坐骑运送到咆哮的希拉河对岸。我们成功过了河。要想了解我们追逐怀特芒廷阿帕奇人和杰罗尼莫团伙的精彩战役，请阅读我的《追踪杰罗尼莫》[①]一书。

我们最终抵达阿帕奇营。这是一个不错的哨所，人们可以打猎，钓鳟鱼，以打发无聊的时间，因为周围的深山和小溪盛产野味和鳟鱼。战役结束前，我奉命停止追击，前往格兰特堡接受治疗。在碱性尘土和暴晒的影响下，我患上了严重的眼疾。

---

① Anton Mazzanovich, *Trailing Geronimo* (Los Angeles: Stanley J. Wilson, 1926).

J. B. 吉拉德医生（Doctor J. B. Girard）[1]尽了最大努力帮助我。几个月后，我被转移到托马斯营接受治疗。托马斯营距离希拉河几英里，附近的边区小镇莫克西（Moxey）是骑兵们经常光顾的地方，那里有一家舞厅和几家酒馆，还有赌场。

舒伊医生（Doctor Shouey）没能治好我的病，所以，我被派回驻地格兰特营。几个月后，我由于残疾被陆军解雇[2]。

诺顿斯图尔特公司雇用我在军中商店帮忙。店长是个年轻人，叫 H. A. 摩根。摩根先生目前在亚利桑那州菲尼克斯市政府土地局工作。霍勒斯·汉布勒（Horace Hambler）和巴尼·诺顿（Barney Norton）在吧台向口渴的骑兵提供饮料。我的职责是站柜台，在酒保吃饭时给他们替班，整理邮件，照料军官俱乐部。

我在店里结识了下列军官：沙夫特上校（Colonel Shafter），比德尔少校，戈登上尉，福尔克上尉（Captain Faulk），拉弗蒂上尉，查菲上尉，M. P. 毛斯中尉，斯洛克姆（Slocum）中尉，布洛克索姆中尉，约翰·格拉斯中尉，布莱克·奥弗顿中尉，威尔科克斯中尉，金斯伯里中尉，J. B. 克尔中尉，以及我一时想不起来名字的其他人，还有合同医生马歇尔·M. 伍德、斯金纳和卡罗尔。

我在骑兵里发现了一些人才，产生了组建歌剧团的想法。我向沙夫特上校询问能否在驻地教堂举行演出，他欣然同意了。我告诉他，我每个星期举行两场演出，一场面向骑兵，另一场面向军官和平民。沙夫特上校允许我征用第五步兵团的乐队成员，以组建管弦乐队。

军营里的所有人都在期待我的首场演出。在几个骑兵的帮助下，我们搭建了舞台。一个小伙子是招牌画手，承担起了布景师的工作。经过几个星期的排练，我举办了全明星歌剧演出。首场演出面向骑兵，显然大获成功。

一天，驮队老板米基·奥哈拉（Mickey O'Hara）问我是否愿意担任驮队厨师。

---

[1] 约瑟夫·B. 吉拉德（1846—1918）在 1872 年到 1888 年交替担任亚利桑那战地和驻地军医。他在 1910 年以上校身份退役。

[2] 1882 年 7 月 10 日，马扎诺维奇由于残疾光荣退伍。

相信我，他不需要问我第二次。我立刻抓住了这个机会。几天后，我辞去在诺顿斯图尔特公司的职务，搬到军需官畜栏，在新的岗位上忙碌起来。

担任货郎的小伙子们友好而实在。我还记得这些人的名字：米基·奥哈拉，阿尔·格伦迪宁（Al Glendenning），彼得森（Peterson），詹姆斯·谢里登（James Sheridan），乔治·邓恩（George Dunn），埃德·约翰逊（Ed Johnson），基佛丹姆·史密斯（Give-a-Damn Smith），乔·佩里（Joe Perry）。我还在继续上演全明星歌剧。堡垒里的人和萨尔弗斯普林斯河谷周边的人都非常欣赏我的表演。

畜栏里一直存在赌博现象。在发薪日之间，小伙子们有时会骑马前往博尼卡，在那里喝个痛快，或者在麦克克林提克舞厅和小姐们跳舞。哨所里的士兵也是如此。我结识了M. L. 伍德及其家人，以及凡戈西克（Vangosick）一家人。M. L. 伍德和军需官签了合同，负责为哨所割草。在萨尔弗斯普林斯河谷，他曾在多年时间里被称为伍兹法官，现居洛杉矶。那段时间，我常常拜访他们，和他们度过了许多快乐时光。凡戈西克的一个女儿目前住在萨福德，她嫁给了巴斯科（Basco）先生，他们的女儿已经长大成人。

格兰特堡的军中商店显然是个好地方。在发薪日，骑兵们将吧台围得水泄不通，喝得非常痛快。汉布勒和巴尼·诺顿跟他们说过，不能要花哨的饮品，也不能把饮料混在一起。所以，大家只能直接饮用自己最喜欢的品牌。骑兵们很快就会花掉两个月的薪水，他们每月工资是13美元。

酒吧必须在晚上9点熄灯号响起时关门。之后，一些骑兵会从二号和三号卫兵眼皮底下溜走，去博尼塔继续狂欢。不过，许多人第二天会被关禁闭，这是使他们清醒过来的好机会。

发薪日过后，军营里的赌博活动会达到顶峰，军中商店没有挣到的钱会被压到金融游戏中，这些游戏是由各连士官组织的。所以，长期来看，士兵拿到的钱最终不是流入诺顿斯图尔特酒吧，就是进入部队营房赌博游戏主持者的腰包。政府雇用的货郎和马夫通过支票形式获得工资。他们的每月工资是75美元。在我为货郎做饭期间，我们在畜栏区开设了自己的赌场。后勤队长米基·奥哈拉每天教我如何打菱形结，如何装货。我很聪明，很快掌握了这门公务的所有知识。

在外出侦察期间，驮队是政府军的生命线。不到两个月，我的装货能力已经和团队里的其他人不相上下了。不久，一个货郎被调到马车队，奥哈拉把我提到了他的位置上。

此时距离圣诞节不到一个星期。在这个偏远的陆军哨所，军官们正在为1882年圣诞节准备大型庆祝活动，包括跑跳、竞走、绕操场三周跑、拳击以及适合在田径场地进行的其他各种运动。我参加了竞走比赛。我觉得自己是这方面的专家，因为我几年前在俄勒冈州波特兰市和加利福尼亚州旧金山市参加过两次无限制六日竞走比赛。我在第一次竞走比赛中以领先第二名15码的成绩夺冠。

这一天天气很好，所有人都很尽兴。军中商店在吧台出售一种叫作"塔兰图拉"的龙舌兰饮料，生意很好，因为许多人从河谷各地赶来看热闹。直到晚上，我才有机会举办全明星演出。观众太多了，一些人只能站着。当天，年纪尚小的我收到了有生以来的第一封电报，那是我的哥哥和嫂子发来的。"圣诞快乐，新年快乐——杰克和杰西。"我现在仍然保存着这封电报。

圣诞节过后，奥哈拉接到了前往墨西哥边界为克鲁克将军提供补给的命令。当时，克鲁克正在索诺拉尽全力围捕阿帕奇人。我们只出动了一半人手。哨所军需官巴里中尉[①]告诉我，沙夫特上校命令我管理余下的28头骡子。所以，我在四个月内从厨师晋升为驮队领队和侦察兵。我曾三次出征，其中两次是追随沙夫特上校，一次是追随威尔科克斯中尉。在此期间，在克鲁克将军的劝说下，印第安人返回居留地。我们在国界线上与部队相遇，当时驮队装载着补给。

我们及时抵达圣卡洛斯居留地。在那里，我奉命返回格兰特堡，负责管理马车队。亚利桑那军区指挥官曾出台一项长期规定：抓到逃兵的人可以获得50美元的奖励。因此，成功逃跑的人很少。少数逃跑的人变得冷酷而绝望，他们加入了偷牛团伙，希望能够侥幸致富。80年代，美国西南部有很多偷牛团伙。作为马车

[①] 托马斯·H.巴里（1855—1919），西点军校1877级的学生。

队领队，我需要学会在崎岖的道路上驱使6~12头骡子前行。我很快就学会了。马车队领队每个星期日需要驾驶政府旅行车前往威尔科克斯取邮件。当时，威尔科克斯是个非常热闹的边区要塞。所有向东前往格洛布、印第安居留地和陆军哨所的货车都要经过威尔科克斯和南太平洋铁路以西的节点。在这里，可以去打庄，赌墨西哥三猜一，或者抽牌①。我常常赢下整个牌桌的赌金。我有时会大赚一笔，但更多时候会输个精光。不过，说到底，这些美好的昔日边区岁月在我年轻的人生中是无足轻重的。我是个无忧无虑的冒险家。相信我，我的许多好朋友也是这样。我们大多经历过危险和困难，而那些留在岗位上尽最大努力将亚利桑那打造成宜居地点的人应该感到自豪，因为他们完成了任务。今天，伟大的亚利桑那州无疑是地球上的一座花园。当然，这里还有许多荒地，但先驱们的子女将会完成他们未竟的事业。

---

① 当时流行的几种纸牌游戏。——译注

第四章

1883—1885 年
马德雷山脉战役及后续

墨西哥：跨越国界线追逐野蛮印第安人的互惠权利

弗雷德里克·T. 弗里林海森（Frederick T. Frelinghuysen）

美墨协议

1882 年 7 月 29 日签署并交换

美利坚合众国国务卿弗雷德里克·T. 弗里林海森和墨西哥共和国特使兼全权公使马蒂亚斯·罗梅罗（Matias Romero）代表各自政府签署之协议备忘录，对于两国军队在下列条件下跨越国界线的行为做出了规定。

第一条

双方同意，在下列条款规定的条件下，双方共和国常规联邦军队在对野蛮印第安团伙进行紧密追击时可以相互跨越两国国界线。

第二条

第一条规定的相互跨越国界线行为只能发生在上述国界线无人居住的荒凉地区。在本协议中，无人居住的荒凉地区指距离两国任何营房或城镇至少两里格的所有地点。

第三条

两国军队不得在从卡皮坦莱亚尔（Capitan Leal）到格兰德河口的区域跨越国界。卡皮坦莱亚尔是墨西哥一侧布拉沃河（Rio Bravo）河畔的城镇，距离下游的彼德拉斯内格拉斯（Piedras Negras）20 墨西哥里格（52 英里）。

第四条

跨越边界追逐印第安人的军队指挥官应在跨越国界之时或之前（如果可以）向他所进入地区距离最近的军方指挥官或民事当局通报其行动。

第五条

追击部队与其追逐的团伙交战之后或在失去其踪迹之后应立即返回本国领土。两国军队决不能在追逐印第安人所需要的时间范围之外驻扎或停留在对方领土。

第六条

两国政府应根据犯行严重程度和本国法律对进入对方国家领土的本国部队犯下的暴行实施惩罚，就像这些暴行是在本国犯下的一样。之后，相关政府有义务将犯罪方撤回边界以内。

第七条

若一国居民对国界内的外国军队犯下罪行，相关国家的政府只需向对方政府承担惩罚罪犯的责任。

第八条

本协议有效期两年，任意一国政府可以提前四个月向对方发出终止协议的通知。

第九条

由于墨西哥合众国参议院根据1874年11月6日修改后的宪法第七十二条第三部分第二节第三段向该共和国总统授予了允许墨西哥军队进入美国、允许美国军队进入墨西哥的权力，而且根据美国宪法，美国总统有权在未经参议院同意的情况下通过本协议，因此本协议无须两国参议院批准，将于本日二十天后生效。

为证明本协议，我们于1882年7月29日以互换方式签署本备忘录。

（印章）弗雷德里克·T.弗里林海森

（印章）M.罗梅罗

和克鲁克在马德雷山脉

约翰·G. 伯克

《约翰·G. 伯克日记》66—68 页，美国西点军校图书馆[①]

1883 年 5 月 1 日，星期二。克鲁克将军命令比德尔上校[②]将其连队后撤到更好的土地上，其中两个连驻扎在马德池（Mud Tanks，我们上月 25 日的露营地），两个连驻扎在锡尔弗溪（Silver Creek）。锡尔弗溪是我们 26 日过夜的地方。

将军带着代理助理副官第三骑兵团伯克上尉，随从参谋菲伯格中尉；第六骑兵团的查菲连（查菲上尉、韦斯特中尉、福赛思中尉和 42 名士兵）；由第三骑兵团克劳福德上尉、第六骑兵团盖特伍德少尉和第三骑兵团麦凯中尉领导的 193 名阿帕奇侦察兵；侦察长阿尔·西贝尔和阿奇·麦金托什；翻译米基·弗里、塞维里亚诺和萨姆·鲍曼；由 76 名货郎打理的 266 头驮骡以及通用服务部队（General Service）的列兵 A. F. 哈默（Harmer）[③]。早上 5 点 30 分拔营起寨，沿圣贝纳迪诺河向南移动，越过几乎干涸的瓜达卢佩河口，稍微向东迂回，抵达埃利亚斯溪（Elias Creek）。这是一条宽阔的小溪，水很清澈，流速很快，可以看到河底的沙子和砾石。河水宽 20 英尺，深 10 英寸，两岸生长着棉白杨、白蜡树和胡桃树。我们走了 18~20 英里，在转弯处扎营。这里生长着茂密的赖特氏鼠尾粟[④]。

---

① 根据马德雷山脉战役的日记，伯克为《奥廷》（Outing）杂志写了三篇文章（1885 年 8 月至 10 月）。这些文章被整理成 An Apache Campaign in the Sierra Madre (New York: Charles Scribner's Sons, 1886)。这里的文章略去了伯克在日记中偶尔提到的阿帕奇语言的句法和语法，以及他对于每个阿帕奇人所属宗族的反复讨论。
② 美国第六骑兵团的詹姆斯·比德尔（1832—1910）。
③ 虽然哈默在远征中的职务是克鲁克将军的勤务兵，但他花了许多时间协助伯克进行野外研究。作为出色的艺术家，哈默为伯克的第一本书《亚利桑那莫奎斯人的蛇舞》（The Snake Dance of the Moquis of Arizona）绘制了插画。
④ 赖特氏鼠尾粟是一种粗糙的多年生草本植物，在碱性地区用于制作草料。

在这里，我们的阿帕奇人打死了几只鹿，抓到了几只野生火鸡。上层的地质构造是破碎的火山岩，下层是冲积层。在这个营地，木材、水源和草料都很充足。（古迪甘亚和另外3个印第安人病了，被留在后方。）在我和菲伯格[①]打盹时，一条和我手腕一样粗的长长的响尾蛇在我们躺卧的毯子上爬过。我们兴奋地追赶它并将其打死，之后，我们还进行了一番热烈讨论。

我们的阿帕奇人将活捉的火鸡绑在一棵小胡桃树上，其中一只火鸡挣脱了绳子，大跳着在地面穿行，我们野蛮的侦察兵在后面一边追一边叫喊。他们追上了火鸡。为避免它再次逃跑，他们拧断了它的脖子。午饭后，印第安人分散开来，跑到河谷上游和下游几英里的地方，他们的来复枪声意味着他们遇到了鹿或者其他野味。由于他们射击时总是会用两根交叉的树枝作为支架，因此他们成功打到了猎物。我们的毯子铺在胡桃树和白蜡树的树荫下，这些树木的枝条上已经挂上了骡鹿的前腿、后腿、内脏以及拔了毛和没有拔毛的野生火鸡。

我们今天上午发现了新的鹿皮鞋印，但是现在还不确定它们来自墨西哥走私犯还是阿帕奇印第安人。

我去了我们的阿帕奇小分队沿河岸用大树枝支起来的简易帐篷那里。他们在打牌、做饭、吃饭。他们把不同的食物指给我看。我知道它们的名称，也知道炊具的名称。

米基·弗里向我展示了一个用黄铜大头钉封口的医药袋，里面有一些小树枝，还有巫医存放在里面的其他一些东西。米基说，只有在特别紧急时才会打开这个袋子。此时，巫医会取出树枝，插在地上，然后围着树枝跳舞唱歌。他的祈求每次都能得到迅速而有利的回应。受到这种符咒保护的人不会被子弹所伤。

我们的远征队里有一位巫医——从年龄上看，他只是个小伙子，但他的同胞将他看作高人。前天晚上，他与神灵进行了交流，宣称我们将在此次出征中捉住奇里卡瓦人并教训他们。他用45美元作为赌注，以支持他的预言。

[①] 陆军工兵部队的古斯塔夫·J.菲伯格。

1883年5月2日，星期三。早上4点吃早饭。克鲁克将军及其助手与弗兰克·莫纳克（Frank Monach）的车队共同用餐。这个车队拥有同样多的美国人和墨西哥人。所以，当厨师在地上铺帆布时，除了英语版本的"我想再加点糖""请把糖浆递过来""给我一片面包""再来点咖啡"，你还可以听到同样多的"tantito azucarito quiero""sirve pasar el jarabe""pase rebanada de pan""otra gotito mas de cafe"。

从黎明第一缕阳光出现时起，小溪两岸浓密的树林中就响起了鸟儿悦耳的鸣叫——和亚利桑那死气沉沉的枯燥乏味相比，这显然令人愉悦。在亚利桑那，鸣禽非常稀有。

我们早上5点拔营起寨，沿圣伯纳迪诺河向南移动。不过，由于赖特氏鼠尾粟、甘蔗、柳树和白蜡树非常茂密，阻挡了道路，我们无法沿河谷前行。我们转而爬山，沿一连串低矮但陡峭的变质岩山坡爬上爬下，非常吃力。这些变质岩主要由破碎和半破碎的斑岩和玄武岩组成。

这些山由被水侵蚀的小石块组成，植被包括同等数量的牧豆树、铁树、黑肉叶刺茎藜、龙舌兰和胭脂仙人掌。铁树开着漂亮的深红色花朵，与灯笼海棠非常相似，但它们是成簇生长的。黑肉叶刺茎藜洁白的花朵几乎可以与胭脂仙人掌莲花般俗艳的花朵相媲美，令牧豆树枝条末端垂下的毛毛虫般的朴素卷须相形见绌，为其平凡的外表稍微争回了一些面子。

今天的道路对骡子来说非常艰难，它们只能走上18~20英里。我和菲伯格在茂密的竹林里迷了路。在奋力穿过竹林后，我们走进了牧豆树林，被荆棘严重划伤。为了沿更好的道路归队，我们横穿河流。我差点在流沙里溺水。

今天下午的营地非常热闹。温暖宜人的阳光尽情地倾泻在水面上。白人立刻脱下衣服，跳进凉爽的溪流中。阿帕奇人首先进入蒸汗小屋，唱唱歌，做做饭，然后才跳到水里洗澡。值得一提的是，阿帕奇人永远不会全裸。他们也许穷得没有衬衫穿，但他们永远都会穿着围腰布，就连洗澡时也不会将其脱下。

棚屋里传出了许多笛声，让人很容易幻想自己身处阿卡迪亚（Acadia）。整个下午，阿帕奇人一直在用当地盛产的竹子制作笛子。他们将这些四孔笛称为"蔡尔"。领头的巫医一直忙着在一个年轻人身边唱歌叫喊，后者离开营地后很快滑下了崎岖的小山，脚踝严重扭伤。巫医显然让病人睡着了。不过，我很想拿到一瓶山金车酊或镇痛油，以辅助他的咒语疗法。

阿帕奇人保持着对纸牌游戏的热情。白蜡树林中散发出的烤肉烟雾证明，阿帕奇猎人不想仅以面包为食。

诺特中士属于通托阿帕奇人中的萨瓜罗［Saguaro，又称朱尼珀（Juniper）］或亚库伊卡伊顿（Yakuyikaydn）分支，他每天晚上都来看我。他非常聪明，英语学得很快，很想了解关于白人及其生活方式的一切知识。

我们今天看到了一些古老的废墟，只有一些正方形墙壁的遗迹，是用巨大的火山岩建造的，不是很清晰。除了巨大的火山岩，还有灰泥。我们全天都看到了刚刚留下的鹿皮鞋印。我们的阿帕奇侦察兵唱起了"灵歌"，直到午夜过后很久才停止。所以，我几乎可以确信，今天下午和昨天的蒸气浴存在某种联系。

1883年5月3日，星期四。我们于早上5点30分离开昨晚的露营地，穿过圣伯纳迪诺河（河底都是碎石），几乎朝正东南方向前进，离开小溪。小溪突然转弯，向西流去。

我们进入了崎岖的山区——每个方向都是一系列陡峭的山坡，是由火山岩、玄武岩、沙土和石灰岩、斑岩等组成的难以形容的堆积层，在风和水的作用下失去了部分棱角，只是很松散地结合在一起，被马蹄和骡蹄一踩就会分散开来，四处滚落。

植被方面，这里生长着茂密的牧豆树，千手兰（在一些地点形成了连续几百码的防马栏），皂草（阿帕奇人切下了好几捆皂草，用于今晚洗头），高达10~12英尺、顶部开着艳丽黄花的仙人掌，一些巨大的龙舌兰——这是一种从地里钻出来的新型仙人掌，枝条长18英寸，末端是美丽的白花，大小和形状与山茶花相同，并且拥有类似木兰的美妙花香——以及绵延数英亩的铁树，每根树枝上长着一簇深红色花蕾。这些植物对于行军很不利。

一些草的质量很好。这片地区显然盛产野味，我在离公路很近的地方看到了两三群白尾鹿。敌对印第安人的踪迹增加了，而且越来越新。一定有一伙敌人不久前骑着矮马通过了这条道路。我们的侦察兵指出了他们在灌木丛下睡觉的地点，并且取出了用丝兰纤维制作的仍然很柔韧的绿色头带，以及一条用新鲜丝兰制作的用于携带肉类的绳索。

10英里外的深谷里有一眼泉，墨西哥士兵曾在大约一个月前在此露营。在这眼泉的视距范围内，我们发现了一条突然转弯的小溪。这条小溪很宽，看上去很清澈，是圣伯纳迪河东南方向的支流。我们沿这条支流走了几英里，在山坳里扎营过夜。这里有许多木材，草质很好，水源来自50英尺宽、4~8英寸深的小溪——河床由岩石组成，绵延3英里，大体上沿陡峭的峡谷流过，但在这里地势很平坦。今天行军20英里（地势不佳）。

我们的奇里卡瓦俘虏①今天下午指出了阿帕奇要塞所在的山脉。那里看上去位于我们南边不到40英里处，但是实际距离可能是50~60英里。他还指出了几乎位于国界线上的崎岖山脉，奇里卡瓦人曾在那里藏身了五个月。这里与深邃丑陋的峡谷相连接，峡谷里有许多优质水源，盛产龙舌兰。奇里卡瓦人会切割和烤制大量龙舌兰。在这里，他们几乎不会遭受惩罚。他们可以抢劫墨西哥人，然后退到这座难以进入的山中，使遭受抢劫的小农场主误以为他们去了圣卡洛斯事务处。他们也可以在美国领土上杀人放火，并在抵达国界线时分散开来，使追击者找不到他们的脚印。即使美国军官通过间谍知道了奇里卡瓦人的位置，他们也无法穿越亚利桑那南部沙漠和索诺拉无人区之间的虚拟界线，因为两国政府之间的公约缺乏足够的弹性。他们只能向墨西哥军官发出通知。由于双方缺少电报通信和常规邮件往来，而且存在语言差异，自然可以理解为什么敌对印第安人到目前为止能够蔑视两个国家，躲过两国军队的追击。

在我们营地正下方，河水［巴维斯佩河（Bavispe）］流过浅滩，汇入光滑且

---

① 指帕纳约提申（Pah-na-yo-tishn，约1853—1933），他是锡贝丘阿帕奇人，在军中更通用的名字是皮奇斯。

不透明的水池。水池深度未知，士兵们说至少有 30 英尺深。我们将其中一个小池塘称为浴缸。白人士兵、货郎和阿帕奇侦察兵在凉爽清澈的池水中洗澡。两岸有两三个蒸汗房，每个房间里都挤满了人。

这些房子呈半球形，高 4 英尺，底部直径约为 5 英尺。它们的搭建速度很快，只需要在地上插 10~12 根柳枝，并将其顶端绑在一起，然后盖上毯子、大树枝和篷布，以隔离冷空气，保持温度；还要点上火，放入一些硅质大石块，用于加热。阿帕奇人不会使用钙质岩石，因为他们知道，这种石头加热时会碎裂。为了将这些加热的岩石带进汗蒸房，阿帕奇人将柳条弯成环状，将石头放在里面。他们将 6 块加热的大石头放在汗蒸房里，并放上用锡杯或其他容器盛装的冷水。

印第安人像沙丁鱼一样挤在一起。领头人把几滴水洒在热石头上，其他所有人以一种奇特的方式重复同样的动作。他们热情而协调地进行这种操作，直到汗流浃背。此时，他们走进河水中，洗上一会儿，然后穿衣服回家。

当我请求进入汗蒸房时，里面非常拥挤，我觉得我连一条腿和一条胳膊都伸不进去，更不要说整个身体了。不过，仪式主持者微笑着鼓励我。由于我拥有在纽约乘坐公共汽车的丰富经验，因此我决定努力挤进去。我先伸进一条腿，然后伸进一条胳膊，最后是整个身体。嗵！潮湿的门帘摔在门框上，挡住了一切光线和空气。

屋里的活动主持者把一捧水洒在灼热的岩石上，蒸气立刻充满了小屋里的每个缝隙。小屋里热得像烤炉一样，我无法呼吸。"唱歌吧，"胳膊和腿跟我缠在一起的阿帕奇男孩基特（Keet）用英语说道，"尽量唱歌——它会使你今晚睡得很好，晚餐吃得很香。"于是，我唱了起来。也就是说，我加入到了合唱之中。如果听众更加挑剔或者不那么仁慈，他们一定会要求我离开合唱队。不过，我仍然留在合唱队中，和其他人一起嗥叫。有东西在我后背上向下移动。我吓了一跳。据我推断，那可能是蜈蚣。不过，在我做出合理解释之前，另外两三个东西在我后背上动了起来。我用手抚摸双腿和身体，发现上面布满了汗珠。

门帘被拉开，我们全都冲出来，泡在凉爽而美好的巴维斯佩河里。我仿佛在这种令人身心愉悦的熏蒸仪式中停留了几个小时，但我其实只蒸了大约两分钟。

安德鲁斯医生[①]在日落时抓到了一条肥美的蓝鲶鱼。

今天上午，一头骡子在查菲少校[②]的命令下被射杀。它昨天晚上误入牧豆树丛，肺部被刺穿，空气从伤口进入这头可怜牲畜的身体，使它肿得很厉害。

我发现，侦察兵的营地是尽量按照部族划分的。也就是说，阿帕奇-莫哈维人住在一起，察钦人（Chatchin）、戴斯钦人（Destchin）以及其他部族也分别住在一起，这符合预期。

睡觉前，我去了侦察兵露营地，那里离我们的火堆大约30码。坐在我身边的人告诉我，围坐成一圈的12个人中有4个戴斯钦人、2个萨钦人（Satchin）、一个克洛卡伊德卡伊顿人（Klokaydekaydn）、3个克亚卡尼人（Kyakanni）、一个齐比纳兹蒂杰人（Tzibinaztije）、一个乌斯特迪纳耶人（Ustedinnaye）。聊天时，他们把推弹杆当成烤肉扦，烧烤白尾鹿肉。他们告诉我，我应该是克亚卡尼人或者戴斯钦人。我回答说，我是每个部族的成员和兄弟。他们被我逗得哈哈大笑。

1883年5月4日，星期五。早上5点30分拔营起寨，向东南移动，沿巴维斯佩河而上，四次穿越溪流，穿过几片茂密的棉白杨树林，然后将河流甩在右边（西边），进入山区。

当地地质状况的断裂程度超乎想象，各种地质构造错杂地堆叠在一起。无数玄武岩、粗面岩、石灰岩和砂岩的巨大断崖被冲进峡谷，形成深长的切口，长石和花岗岩峭壁顶部的尖峰直冲天际，或将道路分隔成狭窄的通道，我们的牲口只能以单列纵队的形式通过。

这里的植被与昨天没有区别，有许多千手兰和牧豆树，对我们的前进造成了阻碍。这些植物的树荫下生长着茂盛的牧豆草，我们的牲口吃得很起劲。小路很清晰，沿着最佳行进线路向前延伸。我们走得很快，尽管松散的石头令马匹备受困扰。

---

① 代理助理军医乔治·安德鲁斯（George Andrews）。
② 美国第六骑兵团的阿德纳·R. 查菲（1842—1914）。查菲在南北战争中以士兵的身份开始了军事生涯，1904年晋升为中将和美国陆军总参谋长。

两个地点的营火意味着文明人不久前曾经出现在这里。小路经过一条狭窄的峡谷，里面有一块光滑的岩石，上面有几十个印第安象形文字。我抄下了其中最常见、最有特点的。许多文字很难解读。距此200~300码处，我们再次看到了巴维斯佩河。附近有石屋遗迹，显然来自史前，但规模很小。这里有几头无人看管的牛在茂密的牧豆树丛里奔跑。牧豆树弯曲的枝条几乎挡住了全部阳光。我们的侦察兵知道即将扎营，开始全速奔跑，时而上山，时而下山，时而在岩石之间跳跃，希望抢在别人之前第一个来到水边。在这个营地，木材、水源和草料都很充足，而且质量很好。今天的行程是16英里（地势不佳）。

我解下马鞍，把马牵到外面吃草。这时，诺特走上来，说他在搭建棚屋时看到树上有一条蛇。我抓起一支卡宾枪，仔细瞄准，把两颗子弹打进蛇的身体里，这使阿帕奇人很高兴。"你为什么不自己开枪？"我问道。诺特解释说，虽然阿帕奇人将蛇看作"通金达"（tonjinda），在路上看到蛇时会将其打死，但是当蛇来到阿帕奇棚屋附近时，他们永远不会伤害它们。他们不想自己动手，但他们会毫不犹豫地请我替他们打蛇。我想询问他们对于这些爬行动物的看法，但他们开始了嘈杂而含糊不清的讨论。这条超过6英尺长的蛇被扔到我的毯子附近的灌木上面，这一行为显然使部分阿帕奇人感到不悦。

克鲁克将军打死了一只女王般的孔雀蓝小蜂鸟。兰德尔先生[①]掏了鸟窝，发现它还没有顶针大。

两个货郎打了一架，一个人的鼻子被打破——这是他自找的。我和兰德尔先生在"塔阿奇"汗蒸房里又蒸了一次。我兴奋地唱了一首《我们上尉的名字是墨菲》。印第安人告诉我，我是个好阿帕奇人，并且重复了昨天说过的话，说我今晚可以睡得很香。

当我和一个同志一起下水时，他环顾四周，发现没有人偷听，然后低声告诉

---

① A. 富兰克林·兰德尔（1854—1916），报社记者兼摄影师。他以埃尔帕索《时报》通讯员的身份参加了克鲁克将军的马雷德山脉远征。兰德尔在加利福尼亚和墨西哥北部的许多地区摄影。他的一部作品集收藏在加利福尼亚州圣马力诺市亨廷顿图书馆和美术馆。

我，他是戴斯钦人。我买了一支牧笛。根据我的观察，阿帕奇人用于吹奏的牧笛并不多。卖牧笛给我的是个不错的小伙子，名叫埃斯卡伊蒂阿尔蒂（Eskay-ti-al-ti，戴斯钦人）。

1883年5月4日，星期五（接上文）。两个墨西哥货郎是巴维斯佩本地人，他们离开营地，去镇上看望亲戚。一个居民来看我们，整晚都和我们待在一起。他说，八到十天前，来自巴维斯佩和巴塞拉（Bacerac）的国民警卫队与奇里卡瓦人打了一仗，打死3人，打伤2人。他们说打死了12个敌人，这种说法真实性存疑。

1883年5月5日，星期六。上午晴朗而美好。我们沿河而上，前进了9英里，来到古老的巴维斯佩镇。据说，这里有大约二百年的历史。我们在路上遇到了前来迎接克鲁克将军的镇长。由于我们的墨西哥货郎何塞跟着他，因此我没有回去找翻译。镇长带了两瓶饮料。我喝了从其中一个瓶子倒出来的龙舌兰，然后退下。路上有一些墨西哥牛群，但在抵达小镇之前，我们没有看到人类居住过的痕迹。镇上的所有人——男人、女人和孩子，共有四五百人——全都聚集到街角和房顶上，以观赏这支陌生的队伍。一路上，每个人都向我们问好。当我们脱帽行礼时，许多明亮的眼睛都在温柔地注视着我们。

一个老人礼貌地要求我下马喝点龙舌兰。这是一种纯粹的蒸馏酒，没有掺杂其他液体，当然是很好的烈酒，但是对一般人来说未免有点辣。我们买了几十枚新鲜鸡蛋，这是唯一值得购买的食物。我们和一些人进行了交谈，然后进入了古老的圣米格尔教堂——这是一座典型的旧式交叉拱建筑，是用劣质烧砖建造的。走出教堂，我和一个小男孩说了几句话。我用西班牙语让他替我牵马。一个旁观者评论道："这个人显然不是美国人。他一定是基督徒。他进了教堂，而且会说纯正的卡斯提尔语。"

索诺拉北部所有人都配有武器，用于抵抗阿帕奇人。他们拿着武器在田里工作，而且组织了巡逻队，以25~30人为一队，每天在这片地区巡查，寻找敌对分子的脚印和其他踪迹。当我们离开时，25个巡查人员刚刚返回小镇。

上个星期，一支骡队载着烟草、粗糖、龙舌兰和橘子离开这里，前往75英里外的奇瓦瓦州哈诺斯镇，在巴维斯佩执勤的步兵分遣队负责护送他们。

上游距此9英里处是拥有876名居民的巴塞拉镇。巴塞拉比巴维斯佩更加破旧不堪。这里的居民也都来到户外观看陌生人。他们这样做不是因为无所事事，完全是因为好奇。他们甚至不需要为无所事事找借口，因为这是他们的生活常态。

这两座城镇之间的庄园被大片肥沃的土地环绕。土地得到了灌溉，生长着还未成熟的小麦。虽然这里拥有繁荣发展的条件，至少可以让人过上舒适的生活，但是大多数居民过着极其肮脏贫困的生活。

过去的情况并没有这么糟糕，我们还可以看到一些体面生活的零散证据，这使周围的衰败更加显眼。迷信、失学和恶政达到了极致，使之前在巴塞拉、巴维斯佩和奇瓦瓦州哈诺斯平静生活的人们陷入糟糕的境遇之中，他们比奇里卡瓦阿帕奇人目前的生活状态还要悲惨。

在巴塞拉，有一个悲伤的故事：主要的运输货物是制作精良的龙舌兰，但它也是世界上可以入口的最糟糕的事物。不管路上多么危险，人们都会运输龙舌兰。如今，你遇到的每支驮队都会带着1~3个装有龙舌兰的酒桶或酒瓶。

当地居民邀请我们到家中做客。我必须承认，在教养和外表方面，女性比她们的丈夫和兄弟强得多。他们端上了龙舌兰，作为饮品。他们似乎从不缺乏这种烈性饮料。屋子里没有桌椅，没有镜子，只有光秃秃的墙壁和光秃秃的地面，以及两三张垫子。不过，每个家庭都有龙舌兰。

我和菲伯格去了达维拉家（Davila）和蒙托亚家做客。女士们很漂亮，性情温和，但她们的无知和懒惰令人绝望，而且往往肥胖且肮脏。

过了小镇，我们来到了河流转弯处。这里是石灰岩地层，在洪水作用下呈起伏状。我发现了一口方形大缸，里面装有石灰水，用于制革。我们走了20英里，在河流左岸的牧豆树丛里扎营。这里有丰富的木材和水源，但草料很少，质量也很差。

我们刚刚解开马鞍，打开包裹，一群从镇上赶来的男人和男孩就来到了营地里，其中有 3 名国民警卫队成员，是巴维斯佩镇长派来的，其任务是向克鲁克将军展示他们两星期前与敌对阿帕奇人战斗过的地方。他们对于战斗的描述与我们上午听到的版本相同，但他们补充说，他们发现了两个村落，一个被烧毁，另一个正在燃烧。他们还发现了许多家养牛。阿帕奇人从南边将这些家养牛赶过来，然后将其屠杀。50 名国民警卫队员开始攀爬陡峭的山脊，来到距离隐藏在草丛中的矮石墙不到 20 英尺的地方。此时，埋伏的阿帕奇人突然跳起来，从三个方向朝先头部队射击，打死 4 人，重伤 2 人。阿盖尔上校（Colonel Aguerre）带着常规军从山坡匆匆赶来，但阿帕奇人逃跑了。

巴维斯佩镇长通过蒙特韦德（Monteverde）先生向克鲁克将军传达了一条消息。他命令 3 名国民警卫队员与克鲁克将军同行，向他展示他们之前与阿帕奇人的战斗地点。他还想把该地区最优秀的向导拉萨罗·科洛西奥（Lazaro Colosio）派到克鲁克那里，但是没有成功，因为科洛西奥病卧在床。如果克鲁克将军需要协助，他可以发回一封快信，镇长会带着国民警卫队的全体成员赶到。他会尽全力协助克鲁克将军的工作，这就是他接到的命令。

今天下午，克鲁克将军以 20 美元的单价买了 4 头肉牛，然后将其屠杀，供部队食用。牛肉很硬，有很多筋。我和菲伯格在狭窄（30 英尺宽）但很深的渡口过了河。河水流速很快，河底是坚固的岩石。

两个同骑一匹马的墨西哥人把马借给我们过河。菲伯格把绳子甩回到河对岸。其中一位绅士带我们参观了教堂。这座建筑比巴维斯佩教堂朴素得多，是用砖和土坯混合建造的，一个角上有一座低矮的方形砖制钟楼。教堂屋顶很平坦，由横梁支撑。横梁之间距离很近，上面有彩绘和简陋的雕刻。有十几座雕塑，全都是丑陋且怪异的形象，还有与之相称的壁画。这座用于充当教堂的朴素建筑拥有一个精致的名称，叫作"圣墓与出神圣母之庙"。旁边是早已废弃的女修道院的废墟。

当地居民生活非常悲惨。在一所房子里，一家人的晚餐桌上只有"阿托尔"（一种稀面糊，与糊纸时使用的糨糊非常类似）。

教堂的挂钟发出了疯狂而响亮的轰鸣，这意味着明天是礼拜日。这时，我们听到了持续的鼓声。原来，舞会就要开始了。我们拐弯抹角，来到传出鼓声的街角，发现西贝尔、弗兰克·莫纳克、霍普金斯[①]和其他几人已经买下了一家商店的所有存货。那家店似乎只卖龙舌兰。他们抓住街上每个路人的衣领，把路人拉进店里，强迫路人喝上一杯。他们招募了一个乐队，包括一面低音鼓、一面小鼓和两把声音尖利的小提琴，为酒会伴奏。没有一个演奏者懂音乐。每当有人点曲子时，他都需要先吹口哨，以便使乐手在两面鼓的伴奏下跟着节奏热情地演奏起来。过了一会儿，乐队增加了一支萨克斯号。号手不会吹曲子，萨克斯号也缺了好几个按键，但他还是为乐队增添了新的噪音，听众对此报以热情的尖叫。这其实是一场男性派对，但是很有趣。新乐手用萨克斯号吹出了一段不错的曲子。此时，一对舞者转着圈向他冲去，使他失去平衡，跨坐在低音鼓和鼓手身上。场面一度混乱，但这只是暂时的。在畅饮了龙舌兰之后，大家又恢复了愉快的心情。

晚上11点左右，我和菲伯格返回营地。到了河岸边，我们脱下鞋袜。这时，菲伯格走到河边，喊道："过来吧，水只能没到脚踝！"话音未落，他的脚就滑了下去，发出沉闷的撞击声。他掉进了齐腰深的河水中。

我们沉默而痛苦地回去睡觉了。

1883年5月6日，星期日。今天早上，许多货郎面部肿了起来，但我们还是早早动身了。我们上午朝着接近正南的方向前进。到了晚上，我们的前进方向更加接近西南。这里崎岖多山，但道路非常清晰，尽管上面布满了石子。

巴塞拉外围是一片不错的牧场，生长着绿色的小麦，还有石榴、桃子、楹梓和葡萄。牛群和马群看上去不错。

走出6英里后，前面是埃斯坦科庄园。50个男人、女人和孩子隔着栅栏懒洋洋地看着我们。再走10英里是瓦奇内拉镇（Huachinera）。这里住着300人，是个有些脏乱的居民区，有一座破旧的教堂——那是圣依纳爵堂（San Ignacio de Loyola），最初是献给圣胡安的，但被烧毁，因此将主保圣人改成了圣依纳爵。向

[①] 克鲁克某支驮队的首席货郎。

我提供消息的人说,圣依纳爵会比圣胡安更好地守护这里。墙上挂着五六幅从西班牙带来的笔法娴熟的油画,现在仍然很有价值,尽管它们已被灰尘、烟雾、蜡油和鸟粪严重破坏。

这座城镇有许多鸟雀和儿童。孩子们通常很漂亮,但是当他们快要成人时,这一特点会突然消失。我向一个老妇人买了一打鸡蛋,她把鸡蛋从陶制容器中取出。我们保留了这个陶器,用于更加简单的事情。

我们行进18~20英里,来到特索拉巴比牧场(Tesorababi)。这个牧场由于遭到印第安人的抢劫而被遗弃。不远处有一片不错的橡树林,我们在一片漂亮的牧豆树林中扎营。这里有许多木材(美国梧桐树)、水源和草料。水是从泉眼里流出来的,凉爽而甘甜。到目前为止,整个旅程白天很热,夜晚非常凉爽。

我们的奇里卡瓦俘虏说,奇里卡瓦人在3月开始抢劫时经过了这个地点。他极为肯定地说,其中16个人大白天来到瓦奇内拉广场购买烟草。所有侦察兵毫不掩饰对于墨西哥人的轻蔑。

这里是本次侦察过程中最美好的营地,但它不像其他一些营地那样拥有大量活水。为解决这一问题,克鲁克将军挖开泉眼,用岩石把水围起来。侦察兵搭建了汗蒸房,整天都在洗澡打牌。至少20人找到了其他消遣,他们朝小松鼠扔石头,而小松鼠们在为泉水和水池遮阴的美国梧桐树枝之间奔跑跳跃。

1883年5月7日,星期一。在特拉索巴比泉水边,我们整天待在营地里。上午很舒服。天空呈蔚蓝色。阳光柔和而不强烈,令人神清气爽。牧豆树的嫩枝在和煦的微风中轻轻摇摆。国民警卫队的4名成员于昨天晚上2点启程出发,带着巴维斯佩镇长写给加西亚将军①的快信,信中说,我们正在该地区侦察。两名国民警卫队员今天黎明时离开营地,返回巴维斯佩。4个骑着骡子和驴子的墨西哥人在我们吃早饭时来到营地。他们从巴卡德瓦奇(Bacadehuachi)前往巴塞拉。我从他们那里得知,阿盖尔上校今天或明天将会带着400人的常规军侦察马德雷山脉,

---

① 墨西哥陆军洛伦索·加西亚上校(不是将军)。

他将得到莫克特苏马（Moctezuma）地区所有国民警卫队的协助。据估计，后者大约有3000人。

整个上午，墨西哥人一直在三三两两地进入和离开营地。兰德尔先生采了一束五颜六色的美丽花朵。一道75~100英尺高的陡坡俯瞰着这座营地，峭壁顶峰有一小片茂密的牧豆树林。我、菲伯格、兰德尔和哈默爬上陡坡，在茂密生长的树林和草丛下面发现了印第安村庄的地基。这片地基不是很好辨认，是用陡坡周围干谷里的巨石建造的。兰德尔先生幸运地发现了一个很好的圆形黑色火山岩研钵。其他人收集到了片状的黑曜石和陶器碎片，上面的图画和装饰与弗德河谷发现的陶器几乎完全相同，另一些图案是由雕刻线条组成的，上面带有被刺穿的圆形区域。哈默为其绘制了彩图。下午早些时候，5只鹦鹉在营地上空飞过。我们于下午3点45分上路，朝西南方向前进，来到马德雷山脉地区遍布树林的山麓丘陵附近。橡树在起伏的丘陵上肆意生长，丘陵被无数陡峭的溪谷切断。牧草质量极佳。

当我们在高高的山脊上停歇时，兰德尔先生在鞍桥上展示了一只仍然长着绒毛的小猫头鹰。阿帕奇人走下来，来到我们跟前，说猫头鹰是恶灵[①]。

橡树被大量低矮的雪松取代。丘陵和山脊变得更加陡峭。我们很快发现了奇里卡瓦人驱赶牛马从萨瓦里帕（Sahuaripa）前往奥珀苏拉（Oposura）时经过的小路。我们已经进入马雷德山脉，开始沿陡坡进入一道峡谷，陡坡上生长着松树和雪松，还有一些橡树。

天色很暗，崎岖的道路上又布满尘土。所以，我们进入小小的箱形峡谷时非常高兴。奇里卡瓦俘虏说，我们要在这里等到黎明（我们走了12英里）。这座营地的海拔为4600英尺。这里的木材当然很充足，牧草也很好，但是没有供牲口饮用的水源，部队用水也只能通过爬下陡峭的岩石去峡谷底部的水池里获取。

由于队伍禁止生火，因此驮队很难安顿下来。他们整晚在我们床铺周围奔跑，

[①] 他们还抗议说，只要兰德尔留着它，克鲁克就不可能打败奇里卡瓦人。克鲁克立刻命令将其放生。Bourke, *Apache Campaign*, 74.

这使我和菲伯格非常恼火。

1883年5月8日，星期二。我们在上午的晨雾中生火煮咖啡，并在6点30分备鞍上路。货郎巴卡（Vaca）捡到了奇里卡瓦人丢弃的一大块棉布。我们向东爬出了陡峭的峡谷。所有牲口在水池边一痛豪饮，以缓解口渴。被盗牛群踩出的脚印清晰可辨。我们常常可以看到新鲜的牛粪。我还看到了刚刚被杀死的5匹马的尸体。接着，道路沿峡谷侧面蜿蜒而上，变得非常陡峭。如果马匹脚下打滑，它就会滚落到几百英尺深的谷底。在一个急转弯处，我们看到了下方一头鹿的骨骼。它从道路上滑下去，在岩石上摔得粉身碎骨。山脊上是另一头死鹿。我们不停地攀爬。我们登上一座山峰，发现前方还有一座更高的山峰。这片地区地势起伏，形成了一系列复杂的山脊和深坑，非常恐怖。地表生长着少量松树和大量橡树。道路一直很清晰，路边有几件阿帕奇人的衣服。

我们沿着这条崎岖的道路爬上爬下，穿过墨西哥士兵的宿营地。灰烬仍然很明亮。种种迹象表明，一支大型分遣队几天前曾在这里宿营。

在距离昨晚营地10英里处，我们进入了一座深邃狭窄、带有流水的峡谷。这里也有墨西哥营火的新鲜灰烬。再往前走不到半里格，在一座长满青草的低矮丘陵的另一侧，是一伙结束低地抢劫、带着战利品返回的奇里卡瓦强盗的露营地。这里有12堆篝火的灰烬，还有两头牛和两匹马燃烧过和未燃烧过的遗骸。我们在此宿营，营地位于一片松树的树荫里。这里的草质很好，溪流也提供了充足的水源。一些人曾在此居住，可能是墨西哥人或印第安人，后者的可能性很大。他们建造了石屋，在山中狭窄的峡谷里堆积起了堤坝。今天的行程是11~12英里。这座营地海拔4600英尺。驮队抵达营地的时间比部队晚了二到六个小时。许多口渴的骡子一路走回了特索拉巴比牧场露营地，货郎追到那里，将其抓获。

今晚的营地在各个方面都很棒。驮队报告说，今天的路况很差，6头牲口摔倒后不断翻滚，最后躺在陡峭山坡的底部。它们都没有受重伤。

晚上8点，侦察兵在4个巫医的领导下开始唱歌并"观察"奇里卡瓦人。我静静地坐在吉姆身旁。吉姆会说一点英语，他好心地为我翻译了众人所说的一切。

几乎所有印第安人都加入到了合唱之中。这种合唱与他们离开威尔科克斯之前跳舞时的合唱相同,与他们在汗蒸房里反复吟唱的段落非常类似。

领头的巫医使劲捶胸,手指向东方和北方,很快进入了狂躁状态。吉姆说,他对阿帕奇人说,"我看不到奇里卡瓦人。但是也许,我看到他了,我抓到他了,我杀死他了,我没抓到他,我没杀死他。也许六天后我会抓到他,也许两天后。明天,我派25人追赶他。也许明天能抓到他的女人。奇里卡瓦人看到我,我没抓到他;没看到我,我抓到他。我现在似乎看到他了,也许我明天能更好地看到他。我抓到他了,我杀死他了。我抓到他的马,我抓到他的骡子,我抓到他的奶牛。也许我很快就能抓到奇里卡瓦人。我杀死许多人,抓到他们的女人"。这些预言与美国通灵师的占卜非常类似,但围坐的阿帕奇侦察兵却带着专注而崇敬的神情倾听他的话语。

我们的阿帕奇人在今晚巡查时发现了两头活着的小母牛,奇里卡瓦人割断了它们的腿筋并将其丢弃。他们还发现了带血的破布,那是某个墨西哥伤员的绷带。

1883年5月9日,星期三。昨晚非常寒冷,我和菲伯格在毯子下面瑟瑟发抖,直到早餐号响起。我们继续沿小路前进,但道路非常崎岖。我们刚刚登上刀锋般的山顶,又要走下血盆大口般的深坑。我们沿着陡峭的岩石表面绕过尖峰和山岬,一旦失足就会使坐骑滚向谷底。我们牵着马和骡子上山下山,上山下山,坐骑大汗淋漓,我们气喘吁吁。在两处地点,我看到了水库堤坝,里面填满了沙土,沙土上生长着树木。奇里卡瓦人在靠近我们行进线路的地方宰杀了5头牛和一匹矮马。我们的侦察兵发现了5匹矮马,但是其中两匹马非常倔强,无法骑乘。

每一座峡谷里都有水,要么是水池,要么是水量很足的溪流,而且水质都很好。我们看到的树木包括松树、橡树和雪松,其中雪松比其他两种树木更多见。在这些可怕的峭壁和深渊中,我们尽最大努力上下爬行了四个小时,在一座高山的山顶停歇,等待后面的驮队。途中,我们又看到了两头被宰杀的肉牛。前方的山里有许多烟雾。奇里卡瓦俘虏指着这道山脊下面的崎岖峡谷,说他想在此扎营。经过一个小时的艰难前进,我们抵达了他所指示的地点。我们一共走了五个小时一刻钟，前进了大约9英里。克鲁克将军知道，驮队会遇到更大的困难，因此他明智地放弃了长途行军的风险，在这座峡谷里露营，等待后面的骡子。我们等了四个小时。也就是说，驮队在同样长的路程上走了九小时一刻钟。峡谷最宽处类似于小型竞技场，呈圆形，非常崎岖、陡峭，生长着茂密的小松树和橡树，中间低洼处有一条小溪，溪水在岩石里汇成大池塘。人和牲口的伙食分量很小，草也不多，但附近的木材和水源很充足。

奇里卡瓦人在这片与世隔绝、非常安全的隐蔽区域建了两个村落，我们的侦察兵仔细考察了村落遗迹。这里有7座由树枝和灌木搭建的房屋，我参观了其中一座房屋。屋子里的东西不多。显然，奇里卡瓦人的食物主要是牛肉和矮马肉。村子里有3个牛头，不远处的小路上还有2个牛头。这里还有少量龙舌兰和一些洋葱，我身边的阿帕奇男孩说，那一定是从墨西哥人那里抢来的。一条破旧的连衣裙和一块墨西哥毛毯碎片是他们留下的所有布料类遗迹。

从圆形区域周围的草地来看，一定有一大群马和牛直到几天前还在这里吃草。米基·弗里捡到了一些东西，他说那是首次走上战争之路的年轻阿帕奇人的部分装备，其中包括一只长1.5英寸的芦管，用于吸水。米基说，这个年轻战士觉得用嘴唇接触泉水或溪水是不恰当的。他也不能用双手触摸头部，只能用坚硬尖锐的树枝在必要时抓挠。

我们周围的石墙是用溪谷里的岩石搭建的，这些岩石通常不超过6平方英寸，但少数岩石很大，需要两三个强壮的人才能搬动。没有人知道这些墙壁是做什么用的。它们横跨圆形区域里的狭窄裂缝，但它们几乎不可能用于蓄水，因为水可以在墙壁下面轻松流过。

克鲁克将军认为，它们是台地的挡土墙，原始居民曾在台地上建造石屋。我越看越觉得这种观点有道理。这些墙壁出现在两个不同地点，有的横跨小溪谷，有的位于圆形区域里的平坦区域，共有20处。它们的高度在12英寸到3英尺之间。

5头驮骡今天上午在小路上前进时掉下悬崖，其中3头扭断了脖子，另外2头被我们射杀。其中一头驮骡携带着兰德尔先生的照相设备,它们被摔得粉碎。

印第安侦察兵和货郎从奇里卡瓦村落收集到了用草制作的毛刷和男孩的玩具弓,发现了印第安妇女为孩子剪头发的地点,以及孩子们在光滑的岩石上玩滑梯的地方。

我和菲伯格在很深的石塘里洗了澡。池水凉爽清澈,月光如洗。这里海拔5500英尺。

1883年5月10日,星期四。我们度过了另一个很冷的夜晚,但并不难受,因为我们的铺盖位于两块大石头之间的凹陷处。

早晨5点40分出发,我们后退0.5英里,来到最近的山脊顶部。这里生长着小松树。这里曾是一个村落,有40多座永久式房屋。阿帕奇人宰杀了许多马和牛,以获得食物。再走一两百码是几座老建筑的遗迹,每座建筑的地基为40英尺×50英尺。距离一座地基不到10英尺处有一个做工精细的梅塔特①,其火山岩磨板尺寸为20英寸×12英寸,中间有一个深坑。这个梅塔特是用亚利桑那常见的陶艺制作的。

从这里开始,前面的小路比昨天更加可怕,但敌对阿帕奇人的行走线路非常清晰,那是他们在几天前下雨时留下的。我们爬上爬下,艰难地走了2英里,然后滑下由黏土和页岩组成的几乎垂直的高崖,绕过岩石拐角,进入另一个被遗弃的村落。这里的木桩小茅屋散布在橡树和雪松之间,无法一下子看清有多少茅屋。不过,我至少看到了30座。奇里卡瓦的年轻男人和男孩曾在这个村落进行他们最喜爱的部落游戏"酷儿",即"阿帕奇台球"。两头白尾鹿径直冲向我们延伸到山下的长长的侦察兵队列。侦察兵朝它们扔了一阵石头,大家都感到非常愉快,但没有人发出吵闹的笑声。一条可怕的斜坡通往幽暗的深坑,斜坡上还有巴维斯佩河源的涓涓细流,它们在盆地和池塘里积聚起来,像水晶镜面一样清澈。一座小瀑布从石灰岩架上流下来,冲入一座大水库底部。在这道峡谷里,树荫下和岩石

---

① 梅塔特是一种大碗,通常用于研磨玉米。

后面到处都是印第安人的火堆灰烬和铺床的稻草。

往上爬！往上爬！往上爬！每个人的眉毛都渗出了汗珠。小路在垂直或近乎垂直的山坡上蜿蜒上升，山顶距离下面的水面几乎有1000英尺。"小心！"前面的人大声发出警告。接着，后面的人紧张地躲避被马匹和人员踩落的岩石。这些岩石越往下掉力量越大，就像是用石弩射下来的一样。这片地区看上去很壮观，走起来却宛如地狱。

不过，当我们的阿帕奇侦察兵发现目标时，他们却能像小鹿一样在这些山脊上上蹿下跳。在你能想到的所有隐蔽安全场所，你都能看到奇里卡瓦村落的遗迹。俘虏说，奇里卡瓦人从不在夜间生火，直到上午9点到10点才会烹制当天需要的肉类。他指着松树林说，他们曾在那里全体集合，举行盛大的舞蹈表演，然后分成不同小队，开始下一次抢劫。平坦的石头上覆盖着橡子粉末，这说明印第安妇女曾在此制作面包。

在山脉侧面高处，几乎每座山峰上都可以看到曾经占据这一区域的居民建造的石墙。当我们登上最后一座山时，我们的阿帕奇侦察兵非常激动地跑进来，说他们发现两个奇里卡瓦人正在穿越不远处一道幽暗的溪谷。还没等我写下这段文字，他们已经卸下随身物品，像狼一样沿着山脊跑开了，准备抓住那两个行人。不到一个小时，他们回来了，说那两个人不是奇里卡瓦人，而是我们自己的货郎，他们在山里绕了一个弯，寻找走失的骡子。我们可以在峡谷深处隐约看到驮队——骡子看上去还没有长耳大野兔大——正在漫长、陡峭、曲折的山路上气喘吁吁地艰难前行。

过了这道悬崖，我们又走了1000码。在距离昨晚露营地只有6英里多的地方，我们在拥有断裂山坡的狭窄山谷里停歇。这里有许多树木，大部分是松树，还有一些优质牧草。奇里卡瓦人曾在附近居住，他们分散开来，两三个家庭聚在一起，以免整个分支遭到奇袭，但他们相距很近，可以在紧急时相互援助。他们曾在这里烤制龙舌兰。这里有牛和马的骨头、角和内脏。一些印第安战士曾在这个偏僻的地方搓制绳索。在这块平坦的草地上，一些人曾在一圈美丽的松树中间跳舞，玩"酷儿"游戏。米基·弗里牵来了一匹很好的黑色矮马,那是敌人留下的。

我们现在可以肯定,墨西哥人打死了 11 个奇里卡瓦人的事是谎言。我们一直在跟踪奇里卡瓦人的足迹,但是没有看到坟墓、死尸、爆炸的弹片、战斗的迹象和堡垒。我们只能不情愿地接受米基·弗里提出的理论,即"墨西哥人喜欢说谎",奇里卡瓦人只是奇袭了他们,打死打伤了一些人,将余下的乌合之众赶出了山区。

我们极为谨慎,以免对方看到并袭击我们。侦察兵分遣队像一群群蝗虫一样在该地区分散开来,有的走在前面,有的绕到两翼,用老鹰般敏锐的目光努力搜寻附近最细微的蛛丝马迹。其他侦察兵留在驮队身边,骑兵连也和他们在一起。

货郎过得非常艰难。今天,他们走了八到十个小时,却只走了 6 英里。每支驮队前面的人需要用斧子砍倒小树苗,或者尽量清除特别挡路的障碍物。

自从我们于 4 月 20 日离开威尔科克斯以来,白天一直有太阳,夜晚一直有星星。今天下午出现了值得一提的变化——天空乌云密布,暴风雨即将来临。

克鲁克将军发现了打火棒,这似乎意味着敌对阿帕奇人缺少火柴。希望他们也能缺少弹药。

5 头骡子今天走失了,但它们全都被找了回来,而且没有受重伤。

克鲁克将军今天下午与阿帕奇侦察兵开会。他们告诉他,他们希望找到奇里卡瓦人并将其包围;如果发生战斗,奇里卡瓦人拒绝投降,他们要将其赶尽杀绝。侦察兵还说,就算对方投降,他们也必须处死像朱[①]和杰罗尼莫[②]这样的坏蛋,因为这些人会不断制造麻烦。克鲁克将军回复说,如果奇里卡瓦人想要战斗,我们应该满足他们的愿望,侦察兵可以大开杀戒,但他希望他们不要打死妇女儿童,并且宽恕所有求饶的人。我们应该把俘虏带回圣卡洛斯,在那里教他们好好做人。

米基·弗里在这个营地里发现了一支温彻斯特十六发来复枪,除了枪闩坏了

[①] 朱(约 1825—1883)是奇里卡瓦人的著名战争领导人。
[②] 杰罗尼莫(约 1823—1909)不是酋长,而是奇里卡瓦贝东克赫分支的巫医和战争领导人。

一颗螺丝，其他地方完好无损。接着，侦察兵组织了150人，由克劳福德①、盖特伍德、麦凯领导，并由西贝尔、麦金托什、米基·弗里、塞维里亚诺和鲍曼陪同，在该地区仔细搜寻敌对分子的踪迹。驮子、骑兵部队、货郎和其他阿帕奇侦察兵留在露营地。这个露营地易守难攻，拥有许多木材和草料，水源充足。

营火在熊熊燃烧，阿帕奇侦察兵正在明亮的余火上烤制大量面包，作为行军口粮。印第安人用碾子研磨咖啡，没有碾子的印第安人用岩石捣磨芳香的浆果。他们仔细打理着鹿皮鞋，对其进行彻底修补。一个人在缝补新衬衫，一些人在打牌，几个喜欢干净的人在使用汗蒸房。我们在营地几乎正中间的丘陵中发现了蓄水池。一匹矮马的尸体倒在距离我们大约100码的地方。25~30个墨西哥货郎在6个印第安人的带领下在山脊上朝东南方向攀登了两三英里，来到了墨西哥人和阿帕奇人不久前战斗的地方。他们讲述的故事差异很大，没有哪两个人的说法是相同的，但奇里卡瓦人显然痛击了墨西哥人。他们发现3个墨西哥人被埋在石堆下面。他们说，在战场旁边的峡谷里，他们看到了一个奇里卡瓦死者的坟墓。那里有两座石制矮防护墙，还有一些爆炸过的铜子弹，50口径的子弹是墨西哥人用的，温彻斯特子弹是奇里卡瓦人的。侦察兵带回了4匹矮马②。

阿帕奇人晚上铺床时很细心，这也许是他们在如此崎岖的山区旅行时能够抵抗疲劳的部分原因。白人士兵在距离自己最近的平地上倒头便睡，阿帕奇人则会选择在地面，清除所有砾石，铺上一层草、柳枝、灌木蒿、雪松或松树枝，围上挡风的岩石或灌木，与五六个同志一起躺在上面，舒服地睡到午夜。之后，团队中的某个人会一直处于戒备状态。

天黑后，他们又唱起了灵歌，与前文描述的那种灵歌非常类似。巫医说，侦察兵将在两天内找到敌人，在三天内打死许多人。

1883年5月11日，星期五。在克劳福德、盖特伍德和麦凯的领导下，在阿

---

① 美国第三骑兵团的埃米特·克劳福德（1844—1885）是最受克鲁克信任、最有能力的军官之一。
② 这里所说的战斗发生在4月25日。当时，洛伦索·加西亚上校带着86名联邦士兵和50名国民警卫队士兵进入马德雷山脉追击一伙奇里卡瓦人。经过五天搜寻，加西亚找到了敌对分子，将部队分成两路，展开了进攻。加西亚谎称击溃了阿帕奇人。他的部队在战斗中死亡4人，受伤7人。

尔·西贝尔、阿奇·麦金托什、米基·弗里、塞维里亚诺和萨姆·鲍曼的陪同下，150名阿帕奇侦察兵黎明时离开营地，带着四天的口粮。5匹奇里卡瓦矮马进入我们的畜群，被我们的侦察兵迅速抓获。到目前为止，他们一共俘获了16匹矮马。由76个货郎看管的所有驮队、查菲的骑兵连和48名阿帕奇侦察兵留在这个营地。其中，侦察兵忙着在各个方向用石头和灌木搭建堡垒。

奇里卡瓦人似乎没有带许多奶牛进入这片崎岖的隐蔽处。除了从前面的营地带来的牛肉，他们只能吃矮马肉。

克鲁克将军在俯瞰营地的三座高山上布置了岗哨，每个岗哨5个人，白天是阿帕奇人，晚上是美国士兵。下午，没有站岗和其他任务的人几乎都在洗澡或洗衣服。说到我自己，说实话，一路上的尘土把我弄得比黑人还要黑。克鲁克将军去打鸟了。他打死了3只很小的蜂鸟，制作了漂亮的标本。昨天上午，5名白人士兵和2个货郎离开队伍，货郎走上了一条小路，士兵们则是去追赶受惊的马匹。货郎今天上午早早归队，克鲁克的勤务兵、通用服务部队的哈默日落时也归队了。他说，马匹返回了瓦奇内拉，追赶的人遇到了一头载着咸猪肉和发酵粉的骡子。

我们在今晚的营地里捡到了两个奇里卡瓦婴儿，一个被交给了我，另一个被交给了菲伯格。

吃晚饭时，3个印第安人返回，带回了克劳福德上尉的一封信。他在距此大约12英里处发现了很适合我们的宿营地，路况很好，可以在一天内走到。

1883年5月12日，星期六。上午温暖多云。我们的岗哨在被召回时报告说，他们占据的一座山的山顶还有一座村落，拥有坚固的石制矮防护墙。我们于早上5点30分出发，沿克劳福德的足迹朝东南方前进，沿溪谷而上，溪谷里的水从营地流过。走了1英里，我看到了一匹死去的矮马。就崎岖性来说，这条道路与我们在5月8日刚刚进入马德雷山脉时艰难跋涉的道路非常相似。我们来到这条山脊的顶峰，等着驮队跟上来，然后继续朝东南方向前进，经过相对平坦的台地。台地上绿草如茵，生长着茂密的松树和橡树。我看到了4匹死去的矮马，还有被奇里卡瓦人丢弃的大量生皮、一些隐藏旧衣服的地点、一副马鞍和马镫。我们再次沿山脊侧面下山，进入茂密的橡树丛。道路很清晰，散布着奇里卡瓦人丢弃的赃物。一名阿帕奇侦察兵向我展示了一个梳妆布包，上面用红笔写着"S. C. Z."。

奇里卡瓦人有些沮丧地挖了一个龙舌兰坑，但在焚烧龙舌兰之前匆匆离去了。3匹矮马被宰杀。我们的印第安人牵来了3头骡子。随着路况的改善，我们的脚步大大加快，驮骡紧紧跟在阿帕奇侦察兵后面。每条深邃的溪谷里都有水，左边是一道很近的山脊，泉水边生长着亮绿色的美国梧桐和棉白杨。在每一处可能有水的地方，我们都能看到奇特的砖石墙。菲伯格觉得那是为了留住台地花园里的土壤而建造的。这种说法很有道理，因为河谷里没有任何土壤，河床由巨石和砾石组成。

我们沿小路进入一道峡谷，里面有一条美丽的小溪，溪水从东南方向流过来，在前方1000码处拐弯，向南汇入巴维斯佩河。这条小溪约30~50英尺宽，6~8英尺深，在路上冲出幽暗深邃的池塘，被峡谷侧壁的阴影笼罩，以每小时4~5英里的速度在由砾石和岩石组成的河床上流过。巴维斯佩河与之类似，但规模更大，宽20~35码，深12英寸~3英尺。

我们沿巴维斯佩河而上，朝东南方向走了几英里，穿过被烧焦的橡树林，遇到了从克劳福德先头部队返回的盖特伍德少尉和阿帕奇侦察兵。他们找到了7头骡子和矮马。盖特伍德报告说，他们可以在整条道路上看到被遗弃的赃物、矮马以及奇里卡瓦人匆忙撤退的其他迹象。在这里，我们在高山围成的圆形区域宿营。这里有松树林，还有一些橡树。我们从河里取水。河水很充足，水质很好。牧草也很好，而且很丰富。今天的行程是12英里。

今天下午下了点雨，风很大，天空乌云密布。巴维斯佩河和汇入河流的小溪经常有鸭子出没。傍晚，我们还听到了北美夜鹰的叫声。

克鲁克将军建议考察营地南端的废墟。废墟被疯长的赖特氏鼠尾粟淹没。我们只能辨认出，其总长度约为120英尺，宽约60英尺，每个房间长二三十英尺，宽10英尺，墙壁厚两三英尺，由沉重的水蚀岩浆岩石块组成。这些石块8英寸见方，来自下面50英尺处的河床。我们没有发现陶器和"阿塞奎亚"①的痕迹。不过，这里的居民很可能是农耕民族，曾耕种着这片四五十英亩的平坦土地。仅有的一只小黑驴被前主人——奇里卡瓦人遗弃，在废墟中忧郁地游荡，小口啃着草枝，直到我们的一个阿帕奇盟友缓解了它的孤独感并为它分配了新主人。奇里卡瓦人在附近的地面上丢弃了一张很好的墨西哥床垫。我们派人沿小路往回走，为追赶走失骡马的查菲部队的4个人送去了五天的口粮。

1883年5月13日，星期日。昨天掉了几滴雨点，空气变得凉爽、清新而惬意，而且一点也不冷。我们预感到暴风雨的来临，用帆布、树枝等材料临时制作了各种雨棚，但雨水并没有随着夜晚一同降临。早上醒来时，我们迎来了极为平静温和的一天。

我们派8头骡子带着口粮沿小路前进，以追赶克劳福德的部队。同行的还有4个照料骡子的货郎和12个负责护卫的印第安人。菲伯格爬上一处岗哨，那里位于俯瞰营地、高1200英尺的山峰上。他发现了面积很大的村落废墟，包括一些带有雕刻和绘画的陶器碎片、两块磨刀石以及一个制作特别精致的研钵。

带着口粮沿小路返回的货郎和士兵傍晚与我们会合了。他们说，他们没有看到离队士兵，因此把口粮留在了小路上，然后返回。

1883年5月14日，星期一。昨天，克劳福德没有带回消息。所以，我们没有离开营地。今天，我们还要留在原地。很难找到比这里更加迷人的地点了。牲口在惬意地休息和品尝有营养的草料，军官和士兵在齐肩深的冰冷的池水里洗澡，美丽的松树将凉爽的树荫投在水面，水底是岩石和干净的鹅卵石。其他人懒洋洋地躺在地上，或看书，或写字，或聊天，或慵懒地倾听云雀在枝头啼啭。比较活跃的人去钓鱼。小溪里有许多蓝鲶鱼。警惕的哨兵在俯瞰营地的每座高峰上扫视各个方向的地平线，以提防大胆的袭击者。天空澄澈透明，阳光明亮但不强烈，轻柔的微风拨弄着松树纤细的枝叶。

---

① 灌溉渠。

昨晚下了霜，天气很冷。我和菲伯格盖了四层毯子，但是为了取暖，我们不得不紧紧抱在一起。早餐直到6点才开始，这一变化令人感到很愉快。自从出征以来，早餐时间一直是早上4点。

克劳福德派了4个印第安信使，他们在正午时分来到营地。根据其中一个人的说法，我们追逐的奇里卡瓦人进入了一道隐蔽的溪谷，在那里举行了大型舞蹈，宰杀并吃掉了许多矮马，然后分散成了三四个团伙。不过，还是听听克劳福德自己的说法吧。下面是他的信。

巴维斯佩河畔营地，1883年5月14日

亲爱的将军：

　　昨天上午，我们在分水岭顶部发现了印第安人遗弃的营地。他们在那里住了几天。从那里，他们的脚印朝几个不同方向分散开来。皮奇斯和盲中士说，他们正在前往大河谷对面的山脉，那里距离这里大约有三天的行程。

　　我现在的计划是上午出发，领先你们一天的路程。我将在上午离开这里。你明天晚上很容易抵达这里。你只需要走十三四英里。传递这封信的侦察兵将为你带路。我会带着你派来的携带口粮的驮骡，这样你能够跟在我后面。当我们抵达皮奇斯所说的开阔区域时，我会等你，在你抵达前进行充分侦察。皮奇斯说，这片开阔区域的另一边有一座险峻的山峰，印第安人去了那里。

　　他们位于山上的村子里有98座棚屋。我还发现了一些带血绷带。他们带着一大群牲口，包括一些牛。他们在营地里宰杀了许多马和牛，用于吃肉。一些脚印是大约四天前留下的。

敬上，
（签名：）克劳福德

今天下午，领导发布了命令，要求我们离开营地前特别小心地熄灭所有火苗，以防大风引发山火。从墨西哥部队和奇里卡瓦人的交战地点开始，山脊上的一大片土地已被烧毁。值得一提的是昨天和今天的绝佳洗澡场所，许多人在此进行了健康舒适的放松。水很清澈，可以愉快地清点水底每颗鹅卵石，还可以清点在生苔的岩石背后偷偷穿梭的矫健的鱼儿。河水很深，有时，我们即使举起双手缓慢下沉，也无法用脚趾触碰到河底。河岸很宽，即使认真进行 21 次划水，也几乎无法从一边游到另一边。河水纯净、清澈而凉爽，喝起来柔和、甘甜而提神。只要一头扎进水里，疲惫就会一扫而空。

1883 年 5 月 15 日，星期二。天空多云。我们的道路沿巴维斯佩河而上，朝东南或东南偏东方向延伸，穿过深邃的峡谷，三次越过河流。路上有一匹死去的矮马和一匹活着的矮马。离开营地后的第一座小丘是一片古老的废墟，其基墙是采自河床的非常巨大的岩石，大多数被切割成 16~18 英寸。小路离开河流，越过一些很高的山峰，山上散布着茂盛的矮橡树，高 15~30 英尺。山坡上的草最近遭到焚烧。路况不像我们想象的那么糟糕，但也很糟糕。我们歇脚后再次穿越的第一道山脊侧面有两匹死矮马。所以，我们今天上午一共看到了 4 匹矮马。距离山顶最近的地方还有几道护堤壁。

今天路上的岩石是带有石英（结晶）薄层的淡红色半解体长石、一些花岗岩、砂岩、页岩、石英岩以及大块玄武岩。

每隔不到一小时，或者每次登上峭壁顶部的时候，队伍都要停下来，以免将驮队甩得太远。先头部队尽最大努力将树木砍倒，将巨石推到路边，或者进行其他清理工作，以帮助骡子前进。

溪谷底部有各种浮石，包括花岗岩、玄武岩、砂岩、斑岩、片岩、石灰岩等。不管是什么岩石，只要在山坡上踩一脚，它们几乎都会破裂开，大大延缓我们的前进速度。路上又有两匹死矮马。今天一共看到了 6 匹矮马。经过 10 英里的攀爬和行军，我们来到一条狭窄的深谷底部，深谷里有一条美丽的小溪向北蜿蜒，通往巴维斯佩河。我们走过的最后一里格经过了遭到焚烧的区域。

在这里，克鲁克将军迎面遇到了克劳福德派回来的 2 个货郎和 9 个阿帕奇人。他们带来了下面的消息。

1883年5月15日

亲爱的将军：

　　昨天派出的侦察兵发现了带着牛马向西前进的印第安人刚刚留下的足迹。你最好在货郎指定的地点扎营，直到再次收到我的消息。我觉得我最好不带骡子。

敬上，

（签名：）E·克劳福德

　　又及：我觉得印第安人不知道我们在这里。

　　货郎对这份报告进行了补充，说奇里卡瓦人在距此大约4英里处切割龙舌兰，还跳了舞。他们还说，克劳福德昨天派出了50名侦察兵，发现了敌人重新会合的脚印，捡到了奇里卡瓦人丢弃的20~25匹矮马、骡子和小驴，以及一头活公牛。

　　这个僻静的露营地有充足的水源，松树和橡树十分茂密，还有许多没有被最近的野火焚烧的优质牧草。路上的尘土和地面焚烧产生的烟令部队备感不适。我们昨晚刚刚洗过的洁白的脸、脚和手今天上午变得又脏又黑，就像刚从烟囱里爬出来一样。今天走了10英里。

　　下午1点5分，当我在峡谷下游不远处的深水池里洗澡时，一个阿帕奇信使带来了克劳福德的消息。从日期来看，信使一定很匆忙地走过了6英里的山路。

1883年5月15日，12：15（上午？）

将军：

　　侦察兵今天上午在峡谷里遇到了印第安人。侦察兵朝两个印第安男人和女人开了两枪，使他们受到惊吓，整个营地的人都跑了。我们会以最快的速度追赶他们。我想，你最好尽快追赶我们。请派出你能出动的一切人手。侦察兵现在非常激动。送信人会带领你们追赶我们。

敬上，

克劳福德

下午 2 点，我们听到了远处滑膛枪的声音。克劳福德及其侦察兵正在与奇里卡瓦人战斗！不会有错。我们的阿帕奇朋友诺特走上来，告诉大家战斗开始了。

珀塞尔中士（Sergeant Purcell）及其携带的三人小分队于下午 3 点抵达营地。他们之前被派往后方，寻找走失的马匹。珀塞尔报告说，他们追着两匹马来到了瓦奇内拉。在那里，所有的脚印都消失了。无疑是墨西哥人偷走了马匹。一行人在试图追赶我们时抓到了两头迷路的骡子——一头是鞍骡，另一头是驮骡——并把它们带进了营地。

查菲上尉及其连队率先进发，以支援克劳福德及其侦察兵，他们没有携带口粮。留在我们身边的阿帕奇侦察兵觉得我们会与奇里卡瓦人进行某种遭遇战，因此一刻不停地修建工事。他们把阵地选在谷底一小片干河床上，每两三个人搭建一道石墙，以便从低处对天际线上出现的任何敌人射击。

整个下午，一直有断断续续的射击声，这足以吸引倾听者的注意力，使其相信，我们的印第安侦察兵仍然在追赶逃跑的敌人。我不禁想到，也许，奇里卡瓦人之所以战斗势头不足，完全是因为他们浪费不起弹药。

他们与墨西哥州部队和联邦部队的持续冲突一定大大消耗了他们的资源。我认为，他们携带的马匹、牛群、妇女和儿童对于赶路来说是一种很大的负担，因此他们必须通过战斗保全自己。

如果他们停止抵抗，他们就会由于弹药不足陷入可怕的困境。考虑到种种情况，我强烈相信，我们可以在下个月开始前结束这场战争。月亮变得很大，我们白天晚上都可以持续追击。我们在营地非常谨慎地设置了岗哨，留在我们身边的骡马在距离我们很近的地方吃草。

克劳福德下午晚些时候带着侦察兵返回。他们于下午 2 点突袭了博尼托①的村落，打死 7 人，俘虏 5 人，包括 2 个男孩、2 个小女孩和一个年轻女人——她

---

① 博尼托是怀特芒廷阿帕奇酋长。

是博尼托的女儿。他们从死去的奇里卡瓦人身上发现了4支一流的镀镍十六发温彻斯特来复枪和一把柯尔特新式左轮手枪。侦察兵摧毁了村落，焚烧了二三十座棚屋，为47头牲口（35头骡子和12匹矮马）装上了丰厚的战利品，包括印第安村庄的常见物品——马鞍、笼头、肉类、龙舌兰、毯子和衣物——以及他们无数次袭击墨西哥人和美国人时获得的少数更加贵重的赃物。

我看到了一只精致的金表，是美国制造的，购买自圣路易斯，拥有优雅而简单的外壳和镶金铂的加工黑宝石。这种黑色非常高级，我无法做出更加详细的描述。出于同样的理由，我也无法对他们展示给我的银表做出详细的描述。

阿尔奇萨伊的团队有一个小钱包，里面有一枚20元金币和3枚银圆，都是美国钱币，还有一张50分的墨西哥纸钞。

从山上走下来的队伍很奇特，有时很可笑。被俘牲口被各种物品压得不堪重负，侦察兵本人也被货物压得气喘吁吁。他们携带的大部分物品只是用来炫耀的，一旦被我们看到，他们就会将其丢在一边。俘虏看上去很害怕，但是考虑到他们的年纪，他们已经表现得很冷静了。克劳福德的队伍包括由麦凯中尉、阿奇·麦金托什、阿尔·西贝尔和萨姆·鲍曼领导的143名阿帕奇侦察兵，还有充当翻译的米基·弗里和塞韦里亚诺。

年轻侦察兵的急躁导致了战斗并影响了战斗效果。如果战斗推迟到明天上午，战果会更加辉煌。不过，事情已经发生了，我们没有理由抱怨。

战斗完全是由阿帕奇侦察兵进行的，白人部队不在场。虽然结果不是最好的，但也不是最坏的。我们的侦察兵急于战斗。这当然是严重的缺陷，但是和厌战相比，这也是一种美德。所有参战人员一致证实了俘虏皮奇斯的出色表现。我方无人伤亡。这是奇里卡瓦人第一次在没有对袭击者造成任何伤害的情况下蒙受如此巨大的损失。

战斗是在山坳最深处进行的。长期以来，他们一直将那里看作牢不可破的堡垒。这一事实本身足以使他们感到极为不安。一个小俘虏是内奇的孩子，是科奇斯的孙女。村落附近有许多旱谷和溪谷，因此无法准确判断敌人的损失。部队汇报的伤亡人数是他们亲眼看到的，但是完全有理由相信，至少还有其他几个人被打死或者受了重伤。

查菲的连队于晚上8点返回。他们说，他们在返回的道路附近看到了两头很好的美国骡子。发生战斗的山峰整晚都在熊熊燃烧，因为村落被点燃了。

1883年5月16日，星期三。天空布满了厚厚的积雨云。上午6点30分，下起了毛毛雨，但只持续了一会儿。阿尔·西贝尔走过来与我和菲伯格见面。他说，他发现印第安人在战斗时会尽量按照宗族聚集在一起，就像扎营时那样。

一个墨西哥人给了我一张便条，那是莫克特苏马1883年4月19日写给巴维斯佩的雷吉娜·玛利亚·德·门德斯（Regina Maria de Mendez）小姐的，说他正在前往埃莫西约（Hermosillo）的路上，他将在抵达后再次写信。他托阿里亚诺（Ariano）先生给她送去12码黑天鹅绒缎带、5元现金和8个橘子。便条结尾是对她和家人的祝愿。

我还对一本相册进行了研究。出于某些理由，我认为它曾经是新墨西哥领地麦科马斯法官[①]的物品。它是记事本样式，红色皮革封面由于岁月和磨损而褪色不少。它是宾州费城切斯特纳特街630号的哈丁（Hardin）制作的，有12张肖像。显然，几乎照片中的所有人都是知识分子。虽然其中没有查利·麦科马斯的肖像，但是我们都觉得它可能是那种旧式口袋相册[②]，包含了结婚时丈夫、妻子和在世亲属的照片。第三张照片与查利·麦科马斯非常相像，我在经过多斯卡贝萨斯时非常仔细地研究了这张照片。

今天上午发生了许多有趣的事情。克鲁克将军与年纪最大的奇里卡瓦俘虏进行了交谈。这个俘虏说，她是博尼托的女儿，昨天被摧毁的就是博尼托和查托[③]的村落。看起来，我们对于查托先生3月和4月对亚利桑那的袭击迅速实施了报

[①] 汉密尔顿·C. 麦科马斯（1830—1883）是当地著名律师，也是新墨西哥格兰特县专员委员会主席。1883年3月28日，他和妻子乘坐四轮马车从银城（Silver City）前往莱顿多夫斯普林斯（Leitendorf Springs）时被奇里卡瓦强盗杀害。阿帕奇人绑架了5岁的查利·麦科马斯，他的命运后来一直没有得到明确证实。
[②] 伯克后来在日记中提到，那不是麦科马斯家的相册。
[③] 查托（1854—1934）是奇里卡瓦战争领导人，后来成了忠诚的侦察兵。

复。俘虏说，她不久前刚刚从亚利桑那返回。她说，这个村子里有一个大约8岁的白人男孩，是查托在抢劫时俘虏的。克鲁克将军推测，那一定是查利·麦科马斯。他给了她足够的食物，使她能够返回族人那里，并且让她带着两个小男孩中较大的那个回去，以开启交还美国小孩的谈判。女孩宣称，奇里卡瓦人急于求和，曾考虑派两个使者去圣卡洛斯谈判。克鲁克将军回复说，他明天会把营地搬到巴维斯佩河沿岸距此不远（4英里）的地方，并在那里停留三天，等待敌人联系他。

我们的侦察兵展示的战利品包括带有皮革包装的镜子，上面标有"J. W. 克拉克，图姆斯通，科奇斯县，亚利桑那"。一只新的缝纫机操作杆和其他一些配件似乎表明，奇里卡瓦人在天意支配下干掉了一个猥琐的缝纫机代理商。我们只能紧紧抓住这个令人满意的幻想，希望这个美好的幻想不会被现实戳破。

其他3个俘虏太小了，无法提供太多信息。所有人对他们都很友好，尤其是阿帕奇侦察兵，他们拿来了自己烤制的龙舌兰以及部队提供的面包和肉类。年纪最大的俘虏是个六七岁的机灵女孩，她在勤劳地做缝纫，但是就像珀涅罗珀[①]一样，她刚把图案织好，就会将其拆开，然后重新开始。显然，她害怕无所事事会招致惩罚。另外两个人是姐弟，女孩5岁，男孩3岁，他们盖着毯子坐在地上。可怜的小女孩喘着粗气抽泣。男孩是个漂亮的顽童，瞪着一双像牡蛎一样大、像黑玉一样明亮的眼睛，呆呆地看着这个世界。

我找机会买了两张漂亮的奇里卡瓦素色毛毯。菲伯格上午大部分时间都在修补短靴，他的短靴已被尖锐的岩石磨得支离破碎。他的修鞋技术值得表扬几句。中午，凉爽的阵雨将地面打湿。我们都希望这场雨能熄灭正在燃烧的山火。

在这条溪谷里，我们周围到处都是前面多次提到的奇特墙壁。对于它们的建造原因，没有人给出过令人满意的解释。阿帕奇人兴冲冲地开始了赌博。他们玩的是三猜一，赌注包括最大面值达5美元的美国钞票和各种面值的墨西哥货币，那是奇里卡瓦人对索诺拉和奇瓦瓦不幸居民持续抢劫的战利品。南辕北辙的谣言

---

① 珀涅罗珀（Penelope）是古希腊英雄奥德修斯（Odysseus）的妻子，为等待丈夫归来，拒绝求婚者，她宣称等织完一匹布就改嫁他们中的一个。于是，她白天织布，晚上又将其拆掉。——译注

到处传播，说我们的阿帕奇人缴获了大量战利品。据说，一个人拿到了 140 美元，另一个人拿到了 110 美元，而且都是金币，但我觉得这些数值有水分。可以肯定的是，我们的野蛮盟友现在很有钱，正在用华尔街经纪人的气势打牌。其中一些人戴着墨西哥宽边帽，上面有十分花哨的图案，还有金银刺绣，并且缠着银色响尾蛇。

前面说过，我们的小俘虏受到了温柔的对待。今天上午的间歇阵雨在中午突然变成寒冷而猛烈的大雨，把我们浇成了落汤鸡。此时，小女孩和小男孩最先得到了照顾。我们为他们制作了舒适的草床，铺上了毯子，使他们随时可以躺卧。他们居住的棚屋得到了加固，可以遮风挡雨。他们面前摆放着充足的咖啡、面包和炖肉。而且，当他们出发返回族人那里时，他们得到了侦察兵赠送的手帕和烟草。这些物品大部分是从他们族人那里抢来的，而他们的族人则是从墨西哥人那里征用来的。吸烟者承认，这些烟草质量极佳，仅次于古巴烟草。营地里现有的烟草足够整个队伍抽上好几天。

经过今天的考察，我更加相信，即使是最野蛮的人也会很讲究地为孩子提供与其年龄和性别相适应的消遣娱乐手段。他们提供的玩具与孩子日后使用的武器和工具非常相似。例如，小女孩在游戏时间会为小玩偶制作服装，或者学习小篮子、土缸等器具的用途。我今天看到了一个小玩具，模仿的是放在马背上的包裹或鞍囊，用于放置妇女用的剪刀、锥子、线团和家用药品。这个玩具如实展现了包裹有哪些物品，甚至连药草和草根都在里面。

查菲少校下午告诉我，阿帕奇人昨天战斗后在一座山上升起了五道烟柱。我可以清晰地看到距离战败地点最近的山脊上迅速升起的笔直而不透明的倒圆锥形烟柱。

日落时又下了强阵雨，和其他阵雨一样寒冷而令人扫兴。强风也吹了起来，给所有人带来了寒意。

这座营地海拔 4950 英尺。

1883 年 5 月 17 日，星期四。今天上午的严寒是昨天暴风雨留下的唯一痕迹。

桶里的水结了冰。空气寒冷刺骨，更像是初秋，而不是初夏。

驮队人员达不到正常的优秀标准。许多优秀人员在勤奋而高效地工作。实际上，除了分内工作，他们还需要给身边的懒汉帮忙。

每天晚上都有骡子走散，所以，我们必须花费额外的精力将它们找回来，而且无法按时出发。昨天晚上，霍普金斯驮队的所有牲口都走散了。显然，牧工在站岗时睡着了。所以，我们没有在早上5点30分出发，直到9点才离开露营地。

我们走得不像预想的那么慢，很快翻越了第一道高山脊。这时，我们突然在正前方光秃秃的土墩顶部发现了呈螺旋状缓缓上升的薄薄的烟雾。作为回应，侦察兵堆起大量松果和干树枝并迅速点燃，其又黑又浓、富含树脂的烟柱在最高的树木上方升起。

我们在不高但非常险峻的山脉之中爬上爬下，走了5英里，来到两道峡谷的交汇处宿营。两道峡谷里都有水。有很多松树和橡树，牧草质量很好。当我们解下马鞍时，印第安侦察兵派分遣队爬上俯瞰营地的一座重要地垛顶峰，在那里升起烟柱。

俘虏骑的是矮马。许多阿帕奇士兵也骑着矮马。我们有很多矮马，有的载人，有的驮运货物。我们在路上捡到的牲口和在最近的战斗中俘获的牲口一定超过了75匹。

中午，回应我们的烟柱在前方山脉盘旋升起。下午12点45分，塞韦里亚诺走上来，告诉克鲁克将军，两个阿帕奇妇女正在靠近。过了一会儿，我们看到她们从侦察兵生火的地方走下来。下午1点整，她们见到了克鲁克将军。她们是托克兰（To-klan）的姐妹。托克兰是我们的侦察兵，是奇里卡瓦人，是他们分支唯一没有从圣卡洛斯逃跑的人。印第安妇女说，他们在前天的战斗中损失惨重。当他们在峡谷里大规模撤退时，我们的侦察兵对他们造成了重创。她们承认村子里有一个美国男孩，与我们听说的查利·麦科马斯的容貌非常接近。简短的初次面谈结束了，克鲁克将军命令阿奇·麦金托什把她们带到一支驮队那里，为她们提供食物。

这个营地海拔 5050 英尺。今天上午经过的地区水源充足。从这个营地往回走 2 英里是巴维斯佩河的大支流，正南方山脊后面不远处还有一条河。

下午 3 点，我们的哨兵发出叫喊声。另外两个印第安妇女沿着小路缓缓走来，与我们的指挥官谈判，其中一人步行，另一人骑着矮马，挥舞着白旗。另外 4 个人和我们的哨兵坐在山顶，远远地看着下面陌生而活跃的场景。我和麦凯来到距离营地 100 码的丘陵之中，那里有一个可爱的池塘，我们愉快地洗了个澡。

我们信步往回走，看到 20 个阿帕奇人正在宰杀一匹矮马吃肉。他们尽量避免被血喷到。最有兴致的观众是个奇里卡瓦小男孩。我今天在各个方向看到的众多史前墙壁值得一提，一些墙壁几乎是由巨石堆积而成的。两个印第安妇女中的一个是奇瓦瓦①的姐妹。奇瓦瓦是奇里卡瓦头人之一。她们告诉克鲁克将军，奇瓦瓦本人将在明天早上带着整个分支前来投降。谈话结束后，她们没有在我们这里停留太长时间。

1883 年 5 月 18 日，星期五。星期三暴风雨的一切痕迹都消失了，想象不到比今天早上更加美好的初夏天气了。

上午 8 点 30 分，4 个奇里卡瓦妇女、一个小伙子和一个男孩走进营地。不到一个小时，16 个男人、女人和能走路的小孩走下山来，包括奇瓦瓦本人，他的脸上流露出坚毅的表情。在不同时间，奇里卡瓦人以 2~8 人为一组走进我们营地，几乎所有人都是妇女和儿童。到了下午 4 点，被俘和投降的印第安人一共达到了 45 人。

奇瓦瓦与指挥将领进行了非常令人满意的谈话。之后，他被允许外出寻找他们分支的残部，他承诺明天把他们全部带回来。他带上了两个族人。女人们表现出了崎岖山地生活的疲劳以及追逐式战争的焦虑和贫困，但孩子们却是优雅和美丽的典范，尽管他们衣衫褴褛，风尘仆仆。两个年轻女孩戴着未婚者的铜钉头饰，清秀而整洁，尽管她们在美国人眼里过于健壮，算不上漂亮。他们的财产主要是

---

① 奇瓦瓦（1822—1901）是奇里卡瓦子酋长。

烤制的龙舌兰。龙舌兰的主茎是一种相当不错的美味，可以添加到美国西南部的菜肴中。许多奇里卡瓦妇女儿童戴着钻孔抛光的珍珠壳碎片装饰和项链。据说，那些项链是用矮马的牙齿制作的。3个长相可爱、无忧无虑的小男孩去看我们的篝火堆，并且大口品尝了我们的面包、糖和咖啡。

诺特中士和6个通托人晚上和我们在一起，解释了阿帕奇语言的表达方式。

1883年5月19日，星期六。夜晚异常寒冷，随后的上午阳光明媚。我们今天上午走了一小段路，在一处"西埃纳加"①停歇。这里有充足的水源，几乎隐藏在一片黑森林后面。森林由高而细的松树组成，树干直径不超过12英寸，大部分树干直径只有6英寸，高度为6~8英尺。我们的食物很充足。除了有牲口在树林里走失的风险，这里没有其他可以抱怨的地方。我们一小时走了大约2.5英里，穿过了一道狭窄、陡峭而崎岖的峡谷。峡谷里有池水和泉水，还有一条崎岖而清晰的小路。这些山脉里面到处都可以看到墙壁。有一次，我们迎面遇到了十一二英尺高的陡坡，陡坡几乎由巨石组成。我们登上陡坡，走进树林。这些树木生长在地基上。生活在这里的人没有留下其他痕迹，甚至没有留下陶器。根据情况判断，这些房屋长30~40英尺，宽12~15英尺。

今天的营地位于昨天营地的东南方，距离博尼托和查托村落的战斗地点很近。这个地点是根据奇瓦瓦的要求确定的，此处海拔5700英尺。印第安人追随我们的足迹走进营地。此时，包括前述人员在内，投降者超过了70人，不包括奇瓦瓦和跟着他离开的人。算上他们，总人数还要多出五六人。中午前，在场人数刚好是100人。

午饭后，6个特别漂亮的男孩去指挥部参观，得到了面包和糖。哈默为第一个男孩成功绘制了彩色速描。

今天投降的妇女报告说，洛科带着20个家庭去了圣卡洛斯居留地，向家乡的领导人自首②。

---

① 沼泽或湿地。
② 洛科和他的家人并没有北上。不过，在克鲁克抵达马德雷山脉前，洛科的20个家人返回了圣卡洛斯。

一个小女孩穿着非常典型的阿帕奇女式上衣。它是用鹿皮做的，两侧开口，由鹿皮条流苏充当装饰，脖子周围是他们非常喜爱的三排锡制圆锥吊饰，高度不低于后背肩胛骨的隆起处。

我们的阿帕奇侦察兵对待投降者的友好态度营造出了非常快乐的氛围。征服者和被征服者在一起吃饭。锅里蒸着矮马肋排，灰烬上烤着上等面包。晚饭后，侦察兵把俘虏叫到一起开会。他们说，他们将成为兄弟姐妹，因此他们不应该继续霸占奇里卡瓦矮马和骡子。

"你们可以明天上午动身，带走所有矮马和骡子，"阿尔奇萨伊殷勤地说，"返回圣卡洛斯之前，我们可能要走很远的路，但小孩子和婴儿无法走路。我们把所有这些告诉了南坦查（Nantancha）①，他说没问题。"感激的印第安妇女异口同声地赞扬慷慨的胜利者。

银色的月光透过松树枝条倾泻下来，使营地亮如白昼。在我四处游荡时，我比之前更加深刻地意识到，阿帕奇人铺床时非常讲究。美国士兵、货郎和军官随便把毯子往地上一铺，倒头便睡。相比之下，印第安土著会把地面小心地弄平，将所有石头移开，铺上两三英寸厚的干草，用大块岩石和树枝充当合适的挡风屏蔽。

隶属于部队的货郎萨马涅戈与一个投降的印第安妇女很熟，他是和她一起长大的。二三十年前，这个女人还是小女孩，她和其他十几个孩子被墨西哥侦察队俘虏，并被带到巴维斯佩，在那里给萨马涅戈家当佣人，待了六年，两个人很亲热。这个女人会说流利的西班牙语，她询问了她认识的所有墨西哥人——这位老爷怎么样，那位太太怎么样，就像他们是她的亲人一样，听上去很有趣。

一个左手受伤的小女孩使人想起了几天前的战斗。现在，这场战斗几乎被人遗忘了。战斗的另一个纪念品是一只破旧的锡制咖啡壶，它经历了战火洗礼，一颗弹头曾在壶身上擦过。

1883年5月20日，星期日。留在营地。我们正在舒适地享用早餐，厨子突

---

① 指克鲁克将军。

然惊叫起来。众人抬起头，看到印第安妇女和儿童像雪崩一样朝我们的物资冲去。原来，他们在每支驮队里进行寻宝游戏，最后来到了我们这里。这种场合很适合清点人数。他们有 121 人，其中有近 60 个妇女。

上午 8 点 45 分，营地里发生了大规模骚动。侦察兵抓起枪支，走进树林，发出可怕的叫喊声。被俘的印第安妇女儿童要镇静得多，但他们的叫喊声仍然助长了骚动的氛围。这是为了回应对方在俯瞰营地的 1000 英尺高的顶峰上朝我们发出的叫喊。那是一伙奇里卡瓦人，他们想要投降，但他们想要先弄清，他们可以安全地走到距离营地多远的地方。

经过短暂对话，两个印第安妇女大胆地走了过去。接着，皮奇斯和一个谢拉布兰卡阿帕奇人也上了山，与新来者进行会谈。

直到下午 1 点，第一伙印第安小伙子——共 5 人——才在一个印第安妇女的带领下做出了相信部队能够饶恕他们的决定。他们来到指挥将领面前，并且领到了食物。在这第一伙人到来十分钟后，另外两个年轻人也来了，每人拿着一支连发式来复枪，就像之前的 5 个人那样。我坐在一根燃烧过并且倒在地上的松木上，在身边阿帕奇侦察兵的帮助下发现了每个下山的奇里卡瓦人，他们有的鼓足勇气一直走到我们营地里，有的在犹豫之后退了回去。侦察兵善于使用双筒望远镜，每当身边有望远镜时，他们总会将其借过来。

一刻钟后，又有 3 个没有武器的人在一个年轻妇女的带领下追随前两批人的脚步走了过来。整个下午，他们三五成群地不断前来投降。我从阿帕奇侦察兵那里得知，这是一个很大的抢劫团伙，曾在奇瓦瓦制造麻烦。这些印第安人带着一大群牛以及 5 个墨西哥妇女和一个儿童。不敢下来的人站在俯瞰营地的高而崎岖的陡坡上，看上去就像许多嗜血的老鹰或秃鹫。他们无法理解我们的行为。他们传话说，他们想和克鲁克将军对话。克鲁克回复说，如果他们想见他，他们可以走进营地，不必担心安全问题，他现在不想伤害他们。他将在一两天里停止作战行动，以便为他们提供投降的机会。

营地里至少半数人当天去小溪里洗了澡，或者清洗弄脏的衣服。"弄脏"一词无法传达真实情况。实际上，我们的所有衣服都沾上了大量灰尘和油渍，只有涂抹肥皂并在岩石上使劲敲打，才能将它们慢慢洗掉。

有一个快乐的家伙带着真诚的喜悦迎接奇里卡瓦人。他就是最小的俘虏，是个聪明的小男孩，他和母亲会合了。他的母亲之前一直在疯狂地寻找他。他常常哭闹。每当他哭闹时，他那些野蛮的监护人就会拼命用小孩话安慰他，给他大块面包和一杯杯咖啡，使他有事可做并能填饱肚子。我觉得这个顽童未来会成为出色的天文学家，因为他此刻对银河表现出了浓厚的兴趣。

我们吃晚饭时，杰罗尼莫被领了进来，与克鲁克将军会谈。他的手下以阿帕奇人的惯常方式走进来，两人一组。显然，他们一直在提防我们的背叛和伏击。当十七八个人鱼贯而入时，我觉得所有人都到齐了，因此走到外面，来到距离营地200码的小泉边。泉水从一块巨大的岩石后面潺潺流过。我绕过岩石，突然看到6个相貌凶恶的奇里卡瓦人，每人拿着一把温彻斯特来复枪，这让我大吃一惊。我用愉快的语气和他们打招呼，他们也以同样的语气回应我。"约翰，你能给他点烟草吗？"一个人问道。"恐怕不行。我身上有火柴，但烟草在营地里。""好吧！"他们打着手势回答道。我转过身说："再见。"这时，第一个和我打招呼的人已经洗完了澡，他叫道："嘿！约翰，我也去。"然后他和我走到杰罗尼莫那里。杰罗尼莫正和其他20个人坐在倒下的圆木上。

这群人不知不觉增加到了40多人。这显然是一伙强盗。如果哪个经理把他们搬到《潘赞斯海盗》(*Pirates of Penzance*)的舞台上，他一定会大赚一笔。他们之中没有一张软弱柔和的面孔，每张脸上都流露着莽撞、奸诈和冷酷。

克鲁克将军冷淡地接待了他们。会谈只持续了几分钟，几乎没有取得成果。随着夜幕降临，他们进行了另一场时间较长的会谈。

到我写下这段文字为止，在前来投降的奇里卡瓦人之中，我看到了一个优柔寡断的年轻人、一个对眼男孩和一个口吃的孩子。

圣卡洛斯侦察兵和奇里卡瓦人举行了大型舞蹈表演，中间穿插着欢乐的歌唱，一直持续到黎明。

1883年5月21日，星期一。留在营地。当我和菲伯格坐下来吃早餐时，餐桌上很热闹。4个奇里卡瓦酋长不请自来地坐到了我们身边，包括杰罗尼莫、查诺尔帕耶（Tchanolpaye）、袭击亚利桑那的领导者查托，以及科奇斯的儿子内奇。他们看上去心情很好，津津有味地享用了摆在面前的面包、豆子和咖啡。他们不吃猪肉，杰罗尼莫说猪肉是"通金达"。

早饭过后，克劳福德上尉和盖特伍德少尉友好地向我提供了重要的新情报。如果没有他们，我就不知道应该在日记中写些什么新内容了。

盖特伍德描述了战帽祝福仪式。在仪式中，巫医拿着宝贵的头饰，将其戴在战士的双肩和头顶。大家用叫喊声迎接头饰，并将圣餐撒在上面。

克劳福德告诉我，我无论如何都应该看一眼只在战斗仪式上才会穿着的阿帕奇战衣。他说，阿尔奇萨伊有一件非常漂亮的战衣。我找到阿尔奇萨伊，他告诉我，他把他的战衣留在了阿帕奇营，但他的兄弟西卡什拉尼（Shika-shlani，外号大脚）带了一件。我让塞韦里亚诺充当翻译，然后去找西卡什拉尼，后者立刻拿出了自己宝贵的战衣。这是一件无袖衬衫，是用最精致的白鹿皮制作的，下及腰部，两边开口，饰有鹰羽毛和珍珠壳的光滑碎片，前后饰有彩色人物和符号。战衣胸部有两位圣人的全身像，一位圣人顶着光环，另一位圣人没有光环，两人用伸开的双手捧着十字架。圣像周围的镶边代表世上的山脉。上方两个角上有星星的符号，左下角是圆形图案，里面有各种颜色的正方形和杂色波尔卡小圆点，代表彩色山脉。这个图案的直径约3英寸。右下角是一对新月和一系列小星星。背后的装饰有些不同，虽然也有代表山脉的半圆形边饰、鹰羽毛和色彩斑斓的贝壳，但圣人被替换成了两位风神，他们与圣人非常相似。两位风神之间有一只小鹰。右下角附近的长方形小蓝块是冰雹的标志。其他装饰包括星星、小月牙、大月牙，右侧风神下方是两端有两个圆圈的月牙，与纳瓦霍人、祖尼人和莫奎斯人的装饰类似。风神和圣人的眼睛是用瓷纽扣制作的，每人肩膀一侧缝有闪闪发光的贝壳碎片。

西卡什拉尼说，他无法完全解释衬衫上绘制的所有图案。风是强大的神仙，穿战衣的人在与敌人战斗时不会有危险。由于这个原因，他带上了这件战衣。如果他穿上这件"神衣",奇里卡瓦人在夜袭营地时就不会打中他;他们的子弹只会在空中飞舞,不会伤害任何人。

在阿帕奇营,佩德罗的营地里有一位无所不知的老人。他是一位厉害的巫医,他制作了这件战衣,可以解释有关它的一切。

下午早些时候,由9个印第安人组成的小队前来投降,包括2个男人、4个女人和3个半大孩子。男人们带着温彻斯特连发枪。另外两个男人紧紧跟在他们后面,两人都带着武器,其中一个人骑着很好的矮马。

不到五分钟,松林中出现了一支蜿蜒前行的奇特队伍,他们以男人为主,但也有一些女人和孩子。他们在队伍前面赶着15头肉牛和役牛,许多人骑着墨西哥品种的矮马和小驴。武器方面,他们携带着温彻斯特和斯普林菲尔德后膛枪、各种型号的左轮手枪以及将老式军刀刀刃安在顶部的长矛。男孩拿着左轮手枪、长矛和弓箭。箭是用插在芦苇秆里的硬木杆制作的,没有倒钩,距离箭头不到两英寸的地方有一根横档。射鸟时,他们可以将箭支迅速回收。牛和马的状态很好,可见它们一定在山中进食了一段时间。除了活牛活马,骡子和马还驮着几袋牛肉和马肉。他们共有79人,其中23人是成年男性。

霍普金斯驮队里的一头骡子前天被响尾蛇咬了。我们立刻为其放血并注射氨水。据说,它现在已脱离危险。

奇里卡瓦人的牛大部分被屠宰,这使今天的最后几个小时变得非常热闹。屠宰的目的是腌制牛肉,作为前往圣卡洛斯的行军口粮。一个印第安小伙子站在距离肉牛不到6英尺的地方,在气数已尽的肉牛紧邻左前肩的后方闪电般地捅上一刀。肉牛只是发出一声恐惧而痛苦的吼叫,然后静静地跪倒在地。为这群饥饿的人发放口粮的工作使阿奇·麦金托什的额头增添了新的皱纹,因为他承担起了粮秣官的职责。我们计划的归国时间也需要因此而调整。如果部落其他人的投降时间不推迟的话(我们已经收到了半数人的消息),我们最晚应该会在6月1日离开这里,并以妇女、儿童和疲惫牲口的行进速度抵达国界线,大概不会超过十到十二天。奇里卡瓦人说,在不久前与墨西哥人的战斗中,他们没有人被打死。

今天晚上，克鲁克将军和今天下午前来投降的奇里卡瓦人再次进行了长时间会谈。

1883年5月22日，星期二。各种声音在营地里同时出现是军队中不常有的现象。马在嘶鸣，骡子在嘶叫，牲口被牵进来理毛时的铃铛声也在叮当作响；斧子砍伐松树树干的声音和嘈杂的交谈声、婴儿的尖叫声、儿童玩耍时银铃般的笑声，以及偶尔响起的阿帕奇笛声混合在一起，形成悦耳的不和谐音，使听者一时分不清自己是在残酷的战争营地还是在一群小学生中间。

安德鲁斯医生没有福气享受清闲。他刚吃完早饭，印第安病人就把他围住，请求提供药物和治疗。两个病人伤得很重，他们都是奇里卡瓦人，其中一个是老妇人，她摔在岩石上，肘部骨折，另一个是半大的男孩儿，他也摔在尖利的岩石上，膝盖受了重伤。

阿尔奇萨伊把符咒肩带给了我，这条肩带可以从右肩跨到左臀。他说，这条肩带很古老，之前是他父亲的，可以确保佩戴者免受弓箭和子弹的伤害以及其他一切危险。

激动的氛围像波浪一样在营地里扩散开来。在分配昨晚宰杀的肉牛时，奇里卡瓦女士之间发生了激烈冲突。两位女士像愤怒的得克萨斯肉牛一样扭打起来。她们的头发飘扬起来，遭到撞击的鼻子流出了鲜血，两位绝代佳人的皮肤也被适应这种攻击模式的尖锐指甲划伤。老年印第安妇女叽叽喳喳地聊天，小孩子尖叫奔跑；男人们站成一圈，保持一定距离，面无表情地看热闹。没有人想要干预。愤怒的印第安妇女比老虎还要凶猛，简直是恶魔的化身。货郎和士兵一边旁观，一边讨论双方的看点。"那个年轻女人像雇工一样强壮。"一个人评论道。"是的，但是如果不注意看，你会把那个年长的女人看成男人。"两轮战斗过后，"年长选手"取得了胜利，但她的对手仍然留在场地上，流血的鼻孔发出轻蔑的声音，眼睛像是在喷火，口中吐出一连串阿帕奇咒骂。

与这幅愤怒画面形成对比的是独眼阿帕奇老兵布林基（Blinkey）的平和态度，他正在照看在火焰灰烬里蒸烤的棕色咸味细肠。对野蛮人来说，这是牛身上最美味的部分。我吃了一小块。我承认，它的浓烈味道和柔嫩口感令我很吃惊。

上午10点，我被印第安侦察兵的喊声叫醒，跑出棚子。阿尔奇萨伊把5个妇女排成的队伍指给我看。她们正缓慢而艰难地从峡谷底部沿小路往上走。"纳卡伊迪（墨西哥人）。"阿尔奇萨伊说道。这些可怜人在高高的松树下停歇。我们全都跑过去。她们的名字是拉斐拉·门多萨（Rafaela Mendoza）、瓦伦蒂娜·马克斯（Valentina Marquez）、雷富希奥·埃尔南德斯（Refugio Hernandez）、何塞·马里亚和安东尼娅·埃尔南德斯（Antonia Hernandez）。安东尼娅怀里抱着即将年满两岁的婴儿玛利亚·卡塔里娜·埃尔南德斯（Maria Catarina Hernandez）。

她们悲伤地讲述了她们遭受的苦难。十四天前，她们在距离奇瓦瓦州卡萨格兰德九里格的阿拉莫村，即卡门村被俘。"我们一直在遭受殴打以及你能想到的各种虐待，"一个不幸的妇女眼含热泪说道，"不管我们是否疲惫，我们都需要跟上他们。和我们一同被俘的老妇人玛利亚·卡瓦列罗（Maria Caballero）受到了死亡威胁，因为她有点跟不上了。不过，酋长杰罗尼莫把她放走了，因此她返回了奇瓦瓦。我们一路上只能吃到肉，在三天里，印第安人没有给我们任何食物。我们的所有食物都是从你们之前的某个营地里捡来的，我们在那里捡拾你们丢弃的肉类和面包。四天前，我们第一次发现了被你们遗弃的营地。"这就是她断断续续说出的毫无条理的故事。"先别说话，过来吃点东西吧。""这些人不会打我们吗？"对方指着侦察兵问道。"不，我想不会。过来吧。"看到这群可怜人，就连最坚强的战士也流下了眼泪。她们就像我们的母亲、妻子、姐妹和女儿一样。之前充当发言人的妇女继续说道："天堂今天似乎敞开了大门，因为我们来到这里，来到了朋友的营地。这一定是圣母玛利亚对我们的怜悯。""的确，在今晚睡觉前，你应该为这种意料之外的祝福而感谢上帝。"令我吃惊的是，在我做出这种毫无恶意的评论后，克鲁克将军的重要侦察兵之一阿奇·麦金托什向我发出了质问。他本是个好人，但他和站在旁边的塞韦里亚诺一样，想得太多，关注的太多了。

"如果你和些妇女交谈，宣布她们已被释放，你会干扰克鲁克将军的计划。那个男孩对他有用。""我支持克鲁克将军的所有计划，"我说，"但是任何计划都不应该阻止我们为三天没有进食的妇女提供食物。不管怎样，我都不想听你教训我。所以，请让开。"

这些妇女紧张地狼吞虎咽起来。费利佩（Felipe）小心地监视她们，规劝和警告她们不要为虚弱的肠胃带来太大负担。她们接受了他的建议。对于哈勒（Hale）摆在她们面前的食物，她们吃得并不多。

这些食物是我们吃剩的，外加一罐桃子和一罐果酱，那是从餐具包的秘密隔层里取出来的。这种从落魄和悲惨到相对舒适和极度尊重的突然转变使俘虏们欣喜若狂。

当她们从最初的恐惧中恢复过来时，5个成年人自称是墨西哥士兵的妻子。除了这6个人，我们的奇里卡瓦俘虏并没有值得一提的地方。（小婴儿病了。）

傍晚，云层在我们头顶附近聚集，雨水洒在地面上，雨量并不大。5个阿帕奇妇女和2个阿帕奇小伙子带着4匹愁容满面的老马前来投降。天空阴沉沉的，因此我们在树木之间拉起绳子，将地面清理干净。弗兰克·莫纳克（Frank Monarch）从驮队那里弄来帆布，拉成帐篷。我们铺了毯子，供墨西哥俘虏躺卧。我们尽最大努力温柔地照料她们。我们端来洗脸水，并且提供了肥皂和毛巾，使她们在十四天里第一次进行了梳洗。她们很快恢复了活力，有了几分人样。她们眼神里的恐惧还没有消失，女发言人乞求我不要让奇里卡瓦人把她们带走处死。我向她保证，她们不会受到伤害，我们会保护她们。我的话语受到了考验。一个粗野的奇里卡瓦小伙子大摇大摆地走到颤抖的可怜人面前，命令她们前往他的族人宿营的地方。我走上去，吩咐妇女们坐在原地，等待克鲁克将军返回。我还告诉那个红皮肤的混蛋不要多管闲事。他支支吾吾的，不知如何是好，随后走向倚在树下的麦金托什。我一眼就看明白了，麦金托什是他的幕后指使。这个印第安人又回来了。我让她们留在原地，等待南坦查（克鲁克将军）。

谢拉布兰卡印第安人选择在日落时进行大型舞蹈表演。他们使用的鼓是普通的铁质军壶，上面紧紧地蒙着一块泡过水的粗布或袋布。壶里留着一点水。鼓槌是用小树苗制作的，一端弯成了环状。

我用手表测量的节奏是每分钟100拍。沉闷而庄严的鼓声曾在"悲痛之夜"令科尔特斯（Cortez）及其追随者恐慌[1]，任何白人都不会称之为音乐。不过，它拥有独特的魅力，类似于蛇发出的令人迷惑的咝咝声。和着鼓点的歌声拥有一种令人着迷的野性和谐。舞蹈开始时，36个谢拉布兰卡阿帕奇人和奇里卡瓦阿帕奇人围成一圈，包括6个妇女和8个儿童。另外两个灰发驼背的老年妇女在中间跳舞，她们在音乐声中兴奋起来，变得像蟋蟀一样活泼。两个不到两岁的裸体男孩围着她们蹦来跳去。动作方面，围成一圈的人从右向左移动，圈里的4个人持续进行独立舞蹈，我在过去几年的日记中经常描述这种舞蹈。

实际上，这只是正餐前的开胃菜而已。当月亮升到林荫上方时，参加舞蹈的印第安男女足有200人。他们跳舞的目的是偷窃侦察兵的子弹。不过，奇里卡瓦人没能如愿。

墨西哥俘虏今天担心被押到野蛮人那里听候发落。酋长华盛顿宣称她们是他的财产，他多次恐吓她们，让她们进入他的棚屋。不过，他的阴谋被警惕的货郎挫败了。货郎暗中商定，如果奇里卡瓦人胆敢碰这些妇女一根手指，他们就会把他打死。克鲁克将军沿着营地散步打鸟去了。当他返回时，他命令将这些妇女儿童留在指挥部。没有人会对此产生误解，除了混血儿麦金托什，他为了和奇里卡瓦人打成一片，用指挥将领的名义向奇里卡瓦人做出了许多让步和承诺，使他们相信我们惧怕他们。通托阿帕奇人和大部分来自圣卡洛斯的印第安人自恃高贵，讨厌这些印第安人，既没有向他们示好，也没有接受他们的示好。相比之下，谢拉布兰卡分支对待外人更加友好。

睡觉前，我去了墨西哥妇女的住所。她们还没有休息。套用宗教人士的简单说法，她们端坐在那里，谈论她们神奇的逃脱，感谢万能的上帝、圣母玛利亚、所有圣徒和最神圣的圣餐。费利佩也在场，他询问她们被奇里卡瓦人关押时看到的一切。妇女们坦率地说出了她们观察到的事情。几个月来，阿帕奇人不停地抢

---

[1] 1520年6月30日夜晚，西班牙人科尔特斯的部队在墨西哥遭到印第安人围攻，损失惨重。——译注

劫和屠杀奇瓦瓦人。在这次袭击中，他们从墨西哥人那里牵走了300头牛，藏在我们目前所在的山区峡谷里。

奇里卡瓦人的弹药几乎用光了。妇女们坚持认为，他们最近没有用子弹杀过人。他们埋伏在路边，用望远镜观察所有马车、驮队和行人。

在突袭中，他们几乎总会抓住惊慌失措的男女。他们剥掉男人的衣服，将其残忍杀害。他们用长矛砍杀他们，用沉重的石块把他们砸成肉酱，被他们俘虏的不幸女人每次都要被迫目睹屠杀现场。一个双手紧紧绑在背后的人被带到杰罗尼莫面前。杰罗尼莫向颤抖的俘虏盘问墨西哥军队可能的动向。可怜的俘虏抗议说，他对此一无所知。他只知道驻扎在小村子里的15人分遣队已经离开村庄，以便与大部队会合。

没能获得情报的杰罗尼莫很生气，对手下人喊道："杀了他！"用妇女们的话说，他们"像狼群一样"向他冲去。他们把他扔在地上拖行，殴打他，用脚踩他，用石头砸他，用刀和长矛砍他。

另一个人的私处被人在两块平坦的岩石之间撞击。当他痛苦地扭动时，长矛刺穿了他的身体。为什么要回忆这些事呢？这些可怜的妇女双手被绑在背后，并被捆绑在一起，她们被基督教徒遭到屠杀的场景吓呆了。

杰罗尼莫让一个妇女给墨西哥部队指挥官写信，并把信留在小路上，以便让追击部队发现。他在信中说，他有200名战士，可以发动激烈的战争，但他累了，希望求和并长期维持和平。他会把妇女当成人质，以交换他们部落过去一年被俘虏的妇女儿童。他承诺，如果没有人追赶他，他会在写信日十五天之内去卡萨格兰德谈判。不过，约定日期是1883年5月23日，因此他不会遵守承诺。

妇女们说，奇里卡瓦人还有两个俘虏，其中一个男孩叫尼古拉斯（Nicolas），我曾怀疑过他的身份；另一个是16到18岁的傻子，他茫然而迟钝地在营地周围游荡。他们受到了残暴主人的严密监视和控制，不敢逃跑。妇女们对查利·麦科马斯一无所知。谈到自己的经历，她们说，当她们滑倒时，她们需要连滚带爬地往前走。同时，男人们会捶击她们，喊道："快走，母骡！"有几个劫持者会说比较流利的西班牙语。

阿帕奇人的舞蹈直到5月23日凌晨3点才停止。

1883年5月23日，星期三。萨姆·鲍曼从这个营地的古代废墟收集了十几片陶器，有的有彩绘，有的有雕刻，有的两者皆有。

今天早上，我们向不同年龄和性别的199个印第安人分配了口粮。印第安妇女说，昨天营地里有220人。

两个骑着马携带武器的印第安男人前来投降。其中一人是纳纳，他曾多次被报死亡。过去，如果看到这个畜生，人们一定会把他扔给狮子做午餐。

印第安妇女有说有笑地玩起了木棍游戏切提什（Tzettish），我们的侦察兵也在争先恐后地对结果押注。女人们押上了所有个人装饰、串珠项链和小首饰。这些首饰常常将印第安药物、天主教勋章、装在廉价相框里的墨西哥圣徒微型画像，以及木质或金属十字架奇特地组合在一起。

纳纳与克鲁克将军进行了会谈。这个老酋长的表情非常坚定，看上去很强大。过去三年，他曾十几次被报告死亡，但现在仍然活得很好。他在奇里卡瓦人之中仍然颇具威望和影响力，尽管大酋长现在似乎是非常年轻的卢金·格拉斯[①]。我检查了奇里卡瓦人的受伤情况，包括新伤和旧伤，以了解我们的火力对他们的伤害。我发现，老酋长纳纳瘸了一条腿。一个年轻酋长大腿膝关节刚刚受了重伤，留下了疤痕。安德鲁斯医生治疗的两个断臂和膝盖擦伤的病人显然是在最近的战斗中为了逃离我们的士兵而摔在了岩石上。其他伤员就不一一列举了。营地里的人健康状况非常好，除了两个患上严重肺炎的侦察兵。纳纳的分支共有15人。奇里卡瓦人举办了"另一次愉快的重逢音乐会"，最后的尖叫声直到拂晓时分才停止，同时结束的还有通托人为同族肺病患者吟唱的灵歌。在这片嘈杂声中，新的一天[②]在黎明的曙光中开始了。

---

① 卢金·格拉斯是内兹珀斯人，内兹珀斯战争期间著名的军事指挥官。——译注
② 1883年5月24日，克鲁克带着由士兵、侦察兵、货郎和投降的奇里卡瓦人组成的多种族部队走上了返回美国的道路，宣告了马德雷战役的结束。

克鲁克在哪里？[1]

U.S. 格兰特等
埃尔帕索《时报》，1883 年 5 月 20 日

笔者今天对拉圭罗将军[2]进行了详细地采访。拉圭罗说，他对于克鲁克将军穿越墨西哥国界线的行动不是很了解。他只知道，克鲁克可能会跟随印第安人进入索诺拉，以解决该州遭受侵扰的问题。根据条约，克鲁克将军无权进入老墨西哥。索诺拉和奇瓦瓦人对于克鲁克的到来没有任何反对意见，但对这一行动的合法性存疑。

克鲁克试图穿越的地区无法通行，任何信使和侦察兵都无法找到他。要想安全地找到他，需要至少 100 人的护卫队。在拉圭罗看来，这是克鲁克失去音信的真正原因。克鲁克告诉拉圭罗，他会消失三个月。在他看来，考虑到各种情况，这段时间不算长。他相信，克鲁克之所以没有派信使返回，是因为远离大部队非常危险。将军本人曾进行了两个月的远征，期间无法向外界传达他的所在位置。他觉得将这件事交给阿帕奇侦察兵是极不明智的。他本人（拉圭罗）在任何情况下都不信任阿帕奇侦察兵。不过，除了阿帕奇侦察兵，克鲁克还有 100 人左右，因此他不太可能全军覆没，除非遭到奇袭。遗憾的是，该地区有许多奇袭的机会。为谨慎起见，将军派埃米利奥·加利亚多中校率领 250 人从卡萨格兰德进入马德

---

[1] 当克鲁克将军消失在马德雷山脉之中时，人们对他进行了各种臆测。边区报纸散布了他死于奇里卡瓦人之手的谣言。大字标题发出了哀悼，称他死于像小比格霍恩战役一样血腥的屠杀。一些报道预测说，克鲁克的阿帕奇侦察兵背叛了他。就像下面的文章中所写的那样，美国和墨西哥最高指挥部的消息都不是很灵通。

[2] 雷蒙·拉圭罗准将，奇瓦瓦的墨西哥陆军指挥官。埃尔帕索《时报》记者将他的名字"雷蒙"（Ramon）误拼成了"雷加洛"（Regaro）。

雷山脉，以支援克鲁克将军。这支纵队于14日出发。将军说，除了进过马德雷山脉的人，没有人能够理解当地的艰难和危险，以及印第安人躲避最有经验的侦察兵的轻松程度。在侦察中，他常常在距离大型印第安营地不到几码的地方经过，却无法在50~100英里范围内找到任何印第安人。

根据指挥部最新消息，"平鼻"查托①的60人团伙直到9日才进入老墨西哥。这个团伙从墨西哥中央铁路线东边的菲耶罗山脉（Sierra de Fierro），即艾恩山脉（Iron Mountains）进入该地区。他们穿过这一侧距离奥霍卡连特大约15英里的铁路线，朝西前进。在艾恩山脉的马圭斯（Magueys），他们打死了一个墨西哥人。在墨西哥中央铁路加列戈斯车站西北大约30英里的尼多山脉（Sierra del Nido）山麓的奥希托斯（Ojitos），他们打死了另一个人。这两个地点很不起眼，就连大型地图上也没有显示。在尼多山脉同一区域圣布埃纳文图拉（San Buenaventura）稍微偏南的地方，他们打死两个墨西哥牧工。所有印第安人均为步行，似乎在朝马德雷山脉中心地带前进。这个部落劫持了查利·麦科马斯。不过，将军收到的消息称，男孩已经不在他们之中了。据推测，当他无法跟上野蛮人的急行军时，被野蛮人打死了。查托的印第安团伙派人在前面跑，假装追逐他们的是友好印第安人。通过这种方式，他们成功干掉了墨西哥货郎和牧工，后者在毫无抵抗的情况下遭到杀害。附近的哨所立刻派出由110名士兵组成的部队。不过，他们已经落后印第安人二十四小时了。这支部队和已经进入马德雷山脉的加列戈斯部队共有310名墨西哥士兵，他们在积极追逐敌对分子，在对面山坡上迎接敌对分子的则是克鲁克将军的部队。拉圭罗将军说，对抗印第安人的巨大困难在于，他们熟悉山区环境，拥有巨大的优势，行进速度可达追逐者的两倍。在平原，部队完全可以跟上他们，但是一旦进入山区，他们几乎总会将部队甩掉。拉圭罗将军说，野外的敌对分子最多不会超过300人，包括朱、洛科和查托的团伙。朱的团伙规模最小，只有30人，来自墨西哥。其他敌对分子全部来自美国，是从居留地逃出来的。

---

① 这里描述的抢劫团伙的真正领导者是奇瓦瓦。

被俘的印第安妇女说，印第安男人只有200人，但山区还有一些小团伙在游荡，因此300人这一估计数字比较准确。他相信这个数字没有低估敌人，因此他只为每支纵队分配了200人。驻扎在奇瓦瓦和索诺拉的墨西哥部队共有800人。不过，如果发生意外，他们可以在最短的时间内出动另外1300名整装待发的士兵。将军强烈反对美国用公费将大批印第安人安置在居留地上的政策，这些居留地毗邻与美国友好的墨西哥，这持续威胁着美国边区人民以及索诺拉和奇瓦瓦的和平公民。克鲁克将军向他讲述了标牌制度。他觉得这很可笑，因为这完全无法阻止印第安人离开居留地，而且没有在他们返回时给予适当的惩罚。墨西哥军事当局以及索诺拉和奇瓦瓦公民愤怒而强烈地反对美国的居留地制度，该制度使几乎所有边区家庭都经历了丧亲之痛。

芝加哥《时报》，1883年5月24日

太平洋军区陆军指挥官约翰·M. 斯科菲尔德少将昨天在前往加利福尼亚途中在本市停留，并且立刻去了他的父亲约瑟夫·斯科菲尔德牧师位于西亚当斯街582号的住所。《时报》记者昨天拜访了斯科菲尔德将军，以了解他的下属克鲁克将军的部队及其对于敌对阿帕奇人的墨西哥远征可能产生的结果。将军正在以舒适的坐姿品尝餐后雪茄，并与家人和几个朋友进行愉快的交谈。

记者问他是否认为跨越墨西哥国界线的远征可能为部队带来灾难性结果。对此，斯科菲尔德带着自信的微笑回答道：“我想，克鲁克在行动前对于形势拥有充分的了解，他不会将战士们的生命葬送在毫无希望的行动中。”

"你最近收到他的消息了吗？"

"我已经大约一个月没有收到他的消息了，但我觉得这并不是不祥的预兆。你知道，他正处在荒凉偏僻的地区，与外界的唯一沟通方式就是派遣信使。他的每个部下都是有用的。除非绝对必要，否则他不会为了报信而削弱部队力量。当他返回时，我们会收到他的消息。他目前没有消息，这说明他在前进。"

"他在此次远征中带了多少人？"

"常规部队方面，他带了查菲上尉的连队，大约有50人。此外，他还有大约200名印第安侦察兵。他可以携带5倍于此的士兵，但他觉得现在的人数已经够用了。而且，为规模更大的军队携带补给并不容易。"

"你觉得他多久能返回？"

"克鲁克将军给我写信说，他预计要走两个月左右。他已经走了一个月。所以，我相信我能在四个星期之内听到他返回的消息。他知道他需要对抗什么，而且可以估计敌人的兵力，误差不超过10支来复枪。我想，他的行动不是毫无计划的。我相信，他可以全身而退。"

"阿帕奇人被征服后，你觉得印第安人还会制造哪些麻烦？"

"目前，居留地部落并没有想要逃跑的迹象。看起来，所有人都很满意，愿意保持和平。阿帕奇人是唯一从未被征服的民族。墨西哥人最近打死了他们所有的妇女儿童①，他们已经绝望，愿意斗争到底。如果部队遭到奇袭或包围，他们不会得到怜悯，所有人都会被打死。不过，克鲁克将军的侦察兵对于当地非常熟悉，几乎不可能让对手占据上风。"

图森《亚利桑那市民报》，1883年5月25日

芝加哥，5月25日。记者在采访格兰特将军时问道："你是否认为克鲁克无法报告其所在位置的现象意味着他处于危险之中？"

---

① 墨西哥陆军在索诺拉和奇瓦瓦散布的虚假谣言。

格兰特将军回答道："不。克鲁克将军是一位有能力的军官和印第安斗士。我完全相信他，他在与阿帕奇人交战前一定会考虑到他必然会面对的障碍。他的前进速度一定很慢，在墨西哥山区，熟悉地形的印第安人可能会暂时躲藏起来，这都在预料之内。克鲁克一定会把他们赶出巢穴并将其捉住。"

"你不认为他陷入到了可能遭到阿帕奇人屠杀的境地吗？"

"我认为他不会的。我了解克鲁克将军的性格和资源——他拥有经验丰富的印第安侦察兵，还有一些骑兵。所以，我认为他不会失败。不管怎样，只有官方消息才会使我相信他没有在敌对阿帕奇人面前占据优势，无法将其逼入绝境。"

奥马哈《先驱报》，1883年5月27日

普拉特军区指挥官O. O. 霍华德将军正在他的儿子、随从参谋盖伊·霍华德中尉的陪同下从麦金尼堡（Fort McKinney）返回位于奥马哈的住所。他目前在莫钱茨（Merchants'）。他之前在麦金尼堡考察了该哨所管辖地区的形势。第九步兵团的两个连被调到夏延（Cheyenne）附近的拉塞尔堡，以便给第五骑兵团的两个连腾出空间，因为骑兵在那里比步兵更加有效。麦金尼目前有三个骑兵连和一个步兵连。将军表示，他对该地区的发展感到满意。他曾在这里进行漫长而疲惫的行军，翻越崎岖的山脉，穿过可怕的峡谷，走过人迹罕至的平原，以追逐内兹珀斯人。这位伟大的文明推动者将荒原转变成了定居区和耕种区。

"你是否担心克鲁克将军目前的安全？"

"不。我相信他会采取明智的行动。如果我和他互换位置，他也会这样看待我。我无法判断成功的概率，因为我不知道他需要对抗多少印第安人。我觉得他们不会超过几百人，但是我说过，我在这方面缺少信息。敌人已经绝望，他们失去了几乎所有的妇女儿童。据我判断，我们再也捉不到印第安俘虏了。据说，阿帕奇人在遭到攻击时会逃跑。的确，这是他们的作战方式。不过，就伏击而言，他们是世界上最危险的对手。他们隐藏得很好。当你骑马穿越他们所在的地区时，你可能看不到他们的头和手，并且会在你最意想不到的时候进入他们的伏击区。在你毫无觉察的时候，来复枪声就会突然响起。"

"克鲁克的侦察兵怎么样？"

"阿帕奇侦察兵有时很优秀。只要你让他们行动起来，让他们去做能够吸引他们、使他们激动的事情，他们就会表现得很优秀。不过，他们无法维持无所事事的状态，很容易疲劳，产生退却的想法。如果你不让他们后退，他们就会逃跑，沿原路返回。"

马德雷山脉战役日记

威廉·W. 福赛思[①]

图森《亚利桑那每日星报》，1883 年 6 月 17 日

5月1日——部队离开圣伯纳迪诺牧场。部队包括克鲁克将军和下列陪同人员：J. G. 伯克上尉，W. 菲伯格中尉，F. 克劳福德上尉，A. R. 查菲（上尉），弗兰克·韦斯特中尉，W. 福赛思中尉，C. H. 盖特伍德少尉，W. O. 麦凯中尉，军医 G. E. 安德鲁斯。除了第三骑兵团的麦凯和亚利桑那军区工兵长菲伯格以外，上述军官全都隶属于第六骑兵团，其中大部分来自第九连。陪同他们的是 193 名印第安侦察兵和大约 40 个受雇负责装货等工作的白人。部队第一天向南行进了 18 英里，夜晚在埃利亚斯溪扎营。行军途中没有发生值得一提的事情。所有人都觉得他们踏上了危险的征程，但他们相信指挥官。

5月2日——拔营起寨，行军 20 英里，在巴维斯佩镇以东大约 30 英里的巴维斯佩河扎营。地势开始变得崎岖起来，克劳福德上尉和侦察兵在前面引路。

5月3日——沿巴维斯佩河行军 20 英里，再次在河畔扎营。仍然没有看到印第安人的踪迹。

5月4日——走了大约相同的距离，夜晚在距离城镇大约 5 英里的巴维斯佩河岸扎营。仍然没有敌对分子的踪迹。

5月5日——穿过巴维斯佩镇和巴塞拉镇，当地居民用各种方式欢迎我们。今天走了大约 25 英里。在这里，我们决定改变方向。第二天上午，部队沿正东方向朝

[①] 丹·思拉普在 The Conquest of Apacheria, 283 中推测，这份刊载于图森《亚利桑那每日星报》上的匿名日记是由美国第六骑兵团的福赛思中尉（1856—1933）记录的。我没有找到反驳思拉普这种推测的理由。

马德雷山脉腹地挺进。皮奇斯告诉克鲁克，他们可以在那里找到敌对分子的主力。

5月7日——白天扎营，夜晚沿非常崎岖的小路骑行10英里。在我们穿越马德雷山脉的过程中，地势变得越来越崎岖，看上去越来越难以通行。

5月8日——继续向东行军大约15英里。小路非常崎岖，包括克鲁克将军在内的整支部队不得不下马步行。夜晚在海拔7000英尺的山顶台地上扎营。这里恢宏幽暗，整个地表被巨大的峡谷和看似相互堆叠的山脉切割开来。

5月9日——早上7点拔营起寨，大体上朝东方前进，夜晚在巴维斯佩河的一条小支流扎营。我们发现，印第安人在这里点了火，将大片草地烧毁，使牲口没有草料可吃。我们被迫行军10英里，以获得草料和水源。这10英里路程花了十二小时，损失了5头驮畜，它们失足跌进了几百英尺深的峡谷。

5月10日——这里几乎无法通行，全能的上帝似乎不允许人类通过这里。我们花了一整天时间，走了大约十小时，前进了9英里。

5月11日——皮奇斯告诉克鲁克将军，部队正在靠近敌对分子的大本营。于是，克劳福德上尉、盖特伍德少尉和麦凯中尉带着150名侦察兵和三天的补给，开始了徒步侦察。当日晚些时候，一名侦察兵带来了克劳福德的消息，说让整支部队继续往上游走大约15英里，在巴维斯佩河支流更好的位置扎营。

5月12日——沿崎岖陡峭的道路来到新营地。

5月13日——留在营地，进行休整。不知疲倦的侦察兵和同样不知疲倦的克劳福德仍然在我们前面。

5月14日——侦察兵带来了克劳福德的另一条消息，说让我们带着补给靠近他的营地。他发现了印第安人不久前的踪迹，可以在大约三天时间里包围他们的大本营。他相信，敌对分子不知道克鲁克已进入马德雷山脉。

5月15日——部队在行进了大约6英里时再次遇到了克劳福德派来的侦察兵，他带来了下面的快信："15日下午1点10分，在我准备进攻敌营之前，印第安侦察兵遇到了一个印第安男人和10个印第安女人并将其打死。我现在必须进攻了。克劳福德。"接到这一消息，部队迅速推进，直到傍晚才扎营。

5月16日——克劳福德今天晚上进入我们的营地，带着5个印第安俘虏、28匹矮马、4支温彻斯特来复枪、2把左轮手枪和其他一些战利品。他说，他们与印第安人进行了战斗，打死4个男人和6个女人，打伤数人，并且包围了他们的大本营。印第安人投降只是时间问题。

5月17至22日——这段时间，我们在敌方大本营周围机动，研究最佳进攻计划（如果需要进攻的话）。期间，克鲁克将军派一个被俘印第安妇女前往敌方大本营，告诉他们，他会给他们三天时间投降；如果他们三天内不投降，他会将他们全部歼灭。

5月23日——那个妇女返回，告诉克鲁克，洛科想和他谈话。两个人进行了面谈。洛科说，他想投降并返回圣卡洛斯，条件是"灰狐狸"承诺不伤害他和他的族人。克鲁克告诉洛科，他不会做出承诺，洛科必须无条件投降。他还说，如果洛科不把他们带过来，他会把洛科的部落人员全部杀光。洛科返回，并在当天晚上带着杰罗尼莫、纳纳、博尼托、查托、纳瓦霍·比尔的兄弟（也是酋长）以及以妇女儿童为主的其他204人返回。

5月24日——5个墨西哥妇女和10个墨西哥儿童进入营地，他们快要饿死了。他们说，他们大约十五天前在奇瓦瓦被印第安人俘虏，在第一次战斗时和他们在一起；在战斗中，俘虏他们的印第安人离开营地，将他们丢弃。之后，他们一直在被遗弃的篝火附近捡垃圾充饥。被俘期间，他们遭受了各种奴役和虐待，他们遭受毒打，被迫屈服于劫持者恶毒的欲望。能够摆脱比死亡还要可怕的命运，他们大喜过望，对于解救他们的领导人表达了各种祝愿。

从24日到29日，克鲁克留在营地，以便等待其他愿意前来投降的印第安人。许多人利用这个机会，三三两两地前来投降。28日，我们进行了大集合，清点了印第安人的人数。他们有123个男人以及251个女人和孩子，共计374人。

5月29日——这一天完全用于休息和返程准备。

5月30日——拔营起寨，动身回家，6月10日抵达比德尔上校位于锡尔弗溪的指挥部，此时距离离开这里只有四十一天。其中，队伍启程后首次扎营时还在埃利亚斯溪停留了几天。

在马德雷山脉腹地

A. 富兰克林·兰德尔
埃尔帕索《时报》，1883年6月20日

（1883年）5月14日——在离开圣伯纳迪诺营地行军十三天后，我们在敌对分子的大本营外围发现了刚刚留下的足迹，这里有大量优质活水和牧草。我们发现了奇里卡瓦人之前的营地，他们曾食用马肉、骡肉和烤制龙舌兰。我们在小溪附近发现了许多精疲力竭的牲畜，还有一些牲畜被藏在深山中。

5月15日——我们的侦察兵在发动进攻后返回，克劳福德上尉和麦凯中尉是侦察兵指挥官。侦察长阿尔·西贝尔和翻译麦凯·弗里随行。部队进攻了博尼托和杰罗尼莫的营地，抓获25名俘虏。他们于日落时分带着俘虏和战利品返回，包括100匹骡马。

5月16日——印第安侦察兵检查战利品。我们发现了装有麦科马斯家庭照片的相册、金银表、小玩意、各种服饰以及价值2000美元的金银和美钞。我们派一个被俘印第安妇女去见族人，告诉他们，如果他们愿意投降，他们可以投降；如果不愿意，他们会被当成敌对分子，遭到彻底地追杀。

5月17日——我们离开山脉中心的营地，前往战斗发生地。我们爬上一座高山，看到了烽火。在克鲁克将军的命令下，我们回应了烽火，然后扎营。接着，我们发出了将军所在位置的信号。不久，我们看到6个印第安妇女一个接一个地从山坡上跑过来。她们与克鲁克将军进行了交谈。我们躺在营地里，看着这些饥饿的人在经历几个月的艰苦生活后进食。这些妇女是敌营里唯一的酋长奇瓦瓦派来的，他准备明天过来。我们给他送去了一匹我们俘获的马。

5月18日——酋长奇瓦瓦带着一些印第安男女来到营地，与克鲁克将军会谈。男孩麦科马斯在深山里。当我们的侦察兵进攻时，他还在营地里。他一定是和一些族人吓得跑进了深山里。我们为战场拍了照片，年轻的印第安男女非常好奇地在一旁围观。女人们说，看到这里到处都是来自圣卡洛斯的阿帕奇侦察兵，印第安人非常沮丧。他们会放弃一切抵抗。

5月19日——我们离开营地，前往由奇瓦瓦指定的敌方主营地。奇瓦瓦正在寻找分散的部族。我们来到营地大约两个小时后，奇瓦瓦的族人来到营地接受我们的保护，包括98个男人、女人和孩子。

5月20日——在巴维斯佩河源营地休整，等待印第安人投降。这一天，不断有人前来投降。印第安抢劫犯出现在俯瞰大本营的山坡上，被印第安妇女发现，后者向其发出了白旗信号。这伙人由27个印第安男人组成，包括杰罗尼莫、内奇、博尼托和华盛顿。一个印第安妇女来到营地，说酋长希望有人前去和他谈话。皮奇斯和一个巫医侦察兵前去和他们见面。他们接到了通知——要么跟我们走，要么遭到彻底追杀。他们来到营地，与克鲁克将军进行会谈，和他握了手，吃惊地发现蒂法尼已离开圣卡洛斯，并且同意返回。

5月21日——敌对分子整晚都在进行和平舞蹈。杰罗尼莫和酋长们离开营地，将敌对分子召集起来。5个墨西哥妇女带着一个儿童来到营地。她们遭到了极为残酷的折磨，并被敌对分子留在山里。她们已经三天没吃东西了，她们受到了克鲁克的参谋伯克上尉的照料。

5月22日——营地里的敌对分子达到了250人，还有他们在墨西哥抢劫的300头牛。洛科和纳纳今天前来投降。杰罗尼莫承诺把查利·麦科马斯带过来，他说目前还没有麦科马斯的消息，但他们会把他带过来。我们在整个行军途中没有见到墨西哥军队。我们将于6月10日抵达圣伯纳迪诺，并在那里等待所有掉队的奇里卡瓦人。

阿帕奇事务：对克鲁克将军的采访①

乔治·克鲁克

纽约《先驱报》，1883 年 7 月 9 日

克鲁克将军完成了前往华盛顿的任务，于今晚前往奥克兰（Oakland）②。在那里停留一两天后，他将前往奥马哈，用几天时间处理个人事务。接着，他将前往他所在军区的圣卡洛斯事务处，以实施战争部和内政部今天下午达成的关于该地未来纪律管理的协议。克鲁克将军说，他对该协议非常满意。在他看来，这项协议可以促进持久和平，培养阿帕奇人自给自足的能力。他们完全可以做到自给自足。将军认为，要不了多久，居留地以外的每个阿帕奇人都会愿意跟随同胞来到居留地。凭借事务处的优秀管理，曾经困扰亚利桑那、新墨西哥和老墨西哥北部文明世界的害群之马再也不会令人担忧了。

克鲁克将军称赞了圣卡洛斯事务处威尔科克斯事务官的能力和忠诚，他会让事务官高效执行政府政策，在这个事务处实施不同于其他印第安居留地的管理制度。根据协议，印第安男人、女人和孩子将在居留地某处共同生活。内政部长特勒（Teller）说过，他会把孩子送进学校。克鲁克将军说，不管这项计划未来多么有价值，它目前都无法实施，因为它会引起各种怀疑，这是印第安人的天性。阿

---

① 1883 年 7 月 7 日，克鲁克将军在首都华盛顿接受了纽约《先驱报》记者采访。克鲁克奉命来到首都，与印第安事务专员、战争部长和内政部长商议在马德雷山脉战役中被击败的阿帕奇人的管理和处置问题。此次会议的备忘录向克鲁克授予了他长期争取的居留地职权。被俘的阿帕奇人将被安置在圣卡洛斯居留地，受战争部单独控制，由战争部负责食物、管理和治安。

克鲁克在部队和同僚军官中沉默寡言，但在记者面前很活跃，他知道舆论的重要性。在《先驱报》的采访中，克鲁克首次公开解释了他准备如何运用刚刚获得的权力管理阿帕奇人，并且讨论了马德雷山脉的远征。

② 马里兰州奥克兰是他妻子的老家。

帕奇人不仅会猜疑这种分离制度，而且会产生最危险的疑虑，认为政府没有公平对待他们。在他们彻底相信政府对他们的善意之前，将儿童送去学校和学艺场所的做法无异于痴人说梦。墨西哥人对阿帕奇人的做法使他们目前处于极为谨慎的状态。克鲁克将军说，这是政府今天通过协议向他授予圣卡洛斯绝对权威的原因之一。这样一来，印第安人可以知道，他们的信任没有遭到背叛。

曾在一段时间里担任克鲁克将军参谋的约翰·G. 伯克上尉现在获得了六个月的假期，以恢复体力。他于今天启程前往菲律宾。

在今天接受笔者采访时，克鲁克将军回顾了阿帕奇人在亚利桑那制造的麻烦，解释了被俘的奇里卡瓦人应该交由军队控制，直到他们的造反倾向完全消失的原因。将军已与战争部长和内政部长商议了如何在不引起所谓的和平政策支持者与行政部门发生争执的情况下做到这一点。

克鲁克将军非常坦率地说，他很久以前就对印第安人的管理不再持有政治观点了。他的经验是他冒着生命危险获得的。如果情绪比纪律更重要，他当然不想恶意对待那些信任其承诺的人。

在 96 华氏度的树荫下，克鲁克将军坐在藤椅上，空气中没有一丝风。将军时而回答问题，时而阅读电报，时而接待访客，时而浏览从亚利桑那指挥部带来的大量信件。他平静地回顾了他的部队最近寻找阿帕奇人时走过的路线，在整个对话中几乎没有流露出激动的情绪，展现出了他在与史上最厉害的印第安战士打交道时的高超洞察力和巧妙策略。

在采访过程中，已经退休的陆军著名印第安斗士 G. A. H. 布莱克上校也在访客之中。他指出，四十年前的印第安战事几乎和现在一样危险。克鲁克将军笑着问上校，如果敌人拥有连发式来复枪，每支来复枪都能打死十几名士兵，他该怎么办。听到这种说法，上校说，他觉得待在华盛顿已经很不错了。接着，他转到了两人关心的社交话题上，没有反驳克鲁克的观点。

我在克鲁克将军处理公事和私事之间的空闲时间和他交谈起来："据说，你是撰写印第安人和印第安战事书籍的合适人选。这样一来，你不仅可以为美国文学增添一部宝贵的作品,而且可以为年轻一代带来很大帮助,因为他们的头脑中充斥着关于边区生活的荒唐无稽的想法。"

"我想,介绍印第安人的真实生活和习俗是一项很好的工作。我相信,如果印第安问题得到真实介绍,它将与目前的一切出版物完全不同。东部和西部的思想相去甚远。以费尼莫尔·库珀(Fenimore Cooper)①的思想和'只有死去的印第安人才是好印第安人'的西部印象为例,二者相差巨大。当然,西部民众的这种极端思想并不准确。不过,我从未想过将这一主题写成作品。"

"你是否觉得将野蛮的印第安战士转变成自给自足的和平公民具有可行性?"

"是的,这是可行的。印第安人知道,离开战争道路,从事白人的和平职业符合他们的利益。几乎所有印第安人都是被迫走上战争道路的。在政府采取稳定和固定的政策之前,他们总会制造麻烦。不管采取何种措施教化印第安人,都必须慢慢来。在几个月内将他们转变成农民的想法是不切实际的。

我在十年前严厉惩罚的阿帕奇分支目前位于圣卡洛斯居留地,他们过得很好。他们种植了很好的庄稼,今年秋天会收获足够多的粮食,可以吃到年底。我告诉他们,如果他们遵纪守法,他们就不会被打扰,我也会保护他们。不过,如果他们不学好,我就会惩罚他们。印第安人像孩子一样,不同之处在于,他们会搞破坏。必须引导和教育他们,不能强迫他们。我一直在对抗印第安人,因此许多人似乎觉得他们不喜欢我。但事实恰恰相反,我相信,如果印第安人投票决定是否让我离开亚利桑那,每个男人、女人和孩子都会投反对票。

关于这一点,我想提一件事。就在我们开始此次旅行前,印第安人对我的离去表示抗议。他们觉得在我身边是安全的,不想让我冒任何风险。他们担心,如果我出了事,我的继任者不会像我一样关心他们的福利。我提这件事不是出于自负,而是为了说明,如果印第安人的权利得到保护,他们就会感激你,顺从你。在进入墨西哥的旅程中,当我离开营地时,印第安侦察兵会表示抗议。他们常常

---

① 库珀在美国东部生活,他在小说中赞扬了印第安人。——译注

表现得很焦虑，担心我受到伤害。实际上，他们不仅忠于我，而且还忠于远征的目标。"

"所以你并不担心你的印第安侦察兵背叛你。"

"我从来没有对这些印第安人的忠诚产生过丝毫怀疑。我认识他们中的大多人。不过，如果他们在远征中没有全心全意地支持我们，就算我认识他们也没有用。在此次远征中，他们把家人留在后方的居留地，这些家人成了约束他们的人质。不过，我之前带着印第安侦察兵出征时常常没有他们的任何把柄，只能依赖于他们对我的信任。"

"不过，这一次，你的侦察兵和你们追击的人属于同一个分支，不是吗？"

"是的，但他们和我们一样急于把他们的分支拉回来，因为这些无辜的人需要为族人的抢劫责任。他们知道，只要这些印第安人还在抢劫，他们在居留地上就无法获得和平安宁。他们希望这些人回到他们可以控制的地方。

去年3月的抢劫结束后，图姆斯通组建了一个连队，他们进入居留地，以攻击该分支在那里和平生活的人，因为他们觉得这些人需要为其他人的行为负责。不过，这些圣卡洛斯阿帕奇人对于事件的参与程度还没有我高。现在，这些印第安人已经完全理解了印第安问题的现状。他们知道，如果他们与白人为敌，他们对我们造成的伤害可能比我们对他们造成的伤害要大，他们最终会被消灭。他们希望生活在拥有未来家园的地方。现在，这些印第安人都有这样的感受。只有在迫不得已或挨饿时，他们才会走上战争之路。"

"他们在居留地上不能自给自足吗？"

"不能。现在生活在这里的印第安人曾经占据整个亚利桑那，拥有可以维持生计的所有土地。我们的政府认为他们的土地太多了，只允许他们拥有其中的一部分。现在，提供给印第安人的土地可能没有足够的产出，无法养活他们。如果他们在那里无法吃饱，就必须抢劫。在这类情形中，由于政府没有为印第安人提供食物，因此他们要么走上战争之路，要么饿肚子。这应该得到纠正，在这里，我想说，一些文章说我在处理印第安人时进行了私下安排，没有代表政府。事实是，印第安人不理解政府。用委婉的话来说，他们对政府感到困惑。政府派事务官管理他们。事务官告诉他们，他是政府派来的。当印第安人行为不端时，事务官会惧怕他们；当他们遵纪守法时，事务官会偷窃他们的财物。我之前说过，我告诉他们，我是来照顾他们的。当他们遵纪守法时，我会保护他们。你觉得他们会怎样看待政府？所以，个人的信任是控制他们的唯一途径。"

"圣卡洛斯居留地有多少印第安人？"

"我十年前把他们安置在那里时，有大约6000人。不过，分流之后，就没有这么多人了。他们几乎可以自给自足，如果再坚持一年，他们就不需要政府提供太多援助了。"

"你最近进入墨西哥追逐阿帕奇人的直接原因是什么？"

"1883年3月，我们现在俘虏的那些阿帕奇人在亚利桑那到处抢劫，谋财害命，犯下各种严重暴行，引起了整个地区的注意，群情激愤，我们必须采取行动了。

"在他们将恐惧散布到整个地区并跑到大南边后，我听到了他们准备回来继续抢劫的消息。当然，只有一种方法可以阻止这一点，那就是挥师南下，在他们的老巢拦截他们，因为你无法在印第安抢劫团伙作案时捉住他们。我相信，只有在惩罚他们以后，我们才能把他们带回居留地。我认为，如果我们不能在美国这边找到他们，我们就要进入墨西哥。

"当我发现他们已深入墨西哥时，我去了索拉纳，以获得墨西哥当局的理解。我觉得这是我的责任。对方态度很好，并且向我们保证，他们会尽一切努力协助我们。

"我调动了我在该地区能调动的所有驮骡，大约有350头，以便为远征军提供补给。我弄到了两个月的口粮，以应对可能会出现的紧急情况，因为我不想在紧要关头由于缺粮而止步不前。我知道敌对分子的力量。我把军队人数保持在最低水平，因为我不想在出征段携带规模太大的部队，导致口粮供应不上。我们的补给完全由这些驮骡运输。我的部队大约有300人，包括50个货郎，他们的职责是照看骡子。这支部队与阿帕奇人的数量大致相当，因为50个货郎是非战斗人员，无法战斗。敌对分子中有120个战士，许多男孩也可以在紧急时参战。"

"在你的部队中，印第安侦察兵和士兵的组成情况如何？"

"我有42名士兵、193个印第安人和50个货郎，但我没有把货郎算在战斗部队之中。"

"阿帕奇人在马德雷山脉中的老巢距离国界线有多远？"

"大约200英里。国界线距离铁路有100英里。"

"你走到发现印第安人的地点花了多长时间？"

"我们于5月1日从国界线出发，当月15日抵达那里。"

"你在追逐野蛮人时采取了什么策略？"

"我首先要找到他们，找到以后，我们急行军，然后攻击他们。通常无法用大部队对他们开展奇袭，尤其是在山区。在那里，他们占据着俯瞰数英里土地的阵地。当我们距离他们不到二三十英里时，我派克劳福德上尉带着印第安侦察兵在前面开道。他们背着三天的口粮和毯子，以便更轻松地攀登峭壁和峡谷。骡子和士兵留在后方。这是利用印第安人对抗印第安人的例子。"

"你是怎样发现敌对分子的呢？"

"我们的阿帕奇侦察兵把他们的位置告诉了我们。领头的侦察兵皮奇斯说，他们在那片区域的某个地方。"

"到目前为止，墨西哥人是否为你提供了帮助？"

"没有，我们没有获得他们任何帮助。说起来，在我们抵达停歇地点的几天前，墨西哥人给我们送来了两个向导，向我们展示了墨西哥人十一天前和他们战斗过的地方。不过，我们告诉他们，他们不需要过来，因为我们相信，我们可以找到阿帕奇人的位置。那里的地势非常崎岖，峡谷和裂隙以直角互相交叉，形成了白人几乎无法攀登的圆丘和山脊。

"阿帕奇人驻扎在10英里范围内的一系列山峰上。一些圆丘的上坡路近乎垂直，但阿帕奇人非常活跃矫健，能够十分灵活地攀登这些峭壁。他们是优秀的奔跑者和攀登者。我们派克劳福德带着阿帕奇侦察兵走在前面，奇袭了敌对分子。如果我们带上白人部队，他们就会发现我们。

"对抗印第安人和对抗白人有着很大区别。野蛮人总会在阵地里隐藏起来，只有当他们想要战斗时，他们才会战斗。我们的士兵不管是否想要战斗，都必须战斗。这些侦察兵比我们的士兵更加了解如何奇袭敌人，因为他们是聪明的印第安战士，会对所有有利条件加以利用。

"每个印第安人都是将军，在任意局面下都非常清楚应该做什么。他们知道哪个阵地对他们最有利，知道如何使敌人处于不利地位。不管怎样，他们总是非常沉着，每个人在任何时候都是独立的存在。士兵很死板，完全听从部队的调遣，因此丧失了自己的独立性。如果我们的阵线存在弱点，而且有许多印第安男孩在我们面前，他们就会猛攻这一点，像恺撒、拿破仑和汉尼拔那样对此加以最大限度的利用，因为他们会做最为正确的事情，而这是世界上所有最优秀的将领都会做的事情。

"阿帕奇人是世界上最精明、最优秀的战士。他们会脱掉衣服，像猫一样爬上峭壁，而且在一天的行军后仍可以做到这一点。在此次远征中，他们在一天晚上彻夜跳舞，这使那些想要睡觉的士兵很不舒服。第二天，他们走了一整天，登上了连草原狼都难以攀登的地点。据我所知，他们会突然追逐鹌鹑，用石头将其打死，或者追赶受伤的羚羊。他们是所有印第安人之中最聪明的。他们拥有极佳的视力，可以在夜晚的星光下轻松跟踪敌人的脚印，就像在白天一样。

"那片地区到处都是他们勇猛作战的证据，他们和墨西哥人打了几百年。每个人都可以捡到普韦布洛定居点的残骸，这些定居点显然是被这些印第安人摧毁的。当地居民一直认为阿帕奇人是不可战胜的。他们清除了普韦布洛印第安人的每个分支，除了莫奎斯人和祖尼人——我认为他们属于同一人种[①]。我见过这些家伙在极为平坦的地方打伏击。

---

① 莫奎斯人和祖尼人都是普韦布洛人。——译注

"1871年，一支马车队带着开道护卫队从亚利桑那前往加利福尼亚。印第安人看到了他们，埋伏在路上。道路非常平坦，散布着一些草丛。阿帕奇人趴在地上，把泥土盖在身上，把草绑在头发上。护卫队没有发现他们，径直走了过去。在护卫队离开一段距离后，印第安人跳了起来，俘获了后方的马车，打死了马车夫。这些家伙会利用一切机会，其他印第安人只会躲在安全的地方朝敌人射击。

"我们的首席向导皮奇斯了解那片地区，我们把一切托付给了他。我并不担心，因为我相信，我是唯一让这些印第安人相互对抗的人。我不知道怎样描述我的做法，但我从未遭到背叛。这些印第安人曾在战斗中公开与我为敌，但我现在成功让他们掉转了枪口，对抗自己的族人。皮奇斯参与了打死麦科马斯及其妻子、俘虏他们小儿子的那次抢劫。就在我们出征前，他戴着镣铐被人带到我面前，我取下了他的镣铐。他跟随我们出征，做出了最宝贵的贡献，因为他是唯一知道敌人老巢的人，而且直接把我们带进了敌人的老巢。皮奇斯是纯种阿帕奇人，是奇里卡瓦分支的成员，他有两个妻子在奇里卡瓦人那里。当然，皮奇斯不知道山脉的名称。和其他印第安人一样，他无法用英里来表述距离。他用一天的行程来衡量距离，这很模糊。所以，当他声称抵达目的地需要走多少天时，我们并不知道我们要走多远，因为我们有时走得快一些，有时走得慢一些。"

"将军，这场战斗双方伤亡情况如何？"

"我们没有损失一个人，包括印第安人和士兵。我们发现了9具敌人的尸体。如果他们奇袭我们，而不是我们奇袭他们，我们就会陷入困境，因为他们会把我们包围在崎岖荒凉的地点。就连阿帕奇人也无法依靠当地物产生活，只能通过抢劫维持生计。那里的植物只有少量龙舌兰，他们可以用龙舌兰制作一种很好吃的食物。他们藏在这些山峰上，直到快要饿死时才出来抢劫。他们在3月派出了两个抢劫团伙，一伙人去索诺拉盗窃牲口，另一伙人去亚利桑那获取弹药。不过，他们从杀死的人那里得到的东西很少，带回来的东西还没有他们出发时携带的东西多。抢劫索诺拉的团伙领队是杰罗尼莫，抢劫亚利桑那的团伙领队是查托。

"他们这场抢劫战争获得成功的另一个证据是，大约120个阿帕奇男人使他们根据地周围数百英里的一切商业活动陷入瘫痪，使那片地区变成了无人区。指挥墨西哥部队的塔佩特将军（General Tapete）说，他们用文明部队追逐阿帕奇人，但这毫无意义，因为对方跑得比草原狼还要快。他说，我们和墨西哥人相比有一个优势，那就是我们能用阿帕奇人对抗阿帕奇人。"

"将军，你似乎相信，我们能找到并带回麦科马斯法官的小儿子。关于这一点是否有什么特别的理由？"

"那个小家伙6岁了。我相信他能回来，原因在于，查托和内奇这两个印第安人失去了家人。去年夏天，墨西哥人劝说他们前去缔结和约。不过，他们去了以后，墨西哥人把他们灌醉，杀了一些人，俘虏了一些人，包括他们的家人。他们很想与家人团聚，请求我尽最大努力帮助他们。我告诉他们，我会尽最大努力，但我担心我的努力不会成功，因为他们曾反复犯下暴行，与墨西哥人结下了很深的仇恨。他们请求我尽最大努力，我也答应了。我告诉他们，最能帮助我要回他们家人的事情就是把这个男孩找回来。眼含热泪的查托郑重承诺，如果那个男孩还活着，现在外出的印第安妇女一定会把他找回来。"

"你是沿着哪条路线进入马德雷山脉腹地的？"

"我们从国界线上的圣伯纳迪诺牧场出发，沿圣伯纳迪诺河南下，来到河口附近，然后穿越该地区，抵达巴维斯佩河；我们沿巴维斯佩河前进，来到山区；接着，我们翻山越岭，进入印第安人所在的地区。"

"你应对这个印第安问题的策略是什么？"

"在目前的情况下，我从未解除印第安人的武器，因为根据我的经验，要想管理印第安人，就一定不能让他们觉得你惧怕他们。如果你收回他们的枪支，而他们周围的白人可以携带枪支，印第安人就会立刻觉得你惧怕他们。

"另一件事是，这些印第安人投降时只带来了长矛和普通武器，准备将其上交。当印第安人准备投降时，他们总会事先把好的武器藏好。如果我要求他们将携带的武器上交，他们就会觉得我惧怕他们；同时，我只会得到他们不太重视的这些武器。每当我们想要解除他们的武器时，情况总是这样。

"后膛枪出现以后，印第安问题发生了变化。携带后膛枪的印第安人很难对付，因为每块岩石都可以充当他们的堡垒。他们可以阻挡我们，给我们带来伤亡，但我们却不会有任何收获。他们操纵后膛枪的速度很快，枪法也很准。"

"和科罗拉多的风景相比，你对马德雷山脉的印象如何？"

"那里非常崎岖，但是不像黄石地区那么壮美。那里没有野味，但是有草，有大量树木，还有充足的优质水源。我们只能完全依赖于我们携带的补给。我们的厨师以前是马车夫，他的菜谱很单调，做出来的饭菜很难吃。有一次，一些士兵想要指责他，但他说，如果有人抱怨他的手艺，他就会把对方的肺踢出来。他的说法立刻消除了所有不满。我们的口粮包括肥猪肉、豆子、面包和咖啡。侦察兵不仅有口粮，而且自己做饭。军官和士兵与货郎在一起吃饭，每人平均每天的口粮大约有3磅。"

"现在是否还有在逃的敌对阿帕奇人？你是否把他们全都带回来了？"

"我们几乎清理了所有敌人，只有朱、他的兄弟和直系亲属仍然在逃。当他们发现其他人均已投降时，他们也会投降。所以，阿帕奇人的抢劫已经结束了。"

乔治·克鲁克将军管理的印第安居留地

查尔斯·P. 埃利奥特[1]
《军事》(1948年夏):91—102页[2]

1884年的春天和平地过渡到了夏天,这是美国人占据亚利桑那以来的第一次。雨水降下,被干旱的土壤吸收。小草从地里钻出,苗壮成长。阿帕奇印第安人、尤马人、莫哈维人、通托人、圣卡洛斯人、怀特芒廷人甚至还有奇里卡瓦人都满意地留在圣卡洛斯印第安居留地上,努力工作,在必要的地点挖掘灌溉渠,种植了很好的小粒粮食。他们满意的原因不难理解。乔治·克鲁克将军是亚利桑那军区指挥官,美国第三骑兵团的埃米特·克劳福德上尉直接领导怀特芒廷居留地,其指挥部在圣卡洛斯,位于圣卡洛斯河和希拉河交汇处。

由于亚利桑那处于和平状态,因此战争部得以将美国第六骑兵团调走。该部队在亚利桑那执行了漫长、艰苦、出色的任务,其领导者包括部队上校卡尔将军和其他军官。其中,查菲将军当时还是上尉,是受人尊敬的著名印第安斗士,但他现在在世界上的名气更大,成了适合在遥远的中国最艰难的环境中维持美国尊严的军人。

两个团的转移是通过步行实现的,第六团从亚利桑那前往新墨西哥,第四团前往亚利桑那接替第六团的位置。对于这两个团来说,这并不是一个很大的改变。

---

[1] 查尔斯·P. 埃利奥特(1860—1943),西点军校1882届毕业生。他在1899年参加了阿拉斯加探险之旅。后来,他还做过西点军校建设主管。1918年,埃利奥特以少校身份退役。
[2] 埃利奥特的文章最初发表于《军事》,包括查尔斯·D. 罗伯茨准将的长篇引言。罗伯茨在引言中只是概述了到1884年为止的阿帕奇战役,这里将其略去。文章脚注说,根据内部证据,埃利奥特的手稿写于1901年左右。

在虚拟的领地边界两侧①，阳光似乎一样灼热，空气中似乎弥漫着同样多的尘土，水的含碱量很大。从不远处看，两支部队像移动的沙尘团一样，根本看不到人和坐骑。

我以第四骑兵团第八连少尉的身份被派往洛厄尔堡。抵达该哨所后不久，我又被派去向埃米特·克劳福德上尉报到，担任圣卡洛斯居留地的纠察官。

我乘火车从图森抵达威尔科克斯，乘坐驿站马车抵达格兰特堡。在那里，我见到了克劳福德上尉，和他乘坐旅行马车途经托马斯堡前往圣卡洛斯。旅行马车是政府运输工具的叫法。

沿希拉河而下的旅行非常炎热，沙尘很重，只有在仲夏亲身经历过这种旅行的人才能体会。一个军官在离开亚利桑那时表示，当他下次回到这里时，他希望整个亚利桑那变成一个鸭塘，我完全支持这种说法。圣卡洛斯并非天堂，不过，经过这样一段旅程，你自然会看到它的优点。

从圣卡洛斯河口大约正对面的山顶上，你可以瞥见事务处的建筑。希拉河谷在此略微加宽，与圣卡洛斯河口的平地共同组成了一片开阔的空间，四周被起伏不平的大小山峦包围。两条河从东边和北边穿山而过，交汇在一起，沿平缓的峡谷向西流去。

希拉河左岸有一些用灌木搭建的棚屋，那是莫哈维和尤马印第安人一些分支的住所。圣卡洛斯和希拉之间的平地上是政府驮队的营地。这些驮队带有全套的装备，经常参与行动。只要接到通知，他们随时可以前往居留地上可能出麻烦的任何区域。

驮队附近是第三骑兵团第三连驻扎在圣卡洛斯时使用的畜栏。平地西侧上方的台地上坐落着校舍，被当成了库房、军官宿舍以及指挥官和助手的起居室。同一片台地沿希拉河再往西是事务处的建筑、库房和商店。事务处建筑下面靠河的平地上是印第安牛群的畜栏和屠宰场。建筑是用土坯或晒干的灰色砖块建造的，

---

① 地图上的边界在现实中并不存在。——译注

其颜色与当地被太阳暴晒的平原没有任何差异。

在一座墙壁厚达 18 英寸的建筑里，我曾在下午 2 点见到指向 114 华氏度的温度计。对于圣卡洛斯，我能回想起的唯一优点就是冬天的气候。

河对岸事务处建筑对面是前面提到的印第安营地，下面的希拉河两岸和上面的圣卡洛斯散布着一些营地。

希拉河以南圣佩德罗河口对面（右岸）有一个很大的分支，曾经是著名逃犯的埃斯基明津在圣佩德罗河沿岸拥有营地和长势很好的庄稼地。阿拉瓦伊帕河沿岸有一些小营地，其中一个营地是卡皮坦·奇基托和他的 6 个年轻健壮的妻子生活的地方。所以，居留地上的所有好位置都建有营地。

外围营地的人经常向事务处报告。必要时，指挥官和纠察官还要前去探访。

1884 年 7 月，内政部的文职事务官仍然在控制发给印第安人的物资，文官和军官的双重领导必然会导致摩擦。军方的存在对事务官来说是一种讨厌的约束，因为他们常常觉得有必要与居留地外部的采矿小镇进行小规模交易，以弥补其微薄的收入。

我们需要在 96 英里 × 60 英里的居留地上管理 5500 个印第安人。他们是我们所知道的该地区最野蛮的印第安人，各个分支散布在居留地的各个角落，而居留地又崎岖得超乎想象。即使管理层在思想和行动上完全保持一致，这也是一项非常困难的任务。指挥部的不和加剧了困难，但克劳福德上尉解决了这些困难，他对事务官及其员工的监督与他对印第安人的监督一样严格，不允许别人干扰他对居留地的管制。他和手下的军官占据了一座旧土坯建筑。之前住在这里的是学校老师，他们在上次暴乱时离开了这里，再也没有回来。这些军官包括军需官 F. O. 约翰逊中尉、副官 T. B. 杜根（Dugan，二人均属于第三骑兵团）、托马斯·戴维斯医生和查尔斯·P. 埃利奥特少尉。

我到来时没有看到骑兵。实际上，距离我们最近的骑兵驻扎在数英里外的阿帕奇堡①。

校舍北边有一片棚屋，印第安侦察兵和他们的家人住在那里。他们由两个所谓的连组成，但是当时没有人想把他们训练成合格的军人。

还有第三个连，叫作民兵连，其成员散布在隶属于圣卡洛斯的各个印第安营地里。纠察官作为克劳福德上尉的代表，负责接受他们的直接汇报，向他们传达命令。

1884年7月，圣卡洛斯有大约10个现役军人，包括文书、仓库管理员和医疗护理员。唯一驻扎在这里的军事组织是由帕克·韦斯特中尉指挥的第三骑兵团第三连，那是克劳福德上尉的连队。这个连目前在山里，暂时不在这里。这个连之所以在这里，完全是因为克劳福德上尉刚好也在这里。他们不是用来管制印第安人的，后来也被调走了，只留下上述几个有职务在身的现役军人。

克劳福德上尉直接控制着所有隶属于圣卡洛斯的印第安人。布里顿·戴维斯少尉负责管理阿帕奇堡附近的奇里卡瓦阿帕奇人，第六骑兵团的C. B. 盖特伍德少尉和第一步兵团的罗奇中尉②负责控制怀特芒廷阿帕奇人，其指挥部位于阿帕奇堡。这些人全都接受克劳福德上尉的指挥，克劳福德则直接向克鲁克将军汇报。克鲁克对居留地的关注和监督敏锐而直接，他与所有知名印第安人和许多年轻印第安人都有私交，所有印第安人都非常信任他。他永远不会做出无法实现的承诺，总是遵守他所做的承诺，不管是帮助印第安人还是惩罚他们。一些人在对抗印第安人时也许比克鲁克将军更成功，但是说到在居留地上管理印第安人，克鲁克远远优于陆军历史上的一切军官。除了1861—1865年的战争，他在服役期间一直在和印第安人打交道。他研究过印第安人的性格和习惯。他本人是平静而腼腆的人，非常了解自然，擅长打猎，不惧怕任何事情。就连不喜欢他的印第安人也会尊重和信任他。反过来，他们的行为也证明了他们是完全值得信任的。在冲突期间，他利用友好印第安人对抗敌对印第安人。在居留地上，他让印第安人进行自我管理。

---

① 阿帕奇堡位于圣卡洛斯以北60英里处。
② 汉普顿·M. 罗奇（Hampton M. Roach，1857—1923）是从士兵升上来的。

圣卡洛斯居留地上有两个不同的印第安部落,一个由莫哈维人和尤马人组成,另一个是阿帕奇部落,他们拥有不同的外表和语言。根据阿帕奇人之前最常出现的地点,我们将其称为圣卡洛斯人、通托人、怀特芒廷人和奇里卡瓦人。

莫哈维人和尤马人在某种程度上与其他人有所融合,因此被称为阿帕奇-尤马人和阿帕奇-莫哈维人。这些印第安人之前遍布南亚利桑那,他们在不同时期被我们聚集到了圣卡洛斯居留地。

1884年,我们进行了彻底的人口普查,每个部落由大酋长点数,同一个部落的每个印第安营地由头人点数。我们提供了不同形状的铜牌,每个部落一种形状。部落的分支用一个字母表示,分支里的每个成员都有自己的号码,纠察官在相应形状的铜牌上盖章,发给每个印第安人,他们的名字被记录在专门的账簿里。每个人必须一直佩戴铜牌,而且需要在事务处官员要求时出示铜牌。如果不遵守这些规定,他们会受到严厉的惩罚。在很短的时间里,该制度就达到了我在抵达时看到的那种完美状态。

如果哪个美国人试图记住一系列印第安人的名字,他很快就会陷入绝望的迷茫之中。不过,通过铜牌号码和记录,他就可以很容易找到某个印第安人。

除了前面提到的侦察民兵,还有少数特工雇员——这些印第安人可以提供非常高效的服务。

居留地最大的和平威胁之一来自向印第安人出售枪支、弹药和威士忌的白人,以及坚持要求穿越居留地边界、在禁区寻找矿产的勘探者。许多勘探者都丢了性命,但其他人大概没有吸取教训。我们经常需要逮捕这些入侵者,这是一项很讨厌的任务。我们永远无法在领地法庭对他们定罪并实施惩罚,但他们向印第安人出售的物品常常会引发暴乱,导致无辜的偏远牧场工人的死亡。

在圣卡洛斯,监禁所有犯人的禁闭室是由纠察官控制的,由印第安侦察兵担任警卫。民兵和专门派出的侦察兵随时可以在近处或远处的营地逮捕犯人,将其关押起来。不过,在监禁之前,如果可能,纠察官在全面审判前会询问犯人,以确保没有重大冤案。如果证人方便前来,在场指挥官或纠察官会听取案件陈述,进行审判。如果证人不方便,我们会在星期五听取所有民事和刑事案件的陈述。接着,不管愿不愿意,所有相关人员和证人都要来到军官面前,后者需要如实地清理事实,做出审判。两名翻译负责将阿帕奇语翻译为英语,首先由墨西哥人安东尼奥·迪亚斯(Antonio Diaz,曾被印第安人俘虏多年)将阿帕奇语翻译成西班牙语,然后再由何塞·马里亚和蒙托亚翻译成英语。如果案件需要莫哈维或尤马证人,我们需要让第三个翻译将尤马语翻译为阿帕奇语。在东部印第安学校受过教育的年轻印第安翻译的表现很不理想。

所有军官尽一切努力热情地帮助印第安人,协助他们在农业生产上取得进步。

年轻军官选择和规划灌溉渠的地点,展示最好的耕种地点,监督他们挖掘水渠,管理水源分配。他们的努力带来了非常令人满意的结果,因为印第安人一季收获了大约200万磅小粒谷物,其中很大一部分被政府以合理的价格收购了。我们还努力改善了印第安人的家庭生活,劝说他们实行一夫一妻制。据我们所知,印第安人最多有6个妻子。一个很节俭的老酋长为了使用完全由自己控制的劳工认真耕种农场,娶了6个年轻妻子,她们都是种地的能手。所以,我们无法劝说他缩小家庭规模。

他们殴打妻子的习惯为军官们带来了许多麻烦,导致了下面的事件。下面的详细描述将说明他们的做法。

指挥部对面河流另一侧的印第安营地发来了报告,说某个莫哈维人前一天晚上毒打了妻子。他担心被捕,因此早上拿着枪跑到了希拉河南边的山上。接到这份报告,我们派出了两名侦察兵逮捕他,一个是可靠的老人,另一个是年轻的莫哈维人。他们追随他的足迹,中午时分在泉水附近找到了他。老侦察兵是家暴犯的朋友,他走了过去。年轻人留在泉水附近的山脊上,两名侦察兵向他打招呼,他做出了友好的回应。当老侦察兵走到逃犯身边时,两个人一同来到泉水边,吃了简单的午餐。吃饭时,侦察兵说明了他的意图,对方同意跟他回去。很快,逃犯告诉侦察兵,如果侦察兵出发,他会马上跟过去。侦察兵还没走出20英尺,就被逃犯射杀了。逃犯朝上方的年轻莫哈维人开了第二枪(这是他的战火洗礼)。年轻人飞奔到圣卡洛斯，带来了谋杀的消息。

我们派出了一支队伍，前去追逐杀人犯。不过，就连阿帕奇侦察兵也很难在那片山区找到一个独自行动的印第安人，他的一切踪迹全都消失了。他在几个月里没有和任何族人联系，他们觉得他死了。几个月后，一个印第安人从哈瓦苏派居留地跑到普雷斯科特找克鲁克将军，并把消息发到圣卡洛斯。他就是那个杀人犯。侦察长阿尔·西贝尔被派到普雷斯科特，以便把他带回圣卡洛斯。不久，西贝尔带着犯人回来了。他完美地展现了印第安男人的风采。他身高6英尺，肩膀很宽，身体状况极佳，因为曾在山中生活数月之久。被害侦察兵的家人和朋友有点激动，但犯人没有受到审判，他在卫兵的监督下与其他犯人共同劳动，等待领导决定由民事机关还是部落做出审判。

民事机关对于这起案件并没有管辖权，所以，审判是根据部落习俗进行的。

我们在他的部落中选了12个人，在纠察官的指导下进行审判。审判对所有人公开。

所有目击者的证词被翻译成英语，以便我们对案件做出合理的判断。

所有印第安人都表现出了浓厚的兴趣。大家尽了一切努力，以弄清事实真相。证据很明确，犯人在陈述中没有为他的行为找理由，承认被杀的侦察兵是他的朋友。他知道，他打了妻子，如果回到圣卡洛斯，他会受到惩罚，因此他别无选择。

他的族人没有思考太长时间。

他们的结论是，犯人的朋友是好人，在履行职责时被他杀害，因此他应该被射杀。

当这个决定被传达给纠察官时，犯人异常愤怒。虽然犯人戴着镣铐，但他一步跳到了部落发言人面前，一只手抓住发言人的长发，试图用藏在身上的一块削尖的硬木刺他的喉咙。纠察官跳向他，将他制住。同时，阿尔·西贝尔抓住他的手铐，将他绊倒。他在倒地时松开了另一个印第安人。同时，纠察官也和犯人一起倒下。

印第安人非常激动，许多在事务处领取口粮的人也听到了消息。阿尔·西贝尔和纠察官从左右两边架着犯人前往禁闭室。在把他关进牢房前，西贝尔奉命对他搜身，以免犯人将武器藏在身上，伤害卫兵。纠察官的手放在犯人肩膀上。当西贝尔在长牢房的另一头时，印第安人突然转过身去抓纠察官的脖子。纠察官急忙按住他的双肩，使他的双手在下巴下面抓空，没能扣住脖子。接着，二人扭打起来。印第安人占据优势，他杀红了眼，像牛一样强壮。纠察官根本没有时间说话和求救。不过，西贝尔听到了打斗声，跑了出来，抓住印第安人的头发，把他从纠察官身边拉开，这使他失去平衡，转了半圈，以头撞地跪了下来。这是精彩的力量展示，我从未见过如此令人快乐的场景。犯人的脑袋刚一触碰地面，负责守卫的斯迈利中士（Sergeant Smily）就把枪口对准了他的耳朵。斯迈利抬起头，说："开枪吗？""不，不要开枪，"西贝尔回答道，"给我一条绳子。"

被绑一段时间后，犯人请求面见纠察官。纠察官发现他很平静，已经认命了。他被松了绑。几天后，当风波平息时，行刑队带着他前往河流上游的托马斯堡。

他的部落执行了对他的判决，他为他的罪行付出了生命的代价。

此事对其他印第安人产生了非常有利的影响，他们既不敢殴打妻子，也不敢拒捕了。

杀人犯的亲属威胁说要复仇，但是没有人在意他们，他们也没有采取出格的行动。

说回到用于辨认印第安人的铜牌上来。我要举出下面的例子。西尔弗金矿场投诉说，印第安人离开了居留地，猎杀小鹿，有几个人还去了矿场的商店。纠察官奉命开展调查。没有证据表明印第安人杀了鹿，但他们曾离开居留地，去商店买东西。一名售货员看到了他们佩戴的铜牌。出于好奇，他将字母和数字记在了纸条上。纠察官将其抄写在笔记本上。经过两天的骑行，一行人来到圣佩德罗河口的营地。纠察官骑着骡子穿越希拉河，将这伙印第安人召集起来，一言不发地在队列前走过，查看他们的铜牌，挑出一些人，要求他们前往圣卡洛斯，然后骑着骡子离开了。酋长和部众非常吃惊，但他们很快遵从了命令，犯人得到了应有的惩罚。

在每周会议上听取印第安人的各种投诉需要极大的耐心。不管大小，所有麻烦都会得到极为详细的叙述。每个新的投诉者首先会讲述完整的家族故事，并且会从很久以前讲起。不过，在100人之中，93个人的家族故事和案件没有任何关系。随着印第安人职责的增加，纠纷也在增多，尤其是涉及庄稼地的纠纷。庄稼地是一大纷争原因。双方各执一词，让人很难判断，你永远无法让双方同时满意。在圣卡洛斯接替我的陆军中尉莫特[①]在试图解决这种纠纷时被判决的失利方打死。许多投诉非常幼稚，但印第安人要求我们像对待孩子一样对待他们。克劳福德上尉在处理印第安人时并没有特别感情用事。我们不允许他们对克劳福德无礼，要求他们遵纪守法，依照命令行事。任何违反者都会受到迅速而明确的惩罚。禁闭室很整洁，犯人也把指挥部周围的环境打扫得很干净，他们白天需要从事有益健康的工作。

印第安人很喜欢威士忌和其他能使他们喝醉的烈性饮料。他们很难弄到威士忌，但年长者知道如何制作一种叫作提兹温的酒精饮料。在被提兹温灌醉后，他们经常打架，但他们会秘密制作并隐藏这种酒。只有在打斗过后，我们才会知道他们喝了提兹温。我从未有幸拿到过这种酒，据说，它通常是由老妇女用玉米制作的，是一种酸醪。

为了充分体验提兹温的陶醉效果，印第安男人们会事先禁食三天，然后尽情畅饮。他们偶尔允许一两个妇女加入进来，以便在所有人达到某种陶醉状态后享受殴打妇女的快乐。

阿帕奇印第安人是这片地区出现过的最完美的野蛮人。在用两条腿行走的生物中，他们是最残忍、最缺乏自然感情的群体。和他们在一起时，他们在战争中的残暴行径会使你感觉毛骨悚然。有的人会拿着父亲的头前来领赏，这不是因为他们之间存在矛盾，而是因为他刚好知道父亲的隐藏地点，想要获得赏金。对此，你会对他们的人类身份产生怀疑。

[①] 第十骑兵团的斯图尔特·莫特（1862—1887），西点军校1886届毕业生。1887年3月10日，他被他关押的阿帕奇人的儿子反复刺伤，于第二天去世。

我在圣卡洛斯服役期间，基德是我们最信任的侦察兵之一。后来，他成了令亚利桑那恐惧多年的人物。

1885年春，第三骑兵团结束了在亚利桑那的服役，埃米特·克劳福德上尉卸任圣卡洛斯居留地指挥官，跟随他的团前往得克萨斯。

不久，亚利桑那维持了近两年的和平突然被打破。短短几个月后，在克鲁克将军的恳求下，克劳福德上尉被调回来，负责指挥战场上的阿帕奇侦察兵追逐敌对奇里卡瓦人。在几个月时间里，我有幸跟随他转战亚利桑那、新墨西哥和老墨西哥。作为年轻人，我在最好的地方接受了最优秀的军人的指导。1886年，在艰苦征战数月后，随着印第安人的投降，克劳福德上尉即将为他的出征画上圆满的句号，但他却在索诺拉被墨西哥人打死了。

克鲁克将军被阿帕奇人称为"南坦克莱帕"（Nan-tan Cle-pa），它被许多人错译为"灰狐狸"。实际上，这个名称来自他的外貌，意为"灰发队长"。在我见过的所有人之中，他的性格与狐狸的差距是最大的。

克劳福德上尉被称为"南坦恩达森"（Nan-tan En-das-en），意为"高个子队长"。我和克劳福德一样高，但比他年轻得多。当我到来时，印第安人不知道如何称呼我，直到我成为禁闭室负责人。此时，我变成了"监狱队长"（Calaboose Nan-tan）。

军需官叫作"纳尔苏斯南坦"（Nal-soos Nan-tan），意为"文书队长"，因为他会提供写有文字的小纸条，作为干草和粮食的收据。一个军官被称为"大脚"，另一个军官被称为"长鼻子"，另一个留胡子的军官被称为"公山羊"。

我无法特别详细地研究他们的名字。一个婴儿被称为"白人挠他的后背"，因为一个军官在他小小的棕色后背上留下了指甲的痕迹。一个很年轻的军官被称为"南坦比加吉"（Nan-tan Bijaji），意为"婴儿队长"。

亚利桑那科奇斯县居民会议就印第安人
逃离圣卡洛斯居留地通过的决议

G. 戈登·亚当

托马斯麦吉尔公司，法律印刷厂，华盛顿市，哥伦比亚特区（约1885年）

科奇斯县，亚利桑那

图姆斯通，1885年6月15日

1885年6月13日，在亚利桑那科奇斯县图姆斯通举行的居民会议上，一致通过了下面的决议：

由于事实反复证明，将阿帕奇印第安人留在本领地圣卡洛斯居留地的做法为本县以及位于居留地和延伸至墨西哥共和国的马德雷山脉之间各县的居民生命财产带来了灾难，最近已损害并且仍然在损害我们人民的生命安全，而美国军队又无力阻止他们犯下暴行，确保我们的人民和平从事各个行业；

由于我们相信，除了向印第安人提供武器、弹药和补给的人以外，本领地所有居民和在本领地拥有财产的所有外地人一致认为，应将阿帕奇印第安人从本领地移至其他地区，使他们无法继续通过暴乱对我们人民的生命财产造成伤害，阻止一切移民来到这里，继续妨碍本领地的繁荣发展；

由于我们只能依赖创建和控制本领地的美国政府保护我们远离谋杀和抢劫：

兹决定，我们请求政府体察我们的人民被损毁的尸体和荒芜的家园，将阿帕奇印第安人从本领地迁出。

经过一些发言和其他会议进程，会议指定由 W. H. 史迪威（Stilwell）、E. B. 盖奇（Gage）、L. W. 布林（Blinn）、J. V. 维克斯（Vickers）和 C. S. 阿伯特（Abbott）组成的委员会选择某人将本决议提交华盛顿当局并宣传其目的。

威廉·赫林①，主席
查尔斯·D. 雷皮②，书记

图姆斯通，1885 年 6 月 15 日

G. 戈登·亚当长官：

敬启者：1885 年 6 月 13 日，科奇斯县居民通过了一项决议。为前往华盛顿向当局提交此决议并宣传该会议目的这件事提供资助的捐款人今天举行了会议，一致同意由你执行这项任务。

敬上，
W. H. 史迪威③，主席
J. V. 维克斯④，书记

---

① 威廉·赫林（卒于 1912 年）是亚利桑那赫里福德（Hereford）附近海王星矿业公司的经理，之前是纽约市助理辩护律师。他还是厄普（Earp）兄弟的律师，后来被提名为领地司法部长。

② 新闻从业者查尔斯·D. 雷皮（Chas. D. Reppy, 1846—1914？）是《墓碑镇碑铭报》(*Tombstone Epitaph*)出版人，后来做了领地议会议员。

③ 威廉·H. 史迪威是科奇斯县第一司法区地区法院法官。

④ 约翰·V. 维克斯（卒于 1912 年）是大型奇里卡瓦牧牛公司负责人，是科奇斯县最富有的人之一。

华盛顿，1885年7月1日

总统先生：

由于通过上述决议的人希望我立刻将其提交，因此我无法对我们政府关于印第安人的整体政策做出过多评论，只能介绍与我表达的主题直接相关的事实。我相信，如果我说的不够详细，印第安事务官的报告和政府部门存档的其他文件可以证实我所说的一切。

这个居留地叫作怀特芒廷印第安居留地，通常被称为圣卡洛斯居留地，因为事务处位于圣卡洛斯。这个居留地拥有不规则的外部边界，占地面积约6000平方英里。这里生活着大约5000个印第安人，由几个拥有不同名称的部落组成，他们被统称为阿帕奇人。

停止野蛮生活、占据印第安居留地并在随后离开居留地、恢复之前野蛮行径的印第安人被称为反叛者。他们的领导者奇里卡瓦酋长杰罗尼莫在1885年5月17日左右煽动了圣卡洛斯居留地印第安人暴动。

约翰·P.克拉姆是圣卡洛斯事务处第一任印第安事务官，在该事务处管理着大约800个阿帕奇人。1874年8月，圣卡洛斯以北大约100英里的阿帕奇营有大约1800个阿帕奇人。1875年6月前，大约1400个莫哈维人、通托人和尤马人（阿帕奇人）从弗德河被搬到圣卡洛斯事务处。1875年6月，克拉姆奉命将阿帕奇营的1800个阿帕奇人搬到圣卡洛斯事务处。

1876年，奇里卡瓦酋长皮翁塞纳伊煽动印第安人暴动，他们于1876年4月6日在萨尔弗斯普林斯杀了两个人。1876年5月，克拉姆奉命将大约350个奇里卡瓦人从阿帕奇山口搬到圣卡洛斯事务处，其中就包括杰罗尼莫。1876年6月8日，克拉姆还逮捕了皮翁塞纳伊，将他交给行政当局，但行政当局没能一直扣押皮翁塞纳伊。接着，杰罗尼莫请求离开居留地，将他的妇女儿童带回来。他获得了许可。于是，他在100~150个印第安人的陪伴下，连夜离开居留地，前往墨西哥境内的索诺拉。3个美国骑兵连和一个印第安侦察连追赶这伙人，但是没有结果。1876年6月以后，杰罗尼莫被认为是在新墨西哥、亚利桑那和索诺拉实施暴行的反叛者的领导人。

1877年3月，鲍伊堡的赫内利中尉在格兰德河南阿帕奇事务处对面的帕洛马斯（Palomas）看到了杰罗尼莫。这条消息经由电报线通过军区指挥官传给了战争部长。印第安事务专员命令克拉姆带着印第安警察逮捕南阿帕奇事务处的反叛者。为执行这一命令，克拉姆及其警察被迫启程，历时大约三个星期，走了约350英里，来到新墨西哥银城以北150英里的奥霍卡连特。他曾获悉，一支军队将在奥霍卡连特与他会合。不过，到了那里，他收到了军队指挥官发来的消息，说他无法在三天内与克拉姆会合。维多利奥是奥霍卡连特印第安人的酋长，他们已在杰罗尼莫的劝说下加入到了他和其他6个奇里卡瓦反叛者之中。克拉姆没有等待军队到来。1877年4月21日，他巧妙地包围并捉住了杰罗尼莫及其团伙。很快，他接到了将杰罗尼莫转移到圣卡洛斯的命令。他给杰罗尼莫和其他6个奇里卡瓦人戴上镣铐，用马车将他们运送到圣卡洛斯，并且带上了大约450个奥霍卡连特印第安人。1877年5月17日，他抵达圣卡洛斯事务处，将7个戴着镣铐的犯人关在禁闭室里，准备将他们交给行政当局接受审判，但行政当局没有接纳他们。他们就这样在印第安警察的看守下被关押起来。1877年7月1日，克拉姆辞去事务官职务，离开事务处。1877年8月，他们被释放，但我不知道是谁下的命令。华盛顿对克拉姆下达的命令是"以谋杀和抢劫罪名将其（杰罗尼莫）收监"。获释后，他在居留地待了四五个月，然后再次离开，叛逃了大约十八个月。之后，他在约翰·A. 拉克营向哈斯克尔上尉（Captain Haskell）投降，成为战俘，被带到圣卡洛斯。经过短暂监禁，他再次获释，在居留地待到了1881年。然后，他再次叛逃。我们追着他一直跑到了索诺拉。之后，他和他的团伙将墨西哥马德雷山脉作为行动基地，继续像之前那样在索诺拉和亚利桑那杀人越货，其行径令人发指。1883年，克鲁克将军带着大约45名士兵和一个印第安侦察连经过漫长而艰难的行军进入了杰罗尼莫团伙大本营所在的山区，包围并捉住了大量老人、妇女和儿童。因此，杰罗尼莫和他那些通常被称为"雄鹿"的战士们被迫投降，成为战俘。我不知道此次投降的具体条款，只知道过了一段时间，杰罗尼莫及其战士们带着他们在频繁出行中偷窃的牲畜，跟着戴维斯少尉领导的军队去了圣卡洛斯居留地。1884年6月26日，下面的书面通知向当地人公开出售了这批牲畜：

政府出售牛群。

亚利桑那军区指挥部，
首席粮秣官办公室，
惠普尔营，普雷斯科特，亚利桑那

1884年5月26日

1884年6月26日星期四中午12点，亚利桑那圣卡洛斯代理粮秣官将在公开拍卖会上向最高出价者出售大约90头牛，包括公牛、母牛和牛犊。现金支付。成交后，牛群可立刻从居留地牵走。这群牛是奇里卡瓦印第安人从墨西哥带来的。

查尔斯·P. 伊根，上尉兼粮秣官，美国陆军

关于这一点，下述华盛顿当局与克鲁克将军的会议备忘录可供参考。

内政部长、印第安事务专员、战争部长和克鲁克准将的会议结果备忘录，1883年7月7日。

鉴于现有管理方法在妥善处理克鲁克将军最近抓捕的阿帕奇印第安人时遇到的困难，战争部长和内政部长在考虑后决定，克鲁克将军最近抓捕的阿帕奇印第安人以及之后被捕或向他投降的印第安人将由战争部管理，并安置在圣卡洛斯居留地（不在事务处，无须经过印第安事务官同意），在接到新的命令之前，由战争部负责他们的饮食起居。为了更好地确保亚利桑那人民的安全，为

了确保和平，战争部将获得圣卡洛斯居留地所有印第安人的全部管制权，承担维护居留地和平、阻止印第安人离开（除非由克鲁克将军及有权代表他的军官同意）的职责。

战争部将在印第安事务官履行职责时为他提供保护，包括印第安事务官的正常职责，这些职责将保持不变，除了由战争部承担的职责，包括维护和平、执法和惩罚不听话的印第安人，如上所述。

（签名：）罗伯特·T.林肯，战争部长

H.特勒，内政部长

1885年5月17日左右，杰罗尼莫和其他反叛者离开圣卡洛斯居留地，开始实施暴行，到现在依然没有停止。

我相信，上述事实可以得到所有美国文官和军官报告的充分支持。如果记住上述"反叛者"一词的全部含义，这些事实可以压缩成下面的叙述：

1876年5月，杰罗尼莫是皮翁塞纳伊领导的反叛者，他被捉住，并被安置在居留地上。1877年4月，他在成为反叛者首领后再次被捕，以谋杀和抢劫罪被监禁。1879年，他向陆军军官投降，作为战俘被关押。所以，我们看到这个印第安人4次被美国官员关押，但是无法想象为什么他会获得释放。适用于文明国家的战争规则还要在多长时间里继续适用于完全无视这些规则的野蛮人？对于像杰罗尼莫这样的印第安人，我们的印第安政策是将其当成战俘对待，相信他们不再杀人的誓言，像我们出售被缴获的邦联棉花一样出售他们从美国公民那里抢来的财产。

过去和现在的受害者都无法理解这种政策，怎样的荣誉感、慈善和宽容能够成为允许他多次逍遥法外的理由。如果没有那么多的房屋荒废下来，人们在听到这些事实时可能还会一笑了之。不过，当杰罗尼莫及其追随者上次暴动造成的实际后果和未来很可能造成的后果摆在眼前时，人们就笑不出来了。

本文结尾附上的死亡名单不包括牺牲军人（他们将由指挥官报告）、军人发现的墨西哥人以及在布莱克山脉遇难的人。这份名单来自看到被害者遗体或参与掩埋他们的人的陈述。受伤名单来自认识或看到伤员的人的叙述。名单显示，有28个平民和3名军人被打死，9个平民受伤。被盗窃和打死的马匹和其他牲口目前无法估计。

在死亡名单中，被称为"未知勘探者"的人可能会被怀疑是充数的。对于不熟悉采矿区的人而言，我应该解释一下，以发现矿脉为目的在山区漫游的人被称为勘探者。他们通常没有固定住所，也没有人知道他们的亲属是谁。有时，人们用外号称呼他们。当他们离开一个地点时，人们不知道他们接下来会出现在哪里。他们携带的小型工具可以证明他们的职业。显然，一段时间以后，人们会发现被草原狼把肉吃光的其他人的骨架。

名单中的"奥查"（Oucha）看上去也很可疑。他是墨西哥牧工。科奇斯县居民以美国人为主，雇主很少准确知道他们雇用的墨西哥牧工的名字。

这些反叛的野蛮人打死打伤和平者，他们的妇女损毁死者的尸体，其目的不是为了获取对他们有价值的任何物品。他们之所以杀人，完全是因为他们从小受到了这样的教育。

考虑到上次暴动很可能造成的影响，需要理解暴动所在地区的地理情况以及印第安人未来的暴行会影响哪些区域。

圣卡洛斯居留地位于墨西哥国界线以北大约170英里处，格雷厄姆县和科奇斯县位于居留地以南，科奇斯县南部边界就是墨西哥北部边界。杰罗尼莫领导的反叛者目前位于科奇斯县以南墨西哥境内的马德雷山脉。秋天，他们在山脉中的主要根据地会被厚厚的积雪覆盖。此时，他们不得不从最近的定居点获取生活物资。他们往北走太远会有危险，因此之前暴动的经验表明，他们将在索诺拉县和科奇斯县实施谋杀和抢劫。所以，在这个地区，科奇斯县将成为这伙人实施暴行的主要地点。

反叛者总是想要前往墨西哥的印第安老巢，任何成规模的美军都无法进入那里。杰罗尼莫知道我们会预料到这一点，他大概担心被最近驻扎在亚利桑那南部的部队拦截。因此，他带着他的团伙先是往东走，抵达新墨西哥的布莱克山脉（首批遇难者遗体可以作为佐证），然后在我们的部队追上他之前将手下人分成几个小团队，留下许多足迹，使我们的部队几乎无法知道走哪条路才能拦截他。这些小路在墨西哥北部边界以南大约30英里处汇成一条大路，部队没有抓到和杀死一个反叛者。此次暴动开始时，科奇斯县瓦楚卡营（Camp Huachuca）派了一些部队前去防守瓜达卢佩峡谷谷口，那里位于科奇斯县东南角附近，被认为是反叛者前往墨西哥大本营的必经之地。不过，杰罗尼莫很可能知道了这件事，因为上述小路在墨西哥境内的汇合点位于瓜达卢佩峡谷以西，离峡谷很远。我们在这些小路的交汇处进行了考察，对反叛者的人数进行了估计。现场一位聪明的老居民认为他们至少有300人。此外，另一伙人在鲍伊堡以南15英里处被发现，他们一定走了另一条路线。有人在科奇斯县萨尔弗斯普林斯河谷看到了他们并统计了人数，共有75人。我之所以提到这些估计数字，是因为有人在发表的文章中认为反叛者有125人，其中只有50个男人。合理的估计是，男性反叛者至少有100人。

我已指出，和之前一样，科奇斯县居民无疑会遭到这些反叛者的抢劫，我们的军队过去、现在和未来都无法保护他们，杰罗尼莫及其追随者的被捕很可能只会为他们提供更好的武器、弹药和粮食，使他们可以进一步开展抢劫，实施暴行。所以，我所代表的人一致请求政府采取措施，有效保护他们永远不再反复承受他们一直在承受的暴行。关于应当采取的措施，我提出如下建议：

当拓荒者在野蛮人附近的边区定居时，和在更加文明的地区相比，他们必须承受更大的生命和财产风险。不过，亚利桑那不是新领地。即使领地的公民犯下杰罗尼莫犯下的一百项罪行中的一项，他也会受到惩罚。几年前，我们受到了火车强盗和歹徒团伙的困扰，这些人要么在拒捕时被打死，要么根据法律程序受到了审判和惩罚。在上次暴动之前的一段时间，不管白天黑夜，都可以在不携带武器的情况下在科奇斯县的任何区域旅行，无须担心受到骚扰。不过，杰罗尼莫似乎拥有不受惩罚的强大符咒，因为他是印第安人。如果人们询问行政当局为什么不逮捕和惩罚他，第一个回复是，他上次在居留地时是由克鲁克将军关押的，而克鲁克从未将他转交给行政当局；第二个回复是，他现在位于墨西哥，而这并非行政当局的过失，既然连美国军队都无法逮捕他，他们当然也无法逮捕他；第三个回复是，这些印第安人从不在开阔的地区战斗，即使面对人数是己方一半的对手时也是如此。他们总是躲在灌木和岩石后面动手。如果杰罗尼莫被逮捕和审判，我们就无法证明他开了致命的一枪，或者做过罪犯的帮凶。我们也无法指控他犯了叛国罪，因为他不是我们的公民。

如果行政当局无法提供保护，我们又能采取什么措施呢？经验证明，这些印第安反叛者的作战方式与其他印第安人不同。在非常适合这种作战方式的地区，面对这些印第安人，我们的士兵不管多么勇敢都没有用，只有我们培养的像这些印第安人一样取食和战斗的印第安侦察兵才能打死或捉住他们。不过，如果我们真能像媒体报道的那样组织起这些侦察兵，将其投入战斗，并且成功捉住杰罗尼莫，我们又怎样保证他不会再次获释并煽动另一次暴乱呢？如果他被打死，其他人被俘虏，但是军方继续将他们当成战俘，相信他们的誓言和善意，总会有某个酋长愿意接替杰罗尼莫，继续做同样的事情。虽然居留地上的许多印第安人更倾向于和平，但也有许多人向往之前的生活模式。这些人很容易激动，一两个杰罗尼莫随时可以将他们的反叛之火点燃。

我所代表的人相信，他们表达了我们领地所有居民的心声。他们请求将印第安人从圣卡洛斯居留地转移出去，但是没有提及其他居留地上的和平印第安人。为支持他们的请求，我要提供下面的陈述：

如上所述，圣卡洛斯居留地位于我们领地中间，地形特殊，持续威胁着亚利桑那和新墨西哥这些区域居民宝贵的生命和财产安全，他们每两年就要经历一次印第安暴动。该居留地还持续威胁着所有外地人，使他们不敢在这些地区定居或投资任何产业。这个居留地延缓了整个领地的发展繁荣，因为外地人通常认为整个领地都受到了这些暴动的影响。

当印第安人与文明人口的密切接触威胁到后者的繁荣时，我们会将印第安人从当地迁走，这方面的先例不胜枚举。

这项政策是由托马斯·杰弗逊（Thomas Jefferson）开创的，一直实施到1840年左右或者更晚。克里克人（Creeks）、切罗基人（Cherokees）、奇克索人（Chickasaws）、查克托人（Choctaws）、夏延人、凯厄瓦人（Kiowas）、阿拉巴霍人、科曼奇人、阿帕奇人和其他部落都被搬到了印第安领地。值得注意的是，和留在各州的人相比，在搬到印第安领地的人之中，有更多的人在和平文明生活方面取得了更大的进步。将他们安置在印第安领地上的优势很容易理解。印第安领地被文明人口包围，所有巨大的山脉、深邃的峡谷和难以攻破的要塞距离它都很远，无法成为他们的避难所。如果实施暴动，他们必须跨越很远的距离。在这些地区，我们的军队很容易拦截他们，这大大降低了军队维持和平的成本。

印第安领地西北部通常叫作俄克拉荷马（Oklahoma），其面积比圣卡洛斯居留地大，那里的土地比圣卡洛斯居留地更适合耕种和放牧，而且无须灌溉。政府很难阻止定居者占据那里，这足以证明当地的耕种和放牧价值。和其他所有印第安人一样，圣卡洛斯居留地的印第安人在最初尝试和平生活时会从事耕种和放牧。如果这些印第安人在今年的庄稼收获后带着马匹、牛群和家具迁移到俄克拉荷马，政府供养他们的成本就会比在圣卡洛斯居留地时低得多，而且可以有效阻止其他人未来在俄克拉荷马定居和占领土地，从而消除政府未来在这一问题上的所有麻烦。

可能有人会说，这种搬迁会为那些通过劳动获得家园、一直保持和平的印第安人带来困难。如果存在这种印第安人，政府为什么不能出售他们的住所，并将销售收入交给他们，让他们在更好的地点用更便宜的木材建造住房呢？1884年，杰罗尼莫和其他反叛者盗窃的牛群上带有烙印，清晰显示了它们的原主人，但是这些牛被却赶到居留地，并被美国粮秣官公开拍卖，其销售收入并没有分给牲畜所有人。这些居民受到的对待难道不是更糟糕吗？如果这些和平的阿帕奇人由于迁往更好的家园而承受了暂时的不便，甚至蒙受一些金钱损失，但是这种搬迁可以使和平居民不再遭受侵犯、抢劫和谋杀，那么这个方案难道不值得考虑吗？

我们还要花多长时间继续将适用于文明国家间的战争规则应用到完全无视这

些规则的野蛮人身上？我们的印第安政策是将杰罗尼莫这样的印第安人当成战俘，听信他们不再杀人的誓言，将他们从美国公民那里抢来的财产出售，就像出售我们缴获的邦联棉花一样。

如果决策者认为将所有印第安人从居留地搬走是不切实际的，那么我们当然不应该允许参与过暴动和很可能会参与暴动的人留在居留地上或者返回居留地。如果做到这一点，这个大型居留地的规模和将部队驻扎在附近的开销就会大大减少。

我相信，当我再次见到我所代表的人时，我可以向他们保证，政府将采取一些明确措施，以保护他们现在和未来的安全。

为避免赘述，我没有提到对这个问题可能具有参考价值的许多细节。我希望有机会口头传达一些次要考量，它们可能会影响行政部门对于这一问题的行动。

敬上，

G. 戈登·亚当

死亡名单

罗伯特·本顿，牧民。

克里斯蒂安·卢特尔，牧民。弗雷德里克·卢特尔，牧民。

布卢河（Blue Creek），格雷厄姆县，亚利桑那。

詹姆斯·蒙哥马利，勘探者。

罗伯特·史密斯，牧民。

彼得·安德森，牧民。

未知勘探者，由第四骑兵团史密斯上尉掩埋。

小布卢河（Little Blue Creek），格兰特县，新墨西哥。

纳特·卢斯，勘探者。

卡尔文·奥维格，牧民。

E. W. 莱昂斯，英国资本家。

圣弗朗西斯科河（San Francisco River），距离阿尔马（Alma）5英里，索科罗县（Socorro County），新墨西哥。

J. J. 巴克斯特

___邦廷①

莫戈永山脉，索科罗县和格兰特县交界线附近；由第四骑兵团马登上尉（Captain Madden）掩埋。

费力克斯·马克斯，木材搬运工。

胡安妮塔·马克斯，妻子。

马里亚·马克斯，孩子。

马克塔·莱丘加，木材搬运工。

帕斯·拉斯科姆，木材搬运工。

格兰特县银城以北4英里。

詹姆斯·卡明斯，勘探者。

德赖克里克（Dry Creek），索科罗县。

爱德华·福特，牧民。

约翰·弗拉切尔，牧民。

下希拉河，卡莱尔矿场东南约18英里，格兰特县。

查尔斯·史蒂文森，牧民。

哈维·莫兰，牧民。

弗兰克·亚当斯，牧民。

格拉夫顿（Grafton）附近，布莱克山脉，谢拉县（Sierra County），新墨西哥。

---

① 这里的下划线表示不知道名字，下同。——译注

W. A. 丹尼尔，美国海关检查员。

　　　　　　　　　迪克西峡谷（Dixie Canyon），米尔山脉（Mule Mountains），
　　　　　　　　　　　　　科奇斯县，亚利桑那，墨西哥国界线附近。

____ 奥查，墨西哥牧工。

　　　　　　　　　　　士兵在科奇斯县萨尔弗斯普林斯河谷发现。

弗雷德·亨廷顿，矿工。

彼得·麦科坦，矿工。

彼得·帕尔马，矿工。

　　　　　　距离索诺拉州纳科萨里（Nacosari）12英里，靠近墨西哥边界。

三名军人。

　　　　　　　　　　　在瓜达卢佩峡谷附近，科奇斯县东南角。

受伤名单

托马斯·韦尔奇，勘探者。

　　　　　　　　　　　　　小布卢河，格兰特县，新墨西哥。

查尔斯·普拉瑟，牧民。

　　　　　　　　　　　　　　莫戈永溪，格兰特县。

N. C. 斯塔尔沃思及妻子，牧民。

　　　　　　　　　德弗尔溪（Devil's Creek），索科罗县，新墨西哥。

霍洛迪夫人，牧民之妻。

　　　　　　　　　德弗尔溪平原（Devil's Creek Park），索科罗县。

格林·巴特顿，马车夫。

　　　莫尔顿工场（Moulton's mill），萨皮洛溪（Sapillo Creek）沿岸，格兰特县。

巴勃罗·马克斯，木材搬运工。

                银城以北4英里，格兰特县。

纳瓦里西奥·圭拉。

            切诺维茨商店附近，希拉河沿岸，格兰特县。

佚名。

    格布哈特·乔治牧场，距离贝厄德堡3英里，格兰特县，被新墨西哥银城的G.G.波西律师发现。

第五章

1885—1886 年
追逐杰罗尼莫

1885—1886 年的杰罗尼莫战役

查尔斯·P. 埃利奥特

《美国骑兵协会杂志》第 21 卷，第 80 期（1910 年 9 月）：211—236 页

奇里卡瓦阿帕奇印第安部落是阿帕奇人的一系，他们与亚利桑那的其他阿帕奇人几乎没有相同点，就连语言也不同。这个部落生活在亚利桑那和墨西哥北部，其居留地位于国界线两侧。多年来，他们一直是美国人和墨西哥人的祸患之源。直到 1886 年攻打他们的战役结束后，他们的麻烦才彻底画上句号。我将描述这场战役的开端。维多利奥死后，沃姆斯普林斯和奇里卡瓦印第安人合并，被统称为奇里卡瓦人。

1883 年，乔治·克鲁克将军带着一队正规军和印第安侦察兵，跟随奇里卡瓦人进入墨西哥马德雷山脉，来到他们位于山脉腹地的老巢，劝说整个部落返回亚利桑那的怀特芒廷印第安居留地。在那里，他们被当成战俘，接受第三骑兵团埃米特·克劳福德上尉的领导。克鲁克将军非常信任克劳福德。

他们在圣卡洛斯事务处待了一段时间。之后，在他们的请求下，他们获准前往距离阿帕奇堡 10 英里的特基克里克，接受第三骑兵团布里顿·戴维斯少尉的直接领导。一些印第安男人及其家属在特基克里克和怀特河（White River）沿岸开拓农田，努力耕种，看上去在各方面都非常满意。

1884 年，他们的战争酋长之一卡亚滕内在特基克里克制造了最初的麻烦。他很快被捕，被克劳福德上尉审判，并被判处在旧金山港阿尔卡特拉斯岛监禁三年，这消除了后续的所有麻烦。

1884 年秋天和冬天和平而安宁地过去了，1885 年早春也是如此。1885 年 4

月，克劳福德上尉的第三骑兵团从亚利桑那调到得克萨斯。克劳福德上尉申请辞去管理印第安人的职务，以便跟他的团离开。上级同意了他的请求，并且高度赞扬了他的宝贵贡献。第三骑兵团的戴维斯少尉被留下来，负责管理奇里卡瓦印第安人。他在4月下半月来到圣卡洛斯，以便向他们发放年金。他报告说，所有人都很平静，似乎对他们的状况非常满意。在居留地新任指挥官、第一步兵团皮尔斯上尉[①]和代表内政部的C. D. 福特事务官的陪同下，戴维斯返回阿帕奇堡。回到圣卡洛斯，他们报告说，奇里卡瓦人处于非常满意的状态。

不久，皮尔斯上尉收到一封电报，得知一些重要的印第安领导人喝醉了，在一起宿营，显然是想反抗权威，逃避惩罚，可能要发生暴动。在他收到这条消息后不久，通往阿帕奇堡的电报线被奇里卡瓦人切断。当然，就连没有经验的厨子也能看出，印第安人出事了。

下面是克鲁克将军的报告节选，它清楚地解释了当时的情况：

我在1885年5月17日下午收到电报，这才得知即将发生的麻烦。在我发出回复之前，阿帕奇堡和圣卡洛斯之间的电报线被切断了。第二天下午，我听说杰罗尼莫、纳纳、曼格斯[②]、内奇和奇瓦瓦前一天晚上带着一大群人离开了营地。几天之内，我们确认反叛者的人数为34个男人、8个大男孩以及92个妇女和儿童。我听说，第三骑兵团布里顿·戴维斯少尉5月15日给我发了一封电报，但我几个月后才看到这封电报。我相信，如果我当时收到这封电报，麻烦一定会得到解决，不会发生暴动。居留地上一直在发生不太严重的麻烦。只要管事的军官把事情报告给我，并且收到我的指示，事态就会平静下来。

来自戴维斯少尉的电报，1885年5月15日

昨夜，这里发生了大规模提兹温醉酒事件。酋长杰罗尼莫、奇瓦瓦、曼格

[①] 美国第一步兵团的弗朗西斯·C. 皮尔斯。
[②] 曼格斯（1846—1901），明布雷斯阿帕奇人，他是曼加斯·科罗拉达斯的儿子，科奇斯的亲戚。

斯、内奇、菲利和洛科来到这里,说他们和族人都参与了醉酒。原来,他们进行了密谋,想要解救那些醉酒的人。关于其他醉酒者,我要请求你的指示。这里的禁闭室不够大,无法容纳所有醉酒者,而逮捕这么多重要人士很可能会产生麻烦。我已经告诉印第安人,我会把事情告诉将军,同时请求扣留他们在墨西哥的俘房。我想,他们在努力保护内奇和奇瓦瓦。

(签名:)戴维斯少尉

上面就是那封备受关注的电报。当我抵达圣卡洛斯时,指挥官告诉我,他收到了这封电报,但是没有转发。

克鲁克将军的报告还收录了第四骑兵团艾伦·史密斯上尉的报告,以及戴维斯少尉带着印第安侦察兵追逐敌人的报告。史密斯的任务是带领一支中队追逐反叛者,要尽量在他们离开居留地之前将其拦截。

不过,印第安人毫发无伤地撤走了,留下一连串血案,最终逃进了老墨西哥。

克鲁克将军的报告

在反叛者离开特基克里克营地的一小时以内,第四骑兵团两个骑兵连以及一队怀特芒廷和奇里卡瓦侦察兵在盖特伍德少尉和戴维斯少尉的领导下离开了阿帕奇堡,追逐敌人。不过,敌人跑得很快,我们无法追上他们。事后看来,他们在停下来休息进食之前一口气走了近120英里。这里附上史密斯上尉的报告。

得到印第安人离开的消息后,部队立刻开始行动,试图追上或拦截他们。皮尔斯上尉带着一队来自圣卡洛斯的侦察兵朝阿什平原(Ash Park)移动。托马斯堡指挥官没有等待命令,立刻派了两个骑兵连朝克利夫顿(Clifton)进发。格兰特堡指挥官奉命派所有可用部队(即5个骑兵连)前往希拉,目标是尽量切断他们的道路,积极追赶他们,无视军区边界和国界。鲍伊堡指挥官奉命将骑兵埋伏在斯坦斯峰（Stein's Peak）山脉的合适地点。在之前的岁月里，这是印第安人最喜欢的路线。瓦楚卡堡指挥官奉命派3个连前往瓜达卢佩峡谷，以侦察附近的整个区域。我们把印第安人逃跑和部队移动的消息发给了新墨西哥军区指挥官。最后，我们尽一切努力向可能遭遇危险的各地公民发出警告。

在奇里卡瓦人发生暴动的几天前，作为居留地纠察官，我奉命带着两个货郎以及必要的鞍骡和驮骡，前去视察阿拉瓦伊帕峡谷和圣佩德罗河的印第安营地。在前往阿拉瓦伊帕的路上，我们停下来考察一处优质泉水。据印第安人说，这条河在阿拉瓦伊帕以北几英里坎坷崎岖的峡谷中流过。正如他们所说，我发现泉水清澈、纯净、凉爽。在亚利桑那，这是非常宝贵的水源。

我们上午离开营地，朝阿拉瓦伊帕前进。不久，我的鞍骡被响尾蛇咬了。由于没有治疗方案，我在划开伤口后让一个货郎把骡子带回到泉水边，用绳子将它松松地系在靠近泉水的泥地上。这一方案效果不错，因为十二个月后，这头骡子在圣佩德罗印第安人之中被发现。由于这起事件导致的延误，我在通往阿拉瓦伊帕的山脚下遇到了邮差。我从他那里得知，印第安人已经逃跑了，从阿帕奇堡朝东南方向前进。我认为，他们会尽量躲避军队，逃到老墨西哥、亚利桑那东部或新墨西哥西部。我与远征军会合的最好机会就是斜穿到亚利桑那鲍伊堡，获得最新情报，然后继续往东走，直到遇到某支追击纵队。在阿拉瓦伊帕山口，沃尔什中尉[①]从圣卡洛斯派来的信使追上了我，建议我返回圣卡洛斯。不过，他是我的下级，我无法抗拒按照原计划继续前进的诱惑。

我们的路线是沿圣佩德罗河而上，在马车道上走尽可能远的距离，然后穿越田野，朝鲍伊堡进发。在如此崎岖的地区，我们需要尽量沿直线前进，夜晚时将星星作为路标。

我在威尔科克斯听到了第一条消息：印第安人在希拉附近的山中，但是正在试

[①] 美国第四骑兵团的罗伯特·D. 罗西·沃尔什（Robert D. "Rosie" Walsh, 1860—1928），在第一次世界大战期间担任准将。

图向南移动。在鲍伊堡，我把骡子装满物资，朝东南进发，途经拉斯阿尼马斯山脉（Las Animas Mountains）的达布尔阿多比斯（Double Adobes），跨越国界，抵达老墨西哥的哈诺斯河。在那里，我发现我位于印第安人的南边，因此朝北边的新墨西哥戴明（Deming）进发。

我们中午在哈诺斯河畔宿营时，发生了一起当地特有的事件。在当地旅行时，我们平均每天要打死至少一条响尾蛇，但我们之前从未在营地里遇到过。厨子在水塘附近铺好帆布，摆上饭菜。我们刚开始正式就餐，墨西哥货郎就用西班牙语发出了尖叫，从临时搭好的桌子上跳起来。我环顾四周，在我和他之间距离我大约6英寸的地方发现了响尾蛇的脑袋。美国货郎立刻挥起斧子，砍下蛇头。原来，我们把桌子搭在了一条5英尺长的响尾蛇的洞穴正上方。在清理茴香以开辟平地时，我们没能发现这个洞穴。在同一片土地上睡觉并不令人愉快，但过度疲劳是很好的镇静剂。

当我们从哈诺斯往北走时，往南走的敌对分子与我们近距离擦肩而过。我不知道我们是在晚上什么时候在相距多远的地方擦肩而过的。

我发现，比德尔少校领导的第十骑兵团的一个营在结束追逐南下团伙返回时在佛罗里达山脉附近扎营。克鲁克将军去了新墨西哥贝厄德堡。我通过电报向他发了报告，等待指示。

接替克劳福德上尉管理圣卡洛斯的皮尔斯上尉预计将乘火车从东边的奥霍卡连特附近带着印第安侦察兵赶来，而我隶属的正是这支侦察兵部队。克劳福德上尉奉命从得克萨斯返回，以组织和指挥由100名印第安侦察兵、第六骑兵团的一个连和一支驮队组成的远征军，进入老墨西哥追逐印第安人。

克鲁克将军的报告

曾接受我领导的第三骑兵团克劳福德上尉奉命率领在沃姆斯普林斯居留地附近地区行动的侦察营乘火车前往塞珀，然后带着一个骑兵连前往阿尼马斯山谷南端，寄希望于印第安人通过瓜达卢佩山脉进入墨西哥。结果表明，敌对分子大部分从米尔山脉以西跨越了国界线，另有一小伙人在瓜达卢佩峡谷奇袭了由 7 名军人防守的第四骑兵团营地，打死 4 人，还有一小伙人在帕洛马斯湖附近跨越了国界线。之前带着 60 名怀特芒廷和奇里卡瓦侦察兵以最快速度追逐敌人的戴维斯少尉奉命向克劳福德上尉报到。6 月 11 日，这支由 92 名侦察兵和第六骑兵团第一连组成的联合部队追随敌人的足迹进入马德雷山脉。

在戴明等待期间，我的任务是尽量收集关于印第安人动向的一切信息，尤其是通往戴明那两条铁路的员工提供的信息，并将其转发给克鲁克将军。一些员工说了谎，他们详细地描述了见到的一伙印第安人拔营起寨、向南移动的情景。于是，我在烈日下徒劳地骑行了数英里的路程，并且明白了一个道理：长期生活在新墨西哥和亚利桑那就可以成为世界上最厉害的骗子。

平民报告的印第安人动向缺乏真实性，这常常导致军队朝着错误的方向徒劳地前去搜索在其他地区杀人越货的印第安人，也给平民自身带来了伤亡。在人烟稀少、缺少铁路和公路、山脉巍峨崎岖、水源之间相距很远的地区，很难获取信息。如果有人提供了错误的信息，部队疲惫地行走数英里路后才能发现错误。

现在，战役已经全面展开了。两个领地的所有部队都开始了行动。我们的部队坐上火车，沿南太平洋铁路抵达塞珀。之后，部队向南朝阿尼马斯山谷进发，侦察兵在当地国界线两侧寻找敌对分子的足迹。克劳福德上尉接到消息，得知敌对分子在我们西边，来自瓦楚卡堡的部队已离开他们位于瓜达卢佩峡谷的营地，以追赶印第安人，后者向南逃去。克劳福德将部队带到骷髅峡谷。不过，由于看不到敌对分子的踪迹，他便去了新墨西哥的朗牧场，并从那里穿越国界线和山脉，进入老墨西哥。在穿越瓜达卢佩峡谷后不久，敌对分子团伙显然注意到了瓜达卢佩峡谷营地里的白顶军车，并且很快意识到，那是他们刚刚躲避并甩掉的部队。于是他们折返回来，悄悄靠近主山脊下面的营地，抵达营地对面的峭壁，观察士兵们的动向，直到值班哨兵被叫去吃饭。这个哨兵明显违反了命令，在吃饭时离开了岗位。接着，印第安人来到距离毫无戒备的士兵几英尺的地方，朝他们开火。

我想，充当厨子的士兵和另外两个人应该当场就被打死了。管事的中士被击中，但第四骑兵团第三连的列兵斯尼策（Snitzer）把他背了起来，带着他从北坡爬出了峡谷。中士在斯尼策后背上又中了两枪，被打死了。印第安人带走了他们想要的东西，焚烧了其余的物品。当部队返回时，掩埋了被打死的士兵。在接下来的战役中，他们的坟墓一直在提醒着这个营地的士兵。列兵斯尼策由于英勇的表现受到了嘉奖①。

克劳福德在老墨西哥扎下的第一个营地位于恩梅迪奥山脉（Sierra en Medio）。在之前的暴动中，塔克少校（Major Tucker）率领第六骑兵团和印第安侦察兵曾在此与奇里卡瓦人进行激战。我们的一些侦察兵当时是敌对分子。我们在他们昔日战场宿营的那天晚上，他们用最恶毒的歌声来纪念他们之前从极度绝望的阵地成功逃跑的经历。恩梅迪奥山脉没有敌对分子的踪迹，因此队伍朝西北方向瓜达卢佩峡谷以南的山脉进发。侦察兵仍然没有发现敌人的踪迹，我们又转而向南，朝马德雷山脉进发，在多斯卡莱塔斯溪（Dos Carretas Creek）扎营。克劳福德上尉是想赶到印第安人南边，密切关注他们的踪迹，并在条件允许时奇袭他们，将其捉住，因为目前几乎无法通过其他途径与他们战斗。

根据这一计划，队伍进入索诺拉，向所有城镇的镇长通报了暴动的消息，要求他们在得知敌对分子动向时立刻进行通报。当地进行了彻底的搜索。显然，敌对分子位于我们所在位置以北的山中。此时，发生了一起事件：一个生活在墨西哥的美国人打死了我们的一名侦察兵，打伤了另一名侦察兵。和之前一样，侦察兵走在队伍前面很远的地方，并且分散开来，寻找敌人的踪迹。这个美国人听说印第安人已侵入墨西哥，他正在把牛群赶往安全地点。突然，他看到3个印第安人朝他走来。他占据有利位置，等待时机，打死一个人，打伤另一个人，并将第三个人吓跑。他不知道我们就在印第安侦察兵附近，还以为他遇到了奇里卡瓦人。此时的高温非常可怕。

下面是克劳福德上尉的报告：

---

① 这起事件于1885年6月8日发生在瓜达卢佩峡谷。

巴特皮托河（Batepito River）营地，
奥普托（Oputo）以北 6 英里，墨西哥
1885 年 6 月 25 日

克鲁克将军，惠普尔营，亚利桑那领地

本月 19 日，我在瓜萨奥阿斯（Guasaoas）附近的得克萨斯山脉扎营。第二天，我听说有人于 19 日晚在奥普托附近看到了印第安人。于是，我沿河而上，来到这里。22 日上午，我发现了 8~10 个印第安人不久前往此地东北方向巴维斯佩山脉时留下的脚印。当天下午，查托挑了一批侦察兵，离开营地，以追赶和捕捉留下这些脚印的人，或者找到他们的营地，在条件允许的情况下将其拖住，直到其余部队赶上来。一些侦察兵于前天晚上返回，其余侦察兵于昨天上午返回，带回了下面的报告：离开营地后，他们走到黄昏时分，此时下起了大雨，脚印被冲掉了，他们只能就地扎营。第二天上午，他们再次出发，沿着脚印进入山脉。上午 9 点左右，他们看到了一座村落。考虑到营地所在位置，查托认为他们无法在不被敌人发现的情况下将其包围。如果被发现，他们抓住敌人的机会就很小了。他们尽量占据了最好的阵地。接着，查托开启了战斗。枪声响起时，敌人立刻逃跑了。敌人带着妇女和儿童沿着在营地附近会合的几道深邃峡谷跑掉了。侦察兵以最快的速度追赶，但是当地路况很差。他们在几英里内一边跑一边战斗。不过，峡谷非常崎岖，他们追得很慢。8 个印第安男人带着 4 个男孩和 3 个女人逃进了深山。15 个妇女和儿童被俘。查托派出其中一个女人，让她劝说其他人投降。这个女人还没有回来。他们还缴获了这伙人的所有财产，包括第四骑兵团的 5 匹马，在瓜达卢佩峡谷被打死的士兵们的 3 副马鞍、2 把左轮手枪、子弹带和弹药等，还有一匹印有"美国"字样的骡子，以及其他不太贵重的财产。一个印第安人在战斗中被打死，另有多人受伤[①]。

[①] 战斗发生在 1885 年 6 月 23 日。根据《大事年表》，一个敌对分子被打死，15 人被俘，没有人受伤。

两个俘虏受了伤，包括一个妇女和一个儿童。被称为比格·戴夫（Big Dave）的怀特芒廷侦察兵肘部被射穿，手臂骨折。这个营地是奇瓦瓦的营地，他的家人全部被俘。据说，内奇在战斗几天前离开了他。目前，他与曼格斯和杰罗尼莫大概位于马德雷山脉东坡。我准备今天上午离开这里，继续追随内奇的足迹进入马德雷山脉深处。到目前为止，小路经过的地区异常崎岖，几乎没有水源。要想取得令人满意的结果，我们需要一些时间。

墨西哥不同城镇的市民和官员向我们表达了各种关心，并且十分关注事态的进展，说他们非常愿意我们来这里保护他们。据说，墨西哥军队正在南方与亚基人（Yaqui）战斗。

（签名：）埃米特·克劳福德，上尉，第三骑兵团，指挥官

到目前为止，队伍经历了所有可能的艰苦条件，包括高温、缺水和糟糕的饮食。咸猪肉已在异常高温下变质了。晚上，我们受到了蚊子和大小蚂蚁的折磨，偶尔还会遇到蜈蚣。我在多斯卡莱塔斯溪杀死了一只8英寸长的蜈蚣。在巴维斯佩河扎营时，在等待侦察兵带着俘虏返回时，昆虫特别烦人。由于克劳福德上尉在报告中提到的雨水，河水涨了至少1英尺，随后退了下去。我决定把橡胶斗篷铺在河流附近的湿地上，把脑袋钻进我有幸获得的枕套里，试图睡一会儿。空气中弥漫着压抑的兴奋，暗流涌动。营地里的侦察兵知道，敌对分子就在不远处。他们似乎觉得敌人会抢回印第安妇女或者牵走我们的一些牲口。驮骡队被赶到我睡觉地方的河对面。我在熟睡中被周围吵闹的叫喊声和巨大的拍水声惊醒了。我瞬间想到，如果骡子朝营地跑来，它们就会踩到我。当然，枕套还卡在我的脖子上，但我不会被这种小事阻止。作为精力充沛的年轻人，我蒙着眼睛朝高地跑去。到了不会被骡子踩踏的安全地点，我取下枕套，看到戴维斯少尉、阿尔·西贝尔和其他人正拿着武器准备迎接敌人。我所听到的从水中朝我走来的声音是侦察兵发出的。原来，一些侦察兵在河流对面扎营，他们误以为奇里卡瓦人前来偷袭我们，因此跑到河流对面我们这一侧，以便合兵一处。不过，最初引起骚动的只是

一头在我们下游过河的小驴而已。

第二天上午,俘虏被带进来。克劳福德上尉派我去奥普托,尽量找个向导,弄些粮食,因为他想让我迅速前往鲍伊堡,将他的报告交给克鲁克将军。我成功地找到了一个墨西哥赶路人,他同意带我沿最短的路线前进。克劳福德上尉允许我在队伍的所有牲口中挑选坐骑,因为他想让我在三天内把消息送到鲍伊堡。

我把半袋玉米、一条荷兰烤面包、一块咸猪肉和一只咖啡壶装在一头驮骡上,在 6 月 25 日上午 8 点和向导离开了营地。

这条路线的第一部分是我完全未知的。实际上,我从未从这个方向去过鲍伊堡。不过,鲍伊堡附近有一个显眼的地标,在通往墨西哥的山谷几英里范围内都可以看到。我知道,如果向导能带着我走出深山,我就不需要他了。离开营地两个小时左右,一只鹿从我面前跳过,朝着旁边的峡谷上方跑了一小段距离,然后停在射程范围内。我骑在骡子上将其射杀,切下一条后腿,将尸体挂在树上,留给我后面的驮队。如果我们没有把时间耽误在鹿上,我们无疑会注意到敌对印第安人在我们抵达前刚刚穿越峡谷。负责管理驮队的军官说,他看到我们的脚印混在一起,觉得他随时可能发现我们被损毁的尸体。不过,我逃过了一劫,完成了我人生中最艰难、最考验人的骑行之一。

我们一天骑行了十六个小时,分为两段,每段八小时,间隔很近。在合适的地点,我们会停下来喂骡子,泡咖啡。所以,我们走得很快。宿营时,我们从鞍骡上取下被汗水和雨水浸湿的骡鞍和毯子,从驮骡上取下皮驮鞍和很轻的行李。搭建床铺并没有花费太多时间。我们躺在地面或潮湿的毯子上,枕着骡鞍就睡了。

6 月 28 日上午 8 点,我及时赶到鲍伊堡,把信件交给克鲁克将军,对此我很满意。我在最后一段路上不得不牵着骡子步行。我的骡子筋疲力尽,已经无法承受我的体重了。墨西哥人和驮骡直到下午才赶到,我们走了 190~200 英里。

得知敌对分子的位置,克鲁克将军很高兴。他第二天命令我带着新坐骑和一个货郎前往朗牧场,等待为克劳福德上尉准备的新补给和新骑兵连,即第八骑兵团第一连,该连之前和侦察兵进行了疲惫的行军。我骑行到朗牧场花了两天时间,走了90~100英里。

在我抵达朗牧场几天后,为克劳福德上尉的队伍提供新补给的驮队已经做好了前往墨西哥的准备,由第四骑兵团盖伊·休斯中尉[①]领导的第四骑兵团第三连负责护卫。从我在奥普托附近离开克劳福德上尉到我带着新补给向他报到,部队并没有发生值得一提的事情。

有了继续侦察所需要的充足物资,我们带着全新的活力重新开始搜寻敌对的印第安人。索诺拉北部深邃崎岖的峡谷温度高得惊人。除了河流沿岸,其他地方水源很少;即使找到水源,水质也不好。

8月9日,在索诺拉州纳科里(Nacori)附近,克劳福德上尉遇到了第九骑兵团的戴中尉,他的印第安侦察兵分遣队刚刚在我们之前经过的山中袭击了奇里卡瓦营地,捉到了一些妇女和儿童。克劳福德上尉发现了这伙印第安人的足迹,我们在马德雷山脉对他们展开了追逐。走在前面的布里顿·戴维斯少尉对此进行了详细描述:

> 那里的山脉非常陡峭,我们在翻山时遇到了很大困难。一队货郎和侦察兵一直走在驮队前面,以开辟道路。尽管采取了这些措施,行军难度仍然很大,每天都会有几头骡子滚到山下,摔死或受伤。
>
> 抵达马德雷山脉的索诺拉山坡后,我奉命带着由西贝尔领导的一队侦察兵走在前面,追逐敌对分子的脚印。敌人正在向东移动,走得很快。我们带了六天的口粮。在马肉、牛肉和野味的补充下,这些口粮吃了十一天。当时,几乎每天都会下大雨,有时几乎无法看清脚印。敌对分子则不需要带任何东西,只需要驱赶一些精力充沛的牲口。当马匹筋疲力尽时,他们会将其杀掉,骑上他们之前驱赶的精力充沛的牲口。他们以死马的肉和他们在路上能够采集的野果为食。我们担心随时可能遇到他们,在看到他们之前被他们发现,因此我们每天都会让一些侦察兵在前面8~10英里处探查,所以我们前进得很慢。我们经

[①] 盖伊·E.休斯中尉(1852—1893)在1886年9月辞职,以逃避军事法庭对他擅离职守和负债的指控。

过的地区土地很软。在泥地里，我们的骡子虽然负重很轻，但是仍然会陷到膝盖位置。有时，我们根本无法骑行。如果印第安人看到我们，他们就会朝各个方向分散开来，此时继续追逐就会失去意义。

敌对分子离开与戴中尉的战斗地点后，朝正东方向穿越马德雷山脉。从西坡的纳科里到东坡的维阿德布埃纳文图拉（Via de Buenaventura）计算，他们走了近250英里。抵达维阿附近后，敌对分子的脚印转向东南，避开了大型城镇和牧场，直到抵达圣克拉拉镇（Santa Clara）。在那里，我们沿着印第安人的足迹又向东走了大约100英里。

不管戴维斯少尉的叙述多么有趣，我们都必须暂时离开他的视角，回到克劳福德上尉的大部队。戴维斯少尉的小型骡队经过了精挑细选，负重较轻，他们遇到的困难必然没有大部队严重。骡子讨厌泥地，走的人越多，泥地的情况就越糟糕，骡子就越是打怵。一连八天，我们浑身都是湿漉漉的。这些地区的海拔很高，晚上又没有御寒的住所，真是寒冷刺骨。

这里只有一个好处，那就是我们在马德雷山脉西侧高峰上看到的景色。我永远无法忘记，一天上午，经过前一天下了一天一夜的大暴雨，天空澄澈如洗，眼前出现了极为壮美的景象。当时，我们在山脊顶部扎营，两边没有任何遮挡，能够限制视野的只有目力和地球的圆形导致的地表弯曲。我们位于云层上方，巨浪般的白色蒸汽充斥着所有山谷，索诺拉崎岖巍峨的山脉一层层地朝着我们想象中的太平洋倾倒。这种壮观的景象令克劳福德上尉非常震撼。在命运的安排下，不到六个月后，他在我们欣赏的某座被云雾包围的山中结束了生命。

他很快意识到，根据我们的前进速度，大部队无法在十二天内追上戴维斯少尉，但他只带了六天的口粮。于是，上尉派我带着2个优秀货郎、6头精挑细选的驮骡和8名印第安侦察兵快速前进，在戴维斯吃光食物之前追上他，因为先头部队与敌对分子保持接触是非常重要的，这里的接触意味着紧追敌人的脚步，意味着与敌人相距不到二十四小时的路程。

我遵照命令出发了，毫无困难地沿着戴维斯及其骡子留下的清晰足迹前进，但在地势崎岖、曾为他带来困难的地方，我也走得很艰难。由于脚印指向东方，因此我们迟早会走出山区。在我们最终离开主山脉、进入山麓丘陵的那天中午，戴维斯少尉的3名侦察兵沿小路往回走，和我相遇。他们是想请求克劳福德上尉立刻向戴维斯提供补给。抵达山麓丘陵的一座养牛场时，我让我的小型分遣队在戴维斯和侦察兵几天前宿营的地方宿营。戴维斯少尉为印第安人宰杀了3头牛，他们发现了这些牛的遗骸。在宰牛之前，戴维斯曾试图与他在养牛场上看到的一个墨西哥牛仔沟通。不过，看到戴维斯和印第安人，一向勇敢的墨西哥佬吓破了胆，跑得无影无踪。戴维斯和我都下达了根据需要宰牛以制作食物的命令，并且提供了收据，以便使克劳福德上尉在抵达时付款。我不知道他有没有为这些收据付款，但我无疑曾去过那里。我之所以能在这里提及此事，完全是因为墨西哥人枪法不准。

看到戴维斯少尉及其侦察兵的墨西哥牧工一直跑到距离宿营地数英里远的圣米格尔（San Miguel）。在那里，他向小镇居民发出警告，召集了一批志愿兵，以抵抗特加洛人（Tejanos，即得克萨斯人）和"野马"（他们对印第安野人的称呼）。

戴维斯少尉一大早拔营起寨，直接循着印第安人的足迹穿越一片高山。他的侦察兵曾回来引导我抄近道穿越峡谷，因此没有看到跟在后面的墨西哥人。他们和戴维斯完全没有意识到，墨西哥人在追赶他们。

我在早上4点离开营地，在一个印第安人的带领下穿过上述峡谷，驱赶骡子以最快速度前进。下午2点左右，印第安向导不见了。他和另外两个人看到了猎物的踪迹，跑去打猎了。在这里，脚印变得非常模糊。我没有离开敌人的足迹或者踏出新的脚印，而是决定卸下骡子的背包，让它们休息一个小时左右。我知道，只要在日光下走上一两个小时，我就可以在天黑前赶到戴维斯的营地。

在我们走下峡谷时，墨西哥人沿着山中小路前进，刚好走到了我们前面。他们在距离我停歇地点只有几码远的地方埋伏起来。如果我们没有在那里止步，他们一定会把我们干掉。

暴风雨即将来临。当我帮着货郎卸货并在货物上面覆盖挡雨罩时，我手下的一个印第安人指着地平线上一个骑在马上的人，用阿帕奇语说："南坦，诺基埃。"（"队长，墨西哥人。"）我看了看那个人影。他和类似区域骑在高地上寻找牛群的其他牧牛骑手没有什么不同。我让印第安人放心，然后继续工作，把口粮放在棉白杨树下。此时，那个墨西哥人所在的山顶发出了一轮齐射，我头顶的树叶被打了下来。我之前把来复枪和左轮手枪都放在了铺盖卷上，此时我要跑去拿武器。不过，我认为墨西哥人一定弄错了，因此命令货郎躲起来。印第安人不需要提醒，他们已经占据了有利位置，戴维斯派回到我这里的两个温顺的奇里卡瓦人立刻开始反击。我命令他们停止射击。不过，他们比我更了解墨西哥人。当他们无法射击时，他们立刻朝戴维斯跑去，此时我还没有转过身来。

我从树下跑到开阔地上，朝山上的墨西哥人喊话，说我是他们的朋友，是美国军官。枪声立刻停止了。我走到一块光秃秃的小土丘上，等着指挥官下来。当我空着手独自站在那里时，我听到对方下令把火力集中在我身上。这是墨西哥骑士精神的高贵体现，我只能以诅咒为武器回敬他们。我激烈的言辞产生了理想的效果，枪声停止了。3个人离开大部队，朝我走来。看到他们过来，我叫一个会说流利墨西哥语的货郎过来替我翻译。墨西哥人走过来，极为诚挚地和我握手，赞美了天气和季节。就在我准备和他们建立友谊、原谅他们试图射杀我的行为时，他们同时举起卡宾枪，对准我们，质问我们为什么杀死那3头牛。我立刻想到，他们把我和我的小部队当成了戴维斯和他的50名侦察兵。我告诉他们，我只杀了两头牛，他们想找的人和50名印第安侦察兵在山那边。于是，他们很快拿定主意，迅速行动起来。他们把我扣押起来，限制了我的人身自由，我的印第安人也无法帮助我。最后，他们把我们押往布埃纳文图拉。我和两个货郎骑在没有骡鞍的骡子上，印第安人则被绑在一起，步行前进。我说，如果他们不解开印第安人的绑绳，我就不走。他们之前已经强迫我解除了印第安人的武装。此时，他们解开了印第安人的绑绳。

在前往维阿的路上，我们遇到了墨西哥第十一骑兵团的梅西亚中校。他正带着骑兵和步兵赶过来，以抵抗我和我可怜的8个印第安人对墨西哥的入侵。

对方倾听了我的解释，但是显然并不相信。我们被押到维阿。那里的居民都走上街头看热闹。他们向我发出了许多诅咒。幸运的是，我听不懂。

我们被转交给墨西哥正规军。当天的值班军官是位有礼貌的墨西哥绅士，他把我们交给卫兵军官看守。印第安人被押入兵营，我和两个货郎被允许留在卫兵军官的办公室里。进入军营时，一个小个子墨西哥士兵可怜我，给了我一根插在转轴上烤熟的很好看的玉米棒。我谢着接过来，塞进口袋里。这是我当天早上4点直到第二天上午的唯一口粮。值日军官友好地给了我们一大杯甘蔗酒。由于我需要保持清醒的头脑，因此我把酒分给了两个货郎。

枪声响起时从我那里跑去找戴维斯的两个印第安人证实了他的侦察兵向他报告的消息。这名侦察兵从高地上看到了我们遇到的麻烦。戴维斯立刻带着部队前来支援我。在他到来之前，我们已被押往维阿，对方甚至没有留下人看守我的财产。戴维斯带着侦察兵追到山顶，看到我们被押到山那边。他们在小镇外面停下来，将部队隐藏起来。戴维斯从远处看到了我和梅西亚中校的见面。傍晚，会说流利西班牙语的戴维斯进了城，和镇长见了面。镇长拒绝在军队指挥官返回前采取行动。我的财产和皮驮鞍上的官方标记证实了我的说法。当指挥官返回时，梅西亚中校、镇长和戴维斯进行了商议。之后，我被假释，并被要求在上午9点向指挥部报到。接着，我听到，梅西亚中校为志愿兵在事件中的行为而斥责他们，要求他们归还试图盗窃的财物，对此我很高兴。他还说，他为之前发生的事情感到遗憾，为我没有被杀感到高兴。我由衷赞同他的观点，尤其是后者。

我对墨西哥和墨西哥人的好感没有因为此次经历而增加。当克劳福德上尉和我们会合时，他说，他想让我往北边跑一趟，给鲍伊堡的克鲁克将军送信。对于此次出行，我的积极性很高。

令我高兴的是，克劳福德上尉由衷地表扬了我，说我们以最好的方式摆脱了困境。他说，如果我允许印第安人反击，开启战斗，戴维斯就会被拉进来。接着，梅西亚中校也会加入战斗。第四骑兵团第三连已从马德雷山脉西侧被派到北边，我们只剩下印第安侦察兵了。由于我们位于国界线以南 200 英里处，因此即使获胜，我们也会陷入绝望的境地，更不要说由此导致的国际纠纷了。

带着信件向北骑行的过程很平静。路上，我和货郎曾经看到 95 只羚羊排成纵队，缓慢地前往山下的小溪喝水。我们站在那里，没有开枪。上级命令我们不要在小路上开枪。这不是第一次。一次，在索诺拉西部，我和克劳福德上尉在队伍前面骑行时遇到了一头雄鹿和两头雌鹿。它们一动不动地站在距离我们不到 20 码的地方，带着惊奇的目光看着我们。它们之前大概从未见过人和骡子。我乞求克劳福德允许我开枪。我们已经很久没有吃到新鲜的肉了。克劳福德只是付之一笑。最后，我下了骡子，朝雄鹿扔了一块石头，以平复我的心情。几天后，我们沿同一条小路返回。射击禁令已被取消，货郎们整天都在忙着收集印第安人打死在路上的鹿，将其打包带回营地。

一次，在马德雷山脉腹地，在射击禁令实施期间，我曾骑在骡背上非常激动地追赶一群小火鸡。火鸡乱成一团，我差点捉到一只。据说，阿帕奇人常常徒步追赶火鸡。我从未见过这种场景，但我曾让他们带给我一只被他们追赶并捉住的健壮的小鹿。

渡过羚羊喝水的小溪后，据我们所知，除了梅迪亚（Media），北边许多英里范围内都没有水源。我们骑行了一整天。日落时分，我们在道路左边看到了鲜绿色的棉白杨。这不一定意味着我们能取到水，但我们需要在某个地点过夜。到了那里，我们看到了很恶心的棕色含水物质。我们将其装到咖啡壶里并烧开，得到了半壶软到可以流动、呈黑咖啡色的物体。我们加入大量咖啡，用于在夜间湿润干燥的口腔和舌头。骡子只能直接喝水了。

第二天上午，我们早早动身，觉得在 25 英里内不会看到水源。快到中午时，走在前面的骡子开始表现出过度疲劳的症状，但它突然嗅了嗅空气，竖起耳朵，快步小跑起来。我、货郎和其他骡子知道它嗅到了水的味道。走了不远，开阔的草原上出现了清澈、纯净、美妙的泉水，它们正从泉眼里不断涌出来。骡子跪下来，把嘴伸进水里，几乎没到眼睛。我们也很快在水流边找好了饮水位置。哦，多么甘甜啊——和从棉白杨泥坑到泉水的25英里相比，当天接下来的25英里行程轻松无比。

克劳福德上尉没有返回美国，而是带着部队去了卡莱塔斯牧场。后来，我带着新的补给和第一步兵团费森少尉①与他会合，以替换戴维斯。戴维斯请求解除职务，以便离开军队，抓住良好的经商机会。

戴维斯在维阿德布埃纳文图拉离开我们以后，敌对分子领着戴维斯绕了一大圈，最后逃进了新墨西哥，在一段时间里搅得那里鸡犬不宁。

在我返回多斯卡莱塔斯后不久，我们接到消息，得知沃特·戴维斯少校带着士兵和印第安侦察兵在索诺拉和一伙奇里卡瓦人打了一仗，敌对分子正朝东边的多斯卡莱塔斯前进②。我奉命为50名可以立刻出发的侦察兵准备口粮，然后去北边侦察敌人的踪迹。我于早上3点离开营地。早上4点，印第安人发现了巨大的篝火。我们看到了刚刚从山里走出来的戴维斯少校的队伍。他们在我们之前所在位置以北大约4英里处离开了敌对分子的行进路线。我立刻前进。天亮时，我的侦察兵发现了敌人的足迹。我们循着足迹在开阔的草原上前进，直到中午。不过，我在大部分时间里看不到敌人的踪迹，但我的印第安人可以在小路上奔跑。对他们来说，脚印太明显了。他们像飞行的乌鸦一样径直走向水池，并于中午抵达了那里。我们从早上3点就开始赶路，此时，我的骡子和部下都需要饮水和休息。于是，我决定卸下行李，休息一两个小时。下午1点30分，我们开始装行李。下午2点，我们上路了。离开营地后，印第安人和之前一样走在前面，沿原来的方向径直穿越草原。我要在此说明，我们在水塘那里离开了印第安人的行进路线，向北走了大约0.5英里。我理所当然地认为，走在前面的印第安人看到了敌对分子的足迹，正在跟踪他们。过了一段时间，我发现前面的印第安人分散开来，显得迟疑不决。我立刻催马上前，询问情况。原来，他们觉得敌对分子会沿之前的方

---

① 塞缪尔·L. 费森（1860—1940）在后来的职业生涯中取得了辉煌的成绩，在第一次世界大战中作为准将声名大噪。
② 战斗发生在1885年8月7日。根据《大事年表》第77页的记录，5个敌对印第安人被打死，15人被俘。沃特的部队没有伤亡。

向前进，但他们在离开水源后并没有看到敌人的踪迹。我告诉他们，只有他们找到正确的道路，我们才会考虑宿营，在此之前，我们不会休息。我为自己的大意而懊恼，对印第安人发了火。当我们找到敌人的足迹时，天色已经很晚了，无法继续跟踪了。我们在此宿营。第二天早上，戴维斯少校的部队和戴维斯上尉的部队同我们会合。我们开始穿越山脉，像在亚利桑那时那样热情地追逐敌人。敌对分子在抵达我们中午扎营的水塘时改变方向，转了90度，沿正北方向朝亚利桑那前进。可以说，我的印第安人今天至少走了50英里。

下面的文字摘自第四骑兵团沃特·戴维斯少校和乔治·克鲁克将军的报告，清楚地介绍了我们从哈诺斯平原开始对于印第安人的追逐：

> 9月25日晚8点，队伍在多斯卡莱塔斯溪扎营。9月26日黎明前，克劳福德上尉（他的部队在我的营地上游4英里处的多斯卡莱塔斯溪沿岸宿营，并在9月25日晚上10点左右收到我的信件）派出来的第四骑兵团埃利奥特少尉带着50名印第安侦察兵从我们部队旁边经过，朝米德尔山脉（Middle Mountain）前进，以切断敌对分子的路线。在我于26日即将离开时，克劳福德上尉带着他的剩余部队与我会合。一开始，我们花了许多时间和精力追逐零星马匹的脚印。之后，我们在拉顿山脉（Raton Mountains）发现了主路。在这个地点以东10英里处，敌人分散开来。我在这里派信使前往朗牧场，向克鲁克将军传达消息，说敌对分子正朝北边的瓜达卢佩峡谷前进。他们的足迹在平原上延伸了四五英里，然后朝瓜达卢佩山脉折返。他们很可能看到了埃利奥特少尉的侦察兵，后者从米德尔山脉赶来，在27日与我会合。整支部队以最快的速度追逐敌人。我们在9月28日抵达了瓜达卢佩峡谷。上午某个时候，敌对分子在驻扎在那里的骑兵部队以北大约5英里处穿越了峡谷。9月29日黎明前，第四骑兵团的马丁上尉[①]带着第八连的一些印第安侦察兵开始追击。由于

[①] 约翰·W. 马丁（1850—1903）被克鲁克将军称为"很有活力和价值的军官"，他断断续续地在亚利桑那服役，直到1887年2月由于健康状况不佳而被迫提前退役。

我的侦察兵已在小路上急行近270里，鹿皮鞋和双脚都已磨损，因此我派克劳福德上尉和他的侦察兵追赶敌人。他们的精力相对充沛，因为克劳福德上尉告诉我，他们在卡莱塔斯溪营地休息了两三个星期。我派信使前往鲍伊堡，告诉克鲁克将军我们的位置和情况，还说我认为敌人（人数在20~25人之间）准备去居留地招募人手，或者抢劫其他印第安人，查托和其他一些印第安人也赞同这一观点。在我们追击期间，这伙敌对分子（奇里卡瓦人）在纳科萨里山到瓜达卢佩峡谷之间的小路上杀了30匹马、骡子和小驴。

乔治·克鲁克将军的报告节选

在被侦察兵赶出墨西哥之后，9月28日黎明时分，印第安人在距离两个连的营地不到几英里的地方穿越瓜达卢佩峡谷，进入美国。戴维斯少校和克劳福德上尉在后面紧追不舍。显然，敌对分子准备抢劫怀特芒廷居留地，或者进入新墨西哥的莫戈永山脉或布莱克山脉。所以，我们做了部署，以阻止他们的行动。不同位置的骑兵奉命朝希拉会合。一些阵地部署了部队，以阻止印第安人穿越圣西蒙山谷，进入斯坦斯峰山脉。其他部队被部署在铁路沿线，可以通过铁路迅速转移到遭受威胁的地点。侦察兵在敌对分子后面追赶，一些骑兵连被调到别处，准备伏击敌人。反叛者选择了最崎岖的小路穿越奇里卡瓦，两次试图穿越圣西蒙山谷，但两次都被吓得返回了奇里卡瓦，一次是看到了部队行军时卷起的尘土，另一次是发现了部队穿越山谷的脚印。接着，他们在夜间穿越萨尔弗斯普林斯河谷，进入德拉贡山脉。在那里，他们遭到克劳福德的侦察兵的追踪。克劳福德的侦察兵持续追赶他们，穿越德拉贡山脉，返回山谷，向南朝米尔山脉前进。在米尔山脉，敌人的足迹突然急转弯，向东前进，返回奇里卡瓦。

此时，敌对分子的牲口已经筋疲力尽了。虽然他们在路上收集了他们能收集到的所有牲口，但他们最终还是完全失去了坐骑。考虑到部队当时的位置，他们似乎可以将整个团伙全部捉住或歼灭。不过，就在此时，敌人成功骑上了该地区最好的坐骑。他们发现无法抵达铁路以北，因此返回了墨西哥。第十骑兵团维勒上尉①带着两个连一直追到奇瓦瓦州阿森松（Ascension）。在那里，继续追逐失去了意义，因此他带着疲惫的部队返回凯夫峡谷（Cave Canyon）的营地。这一次，印第安人的再次上马令人非常愤怒。

当时，圣西蒙的牧民聚集到奇里卡瓦东侧的怀特塔尔峡谷（White Tall Canyon），开始秋季集会。

他们在前一天晚上收到了警告，知道有人在附近看到了步行的印第安人，但他们还是把当地最好的牛仔马②散布在牧场周围，然后全都睡觉了。早上，除了两三匹马，其他马匹都不见了。印第安人获得了大约30匹亚利桑那最好的马。在此之前和之后，一些印第安团伙曾多次由于军队的持续追击而失去坐骑，然后以同样的方式重新获得坐骑，成功逃跑。这次也一样，尽管牧民们不断收到保护好牲畜的警告和请求，但印第安人似乎可以毫无损失地获得牲口。一次，他们从萨尔弗斯普林斯牧牛公司的畜栏里带走了一批牲口。当时，牧场里的几个人显然知道正在发生什么。虽然印第安人只有3个人，但他们并没有试图阻止对方带走牲畜。

另一次，在6月初，一伙印第安人在光天化日之下骑马来到距离亚利桑那最大的牧场不到1英里处，射杀了几头肉牛。这伙人可能包括12个男人和四五十个妇女及儿童。当时，牧场有20个全副武装的牛仔，但印第安人却就地扎营，烹饪牛肉，并在夜晚某个时候离去。这段时间，牛仔们完全没有干扰他们的想法，甚至没有通知军队。

印第安人返回墨西哥后，部队被派回各自的驻地。自从行动开始以来，侦察兵一直在赶路，许多人已经过了服役期。我们觉得最好将他们解散，然后招募其他人，并在新部队组建期间尽可能充分地整修和重组驮队。此时，驮队几乎已经筋疲力尽了。

---

① 查尔斯·D. 维勒（1841—1916）在亚利桑那服役到1889年。他在美西战争圣胡安战役中担任美国第一骑兵团指挥官，以准将身份退役。
② 牛仔骑的马。——译注

上述节选描述的追逐极为激烈。在哈诺斯平原上我的侦察兵失去敌人踪迹的那个水塘，印第安人转而向北，朝拉顿山脉进发，进入拉顿山脉后又再次绕回来，进入开阔的平原，然后重新进入山脉，在一个地点建立阵地。和之前一样，他们在那里用石制矮防护墙进行了加固，可以俯瞰前面的所有路线。如果遭到攻击，他们可以沿开放路线从陡峭的山脊撤往主山脉。他们于夜间离开这个阵地，在地形允许的情况下尽可能沿直线朝瓜达卢佩峡谷进发。早上，两支部队开始紧追不舍。小路很温暖，或者说是炽热，因为木炭还在他们点燃的火堆里发光。如果愿意，他们有许多机会伏击我们，歼灭我们的先头部队，但印第安人没有停步。在那种地势条件下，我们无法防备对方的伏击。某个年轻军官总是和领头的印第安人走在最前面，我们的所有印第安人一直没有表现出丝毫抗拒追击的想法。所有人似乎都在渴望战斗，而敌对分子似乎渴望回避战斗。我们团驻扎在瓜达卢佩峡谷的两个连不太走运，否则他们就会与敌对分子结结实实地打上一仗，很可能会在瓜达卢佩峡谷以北开阔或者近乎开阔的土地上痛击敌人。戴维斯少校已向朗牧场报告了印第安人的前进路线，这一消息被传达给了瓜达卢佩峡谷的指挥官。不过，意外发生了。负责领导印第安侦察兵的军官在营地里昏昏欲睡，没有像之前那样派两名侦察兵和信使在瓜达卢佩峡谷和朗牧场之间侦察印第安人的踪迹。两名士兵骑马越过了敌人的足迹，却没有发现。

当我一马当先地抵达瓜达卢佩峡谷时，我立刻发现，那里的军队没有追赶敌人。我骑马上前，以确认这一点，然后把消息传给了后方的戴维斯少校。当他赶到我们奉命停歇的地点时，他向我们下游4英里处的瓜达卢佩峡谷里的营地传话，指挥官这才知道印第安人溜走了。戴维斯少校勃然大怒，挖苦了几句，但印第安人已经走了。我们的驮队由于急行军而有些消沉。由于他们没有赶上来，因此我在深夜沿小路返回，以便把他们领过来。当我找到他们时，他们已经崩溃了。不过，经过我的一点训斥，他们很快恢复了状态，我们立刻回到了峡谷里的营地。正如戴维斯少校在报告中所说，我们从那里沿着敌人的足迹继续前进，追到奇里卡瓦山脉以南。在那里，印第安人差点撞上第十骑兵团的营地，后者立刻对其紧追不舍。不过，还没有人曾在山里通过追击捉住任何奇里卡瓦人，因此敌对分子逃跑了。其他骑兵连接过任务，加入追击之中，然后被甩开。这 20~25 个印第安男人似乎很享受这项运动。我们一直在追赶敌人。由于我们的印第安人是优秀的追踪者，没有忘记他们在哈诺斯平原跟丢目标的教训，因此再也没有偏离路线。敌对分子知道我们一直在后面穷追不舍。我们追着他们离开奇里卡瓦山脉，前往科奇斯的老巢，从那里穿越萨尔弗斯普林斯河谷，来到距离怀特牧场一两英里的地方，然后返回奇里卡瓦山脉海拔最高的区域，穿山而过，在怀特塔尔峡谷附近离开山区。在那里，他们得到了新的马匹，与从凯夫峡谷赶来的维勒上尉及其部队离得很近。维勒在北上时差点和敌人相遇，他们循着敌人的足迹，将敌人赶回了墨西哥。

从 1884 年 7 月起，我就离开了我的团和连。我是第四骑兵团第八连的少尉，该连中尉正在外出招兵，上尉正在休病假，没有军官。因此，在部队重组时，我申请辞去管理印第安侦察兵的职务，成为驻扎在瓜达卢佩峡谷的第八连指挥官。领导起初以极为赞赏的方式拒绝了我的申请。不过，我明确指出，我在墨西哥遭到了当地背叛者的侮辱，因此在墨西哥服役一点也不合我的胃口，可能会影响我和侦察兵在当地的表现。于是，我被允许与我的连会合。不到四个月后，克劳福德上尉在墨西哥索诺拉州遭到墨西哥奇瓦瓦州人的攻击并被杀害。虽然他是寡母和姐妹的唯一支柱，但墨西哥没有为杀害美国军官的暴行提供任何补偿，而这位军官只是在根据美国政府的命令和国际协议行动而已。

直到即将离开亚利桑那时，克鲁克将军才在报告最后一段提到了这件事。我在此引用这段话：

  在这份报告结尾，我想感谢官兵们所表现出的英勇无畏。在数月间，他们参与了令人沮丧并且几乎毫无希望的任务。所有人都表现得很好，因此个别点名似乎有点不合适。不过，在感谢所有人的同时，我似乎应该提到下列人员的名字：沃特·戴维斯上尉，第四骑兵团；令人悼念的克劳福德，他睡在士兵的坟墓里；M. W. 戴中尉，第九骑兵团；M. P. 毛斯中尉，第一步兵团；布里顿·戴维斯少尉，第三骑兵团；查尔斯·P. 埃利奥特少尉，R. D. 沃尔什少尉，H. C. 本森少尉，第四骑兵团；莱顿·芬利少尉，W. E. 西普少尉，第十骑兵团；S. L. 费森少尉，第一步兵团。上述人员曾领导远征军和侦察连在墨西哥行动，毫无怨言地承受了极大的疲劳、困苦和军事行动的危险。

美国助理军医亨利·P. 伯明翰（Birmingham）主动申请跟随沃特·戴维斯上尉的远征军进入墨西哥，做出了高效而宝贵的贡献，得到了军区指挥官的感谢。

杰罗尼莫战役

亨利·W. 戴利[①]

选自《捉拿杰罗尼莫》一文,来自《西部赢家》第 11 卷,
第 1 期(1933 年 12 月),1 和 3 页

1885 年 3 月,我奉命从阿帕奇堡前往普雷斯科特市惠普尔营,负责管理亚利桑那军区指挥部的驮队。我发现,这里的骡子非常疲惫。之前,指挥部职员喜欢骑着骡子前往普雷斯科特,欣赏小镇风光。在寻找刺激的年轻人眼里,普雷斯科特看上去很平淡。尽管那里有许多酒馆和非常开放的赌场,但从当时的西部标准来看,普雷斯科特相当宁静。

到了 4 月,驮队已经整肃一新,可以投入战场了。乔治·克鲁克将军和一小伙人去了科罗拉多大峡谷的分支大卡特拉克特(Grand Cataract),以解决印第安哈瓦苏派和莫奎斯部落之间的小摩擦。事情很快解决了,此次出行在很大程度上变成了郊游。之前的冬天,我一直待在一个地方,这是多年来的第一次,所以此次出行使我非常开心。

[①] 亨利·W. 戴利(1850—1931)出生于爱尔兰。1865 年,15 岁的戴利来到美国西部。19 世纪 80 年代早期,他成了为陆军工作的平民货郎。杰罗尼莫战役后,他去了北方,在翁迪德尼行动期间为陆军装货。后来,他成了军需部第一位首席货郎,在美西战争中做出了重要贡献,编写了许多关于驮载运输的手册,并在西点军校教授这门知识。他在 1920 年以少校身份退役。

戴利为他在杰罗尼莫战役中的经历进行了多个版本的叙述。第一个版本是到目前为止最全面的叙述,题为《杰罗尼莫战役》,出版于《美国骑兵协会杂志》1908 年 7 月刊和 10 月刊。1930 年,这些文章被《亚利桑那历史评论》再次发表。在 1928 年 8 月发表于《美国军团杂志》的文章《好坏侦察兵》中,戴利表示,他认为杀死克劳福德上尉的不是墨西哥人,而是阿帕奇侦察兵达奇。戴利对于战役经历的第三个叙述版本题为《捉拿杰罗尼莫》,这篇文章在他死后发表于《西部赢家》1933 年 12 月刊。

我在戴利《美国骑兵协会杂志》文章的基础上添加了《好坏侦察兵》和《捉拿杰罗尼莫》的段落,以便更为完整地呈现戴利的经历。

5月，我们待在惠普尔，除了驻防没有其他任务。在近十八个月里，令美国西南部闻风丧胆的阿帕奇人过上了白人的生活，即和平生活。为了达到这一目的，我们走过了漫长血腥的道路。我有幸亲身经历了其中大部分事件，包括1872—1884年的通托贝森战争，1879年和1880年的梅斯卡莱罗暴动，1880年、1881年和1882年对抗维多利奥和纳纳的沃姆斯普林斯战役，以及最终导致内奇在1883年秋投降的马德雷山脉战役。

我不可避免地对印第安人有了一些了解，他们狡猾、奸诈且残忍。实际上，他们拥有无知者所认为的几乎所有印第安人的特点。只有一件事是阿帕奇人不会做的，那就是朝着背对自己的人开枪。我不止一次见过这种奇怪的礼节。一次，我本人在对这种礼节的近距离考验中充分体验到了它的好处。我用余光看到了杰罗尼莫。他喝醉了，非常激动，带着一群全副武装的勇士从我后面走来。他只想杀掉一个白人泄愤。他在我后面几步远的地方停下来，使用了各种策略，包括嘟囔和敲击武器，以便让我转身。一旦面对他，我的生命就会变得一文不值。根据我对阿帕奇人性格的理解，我知道，只要背对着他，我就是安全的。杰罗尼莫后来告诉我，我的表现使他非常吃惊。

我是在追逐内奇的马德雷山脉战役中在战场上认识杰罗尼莫的。内奇是奇里卡瓦大酋长，而奇里卡瓦人是最嗜血的阿帕奇分支。此次战役发生在墨西哥北部。根据特别安排，我们获得了追逐奇里卡瓦人的许可。此次战役使戈亚思莱（Go-yath-lay）走上前台，成为战争领导者。戈亚思莱就是白人口中的杰罗尼莫。

当时，杰罗尼莫已经不是年轻人了。他大概40岁，中等身高[①]。他的身材非常结实，和大多数阿帕奇人一样，他的耐力很好。

他可以一晚上走70英里，战斗一整天，之后并不比普通人在结束一天的正常劳动时看上去更加疲惫。这也许令人难以置信，但这是我亲眼所见。

杰罗尼莫的相貌是我所见过的最有吸引力的人类相貌。他的脸上有一种说不

---

① 杰罗尼莫当时60岁。

出的野性，或者说凶恶，同时又显得非常聪明。杰罗尼莫有点神经质，这在印第安人之中非常罕见。他的表情不是固定的，而是不断变化的。他疯狂时看上去就像魔鬼一样，而且是聪明的魔鬼。这种领导者知道他可以在内奇手下获得发展。内奇是很能干的印第安人，但是当他找到可以替他管事的下属时，他就做起了甩手掌柜。

选自《杰罗尼莫战役》一文，来自《美国骑兵协会杂志》
第19卷，第69期（1908年7月）：68—103页

  在我叙述此次难忘战役的主要事件时，要记住，我只是在讲述客观事实，它们来自我作为后勤队长的个人观察。我先是跟随埃米特·克劳福德上尉的部队，随后跟随 H. W. 劳顿上尉（后来的劳顿将军）的部队，我们是在军区指挥官乔治·克鲁克将军及其继任者迈尔斯将军的领导下开展行动的。

  1885年5月末，亚利桑那普雷斯科特市惠普尔营接到报告，得知杰罗尼莫带着大约150个族人逃离阿帕奇堡居留地，前往老墨西哥的马德雷山脉。负责管理奇里卡瓦人的第三骑兵团布里顿·戴维斯少尉带着一队印第安侦察兵在后面追赶。查托酋长是他的侦察兵军士长。5月29日，上级命令我率领驮队前往阿什福克斯（Ash Forks），从那里乘火车前往新墨西哥戴明市，并在抵达后向当时位于贝厄德堡的克鲁克将军发电报。6月1日，上级命令我等待克劳福德上尉到来，向他报到。

  克劳福德在6月6日晚上赶到，我在火车上见到了他。在他的邀请下，我和他去了铁路旅馆。我们对形势进行了充分讨论。我认识克劳福德上尉许多年了，我们曾参加过许多次印第安战役。他知道我认识杰罗尼莫和他们部落的其他酋长，其中许多人曾在新墨西哥和亚利桑那担任侦察兵，因此他愿意和我商议机密。

我们讨论了远征可能的持续时间、侦察兵的人员组成和查托的可靠性。我们知道这些反叛者非常谨慎，因此讨论了他们为躲避奇袭而喜欢选择的地形，以及他们步行或骑马的行进模式和速度。我们还坦率地讨论了侦察谢拉山脉（Sierra Mountains）两侧和把守国界线上所有水源的计划。克劳福德上尉说，克鲁克将军拥有足够多的部队，可以把守国界线上的所有水池；每个连可以配备少量侦察兵，以巡视水源之间的区域；第二条阵线可以驻扎在铁路沿线有水源的地方。

我们认为，这种部署足以保护瓜达卢佩山口（Guadalupe Pass）半径100英里以内的定居者。如果敌对分子试图再次进入亚利桑那或新墨西哥，在侦察兵的帮助下，部队可以对他们迎头痛击。我们认为，最好在瓜达卢佩山口附近实施最大的警戒，因为它正好位于从马德雷山脉前往阿帕奇居留地的路线上。

克劳福德上尉说，埃利奥特少尉和阿尔·西贝尔第二天会带着一队印第安侦察兵和驮队与他会合，他的行动将取决于他们带来的关于敌对分子踪迹的消息。肯德尔上尉（Captain Kendall）和汉纳中尉率领的当时驻扎在戴明的第六骑兵团的一个连也会加入他的队伍。

6月8日上午，在埃利奥特少尉带着侦察兵前来报到之后，我们乘坐特别列车前往塞珀。塞珀位于戴明正西方向，在南太平洋铁路线上。抵达塞珀后，克劳福德上尉得知了布里顿·戴维斯少尉及其侦察兵的位置。我们下了火车，前往塞珀正南方的骷髅峡谷。我们在那里扎营，等待戴维斯少尉到来。第二天，戴维斯少尉带着60名侦察兵和一支驮队赶到。

6月11日上午，队伍拔营起寨，朝东南方向前进，经过布莱克斯普林斯（Black Springs）、弗龙特拉斯以及几座小村庄，包括巴维斯佩、巴塞拉和瓦奇内拉。然后，我们往西走，来到奥普托山脉。6月21日，我们抵达奥普托村以西大约3英里处。在这里，我们得知，敌对分子捕捉并宰杀了几头肉牛，然后朝北边的马德雷山脉进发。第二天上午，我们来到奥普托以东大约2英里处，在敌对分子宰杀肉牛的地点附近扎营。

根据侦察兵带回的报告，敌对分子在距离我们营地不远的马德雷山脉山麓丘陵上宿营。当晚,克劳福德上尉派戴维斯少尉、埃利奥特少尉和阿尔·西贝尔带着以查托酋长为军士长的50名侦察兵,前去寻找、进攻和摧毁敌人的营地,争取让他们投降。第二天,6月23日,一个信使回到营地,说敌对分子有一人被打死,至少一人被打伤,15人被俘,我们的人没有伤亡①。

戴维斯少尉当天下午带着队伍返回,带来了15个俘虏,包括各个年龄段的妇女、男孩和女孩。沃姆斯普林斯阿帕奇人的老酋长纳纳也在其中②。这个老恶棍是维多利奥团伙的战争酋长,他们在1879年、1880年和1881年这三年为新墨西哥人民带来了很大负担,曾使第四和第九骑兵团部队进行了许多漫长而令人疲惫的追逐。除了外出抢劫的纳纳和25个印第安战士,维多利奥团伙的其他人在墨西哥奇瓦瓦州特雷斯卡斯蒂约斯山脉被特拉萨斯将军的两个非正规军骑兵连和一些塔拉胡马拉(Tarahumari)印第安侦察兵全部消灭。顺便说一句,1886年打死克劳福德上尉的也是这些团伙。

6月24日,汉纳中尉奉命带着第一连的部分士兵和俘虏前往鲍伊堡,同行的还有一个名叫达奇的侦察兵。达奇是个品行不端、屡教不改的恶棍,他前一天在奥普托村弄到了龙舌兰,当晚在营地里酗酒,耍酒疯。抵达鲍伊堡后,达奇将被关在禁闭室里。当天下午,我们重新整理了两支驮队携带的货物,每头驮骡平均负重300磅。25日上午,队伍朝东南方向移动。在抵达纳科里村之前,我们走得很轻松。之后,我们朝南走了14英里,在哈罗斯河的小支流沿岸建立长期营地。这里有大量木材、水源以及可供牲畜食用的多汁青草。

克劳福德上尉意识到,我们根本不可能循着印第安人的足迹追上他们。敌人的策略就是引诱我们追击,以消耗我们的牲畜。因此,克劳福德决定就地休息,让驮队返回新墨西哥朗牧场获取补给。他让我带上所有能带的补给和弹药,最好再带上一支驮队,以便为部队带回大约三个月的补给。

到目前为止,我还没有讲述每天的旅行,以及我们经过的地形和行程。我只

---

① 一名侦察兵在战斗中受伤。遭到奇袭的是奇里卡瓦人的村落。
② 戴利弄错了,纳纳没有在此次战斗中被俘。

想说，我们的侦察是沿着马德雷山脉南侧进行的。这里横贯着看似无法通行的溪谷和丘陵，上面覆盖着松树、冷杉、橡树、短叶紫杉、矮栓皮槠、巨型仙人掌，以及多刺的矮灌木。哈罗斯河的小支流在巨大的石块之间汹涌地流过，渡河是一件危险的事情。野味很多，有大量的小白鹿、黑棕熊和野火鸡。侦察兵不停地将这些野味带回营地。

在前往朗牧场的路上，我们经过瓦奇内拉村、巴塞拉村和巴维斯佩村，然后向北穿越巴维斯佩山脉和哈诺斯平原，朝圣路易斯山脉（San Louis range）的洛科山口（Loco Pass）进发。我们经过恩梅迪奥山脉，那是塔珀和拉弗蒂在1881年战斗过的地方。朗牧场位于山口以北3英里处。在那里，我们见到了詹姆斯·S.佩蒂特中尉领导的补给营和巴德上尉①领导的第四骑兵团的一个连。不久，休斯中尉带着第四骑兵团第三连和另一支驮队也来了。休斯中尉奉命前来接管肯德尔上尉的部队，该部队即将驻扎在新墨西哥阿拉莫韦科（Alamo Waco）。

3支驮队装上了必要的补给，在休斯中尉的领导下走了十天，返回了克劳福德的营地。第二天，戴维斯少尉和我奉命从卡莱尔的驮队里挑选了20头最好的驮骡和2个货郎。卡莱尔的驮队是在朗牧场和我们会合的。之后，他们奉命返回鲍伊堡，留下的2支驮队——戴利和海伊（Hay）的驮队分担了补给，每头驮骡负重超过300磅。

8月2日，队伍拔营起寨，朝东北方向前进，进入马德雷山脉的陡峭尖坡区域。可怕的马德雷山脉巍峨地耸立在我们头顶，有时隐藏在羊毛般的云气之中。对于速度极快并且怀恨在心的奇里卡瓦人而言，这里是非常合适的家园。一连五天，我们一直在攀爬崎岖的尖坡。这时，一个信使来到我们的营地，说5个敌对分子被W. M. 戴的侦察连打死，一些妇女和儿童被俘。这些侦察兵隶属于沃特·戴维斯少校的部队，他们之前在山脉北侧行动，现在越过了分水岭，和我们的队伍取得了联系。

---

① 奥索·巴德（Otho Budd，1841—1928）。

当天晚上，查托酋长和阿尔·西贝尔回来了。他们说，戴中尉的侦察兵奇袭了敌对分子，许多人被迫跳过陡峭的悬崖，以逃避追捕。如果此次行动发生在一天后，两支队伍的侦察兵就可以在他们自己选择的陷阱里捉住敌对分子。

此次事件使敌对分子分散开来，一部分沿分水岭往下走，朝西北方向前进，大部队越过分水岭，朝东前进。

克劳福德决定追赶后一伙人。不过，他意识到骑兵马匹的状态不佳，无法承受艰难的攀爬，因此决定让骑兵返回国界线。第二天上午，休斯中尉带着他们朝朗牧场进发，并且带着10头驮骡和2个货郎，以运送他们的补给。

8月8日下午，我们离开营地，沿敌对分子的足迹前进。第三天，在抵达我们所认为的马德雷山脉顶峰时，我们在敌对分子两天前搭建的营地里露营。我们发现了一些被宰杀的矮马的残骸，这说明他们不仅缺少食物，而且正在失去坐骑。在这里，克劳福德上尉派出由布里顿·戴维斯少尉和阿尔·西贝尔领导的先头侦察部队，带着三天口粮，希望他们能追上敌对分子。

日落时分，潮湿沉重的云气笼罩在山峰上。当云气朝着陡峭的山坡下沉时，耀眼的闪电向下劈去，照亮了两侧深邃的山谷。

由于我们在陡峭的山脊上扎营，因此水朝南北两边流下去。在北边，不知道有多深的悬崖被闪电照亮。受惊的动物挤成一团，仿佛是在寻求保护，它们尾巴上的毛直立起来，仿佛有东西在支撑。在南边，我们在低地行军时看到的山脉此时看上去像遥远的丘陵一样，一直延伸到视线尽头——我永远忘不了那壮观的场景。

12日，侦察兵返回，说敌对分子的足迹分散开了。接着，克劳福德决定派出更多人手，带着15头驮骡，不惜一切代价紧追不舍，迫使对方战斗或投降。他们需要不断向他汇报情况，他会尽量与他们保持紧密联系。敌对分子显然压力很大，因为他们每天都在路上丢弃矮马。他们的足迹还显示，反叛者只有不到五六匹矮马了。侦察兵报告说，他们在攀登马德雷山脉最陡峭的部分，许多驮骡会在随后的攀爬中丧命。克劳福德问我怎么看。我回答说，我并不担心，因为我知道，驮队里的每头骡子都像岩羚羊一样脚步踏实，像母亲关心怀里的孩子一样关心背上的货物。每头骡子都是货郎的宠物，能听懂它们的名字，知道货郎什么时候是在让它们保持警惕，什么时候是在鼓励它们。在这方面，它们和人类没有区别。另外，事实证明，骡子可以比人类更快地接近危险，而且本能地知道如何躲避危险。

13日下午，戴维斯少尉和阿尔·西贝尔带着50名侦察兵、查托酋长以及15头驮骡和3个货郎出发了①。我知道西贝尔在追赶敌人时是绝对可靠的，所以在他们出发时提醒他："当你们战斗或者试图奇袭敌对分子时，不要忘记查托在你身边。"他们在蒙蒙细雨中离开营地。这场雨一直下了五天，到最后，所有的毯子和帆布都湿了。

我们在看似没有尽头的一系列断裂的山脊上爬上爬下，偶尔还会遇到深达腰部或腹部的沼泽，这很考验人和动物的毅力。18日，明亮的太阳出来了，每个人的精神都好了起来。

克劳福德上尉说，他为失去音信的戴维斯少尉担忧，决定派埃利奥特少尉带着25名侦察兵、10头驮骡和3个货郎②尽力追赶戴维斯，并且见机行事。埃利奥特如遇情况，一定要立刻派信使向后方报告。到了第二天中午，我们已经穿越了马德雷山脉腹地，断裂山脊的下降趋势很明显。21日，我们抵达卡萨格兰德河源，可以看到亮绿色的河谷向远处延伸。看到绿色的河谷和许多随意闲逛的肉牛，人和动物都感到心情舒畅。

22日，我们抵达卡萨格兰德河谷。我们的人马和驮畜已经翻越了马德雷山脉。在分水岭另一侧的墨西哥人看来，这是不可能完成的壮举③。

驮骡感受到了这一点，因为它们一边走，一边大口啃着多汁的野生猫尾草和

---

① 米基·弗里也跟着他们。
② 埃利奥特本人说，他只带了8名侦察兵、6头驮骡和2个货郎。
③ 戴利是远征军中唯一宣称克劳福德的部队穿越马德雷山脉的人。考虑到布里顿·戴维斯与此相反的说法，思拉普没有采纳戴利的叙述。Davis, *Truth about Geronimo*, 183-88; Thrapp, *Sieber*, 309. 另一方面，戴维斯当时没有跟着大部队，后来也没有与大部队会合，因此他的说法可能是错误的。

白格兰马草。过去的十四天，这些动物一直在吃毫无营养的松叶，因此瘦了不少。

8月24日，我们进入卡萨格兰德村，得知埃利奥特少尉、侦察兵和货郎被墨西哥非正规军抓捕并被关进监狱或禁闭室，戴维斯少尉的队伍已渡过小镇以北大约1英里处的河流，正循着敌对分子的足迹追赶他们①。

在少尉、中尉和阿尔·西贝尔缺席的情况下，我需要管理克劳福德的侦察兵。所以，进入广场后，克劳福德在骑马前往墨西哥指挥官的住所前让我保持严密监视，以防对方背叛我们。上尉进屋时，每个货郎都把枪架在面前的鞍桥上。骡子已被聚拢在一起，由侦察兵看守。通往广场的每条街道都处于监视之中，以防不测。我下了马，站在门口。

这种做法看上去可能有点虚张声势，但我不能忘记1881年第四骑兵团麦克唐纳中尉（Lieutenant McDonald）及其印第安侦察连和驮队在小小的阿森松村被俘的往事。村长极为热情地接待了他的队伍，并且举办舞会，以庆祝他的到来。晚上，在舞会开始前，他派信使火速前往哈诺斯镇通知指挥官，说100个全副武装的美国人进了小镇，让他以最快速度前来救援。侦察兵被安置在由结实的土坯墙包围的围栏里，中尉被安排在村长住所的一个房间里。早上，天刚蒙蒙亮，围栏和货郎就被墨西哥骑兵包围了，中尉也被逮捕了。一行人被押到哈诺斯，被囚禁了两个星期，以烤玉米为食，直到麦肯齐将军将他们释放。幸好他们释放了这些人，因为第四骑兵团的两个连正在从新墨西哥老卡明斯堡（Fort Cummings）赶来，准备开启武力谈判。

与此同时，我发现上尉从座位上站起来，村长一直在鞠躬赔笑。少尉的短外衣和裤腿上系着黄铜纽扣，他向前迈步，打了招呼。接着，对方下达了释放埃利奥特少尉及其队伍的命令。不到十五分钟，他们走了过来。除了麦克唐纳中尉的部队，我从未见过如此可怜兮兮的队伍。几分钟后，更多的驮骡被领了过来，它们看上去和队伍里的人一样可怜。侦察兵归队了，货郎的枪支也被归还了

---

① 下面关于克劳福德和戴利促成埃利奥特获释的叙述似乎是杜撰，因为戴维斯和埃利奥特在墨西哥人释放埃利奥特及其侦察兵时并没有提到克劳福德在他们附近。思拉普也没有采纳戴利的说法。Thrapp, *Sieber*, 309.

回去。

一切准备就绪后，我们骑着坐骑出了村庄，在西边大约 5 英里处的卡萨格兰德宿营。

第二天，克劳福德上尉径直朝国界线前进。三天后，我们在哈诺斯平原最西边的加西亚战斗①的发生地附近宿营。克劳福德向当时位于亚利桑那鲍伊堡的克鲁克将军派出信使。

9 月的最初几天，上尉派海伊的驮队前往鲍伊堡休整。之后，这支驮队被拆分，并被分配给国界线上的各支部队。9 月中左右，克劳福德以同样的理由派我前往鲍伊堡。抵达鲍伊后，我奉命前往鲍伊以东大约 20 英里的奇里卡瓦山脉南侧，将 10 头驮骡和 2 个货郎转交给驻扎在盖利维尔的卡彭特上尉（Captain Carpenter）②。他的营地位于一小片平原上，北侧有一个箱形峡谷出口，可以看到远处的圣西蒙平原和斯坦斯峰山脉。

在我抵达当晚，信使纳瓦霍·比尔（Navajo Bill）来到营地，带来了克鲁克将军写给卡彭特上尉的信件。克鲁克说，敌对分子据说正在从斯坦斯峰山脉往下走，他让卡彭特穿过山谷，尽量拦截敌人。到了早上 3 点，一切准备就绪，两个骑兵连沿着箱形峡谷出发了。第二天上午，我和纳瓦霍·比尔开始返回鲍伊堡。在小平原最西侧，小路变窄，进入旱谷，然后通往分水岭顶部。在旱谷谷口，有一家人住在棚屋里。当时，他们正在分水岭上将马群聚集起来。在距离谷口不远处，我们发现了敌对分子的横向足迹。这些足迹有些分散，矮马的排泄物还冒着热气。我对比尔说，这是宝贵的情报，应该尽快通知克鲁克将军。我决定确定他们大概的目的地③。再往前走一点，我们发现了一头小驴及被射杀的骑手。这个人住在我们刚刚经过的棚屋里。我们沿着脚印继续往前走，发现敌对分子在距离前一个棚屋大约 2 英里的山顶棚屋上抢了一些矮马。

---

① 1882 年 5 月洛伦索·加西亚上校的墨西哥第六步兵团和洛科团伙的战斗。
② 美国第九步兵团的威廉·L. 卡彭特（1844—1898），在戴利写作此文时他还是中尉。
③ 显然，戴利发现了 20 个奇里卡瓦人的横向足迹。这些人重新穿越了国界线，准备在亚利桑那和新墨西哥开展抢劫。Thrapp, *Conquest of Apacheria*, 332.

我们继续沿着脚印往上走,攀登分水岭,确信这伙敌人将在分水岭顶部露营,因为他们急需休息。另外,我们也在监视部队穿越山谷的情况。

我们不想让他们知道我们发现了他们的位置,因此沿小路返回,在山脉某个鞍部走上通往鲍伊堡的大路。我们朝鲍伊堡走了大约5英里后,几匹马在我们左边快速跑下山坡,前面的骑手挥着帽子,后面的骑手驱赶马匹。他们一边逃命,一边喊:"印第安人!印第安人!"走到近前,他们说,他们被阿帕奇人赶下了分水岭。他们觉得牧场一家人已经遇害。我告诉他们,那家人还活着,我们只在小驴旁边看到了一个死者。我建议他们把牲口赶到鲍伊堡,或南边的火车站。他们听从了我的第二个建议。

此次交流耽误了我们十五到二十分钟。之后,我和比尔加快速度,继续前往鲍伊堡。进入操场时,我们遇到了克鲁克将军的副官赛勒斯·S.罗伯茨上尉,把我们发现敌对分子团伙的事情告诉了他。他立刻把我们领到指挥部。在那里,我们向将军汇报了情况。我对将军说,我感觉敌对分子当晚会在分水岭上露营,让岗哨监视平原上朝他们移动的部队,同时监视鲍伊堡。他们显然看到了卡彭特的部队穿越山谷时卷起的尘土。

不久,将军离开鲍伊堡,在鲍伊车站乘火车前往新墨西哥,显然是想重新部署该地区的部队。

第二天下午,罗伯茨上尉告诉我,克劳福德上尉正在追逐敌对分子团伙。敌人从牧场偷了一些马,正在重新返回奇里卡瓦山脉。另外,他即将派出汤普森上尉(Captain Thompson)的第四骑兵团部队[①],让他们循着克劳福德的足迹前进,为他提供一切可能的援助。

我和罗伯茨上尉很熟,因此对于派部队追赶克劳福德的可取性谨慎地提出了疑问,因为他们根本帮不上忙。所以,我建议派汤普森的部队前往奇里卡瓦山脉,因为我相信,敌对分子会沿着通往山顶的那条古老林间道路前进,我们可以对其

---

① 第七连,由威廉·A.汤普森上尉(1844—1908)指挥。

两面夹击。不过，罗伯茨上尉正在执行命令，因此汤普森去追赶克劳福德了。我们发现，敌对分子果然沿那条古老的林间道路翻越了山脉，进入了墨西哥。

于是，夏季战役基本结束了。

几天后，我遇到了阿尔·西贝尔，他讲述了他们在马德雷山脉顶峰离开我们以后追赶敌对分子的经历。他说，敌对分子一直领先他们一天的行程。经过卡萨格兰德时，戴维斯少尉留下两名侦察兵，以便告诉克劳福德上尉，说他们会尽量追赶敌对分子，后者似乎正在前往新墨西哥。他们知道埃利奥特少尉陷入了麻烦，但他们觉得克劳福德会解决问题，因此他们觉得不应该耽误追赶敌对分子的时间。他说，查托和一些侦察兵在路上表现得很糟糕。有时，他们还会受到生命威胁。他还说，他和戴维斯少尉当时正在前往指挥部，以讨论暴动的原因。他稍后会把原因告诉我。

我让他不要过于咄咄逼人，否则他就会卷铺盖返回圣卡洛斯。我也不想支持戴维斯少尉的立场，因为我知道，"那个老人"[①]将会知道暴动的原因。

几天后，戴维斯少尉告诉我，他辞去了军中职务，阿尔·西贝尔也卷铺盖返回了圣卡洛斯[②]。我为西贝尔感到遗憾。他是个优秀的侦察兵，理解印第安人在所有不同阶段的表现。我一直没能见到他。他不畏惧任何事情，但是不够敏锐，不知道有些事情是他无法应对的。南北战争结束以来，他为政府做出了宝贵的贡献。

11月初，克劳福德上尉骑马来到营地，说他即将前往阿帕奇堡招募新的侦察连，服役期六个月。他希望我把一切准备好，以便能在月底动身。

11月29日，我们离开鲍伊堡。队伍由100名印第安侦察兵组成，分为两个连，每个连50人。第一个连由M. P. 毛斯中尉指挥，第二个连由威廉·西普少尉指挥。汤姆·霍恩是第一个连的侦察长，威廉·哈里森（William Harrison）是第

---

① 指克鲁克。——译注
② 戴利暗示，克鲁克在与戴维斯和西贝尔见面后解除了他们的职务。对此，思拉普持怀疑态度，"因为克鲁克会发现，暴动绝不是戴维斯的错，西贝尔也在战场上继续做了几个月的侦察长。" Thrapp, *Sieber*, 312-313.

二个连的侦察长。戴维斯医生是军医，医疗护理员是内梅克（Nemeck）。海伊和戴利的两支驮队各有 50 头驮畜，货郎有 28 人。埃米特·克劳福德上尉是远征军指挥官。

我们的路线经过德拉贡山脉、图姆斯通、弗龙特拉斯，然后穿越昆帕斯瓦利（Cumpas Valley）山脉。之后，我们朝北边的纳科里进发，于 1885 年 12 月末抵达纳科里以东 14 英里的夏季营地。

和夏季战役类似，我们每天从这个营地派出侦察兵，以寻找敌对分子的踪迹。在这里，我也许应该说一句，在夏季战役期间我们从未跟踪过杰罗尼莫、内奇及其团伙。

在奇里卡瓦部落里，每个酋长都拥有自己的追随者，每个酋长都非常嫉妒其他酋长。查托在新墨西哥行动，在特拉萨斯将军打死维多利奥以后与沃姆斯普林斯部落的老纳纳联手。在一次抢劫中，查托打死了前往新墨西哥银城的麦科马斯法官和他的妻子，抓住了他们的小儿子查利。

这导致了 1883 年的马德雷山脉战役。克鲁克将军率军亲征，希望救回查利·麦科马斯。怀特芒廷阿帕奇人皮奇斯带领远征军进入敌对分子的老巢。他说，一个白人男孩和反叛者在一起，但他们一直没有找到他。他显然被印第安妇女杀害了。

另一个酋长奇瓦瓦拥有自己的追随者，包括奇里卡瓦部落最聪明的一些人，比如乔萨尼等。这位酋长 1880 年在第十五步兵团詹姆斯·A. 梅尼中尉（Lieutenant James A. Maney）的领导下在新墨西哥担任印第安侦察连军士长。在杰罗尼莫 1885 年 5 月逃离阿帕奇堡或者说逃离他们在特基克里克的营地后，在夏季战役期间，我们的部队追逐的是奇瓦瓦和乔萨尼。那段时间，杰罗尼莫一直隐藏在马德雷山脉的根据地里。据我所知，他和他的追随者在过去的夏天并没有开展抢劫行动。劳顿上尉跟随大部队离开时，他留在瓜达卢佩山口看守营地的几个骑兵被奇瓦瓦分支的一伙人打死。奇瓦瓦分支的人还抢走了怀特牧场的一批矮马，并在 11 月进入阿帕奇堡抢劫，或者说进入特基克里克的阿帕奇营地抢劫，打死了 12 个友好的印第安人，俘虏了 6 个妇女和儿童。

6 月 23 日，查托在奥普托以北的山区俘虏了奇瓦瓦分支的 15 个妇女和儿童，这不是为了取悦白人，而是为了向奇瓦瓦和乔萨尼的追随者宣布，他才是他们的主人。

1886 年 1 月初，根据侦察兵的某些迹象，我相信他们没有把敌对分子的一些位置信息报告给克劳福德上尉。一天晚上，我质问并指责了怀特芒廷阿帕奇下士胡安。在我对我的恫吓效果感到满意后，我让他把诺奇带过来。他们来了。我首先质问了诺奇，然后告诉他们，他们明天上午必须去见克劳福德，把他们知道的事情全都告诉他。之后，在侦察兵和货郎睡下以后，我去找克劳福德上尉。他躺下了，但还没有睡。我把我的感觉告诉了他，并且提到了我与胡安和诺奇的谈话。第二天上午，诺奇和巫医来找克劳福德上尉。巫医开始滔滔不绝地向克劳福德和在他身边围成半圆形的侦察兵讲话。说了一段时间以后，巫医拿出一个小鹿皮包，来到每名侦察兵面前，让他们亲吻皮包。每个人重复了巫医所说的某种誓言或契约。这时，我相信了他们的真诚，并且相信他们会找到敌对分子。

当天，我们派出了侦察队。他们返回时报告说，他们发现了敌对分子的营地。对方正在晒制牛肉，这些牛显然是他们从某个墨西哥牧场抢来的。

第二天，克劳福德上尉组建了一支队伍，准备步行前去进攻敌营。他给我留下了 6 名侦察兵和大部分货郎，用于照看营地，并让我把军官的少量行李和侦察兵积攒的几百张鹿皮存放在纳科里村，因为村长同意照看这些物品。他选了 3 个货郎和 11 头驮骡与队伍同行，以携带口粮和额外的弹药。他命令每名士兵和军官带着自己的毯子，丢下所有多余的行李。当晚，吃完饭，军官、货郎和几名侦察兵围坐在篝火旁，讨论此次步行翻山的侦察行动。一些人认为这项计划不切实际，因此向克劳福德上尉表达了他们的观点。不过，克劳福德坚持认为，要想奇袭敌对分子，他们需要尽量少带牲口，并将牲口拖在队尾，以便轻装前进。他命令军官和侦察长带上鹿皮鞋，因为他们沉重的靴子会发出很大的声响。他还下令每晚在营地四周拉上绳索围栏，任何人都不能在无人监督的情况下通过围栏。上尉告诉我，他很想带上我，但他更需要我和驮队在一起，以便在需要时让我把驮队带过来。

1886年1月3日晚日落时分，他们以一列纵队出发。克劳福德领头，后面是其他军官，侦察兵和货郎殿后。当我站在附近的山丘顶部观看队伍攀登山坡时，上尉愉快地喊了一句"再见"。当他们消失在越来越黑的夜色中时，我转过身，感到了某种抑郁和窒息。那种感觉在当天晚上一直萦绕着我。

第二天，我们挖掘地洞，将所有物资存放在里面，然后平静下来，等待队伍的消息。

1月9日上午，胡安下士和3名侦察兵来到营地，带来了克劳福德上尉的消息，说他在追赶敌对分子，让我为驮队装载所有物资，不包括存放在纳科里的鹿皮，然后尽快与他会合。他说，胡安会给我指一条近路，绕过曲折难行的道路，减少许多行程。

我立刻准备好驮队，让他们前往纳科里，以装载那里的物资，然后返回我们的营地。之后，我们前往哈罗斯河，当晚在那里露营。我们一共走了大约46英里。

我们当晚的营地位于河岸上，在一道小型箱形峡谷的入口处。另一边是一座陡峭险峻的高山。这座山很高，山顶隐藏在云气之中。山脚有一道狭窄的岩架，几乎没有供牲口站立的空间。岩架和我们营地之间的河水在岩石和巨石上汹涌地流过，我们上午过河时一定会遇到困难。

10日黎明时分，我们顺利过了河，开始爬山。这是我攀登过的最陡峭的山峰。我们当晚宿了旱营，或者说湿营，因为当天一直在下蒙蒙细雨，这使人和牲畜的攀登变得非常艰难，有时甚至很危险。我们用帆布接了足够泡咖啡的雨水。我们躺下来，度过了一个阴郁而难受的夜晚。

第二天就是不幸的1月11日。清晨，太阳升了起来。走了半小时，我们发现了克劳福德上尉的足迹，行程变得非常轻松。上午11点左右，信使带来了毛斯中尉的消息，说克劳福德上尉被墨西哥部队击中，受了致命伤，而且他们没有口粮了，让我迅速把补给送过去。

我立刻"隐藏"所有辎重，开始急行军，以便与部队会合。大约三小时后，另一个信使赶到，命令我找地方扎营，说他们即将用担架把上尉抬过来。不久，我看到他们的队伍沿着对面山坡缓慢地往下走。我在山脚下的河岸边选择了一处营地，焦急地等待他们的到来。

大约半小时后他们来了，侦察兵抬着担架。很快，我看到可怜的克劳福德躺在我面前的担架上，显然失去了意识。

我们支起队伍中唯一的帐篷，那是一顶常见的 A 字形帐篷，让上尉尽可能舒服地待在帐篷里。晚上，我待在他身边，观察他恢复意识的迹象，但是这种迹象并没有出现。

第二天，我们做了一副"雪橇"。我用枯枝和帆布为雪橇搭建了"棚子"，以便为上尉遮挡阳光和雨水。我前一天藏在山中的补给被带回营地。我们做好了返回纳科里的一切准备。白天，戴维斯医生用一罐牛肉提取物制作了一点营养液，克劳福德上尉艰难地吞了下去，这显然使他非常痛苦。喝下营养液后不久，我注意到他有恢复意识的迹象。我抓起他的手，问他是否认识我，能否听到我所说的话。他捏了捏我的手，作为回应。接着，我问他是否希望死后由共济会埋葬，他再次捏我的手作为回应，同时眼里流露出感激的神情。

我曾多次对他说话，但这是他唯一一次表现出清醒的迹象。我问他朝他开枪的是墨西哥人还是侦察兵达奇，但他没有回应。

当晚，西普少尉和我陪着他，西普守前半夜，我守后半夜。

1 月 13 日下午，毛斯中尉决定返回国界线，驻扎在恩布多斯峡谷附近，等待克鲁克将军的指示。之前，他已派信使向将军通报了与杰罗尼莫的会谈。

后面会叙述此次会谈以及克劳福德上尉的经历。

我们让上尉尽可能舒服地待在雪橇上，然后拔营起寨，攀登陡峭凶险的山峰。一个货郎牵着拉雪橇的骡子，另外两个货郎一人负责一根雪橇，使之顺利经过崎岖地点，并在小路急转弯时使雪橇进入合适的路线。侦察兵一直在寻找最平稳的道路，以使可怜的上尉在旅途中尽量少遭罪。

1月17日，在行军时，一个人掀起保护克劳福德上尉的帆布，发现他已经死了。他立刻向毛斯中尉报告消息，后者立刻选择了舒适的宿营地。我们当晚露营。当晚，我临时制作了担架，用于携带尸体。

1月21日，我们抵达纳科里。在那里，在小村庄没有围栏的公墓旁边，我们挖了一座坟墓，将只包着毯子的尸体放进去。我们在尸体周围放了一些石板，使其与土壤隔开。没有葬礼致辞，没有挽歌，没有丧钟，我们只是跪在坟前，重复主祷文和"诚心所愿"①，将泪水洒在坟墓上。

在这段对他过早去世的贫乏叙述中，我不能不悼念一下这个优秀而勇敢的人。我非常了解他的性格和价值。他是勇敢者之中最勇敢的人，是温柔者之中最温柔的人，他原谅并忽视他人的过错和弱点，是我所认识的军人和平民之中最有骑士精神和绅士风度的人。对于所有认识他的人尤其是克鲁克将军来说，他的离去是无法弥补的损失。

在此次战役中，只有一个军官能取代他的位置。遗憾的是，当时由于他与霍尔布鲁克邮政局长的矛盾，克鲁克将军并不看好他。我指的是第六骑兵团的查尔斯·盖特伍德少尉。盖特伍德充分了解印第安人的性格，他们也认识并信任他。如果他像之前那样负责在阿帕奇堡管理奇里卡瓦人，此次暴动根本不会发生。

现在继续介绍克劳福德上尉以生命结束的远征。

在克劳福德部队抵达侦察兵发现印第安人的位置之前，印第安人离开了营地，他们的足迹穿山而过。不过，正像克劳福德在胡安带给我的便条上说的那样，敌人的目的地并不明确。

他们以最快的速度追赶敌人，直到进攻敌营的前夜。当晚，克劳福德上尉在露营地周围拉上绳索，形成围栏，不允许任何人离开。

这是为了避免侦察兵离开营地，向敌营通风报信，因为奇里卡瓦人期待或者希望他们在侦察兵中的朋友及时提醒他们即将到来的危险。这样一来，他们可以

---

① 这是常用的咒语，有加强魔力的作用。——译注

将宿营用具打包，备好马鞍，在他们希望投降时有时间谈判，在他们准备战斗时有时间让家属逃跑。如果是前者，他们会派一个印第安妇女进入美军营地，为会谈铺路。他们知道，她不会受到伤害。

1月10日，他们发现敌营。克劳福德将侦察兵部署在最佳位置，然后下达了进攻命令。他们对营地的冲锋非常突然，敌对分子只来得及抓起来复枪，跑向河边，朝各个方向分散开来，将一切物资交给了侦察兵。他们放弃了矮马、肉干和宿营用具。

克劳福德非常清楚，追逐他们分散的脚印是愚蠢的做法，因此很快放弃了追击，而是在他们的宿营地宿营。当晚，一个印第安妇女向我们的侦察兵喊话，说她是敌人派来和队长谈话的。当她走进营地时，她说，他们奇袭的是杰罗尼莫的营地，杰罗尼莫想和克劳福德上尉谈话。

克劳福德告诉她，他会在第二天上午和杰罗尼莫谈话。她离开营地，以传达消息。经过艰难的行军和爬山，部队已经疲惫不堪，所有人都带着安全感休息了，他们觉得战争基本结束了。

不过，事实并非如此，因为第二天早上发生了一场意外，改变了整个形势。此次事件注定要将战役延长九个月之久，并导致军区指挥官的更替和国际关系的复杂化。

为充分理解此次不幸事件，需要倒退五六年。确切地说，是倒退到1880年。

在墨西哥奇瓦瓦州，尤其是由马德雷山脉将其与索诺拉州分隔开的西南边界沿线，深山里有许多亚基印第安人及其邻居奇里卡瓦人的根据地。奇里卡瓦人对山脉北侧小村庄的抢劫使奇瓦瓦州人民的生活变得非常艰难。妇女和儿童被俘虏，成群的牛被赶到他们的根据地。在那里，他们不会受到墨西哥部队的干扰。

奇瓦瓦州长的兄弟特拉萨斯将军组建了两个连的非正规军，由阿森松、哈诺斯、卡萨格兰德等小村庄的志愿者组成。他们招募了一个塔拉胡马拉印第安连，作为侦察兵和追踪者。这些侦察兵的脚程和奇里卡瓦人一样迅速，并且一样嗜血。这个组织被称为"公共安全委员会"，类似于得克萨斯州的游骑兵。

1880 年，在比尔将军的维多利奥战役结束时，第十五步兵团詹姆斯·A. 梅尼中尉带着印第安侦察连、驮队和他的部队从坎德拉里亚山脉前往距离特雷斯卡斯蒂约斯山脉不到一天行程的地方。特雷斯卡斯蒂约斯山脉围成了只有一个箱形峡谷作为出口的盆地。由于敌对分子已撤退到奇瓦瓦州腹地，因此美国军队觉得不需要跟随特拉萨斯将军继续前进。于是，梅尼中尉返回，在得克萨斯州埃尔帕索与远征军会合。第二天，特拉萨斯将军在特雷斯卡斯蒂约斯露营。不久，他的哨兵发现了向他们靠近的烟尘。借助望远镜，他们认出，那是正在朝他们营地方向迅速移动的阿帕奇人。特拉萨斯熄灭了所有营火，把部队部署在峡谷两侧，让敌对分子进入盆地，将这个团伙全部歼灭，只留下 25 个妇女和儿童，将其作为俘虏带回奇瓦瓦，以纪念他们的凯旋。前去抢劫小村庄的战争酋长纳纳和 25 个印第安战士不在队伍中，否则维多利奥的沃姆斯普林斯阿帕奇部落就会被摧毁。这为该组织赢得了"印第安斗士"的名声。

在 1883 年的杰罗尼莫战役中，第四骑兵团的沃特·戴维斯少校在奇瓦瓦州马德雷山脉北侧行动。他有两个印第安侦察连，约 100 人，由 W. M. 戴中尉指挥侦察兵，由弗兰克·贝内特[①]担任侦察长。他还有两支驮队，各 50 头驮畜，还有 28 个货郎，由后勤队长帕特里克（Patrick）和休斯敦（Houston）管理驮队。这支部队和在马德雷山脉南侧索诺拉州行动的克劳福德上尉那支部队类似。

前一年夏天，克劳福德上尉带着两支驮队穿越马德雷山脉，进入小小的卡萨格兰德村。于是，人们第一次知道，驮畜可以在这个地方穿越山脉。前面提到的公共安全委员会和塔拉胡马拉侦察兵集结起来，由某个上尉领导。在我当时的日记里，这个上尉的名字被污渍盖住了。为了不输给美国佬，他们穿越马德雷山脉，以追赶杰罗尼莫。当他们走下马德雷山脉索诺拉一侧的陡峭山坡时，他们在克劳福德上尉奇袭敌营的同一天发现了敌人篝火的烟柱，准备在第二天上午攻打敌对分子。

[①] 弗兰克·P. 贝内特（1852—1925 年以后）是备受尊重的侦察兵，于 19 世纪 70 年代早期在印第安领地开始了边区服役生涯。

与此同时，克劳福德上尉已经完成了进攻。当敌对分子逃到哈罗斯河对岸时，他占领了他们的营地。此前，克劳福德的部队不分日夜地在荆棘丛生的道路上行军，在陡峭的山坡上艰难地爬上爬下，已经衣衫褴褛，疲惫不堪。于是，他们当晚躺下来，在此进行休息。他们知道，敌人现在不会攻击他们了。他们显然觉得，此次艰难的战役即将成功结束。

1886年1月11日早上，营地突然遭到了来复枪的速射袭击，弹头打在了人们脚下的地面上。所有人立刻爬出被窝，拿起枪。侦察兵喊道："墨西哥人，有许多墨西哥人！"由于阿帕奇人憎恨且蔑视墨西哥人，因此双方很快开始了全面对射。

克劳福德上尉命令毛斯中尉和西普少尉带着侦察兵霍恩和哈里森走到外面，让我们的侦察兵停止射击。由于毛斯中尉和侦察兵霍恩会说流利的西班牙语，因此上尉觉得他们会解释清楚他们是美国军队，不是敌对印第安人。不过，墨西哥军队没有理会他们，继续射击。

克劳福德上尉带上侦察兵达奇，他把枪交给达奇，爬上一块巨石顶部，以便使墨西哥军队清楚地看到他。他穿着美国军装，但是这套军装已经破烂不堪，怎么看都不像军装。他两手各拿一块手帕，举到头顶挥舞起来，喊道："别开枪，别开枪，美国人，美国人！"

在一条小溪谷对面，距离克劳福德大约25码处有一个墨西哥人，他倚靠在松树上，仔细瞄准，然后开枪，将可怜的克劳福德击落。克劳福德从巨石上掉下来，右臂骨折，一只眼睛被撞得瘀青。几分钟后，当他被发现时，他已失去意识。

侦察兵达奇声称，他打死了朝克劳福德开枪的墨西哥人以及在他开枪后走上来的另一个墨西哥人。不过，在通知军官前，达奇乘机翻了克劳福德的口袋，拿走了他的钱财。

侦察兵霍恩左臂受了皮肉伤，3名阿帕奇侦察兵也受了伤。墨西哥方面，指挥官被打死，7人受伤[①]。

[①] 墨西哥方面，指挥官毛里西奥·科雷多少校（Maj. Mauricio Corredor）、胡安·德拉克鲁斯（Juan de la Cruz）和两名列兵被打死。

此时，射击停止了，戴维斯医生和医疗护理员尽一切努力为克劳福德上尉和其他伤员提供治疗。

与此同时，毛斯中尉派部队中的阿帕奇翻译、墨西哥人康塞普西翁前往墨西哥人的营地，质问他们为什么在得知我们是美国人后继续向我们射击。康塞普西翁没有回来。不久，他朝我们喊话，说他被俘虏了，他们不让他回来。

接着，毛斯中尉亲自前往对方营地，但他也立刻被俘虏了[①]。他告诉他们，他是美国陆军军官，那些侦察兵是我们的政府雇用的。

接着，他们向他说出威胁和恶毒的话语。最后，他们说，只有他提供一定数量的矮马，用于运送他们的死伤者，他们才会释放他。于是，他朝西普少尉喊话，让他按照他们要求的数量把矮马送到墨西哥营地。

由于矮马是侦察兵在攻击敌营时俘获的，因此他们拒绝提供矮马，说他们宁可战死也不会把矮马送给墨西哥人。西普少尉向毛斯中尉汇报了这一情况，并且告诉他，我们可以拿出 11 头驮骡和 3 头鞍骡，代替矮马送给他们。我们送出了骡子，毛斯中尉和康塞普西翁被释放。

当晚[②]，就在午夜前，在我坐在克劳福德上尉身边时，杰罗尼莫、奇瓦瓦、乔萨尼和其他敌对分子来到我们营地，蹲在侦察兵的篝火旁边。我可以清楚地看到他们。不过，他们聊天的声音很小，我有时听不清他们在说什么。我知道他们不会给我们营地带来危险，因此直到第二天上午才向领导汇报。

第二天下午，在我们为返程做准备时，军官们与杰罗尼莫及其追随者进行了会谈，并且达成协议：杰罗尼莫将在国界线附近的恩布多斯峡谷与克鲁克将军见面。那个地点在墨西哥一侧，距离康特拉班迪斯塔斯普林斯（Contrabandista Springs）不远。杰罗尼莫说，他会把族人聚集起来，然后立刻动身，这需要大约五六个星期；他会用烽烟通报他的到来。

毛斯中尉说，他不知道克劳福德上尉接到了什么命令。关于杰罗尼莫和克鲁

---

① 1 月 12 日上午，在为克劳福德带来致命伤的冲突过后，毛斯来到墨西哥营地。
② 1886 年 1 月 12 日。

克将军的商议结果，他无权对杰罗尼莫做出承诺，或者和他达成协议。

我相信敌对酋长当晚会再次返回我们营地，因此急于监督他们的行动，偷听他们的谈话，以判断他们是否真诚。当我在午夜时分接替西普少尉看护克劳福德上尉时，我们讨论了形势，猜测了我们和杰罗尼莫可能达成的协议，以及这一消息传到华盛顿后我们政府可能采取的措施。许多证据表明，在得知我们是美国士兵和侦察兵后，墨西哥人继续向我们的部队开枪。西普少尉被行军、进攻、墨西哥人事件带来的担忧和激动，以及他对克劳福德上尉的照料折磨得疲惫不堪，他对战役结果并不乐观。

在他休息后不久，杰罗尼莫和几个同伙来到营地，在我们的篝火旁停留了至少两个小时，然后离去。不久，我听到一个敌对分子朝诺奇喊话，说墨西哥人正在移动，朝我们的营地而来。他让诺奇告诉"眼镜队长"，如果他们攻击我们，杰罗尼莫及其团队会用他们的全部武器帮助他。这段话是用部分阿帕奇语和部分西班牙语说出来的，显然是想让我听到，因为他们知道我醒着，一直在听他们说话。

我们的侦察兵立刻聚拢过来，要求向他们发放更多弹药。我知道他们有充足的弹药，因此觉得这是为他们的敌对分子朋友获取更多弹药的诡计。不过，这不是用来对付我们的，而是用来对付墨西哥人和其他妨碍他们的人的。

接着叙述我们的经历。1月22日，我们离开纳科里，前往克鲁克将军和杰罗尼莫即将举行会谈的约定地点。我们经过瓦奇内拉村、巴塞拉村、巴维斯佩村和弗龙特拉斯村，然后抵达圣伯纳迪诺河，在此宿营。这里位于恩布多斯峡谷西南大约10英里处，在国界线的墨西哥一侧。我们在此等待指示杰罗尼莫到来的烽烟。

1886年3月中左右，恩布多斯南侧几个地点出现了烽烟，毛斯中尉立刻带着一队侦察兵前往峡谷调查，得知杰罗尼莫将在第二天赶到。他把部队转移到峡谷里，在一块低矮的台地上扎营。台地底部有一条清澈的小溪，在茂密的树林中流过。我们在西岸清理了一小块平地，作为驮队的厨房。货郎在台地上扎营。

在我们营地紧后方，一座小丘俯瞰圣伯纳迪诺和康特拉班迪斯塔斯普林斯方向。沿小溪往上看，河谷两边是一系列参差不齐的"马尔帕伊斯"构造的阶地，阶地顶部扩展成平台，那里在每个方向上都有开阔的视野。杰罗尼莫特别选择了这个与将军会谈的地点，以防遭到突袭，因为他可以监视从任何方向赶来的军队。

第二天上午 10 点左右，杰罗尼莫、内奇和奇瓦瓦带着各自的追随者像旋风一样绕过小溪对面的山麓丘陵底部，像阅兵一样骑马奔驰，从我们营地旁经过，消失在树林中。他们在我们营地上游大约 300 码处过河，在和我们位于小溪同侧的上方阶地上扎营。不过，他们和我们的营地之间隔着"马尔帕伊斯"构造。我可以清楚地听到杰罗尼莫在仔细选择扎营地点时向印第安战士们下达的命令。

当天，他们没有人靠近我们。第二天，几个奇里卡瓦人拿着枪走进我们营地，和我们的货郎聊天，其中许多人是他们在某个时候担任侦察兵时认识的。过了一会儿，当我独自站在那里观看货郎营地里的这些访客时，我听到后面传来了窸窣声。杰罗尼莫出现了，他把枪戳在地上，发出"砰"的一声。他显然想要吓我，然后嘲笑我。我慢慢转过身，叫出他的名字。他看了我一会儿，然后走上前，和我握手，叫出了我的阿帕奇名字，意为"骡子队长"。

我们在那里聊了好一会儿。他详细问了我几件事，还特别问了克鲁克将军什么时候到。他们把克鲁克叫作"灰狐狸"。奇瓦瓦也来看我了。我们谈论了 1880 年的往事，当时他是第九骑兵团查尔斯·W. 泰勒中尉麾下的侦察兵军士长，我们从老卡明斯堡前往圣安德烈斯山脉进行侦察。泰勒现在已经成了第四骑兵团中校。

与此同时，为国界线部队服务的牛肉供应商查尔斯·特里博莱特在距离圣伯纳迪诺斯劳特牧场大约 3 英里处搭了一个小棚屋，向拥有现金的白人和印第安人出售龙舌兰、劣质威士忌和烟草。我们的侦察兵会去他那里买东西。我们知道，奇里卡瓦人也会做同样的事情。在他们抵达当晚，他们畅饮了从特里博莱特那里购买的劣质威士忌，因此他们的营地非常喧嚣。

克鲁克将军没有来，因此敌对分子的情绪很差。第二天，他们和我们的营地都处于一种焦虑且激动的状态，许多人想要惹事。许多人打赌说，敌对分子不会投降。

3月25日上午，侦察兵报告说，克鲁克将军来了。不久，克鲁克和随行人员来到营地。和平时一样，他先到货郎营地，想和我们吃一顿美餐。遗憾的是，我们的厨子布莱尔（Blair）为这顿饭保存的一只肥美的野火鸡变质了，这使他很失望。我们告诉将军，我们很高兴见到他，但我们希望他能来得更早一些，因为敌对分子之前还没有由于酗酒而陷入如此糟糕的情绪状态之中，尤其是杰罗尼莫。

饭后，卡亚滕内和纳纳来到营地，和将军握手。卡亚滕内属于老维多利奥的沃姆斯普林斯阿帕奇分支，他从小时候起就没有去过居留地，直到1883年向克鲁克将军投降。不久，杰罗尼莫和内奇带着许多奇里卡瓦人聚集在我们的厨房篝火周围，克鲁克将军决定就地开会。很快，我们的营地挤满了敌对分子和侦察兵，他们都很想听杰罗尼莫的发言。他们中还包括牛肉供应商特里博莱特。看到特里博莱特，毛斯中尉告诉他，他们不希望他在现场。我并不怀疑这个恶棍是使敌对分子陷入激动状态的原因，但我觉得把他赶走是不明智的，所以我向毛斯中尉透露了这个想法。他想了想，说这个恶棍应该被绞死。这个人无疑促使杰罗尼莫投降后逃离了毛斯中尉，他的棚屋当时就应该被摧毁，就像第四骑兵团J. B. 欧文中尉后来做的那样[①]。

克鲁克将军的参谋伯克上尉和罗伯茨上尉也在场。伯克看到我坐在旁边的货物上，在经过我身边时和我打招呼，说："下来吧，听听老人是怎样教训杰罗尼莫的。"我认识伯克上尉很多年了，因此觉得这是提醒他并让他提醒克鲁克将军的好机会。我说，杰罗尼莫和其他酋长的情绪很差，最好不要急于教训他们；如果将军一个星期前到来，他就可以按照自己的想法谈话了，但现在让他们投降太晚了，

---

① 特里博莱特最终获得了应有的惩罚。几年后，他由于谋划抢劫邮车在弗龙特拉斯附近被捕，并在"试图逃跑时"被射杀。

因为杰罗尼莫和族人到来后一直在酗酒。

克鲁克将军选择了会议场地，坐在圆丘底部的小岩架上。伯克上尉与翻译蒙托亚、安东尼奥·贝西阿斯、何塞·马里亚、毛斯中尉和侦察兵诺奇依次坐在他右边，罗伯茨上尉的儿子查尔斯·罗伯茨、费森少尉和西普少尉在他左边。将军对面坐着杰罗尼莫。和平时一样，他穿着简单的阿帕奇装束——衬衫、背心、围腰布，头上缠着班丹纳手帕，像黑人保姆一样。他右边坐着奇里卡瓦酋长内奇。杰罗尼莫是二把手，或者叫作战争酋长。他左边是老纳纳。他后面站着乔萨尼和其他酋长，将军后面是许多货郎和图森市长斯特劳斯（Strauss）[①]。

一切准备停当后，克鲁克将军转向伯克上尉，让伯克通过翻译让杰罗尼莫发言，让他解释离开阿帕奇堡的理由，并让他知道，他所说的一切都会被记录下来，克鲁克来到这个约定地点就是为了听他发言。伯克上尉用西班牙语将他的话说给蒙托亚，后者将其转述给精通奇里卡瓦语的何塞·马里亚。纳纳后面坐着另一个墨西哥翻译康塞普西翁，他也懂得奇里卡瓦语，在何塞·马里亚将消息传达给杰罗尼莫时重复他的话，或者点头同意。

接着，杰罗尼莫和大酋长内奇交谈起来。在和他讨论一段时间以后，杰罗尼莫开始发言，或者说发表演讲，因为他的发言充满了激情和雄辩。我无法列出他的发言全文，只能概括其中的要点。

他说，根据两年前（1883年）在山里的承诺，他聚集起族人，将其带到阿帕奇营。他在那里过得很快乐，把将军尊为"父亲"，将军也承诺会像父亲一样对待他们。将军派长鼻子队长（盖特伍德少尉）管理他们。长鼻子队长是他们的朋友，关心他们，他们在那里过得很快乐。接着，将军把他们的朋友长鼻子队长带走了，派来了另一个队长，他以各种方式在他们中制造麻烦。这位管理他们的新军官为查托的村民提供了他们想要的一切，把剩下的东西分给他们。他在所有游戏和比赛中做出对他们不利的决定，并且由于轻微的过失就惩罚他们的族人，但查托的

[①] 查尔斯·M.斯特劳斯。

族人却能在类似情况下逍遥法外。

他说,他们要求把长鼻子队长调回来。他的族人跟着巫医在夜晚向月亮和星星祈祷,在白天向太阳和善灵祈祷,希望黑暗和恶灵远离他们,让他们的朋友调回来,但他一直没有回来。麻烦和争吵像雨后的青草一样在他的族人中增长,直到他们觉得他们已被应允他们的父亲遗忘,他们的年轻男人觉得他们正在变成老妇人。

当他结束漫长的演说时,他浑身是汗。他把腿往回拉了拉,挺直后背,猛地向前探头,带着极其野性的如蛇吐芯般的声音说道:"我不想再这样了!"同时,他全身激动地颤抖起来。

奇里卡瓦人一下子激动起来。正在观看族人的内奇挥了挥手,让他们保持安静。

这期间,将军一直盯着地面,尽管杰罗尼莫曾通过翻译问他为什么不看自己,为什么他不说见到自己很高兴,为什么他不像之前那样笑着和自己说话。

此时,克鲁克将军穿着一件浅棕色帆布上衣和紧身军裤,脚上穿着阿帕奇鹿皮鞋,头上戴着带有软木垂饰的双冠矮帽,手上戴着鹿皮手套,长长的络腮胡子编成了两根辫子,他在战场上经常这样打扮。

他转向伯克上尉,让伯克提出下列问题。在翻译过程中,他仔细观察着杰罗尼莫:

> 我听到了你所说的话。为什么 40 多个人会惧怕两三个人?为什么你们离开居留地后杀死无辜的男人、女人和孩子,盗窃他们的马匹?白人要求我为你们杀死的所有无辜者负责。你不是在你们营地里听老妇人讲述愚蠢故事的孩子,你很聪明,不会相信这些故事。你说你听说在阿帕奇会被逮捕,这完全是胡扯,因为我们没有这样的命令和想法。不过,你却在你的族人中散布这个故事,使他们不满。你在马德雷山脉向我承诺,当时建立的和平会永远持续下去,但你对我撒了谎。当一个人向我撒过一次谎时,他无法仅仅通过话

语让我再次相信他。我知道你在居留地所做的一切,你和我胡扯是没有意义的。你把一些族人派到戴维斯少尉的军营,然后在你的族人中散布消息,说他们被戴维斯杀了,从而说服他们走上战争之路,像一群草原狼一样神出鬼没,伤害无辜。你必须做出决定,要么继续走战争之路,要么无条件投降。如果你决定留在外面,我会不断追逐你们,直到将你们杀光,即使这需要五十年时间。

接着,他让他们夜间进行考虑,次日上午把他们的决定告诉他。

会后,克鲁克将军、其他军官、侦察兵和货郎返回营地,奇里卡瓦人沿溪而上,来到营地对面,然后过河,来到他们位于山脊顶部附近的营地。

我想起,在他们之前与毛斯中尉会谈时,我发现杰罗尼莫及其团队在我们营地附近把枪堆在树下,由一个印第安妇女看管,所以我想知道他们这一次是否做了同样的事情。会谈期间,我走到他们后方小溪附近的树林旁边,发现他们用类似方式把枪堆在不到15码远的树下,以应对紧急情况。而我方没有人在会谈中携带武器。我忍不住要对此发表我的观点。这清楚地表明,杰罗尼莫完全配得上"红狐狸"的称号,就像克鲁克将军被印第安敌人称为"灰狐狸"一样。

会谈第二天,我们的翻译马里亚、安东尼奥、蒙托亚和康塞普西翁连同友好阿帕奇人阿尔奇萨伊、迈克(Mike)、诺奇和卡亚滕内在奇里卡瓦营地里忙着友好地解决投降问题。他们不断向我们货郎营地里的人传达有利和不利信号以及最终会谈的大概结果。所有人都承认,敌营里有太多的龙舌兰,这可能不是一个好兆头。

此时,奇里卡瓦人分裂为三个分支,由三组酋长和战争酋长领导。主要的分支由内奇领导,由杰罗尼莫担任战争酋长。第二个分支由奇瓦瓦和乔萨尼领导。第三个分支由查托和马丁内斯(Martinez)领导。自从查托于1883年投降以来,他的分支一直生活在居留地上。前面说过,在他1885年在克劳福德上尉麾下担任侦察兵军士长期间,他们俘虏了15个奇里卡瓦人,这主要是他的功劳。我相信，在杰罗尼莫战役期间，遇难的男人、女人和孩子有95%是由奇瓦瓦及其大约20名"马德雷山脉哥萨克骑兵"杀害的，这种说法并不为过。他躲过了沃特·戴维斯少校和克劳福德上尉的侦察兵为他设下的所有陷阱。防守国界线各个水池的部队无法抵挡他像旋风一样对其阵线的冲击。他在1885年11月溜进阿帕奇堡，打死12个友好的印第安人，带走6个妇女①。他从怀特牧场的畜栏里偷走了一批马，当时许多牛仔守在那里，他们说，他们乐于见到这些红种人带着他们的马匹离开。他的团伙在墨西哥那边冲进各个小村庄，购买他们需要的弹药、龙舌兰等补给，与那些村庄的墨西哥女人调情。如果需要，他们可以在二十四小时内骑行100英里，而且可以几乎同样轻松地通过步行完成同样的事情。

在这些抢劫行动中，他们把老人、妇女和儿童留在山里，以免受到拖累。他们把军粮绑在马鞍上，或者在步行时绑在后背上。他们的军粮主要是牛肉干和马肉干。他们烤制龙舌兰的叶子，作为面包、肉类和糖的良好替代品。他们用马大肠制作的水壶携带水。没有水的马大肠很轻，便于携带。

在抢劫中，他们总是沿着山脉顶峰前进，以便更好地观察追击部队的行动。这样一来，他们可以在必要时休息，不会遭受太大的威胁。他们相信，矿工和勘探者是他们的合法猎物，他们可以将其杀死，获取枪支、弹药和其他补给，以及新的矮马。他们隐藏在岩石和其他掩体后面时有许多机会朝士兵开枪，但是除了自我防御，他们很少攻击士兵。这是奇瓦瓦的作风，他现在提议无条件向克鲁克将军投降。

3月27日中午时分，双方在第一次会谈所在位置上方大约50码处茂密的树林里进行了另一次会谈。克鲁克将军坐在一棵大梧桐树下面，杰罗尼莫和其他酋长蹲在他前面大约10步的地方。

此次会议由奇瓦瓦主导，他发表了流利的长篇演讲，然后带着他的分支无条件投降。他在表达的丰富性和华丽的比喻方面胜过了杰罗尼莫。很容易看出，他

---

① 如前所述，此次袭击的领导者不是奇瓦瓦，而是他的兄弟。

在尽最大努力给将军留下好印象。不过，克鲁克将军非常了解这个人，像外交家一样抓住了这条油滑的鳗鱼。

我无法列出奇瓦瓦长篇演讲的全部内容，他所说的大概内容如下：

今天，太阳照耀着我们，大地倾听着我们的谈话。风雨的创造者正在和我们说话，它让我说真话，正如它让你们来到这里倾听我们。你从未对我们说谎，我也不会对你说谎。你对我们所说的一切令我们满意，我和我的人民会向你投降，希望你成为我和我的人民的父亲，像对待孩子一样对待我们。当你和我们在一起时，雨、草和风似乎变得柔和了，我们觉得一定是你带来了这一切。我曾从大山走到大山，从水池走到水池，但我从未像今天这样高兴。我们知道，这一切都过去了，你将成为我们的父亲。我们希望你好好对待我们，不要听信坏人说的话。我现在向你投降。我愿意跟着你走，和你握手。

会议结束后，在我和罗伯茨上尉谈话时，我注意到杰罗尼莫在仔细观察我们，仿佛是想从我们的表情判断我们在说什么。我本能地感觉到，他不想返回鲍伊堡。不过，为了确定会谈结果，我沿溪而上，走到奇里卡瓦人中间，想尽量了解他们的意图。

我了解到的信息使我相信，为了使奇瓦瓦接受条件，克鲁克将军表现得很强势，而且引起了内奇和杰罗尼莫的嫉妒，后者认为他们是所有奇里卡瓦人的酋长，因此在会谈中应该受到更多关注。子酋长奇瓦瓦在会谈中比杰罗尼莫和内奇受到了更多关注，这使他们耿耿于怀。我相信，他们准备向克鲁克将军表明，奇瓦瓦不是全部。

另外，奇瓦瓦无条件投降，同意听从安排前往任何地方，杰罗尼莫则坚持要求返回阿帕奇堡，不想接受将军的条件。将军要求将他们送到大西洋沿岸某个偏远的哨所待两年，但他们可以携带家属。将军坚持这一条件，并表示，他们要么接受条件，要么再次走上战争之路。

杰罗尼莫之前希望奇瓦瓦支持他返回阿帕奇的想法。不过,奇瓦瓦知道他犯下的所有罪行,因此非常愿意接受将军提出的条件。于是,当会谈结束时,部分敌对分子对于结果感到不满。

当晚,奇里卡瓦人的营地再次喧嚣起来,阿帕奇人不时发出叫喊,偶尔还会开枪。

不久,枪声变得更加频繁,子弹朝军官和货郎的帐篷飞去,因此我的手下变得很紧张。我很快相信,所有这些混乱只是另一次大型酗酒的狂欢而已。他们可能是想让将军知道,他们或者他们中的部分人感到不满,情绪不好。

晚上9点左右,毛斯中尉来到我的营地,说罗伯茨上尉和伯克上尉想让我去他们的帐篷。我立刻去那里报到,发现他们坐在铺在地上的毯子上。他们让我和他们坐在一起。还没等他们说话,我就感觉到,他们在毛斯中尉的建议下把我找来,想要听听我对局面的看法。

他们问我是否认为奇里卡瓦人会去鲍伊堡;如果我认为他们明天会去锡尔弗斯普林斯(Silver Springs),他们是否会去圣伯纳迪诺;我对他们的意图有何整体看法。

在回答之前,我首先向他们提问:"奇里卡瓦人是否向将军承诺过前往鲍伊?特别是杰罗尼莫和内奇是否做出了这样的承诺?"对于这两个问题,他们做出了肯定的回答。接着,我说我从未听说过这些印第安人失信于克鲁克将军。我还告诉他们,我觉得他们不会去锡尔弗斯普林斯那么远的地方;他们最远可能会去圣伯纳迪诺河,但他们不会进入鲍伊堡。不过,如果我们能把他们带到锡尔弗斯普林斯,他们就可能继续前往鲍伊堡,因为那时,第四骑兵团史密斯上尉的部队将位于他们后方。

我还说,他们现在喝醉了,明天将会像熊一样愤怒而危险,而且会宿醉,不会走太远。他们明天晚上会喝更多的龙舌兰,之后行走的距离会更短。如果我们能让军队跟在后面,他们就会老实赶路了。

我们第二天上午得知,内奇昨晚射中了妻子的腿。早上,杰罗尼莫和他们分支的人全部骑上矮马，一边骑行一边嗥叫，像许多恶魔一样。他们朝视野内的一切事物开枪，处于醉酒后的疯狂之中。显然，特里博莱特昨晚卖出了许多龙舌兰。

奇瓦瓦及其分支留在营地里，这再次证明了当时的风向，也是他们准备遵守承诺的另一个明确迹象。

当天上午黎明时分，毛斯中尉告诉我，将军吃完早饭就会返回鲍伊堡。我起初觉得这是我和他安静谈话的绝佳机会，所以我让货郎们等到我们吃完早饭再来吃饭。不过，当我准备开口时，我又改变了想法，没有对他此时的离去发表评论。我觉得如果他留下来，带着这些人一起走，效果要好得多，我也想这样对他说，但我担心他说这不关我的事，于是我放弃了这个机会。

我知道，他了解当时的情况，知道两个分支之间的感受，知道他们彼此不睦。这里没有人能像他那样控制他们，没有人能像他那样理解印第安人的性格。

不过，吃完早饭，他道了别，然后前往鲍伊了。

选自《杰罗尼莫战役》（最终章）一文，来自《美国骑兵协会杂志》第19卷，第70期（1908年10月）：247—262页

将军离开后，我觉得我应该把我的想法告诉他，说出他此时离开可能导致的后果。我为我没有这样做而内疚。不过，就像前面说的那样，我知道克鲁克将军是最理解印第安人性格的人。虽然我预感到了他离去后可能出现的麻烦，但我不敢告诉他，现在不是将这项困难任务交给下属的恰当时机。

在将军离开的前一天晚上，如果伯克上尉在帐篷里的谈话中告诉我，除了向奇瓦瓦提出的条件，他们为了引诱杰罗尼莫投降还使用了哪些手段，就像我后来知道的那样，我就会告诉他和克鲁克将军，杰罗尼莫永远不会跟随我们前往锡尔弗斯普林斯。奇里卡瓦人之中日夜都有人做工作，真正的工作在两次会谈举行之

前就完成了①。杰罗尼莫觉得他在将军那里获得的"冷遇"应该放在奇瓦瓦身上。更糟糕的是，从将军到翻译，所有人都在关注奇瓦瓦，这使杰罗尼莫和内奇既羡慕又嫉妒。因此，他们利用特里博莱特出售威士忌和龙舌兰的机会喝得酩酊大醉，奇里卡瓦人折腾了一晚上，就像前面说的那样。

显然，杰罗尼莫当晚下定决心，要给克鲁克将军一个令他永远不会忘记的教训，证明奇瓦瓦不是全部。

克鲁克将军前往鲍伊堡后不久，我接到了毛斯中尉的启程命令。不久，我们沿小路朝国界线进发。毛斯中尉与奇瓦瓦的分支同行，我带着驮队和几名侦察兵殿后。

距离恩布多斯峡谷大约4英里时，一个奇里卡瓦人跑到我跟前说："约翰·戴西·南坦（骡子队长），杰罗尼莫醉得很厉害，过来看看他吧。"我让驮队停下来，跟随奇里卡瓦人去看杰罗尼莫。他躺在地上，已经醉得神志不清了。我试图把他叫醒，最后，他翻过身来，认出了我。他用一种将阿帕奇语、西班牙语和英语混合在一起的语言对我说："队长，喝太多龙舌兰不好，我很难受，给我点水。"我让他喝了点水，最后扶他起来，骑上矮马。接着，他要求喝威士忌或龙舌兰，我当然拒绝了。不过，我承诺扎营后让他喝酒，吃丰盛的晚餐。我说，到那时，他就会舒服了。他的眼睛布满血丝，肿了起来，看起来很可怜。我把他交给那个来找我的奇里卡瓦人照料，让他把杰罗尼莫带到营地，我会在那里照顾他。

就像我预料的那样，当奇里卡瓦人当天抵达他们之前位于峡谷里的营地时，他们拒绝继续前进，解开了马鞍。毛斯中尉也只得在此扎营。

午饭做好以后，毛斯中尉、杰罗尼莫、内奇、奇瓦瓦和另外两三个人被邀请过来。我努力营造舒适的氛围，但我能看出，麻烦正在酝酿之中。根据之前的承诺，我为杰罗尼莫弄到了一瓶龙舌兰，希望我们第二天能把他们领到锡尔弗斯普林斯。

---

① 这里，戴利指的是卡亚滕内和阿尔奇萨伊，他们是克鲁克派到敌营里的，用于分化敌对分子，劝说纳切兹（Nachez）和奇瓦瓦投降。克鲁克从一开始就对杰罗尼莫的投降不抱太大希望。

第二天，也就是3月30日上午，我们早早动身。和之前一样，奇里卡瓦人在前，我带着驮队殿后。走了大约5英里，我们来到康特拉班迪斯塔斯普林斯。特里博莱特在那里有一个小棚屋，向部队供应牛肉，顺便也向白种人和红种人提供威士忌、龙舌兰和烟草，以现金支付。奇里卡瓦人似乎拥有充足的现金，因此他们从抵达恩布多斯峡谷那天起就一直不缺龙舌兰。不出所料，他们每天都处于醉酒状态。

大约这个时候，隶属于史密斯上尉的部队、驻扎在锡尔弗斯普林斯的第四骑兵团J. B. 欧文中尉带着一支分遣队来到特里博莱特的牧场，缴获了他能找到的所有龙舌兰和其他烈酒，将其倒在地上。如果这项工作能在敌对分子刚刚抵达约定地点时完成，我们就会免去许多麻烦。

由于我们起了个大早，以不错的速度沿小路前进，因此每个人的心情都很好。我们觉得最后也许可以把反叛者送到鲍伊堡。不过，我们很快看到，队头停了下来。一名侦察兵跑回来，说奇里卡瓦人正在扎营。我们只走了这么短的距离，因此在我看来这一行为只意味着一件事——奇里卡瓦人不想继续往鲍伊堡方向走了。

我骑马去找毛斯中尉。他告诉我，奇里卡瓦人说，他们累了，不想继续走了。除此以外，他们没有给出其他解释。接着，毛斯命令我为驮队选择扎营地点。

我看到杰罗尼莫的分支在小路左侧的山坡上露营，奇瓦瓦及其分支在山坡底部的低地上扎营，也在小路左侧。于是，我选择了小路右侧面向两处敌营的开阔平原，这个位置不会受到他们的干扰，并且可以监视他们。

后来，在和毛斯中尉讨论形势时，我说，杰罗尼莫会在明早之前离开营地，不过中尉似乎并不这样认为。

天黑后不久，当中尉和我们几个人围坐在货郎的篝火旁时，杰罗尼莫营地里的某个奇里卡瓦人朝我们头顶开了一枪。毛斯中尉问我这意味着什么。我回答说，我觉得他们是想让我们离开篝火去睡觉。不久，两个奇里卡瓦人来到我们的篝火旁，做出了疯狂的手势，同时用西班牙语和阿帕奇语的混合体发出诅咒，其中一个人醉得很厉害，另一个人看上去是清醒的。我告诉我的团队不要理睬他们，说他们只是想再次吓唬我们，让我们休息。接着，我示意货郎们离开篝火，去货物旁边的床铺。他们通常在那里睡觉。他们照做了，把我和中尉留在篝火旁。几分钟后，有人朝同一方向又开了一枪，很可能是同一个奇里卡瓦人。我想，这个人是奉命让我们离开火堆去睡觉的。

接着，我告诉毛斯中尉，在我看来，敌对分子当时正在为逃跑做准备，他们不想让我们悄悄过去查看他们在做什么。只有我们上床睡觉，他们才能确定我们不会查看他们的情况。我还说，到了上午，营地里不会有一个奇里卡瓦人。为了证明这一点，我会把铃马带到杰罗尼莫营地后方附近，让骡子在那里吃草，当敌对分子离开营地朝弗龙特拉斯方向前进时，他们会吓到铃马。我知道，铃马受到惊吓时会跑回营地，骡子也会跟在后面，将我和货郎吵醒。

中尉仍然不相信，他睡下了。我很快也返回了床铺，但我没有睡。我把来复枪和弹药放在身边，钻进毯子里，耐心等待我认为必然会发生的事情。这个夜晚天色很亮，我可以看到奇瓦瓦的分支裹在毯子里，没有任何移动的迹象。凌晨2点30分时，我再次观察奇瓦瓦的营地，但是仍然没有看到移动的迹象。我觉得我可能想错了，至少，奇瓦瓦没有参与杰罗尼莫的计划。

3点过后的某个时候，我似乎听到了微弱的铃声。很快，我确认了这一点，因为铃声越来越近，越来越响。我立刻拿着枪跑到毛斯中尉那里，说他们跑了。他问道："什么跑了？"我说："奇里卡瓦人——杰罗尼莫跑了。"他回应道："你疯了，你没看到他们在那里吗？"我说，奇瓦瓦及其分支在那里，但杰罗尼莫跑了。我问他是否听到铃马在以最快的速度奔跑。他仍然不相信。我让他跟着我上山，以确认情况。此时，货郎全都起来了。我们沿着山坡走向杰罗尼莫的营地，发现他已逃往马德雷山脉。

返回后，中尉问我们怎么办。在我的建议下，他去了奇瓦瓦的营地，向奇瓦瓦和卡亚滕内询问杰罗尼莫的动向。他们听到了我们营地的骚动和喧嚣，正在起床。他们说，他们会去探查，然后回来报告。卡亚滕内备好马鞍，策马而去，走了近一个小时。

与此同时，中尉统计了奇瓦瓦分支的人数，发现跟着他留下来的大约有 80 人，包括年轻人和老人。

在他统计人数时，我和奇瓦瓦进行了面谈。我在他担任梅尼中尉的侦察兵军士长期间和他混得很熟。我询问他对于杰罗尼莫清醒以后回来的可能性有何看法。他说，杰罗尼莫永远不会主动回来。

当卡亚滕内返回时，他报告说，对方的足迹通往马德雷山脉，他沿着脚印朝那个方向追了一段距离。

我们讨论了眼下最佳的行动方案。之后，毛斯中尉决定派西普少尉将留下来的奇里卡瓦人送到鲍伊堡，并且带上我们不需要的驮骡，他带着侦察兵和驮队剩余人马追赶杰罗尼莫。我曾告诉他，这样做是很有必要的，可以使克鲁克将军感到满意，觉得我们为了将杰罗尼莫及其团伙送到鲍伊堡尽了最大努力。

我们以最快的速度拔营起寨，沿着他们的足迹朝弗龙特拉斯村前进，在距离营地大约 15 英里处抵达巴维斯佩河。过了河，对方的脚印分成两支，其中一队显然是老人、女人和孩子，朝马德雷山脉前进。另一队沿河而上，这条足迹显然是印第安战士的，他们显然准备开启抢劫之旅，以补充牲口和补给。这一点后来得到了证实[①]。

侦察兵发现足迹分成两支后，告诉了毛斯中尉，继续追赶已经没有用了。于是，毛斯决定返回鲍伊堡。第二天，我们启程了。

第二天，也就是 4 月 1 日，在返程途中，我们的侦察兵发现了一些踪迹，进行了调查，发现那是两个奇里卡瓦人留下的。他们醉得很厉害，无法跟随反叛者前进，因此倒下来睡着了，掉了队。看到我们的队伍，他们决定跟随我们。他们说，如果他们和族人没有得到龙舌兰，他们就不会有人留下，所有人都会返回鲍伊堡。

在我看来，此次杰罗尼莫逃离营地的主要原因在于两次会谈的效果不好。在第一次会谈中，杰罗尼莫受到了羞辱。在第二次会谈中，奇瓦瓦受到了极为友好的称

---

① 1886 年 4 月 27 日，内奇和杰罗尼莫率领部下跨越国界线，在亚利桑那最南端的圣克鲁兹山谷进行抢劫。

赞和对待。这引起了杰罗尼莫的嫉妒,开启了两个分支的对立。杰罗尼莫觉得,由于奇瓦瓦分支之前实施了所有抢劫和谋杀,因此他受到了不公平的歧视。于是,面对唾手可得的龙舌兰,他开始酗酒,最终在3月31日晚离开毛斯中尉的营地①。

我们4月3日抵达了鲍伊堡,毛斯中尉把这个不幸的消息报告给了克鲁克将军。我不知道他们说了什么。不过,第二天,我们得知,克鲁克将军将被迈尔斯将军接替。

这使我非常吃惊(我在根据当时的日记写作此文),因为在我看来,在杰罗尼莫完全从醉酒状态中清醒过来以后,只要向他派出合适的人,我们很容易把他劝回来。

一些军官领导过侦察兵,印第安人信任他们,杰罗尼莫也会听他们的话,听从他们的建议,他们去他的营地不会有任何危险。我可以举出6个这样的军官,其中任何一个军官都会受到杰罗尼莫的接待,他也会心甘情愿地跟着军官返回鲍伊堡。除了杰罗尼莫、内奇和卡亚滕内,其他反叛者都做过一到三次侦察兵,这些印第安侦察连总是由某位军官指挥。这些军官通常来自骑兵部队,他们受到了侦察兵的喜爱和信任。

克劳福德上尉牺牲后,克鲁克将军失去了左膀右臂。他与盖特伍德少尉由于霍尔布鲁克邮局事件而产生的龃龉又使他失去了另一个最佳助手。虽然其他许多军官也做出了宝贵贡献,但克劳福德和盖特伍德在三到六年的时间里一直在与奇里卡瓦人保持密切接触,深受他们喜爱。

几天后,当我和克鲁克将军在军官俱乐部打台球时,他谈到了杰罗尼莫的此次逃跑,说他几乎失去了对于人性的信心。我对他说,他和我在恩布多斯峡谷共进早餐的那天早上,我差点建议他留下来和奇里卡瓦人同行。如果他这样做,就不会有这些麻烦了。他说,根据战争部赋予他的其他职责,他必须立刻出现在鲍伊堡。

---

① 戴利记错了日期,杰罗尼莫是在1886年3月29日晚逃跑的。

几天后的晚上，大家在俱乐部对于此次杰罗尼莫逃跑事件和促使他返回的最佳途径进行了讨论。所有人都承认，要是在会谈时或者会谈结束后不久以某种形式安排两三个骑兵连到场就好了，但是所有人都担心骑兵的到来会使敌对分子产生警惕，使他们在骑兵到来之前全部逃跑。他们当然在观察通往约定地点的所有道路。当众人询问我的意见时，我说，现在说出关于当时应该怎样做的想法太迟了。不过，让部队去那里的唯一途径是向锡尔弗斯普林斯的史密斯上尉送信，让他派信使来找我们，说墨西哥军队正在前往杰罗尼莫的营地，他即将带着部队赶来，以保护敌对分子，抵抗墨西哥军队的进攻。对于墨西哥军队的恐惧会使他们接受美国军队的保护。不过，这些都是马后炮了。

几天后，纳尔逊·A. 迈尔斯将军抵达鲍伊堡，在 1886 年 4 月 12 日接过亚利桑那军区的指挥权。不久，针对杰罗尼莫的积极行动再次开启。和之前的出征类似，我们雇用了印第安侦察兵，将其组织成由优秀骑兵军官领导的侦察连。

在这些针对杰罗尼莫的行动中，迈尔斯将军使用了日光仪，在作战区域的高山上设立站点，由通信兵团的德拉沃中尉和富勒中尉监督。在他看来，凭借日光仪、更多的部队投入和印第安侦察兵，战役可以尽快结束。

5 月 1 日，我和威利斯·布朗（Willis Brown）[①]的驮队被选中，负责为第四骑兵团 H. W. 劳顿上尉的部队运输补给。在之前克劳福德上尉的远征军中，布朗是我的搬运工。

5 月 2 日，我接到了带着两支驮队前往瓦楚卡堡的命令。到了那里，我需要从军需部获取必要的补给、口粮等，做好尽早出发的一切准备，等待劳顿上尉的到来。

这些补给由两支驮队均摊，每头骡子负重约 250 磅。我们将货物装好，以便在接到通知时立刻出发。

4 日下午，劳顿上尉和助理军医伦纳德·伍德到了。我是在 1866 年认识劳顿

[①] 伦纳德·伍德在出征日记中将这个人称为威廉·布朗。Jack C. Lane, editor, *Chasing Geronimo, The Journal of Leonard Wood, May-September 1886* (Albuquerque: University of New Mexico Press, 1970): 26.

上尉的,已经认识他很多年了。他身体健壮,身材高大,头发当时是亮黑色的。他的头发通常剪得很短,像鬃毛一样直立起来。他的眼睛是乌黑色的。当他激动时,眼睛会紧张地颤抖。他的鼻子很大,有点弯曲,额头又矮又窄。他有着一张小嘴,里面藏着一口很好的牙齿,耳朵大而突出。他总是留着小胡子,并且为此而自豪。他总是对士兵和平民员工咄咄逼人,有时很严厉,但是到了晚年,在我看来,当他的头发颜色从漆黑转变成雪白时,他在这方面的性情发生了根本改变,从粗鲁转变成了温和。他总是口无遮拦,即使面对上级也是如此。他对朋友很热情,对他不喜欢的人很冷酷。作为军需官,他处理战场货物运输的能力几乎无人能及。自从南北战争结束以来,他在西南部的多次印第安战役中为麦肯齐将军做出了宝贵贡献。他是天生的军人,很喜爱他的职业。

5月5日,劳顿上尉的部队从亚利桑那瓦楚卡堡出发,经过老克里滕登堡、卡拉巴萨斯和诺加莱斯(Nogales),前往马德雷山脉。队伍包括第四骑兵团第二连(劳顿的连)的35人,第八步兵团第四连的20人,特雷特中尉和约翰逊中尉①,由第十骑兵团L.芬利中尉领导、由汤姆·霍恩担任侦察长(霍恩在之前的战役中在克劳福德上尉和毛斯中尉麾下担任过类似职务,做出了宝贵贡献)的20名印第安侦察兵②,还有助理军医伍德以及两支驮队,每支驮队有50头驮骡和14个货郎。

当杰罗尼莫兵分两路时,他的团伙由20个男人及16个妇女和儿童组成。他派妇女和儿童前往山中的根据地,他和其他人前去抢劫邻近的小村庄,获取牛肉、牛群以及他们需要的坐骑,然后与其他人会合。

他自然认为克鲁克将军会信守承诺,不断追赶他,直到他们最后一个人被捉住或打死。于是,他在深山里的根据地等待事态发展。最后,他很不安,急于想知道发生了什么,因此在4月下半月迅速扑向阿帕奇堡。在那里,他得知部队正

---

① 在小亨利·约翰逊(Henry Johnson, Jr., 1856—1886)由于醉酒被队伍开除后,科尔维尔·P.特雷特(1852—1913)于5月29日赶到。约翰逊于7月2日辞去军职,很可能是为了避免受到军事法庭审判。他在一个月后去世。

② 伍德说是30名侦察兵。

在行动，于是再次兵分两路，将妇女和儿童留在某个安全且偏僻的地点，然后前往巴塔哥尼亚山脉（Patagonia Mountains）和附近的山脉。这里位于大西部，比奇瓦瓦之前的行动区域的人口更加稠密。他去那里很可能有两个原因：首先，他想让那些急于用他的头皮领赏的公民知道，他记得他们的愿望，愿意给他们这个机会；其次，通过将行动局限在巴塔哥尼亚山脉、皮尼托山脉（Pinito）、马里奎拉山脉（Mariquilla）和卡尼亚山脉（Canea），他可以将任何试图追赶他的骑兵部队拖垮，这样还可以确保北边山区印第安妇女营地的安全。离开阿帕奇堡后，杰罗尼莫向南穿越圣卡塔利娜山脉、科罗拉多山脉、惠茨通山脉、马斯坦山脉（Mustang）、巴塔哥尼亚山脉和皮尼托山脉。在皮尼托山脉，他与利博上尉的第十骑兵团部队进行了战斗。一名下士在战斗中受了重伤，他在 P. H. 克拉克中尉[1]令人愤怒的火力下被救回。我有幸在之前和之后见到了这位年轻而勇敢的军官。

15 日，他们在圣克鲁斯河附近再次与哈特菲尔德上尉的第四骑兵团第四连作战，或者说遭到后者奇袭，损失了矮马和营地里的所有装备。不过，他们反过来又去追赶哈特菲尔德上尉，夺回了矮马和营地战利品，并导致部队一人牺牲[2]。在此次战斗中，在伤者去世前，亚当斯中士、克雷格中士和货郎鲍曼在救援伤者时表现得十分英勇。这位伤者在自我防御时用光了腰间的所有弹药。

此战后，奇里卡瓦人分兵，一队朝东北方向的阿帕奇前进，另一队朝西北方向的圣卡洛斯前进。两伙人都利用了山区的地形优势。劳顿上尉也分兵了，他和后勤队长布朗往西走，我的驮队跟随约翰逊中尉和特雷特中尉的步兵前进。

我们于 6 月 1 日左右抵达卡拉巴萨斯，与劳顿上尉和伍德医生会合。迈尔斯将军及其助手达普雷中尉[3]在大约同一时间抵达[4]。

来到阿帕奇和圣卡洛斯附近后，敌对分子改变方向，朝圣卡塔利娜山脉进发。在那里，他们遭到萨马涅戈医生领导的图森游骑兵的攻击。在逃跑时，他们把之

---

[1] 这场战斗发生在 1886 年 5 月 5 日。
[2] 两人战死，包括哈特菲尔德的铁匠和厨子，两名中士受伤。
[3] 约翰·A. 达普雷。
[4] 迈尔斯和达普雷 6 月 7 日乘火车抵达。

前俘虏的墨西哥小男孩留给了游骑兵。他们从那里穿越科罗拉多山脉、惠茨通山脉、马斯唐山脉和巴塔哥尼亚山脉，在巴塔哥尼亚山脉遭到第四骑兵团 R. D. 沃尔什中尉的奇袭，矮马和宿营用具被缴获。劳顿上尉带着骑兵和侦察兵分遣队——各 12~14 人——继续追击，进入阿苏尔山脉。在那里，敌人转向东南方向，朝印第安妇女的营地进发，这个营地位于奥普托山脉、巴卡德瓦奇山脉或纳科里山脉。奇里卡瓦人离开阿苏尔山脉后，对杰罗尼莫的追逐结束了。我们开始为进入马德雷山脉的远征做准备，招募新的侦察兵，派出新的步兵分遣队，并在索诺拉州奥珀苏拉建立永久补给营，由班森中尉领导，补给由马车拉到这个营地。

杰罗尼莫离开阿苏尔山脉后，此次战役基本结束了。所以，我应该简单总结一下到目前为止的事件。

当杰罗尼莫和内奇于 1885 年 5 月 16 日逃离阿帕奇堡的营地时带走了 132 个奇里卡瓦男人、女人和孩子，其中 40 人是小伙子。1885 年和 1886 年，部队跟在这 40 人后面进行了许多漫长而疲惫的追逐。大酋长内奇将追随者分成三个分支，由子酋长杰罗尼莫、曼格斯和奇瓦瓦领导，前往老墨西哥的马德雷山脉。

在那里，他们为妇女和儿童选择了合适的营地，然后继续转移军队的注意力，以免他们发现这个营地的位置。就像之前说的那样，为此，他们拖着军队跨越了最高的山脉，以拖垮追击部队的人马。

曼格斯在奇瓦瓦州和新墨西哥行动，奇瓦瓦在索诺拉州和亚利桑那行动。内奇和杰罗尼莫负责守卫印第安妇女的营地，他们常常可以了解部队的动向。

就像前面说的那样，当沃特·戴维斯少校在马德雷山脉以北行动的部队和克劳福德上尉在马德雷山脉以南行动的部队将杰罗尼莫夹在中间时，布里顿·戴维斯少尉俘虏了 15 个印第安妇女和儿童及老纳纳。大约同一时间，第九骑兵团 M. W. 戴中尉俘虏了大约数量相同的印第安妇女和儿童，他们的侦察兵还打死了一个妇女和两个儿童。这是印第安妇女营地第一次被发现。杰罗尼莫觉得有必要将部队从那里引开。为此，他派奇瓦瓦、乔萨尼和曼格斯领导的抢劫团伙沿不同路线前往阿帕奇和圣卡洛斯。由于侦察兵跟在他们后面，因此这些抢劫团伙领着他们翻越了一座又一座山脉，越过最高的山峰，偶尔盗窃他们所需要的牲畜，打死几个矿工，获取食物和弹药补给。

在此次战役中，敌对分子与他们在阿帕奇堡和圣卡洛斯的营地一直保持着联系，对于所有部队的移动了如指掌，他们的朋友可以警告他们危险的来临。我们几乎无法偷袭他们。我们的确进行了少数几次奇袭，俘虏了他们的矮马。不过，他们很容易步行翻越最高的山脉。在这方面，他们的耐力非常惊人。另外，通过抢劫国界线两侧的牧场，他们很容易重新获得坐骑。

回头来说迈尔斯将军的战役。补给营建立后不久，劳顿上尉得知敌对分子在托纳巴瓦（Tonabava）附近实施了一些抢劫，因此在7月第一个星期离开奥珀苏拉。他的队伍由侦察兵和一些步兵组成，前者由布朗少尉领导，后者由伍德医生领导。伍德一边跟着侦察兵和步兵步行，一边照顾伤员。

我被迫从奥珀苏拉返回瓦楚卡堡，以便去医院治疗坐骨神经风湿。我在那里停留了四五个星期。之后，我跟随第四骑兵团 A. L. 史密斯中尉和信使比利·朗（Billy Long）返回劳顿上尉的营地。他的营地当时位于纳科里以南大约15英里处，那是克劳福德上尉之前的营地。

我返回后不久，上尉就把我和侦察长汤姆·霍恩叫了过去。我们看到他把地图铺在地铺上。他把离开奥珀苏拉之后的路线指给我看，问我们对于敌对分子当时的位置有何看法。他和霍恩认为，敌人位于这个营地以南不到四五十英里的某个地方。我的看法和他们不同。我说，这个方向没有任何吸引他们的东西，因为那里的人很穷，没有牛群、牲畜和枪支，也没有任何野味，就连长耳大野兔也没有。我告诉他，他很可能会听到他们出现在昆帕斯瓦利的消息，或者再往东，在格拉纳达斯（Granadas）或奥普托附近①。

不过，劳顿上尉不同意这种观点，他准备渡过哈罗斯河。这条河位置很高，过河很危险。

---

① 此次会议大概发生在7月末。

我仍然在遭受坐骨神经风湿的困扰（我在接受伍德医生的治疗，他用吗啡为我缓解疼痛），因此劳顿上尉告诉我，他会派我返回补给营，因为我无法继续前进。他会让我领导被他派回奥珀苏拉的步兵。他说，如果我遇到迈尔斯将军，我需要告诉他，劳顿上尉不想再要步兵了。他让我对将军说，他宁可带着铜管乐队追赶印第安人，也不愿意携带步兵。

在前往奥珀苏拉的路上，我遇到了第四骑兵团的怀尔德中尉，他询问了劳顿上尉和敌对分子的位置。我说了劳顿的前进方向以及我所认为的印第安人的前进方向。虽然我还没有发现敌人的踪迹，但他最好保持警惕。第二天，我遇到了给劳顿上尉送信的墨西哥信使，给他指了方向。

抵达班森的营地后，我听说杰罗尼莫翻越了昆帕斯山脉，打死了一些矿工[①]。他当时在弗龙特拉斯，想要与墨西哥军官讲和。我觉得杰罗尼莫不会认真考虑和谈，因为这会导致他们的覆灭。我觉得他只是想秘密地获取补给和龙舌兰。

我后来得知，盖特伍德少尉当时正带着两个友好的奇里卡瓦人寻找杰罗尼莫，想要劝他投降。盖特伍德非常清楚他对这些印第安人的影响力，没有低估他的劝降能力。

两个友好奇的里卡瓦人用烽烟向杰罗尼莫报信，并在收到回信后进入他的营地。听说盖特伍德想进来和他谈话，杰罗尼莫走出营地迎接盖特伍德，问他为什么没有跟着友好的奇里卡瓦人一同进来。盖特伍德回答说，他不确定杰罗尼莫是否愿意接待他。对此，杰罗尼莫回答说，他永远欢迎他的朋友来到他的营地，他们来这里永远是安全的。

我在路上遇到的那个墨西哥信使向劳顿上尉带去了消息，说盖特伍德少尉正在与杰罗尼莫联系，让劳顿前往弗龙特拉斯，尽快与盖特伍德会合。劳顿立刻带着几名侦察兵昼夜兼程，与盖特伍德会合，并在那里见到了杰罗尼莫[②]。

---

① 内奇在此战中受伤。
② 根据盖特伍德的说法，劳顿8月22日抵达弗龙特拉斯，以催促重病在身的盖特伍德出城寻找杰罗尼莫。劳顿本人于8月27日首次与杰罗尼莫会谈。Lane, *Chasing Geronimo*, 99-104.

杰罗尼莫立刻向他索要补给。对此,劳顿上尉回答说,他的驮队很快就会赶到,将补给带来。接着,杰罗尼莫告诉他,他的驮队在后方森林中迷路了,两三天后才能赶到。劳顿上尉对此似乎很惊讶。当杰罗尼莫说出他之前的所有宿营地点和他之前的装束时,他更惊讶了。

杰罗尼莫与盖特伍德和劳顿的会谈结果是,他同意跟随劳顿的队伍前往美国境内的骷髅峡谷,在那里与迈尔斯将军会谈。

在骷髅峡谷等待迈尔斯将军期间,杰罗尼莫看到了他所认为的对方试图包围他们营地的迹象。他立刻通知劳顿上尉,要求对方立刻停止行动,否则他就会离开。劳顿再也没有试图包围他。我提到这件事是想说明,杰罗尼莫很紧张,担心我们对他耍花招。如果不是盖特伍德在场,他就不会在那里等待迈尔斯将军那么长时间了。

9月3日,将军终于乘坐旅行马车到来了。在与杰罗尼莫和内奇会谈后,将军请求他们和其他几个人坐进旅行马车,跟着他去鲍伊堡。他们照做了,于9月5日晚抵达鲍伊堡。劳顿上尉带着其余奇里卡瓦人三天后赶到。此时,所有人被送上火车,前往佛罗里达。

选自《好坏侦察兵》一文,来自《美国退伍军人月刊》第5卷,第2期(1928年8月):24—25页,66—70页

1885年秋,我抵达鲍伊堡,负责带领由两名阿帕奇侦察兵和杰克·威尔逊组成的小队进入深山,找回失窃的骡子,粉碎陆军牲畜盗窃团伙。我们找到了骡子和盗贼,带回了骡子,这一结果使我的上司克鲁克将军很高兴。

大约同一时间,第三骑兵团埃米特·克劳福德上尉骑着马来到哨所。他要去阿帕奇堡招募侦察兵,去墨西哥远征,追赶著名的阿帕奇战士杰罗尼莫。克劳福

德上尉是当时著名的印第安斗士之一。他带着195名侦察兵返回阿帕奇堡，根据非常新颖的原则组织远征。白人骑兵每走25英里，杰罗尼莫就能走100英里，而且他们能以白人骑兵不愿意吃的东西为食。所以，克劳福德决定不带骑兵。有人指出了这样做的危险性，但埃米特·克劳福德是个无所畏惧的人。坦率地说，当他让我担任远征队两支驮队之一的管理者时，我有种受宠若惊的感觉。

远征队由3名军官、1名医生、2个侦察长、驮队和195名侦察兵组成。我们在1885年12月1日跨越国界线，进入墨西哥北部人迹罕至的山区。由于一切都取决于侦察兵的忠诚和成功，包括我们的生命，因此我开始研究他们。这并不难，因为侦察兵和货郎在行军过程中经常接触。晚上，侦察兵通常聚集在货郎的篝火旁边。首席侦察兵（不是侦察长）是奇里卡瓦阿帕奇人，名叫诺奇。巫医是科约特罗阿帕奇人，名叫纳瓦泽塔。我们叫他诺齐，因为他的鼻子很高。没有巫医的侦察队是不可想象的。巫医是他们的精神领袖，肩负着预测未来的任务。我知道这些印第安人很可靠，但还有一些我不太确定的印第安人，尤其是一个被我们称为达奇的人。

我曾在其他战役中与达奇共同出征，知道他是酒鬼、小偷和杀人犯。在新墨西哥卡明斯堡，一天晚上，他在皮肤上涂满龙舌兰，拿着屠刀追赶其他侦察兵。我接到了逮捕他的命令。我叫上我所信赖的两名侦察兵尤马·比尔（Yuma Bill）和罗迪，让尤马·比尔从前面靠近达奇，吸引他的注意；同时，我和罗迪从后面靠近他，解除了这个反叛者的武器。我们把他带到禁闭室，一个军官让他将一捆木材背了两个小时。这对印第安人是极具羞辱性的惩罚。我知道，达奇会等待机会报复美国陆军。当克劳福德上尉让达奇做贴身仆人时，我觉得这无异于闭着眼睛拥抱响尾蛇。

出征大约一个月后，我们位于国界线以南200英里处。根据侦察兵的迹象和行为，我相信他们向克劳福德上尉隐瞒了杰罗尼莫的动向。我和侦察长汤姆·霍恩谈论了这件事（可怜的霍恩最后由于杀人被判绞刑，但我觉得那是场意外），霍恩对于侦察兵的看法和我相同。不过，我们需要策略，因为我们几个白人身在敌国，被 195 个印第安人包围，我们只能依靠他们返回文明世界。我和侦察兵胡安下士谈话，觉得我的怀疑是正确的，于是把首席侦察兵诺奇叫进来，对他说，他最好去找上尉，把他知道的一切告诉上尉。第二天上午，诺奇和巫医诺齐带着一些侦察兵来找克劳福德上尉。诺齐进行了漫长的祈祷，然后告诉侦察兵应该做什么。他让他们亲吻医袋——一只小鹿皮袋——然后重复誓言。他们的表现看上去很真诚，我觉得我们很快就会找到杰罗尼莫。

果然，当天下午，他们说发现了正在营地里晒肉干的敌对分子。克劳福德决定前去侦察。他让我带着驮队留在后方，他到时候会通知我加入到进攻之中。当我和上尉站在火堆前谈论这件事时，有人从后面走上来，一只手友好地搭在我的肩上，另一只手搭在上尉肩上。是达奇。

"骡子队长，"他用西班牙语说道，他指的是我，"你知道的真多。"大多数南方印第安人都会说西班牙语，但是不会说英语。

"是的，"我说，"达奇，你要和我留在这里。"克劳福德知道我想说什么。"不，不，"他说，"达奇，你跟我们走"。他用英语对我说："哦，他没问题。"

"但愿如此，上尉。"我评论道。

随着夜幕降临，诺齐开始作法。这是一种疯狂而奇怪的表演，至少，我们是这样认为的，因为气氛非常紧张。表演期间，来了两个白人，把我们吓了一跳。他们是亚利桑那科奇斯县治安官谢里夫·史蒂文斯（Sherriff Stevens）和牧民弗兰克·莱斯利（Frank Leslie），是来逮捕杀人犯达奇的。克劳福德上尉把他们领到侦察兵听不到的地方，解释了微妙的形势。他保证战役结束后交出达奇，这使治安官很满意。不过，侦察兵产生了怀疑。我相信，他们猜到了事情的真相。

第二天，克劳福德上尉带着几乎整个侦察队出发了。我爬上一块岩石，目送蜿蜒的队列，直到他们从视野中消失，然后返回营地。我感到了之前和之后都从未感觉到的压抑。我理解克劳福德带上达奇的理由。他想向印第安人证明，他不惧怕他们之中最坏的人。这显然会给印第安人留下深刻印象。不过，我仍然不喜欢这种做法。

接下来的几天是漫长的等待。一天早上黎明前,有人拉我的毯子,把我惊醒了。我睁开眼睛,看到了侦察兵胡安下士。我在一个星期之前曾发现他的口是心非。他带来了克劳福德上尉的便条。上尉让我拔营起寨,带上一些补给,跟着胡安,胡安会把我领到大部队那里。

两天后,上午11点左右,另一名侦察兵带着毛斯中尉的消息来找我们。毛斯说,克劳福德上尉在与墨西哥军队的战斗中受了致命伤,部队的口粮也吃完了,他让我看在上帝的分上尽快赶到。我们卸下部分货物,开始急行军,当天下午与大部队会合。我的上尉朋友躺在担架上,失去了意识。我接过运送担架的工作,带着上尉和我的驮队走了五天。此时,克劳福德上尉咽下了最后一口气,我所认识的最优秀的军人和最高贵的绅士就这样离去了。

毛斯把事情的经过告诉了我。当他们发现杰罗尼莫的足迹时,克劳福德上尉夜间在营地四周拉起绳索,不允许任何侦察兵未经允许外出,以免队伍中的叛徒向敌对分子通风报信。最后,他们找到了杰罗尼莫的营地。克劳福德命令部队发动奇袭。虽然他采取了极为谨慎的措施,但是一名侦察兵的来复枪"意外地"提前走火,惊动了敌人。于是,进攻失败了。敌对分子像许多鹌鹑一样分散到深山中,也像鹌鹑一样难以追逐。克劳福德在杰罗尼莫之前占据的地方扎营。在此期间,同样追逐杰罗尼莫的墨西哥军队赶到那里,觉得杰罗尼莫仍然在营地里,因此向克劳福德的营地发起进攻。

克劳福德的侦察兵憎恨墨西哥人,开始猛烈还击。这时,克劳福德冲出来制止他们。墨西哥人自然会继续开枪。克劳福德几次试图告诉他们打错人了。之后,他在达奇的陪伴下来到一处高地。他把来复枪交给达奇,爬上可以看到所有墨西哥人的巨石,双手各挥舞一块白手帕,喊道:"别开枪,别开枪——美国人!"

不久,达奇跑过来,说克劳福德上尉被墨西哥人击中了。上尉在巨石下面被人发现。他头部侧面中弹,在从岩石摔下时手臂骨折。大家知道克劳福德身上带着一大笔钱,但在搜身时只发现了一块带有破碎水晶的手表。达奇偷走了指挥官的财物。这件事不可能是别人干的。我一直认为打死克劳福德上尉的不是墨西哥人，而是达奇。在我看来，即使不考虑达奇的为人，伤口的性质和钱财的消失也足以作为证据。

不过，没有人对此采取任何行动。当我们回到亚利桑那时，在军官追究达奇之前的谋杀行为之前，狡猾的达奇投敌了。他加入杰罗尼莫的团伙，成了印第安战士。杰罗尼莫被抓后，他作为战俘被送到佛罗里达，然后被送到俄克拉荷马。我听说他在那里惹了麻烦，被人打死了。即使他没有被人打死，他也应该被我们处死[①]。

[①] 达奇从未去过俄克拉荷马。1892年，他在阿拉巴马州弗农山军营（Mount Vernon Barracks）被人打死。

印第安战事的困难

布里顿·戴维斯

《陆海军杂志》第 33 卷，第 13 期（1885 年 10 月 24 日）：242—244 页

有人可能觉得亚利桑那部队对阿帕奇人无所作为，并且为此而不耐烦。他们应该读一读我们本周发表的第三骑兵团布里顿·戴维斯少尉的报告。这篇报告不仅清晰地解释了印第安暴动的原因，而且极为形象地描述了追逐和捕捉游牧民团伙的困难。这些人可以在二十四小时内走 90 英里，中途没有休息。如果需要，他们还可以继续前进 100 英里。他们可以在路上获取新的坐骑，在远离木材和水源的偏僻地点宿营，在必要时放弃一切，分散步行到深山里，使军队很难甚至无法追赶他们。戴维斯少尉说，一些印第安人离开居留地时带着高倍望远镜，所以，他们的哨兵可以监视很远的地方。他们日夜放哨，看到尘土或烟雾等可疑事物，他们的大部队可以继续奔跑二三百英里。

鲍伊堡，亚利桑那领地，1885 年 9 月 15 日

尊敬的亚利桑那军区副官：

关于奇里卡瓦和沃姆斯普林斯印第安人最近暴动的原因以及我在事件中的行动，我很荣幸地告诉您，根据我当时和事后的询问，我可以确定，此次暴动不是有预谋的。某些印第安人多少有些不满，因为他们一无是处，而且不想由于他们在居留地犯下的过失而受到惩罚。不过，这种情绪绝不是普遍存在的。一般情况下，事情不会发展到如此糟糕的地步。这场对抗权威运动的领导者是一个名叫曼格斯的酋长。在我的管理下，他本来是最守规矩、最勤奋的印第安人之一。他的

反抗是他的妻子煽动的。他的妻子之前是墨西哥俘房，她知道的太多了，因此成了麻烦的源头。曼格斯一个人无法阻止他的族人由于过失而受到惩罚，因此开始争取其他人的同情。他和印第安人纳多斯基（Nadoski）[①]成功煽动起了另一个酋长杰罗尼莫的恐惧。杰罗尼莫参与到他的计划中，这场计划的目标是消除所有未来的惩罚。

杰罗尼莫和曼格斯对于这种行动的后果感到担忧，因此将营地搬到博尼塔附近，距离我的营地大约18英里。如果他们的计划得不到预想的结果，他们可能会逃到周围的山中。星期四[②]晚上，暴动前，出现了一个有利的机会。特基克里克的大部分印第安人都参与了提兹温狂欢，其中包括内奇和奇瓦瓦这两个酋长。他们知道自己将由于醉酒而受到惩罚，因此乐于听从曼格斯的提议。于是，他们计划第二天一起来找我，说所有人都喝醉了。由于我无法惩罚所有人，因此所有人都会逃跑。这项计划得到了执行，另外两个酋长洛科和齐尔（Zele）[③]也被迫加入进来。我看出了他们的目的，拒绝采取行动，说我会把事情报告给克鲁克将军。我在星期五上午提交了报告。

在等待了两天后，他们没有听到关于此事的任何消息，因此对于事件后果的担忧变得极为强烈。星期六晚上，杰罗尼莫和曼格斯决定离开，而不是留下来接受他们担心的惩罚。他们的分支人数不够多，单独行动不够强大，因此他们等到了第二天的星期日。此时，他们做好了一切准备，开始行动。3名侦察兵根据之前的约定叛逃，他们本来应该打死我和查托，但是出于某种原因，他们没有采取这一行动。不过，曼格斯和杰罗尼莫去找了其他酋长，说我们被打死了，侦察兵已经叛逃，所有印第安人都需要离开居留地。前面提到的两个酋长奇瓦瓦和内奇对于他们之前扮演的角色感到担忧，轻易相信了二人的话，聚集起附近的牲畜，跟

[①] 在 *The Truth about Geronimo* (New Haven: Yale University Press, 1929) 中，戴维斯将他的名字写作纳迪斯凯（Nadiskay），说他是科约特罗不满者，娶了一个奇里卡瓦人。
[②] 1885年5月14日。
[③] 齐尔是奇里卡瓦子酋长，对于居留地生活感到满意，拒绝跟随杰罗尼莫离开。在卡亚滕内的反叛岁月里，齐尔也曾反对他。

着曼格斯和杰罗尼莫逃跑了。我之前已经报告了我的行动。

提交了那份报告后，我已查清，当印第安人抵达莫扎尔顿山脉（Mozalton Mountains）时，由于奇瓦瓦和内奇被迫离开居留地，他们之中产生了不和。奇瓦瓦和内奇宣称曼格斯和杰罗尼莫对他们说了谎，胁迫他们逃跑。在发生此次冲突的晚上，奇瓦瓦带着兄弟和阿特卢埃策（Atelueitze）准备杀掉杰罗尼莫，后者的营地和他们隔着一小段距离。曼格斯和杰罗尼莫得知了他们的意图，立刻带着他们的分支南下。内奇当时在曼格斯的营地里，但他传话给跟随奇瓦瓦的妻子和孩子，让他们立刻返回居留地，他也会尽快与他们会合。

女人和她的孩子开始往回走。不过，他们在伊格尔溪（Eagle Creek）看到了侦察兵，因为我正在第二次外出。他们非常害怕，返回山中，再次与奇瓦瓦会合。杰罗尼莫离开后，跟随奇瓦瓦的人想要隐藏在希拉以北的山中，直到事态平静下来。他们同意不实施抢劫。只要出现有利的机会，他们就会返回居留地投降，解释他们离开的原因，希望他们后来在山中的行为能使他们免除严厉的惩罚。遗憾的是，当我抵达他们与杰罗尼莫分开的地点时，不了解内情的侦察兵选择了往北走的脚印，也就是奇瓦瓦的脚印。看到侦察兵在后面追赶，他们返回居留地的希望全部破灭了，他们便立刻前往墨西哥。我们在6月23日追上了这伙人。战斗结束后，我得知，他们中的一些人想要返回居留地或者附近地区。从这时起，到我的部队与第九骑兵团戴中尉的部队相遇为止，这段时间发生的事件我已经在之前的报告中进行了描述。

上月（8月）11日，克劳福德上尉在索诺拉州纳科里附近离开戴中尉，前往戴的战斗地点。在那里，我们发现了印第安人抢劫团伙的足迹，他们在我们抵达营地两天前返回了营地。那里的山脉非常陡峭，我们在翻山时遇到了很大困难。一队货郎和侦察兵一直走在驮队前面，以开辟道路。尽管采取了这些措施，行军的难度仍然很大，每天都会有几头骡子滚到山下，摔死或受伤。

抵达马德雷山脉的索诺拉山坡后，我奉命带着由西贝尔领导的一队侦察兵走在前面，追逐敌对分子的脚印。敌人正在向东移动，走得很快。我们带了六天的口粮。在马肉、牛肉和野味的支持下，这些口粮吃了十一天。当时，几乎每天都在下大雨。有时，几乎无法看清脚印。敌对分子则不需要携带任何东西，只需要驱赶一些精力充沛的牲口。当马匹筋疲力尽时，他们会将其杀掉，骑上他们之前驱赶的精力充沛的牲口。他们以死马的肉和他们在路上采集的野果为食。我们担心随时可能遇到他们，在看到他们之前被他们发现。因此，我们需要每天让一些侦察兵在前面8~10英里处探查，所以，我们必然前进得很慢。我们经过的地区土地很软。在泥地里，我们的骡子虽然负重很轻，但是仍然会陷到膝盖位置。有时，根本无法骑行。如果印第安人看到我们，他们就会朝各个方向分散开来，此时继续追逐就会失去意义。

敌对分子离开与戴中尉的战斗地点后，朝正东方向穿越马德雷山脉。从西坡的纳科里到东坡的维阿德布埃纳文图拉计算，他们走了近250英里。抵达维阿附近后，敌对分子的脚印转向东南方，避开了大型城镇和牧场，直到圣克拉拉镇。在那里，我们沿着印第安人的足迹又向东走了大约100英里。

到了这里，印第安小伙子将妇女儿童隐藏在几乎无法抵达的山中，然后去抢劫城镇。他们带着新的马匹以最快的速度返回，然后再次上马，离开山区，朝正北方向进发。抵达圣克拉拉前，他们的迅速行军把牲畜累得筋疲力尽。他们将其杀掉，只剩下一匹马和一头骡子。持续的大雨不仅使我们浑身湿透，使我们携带的少量食物变质，而且也使脚印变得很模糊。只有加倍谨慎，我们才能循着敌人的足迹前进，这对敌对分子非常有利。在他们获得新牲口之前的一两天，他们一直在步行，带着仅有的两头牲畜翻越了两道非常崎岖的山脉。在这种条件下，追逐变得非常困难。直到他们在圣克拉拉获得新的马匹，我们才能以一定速度前进。

此时，新的困难出现了。当印第安人获得新的坐骑时，他们又往回走了，而我们的七头驮骡则开始感受到了旅行的疲劳。这些骡子在战役前半部分走了超过1000英里；之后，在过去的两个星期，我们又让它们在山区走了350英里。在这里，它们的食物通常是粗糙的松叶，几乎没有营养。在这种情况下往回走可能会使我们一无所获。不过，就像后来的事情所证明的那样，我们对此别无选择。在我们转而向北前进的那天，我们走了45英里才找到水源。第二天，我们走了30英里才找到水源。第三天，我们走了50英里才找到宿营地。在最后的行军结束时，我们得到的水含碱量很大。第二天上午，三头骡子不能走了，另外两头骡子也变得很虚弱。我们无法带着它们继续前进。就在我们准备步行并就地取食的时候，我们遇到了梅西亚中校领导的墨西哥部队。中校告诉我，另外两支墨西哥部队——一支步兵和一支骑兵——已经发现了敌人的足迹，他们领先我们二十四小时，可以将印第安人赶到国界线另一边的马德雷山脉中。

此时，我们没有食物了，我们还要穿越一片碱性沙漠，那里也没有野味。我们的鞋子磨破了，部分印第安人打了赤脚，还有几个人病了。为了继续前进，我们需要放弃骡子。我知道在这种状况下无法取得任何成果，而且，在赤脚少食、没有盛水器具的情况下穿越北边的沙漠区域会为我的队伍带来生命危险。因此，我觉得我们最好前往附近某个能和你通信的地点。承蒙蒙圣多明戈牧牛场经理的好意，我们获得了足够我们走到布利斯堡（Fort Bliss）的补给。我们于9月5日抵达布利斯堡。自从上月14日出发以来，我们走了超过500英里。

实际侦察的距离大大超过了这一数字，因为我们每天都要派侦察兵在前面8~10英里远的地方侦察。他们夜晚返回，次日上午跟着大部队继续出发。所以，他们要在同样的土地上走三次。当我们开始追击时，我们对于将要经过的区域一无所知。我们没有地图，而来自印第安人的信息又很少。当敌对分子受到惊吓，逃离追击者时，他们会朝各个方向分散开，尽量不留下痕迹。在有利的地方，他们会完全分散开，并在前面某个地方再次会合。当山区旁边的平原不容易留下脚印时，他们常常会离开山区，分散开来，仿佛是想直接穿越开阔的平原，但在走出两三英里后会突然转向，每个人单独返回山区，在之前约定的某个地点和其他人会合。如果这种行动之后赶上大雨，追赶他们的难度可想而知。有时，我们沿着一个人或一头牲畜的足迹走上几英里,然后发现其他人与他会合了。他们会回避所有前人走过的道路,通过只有他们知道的路线在这些地区穿行。有时,我们根本找不到脚印,此时,我们必须停下来,直到从两侧派出的侦察队在前方更有利的地区再次发现脚印。

在此次战役中,有一次,我所追赶的一伙印第安人看到了侦察兵,他们带着妇女儿童在二十四小时里走了90多英里,中途没有休息。我相信,如果需要,他们可以轻松地再走100英里。他们很容易获取他们需要的所有新牲口。印第安小伙子可以去两边8~10英里远的地方抢劫,同时,妇女儿童会迅速前往他们想要抵达的任何地点。小伙子们会带着新的马匹在路上与他们会合。在遭到追击时,他们在前方、后方和两侧布置哨兵,使大家可以知道出现在附近的任何军队。宿营时,他们选择他们能找到的最难抵达的地点。他们偏爱山脊顶部,如遇攻击,他们可以沿着山脊撤退到深山中。这些营地常常距离树林和水源几英里远,妇女负责将木材和水搬运到营地。他们将哨兵布置在可以监视周围数英里的地方,只要看到危险临近的迹象,哨兵就会向营地发出警报,整个种族就会再次开始逃亡。即使没有人追击,他们也很少在一个地方停留三四天以上。必要时,他们会放弃一切财产,步行进入山中,然后朝各个方向分散开来,使你很难甚至无法追赶他们。一些印第安人离开居留地时带了高倍望远镜,因此他们的哨兵可以监视很远的地方。他们日夜放哨,尘土和烟雾等任何可疑事物都会使他们再次跑上两三百英里。

和这些印第安人战斗并不难,难的是追上他们。他们可以俘获任意数量的新马匹,但他们的追逐者只能在整个战役中使用同样的牲畜,侦察兵则只能步行追击。一次,我带着侦察兵走了十五个半小时,平均每小时前进大约3.5英里。不过,我们无法追击太长时间,否则侦察兵就会彻底累垮。这些印第安人中的一部分离开山区,去奇瓦瓦北部抢劫。为了追赶他们,我们必须在缺水的条件下进行漫长的行军。即使找到水源,那些水的含碱量也很高,几乎无法饮用。在一个地方,我们需要越过一座很浅的碱性池塘,池塘长约四五英里。我们无法在泥浆中骑行,因此只能牵着骡子徒步涉水。由于水的碱含量很高,我们的腿上和脚上都起了水泡。一些印第安人脚疼得很厉害,只能忍着剧痛赶路。这些侦察兵在整个战役期间表现得很好,指责他们哗变或抗命的报告是没有根据的。

敬上,您忠实的仆人,

布里顿·戴维斯,少尉,第三骑兵团

瓜达卢佩峡谷的战斗

W. B. 杰特

《西部赢家》第 14 卷，第 9 期（1937 年 8 月）：3 和 5 页

1885 年 4 月，美国第四骑兵团第二连、第四连和其他连队奉命搜寻走上战争之路的杰罗尼莫及其阿帕奇分支。他们的足迹通往墨西哥。我当时是第四连士兵，为政府驱赶 6 头骡子。大概是在 7 月，我被留在瓜达卢佩峡谷，负责照看马匹、骡子、补给和弹药，那是部队继续追赶猎物时留下来的。另外 7 个可以下地走动的伤员和一个医生也被留在了营地。

8 月初的某个时候[①]，一个信使来到营地，说这片地区没有印第安人。不过，医生[②]说他对此感到怀疑，说他要离开营地，他果然离开了营地。服役近三十年的德裔老兵内豪斯说没有危险，因为印第安人不会攻击军营。一天，在小小的开阔山谷里，我们在一棵树下吃饭。当监视牲畜的执勤哨兵违反命令离开岗位，走进营地时，我们遭到了奇袭，敌人在附近的山上朝我们发出了震耳欲聋的射击。在我最右边的内豪斯额头中了第一枪，当时他嘴里还塞着一块饼干和一块肉。他倒在地上，再也没有动弹。

前面提到的哨兵是新兵，他曾说过，他想目睹印第安战斗。此时，他立刻逃跑了，但在抵达对面山丘之前被打倒在地。另外两个人跑向对面的山丘，成功逃脱，其中一人跑进帐篷，跪下来祈祷，直到负责管理营地的中士[③]把他叫出来。

---

① 杰特对日期的回忆有误，因为瓜达卢佩峡谷的战斗发生在 1885 年 6 月 8 日。
② 乔治·安德鲁斯医生，瓦楚卡堡驻地军医。
③ 中士的名字是慕尼克（Munich）。

于是，我们只剩下4个人。我们躲在马车后面，朝着营地上方悬崖上岩石后面印第安人开枪冒烟的地方射击了大约一个小时。

我身边的中士两次中弹，然后中了第三枪。第三次中弹时，他说："伙计们，我不行了。"马车由于某种原因燃烧起来。我们知道，弹药很快就会爆炸。于是，我们4个人穿越开阔地，跑向前面提到的对面山丘。一名德裔士兵架着中士的胳膊，帮他跑到对面，但在他们爬山时，中士第四次中弹，死在德裔士兵的怀里。我现在不记得这名德裔士兵的名字了，他后来凭借英勇作战获得了奖章。

我、德裔士兵和一个名叫 J. L. 斯普林克尔的士兵朝着山谷对面岩石后面冒烟的地方射击了一段时间（我应该交代一句，我们刚爬上山坡，马车上的弹药就开始爆炸，发出巨大的轰鸣），但我们看不到一个印第安人。不过，根据枪支冒烟位置的变化，我们看出，他们在逐渐包围我们。

下午晚些时候，我们下了山，沿着似乎唯一可以逃生的方向朝峡谷上方前进。当晚某个时候，我们爬出峡谷，来到一座山谷。在那里，我们发现了一座牧场，我记得叫克洛弗代尔牧场。一个牛仔把我们领进屋，热情地招待了我们。几天后，劳顿上尉的部分部队赶到，我们得以归队。与此同时，枪声响起时逃离峡谷的一名士兵也来到了牧场。

部队来找我们的那天晚上，我被派到12英里外的另一座牧场，以迎接在战斗早期逃跑的另一名士兵。我记得，我需要通过划火柴看清道路。奇怪的是，我不确定我有没有把那个人带回来了。我记得他没有回来，但我似乎记得，在我返回途中，某人在我后面和我同骑一匹马。

部队抵达瓜达卢佩峡谷时，发现营地已被烧毁。医生看到了烧焦的猪骨。他们说，我们被烧死了，因为那些骨头明显是人的骨头。有人评论说，他们不知道我们和猪如此相似。内豪斯和其他死者的尸体还在地上。

印第安战士说，看到指挥官把7个病人和一个马车夫留在瓜达卢佩峡谷这样的死亡陷阱里，他们非常吃惊①。

  这些都是我记忆中发生过的事情。除了我明确指出存疑的地方，其他都是事实。其他人也许可以更好地回忆起其他细节。为避免篇幅过长，我忽略了一些有趣的事情。不过，我想说，当枪声响起时，我很害怕，直到我发现我可能不会被击中为止。接着，我感到后怕：如果我被打死，我就会被魔鬼抓走，因为我当时不是基督徒。在我认识的士兵中，只有一个人承认自己是基督徒。

---

① 进攻者包括25~30个印第安战士，属于奇瓦瓦的奇里卡瓦分支。除了打死3名骑兵，他们还销毁了3车物资，带着几千发子弹离去。

杰罗尼莫的时代

哈里·R. 赖特[①]

《皮尔森杂志》第 26 卷（1905 年 2 月）：196—200 页

巨大的热浪在矮小的牧豆树和灌木蒿上方起伏。微型沙旋像巨大的蘑菇一样旋转起来，像一种奇怪而可怕的芭蕾舞。在所有熔化的事物上方，亚利桑那的太阳在山脉的边际线上方持续发热。

1885 年 8 月 25 日上午 10 点，美国第四骑兵团第八连的 65 名军人正从瓜达卢佩峡谷途经圣西蒙山谷前往奇里卡瓦洛克营。

大家并不说笑。寂静笼罩着队伍，只有战靴敲击鞍皮的声音、缰环敲击马衔的声音以及马蹄发出的嗒嗒声。一团团碱性尘土被扬起，将刺鼻的白色粉末撒在人和马匹身上。草原犬鼠坐起来，注视我们的前进队伍，偶尔还会跑出一只长耳大野兔。作为侦察兵，我在队伍前面的埃利奥特中尉身边骑行。印第安追踪者在前面小跑。这是杰罗尼莫的时代。

圣西蒙沼泽是 25 英里内唯一的水塘。当我们快要抵达圣西蒙草泽时，一个印第安人跑回来，叫喊着用来复枪指向天空。

远处，在奇里卡瓦方向，我们可以看到一个小黑点。我们环顾四周，突然发现了更多黑点。那是秃鹫，是沙漠悲剧的象征。它们正朝我们聚拢过来。

"立定。"中尉喊道。队伍停了下来。

"赖特，"他命令道，"带上 3 个人，过去看看那边的情况。我会等你半小时。

[①] 1885 年夏，美国第四骑兵团的哈里·R. 赖特作为侦察兵参加了埃米特·克劳福德上尉对于奇里卡瓦人的远征。他的上级指挥官是查尔斯·P. 埃利奥特中尉。

之后，你要沿小路返回，在拉克峡谷（Rucker Canyon）向我报到。"

我和列兵杜尔（Durr）、J.考特尼（Courtney）、林斯基（Linsky）朝正西方秃鹫聚集的地方前进。没走多远，我们就发现了一头小驴和一个人的足迹。小小的沙漠驮畜留下了深深的蹄印，这说明它驮着满满的货物。我们已经知道了事情的大概，这是个勘探者，因为在杰罗尼莫横行于这片地区的时候，除了寻找黄金，没有什么事情能让一个人在亚利桑那单独外出。

我们沿脚印前进。不久，秃鹫嘶哑的叫声表明，我们靠近了悲剧现场。我们拨开一小丛牧豆树。

看到眼前的景象，考特尼干呕起来，林斯基则拿起六发式手枪，紧张地来回扳动击铁。杜尔不停地说"天哪！天哪！"至于我，我只能诅咒。我们听过和见过许多事情，但我们还是被眼前的事情惊呆了：

一个人的遗体被绑在木桩上，味道难闻、叫声刺耳的鸟儿正在撕扯他的肉。他的脚掌被切掉，木桩被钉在红蚁山丘上。他身侧受了伤，但他是被蚂蚁咬死的。我们的到来赶走了秃鹫，它们坐在地上，阴郁地看着我们将它们的猎物抢走。

是印第安人！这场谋杀主要是为了泄愤，因为从驴子上卸下的包裹散落在地上。铁镐、铁锹、煎锅、面粉、熏肉、咖啡——这些东西一样不少，任何印第安人都不需要这些物品。我们把它们收集起来，将其与可怜的冒失鬼埋在一起，将他的铁镐和铁锹插在坟墓上，作为墓碑。

我们发现了印第安人的足迹，但由于时间已过去很久，无法跟踪了。我们骑马返回时，没有人说话。与部队会合后，我们讲述了这个故事。此时，许多人愤怒地盯着在队伍前面开道的印第安侦察兵。

当晚，在拉克峡谷，一直把二十年艰苦从军经历挂在嘴边的斯托纳（Stoner）向我们讲了一个故事。

70年代末，第四骑兵团第七连的马林被阿帕奇人维多利奥捉住。印第安人决定拿他找乐子。他们用生皮条把他绑起来，并把他绑在木桩上，使他只能移动脑袋。他们用鹿皮条穿过响尾蛇脖子上的切口，把蛇绑在刚好攻击不到他的木桩上。

男人、女人和孩子走出棚屋，愉快地等待可怕的结果。他们把水慢慢倒在生皮上，使之收缩，使马林靠近蛇。蛇张着嘴，露出愤怒的牙齿，很想在极度痛苦中咬住什么东西。水缓慢地滴在绑住蛇的皮条上。和生皮不同，鹿皮会膨胀。马林尖叫着走向了死亡。蛇带着恶毒的愤怒，慢慢靠近它的受害者。他们又倒了一点水——蛇和人的距离又近了一点。焦急的蛇将一些毒液从牙齿喷到他的眉毛上。

第二天，人们发现了死去的士兵和蛇，而阿帕奇人已经离开了那里。

听斯托纳讲故事的人将这一场景带到了梦境里。第二天醒来时，这种记忆仍然非常清晰。

第二天上午，一支分遣队被派往卡顿伍德斯普林斯（Cottonwood Springs），充当在克洛弗代尔、新墨西哥和洛克营之间送信的邮差。我们偶尔会去寻找敌人的足迹。我仍然在做侦察兵。一天，为了解闷，我决定前往克洛弗代尔。一些人看到了"慢鹿"——牛群。没走多远，我那匹名叫迪克的马打了个响鼻，开始后退。在军中，不会在这种时候催马前进，而是需要寻找原因。我找到了——那显然是刚刚留下的脚印和阿帕奇旗帜。那天，我没有看到慢鹿。

我用马刺踢迪克，让它奔跑着沿原路返回。抵达营地前，我把所有人喊了出来。我不需要"乘骑号"。

"怎么了？"

"没关系。走吧！快点！"

我们找到了敌人的足迹，脚印变得越来越新，翻起的石头甚至还没有被太阳晒干。

我们叫喊着朝敌人冲去。我们爬上一块台地，看到印第安人正在逃跑。他们把畜群留给了一个妇女。我命令部队继续追击，同时留下4个人缴获畜群。印第安妇女正在鞭打畜群，试图让它们跑开。不过，我们把矮马聚拢起来，并且想要捉住那个女人。

我试图抓住她，但她咬了我。伯恩斯伸手去抓她，她躲开了，突然抽出一把刀。两个人下了马，前后夹击。她用马鞭抽打我们。我很想打死她。伯恩斯咒骂她，说他会解决她。

他打开拴马索，两次试图套住她，但是没有成功。不过，他最后将绳子套在了她的脖子上。他拉紧绳子，在惠特曼马鞍的鞍桥上转圈。不过，她把套索从脖子上往下拉，拉到腋下。此时，伯恩斯开始奔跑，这是生死关头。她知道这一点，伯恩斯也知道。她在地面上遭到拖行，就像上天之前的风筝尾巴一样。我们再次想到了那个勘探者。我们还想到了马林和某些死去的人。当她快要死去时，我叫道："停下，伯恩斯！停下，不然，老天在上，我要开枪了！"

"开枪吧，见鬼！"他回应道，"我一定要弄死这个人。"

我的马跑得更快，追上了他们。我拦下他，把印第安妇女救了下来。战士们对于我的拦阻很生气。她几乎快要死了。她的脸被划伤，胳膊上全是伤口，身上也严重擦伤。她睁开眼睛，朝我们吐口水。我们把她带回营地。其他人把印第安人追到墨西哥国界线后返回。第二天，我们把印第安妇女和矮马送到洛克营，说那个女人是摔伤的。她被送回居留地。如果她今天还活着，世界上就会有一个知道白人的耐心经受了过度考验的阿帕奇女杀人犯。

在军队里，军官和士兵的感受普遍相同。刚从西点军校毕业的陆军少尉对于边区的艰苦一无所知，在跟随部队外出时经受了考验。第一天，他很痛苦。他想念军用发刷、睡衣和其他舒适的生活用品。第二天，他向列兵斯迈勒（Smiler）借了火柴。之后的事情就容易了。人的内心总会与他的环境相适应。身为军官，他不得不管好自己和手下的士兵。

埃利奥特中尉请病假离开后，史密斯中尉[①]接过了第八连的指挥权。我们被派往克洛弗代尔接替第九连，他们的马匹都累坏了。抵达营地后的第二天晚上，印第安侦察兵诺齐因为喝了龙舌兰耍酒疯。

他在军营里到处乱窜，明显是在喊我们的外号。他很公平，就连军官也没有放过。

[①] 艾伦·史密斯（1849—1927）在赖特写此文时是上尉，他参与了菲律宾的战斗，1905年以准将身份退役。

"军人没有好东西！"他喊道，"军官是老妇人。出来！出来打架！我诺齐是大酋长！"

他拍着斯普林菲尔德来复枪，向我们挑衅。我们需要竭力克制自己不对他动手，一些人朝他冲了过去。这时，史密斯中尉出现了，他喊道："稳住，稳住，伙计们！"

"诺齐，"他说，"你回棚屋去。我明天去见你。"

"你**！"诺齐说。

这已经够了。战士们朝他冲过去。

"退下，退下！"中尉一边喊，一边挥舞柯尔特45口径手枪，"别碰他。我来处理他。停下来。谁碰他，我就朝谁开枪。听着！归队！中士，点下名，给这些人多安排五天的警戒值班。"

这是一个人控制自己并对超过65个愤怒到忍无可忍的人使用权力的绝佳案例。

瓜达卢佩峡谷有三座坟墓，上面有被太阳晒脱色的石头堆。它们的由来如下：

第六连的信使带来了印第安人的消息。当我们上马时，4个"咖啡降温员"——守卫营地的人——向我们挥手告别。我们只追了四个小时。敌人的足迹在墨西哥国界线一分为二。当劳顿上尉——后来的劳顿将军（在菲律宾被打死）——率部调转方向，沿另一条足迹前进时，我们发现，我们正在返回我们的营地。侦察长对劳顿说了些什么。

"快走！"他命令道，然后是"快跑。"

我们明白了。原来，印第安人迅速折返，去营地偷袭我们的补给马车。如果我们及时赶到，我们的战友也许还有一线生机。

一匹马倒下了——丢下它！一匹马掉队了——别管它！快跑变成了冲锋，因为我们正在靠近营地。

我们冲下山，冲向峡谷上方凸凹不平的岩石，看到了马车冒出的烟。印第安人来过这里。我们下了马，顺着岩石爬下去，绕过一个小拐角。可怜的老内豪斯中士靠在树上，头皮被割掉，嘴里还紧紧咬着两三块咸猪肉。这个善良可爱的人已经变成了咧着嘴、血淋淋的可怕模样。新兵莫里亚蒂（Moriarty）躺在地上，腹部被划开，伤口上塞着一团团干草。

我们一言不发，怒不可遏。我们看看彼此，每个人都像六亲不认的杀人魔一样。

头顶的山上传来一声枪响。我们疯狂地冲了上去，觉得没有听到更多枪响是一件奇怪的事情。在半山腰上，我们发现了另一名士兵的尸体，在山顶上又发现了另一名士兵——斯尼策。他还活着，但失去了意识。他刚才看到了我们，因此开枪求救。

后来他告诉我们："我们吃饭时遭到印第安人突袭。内豪斯和莫里亚蒂在第一轮射击中倒下。科林斯（Collins）中了弹，但他摇晃着站了起来。我们朝山上跑，那里有一些藏身的地方。他们再次击中了科林斯，将他打倒。我把他扶起来，他趴在我后背上。他们再次击中了他。当他的胳膊从我的脖子上掉下去时，我在他身旁倒地，朝他们开了几枪。我只能看到他们开枪时冒出的烟。由于他们持续射击，我很快再次逃跑。我跑到山顶这个位置。路上，他们朝我开了两枪。我只记得这些。后来，我在下面的峡谷里看到了你们。"

我们将他们掩埋，将石标堆在坟墓上。他们在那里一直躺到现在。当时，我是边区新人。听说印第安妇女会割下死者头皮时，我还心存疑虑。后来，当我看到印第安妇女用刀子割一个人的脑袋，然后扯下他脑袋的皮肤时，我相信了。这是无可辩驳的证据。

穿越阿帕奇地区

迈克尔·M. 赖斯
《大分水岭》第 12 卷（1895 年 7 月）：158—160 页

美联社亚利桑那代理人委派我去前线与战场上的部队会合。于是，我向亚利桑那指挥官乔治·克鲁克准将申请作为印第安战役新闻采集者与部队同行。拿到必要的证件后，我从克利夫顿出发，前去与墨西哥前线的第四骑兵团会合。

我听说谢里登将军在前往东部的路上会经过洛兹堡，因此决定从南太平洋铁路上的盖奇车站骑马出发。我在盖奇车站等待李上尉的有色人种部队①，他们将穿越新墨西哥的米尔山脉，以追逐杰罗尼莫及其团伙。

我是谢里登的仰慕者，很想见见他，如果可能，我还想采访他。我成功了。当火车到站时，我得知，将军一行人在车尾的特殊车厢里。我走过去，询问谁是谢里登将军。游览车厢尾部坐着一群女士和军官。当我提到将军的名字时，一个清晰响亮的声音在人群中回答道："我是谢里登将军，我能为你做什么？"

看到回应我的人，我不禁觉得有人想要捉弄我，因为这个人没有军衔和身份标志，他看上去更像是刚刚逃离一场龙卷风的人，而不是美国陆军指挥官。

他穿着粗糙材质的蓝色旅行套装，头上和半边脸包着绷带，看起来平平无奇，根本不像一个带着诗意色彩胜利归来的英雄。他露出一只眼睛，极具凯尔特风格的鼻子下面留着又短又粗、参差不齐的小胡子。他个子不高，举止紧张。不过，他露出的那只眼睛交替流露出的穿透力、好奇的目光、刚劲、热情和幽默是正常

---

① 弗雷德里克·范·弗利特少校（Maj. Frederick Van Vliet）领导的中队的一部分，由美国第十骑兵团第四连、第五连、第八连和第十一连组成，他们从格兰特堡出发，搜寻敌对分子。

语言无法形容的。

凭借标志性的敏锐洞察力，他看出了我的困惑，至少知道我对他的身份存在疑虑。他微笑着和我握了手，邀请我坐在月台的座位上。

在问过我的名字和来意后，他幽默地谈到了他看上去不像军人的原因，说他不久前在加利福尼亚州圣莫尼卡（Santa Monica）遭遇了严重的火车事故，他和妻子差点丧命。他把我介绍给他的妻子和参谋。他的妻子的面部也留下了明显的伤痕。接着，他极为详细地询问我所了解的部队在战场上的部署、各个连队的位置、与水源的距离、他特别关心的第四骑兵团的动向，以及运送补给的设备和设施。实际上，他不像是接受采访的人，反倒像是采访我的人[①]。

他用望远镜扫视周围环境，讨论他视野范围内的地形，这显示出了他对于敌对分子出没区域的熟悉程度。他对于敌人入侵区域的那些孤立无援的定居者非常担忧。最后，他对于克鲁克将军的军事能力和他制服阿帕奇杀人犯的能力表现出了极大的信任。

采访持续了大约三十分钟。当列车长专横地宣布"全员上车"时，我很不情愿地和我心目中的军人典范、"温彻斯特英雄"[②]告别了。

第二天上午，我离开洛兹堡，前往瓜达卢佩峡谷，与劳顿上尉领导的骑兵团会合，中途经过新墨西哥格兰特县西南部的维多利亚矿区。查托团伙几年前走的也是这条路，当时他们刺杀了麦科马斯法官及其妻子，以及他们的小儿子查利。这是阿帕奇暴行编年史中最野蛮的屠杀之一。

我当晚居住的宿营地发生过当地历史上最奸诈的袭击和最英勇的防御。这片地区涌现过许多极为勇敢、无所畏惧的英雄事迹。

两个勘探者迪瓦恩（Devine）和弗格森（Gerguson）从维多利亚区前往拉斯普拉亚斯（Las Playas）。一天，快到傍晚时，在翻越哈奇塔山脉（Hachita

---

[①] 1985年5月19日，当谢里登乘火车前往东部时，克鲁克通过电报向他通报了内奇和杰罗尼莫逃离圣卡洛斯居留地的消息。由于缺乏"明确信息"，克鲁克没有提前汇报这一消息。Crook to Sheridan, May 19, 1885, George Crook Letter Book, Rutherford B. Hayes Presidential Center, Fremont, Ohio.

[②] 南北战争中，谢里登率领联邦军队在弗吉尼亚州温彻斯特战胜邦联军队。——译注

Mountains）的分水岭时，他们遭到查托及其杀人团伙的袭击。还没等他们反应过来并进行反抗，他们就遭到了一轮致命射击，弗格森的两条大腿中弹，正在赶路的骡子也被击毙。弗格森从骡车上摔了下来，倒在地上。

迪瓦恩迅速将骡车和死去的骡子当成矮防护墙，把瘸腿同伴拉到临时街垒下方，找到温彻斯特来复枪，开始了一对十五的绝望战斗。在几个小时里，他将红色恶魔牵制住，偶尔将水壶里的水浇在同伴身上，使他恢复知觉，可以用温彻斯特来复枪反击。

狡猾的阿帕奇人尝试了各种策略，试图将他们引诱出来，但是没有成功。受伤的弗格森不时让迪瓦恩丢下他逃命，因为他觉得自己受了致命伤。这个勇敢的家伙不想看到他的朋友和同伴为了他眼中毫无希望的事情而牺牲生命。不过，迪瓦恩宁死也不愿意放弃受伤无助的同伴。所以，他继续进行绝望的战斗，直到印第安人天黑后从战场撤退。

迪瓦恩知道第二天上午战斗还会继续。众所周知，阿帕奇人不敢在夜间进攻，他利用这一点，带着无助的弗格森沿着崎岖的山坡爬了 0.5 英里，选择了一个可以继续防御的有利位置，在暴露的一面用岩石搭建了堡垒。只要堡垒里的人稍作抵抗，敌人就无法攻过来。

迪瓦恩留下一些补给和战斗中剩下来的水，带着温彻斯特来复枪和弹药，步行前往定居点，以获取援助和交通工具，以便将同伴运送到可以进行外科手术的地方。迪瓦恩在深夜抵达维多利亚，很快召集了一群矿工，返回血腥的战斗地点，发现弗格森还活着，但他承受了巨大的痛苦。他们将他小心地搬到车上，送到戴明，然后转运到阿尔伯克基市的姐妹医院。在那里，经过精心护理，他恢复了健康，但他并未完全恢复正常行走。

在参观了上述战斗地点后，我继续赶路，当晚抵达拉斯普拉亚斯，遇到了一群人。他们是已故美国参议员赫斯特[①]雇用的，负责为牧场上的牛仔建造房屋。

---

① 乔治·赫斯特（1820—1891），加利福尼亚参议员，威廉·伦道夫·赫斯特（William Randolph Hearst）的父亲。

我的到来让他们首次听说了阿帕奇暴动。

第二天，我在一个骑马牧牛工的陪伴下抵达老格雷牧场。第四骑兵团的一个连驻扎在那里，指挥官是哈特菲尔德上尉。第二天，我抵达克洛弗代尔，劳顿上尉、哈特菲尔德上尉和伍德上尉①的部队都在那里。如果抢劫团伙想要从北边或东边进入马德雷山脉，这里就是最有可能拦截他们的地方。

印第安战役既有悲剧的一面，也有可笑的一面，下面的例子可以证明这一点。

那个时候，在哈金、黑德和赫斯特牧牛公司持有大量股份的经理 A. E. 黑德上校带着一群朋友从戴明赶来，想要展示他们对于美军的感激，因为美军一直在保护他们公司的利益，为他们做出了很大贡献。他们为部队军官精心准备了一场宴会。他们带来了装有十分昂贵的饮品的篮子和大量进口的古巴烟草。肥胖的牛犊被无情地屠宰，每个人的脸上都带着笑容。

这场临时宴会结束后，人们开始讨论烟草和饮料的优点，参与过印第安战事的人讲起了令人毛骨悚然的故事。这时，外面突然出现了令人惊慌的骚动，伴随着来复枪声。阿帕奇人令人胆寒的战争呐喊在远处回荡，派对在混乱中停止了。

怪脾气的伍德立刻去取马刀，喊道："阿帕奇人，天哪！"十几个人同时下达了"拿起武器"的命令。在门廊下休息的牛仔也激动起来，每个能够找到坐骑的人都自愿请求出征，包括勇敢的黑德上校。

距离最初的警报不到十五分钟，整个队伍已经全体上马，驮队也已整装待发。拥有最高军衔的劳顿向下属交代了作战计划，军队朝敌人进发了。

哈特菲尔德上尉的部队奉命占据左翼，伍德奉命绕到右翼，劳顿、黑德上校和志愿兵坐镇中军。指挥官下达了前进命令。在敌对分子开战之前，我方不得开枪。部队朝着事发地点前进。

罗奇中尉带着圣卡洛斯侦察兵分遣队走在前面，开始攀登传出枪声的陡峭山脊。黑德上校带着驮有250磅货物并且没有装备驮鞍的骡子紧跟在后面。事件记

---

① 艾布拉姆·E.伍德（约1845—1894），西点军校1872届毕业生。

录员小心地寻找能够躲避流弹的观察地点。此时，人们的注意力都集中到了一个人身上：他身上涂抹着华丽的战争油彩，站在上方几百英尺处突出的悬崖上，一只手挥舞着红色班丹纳头巾，另一只手挥舞着由于距离太远而无法看清的某样东西，非常引人注目。他正在疯狂地向下面的军官传达消息，说他们没有必要大动干戈。他以最大的声音喊道："没有坏奇里卡瓦人，没有坏奇里卡瓦人，我们抓到了小猫！"与此同时，罗奇中尉赶到，发现他脚下躺着一头脑袋被射穿的小熊。

军官和士兵的懊恼是无法形容的，因为队伍中的每个人都在真诚期待与杰罗尼莫及其团伙的战斗。

错觉来自罗奇的印第安侦察兵，他们在俯瞰营地的山上放哨。换班的人在雪松树丛里遇到了一头熊和两只幼崽，他们不得不将其打死，以挽救一个同伴的性命。这引发了作战呐喊、来复枪齐射和大规模骚动。

劳顿上尉及其下属觉得这件事很丢脸，约定绝不透露此事。所以，作为军旅生活最可笑的事件之一，此事之前从未被公开发表过。

劳顿上尉对抗阿帕奇人的作战指挥部设在瓜达卢佩峡谷，位于指示新墨西哥、奇瓦瓦和索诺拉交界点的纪念碑附近。所有物资都会通过圣伯纳迪诺牧场转运到那里。

他刚确定营地位置并做好安排，信使就带来了消息，说印第安人正朝克洛弗代尔和骷髅峡谷方向前进。劳顿需要立刻赶往克洛弗代尔和朗牧场拦截他们。此时是1885年6月1日左右。

营地物资包括帐篷和配件，以及4辆大型政府货车，车上装有口粮和弹药、医疗物资、马具、马鞍、军官服装，还有45头骡子和8匹战马。

劳顿将这些政府财产交给慕尼克中士、7名士兵和瓦楚卡堡军医乔治·安德鲁斯看管，命令他们严格遵守纪律，随时留人放哨。他率领部队立刻赶往克洛弗代尔和朗牧场，在那里等待进一步的命令。如果反叛者试图穿越那里前往卡洪博尼托（Cajon Bonito），他们就可以将其逮捕。在之前的抢劫中，卡洪博尼托是杰罗尼莫最喜欢的集结地点。

部队离开后，留下来看管补给车队的小分队放松了警戒，开始享受生活。他们离开岗位，打牌消遣，甚至撤回了在附近山丘上持续监视周围大片区域的岗哨，完全违背了命令。中士的冒失让他很快付出了生命代价。他对医生和士兵们说，他不相信营地100英里范围内有印第安人，因此没有必要放哨。

安德鲁斯医生十分警惕，他决定去找劳顿上尉，报告这支分遣队的轻率举动。他在6月5日晚抵达克洛弗代尔，向指挥官报告了补给营的状态。

当晚，我主动请求前往瓜达卢佩峡谷，以斥责玩忽职守的中士。6月6日早上黎明时分，我开始了22英里的旅程。

穿越瓜达卢佩峡谷的旅行在任何时候都令人不安，尤其是在印第安人开始造反、两个共和国的亡命徒将这里作为落脚点的那段岁月。这里的道路经过了鲜血的洗礼。在绝望的遭遇战中，陡峭的岩壁回响着枪弹的呼啸声和不法分子的垂死呻吟。不安全感萦绕在孤独旅人的心头，当他阅读不法者和冒险者坟墓上的无声记录时，他会情不自禁地打冷战。即使是一本书也写不下发生在这些险峻山岭里的屠杀事件简介。

我小心地凭感觉在峡谷中穿行，来到构成瓜达卢佩溪源头的泉眼。泉水从突出的砂岩峭壁下面冒出来，一天二十四小时都不会受到阳光照射，因此凉爽而清新。我下了马，解开马鞍，准备让坐骑休息一个小时，然后继续前往目的地。当我俯身饮用泉水时，我看到池塘边潮湿的土地上有许多鹿皮鞋印、膝盖印和手印，和我自己留下的痕迹一样清晰。我迅速备好马鞍，立刻离开了那个地方。我不知道汤姆·奥尚特（Tom O'Shanter）①在穿越峡谷和欧洲蕨的著名骑行是否和我在那个重要上午的骑行一样焦急。

到了补给营，我看到了极为凄惨的景象。之前帐篷和马车所在位置只剩下烧焦的残骸、变形的马车轮胎以及燃烧的咸猪肉和半可燃物发出的浓烟。除了盘旋在死者遗骸上方的秃鹫，这里没有任何生命迹象。营地所在的几百英亩平地上的

---

① 汤姆·奥尚特是苏格兰民间故事中的人物，他在深夜回家途中遇到了鬼。——译注

所有青草和灌木都被烧光了。

在一棵美国梧桐下，我发现了列兵内豪斯的遗体。他的头部被射穿，一只手紧握着吃了一半的饼干，牙齿紧紧咬着一块咸猪肉。他的身旁掉落着杯盘，这说明他是在吃中午饭时中弹的。

小溪下游不远处是一个年轻新兵的尸体，他是当天上午带着写给指挥官的信件赶到这里的。

根据现场情况，我已经不需要继续调查了。我没有继续寻找更多的人为破坏证据，而是迅速折返，前往克洛弗代尔汇报这场灾难。

在从峡谷向上攀爬的路上，我的坐骑每次看到影子和活物都会害怕地躲闪，这使我更加焦虑。在每个灌木丛里振翅的鸟儿强化了我的想象，小路上的每个脚印都像是近在眼前的危险迹象。形似成熟小驴的花鼠和在前方不远处灌木丛里奔跑的白尾鹿群都会使飞速奔跑的马儿犹豫起来，我的每一簇眉毛也都会争先恐后地进入痛苦的直立状态。只有在看清对面是无害动物时，我所产生的嗜血阿帕奇人隐藏在小路每处洼地的幻觉才会消失。

我的骑行演变成了对于谢里登著名骑行的真实模仿。"温彻斯特英雄"昔日策马奔向面临死亡和灾难的真实人群，我则是无声而艰难地骑着我的珀加索斯（Pegasus）①逃离想象中涂着油彩的阿帕奇军团②。

不用说，经过泉水时，我没有停下来缓解我和坐骑的干渴。黄昏时分，我来到了瓜达卢佩和克洛弗代尔之间的分水岭，第一次感到了暂时的安全。看到牛棚闪烁的灯光，想到慷慨的牧场主人对我的热情接待和对我脱离危险的祝贺，我的灵魂又醒过来了。几个小时前，两个逃离魔爪的士兵斯尼策和杰特先于我来到了这里。接着，我得知了劳顿补给车队被毁的经过：

袭击发生在中午时分。士兵们遭到了奇袭。当时，有的人在打盹，有的人在

---

① 坐骑的名字。——译注
② 南北战争中，联邦军队曾被邦联军队击败，向后方溃逃，但谢里登及时赶到，他骑马向前，将残部集结起来，反败为胜。谢里登的骑行还被里德写成了一首诗，广为流传。——译注

帐篷里打牌。第一个受害者是厨子内豪斯。就在他喊大家吃饭时，远处传来了印第安人的喊声。敌人从俯瞰营地的悬崖朝他们发出了一轮致命的射击。中士慕尼克和年轻的瑞士裔列兵斯尼策拿到了卡宾枪，因此得以进行防御。他们进入马车中间的方形区域，向敌人射击，直到他们或者印第安人的射击导致装载弹药的货车被点燃。他们被迫撤离掩体，在开阔地战斗。印第安人隐藏在上方几百英尺的岩石中，在安全和位置上占尽优势。他们意识到自己一定会战死，而且认为其他战友都已牺牲，因此决定共同行动，必要时死在一起。敌人大约有30人，他们的火力集中在撤退的二人身上。两个人面对着看不见的敌人，只能漫无目的地射击。慕尼克中士的脚部中弹，无助地倒在地上。他的瑞士同伴前来救他，将他扶起，一只手撑着他，二人继续进行不对等的战斗。斯尼策顶着凶猛的火力把瘸腿的同伴拉上陡峭的山坡。到了分水岭顶峰，他们躲在雪松树后。此时，勇敢的中士迎来了致命一击，他在忠诚的战友怀里被一颗来复枪弹射穿了心脏。

在对战友履行了凡人能做到的最神圣的职责后，斯尼策跑到印第安人射程范围以外，与残忍的敌人拉开了距离。他熟悉当地地形，很快逃离了危险，大约在日落时分抵达克洛弗代尔。此时，他已经筋疲力尽了，但他总算逃离了这场可怕的灾难。

列兵杰特在战斗开始时无法拿到武器。他逃到峡谷上方，没有被印第安人看到①。另一个年轻的德裔士兵带着武器装备逃跑了，抛弃了战友。他后来被抓住，遭到军事法庭审判，被送到阿尔卡特拉斯。勇敢的斯尼策凭借对友谊和职责的忠诚受到奖励，被提拔为中士，为他所在的部队争了光。

---

① 杰特对于自己的行为做出了完全不同的叙述，见他在本卷第五部分的《瓜达卢佩峡谷的战斗》一文。

和克劳福德在墨西哥

罗伯特·汉纳[1]
《大陆月刊》第 8 卷,第 2 期(1886 年 7 月):78—83 页

我有幸跟随埃米特·克劳福德上尉继续进入墨西哥马德雷山脉追逐杰罗尼莫团伙。我艰难地追随部分敌对分子来到了墨西哥帕洛马斯湖。之后,我所隶属的部队奉命前往戴明向克劳福德上尉报到。我们发现,克劳福德正在等待我们。他准备了一队货车,只要一些印第安侦察兵从东边乘火车赶到,我们就可以出发了。

据说,敌对分子的大部队在我们西边向南移动。这一天,我们不停地收到报告他们位置的电报。不过,从东边来的火车晚点了,我们直到下午才出发。很快,穿着各色服装的印第安侦察兵下了火车。他们看上去显然刚刚经历了漫长而艰难的追逐,因为他们之前一直在北边追赶敌对分子,并在格兰德河谷坐上火车,以便在敌人抵达铁路之前将敌人拦截在戴明以西。我们很快上车出发了,天黑后在塞珀下车。离开戴明后,我们并没有听到敌对分子的消息。

夜色很浓。将牲畜卸到开阔的货运站台上是一项极为艰难的工作。侦察兵的叫喊声、不受约束的牲畜的踩踏声和人们在黑暗中寻找个人物品的努力共同形成了一种难以描述的混乱。侦察兵点燃的小火堆又增添了几分喧嚣,在一些地方照亮了忧郁的黑暗,映照出了聚集在周围的印第安侦察兵野蛮的面庞和几乎裸露的身体。

---

[1] 美国第六骑兵团的罗伯特·汉纳(1848—1908)是西点军校 1872 届毕业生。他在亚利桑那服役多年,先是跟随第六骑兵团,后来担任印第安侦察兵指挥官。他在 1888 年晋升为上尉,在 1890—1891 年参加了达科他的派恩岭战役(Pine Ridge)。1891 年 2 月 24 日,汉纳由于残疾退役。

直到午夜，疲惫的人们才得以入睡。黎明时分，营地开始热闹起来。我们很快在延伸至西南方的灰色平原上行进。克劳福德收到了电报，得知敌对分子穿过了我们南边的铁路，我们将沿西南方向寻找他们的足迹。我们事后得知，敌对分子去了西边。所以，我们直到很久后才看到他们的足迹。

我们继续朝西南方向前进，来到骷髅峡谷。在那里，我们与查托领导的奇里卡瓦侦察兵会合，我们的运输队又增加了一支驮队。查托是敌对分子所属的奇里卡瓦部落的酋长。据说，他想打死杰罗尼莫和敌对分子团伙中的其他酋长，以便成为大酋长。出于这一愿望，他带着印第安武士跟随我们前去对抗他的同胞。

查托在与克劳福德谈话时表示，他知道敌对分子准备在墨西哥哪个地点集合。最后，我们决定直接前往那个地点，而不是把时间浪费在寻找脚印上，后者必然很慢。第二天，我们去了墨西哥国界线上的朗牧场，并于次日穿越圣路易斯山口，沿马德雷山脉东侧山麓向南前进，绕过墨西哥国界线。我们西边是大山，东边是巨大的哈诺斯平原，南边可以看到墨西哥高山的蓝色轮廓；前方可以看到侦察兵映在天空背景下的轮廓，他们正在翻越山麓丘陵的山脊；身后跟着长长的骑兵队伍，后面是白色的驮骡，每支驮队由叮当作响的铃马带领。

我们的队伍由近100名印第安侦察兵和一个骑兵连组成。货运方面，我们有两支驮队，各50头驮骡，每支驮队配有完整的货郎团队。侦察兵走在大部队前面。少数侦察兵之前在与敌人作战时俘获了骡马，但是大部分侦察兵只能步行。在地势平坦的地区，他们可以一口气走上近1英里。他们没有正规行军次序的概念，每名侦察兵都按照自己的想法前进，所有人都保持着大致相同的方向。通常，到了上午10点或11点，他们会领先骑兵和驮队很远的距离。接着，他们会在树下坐一会儿，休息吸烟。当我们出现在视野范围内时，他们又会继续前进。虽然是步行，但他们总是可以很轻松地走在骑兵前面。他们似乎从不惧怕山脉丘陵，如果翻山可以缩短距离，他们通常会翻山，不管道路多么陡峭。

我们在山麓丘陵没有找到水，因此转而向东，朝着一座耸立在平原上的险峻山峰进发。这座山叫作恩梅迪奥山或米德尔山。几年前，部队在这里和敌对分子打了一仗。距离主山有点远的崎岖险峻的丘陵附近偶尔会有人和马的骨架，岩石上散落着铅弹，这已经说明了一切。

我们放开骡马，让它们吃草，然后扎营。我们的牲畜没有饲料，只能在路边吃草。我们总是让它们在卫兵的看守下整晚吃草。我们不用帐篷，所以省去了搭帐篷的麻烦。一般来说，如果附近有树木，我们就把毯子铺在树荫下，在足够指挥部所有人员使用的锡制洗脸盆里洗脸，然后躺下，直到厨子宣布开饭。

军官和货郎一起就餐，两支驮队就餐的人数大致相同。锡盘和锡杯摆在地上的包裹盖布上，我们像印第安人一样蹲坐在周围。厨子有个滑稽的名字，叫作"大人物"。他看上去更像是牛仔而不是厨子。他会喊"亲爱的"，然后等大家前来就餐。所有人自己盛饭，除非必要，否则踩在桌子上够东西不会被视作得体的礼仪。我们的伙食不比普通士兵的口粮强多少。可以说，早餐、午餐和晚餐都是由咸猪肉、面包、豆子和咖啡组成的。吃完饭，随着太阳下山，气温开始转凉。吸完烟，几乎所有人都开始睡觉，以便在第二天黎明时分起床，开始漫长的行军。过了恩梅迪奥山脉，我们返回西边的主山脉，在山中走了两天，穿过长满橡树的美丽林区，在一座被遗弃的古老牧场宿营。这里位于从奇瓦瓦州哈诺斯穿越马德雷山脉通往索诺拉州巴维斯佩的小路上。

查托经常通过两个翻译与克劳福德上尉交谈，其中一个翻译是西班牙人，另一个是阿帕奇人。阿帕奇人有个滑稽的名字，叫作米基·弗里（免费威士忌）。据说，他不是印第安人，而是爱尔兰男人和墨西哥女人的儿子。他从小被阿帕奇人俘虏，一直跟着他们生活。米基有着爱尔兰人的长相，但他在其他各个方面都是纯粹的印第安人。他掌握的西班牙语不包含任何时态，因此当他将阿帕奇语翻译成西班牙语时，很难判断他表示的是现在时、过去时还是将来时。不过，我们还是获得了足够多的信息，知道查托非常反对进入任何墨西哥城镇。我们觉得这是因为他曾在墨西哥抢劫。所以，第二天，我们在巴维斯佩小路上前进，在山脉西坡下坡到大约一半时转而向南，以免进入巴维斯佩。

晚上，我们在一道深邃的峡谷里发现了一个龙舌兰制造厂，不得不停下来宿营。这个酿酒厂里有许多墨西哥烧酒。还没到第二天早上，我们身边就有了近 100 个喝醉的野人。想到我们身在一个不是很友好的异国，兵力很少，身边又有这样一群完全不负责任的家伙，我们感到有些不安；而且，我们的一些野蛮盟友不久前刚刚抢劫了这片地区，可能会再次实施抢劫。

第二天，我们走下一条河谷，沿着一条小溪前进，溪边是茂密的竹林。上午 10 点左右，我们走出河谷，眼前是我们的阿帕奇朋友前一天很想回避的巴维斯佩镇。这是一座墨西哥小镇，是以常见的墨西哥风格建造的，中间是一座广场，广场上有一座看上去很古老的教堂。小镇坐落在巴维斯佩河沿岸，在这里，河水沿着马德雷山脉西侧山麓朝着差不多正北方向流去。这是一条清澈的山间小溪，河谷城镇附近有许多耕地。

我们发现，整个地区似乎没有人想要占据距离城镇远一点的牧场，尽管整个地区遭到遗弃的牧场意味着这里过去并不是这种状态，由于远离城镇，致使生命和财产安全缺乏保障，才出现了这种状态。阿帕奇人在马德雷山脉安了家，在事实上摧毁了周边区域。

我们经过城镇时，镇上的墨西哥人认出了查托酋长，并且询问杰罗尼莫酋长的情况。他们还不知道，这位高贵的酋长和他们一样痛恨杰罗尼莫。我们对于这件事的解释使他们对于查托酋长及其追随者的愤怒明显消失了。事实上，这位印第安武士和我们的大部分印第安武士都很疲惫，他们肚子里装着墨西哥威士忌，外面又受着墨西哥骄阳的暴晒。于是，我们在巴塞拉镇对面的河岸上扎营。巴塞拉是一座与巴维斯佩非常相似的村庄。这些小镇的男性居民比例似乎很小，我们无法解释这一现象，直到对方告诉我们，大部分男人都去参加当时正在进行的亚基战争了。

我们一直往南走，直到特索拉巴比溪（Tesorababi Creek）。1883 年，克鲁克将军在进入马德雷山脉之前曾在此扎营。接着，印第安人让我们观看西南方向一座遥远山峰的阴暗轮廓。他们说，敌对分子将在那里集合。印第安人称之为克莱山（Klee Mountain），意为马山。我们后来得知，墨西哥人称之为蒂格雷山（Sierra del Tigre）。从这里，我们开始翻越我所见过的最坎坷的区域。虽然这条路被墨西哥人称为皇家之路，被用作城镇之间的交通要道，但是牲畜完全无法通行。我们牵着饿得半死的马匹步行，因为自从离开马德雷山脉东坡以来，草地一直稀少而贫瘠，它们又没有其他东西可吃。

在灼热的阳光下，我们进入了几千英尺深的峡谷。到了峡谷底部，我们又要从路况同样糟糕的另一侧爬上去。这些峡谷似乎没完没了。在一些地方，它们似乎是巨大火山口的底部。我相信，如果天气足够凉爽，我们就会欣赏自然的美景，赞美常常出现在我们眼前的壮观景象。不过，这里太热了，只适合休息，而我们当时又不能休息。

自从出发以来，印第安人每天晚上都在"做法"，唱"灵歌"。吃完晚饭，吸完烟，他们会开始吟唱单调的旋律，所有人都会加入其中。他们会一直唱到12点以后，不管白天的旅行多么辛苦。一天晚上，我们在类似火山坑的峡谷底部宿营，所有人都躺在毯子里。这时，我们有幸受到了首席巫医尤克莱尼的拜访。大部分侦察兵都跟了过来。除了几处篝火，阴郁的峡谷里一片黑暗。当尤克莱尼讲述故事时，他的声音显然给所有倾听者留下了鲜明的印象。他说，他过来告诉我们，他进行了占卜，结果很好，我们将在三天内进行战斗，会有人被打死。如果克劳福德上尉能够宰杀一头白色奶牛，让他们吃肉，我们就能抓住奇里卡瓦人。奇怪的是，第二天，部分预言应验了。

我们顶着烈日走了漫长的40英里，以步行为主。我们穿过巴蒂皮托河（Batipito River），在蒂格雷山脚下扎营。这时，有消息说，两名侦察兵在队伍后方遭到了墨西哥人袭击，一人被打死，另一人被打伤。侦察兵非常激动，声称要报复墨西哥人。我们中的许多人担心，如果他们真的这样做，我们这支小队就很难走出墨西哥了。不久，我们收到了瓦萨瓦斯（Huasavas）镇长的来信。瓦萨瓦斯是我们南边的一座河畔小镇。镇长附上了一个美国人的信件，解释了情况。这个美国人刚刚翻过一座山，看到了侦察兵，认为他们是敌对分子，因此朝他们开枪。我们向印第安人解释了这一情况，他们显然很满意。不过，他们之后再也不敢耽搁和掉队了。

瓦萨瓦斯镇长在信中还说，敌对分子离开了我们当时驻扎的蒂格雷山，在我们北边的奥普托村附近被人发现。显然，就像查托说的那样，他们去过这些山脉。我们派人掩埋了死去的侦察兵，把受伤的侦察兵带回来。第二天上午，我们朝奥普托进发。

我们在奥普托以北大约3英里处扎营。如果这座小镇的居民没有热情地招待我们，我们的牲口就会过得很惨，因为当地没有青草。他们允许我们把牲口带进他们的留茬地里①，对我们十分热情。侦察兵的歌声变得很烦人，因此我们将他们安置在河流对岸听觉范围以外。在我们的宿营地，河流又宽又浅，两边都有大片的棉白杨。我们在树下宿营。

侦察兵在附近侦察后宣布，他们发现了敌对分子的营地。所以，当天晚上，部分没有骑马的人被派了过去，以包围营地，奇袭敌人。每个人带着100发子弹和三天的食物。就在月亮从马德雷山脉远处的山峰上升起时，他们悄悄溜出了营地。明亮的月光照射在宽阔的水面上，棉白杨为两岸的营地投下幽暗的影子。很难想象我们这支部队藏在树影里面。夜晚很静，只能听见蛙鸣，周围的景色显然与当时外出的小分队的目标不太相符。外出的部队走了大约20英里，第二天上午突袭了奇瓦瓦领导的一伙敌对分子，捉住了11个妇女儿童。对方几乎没有战斗，以最快速度逃跑了，将一具死尸以及所有的宿营设施和马匹留在原地。我们有一名侦察兵受了重伤，所以，虽然克劳福德没有像尤克莱尼希望的那样宰杀白色奶牛，我们还是抓到了敌对分子。

这些妇女儿童看上去很悲惨，逃离居留地对他们来说并不是愉快的旅行。俘虏中包括奇瓦瓦的妻子和孩子。第二天，我奉命带着俘虏、伤员和一支空驮队在10名骑兵的护送下前往距离最近的美国营地。

我们需要穿越我完全不了解的区域。充当向导的是一个名叫达奇的侦察兵，

---

① 收割完庄稼的田地叫作留茬地。——译注

他是奇瓦瓦的兄弟。他之所以被送回去,是因为他拒绝前去对抗他的兄弟。俘虏中有一个女人的臀部被射穿,我们只能把她放在马上。她很痛苦,我们常常需要扶她下马休息。一些儿童也受了伤。伤员的呻吟和儿童的哭泣使我们的小队显得很凄惨。

克劳福德上尉警告我们保持警惕,他担心敌对分子会夺回家属。我们的人数很少,而且还带着奇瓦瓦的家人,因此这并非没有可能。巫医尤克莱尼和另一名侦察兵陪着我们。我猜想尤克莱尼的成功预言已经使他名声大噪,回到居留地,他可能会一辈子仰仗自己的荣誉生活。

我们在蒂格雷山崎岖贫瘠的山麓丘陵静静地穿行。由于伤员的拖累,第一天我们只走了很短的距离。第一天晚上,我们在一条深邃峡谷的底部宿营,那里有一些看上去类似桃花心木的大树。墨西哥人之前一直在获取这里的木材,他们把树砍倒,拖到河边。

第二天,我们发现了一大群印第安人的足迹。尤克莱尼和侦察兵宣称,这些脚印是前一天留下的。他们很害怕,说我们第二天上午会遭到攻击。抵达营地后,侦察兵搭建了小小的岩石堡垒,将装满水的水壶和水桶放在堡垒里,并将俘虏放在堡垒周围,准备对抗敌人的围攻。我们觉得他们应该知道敌人的位置,因此对于这支小分队做了最佳部署,以应对敌人的进攻。所有人都要在早上3点起床,以便在黎明时做好准备,因为黎明是印第安人一贯的进攻时间。

不过,我们并没有遭到攻击。第二天上午,我们继续沿蒂格雷山顶峰前进,穿越风景优美的区域。山上覆盖着橡树,峡谷里有许多五六十英尺高的大型棕榈。山上有一些突出的岩架,各种证据表明,这里有宝贵的矿产。这条小路是一个老走私犯的走私路线,走的人很少。不过,小小的木十字架和旁边充当坟墓标志的石堆意味着这里并不总是像当时看上去的那样和平。

我们最终穿越蒂格雷山,进入宽阔的山谷,两天后在弗龙特拉斯镇附近宿营。小镇居民几乎全体出动,带着极大的好奇前来参观我们的队伍。我们又走了几天,穿越了风景优美的区域,然后抵达亚利桑那的鲍伊堡。我们得知,有人说印第安人打死了我们，夺回了俘虏。他们还派出了一支队伍，以寻找我们。

我协助守军以造反的罪名为达奇戴上镣铐，将他关进禁闭室，并将俘虏转交给哨所指挥官。我休息了几天，然后跟着前往墨西哥的其他侦察兵返回墨西哥国界线。之后，我重新开始了在亚利桑那和新墨西哥尘土飞扬的平原和崎岖的山地四处漫游的生活。我没有返回克劳福德的队伍，一直没有再见到他。几个月后，他死于墨西哥人之手。这场悲剧结束了他光荣的一生，也使我们失去了一位认真负责的军官和公平的指挥官。

克劳福德上尉最后的出征

威廉·E. 西普[①]

《美国骑兵协会杂志》第 5 卷，第 19 期（1892 年 12 月）：343—361 页

1887 年的美国陆军登记簿上有这样一条记录："1886 年 1 月 11 日，在墨西哥纳科里附近，墨西哥军队袭击埃米特·克劳福德上尉领导的印第安侦察兵，上尉因伤死亡。"

克劳福德上尉的死亡过程极为悲伤离奇，他的品格又很崇高，所以，我要在此介绍他最后一次出征的故事，供认识他的人寄托对他的哀思。

在命运的安排下，我参加了此次远征，与他进行了密切接触，因此认识并喜欢上了他，看到了他的倒地死亡，最终看到他的遗体被埋葬在陌生人的土地上——他在试图帮助这些陌生人时被他们所杀。我之所以写下这篇文章，是因为我经历了这些事情，而且想要赞美这位英雄的事迹。

克劳福德上尉的死是由人们通常所说的杰罗尼莫暴动的后续事件导致的。所以，我要先简单说一下这次暴动。

1885 年 5 月，当时联合成一个部落的一大群奇里卡瓦和沃姆斯普林斯阿帕奇人无故离开位于亚利桑那阿帕奇堡的居留地。内奇是他们的世袭酋长，而且很有能力，是真正的领导者。他是老科奇斯的儿子，没有辱没父亲的名声。科奇斯多年来一直是令美国西南部闻风丧胆的人物。杰罗尼莫是部落的巫医和演讲家。他

[①] 美国第十骑兵团的威廉·E. 西普（1861—1898）是西点军校 1883 届毕业生。1898 年 7 月 1 日，他在攀登圣胡安山的冲锋中牺牲。

不是伟大的战士。不过,和北方的坐牛(Sitting Bull)[①]类似,他在族人中很有影响力。他拥有邪恶的外表和性格,总是非常吸引印第安人中的邪恶分子。和许多人类似,他们通常更喜欢听从他,而不是比他更好的人。不知为什么,白人总是会将杰罗尼莫看作反叛者的首领。这个错误并不重要,所以,为方便起见,我们将采纳这种说法。

印第安人立刻开始了谋杀和抢劫,将美国的亚利桑那和新墨西哥以及老墨西哥的奇瓦瓦和索诺拉的大片土地作为他们的行动区域。这片战场非常崎岖贫瘠,部队追赶他们非常困难。他们天生能适应这里的环境,拥有长期作战的经验,而且可以通过盗窃牛群和马群获得充足的食物,因此并不把追逐者放在眼里,继续将荒凉和恐怖散布在他们的行进线路上。累垮的马匹和衣衫褴褛、疲惫不堪的士兵证明了部队付出的努力——这种努力令人沮丧,而且异常艰难,因为他们几乎完全没能成功。

看到常规军徒劳无功,军区指挥官克鲁克将军转而采取他一直非常喜欢的策略:用印第安侦察兵制服他们自己的族人。敌对分子通常被称为"野马",他们将大本营设在墨西哥巨大的马德雷山脉之中。凭借山中的安全基地,他们可以在美国和墨西哥领土上行动。美国政府已与墨西哥签订协议,允许我们的军队跨越国界。不过,我们无法在墨西哥建立补给营,这是该协议的重大缺陷。

根据克鲁克将军的计划,我们组织了两支远征军,主要由侦察兵组成,由第四骑兵团沃特·戴维斯上尉和第三骑兵团埃米特·克劳福德上尉指挥。克劳福德是刚刚从得克萨斯被召回来的,他此前刚刚跟随他的团前往得州。战后,他从志愿军进入陆军,之后几乎一直在边区服役,参加了大多数重要的印第安战争,凭借英勇作战和忠于职守赢得了不输给任何陆军军官的名声。他在对抗苏人和其他部落的北方战役中表现出色,但他在亚利桑那的贡献很可能更加宝贵。1883年,在克鲁克将军进入墨西哥的远征中,他负责领导侦察兵。这是美军第一次进入墨

[①] 坐牛是一个印第安部落首领。——译注

西哥对抗印第安人的远征。

结束此次远征后,他负责监管圣卡洛斯居留地。在那里,他对最近走上战争之路的印第安人拥有全部控制权。他还整肃了其他一些不稳定因素。他不断遭到内政部员工和其他利益集团的反对。最终,他战胜了敌人,揭露了他们的欺骗行为,这从根本上改变了居留地的管理。亚利桑那人民至今仍然充满感激。克劳福德上尉完全了解印第安人的性格,尤其是阿帕奇人的性格。他本人认识这个部落中的许多人。这种知识连同他高尚的品格使他在他们之中获得了很大影响力。他们通过经验知道,他们可以相信他,信任他。他对他们很好,但不徇私情。他简朴的生活、对职责的忠诚和他在履行职责时的无所畏惧赢得了他们的尊重。所以,当他们成为政府的侦察兵时,他就成了最适合的领导人选。

派到墨西哥的两支远征军取得了预期的成功,各俘虏了一定数量的印第安妇女儿童,破坏了之前充当敌人家园的营地。看起来,只有这种令人疲惫的远征才能征服他们。不过,这一过程注定是漫长而沉闷的。

秋天,队伍被召回,接受彻底重组。最初的远征军在出征时很匆忙,这是迫不得已的。现在,我们有时间更加仔细地挑选侦察兵,为部队提供更充足的装备。指挥官维持不变,但其他军官在职责上有一些调整。克劳福德上尉选择怀特芒廷阿帕奇人和友好的奇里卡瓦人作为侦察兵,因为他们是山区印第安人,文明程度低于其他部落。所以,在他看来,他们更适合这项工作。奇里卡瓦人和当时造反的人属于同一部落,两年前刚刚与我们讲和。克劳福德没有带士兵,他觉得这支拥有奇特组织结构的队伍可以更好地追逐杰罗尼莫的族人,进入他们位于马德雷山脉深处崎岖险峻的老巢。他希望在那里偷袭敌人,迫使他们投降。偷袭是成功的绝对必要条件。只要敌对分子意识到敌人在靠近,他们就会分散开来,使我们无法追赶他们。克劳福德上尉认为,其他部落的印第安人和士兵不具备偷袭警惕的奇里卡瓦人所需要的能力和耐力。他在之前的远征中发现,他所带的士兵是一种累赘。

如此信任敌对分子的亲人似乎具有很大风险,因为只有他们知道敌人的出没地点和习惯。许多人对于他们的背叛做出了可怕的预测，但军区的许多年轻军官主动请缨，这说明他们至少不怕背叛。最后，第一步兵团 M. P. 毛斯中尉和第十骑兵团 W. E. 西普少尉负责领导侦察连，第一步兵团 S. L. 费森少尉担任副官、军需官和粮秣官，美国陆军 T. B. 戴维斯担任军医。我们在阿帕奇堡招募了 100 名侦察兵，于 1885 年 11 月 18 日前往墨西哥。在跟随部队前进之前，我需要介绍一下队伍的组成和人员安排。

两个白人侦察长负责协助军官，其主要职责是每天发放口粮——之所以每天发放，是因为不管给侦察兵多少东西，他们都会立刻将其吃掉。其中，侦察长霍恩还负责将西班牙语翻译成英语。曾做过俘虏的老墨西哥人康塞普西翁是阿帕奇语翻译。我们需要两个翻译，因为没有人能将阿帕奇语直接翻译成英语。两位翻译只有在重要会谈时才会发挥作用，因为侦察兵及其军官相互之间非常熟悉，可以进行日常交流。奇里卡瓦人诺奇是军士长，负责在前面带路和侦察。在这些工作上，没有人比他更有能力。其他总是被选择从事困难工作的活跃侦察兵包括奇里卡瓦人库尼（Cooney）、库索（Cuso）、达奇、瓦西尔（Wassil）、卡特埃卡恩（Kat-e-kahn）、奇基津（Chi-kiz-in）以及怀特芒廷人纳瓦泽塔、古德埃纳哈（Good-e-naha）、洛科和乔希（Josh）。其中一些人值得注意。库尼和库索的个子不高，胸膛很宽，几乎拥有无限的耐力。从野蛮人的视角看，他们是最诚实、最忠诚的人，是优秀的侦察兵。达奇是著名的杀人犯，冷酷而刻薄，但是从其他方面看，他也是很有价值的侦察兵。

上尉对于达奇的态度很好地体现了他对待印第安人的方法。之前的夏天，达奇违抗军令，被送到鲍伊堡，并被监禁起来。虽然他明显有罪，但克劳福德上尉再次将他选为侦察兵。不过，他拒绝提供达奇要求的山形袖章。他将达奇选为贴身随从，暗示他相信这个不久前威胁他生命的人。于是，他建立了对于达奇的完全支配权，提高了其他人对他的尊重，因为他们发现他完全不怕这个危险人物。

老人瓦西尔是优秀的侦察兵和最有本领的猎人。1886 年 9 月，他从去往佛罗里达的火车上逃跑，从密苏里州独立城（Independence）返回亚利桑那，这使他出了名。他在漫长的旅行中穿过了未知区域，其中部分地区的人口稠密，这体现了印第安人的赶路本领。他现在（1891年）是山中的反叛者，已经犯下了几起谋杀案，我们似乎拿他没办法。

纳瓦泽塔被称为诺齐（大鼻子），这个名字不太礼貌，但很恰当。他是伟大的巫医，这意味着他一个人充当了医生、牧师、咒术师和预言家的角色。他穿着饰有一对肩带的旧羊驼毛上衣、一条骑兵军官裤，裤腿很长，而他的腿又很短。乍一看，他的形象与他严肃的性格和身份很不协调。他无疑是个骗子，但他一直很有影响力，这使他管理野蛮侦察兵的任务变得非常轻松。可怜的老诺齐现在被关在监狱里，因为他在喝了过多的提兹温之后打死了他的酋长。提兹温是阿帕奇人制作的一种酒精饮料。

侦察兵没有太多服装——军人短上衣、棉衬裤、围腰布、鹿皮鞋和红头巾构成了他们的常见装束。我们试图让他们穿得像正常人一样，但这并没有破坏他们的独特性和效率，后者是最重要的。在他们身上，明显能看到遗传和长期训练的影响。他们身材矮小，在任何田径运动中都无法与白人竞争，但在登山方面，我们完全不是他们的对手，尤其是奇里卡瓦人，他们会不断有惊人的表现。他们对于当地的了解、观察力、推理能力、警惕性、耐力和在各种环境下照顾自己的能力使他们有时像是来自另一个世界的超人。难怪我们的士兵无法抓住这样的人。如果我们25 000人的小型陆军是由这种人组成，并且加以正确的引导，即使是欧洲目前最优秀的军队也无法战胜我们。

对于侦察兵的指挥主要取决于军官的道德影响力。虽然侦察兵看上去正在热情地履行职责，但我们需要保持谨慎，不能强迫他们去做违反他们性格和传统的事情。他们完全了解他们的工作。除了从整体上控制和监督他们，我们不会在其他方面干扰他们。而且，我们过度干预他们的愿望并不强烈，因为大多数侦察兵造过反，这意味着他们杀过许多白人。不过，他们获得了充分的信任，之前的血腥记录很快就会被遗忘。

这些人的宿营和行军方式与他们的性格相符。他们自己烹饪食物，无须监督。扎营时，他们总是根据环境主动采取必要的防备措施。他们可以在日出或更早的时候出发。在安全区域，他们拥有很大自由，可以分散成不同的步行追击小队。如果敌对分子在附近，他们一定可以找到对方的踪迹。军官和侦察长骑着骡子或者步行陪在侦察兵身旁，以防他们抢劫。这种自由生活有许多魅力，但它常常很艰苦。所有补给和行李都是由驮骡运输的。驮骡分为三个大队，由戴利、海斯和罗弗（Rover）管理，每支驮队负责45个包裹。当然，他们使用的是皮驮鞍。状态好时，每头骡子可以轻松携带大约250磅的货物。每支驮队拥有完整的配备，包括"货郎老板"、搬运工（安排负载，负责一切维修工作）、铁匠、厨子和铃马。每支驮队另有7个人。不过，不管职位是什么，不管是老板还是厨子，所有人都需要帮忙装货。大部分骡子拥有山区旅行经验，货郎也都是老手，许多人将生命中最好的年华贡献给了政府。这些驮队的表现几乎无可挑剔。如果政府总是能够获得这些货郎在此次战役中提供的高效服务，我们就没有理由抱怨了。这些驮队现在全都解散了，许多骡子被卖掉，大部分货郎也被解雇了，而且没有获得奖励和认可。这个掌握复杂装货技术的群体已经不复存在了，这很可惜。某一天，即使在文明世界的战争中，我们可能也会为此而后悔。

　　队伍从阿帕奇堡出发，前往亚利桑那鲍伊堡，那是克鲁克将军的战地指挥部。在那里，部队接受了谢里登将军的检阅。谢里登和克鲁克将军说了几句鼓励的话。接着，我们于夜间出发，前往亚利桑那德拉贡山脉，因为有报告称，那里出现了一伙敌对分子。我们侦察了一个星期，没有发现敌人的足迹。我们于12月6日跨过墨西哥国界线，进入索诺拉，朝弗龙特拉斯进发。接着，我们从弗龙特拉斯往南走，前往采矿小镇纳科萨里（Nacozari）。接着，我们离开所有大路，从马德雷山脉西坡进入深山。在那里，我们遇到了许多困难。不过，那里有许多鹿，因此我们的伙食很好，这弥补了其他方面的不足。

　　离开山区，我们进入了巴维斯佩河谷，那是亚基河的支流。我们在瓦萨巴斯（Huasabas）镇扎营，那里盛产橘子和柠檬。这些水果装点了我们的圣诞餐桌，否则我们的食物就会几乎完全由山姆大叔的陆军口粮组成。巴维斯佩河谷很肥沃，但当地居民没有意识到大自然为他们提供的优势。他们很贫穷，住在小土坯房里，房间里没有家具，缺乏一切舒适的生活设施。他们不知道轮式车辆，当地货运是由小驴完成。阿帕奇人长期威胁着他们，但是墨西哥人似乎将其看作自然的罪恶，没有为摆脱阿帕奇人采取任何措施。他们没有医生。在我们停留期间，善良的军医一直忙着为他们提供服务。不过，他获得的报酬只有几个橘子或者一块奶酪，有时是一瓶龙舌兰。

在瓦萨巴斯，我们第一次与墨西哥人发生了严重冲突。一个醉酒但是没有携带武器的侦察兵被一名士兵射中面部，受了重伤，只能被送回美国。在这种时候，只有军官的权威才能阻止血腥的战斗。他们的工作很危险，一点也不舒服。

我们听到了许多印第安人在南方实施暴行的谣言，因此朝那个方向进发，穿越山区，来到巴卡德瓦奇镇。这里名头很大，面积却很小。这个偏僻的地方隐藏着一座坍塌的教堂，这是昔日伟大的牧师们留下的遗迹之一。多年前，牧师们不畏艰险，在印第安人之中传教。他们的热情有时会带来很多收获，但也常常使他们在痛苦中结束生命。当年的牧师一定非常善于解决劳工问题，因为他们动员我们眼前这些懒惰者的祖先建造了这座拥有钟楼、塔楼和厢房的砖式大教堂。

我们此时穿越的地区到处都是阿帕奇人留下的印迹：被遗弃和摧毁的牧场，偶尔还会看到被遗弃的村庄；人们的说话方式；他们讲述的可怕故事，展示的伤疤；这片虽然崎岖但却拥有沃土和充足水源的地区整体上的荒凉状态都在见证印第安人犯下的罪行。接下来的纳科里村被墙壁包围，以保护居民。周围紧邻小镇的小块田地意味着他们不敢离家太远。

我们的远征到了最艰难的阶段。地势变得更加崎岖，敌对分子显然就在不远处。多余的口粮被存放在纳科里，费森少尉奉命带着两支驮队前往新墨西哥朗牧场，以获取更多补给。克劳福德上尉带着戴利的驮队夜间行军，在纳科里以南大约20英里处扎营，并且派出了一支小队步行侦察。这支小队返回时说，他们没有发现任何踪迹。于是，我们决定将驮队和一小队卫兵留在营地，然后步行前往亚基河支流附近的崎岖地带。墨西哥人之前说，那里是杰罗尼莫的老巢。这个安全的根据地从未被人发现。印第安人从这里派出小队，杀人越货。我们用几头最好的骡子携带十二天的口粮以及每个军官和侦察兵的一条毯子。除了照看骡子的3个货郎，其他人全部步行。当侦察兵发现我们将和他们一同步行时，他们极力请求单独前进，因为他们觉得白人一定跟不上他们。不过，上尉坚持己见，他们只得不情愿地接受了。

出发前，侦察兵举行了一场大型的巫术舞蹈，老纳瓦泽塔在舞蹈中第一次展开了神圣的鹿皮。自从离开阿帕奇堡以来，他一直将这张鹿皮披在肩上。即使在对白人看来，这场仪式也很震撼。印第安人表现得极为真诚。当我们静静地观看时，我们觉得他们严肃的舞蹈和踏步、他们跪在神圣鹿皮前亲吻它的动作，以及老巫医高举双手的祝福似乎并不是毫无意义的。1886年1月3日，我们出发了，走在前面的是诺奇和我们挑选出来的先头部队，包括一半奇里卡瓦人和一半怀特芒廷人。当晚，我们在亚基河的大支流哈罗斯河沿岸扎营。在当天和随后的行军中，先头部队远远走在前面，对当地进行彻底侦察。大部队紧跟在几名优秀侦察兵后面。克劳福德总是走在大部队前面，不允许后面的任何侦察兵超过他。我们上午渡河，然后在陡峭的山路上艰难地爬上爬下。在距离河流大约6英里的地方，我们发现了印第安人的小路，不久之后又发现了一大群人向东走的脚印，其中包括许多矮马和牛的脚印，这说明他们成功实施了抢劫。根据一些细微的痕迹，侦察兵宣称内奇在这伙人之中，这意味着杰罗尼莫也在其中。我们之前走得很小心，但是我们现在需要更加小心，因为我们正在跟踪印第安人，而他们从不放松警惕，尽管他们在这里从未被人跟踪过。印第安人的极度谨慎体现在他们的营地位置上。他们总是把营地选在可以监视所有方向并且容易防守的高地上。选择营地的印第安男人并不关心可怜的女人要行走多少英里以搬运木材和水。他们上山的足迹很隐蔽，下山的足迹很明显，这再次证明了他们不想在睡觉时被人偷袭。为此，我们需要进行许多疲惫的迂回，因为如果我们跟踪他们下山的足迹，他们警惕的队尾随时可能发现我们。

我们一方面希望印第安人建立永久营地，一方面快速前进，希望这些专家级侦察兵能偷袭得手。在我们开始步行侦察以后，一直面临很多困难。该地区非常崎岖，大自然似乎在这方面做出了特别的努力。鹿皮鞋薄薄的鞋底使我们的双脚感受到了道路上的无数石头。同时，我们又要紧紧跟随印第安人，他们从小就开始爬山，他们的祖先一直都是登山家。白天还算暖和，但是由于海拔很高，因此夜晚非常寒冷。我们没有帐篷，每个人只有一条毯子，又不能生火，因此除了侦察兵，其他人几乎无法入睡。侦察兵睡觉时会排成长长的队列，一个人的头挨着另一个人的脚，看上去还算舒服。只有等到先锋侦察兵对前方完成彻底侦察以后，我们才能出发。所以，我们总是在很晚的时候拔营起寨。行军直到深夜才停止，此时的营地虽然阴冷，但总比不停地爬山或者从岩石上摔下来要好。峡谷里常常有一些固定的巨石，巨石上曾经有水流过，因此很滑。夜间穿越这些峡谷时，我们似乎一定会扭断脖子或者摔出脑浆，因为我们常常摔倒。

这里有很多鹿，但我们不能猎鹿，因为枪声可能会暴露我们的位置。我们将上衣翻过来穿，露出灰色的衬里，因为蓝色的一面比灰色更显眼。所有人身上显眼的标志都被抛弃了。印第安人负责生火做饭。白天，他们用很干的木材生起无烟火焰。夜晚，他们隐藏在深沟里生火，或者将其盖住，即使在几码外也看不到火焰。翻越山脊时，我们非常小心，永远不会把身体暴露在天际线上。不论宿营还是行军，侦察兵一直在保持警惕，没有忽略一切防备措施。他们一直以来都是如此。看着这些侦察兵，你不禁会想，凭借美军士兵的训练和装备，抓捕这种人是毫无希望的。阿帕奇人在野外似乎可以看到一切，知道一切。不管足迹多么微弱，即使只是岩石上的几个鹿皮鞋印，他们也能凭借视力轻松地跟踪这些足迹，就像优秀的猎犬凭借嗅觉跟踪猎物一样。士兵和军官几乎总是轻视印第安人永远不会忽视的防备措施。过于轻敌的追逐者反而会被他们想要摧毁的小团伙包围，这样的例子数不胜数。我们每天的行程很短，因为我们常常要停下来侦察。当地非常崎岖，夜间行军非常艰难。我们常常可以在路边看到只被切下几磅肉的死牛。第六天，我们发现了几头牛的尸体，牛肉已被带走。除此以外，我们没有看到更多踪迹。第七天，我们走小路穿越哈罗斯，进入了哈罗斯和萨托奇（Satochi）之间的可怕区域。这里被墨西哥人恰当地称为"恶魔之脊"。

1月9日，我们大约中午时出发，走了一天。黄昏时分，诺奇报告说，已发现敌营。我们担心继续拖延会被发现，因此决定连夜行军，黎明时发起进攻。骡子在后面很远的地方，我们只得将其丢下。所以，我们饿着肚子，开始了疲惫的行军。这段行军对侦察兵体力的考验不亚于白人。医生留在驮队那里，老翻译康塞普西翁也是如此，他已经筋疲力尽，无法继续前进了。他的缺席后来导致了许多麻烦。在这个黑暗的夜晚，我们一直在攀登覆盖着松散石头的陡峭山峰，翻越幽暗的峡谷。队伍前面的奇里卡瓦向导似乎走得很轻松。有时，我们几乎绝望了，想要屈服于几乎无法战胜的疲劳。此时，近在眼前的成功又会鼓舞我们，使我们振作起来。

最后，就在黎明前不久，我们靠近了侦察兵所说的敌营所在的崎岖高地。我们将队伍分开，以便将其包围。我们等了一段时间，然后向前爬行，几乎屏住了呼吸。一些人产生了奇怪的感觉，因为在仍然很黑的夜色中，我们想到自己与世隔绝，身处荒凉未知的区域，而为我们领路的盟友又常常表现出狡诈嗜血的一面。不过，成功似乎近在眼前，喜悦取代了这些担忧。这时，敌人畜栏里的一些小驴叫了起来，提醒营地里的人注意危险。一些野蛮人跑了出来，想要把牲畜牵走。侦察兵朝他们射击，然后冲进附近的岩石之中，开始持续射击，同时发出轻蔑的尖叫声。敌人从营地里朝我们还击。这个营地近在眼前，位于一堆大石块之中。我们后来看到，这些石头形成了一个堡垒，只需要很少的人防守。侦察兵此时的行为非常令人失望。如果冲进营地，他们至少可以捉住妇女儿童，但他们很可能需要经历一场血战。不过，侦察兵分散在岩石之中，对我们的一切请求置若罔闻，在敌人的火力下纹丝不动。最终，敌人在黑暗中逃跑了，留下了所有的牲畜、食物和毯子。军官对此无能为力，因为阿帕奇人总是以自己的方式战斗。他们不会跟着前面的人冲锋，只会将其看作不值得信任的傻子。在这种情况下，我们无法判断敌友。我每次想要射击时都被阻止了，因为我瞄准的是侦察兵。在混战中，我至少朝一个昏暗的身影开了两枪。我一直不知道他是谁，因为我没有击中他。

在此次事件中，一个敌对分子受了轻伤，我们没有任何伤亡。如果这些侦察兵是白人士兵，他们会表现得更好。不过，如果白人士兵太多，就无法在不被发现的情况下来到如此靠近敌人的地方。如果战斗能在天亮以后结束，情况可能会有所不同。不过，当天色亮到可以看清周围事物时，敌人全都跑了，分散到了深山里，而侦察兵已经连续行军十八小时，非常疲惫，无法继续追击了。就算我们追击也没有用，因为一旦敌人知道我们的存在，我们就不可能在他们再次落脚之前抓到他们了。

根据我此次对奇里卡瓦侦察兵的观察，以及我们随后与印第安人的谈话，我确信，虽然他们开了许多枪，但他们几乎没有杀人的意愿，尽管他们希望看到反叛者投降和战争结束。这些人非常努力，即使受到诱惑也很忠诚，因此没有理由怀疑他们背信弃义。不过，完全有理由相信，他们不是很想让那些和他们属于同一部落的人死去。他们不仅是朋友，一些人还是亲戚；而且，在他们看来，敌对分子没有犯下罪行，因为他们自己也曾走上战争之路。他们希望和平，但不想以过多的流血为代价。怀特芒廷侦察兵非常忌惮奇里卡瓦兄弟，不敢反对他们。所以，他们不适用于上面的论述。当时，除了这些奇里卡瓦侦察兵，似乎没有人能在这片未知区域里找到敌人的老巢，这是克鲁克将军面临的众多困难之一。

不过，我们很快忘记了令人失望的战斗结果，开始寻找食物。我们不缺补给，但在疲惫又缺少食物的漫长的行军过后，白人觉得散布在被遗弃营地里的不放盐的瘦马肉和烤制龙舌兰块根没有任何味道。插在通条上的烤制马肉像麻袋一样难吃，龙舌兰的甜味又很快使人感到恶心。大家随便往地上一躺就睡着了，足见队伍的疲惫。一些侦察兵奉命折返，以便把驮队领过来，但他们在路上睡着了。我们没有收到驮队的任何消息。

下午，一个印第安老妇人前来送信，说内奇和杰罗尼莫想在营地外面和我们谈话。据她所说，克劳福德上尉认为他们准备投降。八个月后，在前去向迈尔斯将军投降的路上，这些酋长对军官的陈述证实了克劳福德的想法。不过，由于缺少翻译，会谈只能推迟。我们约定第二天上午见面。印第安妇女说他们缺少食物，她讨要了一些，然后离去，这使我们对第二天充满希望。现在，我们不需要为敌对分子担忧了，而且非常疲惫，侦察兵因此放松了警惕，所有人都躺在巨大的篝火旁睡着了。我们之所以生火，是因为夜晚寒冷刺骨，使我们非常难受。所有白人和大部分侦察兵都没有毯子和任何遮盖物。

浓雾使1月11日上午非常朦胧。当天色亮到刚好可以看清周围事物时，印第安人叫喊道，墨西哥人来了。我和毛斯中尉、侦察长霍恩当时醒着，因此跑到前面，以阻止麻烦，同时大声报出我们的身份。不过，对方的射击把我们赶到了岩石之中，侦察兵也躲在了那里。一些侦察兵开始还击，但很快被我们制止了。

我们的营地在哈罗斯河左岸，位于纳科里西南大约50英里处。哈罗斯河位于我们视野范围内。营地所在的山脊上有一道崎岖的高崖，直直地下降到河岸边。沿着悬崖边缘有一排巨大的岩石，岩石外面有一块开阔地，上面有几棵低矮的树木。我们所有人几乎都睡在这里，但对方的射击使我们迅速撤离了。在昏暗的光线中，我们看不清袭击者是谁。某种说法很快在我们之中流传开来：他们是戴维斯少校的侦察兵，把我们当成了敌对分子。想到我们可能会被友军打死，我们很痛苦。我们大声叫出在戴维斯营里值勤的军官姓名。几分钟后，枪声停止了，我们听到了墨西哥人的叫喊声。霍恩用西班牙语做出回应。一小队人出现在靠近我们的开阔地上。天色已经放亮，白人走了出来。同时，霍恩向距离我们大约25码的那伙人的领导喊话。侦察兵仍然隐藏在岩石之中，他们不相信墨西哥人。

当侦察兵发出最初的警报时，克劳福德上尉还在睡觉，我们觉得不需要叫醒他。当枪声响起时，他和其他人一样，跑进了岩石。此时，他现身了，站在俯瞰其他一切事物的高高的岩石上，非常显眼。我们不知道他是怎样看待形势的，但他一定知道，不管对方攻击我们的原因为何，这样暴露自己都是非常冒险的。他显然觉得，通过将身穿军装的自己充分暴露在对方的目光下，他可以阻止对方再次袭击我们。因此，他毫不犹豫地爬上岩石，站在那里挥舞白手帕，以示和平。突然，枪声响了，接着是一轮枪声，克劳福德倒了下去。侦察兵说，他被一颗弹头击中了。印第安人进行还击，激战持续了几分钟。霍恩被墨西哥领导者打伤，后者当场被躺在我们脚边的奇里卡瓦人本德（Bender）打死。

指挥权落到了军衔排在第二位的毛斯中尉手里，他需要在继续战斗和通过坚持防御尽快结束战斗之间做出选择。后者涉及两种考量：一方面，如果墨西哥人认为我们是敌对印第安人，我们可以进行防御，直到他们弄清我们是谁；另一方面，如果他们真的知道我们是谁，我们可以向他们展示我们的防御能力，让他们知道继续战斗是没有意义的。选择不进攻有充分的理由，其中最主要的一条是，我们当时不知道对方是不是在故意攻击我们。第一次袭击似乎源于误解。在第二次袭击过程中，我们无法判断这种误解是否仍然存在。在回顾任何事情时，我们都会产生不同的想法。我们会感到奇怪，不知道自己当时为什么没有看清真相。在这起事件中，许多迹象表明，墨西哥人不怀好意。不过，我们当时几乎没有考虑到这一点。我们当时正在遭受攻击，形势又极为意外，令人困惑，因此我们无法充分考虑到所有因素。实际上，我们只能通过个人经历认识当时的情况。事后，当我们将每个人的经历放在一起并考察战场时，经过冷静地反思，我们才认识到，第二次进攻不是误伤。直到对方在战斗结束近两天后背叛我们、扣押毛斯中尉和翻译康塞普西翁时，我们的怀疑才彻底消除。

不过，根据当时的情况，即使我们明确知道对方在故意攻击我们，我们也几乎没有其他选择。墨西哥人显然占有很大的人数优势——事实上，他们的人数是我们的两倍。他们占据着俯瞰我们之间空地的三五百码远的一排丘陵，这使他们获得了非常有利的位置。此时，我们深入墨西哥腹地，后来走了三个星期才走回国界线。墨西哥人在自己的国土上。我们只能依靠侦察兵，他们既是阿帕奇人，又是美国士兵，这两种身份都令墨西哥人深恶痛绝。所以，如果不达成友好协议，我们很难在他们面前获得增援。我们没有任何口粮，几乎没有弹药。要想杀出墨西哥，我们的队伍需要分散开来，以最佳路线回国。为此，我们需要放弃伤员，而且很可能要放弃分散在后方深山里的驮队。如果我们不讲和，奇里卡瓦侦察兵一定会加入到敌对分子之中，后者当时正在河对面看热闹。

战斗期间，我和毛斯中尉迅速进行了对话，提到了这些因素。我们无法确定墨西哥人的意图。毕竟，我们还没有放弃敌对分子投降的希望，而且不想放弃把他们带回去的努力。我们已经做出了很大牺牲，因此觉得我们有责任继续这一努力；而且，我们当时还有成功的希望。我在此充分阐述了这些理由，因为军方和民间对于部队在此次事件中的行为提出了一些批评。他们似乎觉得，我们当时应该进攻墨西哥人的阵地，为克劳福德的死报仇。这种判断是草率且不公平的。他们没有设身处地地为当时的军官着想，这些军官需要突然面对陆军历史上前所未有的局面。除了他们选择的道路和死亡之路，没有其他选择。如果这些军官凭借当时掌握的信息报复墨西哥人，他们就会背叛上级对他们的信任。

决定好方向以后，我们仍然需要进行防御，同时控制侦察兵的射击，继续向墨西哥人喊话，让他们停止射击。离我们很近的那伙人很快被解决了，但对方的大部队还在从山上继续向我们猛烈开火，并且几次试图包抄我们，但都被侦察兵击退了。我们在岩石中的阵地很稳固，但是这个阵地的后方是完全开放的。如果墨西哥人的某个小队成功抵达那里，我们就守不住了。最终，射击频率降了下来。我们可以清晰地听到他们互相叫喊的声音，但他们拒绝回应我们，这一行为开始令我们起疑。最终，他们回应了我们。当射击停止时，毛斯中尉和霍恩走到外面，在半路上迎接对方的一群人。双方达成谅解，恢复平静。我们开始照顾伤员。克劳福德上尉已经没有希望了。在顽强生命力的支撑下，他没有立刻咽气。经过检查，我们发现，当他从岩石上掉落时，他的一条胳膊靠近肩膀的位置骨折了。一名侦察兵双腿受了重伤，另外两名侦察兵受了轻伤，霍恩右臂受了很严重的皮肉伤。我们对于骡队非常担忧，但他们在战斗结束后很快赶到了，带来了口粮和其他补给。他们在追赶我们的路上听到了枪声，当时他们距离墨西哥人的阵地很近。由于货郎和侦察兵拒绝前进，因此他们躲在小山后面。幸运的是，他们没有被发现。

墨西哥人的队伍过来搬运死者，其中4人倒在我们营地里，包括他们的少校和中尉。我们不知道他们还死了多少人。侦察兵一直认为，他们至少死了7个人。我们知道5个人受了重伤，因为戴维斯医生处理了他们的伤口，他觉得其中一些人很可能会死去。

我们考察了战场,听到了不同的叙述,发现墨西哥人在射杀克劳福德时几乎不可能将我们看作敌对印第安人。那个开了致命枪的人距离上尉只有28码。上尉留着棕色的大胡子,穿着军装,看上去一点也不像印第安人。毛斯中尉、侦察长霍恩和哈里森以及医疗护理员内梅克的经历也证实了我们的想法。不过,墨西哥人12日的行为消除了我们的一切疑虑。他们背叛我们,扣押了毛斯中尉和康塞普西翁,并且索要了6头骡子作为赎金。他们袭击我们的目的显然是为了抢劫。他们只看到了几个白人,侦察兵起初的火力又很弱,因此他们认为我们并不是一支庞大的队伍。

袭击我们的不是正规军,而是由奇瓦瓦州成立的组织,用于对抗印第安人。他们在路上走了十七天,除了几头小驴,没有其他牲口。他们每人带着自己的口粮和毯子。他们看上去很艰苦,穿着棉布服装和鹿皮鞋,一些人穿着生皮凉鞋,看上去一点也不像军人。同时,他们似乎非常适合在崎岖的山地追逐印第安人。这是一个临时组织,可能不太负责任。如果他们成功消灭我们,他们很容易逃避所有责任。他们的犯罪地点使人们几乎无法侦察行凶者是谁。他们的官方报告表明,他们并不缺借口。他们坚持声称,我们在与敌对分子勾结,他们几天来一直都在跟踪我们的足迹,作为赎金的骡子(全都带有美国标记)是印第安人从墨西哥人那里抢来的。关于他们跟踪我们的说法,我只需要指出一点:我们看到他们的足迹是从东边直接过来的,而我们则是从西边过来的。他们从未跟踪过我们的足迹,而是被我们的篝火吸引来的。

据说,在我们和墨西哥人战斗时,敌对分子在一旁看热闹。他们一定非常开心,当他们的敌人在他们眼前陷入致命冲突时,他们一定觉得上帝在眷顾他们。狡诈的老杰罗尼莫一定会利用这个机会煽动他们的迷信情绪,鼓励他们继续走之前的血腥道路。另外,在这个特殊时刻,两支部队在之前从未出现过类似部队的地区相遇了,这种奇怪的巧合一定也会令我们吃惊。虽然这是两支不同的部队,但是如果二者没有相遇,其中任何一支部队都可以取得很好的结果。

克劳福德倒下后的远征经历奇特而有趣。然而,我们不会讲述这些经历,因为这个故事漫长而复杂。不过，我们还是要对接下来几天的事件进行简短而不完整的总结。1月13日，我们将营地移动了几英里。之后，我们再也没有看到墨西哥人。我们重新开启与杰罗尼莫的谈判。他的部分族人投降了，其他人承诺在国界线上与克鲁克将军见面。他们在3月见了面。由于许多原因，部队被迫返回美国，一直走到国界线上新墨西哥朗牧场的补给营，抵达日期是2月1日。克鲁克将军还命令戴维斯少校领导的一个营以类似方式撤出墨西哥。在一段时间内，其行动停止了。

伤员的运输非常麻烦。雨下个不停，由于缺少挡雨装备和衣物，我们非常难受，遭了许多罪；而且，雨还使崎岖的道路变得更加难以通行。担架是用帆布蒙在竹竿上制作的，需要用手搬运。竹竿很软，因此担架搬运起来很困难，一副担架需要8个人抬。鹿皮鞋在雨水中散了架，许多人只能光脚在这片遍布岩石的区域行走。不过，几天后，戴利的驮队与我们会合了，为我们带来了许多便利的装备。此时，我们为上尉制作了新担架。由于有了松木杆，因此我们用其替代了竹竿，将担架的一头绑在骡子上。由于道路崎岖，因此担架另一头由人抬着。受了重伤的侦察兵被扶上骡子，几乎没有为我们制造太多麻烦。

过了一个星期，克劳福德上尉没有任何清醒或难受的迹象。他变得越来越虚弱，于1月18日非常平静地去世了，在他身边陪护的人甚至没有觉察到最后的时刻。四天后，他的遗体被存放在纳科里沉闷的小坟场上。我们希望这只是他临时的安息处，果然，克鲁克将军很快派出一支合适的队伍，将他的遗体运回美国。他最终被埋葬在他的兄弟位于内布拉斯加州卡尼县的家中。他的军官同僚在他的坟墓上立了一座纪念碑。

克劳福德上尉之死使人们对墨西哥产生了很大情绪，有人扬言要对墨西哥宣战。此事得到了美国国务院的考量，但美国政府最终放弃了行动。这样做的理由无疑是充分的，但遗憾的是，这些理由从未被公开过，因此有人认为，美国听任它最优秀的军官之一在履行职责时被人谋杀，却没有采取措施惩罚凶手。

墨西哥人的袭击不仅导致了一位重要军官的死亡，而且使敌对分子的抵抗延长了八个月。如果没有此次事件，他们显然会在1月投降。事实是，他们直到9月才投降。克鲁克将军在报告中说，"我们有理由相信，如果克劳福德还活着，杰罗尼莫和内奇的团伙就会向他无条件投降"。克鲁克还说，"所有的印第安人都非常了解他，信任他。我们相信，除了我，他是唯一能劝说敌对分子投降的白人"。考虑到印第安人在1月之后打死了100多人，考虑到政府和民间难以估量的财产损失，考虑到在这几个月里，在几百平方英里范围内，没有一个人是安全的，我们就会意识到，这场小规模战斗的重要性是无法用死亡人数来衡量的。

所有人都应该记住这位具有骑士精神的忠诚军人。他的一生是一场漫长的牺牲，他的死是他试图拯救他人的直接结果。这样的品格并不多见，让我们努力记住这个人，他是我们心中真男人的典范。我们可能永远不需要面对他所面对的那种困难，但使他克服这些困难、使所有认识他的人喜爱和尊重他的优秀品质将在各界人士之中流传下去。虽然这样的人有时会倒下，但他们在身后留下的名声远比最伟大的成功更重要。

阿帕奇战役记录——1886年

詹姆斯·S. 佩蒂特[①]
《美国军事研究所期刊》第7卷（1886年9月）：331—338页

从1885年5月17日起，亚利桑那和新墨西哥领地遭到了敌对阿帕奇团伙的抢劫。许多市民被杀，许多牲畜遭窃。对老居民来说，这些红色恶魔犯下的可怕暴行并不陌生，因为科奇斯、维多利奥、朱、纳纳和杰罗尼莫曾在过去的岁月里逃离居留地，蔑视军队，谋杀、抢劫和残害那些来到这片地区投机并且无人保护的矿工和拓荒者。

经过艰难的战役、巨大的人员牺牲和巨额的政府支出，他们要么被打死，要么被迫返回居留地，以抚慰他们的不满；他们狡猾地积攒着武器弹药，等待另一次机会，以满足他们杀戮白人的野蛮渴望。

在克鲁克将军与敌对分子于今年3月举行的会谈中，杰罗尼莫和奇瓦瓦并没有为造反给出任何合理的理由。我们由此推测，这种行为一定源于他们凶残野蛮的本性和天生对于斗争杀戮的喜爱。关于我们和这些野蛮人十三个月的战争，我无法进行任何详细叙述。我只能说，第四骑兵团，第六骑兵团，第十骑兵团以及第二骑兵团和第八骑兵团的一部分，第一、第八、第十和第十三步兵团的一部分，200名印第安侦察兵（或者说整个美国陆军将近1/6的人）从1885年夏天起一直在战场上。到我写本文时（6月15日），我们离目标更远了。近1/6的美国陆军对

[①] 美国第一步兵团的詹姆斯·S. 佩蒂特（1856—1906）从1885年6月开始领导亚利桑那朗牧场的补给营，直到1886年8月他的团离开亚利桑那为止。他曾在西点军校和耶鲁大学教授军事科学。美西战争期间，他曾担任美国第四志愿步兵团上校。

50~100个阿帕奇人追击了一年多，却一无所获。虽然事实如此，但是考虑到他们所面对的艰巨任务，他们所表现出的勇敢和热情仍然是值得肯定的。

这片区域有着高耸的山脉、深邃崎岖的峡谷和宽阔多沙的平原，从未穿越这片区域的人无法理解部队一直在经历的考验、艰难和烦恼。

在纽约收费公路上行走15英里是一段愉快的旅行，但在马尔帕伊斯丘陵和缺水多石的峡谷地区，要想走完15英里，需要非常艰难地走上六个小时，尤其是对马匹而言，它们前一天很可能已经走了四五十英里，而且没有饲料，只有少量的青草和劣质的水源。敌对分子团伙的规模很小，这对他们非常有利，因为他们几乎没有辎重，足迹也很模糊。在遭到部队紧追时，他们像一群群鹌鹑一样分散开来，在峡谷和最高的山脊上潜行，然后在山中某个事先约定的地点再次会合。阿帕奇居留地和索诺拉腹地之间的区域对他们来说非常熟悉，就像老纽约人眼中的麦迪逊广场一样。他们喜欢骑马赶路，但他们完全可以在二十四小时内步行75~100英里。而且，市民向部队提供的信息常常并不可靠，具有误导性。1885年6月，一个在小镇里为电报操作员"帮忙"的赌徒让第十骑兵团的几个连走了很远的路，因为他向指挥官发出了消息，称印第安人在小镇附近打死了几个人，现在在附近的山里。到了小镇，他们才知道，那封电报是这个"专业"赌徒为了把士兵刚刚领到的工资赢过来而把他们骗来的诡计。其他军官也有过类似的经历。好的公民是不会做这种事情的。这是持续困扰我军部队的众多困难和挫折之一。部队还会遇到其他困难。

马匹的供应完全无法满足如此艰巨的任务需求。骑兵连的法定人数是65人，但是每个进入战场的骑兵连只有35~45人。在行动中，必须有1/3~1/4的人负责看管马匹和驮畜。所以，当骑兵连指挥官攻击敌营时，他几乎无法惩罚敌对分子。如果能守住阵地，就已经做得很不错了。还有军官短缺问题。缺席、请病假和外派的人员非常多，每个连只剩下一个军官，他们既要组织散兵线，又要照看牲口。即使每个连有3名军官，他们也有足够多的工作要做。

我们的军官热情而有抱负，我们的士兵勇敢而不怯战。这只是时间问题，结果是明确的。在世界历史上，坚定的小团体常常可以藐视大国，比如地中海海盗之于伟大的罗马帝国。不过，这些团体全都遇到了同样的命运。希望亚利桑那最终不会剩下一个奇里卡瓦人，以免他们将这些血腥的记忆延续下去，或者煽动其他部落屠杀公民，后者用生命和财产促成了我们伟大西部的发展繁荣。

［原文］第333页的小素描很好地体现了我们的部队是在怎样的环境里行动的①。从前景到背景大约40英里，需要走上一天，道路很崎岖，需要经过许多丘陵。后方的山脉离今年3月举行会议的地点不远。

我们的营地有时会出现优美又富于军事气息的场景：骑兵部队进进出出，侦察兵到处躺卧，长长的驮队也会来到营地休息或者获取补给。

随着夜幕降临，侦察兵营地的篝火变得更加明亮。巫医会敲响一面粗糙的鼓，以召唤武士们跳舞。巫医是"仪式主持人"。舞者围着篝火组成圆圈。只要鼓声还在响，他们就会一直踏着鼓点转圈。同时，所有人都会加入到奇怪的吟唱中。恶魔之舞很值得一看。他们脱掉所有服装，只剩下围腰布和绑在头上的黑布，双手各执着长长的木剑，跳跃转圈，做出各种扭曲肌肉的神奇动作，一跳就是几个小时。和马戏团类似，他们也有小丑。小丑用面粉把身体涂成白色，手拿火把，他的任务是滑稽地模仿舞者的动作。侦察兵在重病时似乎更相信他们的巫医，认为围绕诊疗台的奇特吟唱和祈祷比我们营地的"锯骨者"开出的药物更加有效。

他们有许多奇特的习俗和想法，某位在军队圈子里很有名并且经验丰富的军官已经在一部非常有趣的作品②中对此做了介绍。

英勇的克劳福德遭到无耻的谋杀，这是整个战役中最不幸的事件。它是整个军队的不幸，因为军队失去了最勇敢、最高贵的军官之一。这也是战役的不幸，因为克劳福德显然刚刚完成了收降敌对分子的任务。印第安人天性多疑，但克劳福德上尉做过他们许多年的事务官，他们熟悉他，信任他。在我们看来，他们愿意向他投降。在他遇害后，他们只愿意与克鲁克将军谈话。

---

① 佩蒂特在原文中的素描展示了从圣伯纳迪诺河西部朝恩布多斯峡谷方向观看的视野。
② 很可能是指约翰·G.伯克的作品。

克劳福德是在大白天穿着美国军装被射杀的。此前，队伍中有两个熟悉西班牙语的人曾反复喊话，说他们是友军。熟悉这些事实的人一定会记得，克劳福德是被人谋杀的。我们的军官不会很快忘掉这些事实。

就像军队的说法所暗示的那样，杰罗尼莫的无条件投降几乎不能叫作投降。他没有放弃武器、马匹、弹药和钱财，而且目前拥有充足的补给。他也没有在任何时候遭受身体约束，几乎可以来去自由。他显然承诺以自己的方式前来投降，但他和20个印第安武士在抵达美国之前离开了。

一个畜生在墨西哥靠近国界线的地方开了一家酒铺，在会谈开始几天前向敌对分子出售龙舌兰、威士忌和弹药，直到指挥官下令将他的店铺捣毁。他是亚利桑那公民，现在还活着。这足以证明我们的军官即使在墨西哥的国土上也依然尊重法律。

我们围着篝火对下列问题进行了自由讨论。从纯军事角度看，下列结论得到了一致认可：

首先，在没有常规军支持的情况下，独自行动的印第安侦察兵是否具有很大的实际价值？有经验的军官的文章和观点似乎在很大程度上支持否定的回答。

其次，印第安侦察兵在受雇对抗自己的族人时是否忠诚而有活力？这个问题似乎可以得到迅速且坚决的回答，大多数人的观点似乎也和这个回答一致。至少，过往记录表明，侦察兵不会经常对敌对的兄弟、亲戚等族人实施严厉惩罚。这可能是因为他们通常枪法不准。幸运的是，敌对分子也不是神枪手。如果他们的枪法很准，过去至少有两支部队会面临全军覆没的命运。

阿帕奇战争会被写进历史，成为少数坚定、活跃、狡猾的野蛮人在遍布当地的怪异地形的帮助下逍遥法外的另一个案例。双方人数对比呢？50~100人对抗4000人。虽然战争结果是明确的，"但它尚未到来"。

追逐杰罗尼莫

纳尔逊·A. 迈尔斯[①]
《大都会》第51卷（1911年6月）：249—262页

1885年7月，我被总统任命为密苏里军区指挥官。在抵达那里之前，我被要求前往芝加哥，向大军区指挥官谢里登将军报到，陪他前往印第安领地，那里即将爆发严重的印第安战争。印第安人位于该领地的土地被租给了拥有大批牛群的白人，这大概是为了给印第安人带来利益。这种租借只为印第安人带来了很少的收入，但对他们的影响却远远超过了收益。当谢里登将军调查印第安人的投诉时，我把注意力放在了军队上，因为1/4的陆军被集中置于我的指挥下。经过数日真诚的努力，我们成功避免了印第安战争。我们安抚了印第安人，保证他们的权利会得到尊重，他们的财产会得到保护，他们的地盘不会被无情地蚕食。谢里登将军建议终止牧场租约，将大量牲畜移出该领地。这一建议得到了克利夫兰总统的批准和执行。

我无法长期留在这个非常舒适的军区里。亚利桑那和新墨西哥的印第安战争多年来一直吸引着公众的注意。印第安人和白人在那片遥远地区的冲突历史可以追溯到几个世纪前西班牙人首次占领该地区的时候，这比清教徒在普里茅斯岩（Plymouth Rock）登陆还早了五十年。阿帕奇人相信，他们是最优秀的种族。他

[①] 纳尔逊·A. 迈尔斯（1839—1925）是志愿军军官，在南北战争中四次受伤，战后成为志愿军少校。他在1869年被任命为美国第五步兵团上校，参加了1874年的雷德河战争（Red River War），1877年捉住了内兹珀斯酋长约瑟夫。作为抱负极大、令人讨厌的自我推销者，迈尔斯在1895年成为了陆军总司令。

迈尔斯的文章发表于《大都会》，叙述了杰罗尼莫战役和对内兹珀斯人的追逐。这里只节选了与杰罗尼莫有关的内容。

们在活跃性、狡诈、耐力和残忍方面的表现非常突出。他们不承认权威和高于个人意志的力量。在曼加斯·科罗拉达斯、科奇斯、维多利奥以及最近的杰罗尼莫、内奇、查托和曼格斯的领导下，他们使整个地区长期处于恐慌之中。克鲁克将军多年来一直试图征服他们，将他们置于控制之下。最终，在1886年4月1日，他请求辞去该军区指挥官职务。看上去，这是一项很麻烦的工作和很艰难的任务。根据当时的军事规定，我刚刚失去了我的个人参谋官，只能独自前往亚利桑那。我只了解在该军区服役的少数军官和骑兵，对于当地的地形更是知之甚少。不过，我研究了这些印第安人敌对行动的历史，在军用地图上追踪了印第安人的移动轨迹。

到了亚利桑那鲍伊堡，我接过军区指挥权，将当地划分成不同观察区，让各哨所指挥官负责清除各自辖区的敌对印第安人。

完成这些安排后，我开始寻找在墨西哥国界线以南追逐印第安人的合适部队。在瓦楚卡堡，我发现第四骑兵团的 H. W. 劳顿上尉是合适的指挥官。他是一位年轻军官，在南北战争中做出了突出贡献，在得克萨斯、亚利桑那和新墨西哥边区的印第安战役中也有非常出色的表现。他是一位坚定、勇敢、活跃而有抱负的军官，他身材魁梧，拥有出色的精力和耐力。他后来在古巴和菲律宾成了十分有名的将军，并在菲律宾牺牲。当时，他是领导一支活跃勇敢军队的理想人选。我派约翰斯顿中尉（Lieutenant C. E. Johnston）、芬利中尉、班森中尉、布朗少尉、沃尔什中尉和史密斯中尉向劳顿报到，他们都是年轻高效的军官。我为劳顿挑选了我能找到的100名最优秀的士兵，他们都是优秀的来复枪手。我还找了少数侦察兵、向导和友好的印第安追踪者。我还将助理军医伦纳德·伍德派到了这支部队中，让他随军出征。伍德是年轻运动员，刚刚从哈佛医学院毕业。

我所组建的这些部队开始等待印第安人的消息，因为我们当时不知道他们在哪个地区。我不指望在一次战斗中制服或捉住他们，而是采取了多年前在得克萨斯平原上捕捉野马群时使用的方法——持续追逐他们，投入新的轮换者，最终将他们累倒。尽管花了五个月时间，但用这种方法最终取得了成功。印第安人很快从墨西哥进入亚利桑那西南角抢劫，暴露了他们的位置。接着，利博上尉、波瓦坦·H. 克拉克中尉、H. C. 班森中尉、C. A. P. 哈特菲尔德上尉领导的部队以及布朗少尉、沃尔什中尉和布雷特中尉（Brett）领导的部队开始追赶他们，后者在那片干旱的区域进行了二十四小时不扎营的行军，其中十八小时没有喝水。

在与部队的战斗中，虽然印第安人总是战败，却可以成功脱逃。不过，他们无法将部队甩开。我军一直在新墨西哥、亚利桑那和墨西哥北部追赶他们。劳顿上尉的部队最终发现了他们的足迹，跟着他们进入老墨西哥，来到国界线以南大约200英里的亚基河地区。凭借坚持和毅力，劳顿的部队在美洲大陆最崎岖的山区追了阿帕奇人三个月。印第安人想尽办法，试图甩掉部队。他们常常放弃马匹，穿越山脉，在岩石间跳跃，但劳顿手下眼尖的侦察兵总能找到他们的脚印。

他们被不同分遣队和部队持续追逐了五个月，累得筋疲力尽，只得投降。在他们与哈特菲尔德上尉的部队战斗后，我发现一个受伤的印第安战士返回了阿帕奇事务处①。他报告说，当他离开他们时，敌对分子已经筋疲力尽了。我派盖特伍德少尉带着他前往敌营，要求他们投降。与此同时，在怀尔德中尉和芬利中尉的帮助下，劳顿上尉也和他们开始了沟通。杰罗尼莫向劳顿传话，说他愿意向最高权威投降。这话传到我这里。我回应说，如果他保证真心实意，我愿意前往墨西哥国界线附近与他见面。他派他的兄弟来到亚利桑那鲍伊堡，以表明他的诚意。十一天后，他把营地搬到北边劳顿上尉的部队附近。我去了墨西哥国界线附近的骷髅峡谷，在那里遇到了劳顿上尉的部队。印第安人的营地就在不远处。杰罗尼莫来找我，问他投降后会受到怎样的处理。他说，如果他们都会被处死，他还不如战死；他只希望我们饶过他和族人的性命。

我说，他必须作为战俘投降，接受政府所认为的最适合他和他的追随者的处理办法；我们不杀战俘；他们的未来取决于总统在华盛顿发布的命令。我告诉他，

---

① 1886年5月15日，美国第四骑兵团第四连与敌对奇里卡瓦人在墨西哥平托山脉（Pinto Mountains）进行了小规模战斗。两名士兵在战斗中牺牲，两人受伤。奇怪的是，虽然迈尔斯谈到了受伤的反叛者，但《大事年表》第78页显示，印第安人在此战中没有伤亡。

我已派韦德上校①将亚利桑那北部阿帕奇事务处的所有印第安人迁出该领地；他和他的族人将被迁走，印第安人在该地区的抢劫和暴行必须彻底结束；他没有资格谈条件。我告诉他，军队在通信和运输方面拥有各种优势，和军队对抗是愚蠢的做法。看到一名下士用日光仪在几秒钟内通过太阳光线将消息发送到马匹行走一天才能抵达的地方，他感到极为震惊。他派了一个印第安信使去找留在山里的内奇，说他看到了无法理解的力量，让内奇迅速赶过来。他后来说，他看到了山顶的闪光，但他觉得那不是人类，而是精灵。随后，他们正式投降，完全接受我们的控制。

第二天，在骑兵连的护送下，我带着杰罗尼莫、内奇和其他4个重要人物走了65英里，来到鲍伊堡。三天后，劳顿上尉带着其他印第安人赶到。C. E. 约翰斯顿中尉在几个星期时间里追逐仍然留在野外的一小伙人，其领导者是曼格斯。最终，他们被查尔斯·L. 库珀上尉的部队抓获。于是，这个地区具有毁灭性、令人恐惧的阿帕奇人被清除了。

很少有比杰罗尼莫更冷酷的抢劫犯。他拥有我所见过的最坚定的面容和最锐利的眼睛。内奇是阿帕奇人的世袭酋长，是个又高又瘦的年轻战士，他那高贵优雅的举止和王子没有什么区别。

---

① 詹姆斯·F. 韦德（James F. Wade，1843—1921）在1887年4月晋升为美国第五骑兵团上校之前担任瓦楚卡堡驻地指挥官。1903年，他以正规军少校身份担任菲律宾军区指挥官。

1885—1886年的阿帕奇战役

克拉伦斯·克里斯曼,美国第十三步兵团第六连下士
《西部赢家》第4卷,第4~8期(1927年3~7月)

1885年9月22日,美国第十三步兵团第四、第六和第八连这三个连和团乐队在墨西哥温格特堡营房前集合。乐队位于营房排屋的最边上。当他们吹吹打打地走过来时,三个连跟在他们后面,在妇女、儿童和剩余留守士兵的欢呼声中和着节奏以欢快的步伐离开了。

我们当时几乎不会想到,我们正在进入白人对长期对手红种人最漫长、最令人激动、最艰苦的战役。这的确是事实,因为此次战役从开始到结束持续了一年多,将近两年。在战役结束前,两位伟大的印第安战争将军曾先后担任战争领导者,领导了美国陆军几千名最优秀的士兵,他们也是世界历史上最优秀的士兵。

不用说,此次战役需要这些士兵,因为他们需要行军数百英里,走过炎热、荒凉、多沙、几乎完全没有植被和水源的平原,翻越看似直插天际的山脉(常常是在仲冬时节),穿越几乎无法通行的雪堆和冰层;而且,他们一直在被死亡的阴影所萦绕,因为没有人知道自己什么时候会遭到伏击,在敌人无声的箭下长眠。

在乐队转到一边并返回营房后,我们真正的任务很快开始了,因为祖尼山脉(Zuni Mountains)就在温格特堡后面。刚一离开温格特堡,我们就开始爬山。我必须说明,我们当时都非常娇嫩。一开始,队伍中还有一些说笑,但很快就停止了,只能听到补给车队车轮的撞击声、偶尔的鞭子声以及我们疲惫地攀登陡峭山坡时发出的杂乱脚步声。天气很热,太阳直直地照在山坡上。当我们抵达那片巨大高原顶部的平地时,我们仿佛已经走了1000英里。

在短暂的休息后，我们继续前进。想到我们即将从另一侧下山，大家都很高兴，因为下山比上山容易。从某种程度上说，这的确是事实，因为我们很容易滚下山。不过，滚下山看上去不太体面，所以，我们像真正的军人那样前进。由于我们带着来复枪和弹药等重物，因此在那条陡峭的下坡路上，每走一步，我们的膝关节似乎都会撞进臀部。不过，一切都结束了，我们终于抵达了第一处营地。

在我描述的这场战役中，我带了一个皮革封面的小笔记本，大约4英寸×6英寸。在这个珍贵的小本子里，我记录了我们在那场难忘的战役中的每一次行军和每一次宿营。而且，由于我带了一支铅笔，因此我为许多营地和附近的风景画了素描。我不知道之前是否有人在印第安战役中做过同样的事情。我当时完全没有想到，多年以后，我会在这个小本子里查找此次旅行的资料。

我在第一页写道："第一处营地，在纽特里（Nutri），1885年9月22日。"这个标题下的部分内容是："上午11点左右离开温格特，前往美丽的纽特里河谷，下午5点30分扎营。我们的营地位于高而险峻的陡崖下方，风景很美，附近是一条小溪，里面的泉水清澈冰冷。它被称为纽特里河，但它只是一条泛着涟漪、发出潺潺水声的小溪而已。我今晚值班，现在是半夜1点40分。我借着营火的亮光和满月的光线写下这些文字。在我写作时，草原狼在吟唱小夜曲，它们的嚎叫和刺耳的吠叫为孤独的时光增添了一抹凄凉。"

虽然我没有记录第一次宿营时的一些事件，但我清晰地记得，战士们脱掉政府统一发放的沉重、结实、耐用的布罗根鞋，开始处理水泡和疼痛的部位。那天晚上，我们聚集在营火周围，有的人说笑，有的人唱歌，有的人偷偷扫视周围黑暗的树林和上方高耸的陡崖，仿佛那里随时可能发出敌对印第安人的枪声和战斗呐喊，尤其是新兵（我们身边有一批新兵）。不过，大多数人不会考虑这些事情。我们围在火堆旁，明目张胆地将自己暴露在火光下，就好像1000英里内不会有印第安人一样。一次，一个新兵说出了自己的想法："我不知道我们是否会与印第安人战斗？"马圭尔中士（Sergeant Maguire）刚好听到了他的话，他说："别担心，小伙子，在此次出征结束前，你会经历许多战斗。如果你听从我的建议，你应该趁着今晚的机会给你最心爱的女孩和母亲写信,向她们告别。"我们这些老兵内心深处希望他说的是对的。

这个世界上的一切都是相对的。当你想到更加艰难的时刻时,你就不会觉得现在特别困难了。即使在仲夏,山中夜晚也非常寒冷。在我值勤时,我可以听到盖着一两张毯子的战士们由于寒冷而翻身呻吟的声音,他们疲倦的骨头找不到一处柔软的安放地点。新墨西哥的岩石并非以柔软著称。此时,听着一些可怜的新兵偶尔的呻吟,我不禁想到,大约九个月前,在隆冬时节,我和其他几名士兵曾在冰雪包围下在相同的地点宿营。当时,我们正在从温格特堡前往新墨西哥克雷格堡,一路上翻越了冰雪覆盖的落基山山脊。

最后,一些新兵无法忍受寒冷,纷纷离开床铺,来到我所在的营火旁。其中一个人专心注视着一张小照片。借着营火,我发现他的眼里噙着泪水。"兄弟,这是你的心上人吗?"我问道。"心上人,见鬼,"他说,"那是我母亲。"

让我们倒退一段时间,看一看导致此次战役的原因。杰罗尼莫更像是巫医,而不是正式的阿帕奇酋长,但他对奇里卡瓦阿帕奇部落有着很大的影响力。在大约十到十二年的时间里,他常常带着这些印第安团伙在亚利桑那、新墨西哥和老墨西哥抢劫。他最喜欢的策略之一是冲进老墨西哥,到处杀害墨西哥人,牵走他们的马群和其他牲畜,将其赶到亚利桑那。这些行为对印第安人来说有趣而且有利可图,但是对于遭到抢劫并且幸存下来讲述这些事情的人来说,一点也不好笑。

1885年5月,杰罗尼莫显然用光了补给,觉得补充食物的时候到了,因此他和其他几个所谓的部落酋长组织了另一伙不满分子,包括妇女和婴儿在内共几百人。他们离开居留地,再次向南方的丰饶之地进发。

著名的1885—1886年阿帕奇战役就此展开,直到1886年9月4日才结束,此时敌对分子在距离弗龙特拉斯不远的骷髅峡谷向纳尔逊·A·迈尔斯将军投降。接着,杰罗尼莫及其所有追随者被送上火车,运往佛罗里达。

整个战役期间,200多名市民、牧民、矿工、勘探者、妇女和儿童被这些印第安人残忍杀害,被打死打伤的士兵很少。他们和敌对分子的战斗少之又少,通常发生在印第安人拥有绝对优势或者被迫战斗之时。事实上，敌对分子会尽量远离美国军队。他们很聪明，不想和我们战斗。

所以，1885—1886年的战役演变成了追击战。我相信，它是历史上规模最大的追击战。迈尔斯将军在1886年4月取代了克鲁克将军，他立刻出动所有可用部队，积极追逐敌对分子。有时，他会挑选经过实践证明拥有必要耐力和勇气的士兵，进行极为漫长艰苦的追逐。下面是将军本人于1886年9月6日就部队及其行军向战争部发出的电报："部队的勇敢、坚韧和不知疲倦的耐力应当受到高度赞扬。此次战役充满了困难，在极为艰苦、危险的行动中，部队最终取得了令人满意的结果。他们在亚利桑那和墨西哥腹地最为坎坷的山区追了印第安人2000多英里。单是劳顿上尉的部队就追了敌对分子超过1600英里，他们翻越了2000~10 000英尺高的山峰，穿越了每块巨石都像堡垒一样的峡谷。"

我最清晰的记忆就是这些漫长疲惫的行军。期间，我们常常没有水源，有时，我们的食物也很少。这些行军会耗尽一个人最后的力气，如果不走，就只能等死，这是因为在某个广袤炎热的沙漠中掉队意味着死亡。这是一种缓慢、缠绵、可怕的死亡。太阳像熔化的钢球一样在头顶照耀，可能还会有几只秃鹫慵懒地从我们的视野中飞过，等待着，等待着，耐心地等待着。

考虑到战役涉及地区的地形和范围、极端的气候条件、参战人数、战场上的实际行动时间和行军距离，我所描述的战役应当作为这个时代最伟大的史诗之一被写进历史。显然，没有人比这些身穿蓝色军装的小伙子们为人类和文明付出过更大的努力。在1885—1886年这令人痛苦的岁月里，他们极为忠诚地跟随领导者穿越了西南部被太阳晒干的平原和冰山。

80年代的陆军正规军是一个神奇的群体。在对抗狡猾的阿帕奇人的数次战役中，他们进行了漫长而艰苦的行军，在最恶劣、最危险的环境里生存下来，表现出了极大的能力。显然，他们之所以如此优秀，一个原因在于，在战役开始前的几年里，许多人当了逃兵。这是一种筛选过程，留下来的都是能够忍受艰苦的铁血硬汉。

在接手战役后,迈尔斯将军立刻派出所有可用部队,将他们分散开来,形成严密的铁圈,将敌对分子围住。第十三步兵团各连负责的区域是这个圆圈的东北部,即新墨西哥西南部,那里是臭名昭著的杰罗尼莫的出征地,也是他之前的活动区域。

在守卫这个区域时,我们连队像缝纫机的梭子一样被调来调去。根据我的日记,我发现,我们走了近1000英里,扎了大约56个营地,有时在相同的地点扎营五六次。因此,我们对于所负责的区域变得非常熟悉,对于扎营和拔营的工作也变得熟练了。在听到敌对分子朝我们前进的消息时,我们会派出由一名军官和五六名士兵组成的分遣队,以保护附近的牧场。牧场的人会张开双臂欢迎他们,并且热情地招待他们。大多数牧场每天至少管他们一顿饭,通常是晚饭。看到他们吃饭,厨子一定很开心,因为他们的美食从未得到这样的重视。

1886年春,杰罗尼莫朝之前的根据地莫戈永山脉进发。如果杰罗尼莫再往北走一点,而不是返回老墨西哥,马圭尔中士的预言就会应验,我们就会迎来更多的战斗。不过,请读者放心,如果他和他的追随者表现出想要开战的迹象,他们就会遭到我们迎头痛击,因为到了这个时候,我们已经成了极为坚定的野战士兵,几乎所有人都是二等枪手或一等枪手。我认为,我可能是我们连射术最差的人,因为我一直没有成为二等枪手。不过,我相信,即便如此,杰罗尼莫也不愿意让我朝他开枪。到了此时,除了打靶,我们还拥有了射击鹿和羚羊等移动靶的丰富经验。配有45口径瓶颈式长子弹的老式斯普林菲尔德来复枪显然可以将弹头打得飕飕作响,任何被弹头碰到的猎物都会毙命。每个人腰上都缠着50发致命子弹。虽然我们几乎不畏惧夜袭,但是当敌对分子出现在附近时,我们睡觉时会将子弹带缠在腰上,将长汤姆枪紧贴在毯子边上。

1886年9月,杰罗尼莫及其追随者在骷髅峡谷投降。他们被送上火车,送出领地。此时,美洲大陆上演过的最优美、最令人震惊的戏剧落下了帷幕。

这是一出永远无法复制的戏剧。直插天际的冰山、被骄阳炙烤的平原、凹凸不平的岩石和灼热的沙子还在,军队的人员和装备无疑也可以复制,但戏剧的重要角色、残忍的阿帕奇人已经大大退化，无法扮演祖先的角色了。即使他们有能力扮演这个角色，现在的情况也不允许他们这样做，因为文明的进步已经扫除了19世纪80年代英勇冒险的所有必要性和诱因。所以，我们完全可以相信，过去真的已经成为往事。现在，参与过那段时期印第安战役激动人心的事件并且依然健在的人已经很少了。我现在仍然活着，能够描述那段多彩而光荣的过去，但这只是巧合，其概率可能只有1/1000。在我结束这段叙述之前，我会尽量描绘出我们返乡的画面，希望你能在脑海中想象出当时的场景。

1886年9月16日，我们三个连抵达俯瞰温格特堡的山脉西坡。我们共有大约150人。只有通过武器和装备，你才能看出我们是陆军常规军。除此以外，我必须承认，我们看上去更像是流浪汉，而不是士兵。我们出发时穿着蓝色法兰绒衬衫和裤子，戴着统一的行军帽，穿着统一的行军靴或者说行军鞋。返回时，我们的衣服几乎完全由鹿皮组成，很难看到蓝色的痕迹，还有各式各样破破烂烂的帽子和靴子或者说鞋子。保持鞋子的完整性是我们最大的困难之一。有一样东西很充足，那就是胡须，因为在这种条件下很难坚持刮胡子。还有日晒——别提了，我们像墨西哥人一样黑。

当我们疲惫而忧愁地坐在被太阳炙烤的山坡上，看着下方堡垒的屋顶时，我们脸上突然露出了笑容，因为我们瞥见了乐队闪光的乐器，知道他们出来迎接我们了。的确，他们正演奏着欢迎的音乐向我们走来。哦，那些音乐多么悦耳啊！在漫长而单调的一年时间里，我们从未听到这样的声音。

指挥官发出集合的命令，我们迈着多日来从未有过的轻松愉悦的脚步下山。当乐队演奏《约翰尼迈步回家》时，我们朝着挥舞手帕并欢呼的"留守者"招手。我们再次回到熟悉的营房前。乐队走了过去。随着"出列，前进"命令的响起，难忘的1885—1886年阿帕奇战役结束了。

出征索诺拉

伦纳德·伍德
亚利桑那领地鲍伊堡美国陆军助理军医伦纳德·伍德1886年9月8日
向新墨西哥阿尔伯克基市美国陆军N.A.迈尔斯准将提交的报告，
出版商及出版日期不详

鲍伊堡，亚利桑那领地，1886年9月8日

致新墨西哥阿尔伯克基市美国陆军N.A.迈尔斯准将：

长官，我很荣幸地提交这份关于最近在索诺拉对抗敌对阿帕奇人的远征报告。

这支部队的成立是为了在索诺拉对抗敌对阿帕奇人，其大部分工作是在该州完成的。

索诺拉是一个崎岖多山的地区，任何在当地行动的部队都会遇到极大的困难。整体来看，这是一片极具崎岖性和断裂性的连续山区。一座座山脉相连，中间几乎没有谷地，除非将狭窄的峡谷看作谷地。

阿帕奇人非常熟悉这片区域，很自然地选择了其中最崎岖的部分来躲避部队，因为他们对于当地的了解、长期的登山训练和合适的装备使他们比部队更容易翻山。

这个区域的人口稀少，实际上，许多地方根本没有居民。当地物产只有少量野生水果、仙人掌和一些野味。在这些区域行动的部队只能依靠驮队提供物资，因为没有其他运输途径。一些地区非常坎坷，就连驮队也无法通过。水很少，水质常常很差。在旱季，地上几乎没有草。气温很高，常常可以达到120华氏度。几乎所有山谷都有疟疾。当地其他区域要平缓一些，偶尔可以看到一个小镇。

这些小镇很奇特，常常建在围墙里，墙壁有八九英尺高，几英尺厚。围墙里面有许多单层土坯房聚落、几十个半裸的孩子和几乎没有多余衣服的成年人。这些围墙小镇体现了墨西哥人对阿帕奇人的恐惧，每个小镇都有遭到抢劫和击退敌人的历史。进出这些小镇的主要是小路，几乎没有马车道。就连一些大城镇也只能通过驮畜踏出的小路进出。当然，几乎所有小镇都是如此，除了该州北部和东南部。东部和北部的人通常没有受过教育，以印第安人和混血儿为主。他们贫穷懒惰，只能产出足够生活的物资。顺便一提，他们的产出非常少。

阿帕奇人年复一年地为他们带来的灾难和失败似乎并没有教会他们太多东西。他们并没有太好的武器，很容易沦为敌对分子的牺牲品。

队伍的目标是抓住或摧毁由 40 人组成的阿帕奇团伙。到当时为止，他们成功躲避了所有追捕，在索诺拉和亚利桑那造成了许多伤害。

他们对当地非常熟悉，行动能力很强，而且可以散布死亡的恐怖，因此抓捕他们非常困难。他们从小就是登山者，可以毫无困难地穿越最崎岖的地段。仙人掌和各种草根可以充当他们的食物，仙人掌还可以提供水源或汁液，大鼠、小鼠、兔子和鹿可以为他们提供肉食，还有马。当马累得无法驮着主人继续赶路时，他们会将其杀掉，尽可能多地带上马肉。他们偶尔会抢劫人口比较稠密的地区，获得面粉和其他奢侈的补给。在最糟糕的时候，他们可以在没有食物和水源的情况下走上几天。

他们是优秀的赶路人，可以步行很远的距离。他们的肌肉发达，尤其是脚、小腿和大腿。他们的肺活量惊人。简而言之，他们是健壮、吃苦耐劳、发育良好的人种，正在一切对他们有利的地区对抗正规组织。他们的抢劫团伙可以不断获得新坐骑，而追击部队只能使用相同的坐骑或步行。

追击部队由步兵、骑兵和印第安侦察兵组成，他们的补给由装备完整的大型驮队提供。在大多数情况下，驮队需要将补给运输几百英里。

出征早期，许多工作是由骑兵（第四骑兵团第二连）在亚利桑那南部和索诺拉北部完成的。他们常常可以获得饲料，队伍状态良好，表现也不错。不过，到了索诺拉东部缺少水源和草料的崎岖山区，队伍很快就崩溃了，被派到奥珀苏拉扎营休整。在索诺拉较为崎岖的区域，骑兵简直寸步难行，无法完成任何真正的工作。草料和水源的稀缺和爬山会迅速耗尽马匹的力气。为了选择草料和水源充足的宿营地，我们常常需要付出许多额外的时间和精力。步兵从头到尾一直表现良好，可以在更多时间里与侦察兵同行，只有他们和侦察兵能在哈罗斯河和亚基河沿岸的崎岖环境中有所作为。在这片区域，骑兵什么也做不了，因为这里几乎没有草料，水源也很少，只有河水。这片区域被认为是无法通行的，这几乎是事实。

6月末和7月，我有幸成了步兵指挥官。这段时间，我们一直在这些河流附近追赶敌人，最终突袭了敌营，俘获了敌对分子的一切物资。美国第八步兵团第四连和第十一连分遣队的一些人曾在印度和南非服役。在他们看来，这是他们到目前为止最艰难的服役经历。下面的事实可以使我们对于当地高温有所了解：人们无法把手放在枪支的铁制部件和岩石上。驮队每走五六英里就要停下来，因为牲畜在高温下已经筋疲力尽了。当地的气温和崎岖的地形使行军变得极为艰难。我让一个人牵着坐骑一直走在队尾，以免战士们由于高温和疲劳掉队。这些步兵是凭借吃苦耐劳的本领而被挑选出来的。不过，事实证明，只有大约1/3的人适合这项工作，许多人被遣送回国了。

自然，最能忍受这种艰苦的是更年轻、更坚定的人，他们大部分在35岁以下。分遣队的表现出色，值得称赞。从事这项任务的人应当经过仔细挑选。除了身体健壮，他们还应该拥有充沛的精力和坚定的毅力。印第安侦察兵吃苦耐劳，效率很高，一直走在前面，总是斗志旺盛，身体素质与敌对分子相当。当然，他们缺乏激励敌对分子的动力。在和军人进行比较时，他们应该与经过挑选的军人相比，因为他们经过了优胜劣汰的选择。应该说，整体上看，虽然他们在身体上至少不输给军人，但是有人可能觉得他们无法与军人相比。不过，我觉得他们比军人强。当然，在我看来，经过一个月左右的山地训练，军事精英至少可以在正常情况下与侦察兵同行。我们的侦察兵和士兵之间的关系非常好。根据我的经验，他们服从军官，对军官很友好。单独和侦察兵旅行总是令人愉快的经历。

军装完全不适合索诺拉和美国南部边界沿线，需要进行艰难远征的部队应该穿更轻便、更凉爽的服装。当然，人们可以克服巨大的困难，但是我们显然不应该让他们处于这种状态。和穿着合适军装的骑兵相比，穿着沉重服装和笨拙军靴的骑兵在效率上会大打折扣。

他们一开始穿着的服装重量就是所需服装重量的两倍。如果我们不是发放沉重的羊毛服装，而是发放结实的服装或工作服，以及带有达到脚踝的轻便鞋帮、中厚苏格兰鞋底、边缘有几个平头钉的鞋子，并用橡胶斗篷代替沉重的大衣，他们就能以更好的状态应对繁重的任务。

事实上，无论从哪方面看，人都像一个发汗装置，而且容易受到擦伤和其他伤害；在面对穿着轻便舒适服装的敌人时，他们会处于极度不利的地位。在此次远征中，步兵穿着衬裤和汗衫行军，这样舒服得多，可以完成更多工作，而且轻松得多。只要穿上上述更加轻便的服装，他们就不会再穿蓝色军裤了。

一些人会用高达 6 美元的价格购买鹿皮鞋，这说明他们更喜欢穿着鹿皮鞋走路。缝制的鞋子完全不适合野战（至少我们所有的缝制鞋子都是这样），它们带来了许多痛苦，通常六七天就会穿坏，有时第二天就会坏。缝纫做工似乎很粗糙，因此鞋底很快就会掉下来。鞋帮似乎质量不错。老式黄铜螺丝钉鞋的表现要好一点，但是完全达不到预期。我想，如果士兵在坎坷的地区执行艰难的任务，而且只能穿着缝制鞋子，那么他的工资大概全都要花在买鞋上。表现最好的是一种用美国皮革制作的鞋子，类似于墨西哥鞋。这种鞋子是用粗线缝制的，只缝到鞋底的一半，鞋帮也只缝一部分，线不会露在外面。鞋帮是用轻质美国皮革制作的，鞋底是用普通底革制作的。制作这种鞋子只需要锥子和刀子。它的防水性很好，和鹿皮鞋一样轻，非常舒适，比普通鞋子耐穿。它的成本远远低于现在的鞋子。所有穿这种鞋子的军官和士兵都很满意，觉得它比别的鞋子好。

正常发放的口粮足以使人生存，但无法在这种气候条件下干许多累活，或者抵抗长期持续的疲劳，因为吃不到肉，或者说肉很少，而且通常只能吃到劣质面包。

咸猪肉是半熟的，几乎完全由肥肉组成，温度高达115华氏度，就连饥饿的人也很难对其产生食欲。虽然它能让人维持生存，但它却无法使人获得良好的状态。

可以说，此次旅行中发放的超过半数咸猪肉都没有被食用。如果没有罐装牛肉、早餐培根、大米等口粮，几乎没有人能忍受此次旅行。在寒冷地区，咸猪肉可能会被吃掉，发挥很大作用，但在亚利桑那和索诺拉这样的气候条件下，它不应该作为军粮。劳动者很少能在干重活的情况下连续几个月以肥猪肉、面包和咖啡为食并且感到满意，但野战部队需要吃这种食物以完成艰难的工作。咸牛肉、大米等额外口粮帮了我们很大的忙。

如果能够发放咸牛肉，用大米、玉米粉和燕麦粉取代部分面粉，人们就可以偶尔换换花样。上述食物富含营养，便于运输，可以用各种方式烹饪。我相信，它们在战场上很有价值。在哨所里，额外的口粮会使当前的口粮变得更丰富。

部队行动的环境并不好，部分行动时间是在雨季，常常被淋湿。考虑到这一点，部队的健康状况还算不错。在雨季，我们常常要在峡谷里行军，需要反复跨越峡谷里的溪流。主要的疾病是腹泻和疟疾。许多人之所以被送回去，不是因为得了某种疾病，而是因为他们筋疲力尽了。一个中士死于脑出血，一些人由于过度爬山得了静脉曲张和关节炎。我会抓住一切机会为他们提供新鲜的肉类和蔬菜，但我无法经常得到这些食物。那些生病的人毫无怨言地忍受着疾病，在被遣返时还表达了自己的遗憾。

敬上，

你忠实的仆人，

伦纳德·伍德，

少尉兼助理军医，美国陆军

杰罗尼莫战役

哈里·C. 本森[①]
《陆海军杂志》（1909 年 7 月 3 日）：1240—1241 页

1886 年 4 月 30 日，我在鲍伊堡。我刚刚解散了我在出征时领导的印第安侦察连，那次出征先后由沃特·戴维斯少校和 J. H. 多斯特上尉（Captain J. H. Dorst）指挥，这二位都是第四骑兵团的军官。这一天，上级给我发来电报，让我前往瓦楚卡，跟随劳顿出征。我在 5 月 1 日晚抵达瓦楚卡堡，得知该哨所收到了这样的消息：敌对分子前一天袭击了卡拉布西斯（Calabooses）附近的牧场，打死一些人，带走了佩克（Peck）的亲戚。由于劳顿上尉的远征军没有完全做好准备，无法共同出发，因此我奉命带着部分部队（第四骑兵团第二连）通过急行军跨越国界线，找到敌人的足迹，以遵守美国与墨西哥的协议。根据该协议，追击部队必须沿敌人的脚印前进。

第二天下午，我来到诺加莱斯。在我抵达这座城镇大约半小时后，利博上尉率领的第十骑兵团部队中的一名几乎精疲力竭的士兵骑马赶到，说利博上尉与印第安人打了一仗，只有少数士兵逃了回来。我立刻向迈尔斯将军发电报，说利博将军进行了一场战斗，但士兵对于战斗的报告显然并不准确。同时，我请求将军做出指示。

将军让我当晚立刻前往利博上尉发现敌人足迹的地方。我于当晚 11 点出发，

[①] 美国第四骑兵团的哈里·C. 本森（1857—1924）是凯尼恩学院斐陶斐荣誉学会成员。他从 1887 年到 1891 年在美国西点军校教授数学，1908 年成为约塞米蒂国家公园主管。

本森的文章是他在 1909 年 5 月 17 日从怀俄明州黄石堡（Fort Yellowstone）寄给《陆海军杂志》编辑的信件。他不是凭借回忆写作的，而是参考了他在战役期间写的日记。

大约 4 日中午抵达利博上尉位于皮尼托山脉的营地。利博上尉前一天与印第安人打了一场硬仗，打死一人，打伤一人，P. H. 克拉克中尉凭借此战赢得了一枚荣誉勋章。利博上尉的部队已经没有口粮了，而且非常疲惫。他们连续几天持续追逐印第安人，终于追上了目标。利博上尉已经没有口粮了，他准备在劳顿上尉赶到时让劳顿继续追击。所以，利博告诉我，我随时可以追逐敌人。第二天，5 名印第安侦察兵赶到诺加莱斯与我会合。在这 5 人之中，只有一个人会说英语。我认识他，他之前在锡贝丘战役中叛变，被判处在阿尔卡特拉斯岛服刑十五年。

我在 5 日上午沿敌人的足迹前进。由于印第安侦察兵希望紧追敌人，因此他们选择了最糟糕的前进路线。这一天，我的 16 头骡子里有 3 头从山坡上掉了下去，因为我们常常需要从完全由岩石组成的斜坡上滑下去，底部又没有足以使牲畜恢复平衡的落脚点，因此它们摔下了悬崖。追了大约六七个小时，印第安侦察兵的情绪变得非常激动，拒绝继续追击。我让他们中的 4 个人退到队尾，但是要求会说英语的烟囱跟着我和 3 名士兵在部队前方大约 100 码处开道。过了大约一个小时，烟囱突然冲到山脉侧面，逃跑了。由于岩石和矮树丛的遮挡，我没能朝他开枪。大约四五天后，他在瓦楚卡堡现身。于是，我和其他侦察兵之间失去了翻译。不过，我成功强迫其中一个人继续跟踪敌人。我们直到晚上 7 点 30 分才抵达水源地，而且花了很大力气才走下山坡，抵达水源，因为印第安人在经过的地区放火，我们在抵达水源之前需要穿越熊熊的森林大火。接下来的三天，我们沿着这条足迹在极其艰难的环境中前进，随后派信使联系劳顿上尉。他的部队于 5 月 9 日晚抵达我的营地。

第四骑兵团第二连于 5 月 2 日开始此次远征，一直坚持到最后。所以，除了劳顿上尉、伍德医生和本森中尉这 3 名军官，至少有 40 名士兵从头到尾一直在队伍之中。

5 月 16 日，劳顿上尉非常沮丧，认为印第安人不在附近。此时，第四骑兵团 R. A. 布朗少尉来到营地。他追了印第安人一整天，成功俘获了 5 匹马、3 副马鞍、全部宿营用具和一套完整的温彻斯特来复枪装弹设备。他不得不离开小路寻找水源，因此遇到了我们。第二天上午，布朗上尉把劳顿上尉的部队带到了小路上。当天晚些时候，我们遇到了哈特菲尔德上尉的部队。

哈特菲尔德上尉于14日早上遇到了印第安人，俘获了他们的全部装备，包括20匹装载赃物的矮马，那是他们的坐骑——实际上，这就是他们的全部装备。当天晚些时候，当哈特菲尔德上尉的部队在距离墨西哥小镇不到3英里处的一道非常狭窄崎岖的山谷里喝水时（队伍从早上4点开始一直没有喝水），印第安人突然朝他们开火了。原来，敌人借助地形从他的两翼之间溜进来，溜到了前锋部队后面。他们进行了一场激战，2名士兵被打死，3人受伤。第二天（18日），我们离开哈特菲尔德上尉和布朗少尉，朝正西前进，追了敌人四天。22日，敌人的足迹在卡拉巴萨斯附近消失了。

5月19日是整个战役中队伍唯一没有口粮的一天。这一天，驮队和步兵没有进入营地。我沿原路返回，以寻找他们。原来，领导步兵的军官喝醉了，带着他的部队和驮队去了诺加莱斯。当晚11点，我在诺加莱斯找到了他们。我带着部分驮队迅速返回劳顿上尉和骑兵的所在地。在十九个小时里，我骑行了90英里。步兵军官被逮捕，指控对他不利，他自杀了。

从5月22日到6月5日，劳顿上尉的大部队没有追逐印第安人。5月20日与部队会合的沃尔什中尉和我从卡拉巴萨斯出发，进行了几次侦察。6月4日，由于我们失去了敌人的踪迹，远征军无事可做，因此我们奉命返回瓦楚卡堡。步兵已经返回，这不是因为他们已经筋疲力尽，而是因为队伍当时不需要他们。当时，蒂斯达尔上尉[①]领导的第一步兵团已在卡拉巴萨斯扎营，并从那里开展侦察活动。由于劳顿上尉在诺加莱斯，不在队伍中，因此其余部队没有移动，而是留在卡拉巴萨斯等待上尉返回。在他返回之前，沃尔什中尉于6月6日带着第二连沿小路前往哈肖矿场（Harshaw Mine），不久与敌对分子相遇，打了一仗，俘获了10匹矮马和一套烹饪用具。

---

① 美国第一步兵团的威廉·N. 蒂斯达尔（William N. Tisdall, 1834—1899）。

7日晚，劳顿上尉离开营地，与沃尔什中尉会合。11日，我和伍德医生带着口粮和其余部队前去与他会合。当月12日，我奉命前往瓦楚卡，为劳顿上尉组建新部队。这支部队包括第四骑兵团R. A. 布朗少尉领导的印第安侦察兵分遣队、从第八步兵团四个连挑选出的19人以及货车队和驮队。分遣队的人员构成为：第一步兵团第三连2人，第八步兵团第四连6人，第八步兵团第十一连11人。这支分遣队没有军官陪同，因此由一位士官领导。

我带着这支部队于6月18日离开瓦楚卡，途经圣佩德罗、米勒牧场等地，前往奥珀苏拉。这是当地第一次有车辆经过。在巴科阿奇（Bacoachi），我离开货车队和步兵，带着布朗少尉及其侦察兵和驮畜，穿越山脉，前往阿里斯皮（Arispe）。25日，我们在奇诺奎帕（Chinoquipa）以南大约20英里处与劳顿上尉会合。在这里，芬利中尉带着侦察兵返回，布朗少尉及其侦察兵加入劳顿部队。6月27日，我在一位向导的陪伴下穿越山脉，当天深夜在昆帕斯与步兵和货车会合。6月29日，劳顿上尉抵达昆帕斯并扎营。他在此一直停留到7月6日。7月6日，他开始前往亚基河，在纳科里以南某处发现了印第安人的足迹。这一天——7月6日——伍德医生接手步兵分遣队，并在接下来的三四个星期照管他们，跟在布朗少尉领导的印第安侦察兵后面。这支分遣队从未参与战斗。印第安人在亚基河分散开以后，我和信使提供了下面的消息：印第安人在山脉另一侧朝北方前进，沿索诺拉河而上，并在卡罗尔牧场附近过河。根据这一消息，队伍返回弗龙特拉斯。8月10日，敌人在卡罗尔牧场与6个牧民进行了激战，勇敢的矿工奥布赖恩（O'Brien）和哈彻（Hatcher）被打死。在此次战斗中，内奇的手臂被打断。

"为了抓捕敌人，劳顿累倒了三个连的战士。每当一个连累倒时，他就会将其派回军营，另找一个连"的说法是完全错误的。第四骑兵团第二连从5月开始此次出征，一直留在队伍中，直到远征结束。5月5日跟随劳顿出征、5月10日开始追逐敌人的步兵连在5月22日之后就不再跟随部队行动了。

第十骑兵团芬利中尉领导的印第安侦察兵分遣队于5月5日出发，6月26日离开队伍，因为印第安侦察兵的服役期于6月30日结束。布朗少尉领导的印第安侦察兵于 6 月 18 日离开瓦楚卡堡，一直留在队伍中，直到 8 月战役结束。任何骑兵和侦察兵都没有累倒，也没有因此被其他部队顶替。

第四骑兵团第二连大多数时候牵着马步行，他们从头到尾一直留在队伍中，完成了十分艰苦的工作，但他们从未累倒，也没有被遣返。

队伍中一直有军官。唯一没有军官的分遣队是 7 月 5 日与劳顿上尉会合的步兵分遣队。第四骑兵团史密斯中尉于 7 月 22 日加入队伍，直到最后。5 月 20 日加入队伍的沃尔什中尉于 8 月 15 日离开，将一些生病的士兵和印第安侦察兵送回瓦楚卡，并在敌人投降前再次与队伍会合。

怀尔德中尉（现在是中校兼监察长）在确保杰罗尼莫投降时起到的作用从未得到足够的认可。他在大约 8 月中在弗龙特拉斯得知，印第安人试图与墨西哥人讲和。他和充当中间人的妇女进行了谈话，建议她告诉杰罗尼莫，不要与墨西哥人交易，应该和迈尔斯将军谈判。怀尔德中尉还向迈尔斯将军提供了情报，使将军得以将劳顿上尉派到这个地区，并将许多部队调过来①。

除了与怀尔德中尉有关的内容以外，这些陈述并非我的回忆，而是来自我当时写的日记。我在事件发生当天将它们写在了日记中。

虽然没有必要说谎，但有时候也不方便讲述所有事实。因此，许多与战役有关的事实可能永远无法被人知晓。不过，下列事实是明确的：首先，劳顿和伍德不是唯一经历整个战役的人；其次，水源并不稀缺，部队也不曾在没有树荫和青草的地方行军；第三，部队从未失去补给；第四，没有一个连累得筋疲力尽，并因此被派回军营；第五，除了第四骑兵团第二连，劳顿上尉的部队在整个战役中并没有与印第安人战斗，而伍德医生在此次战斗中也没有在场；第六，从伍德医生开始出征时起，到杰罗尼莫进入劳顿上尉的营地谈论投降事宜为止，伍德从未见过一个敌对分子，也从未听到我们对任何敌对印第安人开枪；第七，顶着部队名号的几个步

---

① 在 1886 年 10 月 7 日的总第 12 号战地命令中，迈尔斯将军说，"在三个月极为严酷的战役中，阿帕奇人被我们追赶了 2000 多英里。最后，当时在墨西哥弗龙特拉斯附近率领部队的第四骑兵团 W. E. 怀尔德中尉获得了通知他们投降的机会"。

兵在几个星期里跟在印第安侦察兵分遣队后面，领导这些侦察兵的军官曾指挥与劳顿部队没有关系的骑兵连袭击敌对分子，并且带领他的分遣队在亚基河畔发现了敌对分子的营地，当时他们领先劳顿上尉、伍德医生和步兵分遣队10英里（敌对分子在没有被印第安侦察兵发现的情况下放弃营地，因此就连侦察兵也没有对任何敌对分子开枪）；虽然这支步兵分遣队在这几个星期里没有战斗，也没有开枪，但名义上领导这支分遣队的人却在军队以外获得了指挥和参与印第安战斗的名声，并且获得了荣誉勋章[①]。

[①] 关于伍德在战役中的贡献，迈尔斯将军在总第12号战地命令中说，"他不仅履行了专业职责，熟练照料伤残官兵，而且有时极好地履行了前线军官的职责，在整个不同寻常的行军过程中以他的身体耐力为表率，极大地鼓舞了他人"。在同一份文件中，迈尔斯还提到，"本森在十九个小时里骑行了90英里，伍德医生巧妙而出色地率领步兵分遣队行军，这都是值得一提的事迹"。Lane, *Chasing Geronimo*, 29, 124.

用日光仪追踪杰罗尼莫

威廉·W. 内弗特[①]

《西部赢家》第 12 卷，第 11 期（1935 年 10 月）：1 和 4 页

1886 年 4 月初，纳尔逊·A. 迈尔斯将军奉命前往亚利桑那，并且几乎马不停蹄地前往鲍伊堡，于 1886 年 4 月 12 日就任军区指挥官。他曾在之前的印第安战役中高效地使用日光仪。在接手这个地区以后，他很快决定重点使用通信兵团。他将这个消息通知了首席通信官，后者承诺出动 12 个人员和设备，以提供有效的服务。迈尔斯指示将通信分遣队部署在最高的山峰和重要的瞭望地点，以发现印第安人的动向，在指挥部与行军或宿营的部队之间传递消息。在弗吉尼亚州迈尔堡（Fort Myer）通信兵团指导学校学习常规课程的两个班的年轻人将在电报设备的使用上接受选拔测试，以选出 6 个人。

虽然这项任务具有危险性，但是几乎学校里的所有人都想进入这个小组，前往亚利桑那参加野战。考试结果得到了热切关注，下列获胜者接到了准备出发的命令：查尔斯·C. 卡普韦尔（Charles C. Capwell）、亨利·古彻（Henry Goucher）、威廉·W. 内弗特（笔者）、威廉·A. 惠特尼（William A. Whitney）和詹姆斯·I. 怀尔德迈耶（James I. Wildmeyer），理查德·奥多德（Richard O'Dowd）随后被选中并跟在后面。在那个年代，列兵不会乘坐普尔曼铁路客车，车站也没有青年会代表向我们提供新鲜的水果和口香糖。最突出的亮点是韦尔斯·威拉德（Wells Willard）上尉和参谋长签署的支票，包含六天 9 美元的口粮抵偿金，每天

[①] 杰罗尼莫战役期间，威廉·W. 内弗特在刚刚组建的陆军通信兵团担任列兵。在他写本文时，是通信预备役少校和气象局退休气象学家。

1.5 美元。

我们于 6 月 12 日从老巴俄铁路华盛顿车站出发，坐了六天火车，于 18 日上午抵达南太平洋铁路鲍伊站。在周围的大草原上，我们看到了生动的景象，骑兵、货郎和技工发出了许多噪音和响亮的咒骂声，他们的所有马匹、骡子和各种辎重组成了该地区各军事哨所的补给队。驿站总管特别安排了一辆马车，将我们一行人送到鲍伊堡。我们即将面对的危险任务变得越来越清晰，尽管我们在"投机取巧"，因为我们在借助印第安人获取荣誉。

当然，马车夫看出我们是"新手，哦！太嫩了"。为了教育我们，他讲了一些令人毛骨悚然的故事，这使我们更加忧愁。在我们路过哨所下面不远处峡谷山坡上的哨所公墓时，他特别强调了几句话。他指出，至少半数的墓碑上只有一句话："无名者，被阿帕奇印第安人所杀。"

我们向指挥部报到，并被立刻转交给鲍伊和瓦楚卡军区通信官、第二骑兵团的 A. M. 富勒中尉，接受全面指导和驻地分配。我们停留了几天，然后前往特别指定的通信线路永久站点，它们是刚刚建立的。根据安排，鲍伊堡是一号站，鲍伊峰（有时被称为"海伦丘"）是二号站。我被派到八号站，位于圣丽塔山脉（Santa Rita Mountains）的鲍尔迪山（Mount Baldy）上。据说，这是系统里最困难的站点，因为这里不仅通信量大，而且海拔约有 7000 英尺，每天要从峡谷里的营地多次艰难地攀登到山顶的站点。从西部城市气象站挑选出来的通信兵团的其他 6 个人已经来到了战场上，但他们大多数位于第六骑兵团德拉沃中尉[①]领导的新墨西哥军区。

我立刻前往鲍尔迪山，但我先去了瓦楚卡堡，以便去接第四骑兵团第十一连列兵布拉斯特（Bluste），他是我们的特别通信兵。

我还要在瓦楚卡堡领取我的"战争武器"，即食物，了解我在山顶站点职责的更多细节。富勒中尉前一个星期一直在山上安装站点的通信设备，安排营地细节等工作。陪伴他的是第四骑兵团第十一连的克劳利下士（Corporal Crowley，在来

---

① 爱德华·E. 德拉沃（1853—1932）在美国西南部服役到 1893 年。

到美国之前，他曾在祖国爱尔兰做过电报员）以及第八步兵团的 3 名士兵。在系统中，瓦楚卡堡是七号，通信兵团列兵冯·赫尔曼（Von Herrmann）已经在这里执勤了。他知道我要来，当邮车沿着铁路进站时，他已经在迎接我了。他是老边区人。所以，除了工作指导，他还可以在其他方面帮助我。

为了前往鲍尔迪山，我们乘火车抵达克里滕登。第十骑兵团的一个连在那里扎营。指挥官凯斯上尉①奉命提供护卫队、坐骑和驮队，将我们连同我们的食物、服装和宿营用具送到站点。此外，他还从队伍中抽调了 3 个人，用于帮助我们完成守营、做饭等工作。这些人包括斯科特下士、列兵贝尔登（Belden）和约翰斯顿。我们的向导是老前辈迈克·格雷斯（Mike Grace），据说他是纽约著名的格雷斯家族的成员。

第二天早上，我们开始了 20 英里的旅行。对于不习惯骑马的新人来说，这段路程特别漫长。我们不断向上攀登。在许多地方，小路很难通行。在攀登过程中，呼吸变得越来越困难，因此我们常常需要停下来休息。我们于傍晚时登上山顶，进入那里的住所。饭后，护卫队和驮队开始返程。3 名步兵随队同行，他们将前往另一个地点。

我们立刻开始干活，一方面完成站点的例行工作，另一方面把营地弄得尽量舒适一些。我们在岩石之间挖掘了"地洞"，以对抗敌人的进攻，并用西贝尔利帐篷遮盖——这就是所谓的屋顶。我们位于树木生长线以上，山顶只有岩石，营地上有几棵枝丫的松树和几团坚强的高山草。其他地方是岩石，而且只有岩石，岩石中有许多变色龙、几只松鼠、一些小鸟以及短而粗的响尾蛇。水源方面，我们从营地前往不远处的约瑟芬峡谷（Josephine Canyon）里去取泉水。我们用一头名叫巴拉姆（Balaam）的带有皮驮鞍的骡子沿着超过 1 英里的曲折小路取水并返回营地。我们还骑着这头骡子每周前往克里滕登，以获取邮件以及我们能用鞍囊携带的少量补给。

---

① 亚历山大·凯斯（Alexander Keyes，1846—1909）在南北战争期间从士兵晋升为正规军军官。他在 1896 年以少校身份退役。

我们可以从山顶透过清新的空气看到数英里的有趣风景，甚至可以看到国界线以外的地方。50英里外的诺加莱斯清晰可见。在东边，可以看到很远的地方。

日光仪在边区通常被称为"太阳电报"，它是一种用镜子反射太阳光的通信仪器。日光仪最初使用金属镜，但它在使用中很难保持明亮，在野外损坏时很难替换。因此，人们采用了玻璃镜。许多国家的军队都在使用这种通信方法，而且大获成功。当时，它是最有价值的野外通信设备。我们使用两个5英寸镜片，安装在沉重的木桩上，木桩牢牢固定在岩石之间；镜子上安装了纵向和横向微调螺丝，可以将镜面旋转到任意方向，使镜子根据太阳的移动保持在正确的位置上。由于闪光的面积可以将1英里扩大大约45倍，因此肉眼可以看到至少50英里外的信号。

凭借高倍天文望远镜和双筒望远镜，我们频繁观察周围的环境，可以探测到任何移动的骑兵、人员以及任何异常的烟尘，并且通过闪光信号将其立刻报告给指挥部。战场上的部队带着便携式日光仪，由接受过专业培训的士兵专门操作，以便通过山上的站点与指挥部通信。

我们的站点经常与37英里外的瓦楚卡堡通信，偶尔也会与50英里外的诺加莱斯通信。当时，位于卡拉巴萨斯和图巴克的部队需要一些关注。后来，克里滕登建立了十八号站点，由步兵洛夫乔伊（Lovejoy）负责。

我们每周轮流前往克里滕登，通常周六去，周日返回。这样一来，每个人都有机会在餐桌上吃上几顿丰盛的正餐。此外，每周六晚上通常会有墨西哥舞会。这些舞会很不错，有许多饮料和零食，但女士们不吸烟，每个人都需要在跳舞时"放下个人武器"。

考虑到这些情况，我们过得还算不错。乔·约翰斯顿是一位优秀的厨师，变着花样给我们做饭。除了面粉、咸猪肉这些正常口粮和其他主食，我们还有丰富的水果干和一些蔬菜，这些全都来自瓦楚卡粮秣站。偶尔，我们还会在山下打猎，带回一些野味。

正常的每日站点工作需要两个人完成。所以，根据这种安排，每个操作员每工作两天可以休息或娱乐一天。我们常常在休息日打猎。此时，我会选择斯科特做我的同伴。他在南北战争结束后不久入伍，可以将长期服役过程中获取的知识传授给我们。他常常讲述他服役早期在西阿肯色和东印第安领地的经历。我们在夏天没有遇到一个敌对分子，但我们相信，一些人曾翻越我们营地下方的山脊，从一条山谷前往另一条山谷。我们过得很充实，不过，这是一个漫长而沉闷的夏季。只有在休息日偶尔前往克里滕登或者外出侦察时，我们才能获得放松。

军区指挥官开展了一场激烈的战役，部队不给印第安人喘息之机，在夏季灼热的高温下追了他们近2000英里，从新墨西哥追到亚利桑那，然后进入老墨西哥，然后再次返回新墨西哥，途经落基山脉和马德雷山脉最贫瘠的地区。到最后，他们筋疲力尽，并且失望地发现，他们在哪里都无法获得安定，因此甘愿放下武器，请求勇敢的军官和士兵宽恕他们，后者克服千难万险，凭借耐力和毅力理所应当地获得了成功。

当迈尔斯将军9月3日晚在骷髅峡谷谷口——这是为这场大范围追捕画上句号的合适地点——与部队和反叛者见面时，杰罗尼莫注意到了日光仪。他对日光仪产生了兴趣，请求将军解释其工作原理。在投降谈判进行过程中，当鲍伊峰上的操作员向人群投下强烈光线时，杰罗尼莫非常吃惊。当他听说每座山顶都在用类似仪器不停地寻找他时，他震惊了。

9月4日晚，印第安人按照约定投降。第二天早上，将军带着杰罗尼莫、内奇和另外4个印第安人前往鲍伊堡。同一天，部队带着其余印第安人启程前往鲍伊堡。他们走得很慢，几天后才抵达。他们的牲畜和服装看上去很可怜，这说明他们一直在马不停蹄地追逐敌人。在印第安人的根据地，在各种对他们有利的条件下，部队在他们自己的追逐游戏中取得了胜利。在这个过程中，各个山顶的信号站发挥了重要作用。

大约9月末，我们奉命关闭信号站，向瓦楚卡堡的福赛思中校报到。军区指挥部要求我们转移的命令是我们收到的关于战役结束的第一次官方暗示，但我们已经听说了骷髅峡谷的事情，并非没有准备。卫兵立刻被凯斯上尉叫了回去，但

3名操作员又待了几天,以抢救财产。我们的口粮基本吃完了,但还有一些面粉,水也有很多。我们杀死并吃掉了我们养了一夏天的松鼠和鸟。最后,我们向鲍尔迪山挥手告别,开始最后的旅程,下山返回文明世界。我和克劳利乘火车前往瓦楚卡堡,布拉斯特骑着巴拉姆返回哨所。

在八号站,我们处理了几百封信,每封信都有几千个单词。在最后的个人信件中,富勒中尉写道:"我对你的工作非常满意,认为你的站点是前线最困难的站点,因为那里天气很冷(因为海拔高),而且你每天需要从营地艰难地爬上站点。"

在关于战役的报告中,迈尔斯将军对于这个系统是这样说的:"这是我们建立过的最有趣、最有价值的日光仪系统。这些军官(富勒中尉和德拉沃中尉)和他们手下的聪明人很好地利用了现代科学仪器,他们的工作非常值得表扬。"

冯·赫尔曼、惠特尼和内弗特在瓦楚卡堡停留了几个星期,等待上级将其分配到通信兵团永久站点。在艰苦的夏季工作结束后,他们获得了真正的休息。在最后的告别日,惠特尼前往佛罗里达州彭萨科拉(Pensacola),冯·赫尔曼前往威斯康星州拉克罗斯(La Crosse),内弗特前往印第安领地雷诺堡(Fort Reno)。

一场戏剧性的战役

詹姆斯·R.卡菲

奥马哈《蜂报》①，1886年9月29日和10月10日

亚利桑那格兰特堡，9月18日〔《蜂报》记者〕——过去十天，杰罗尼莫、迈尔斯将军、劳顿上尉和"被捕的"奇里卡瓦人一直是本领地军民津津乐道的话题。阿帕奇战役应该已经结束了。根据我在东部报纸上读到的报道，战役的结束为迈尔斯将军带来了荣耀的光环。根据这些随意听信大量虚假信息的记者的说法，可怜的杰罗尼莫在迈尔斯常规军的"持续追逐"下筋疲力尽，在战场上"投降"，将自己交给抓捕者，听任对方处理。了解事情真相的人毫不掩饰他们的厌恶，尤其是参与战役的军官，因为东部报纸的大量报道完全是为了掩盖真相。事实一定会得到官方的公布。在此之前，我想提前揭露这些事实，它们将会得到时间的证明。

我们还记得，杰罗尼莫曾在5月向克鲁克将军投降，但他随后逃跑了。之后，迈尔斯将军来到这片领地。在抵达这个遍布高山峡谷的地区之前，迈尔斯刚刚率领部队应对了一群不同的印第安人。他完全没有阿帕奇战争的经验，但他高调吹嘘说，他想"逆转克鲁克的方法"，这是他犯下的第一个错误。根据他的示范，他将放弃不值得信任的印第安侦察兵，用常规骑兵追击敌人，通过坚持不懈的追逐将阿帕奇人累倒，使之"无条件投降"，或者在战场上将其歼灭。报纸连篇累牍地介绍了他的战役组织、他召集的新部队、边区军团的成立、通报野蛮人路线的通信兵团设备以及通过调度结束战争的巨大努力。为了营造良好的公众形象，他们

---

① 奥马哈《蜂报》是一份偏袒克鲁克将军的报纸。

进行了大量虚假宣传，浪费了大量人力，进行了几次毫无意义和战果的出征。最后，阿帕奇人按照自己的条件投降了。

昨天，我和一位刚刚从战场返回的军官愉快地谈论了战役的结束，他在谈话时并不知道这段话将被发表①。他说：

> 关于杰罗尼莫的"无条件"投降，有太多哗众取宠和指鹿为马的说法，因此我在谈论这件事时很难克制厌恶的情绪。你不能说我有偏见，因为我并不认识迈尔斯将军和劳顿上尉。我并不想贬低这两位和其他任何军人应得的功劳和荣誉，不过，我碰巧知道杰罗尼莫投降和离开的事实以及这些事件之前的所有故事。如果某人不会自食其果，我会非常吃惊。我不明白，既然真相迟早会公开，为什么有人会对军队进行虚假宣传。之前的报道措辞非常巧妙，将敌对分子的"投降"与劳顿部队的行动联系在一起，使人觉得敌对分子被逼入绝境，只能无条件投降。没有比这更离谱的错误了。
>
> 大约两个月前，劳顿上尉部队中的布朗少尉带着分遣队在索诺拉偶然发现了敌营，获得了几匹马和一些宿营行李。这没有什么特别之处，因为自从敌对分子大约两年前逃跑以来，部队曾多次做过同样的事情。不过，看到迈尔斯的文学团队撰写的报道，你会觉得这是一项了不起的成就。实际上，虽然这一行动没有什么效果，但它却是劳顿部队与印第安人的唯一接触。和在此参加野外行动的其他人一样，劳顿走了许多路，付出了长期艰苦的努力，但他并没有收服杰罗尼莫，因为他还不愿意承认，他抓不住阿帕奇人，而且对方只愿意按照自己的条件投降。劳顿并没有取得戴维斯和克劳福德的部队去年取得的成果。不过，他们却将这里取得的一切成果算作他的功劳。记住，他从未进行战斗，从未令敌人受伤，从未抓到一个印第安人。由于这些原因，迈尔斯和劳顿一直没有机会表现出这个地区毫不缺乏的英勇无畏的精神。

---

① 我无法确认卡菲的采访对象。任何下级军官——包括盖特伍德本人、布朗中尉和托马斯·J. 克莱中尉（Lt. Thomas J. Clay）都有足够的理由抱怨迈尔斯，后者将劳顿和伦纳德·伍德置于其他所有军官之上。

迈尔斯最终开始认识到，要想有所收获，只能恢复克鲁克将军经过检验的老办法。他重新召集之前被抛弃的印第安侦察兵，并且告诉各指挥官，他们必须立刻将阿帕奇人带回来，对方提什么条件都可以。盖特伍德少尉带着两名奇里卡瓦侦察兵出发了，他们的任务是寻找杰罗尼莫，和他谈判投降事宜。我向你保证，他在这种情况下不难找到他们。自从杰罗尼莫消除对于克鲁克将军的恐惧、他的家人被克鲁克送到佛罗里达以来，他一直很想谈判。盖特伍德少尉和印第安人进行了谈话，使他们相信，来到劳顿部队附近对他们来说是非常安全的。杰罗尼莫和内奇坚决拒绝向劳顿上尉投降，其原因是陆军军官非常熟悉的[①]。他们只愿意和迈尔斯将军会谈。劳顿发出紧急报告，说如果迈尔斯不来，印第安人一定会溜走。于是，为了进行会谈，迈尔斯匆忙地出发了。与此同时，杰罗尼莫告诉劳顿，他会在骷髅峡谷等待迈尔斯。几天后，会谈在骷髅峡谷举行。双方在此达成协议，或者说交易。会谈开始时，迈尔斯递给杰罗尼莫一支雪茄。他明确地告诉印第安人，他们将被送到佛罗里达，和他们家人在那里会合，他们的生命没有危险。迈尔斯敦促他们跟着他返回鲍伊堡。他们的身份不是战俘，而是协议签署方，而这些协议的条款对他们有利。杰罗尼莫承认，过去的二十个星期，他随时都可以根据这些条款达成协议，但是迈尔斯凶狠的言论使他觉得如果被抓，他就会被杀掉。他说，他急于见到妻子和孩子，他的部众也有同样的想法。每个熟悉这些印第安人的人都知道，这是招降他们最方便、最实际的方法。这正是克鲁克的政策，但迈尔斯做起来比克鲁克更容易，因为此时的敌对分子非常想和亲戚朋友会合。这就是著名的"无条件投降"，它依据的是杰罗尼莫提出的条件，是在他自己的营地里达成的，当时他可以随心所欲地行动，而且可以将迈尔斯及其军官们掌握在手里。

[①] 劳顿性情反复无常，出言不逊，喜欢酗酒。实际上，有充分证据表明，他在出征期间常常酗酒。内奇和杰罗尼莫知道自己喝醉时的表现有多糟糕，所以，他们显然不想让拥有类似倾向的人保护自己。关于劳顿酗酒的更多信息，请参考 Lane, *Chasing Geronimo*, 136-37。

会谈结束后，在迈尔斯的陪同下，杰罗尼莫、内奇和其他5人立刻骑马前往鲍伊堡。劳顿带着其余印第安人尾随而至。阿帕奇人在跟随他时没有受到任何限制，就像他们之前从圣伯纳迪诺赶来时那样。

现在提供一条信息：劳顿在距离鲍伊堡大约9英里的营地过夜。上午，当印第安人将矮马聚集起来，准备赶路时，其中7人溜走了，包括3个男人、3个女人和一个男孩。这件事在一段时间后才被曝光。据说，从那时起，骑兵一直在追赶他们。13日晚，有市民来到军营，说这些印第安人前一天晚上在埃米特·克劳福德营附近偷了他们12匹马，打死了一些牛。骑兵和侦察兵目前仍然在追赶他们。此事得到了精心隐瞒，因为它与无条件投降的说法并不能很好地吻合。

迈尔斯将军在整个战役中表现得像舞台经理一样。他做了一切努力，使杰罗尼莫的投降看上去像是个人的胜利。当劳顿上尉抵达鲍伊堡时，被派到那里欢迎他们的第四骑兵团乐队演奏了激动人心的军乐。印第安人没有受到任何限制，不过，新闻报道却说他们戴着镣铐被关在禁闭室里。他们在各个方面受到了精心照料，而且到处闲逛，就像哨所主人一样。杰罗尼莫像领主一样傲慢，穿着从商店买来的衣服和新帽子，趾高气扬地走来走去，就像英雄一样。一天，迈尔斯将军将哨兵布置在哨所周围，但这是为了驱赶平民，避免他们骚扰印第安人。三个骑兵团带着印第安人前往鲍伊车站，乐队用演奏为他们送行。他们前往东部，去见他们的朋友和家人。之前，克鲁克曾将该分支9/10的人流放到东部，以瓦解暴动的基础。从那以后，他们一直很想跟过去。如果迈尔斯将军不是更加急于在公众面前表现自己，而是想要早点结束战役，他们几个月前就会被送到东部。

让我总结一下：在迈尔斯将军采纳克鲁克的所有方法，包括使用印第安侦察兵的方法之前，他失败得很惨；杰罗尼莫根据他所提出的条件向盖特伍德投降；自从可怜的克劳福德去世后，没有一个阿帕奇人被打死、打伤或俘虏；如果迈尔斯不是放弃他所吹嘘的政策、接受阿帕奇人的要求，杰罗尼莫还会在索诺拉山区继续游荡。

格兰特堡，亚利桑那，1886年10月2日［《蜂报》记者］——在上一篇报道中，我介绍了阿帕奇战役的真实情况以及杰罗尼莫向迈尔斯投降的内幕。军人们说，这是迈尔斯向杰罗尼莫的投降。根据我的预测，这个故事现在已经是众所周知的了。在杰罗尼莫向管理他的军官提出投降请求之前，这里的人都认为杰罗尼莫并没有被捕或投降，就连迈尔斯将军本人也是这样想的。迈尔斯将军的报告表明，他这场著名的战役与阿帕奇人的被捕没有任何关系，这与我的说法不谋而合。年轻的盖特伍德带着克鲁克之前的两名侦察兵去找杰罗尼莫。当然，他找到了杰罗尼莫。他承诺杰罗尼莫可以活命并且自由地前往佛罗里达，然后毫无困难地把杰罗尼莫带了回来。如果战争部没有禁止克鲁克与狡猾的阿帕奇人谈判，他也可以轻松做到这一点。这就是事情的概况。迈尔斯将军觉得他犯了错误。更让他不满的是，由于他挂羊头卖狗肉，他所想象的围绕在他头上的荣耀光环在尖锐的批评声中消失了。

整个领地的陆军军官对于阿帕奇战役的不光彩结束非常反感。他们毫无怨言地执行了命令，因为这是他们的职责，尽管他们根据经验知道，迈尔斯起初采取的作战方式不会有结果。当然，迈尔斯并没有这些经验。现在，经过所有的困难，经过涉及日光仪和边区侦察兵的那些哗众取宠、毫无意义的做法，他们看到战役以克鲁克向战争部推荐的方式结束了，而在克鲁克提出这些方法时，傲慢自负的迈尔斯还没有来到这里。战争部禁止克鲁克使用这些方法，因为他们想用敌对分子做个"样板"。事实上，我们根本不需要进行任何战役，克劳福德在几个月前几乎已经结束了战争。杰罗尼莫一直在和部队玩捉迷藏，等待机会以他自己提出的条件投降。当那些被无用功折磨得疲惫不堪的军官们知道这些时，他们纷纷在私下里谈论他们对于整件事情的看法。

对于杰罗尼莫的投降，劳顿获得了许多名不符实的荣誉。他与这件事没有任何关系。盖特伍德少尉带着两名侦察兵恳求杰罗尼莫回来，并且保证他不会有危险，从而促成了整个奇里卡瓦团伙的返回。这里的人说，为了劳顿的利益，盖特伍德的战略行动遭到隐瞒，他对此非常愤怒，威胁说要"泄密"。迈尔斯将军处理了这一紧急情况，几天前任命盖特伍德为随从参谋，任命劳顿上尉为代理监察长。你现在大概已经收到了这些任命的通告。迈尔斯将军在这里的朋友吹嘘说，克鲁克将军在政府那里失宠了。我不知道为什么会这样，但克鲁克显然没有在亚利桑那军官这里失宠，除了某个不满的上校[①]。克鲁克将军不让他担任某个他不胜任的重要指挥官角色，并且坦率地把理由告诉了他。他对此大为震惊，而且永远无法从这种震惊中恢复过来。

---

① 我还是无法确认这位军官的身份。

护送奇瓦瓦团伙前往佛罗里达[①]

约翰·P. 加德纳[②]
《美国论坛报》，1923 年 9 月 27 日

1885 年 12 月末，美国第八骑兵团第五连驻扎在内华达州哈勒克堡（Fort Halleck）。一天，我们的上尉 E. B. 萨维奇[③]在吃饭时接到了立刻带领我们前往亚利桑那的命令。不到三十分钟，我们就踏上了前往火车站的道路。火车站位于 15 英里外，路上积着 12 英寸的雪。我们接到了轻装行军的命令，只带着一条毯子、大衣、背包、水壶、步枪和子弹带。

我们在元旦那天抵达了位于圣西蒙沙漠腹地的亚利桑那鲍伊车站。当时天寒地冻，沙漠里覆盖着几英寸厚的雪。北风和沙暴非常猛烈。我们获得了 A 字形帐篷，两个人住一顶，睡在地上。我们和其他骑兵在那里待到了 1886 年 4 月 5 日。此时，32 人中的 27 人已经患上了腰痛、胸膜炎和风湿等疾病。

大约这个时候，他们带来了一批即将被送往佛罗里达州圣奥古斯丁（St. Augustine）的印第安人。军官们抽签决定由哪个连护送他们。我们上尉赢了。第二天，我们带着两辆装满 76 个印第安人的马车前往佛罗里达，包括老人、妇女和儿童。抵达目的地时，我们不仅没有减员，反而有了 77 个印第安人，因为一个婴

[①] 由一篇文章压缩而来，原文的标题具有很大的误导性，叫作《杰罗尼莫的最后一站》。
[②] 加德纳在写这篇文章时是美国第八步兵团第五连士兵。
[③] 埃格伯特·B. 萨维奇（Egbert B. Savage, 1843—1927）在南北战争中是士兵，战后直接做了军官。他于 1899 年以中校身份退役。

儿在路上降生了①。

我们在路上走了六天。我们不得不经常停下来，以便为他们提供食物。他们不愿意吃军需官发给我们的罐装食品和硬饼干，所以，我们会向前方发电报，让兵站为他们提供牛肉。接着，我们会把他们带出来，在他们周围排成链式防守队形，看着他们在里面制作"穆里根"②。我们路过的每个小镇的居民都会放假一天，前来看热闹。队伍抵达新奥尔良时，那里的人很疯狂——大部分居民从未见过印第安人。我们这些穿着肮脏的红色套衫和罩衣、满面胡须的军人也是一道风景。他们热情地向我们提供了套衫，而且不收钱——他们不让我们花一分钱，让我们返回时一定要留下来待一天。我们照做了。在这里，我们这些年轻人度过了从未有过的快乐时光。我们在小镇受到了很好的待遇，一切都是免费的——他们为我们提供了无可挑剔的酒水和食物。

当我们抵达杰克逊维尔（Jacksonville）时，人们已经在那里迎接我们了，他们将那艘把我们运过河的渡船围得水泄不通。印第安人很失望，因为克鲁克将军曾说过，他们会去华盛顿和"白人酋长"见面。这些印第安战士之中包括奇瓦瓦酋长和老纳纳酋长。纳纳很粗犷，身高6英尺3英寸，穿着肮脏的亚麻布罩衫，围着围腰布，头上戴着草帽。我们于4月21日返回鲍伊，往返只用了十四天。

---

① 克鲁克将军说,77个奇里卡瓦囚犯(15个男人、33个女人和29个孩子)于1886年4月7日下午4点离开鲍伊车站。George Crook to P. H. Sheridan, April 7, 1886, Lyman M. V. Kennon Papers, Duke University, Durham, North Carolina. 如果路上出生一人，总人数为78人。
② 用牛肉和蔬菜制作的炖菜。

对抗阿帕奇印第安人的战事简介，1882—1886 年

乔治·克鲁克
内布拉斯加州奥马哈市普拉特军区指挥部，
1886 年 12 月 27 日

美国陆军副官，华盛顿市，哥伦比亚特区：

长官，鉴于奇里卡瓦阿帕奇战役随着杰罗尼莫、曼格斯、内奇、奇瓦瓦及其追随者的投降而结束，鉴于相关军方报告已被提交和发表，考虑到我曾长期处理这些印第安人制造的麻烦，我认为有必要提交下面的亚利桑那战事简介，作为该领地印第安问题历史的一部分，供战争部参考，用于发表和存档。

我在亚利桑那有八年的服役经历，因此我可以带着一定权威谈论这一问题，并且有理由提交这篇文章。本文涉及的主题在过去一年里吸引了公众不小的关注和兴趣。

我在 1882 年接过亚利桑那军区指挥权，进行了仔细充分的调查，发现情况并不令人满意。印第安人普遍不满，不相信所有白人，其中许多人处于战争边缘，一些人处于公然敌对状态。白人普遍感到不安，局面的不确定性使该领地的商业活动陷入瘫痪。

自从我于 1875 年离开该领地以来，那里的财产利益总值大幅增加，这些利益和参与和平事业的公民的生命需要得到保护。

在这种情况下，我所采取的政策方针必须实现三个主要目标：继续控制留在居留地上的印第安人，保护公民的生命和财产，制服敌对分子。

如果能将印第安人教化到一定的文明程度，使之对定居者无害，能够自给自足，服从权威，那么无疑能够以最稳定、最令人满意的方式实现第一个目标。提

升印第安人的生存状态是我的第一个关注目标。

幸运的是，我获得了当时居留地上印第安人的尊重和信任，他们在1871—1875年曾由我管理。要想得到最好、最持久的结果，这种信任不仅应该得到保持，而且还应该扩展到全体白人。

为此，我首先向军区部队发布了下面的命令：

亚利桑那军区指挥部，

惠普尔营，普雷斯科特，亚利桑那领地，1882年10月3日。

总第43号令

在对本领地东部和南部印第安人进行充分详细的考察后，本指挥官遗憾地发现，他们对白人普遍缺乏信任，尤其是军人。他们还存在同样严重的不满，这威胁到了本地的和平。

我要提醒在本军区服役的军官和士兵，军队的基本原则之一就是公平地对待所有人，包括白人和印第安人。漠视这一原则可能引发冲突，使他们在这里应该保护的人丧命。

在应对这些印第安人时，军官必须保持谨慎，不仅要保持绝对的忠诚，而且不能做出他们无法实施的承诺。他们辖区内出现的所有抱怨都应该得到解决，以免积累过多导致暴动。如果放任不管，再小的抱怨也会像冒烟的余火一样燃烧起来，最终酿成火灾。

当有人请求军官动用武力对抗印第安人时，他们应该充分确认动武的必要性和合法性，以免由于他人的缺乏经验和自己的匆忙使手下部队成为镇压的工具。

这件事一定不能有职权划分。每个军官都要对自己严格负责，其行为必须得到法律和正义的充分授权，而且要保证那些想要从事和平职业的印第安人不会由于军方匆忙或不当的行为而抱怨。

奉克鲁克准将之命：

（签名：）J. P. 马丁，助理副官

不过，这道命令本身没有太大作用。只有首先接触印第安人，建立对于他们的权威，才有可能控制他们，使他们摆脱当时的原始野蛮状态。

我和不同分支的一些领导人进行了会谈，通过各种途径引导他们运用自己的影响力维持秩序。这些印第安人更容易接受控制，因为他们在1871—1875年就认识了我。当时，我征服了5000多个印第安人，将他们安置在居留地上。不过，奇里卡瓦和沃姆斯普林斯阿帕奇人在我之前管理亚利桑那时不在我的控制之下，逃过了他们由于暴行应该接受的惩罚。在墨西哥政府的要求下，奇里卡瓦人被安置在南太平洋铁路当前线路以南的居留地上。我被禁止以任何形式干涉对他们的管理，甚至无法得知他们获得这个居留地的条件。

沃姆斯普林斯阿帕奇人的居留地位于新墨西哥奥霍卡连特，因此不在我的管辖范围内。后来，这些分支的一些成员在我们劝说下搬到了怀特芒廷居留地，但在我于1882年辞职前，他们全都离开了居留地，前往墨西哥马德雷山脉。在那里，他们的存在持续威胁着国界线两侧位于他们抢劫范围以内的人。在这些印第安人离开居留地期间，位于他们攻击范围以内的人民的生命财产无法得到保障，因此我们决定把他们抓回来。

查托在1883年3月的抢劫使我得以在不违反协议规定的情况下跟随这个团伙进入马德雷山脉中的奇里卡瓦大本营。

我在1883年的年度报告中详细介绍了此次出征，这里无须重复。只需要知道，此次出征导致反叛者投降——这些反叛者不仅包括曾经生活在居留地上的人，而且包括沃姆斯普林斯和奇里卡瓦居留地上的分支搬到怀特芒廷居留地时逃到马德雷山脉的人。根据当时的投降条款，600多人被带回居留地，其中120人是男人和能够携带武器的男孩。他们名义上的身份是战俘。当时，奇里卡瓦人是美洲最野蛮、最凶猛的印第安人。他们生性野蛮残暴，在情绪激动时会毫不犹豫地取人性命，就像杀死兔子一样。在两百多年里，他们一直是西班牙人的眼中钉。在此期间，他们几乎一直在打仗，但是通过武力征服这些人面豺狼的一切努力都没有结果。

几个世纪以来，从出生到死亡，阿帕奇人一直生活在艰难困苦中。他们居住的山区提供了他们生存所需的一切物资。人工制造必需品是一个民族进化到最简单文明形式的标志。阿帕奇人不需要人工制品。在与白人接触时，他们只接受了白人的武器。他们憎恨一切管理他们行为的尝试，以及一切干扰他们生活方式的做法。

我所面对的问题是尽量控制、驾驭和教化这些印第安人。当时，我们不知道任何限制他们倔强性格的方法。在接受他们投降时，我深深感受到了我所承担的责任，但我当时相信，而且现在仍然相信，我无法通过其他途径结束这些印第安人对亚利桑那和新墨西哥持续几代人的抢劫。对他们的改造只能通过时间以及耐心的观察和关怀实现。

管理他们的军官拥有出色的能力和判断力，深得我的信任。我把一些印第安人秘密雇用为特务侦察兵，让他们一直住在野蛮人的营地里，以监视他们的一举一动，倾听他们的谈话，报告他们的举动。我从印第安人自己的部落中选人，雇用为侦察兵，优先选择最具影响力、最积极的人，并且尽一切努力获得他们的信任和合作。由此，几个分支解体，形成不同派别，并且逐渐形成一个喜欢压制动乱的群体。实现这一步以后，我得以更进一步，极为谨慎地惩罚违法者。只要条件允许，我们就会让印第安人自己去做这件事。通过这种方式，一些不安分的印第安小伙子在煽动不满情绪时被逮捕，被印第安陪审团审判并判刑，受到了严厉惩罚。这种压制动乱的方式不仅使他们在一定程度上适应了自治，而且可以培养他们极为宝贵的服从精神。除此以外，我在1883年、1884年和1885年的年度报告和其他报告中更加详细地介绍了其他许多方法，这里就不列举了。通过这些方法，这些野蛮莽撞的人得到了控制，逐渐开始种地。不仅女人劳动，男人也在参与劳动。这也是在他们的偏见没有受到明显冲击、没有使他们产生怀疑的情况下实现的。

为了使这些方法最终取得成功，我需要克服一些障碍，这些障碍令人气馁，其影响无法消除。它们包括：领地媒体不友好的批评；到1885年暴动为止战争部不太公开、总是很隐秘的反对；各种帮派、供应商和投机者毫不掩饰的敌意，他们的成功取决于他们欺骗印第安人的能力。所有这些不利因素都需要克服。在这种情况下，如果没有克劳福德上尉、盖特伍德少尉、布里顿·戴维斯少尉以及其他帮助他们管理怀特芒廷居留地印第安事务的人，我们就不可能取得成功。这些军官一直在冒着生命危险。他们执行的是最棘手、最危险的任务，小小的失误也会危及他们的生命。不过，据我判断，这似乎是接触印第安人、教导他们服从权威的唯一途径，而服从权威是在文明方面取得进步的必要条件，不管这种进步多么细微。所以，虽然这些军官的生命极为宝贵，但我还是让他们去履行军人所能履行的最危险的职责。

  上述方法在管理其他印第安人时取得了成功。我们还记得，他们1871年在各方面都和1883年的这些奇里卡瓦人一样残忍野蛮。我们完全有理由相信，对于前者效果很好的方法在后者身上也会取得同样好的结果。事实的确如此。他们在历史上第一次受到了限制，知道了服从。同时，他们正在朝着自治和完全自给自足的目标迅速迈进。在两年多里，亚利桑那和新墨西哥摆脱了印第安人的困扰。在此期间，没有一个阿帕奇印第安人在美国实施任何暴行和抢劫。此时，没有一个阿帕奇印第安人处于战争状态，这在人们记忆中还是第一次。这段时期，奇里卡瓦人的管理问题基本得到了解决。我获得了他们的极大信任。我坚信，如果我知道戴维斯少尉1885年5月15日在电报中报告的事情，那么曼格斯和杰罗尼莫几天后就不会暴动，可惜我在几个月后才看到这封电报。事实上，除了查托，几乎所有重要的酋长都在反叛者之中，但只有不到1/3的战斗力量离开了居留地，超过80个男人和350个妇女儿童仍然留在农场上。虽然我们对这些奇里卡瓦人努力而认真的教化没能阻止部分人离开居留地，但我却能在留下的人之中选出50个忠诚可靠的人作为侦察兵。我应该招募更多侦察兵，但我希望其他人留下来保护妇女儿童，对抗敌对分子的抢劫。和其他阿帕奇分支相比，我优先选择这些人做侦察兵，因为他们非常熟悉他们将要行动的区域。作为军人，他们比其他印第安人更优秀，完全可以与反叛者相媲美。

本文的目的不是介绍我们对抗敌对奇里卡瓦人的行动细节，因为我在1885年和1886年的年度报告中已经做了充分讨论，希望这些报告能够得到重视。不过，由于反叛者1886年3月向我投降的这件事引起了公众媒体的大量讨论，在一些地区还遭到了奇怪的曲解，所以我认为有必要在此插入与此有关的全部通信。

亚利桑那军区指挥部，
战场，鲍伊堡，亚利桑那领地，1885年9月17日

太平洋军区副官：

　　长官，我一直想把我们俘虏的印第安男人交给民事当局，使他们根据法庭对印第安人犯下的某些罪行的管辖权，依据1885年3月3日批准的国会法案第九条规定对这些人进行审判。不过，在我就此事咨询了一些权威律师后，我相信，由于无法获得对印第安个体的不利证据，我们无法确保民事法庭对其定罪。如果起诉印第安人叛国，我们在证据的获取上也会遇到同样的困难。考虑到这些敌对分子所在的位置，如果运气不佳，我们需要花上几年时间才能杀死所有敌对分子。只要他们中的任何人仍然留在山里，他们活动范围内的人民的生命和财产就会受到威胁，我们也无法阻止他们的抢劫。

　　我们最好能让他们投降。不过，如果他们觉得他们会被杀死或者被转交给民事当局（他们觉得这一结果更糟糕），就不会投降。

　　我们相信，如果他们相信自己不会丢掉性命，只会被转移，那么只要再敲打他们几下，我们就可以说服他们投降。请用电报给出你的决定。

　　这件事不能公开，以免被印第安人听到。

　　敬上，

你忠实的仆人，
（签名：）乔治·克鲁克，
准将，
指挥官

我在1885年10月8日收到了下面的电报，它是对于上面这封信的回复。

太平洋军区指挥部，

普雷西迪奥，旧金山，加利福尼亚，1885年10月8日

克鲁克将军，鲍伊堡，亚利桑那领地。

下面的电报为重发，供你参考和行动。收到请回复。

奉波普少将之命：

（签名：）泰勒，随从参谋

克鲁克将军在9月17日询问能否向敌对奇里卡瓦人承诺他们投降后不会被处死。对此，战争部长同意中将的建议，授权克鲁克将军确保目前在逃的奇里卡瓦人投降，将其作为战俘对待。不过，你必须知道，任何招降他们的谈判都必须包括所有敌对奇里卡瓦人；投降后，他们将在相关卫队的看守下立刻被送到佛罗里达州马里恩堡接受监禁。请用电报向克鲁克将军通知此事，让他发出接收确认。除了和印第安人沟通时绝对必要的陈述，政府对于此事的意图不得公开。

（签名：）R.C.德拉姆，副官

在我收到有关克劳福德战斗和死亡的消息以及敌对分子和我面谈的请求后，我收到了下面的电报。

美国陆军指挥部，

华盛顿市，哥伦比亚特区，1886年2月1日

乔治·克鲁克将军，鲍伊堡，亚利桑那。

上周四下午，我和总统就毛斯中尉的快信进行了磋商。总统完全理解 1885 年 9 月 30 日发送给你的行动指令，但他希望我通知你，不要向敌对分子做出任何承诺，除非这是确保他们投降所必需的。

（签名：）P. H. 谢里登，中将

根据上述通信的授权，我前往印第安人的营地，并在 1886 年 3 月 25 日和他们进行了第一次会谈。我发现，虽然敌对分子由于我军的持续追逐而非常疲惫，但他们身体状况极佳，全副武装，拥有大量弹药。他们性情多疑，同时可以独立自主地处理自己的事务。在第一次面谈后，我向中将发出了下面的电报：

恩布多斯峡谷营地，
圣伯纳迪诺东南 20 英里，墨西哥，1886 年 3 月 26 日
由亚利桑那鲍伊堡转发，1886 年 3 月 28 日

P. H. 谢里登中将，华盛顿，哥伦比亚特区。

我昨天在毛斯中尉的营地见到了敌对分子，他们在大约 500 码外扎营。我发现他们非常独立，像老虎一样凶猛。他们知道自己是无情的畜生，因此不相信其他任何人。在我和他们谈话后，我觉得除了允许他们以之前的状态返回居留地，我似乎无法对他们施加任何控制。今天，事情看上去要有利一些。

（签名：）乔治·克鲁克，准将

那天晚上，间谍成功混入他们之中，弄清了他们相互之间的感受和对追逐者的态度。根据他们获得的信息，我得以制定政策。虽然我相信所有敌对分子暗中

都相信我，但我更喜欢对个人做工作。我选择了奇瓦瓦和内奇，他们是反叛者之中最有影响力的领导者。我把精力集中到了他们身上。我从侦察兵中挑选出他们部落值得信任的印第安人，对他们进行了详细指导，让他们与这些酋长谈话，后者最终同意以我有可能实现的最有利的条件投降。这立刻将敌对分子分成了两派，使他们分裂了。这是通过他们自己人的个人努力实现的，这不仅影响了敌对分子的士气，还影响了部落中其他所有人的士气，使我们以后不管在哪里都能很轻松地管理他们。在此之前，只要暗示他们可能搬离之前的居住地，整个部落就会逃回深山。

这些结果可以直接归功于我们在这些印第安人生活在居留地的两年时间里所做的工作。第二天，敌对分子全体投降。我在下面的电报中向中将传达了这一消息。

恩布多斯峡谷，墨西哥

1886年3月27日，由亚利桑那鲍伊堡转发，1886年3月29日

P. H. 谢里登中将，美国陆军，华盛顿市，哥伦比亚特区。（机密）

在与杰罗尼莫和其他奇里卡瓦人的会谈中，我告诉他们，他们必须立刻在无条件投降和血战到底之间做出选择。如果他们选择后者，战争会立刻开始，直到他们最后一个人被杀死，即使需要五十年的时间。我让他们认真思考一下，然后告诉我他们的决定。他们只提出了下面三个选项：他们带着想要跟随他们的家属前往美国东部，但在那里的停留时间不能超过两年，已经70岁、年老体弱的纳纳留在阿帕奇；或者，他们以之前的身份全部返回居留地；或者，他们返回战争之路，制造各种恐怖事件。由于我需要立即行动，因此我今天同意根据第一种方案接受他们投降。

年轻的酋长卡亚滕内不到两年前还是整个群体里最不安分的奇里卡瓦人，但他现在已经彻底臣服了。他已经洗心革面，为我提供了宝贵的帮助，未来也会帮助我们控制这些印第安人，做出巨大贡献。他在阿尔卡特拉斯的经历彻底

改变了他的性格。①我毫不怀疑，类似的处理方式会改变整个分支。到了监禁结束时，他们的激动情绪将消失殆尽。曼格斯没有和其他奇里卡瓦人在一起。他带着13个奇里卡瓦人，其中有6个男人②。他在去年8月和他们分开，之后一直没有和他们联系。他没有实施抢劫。在南边的广阔山区寻找他可能需要一年的时间，所以我觉得现在寻找他是不明智的。而且，当他听说其他人的行动时，他无疑也会投降③。

我明天上午出发前往鲍伊，第二天夜晚抵达。请您告诉我，我的行为是否得到准许。如果您同意，我希望获得具体的命令。奇里卡瓦人明天跟着毛斯中尉领导的阿帕奇侦察兵出发前往鲍伊。

（签名：）乔治·克鲁克，准将

他们的投降是真诚的，这一点没有丝毫疑问。杰罗尼莫和内奇喝了烈性龙舌兰，被一个野心家④的谎话所欺骗，在前往鲍伊堡途中带着一群追随者逃跑了。这是一起不幸的意外，但并非无法弥补。被送到马里恩堡的是最勇敢、最有能力的反叛者。老酋长纳纳虽然年事已高，却是这个分支公认的领袖。奇瓦瓦和乔萨尼⑤是他们中最有影响力的领导者。犯人之中还有杰罗尼莫的两个妻子和3个孩子、内奇的家属以及所有逃亡者的亲属或家族成员。

只要和他们沟通，问题一定会得到解决，不会再发生流血事件。当他们从惊恐中恢复过来，有时间考虑他们所处的状况时，在侦察兵的帮助下，我们很容易和他们取得联系。我们本应采取这种做法，但是由于我辞去了军区指挥官的职务，

---

① 卡亚滕内曾在阿尔卡特拉斯遭到监禁。——译注
② 在 George Crook, *Crook's Resume of Operations Against Apache Indians, 1882 to 1886* 一书的脚注中，克鲁克说："在撰写这篇电报之后，我进行了核实，确定只有3个男人跟着曼格斯。"
③ 克鲁克猜对了。曼格斯在1886年10月投降，被送往佛罗里达州马里恩堡。
④ 罗伯特·特里博莱特（Robert Tribolett）。
⑤ 乔萨尼又叫乌尔扎纳（Ulzana，1821—1909），是奇瓦瓦的兄弟，是著名抢劫犯。

因此我们没能采取行动。

在考虑这一政策方向时,在此次事件中逃跑的两个印第安人的主动返回是重要的证据。

下面的电报通信清晰显示了与敌对分子投降有关的所有其他事实。

亚利桑那军区指挥部

战场,鲍伊堡,亚利桑那领地,1886 年 3 月 30 日

P. H. 谢里登中将,华盛顿市,哥伦比亚特区。

毛斯中尉派来的信使刚刚赶到,说杰罗尼莫和内奇带着 20 个男人和 13 个女人于夜间离开了他的营地,没有携带牲口。他说,他们的离去没有明显的原因。我于今天上午收到了他发来的两份快信,说一切进展顺利,奇里卡瓦人的精神很好。奇瓦瓦和 12 个男人留了下来。毛斯中尉留下足以将其他犯人送到鲍伊的人手,然后带着侦察兵前去追击。

(签名:)乔治·克鲁克,准将

美国陆军指挥部

华盛顿市,哥伦比亚特区,1886 年 3 月 31 日

乔治·克鲁克将军,鲍伊堡,亚利桑那。

我已收到你昨天的电报。我对此非常失望。杰罗尼莫一伙人居然在侦察兵不知情的情况下逃跑了,这很奇怪。

(签名:)P. H. 谢里登,中将

亚利桑那军区指挥官,

战场,鲍伊堡,亚利桑那领地,1886年3月31日

P. H. 谢里登中将,华盛顿市,哥伦比亚特区。

我已收到你于31日发出的电报。侦察兵非常忠诚,如果可能,他们一定会阻止敌对分子离开,这是毫无疑问的。敌对分子离开营地后分散开来,使我们无法对其进行突袭。他们在选择扎营地点时会考虑到这一点,而且不会让所有人同时留在营地里。他们一直保留着比较充足的龙舌兰。自从我们第一次见到他们以来,他们一直非常温顺,其中一些十分有名的人物甚至在他们离开当晚徒手追赶矮马。

(签名:)乔治·克鲁克,准将

美国陆军指挥部,

华盛顿市,哥伦比亚特区,1886年3月31日

乔治·克鲁克将军,鲍伊堡,亚利桑那。

你还没有确认收到我于3月30日发出的传达总统命令的电报。请立刻将此事告知我,并把你所获得的关于敌对分子逃跑和重新逮捕的信息用电报告诉我。

(签名:)P. H. 谢里登,中将

亚利桑那军区指挥部，

战场，鲍伊堡，亚利桑那领地，1886年3月31日

P. H. 谢里登中将，华盛顿市，哥伦比亚特区。

在回复你3月30日的电报时，为了使你清晰理解局面，我应该告诉你，敌对分子之前和毛斯中尉达成协议，要在国界线以南25英里处和我见面，而且不能有常规军在场。我对这种协议非常反感，但它已经达成了，所以我只得遵守。他们的营地位于距离毛斯中尉大约500码的陡峭山峰上，我们在那里和他们见面。在那里，即使有1000个人也无法包围并抓住他们。只要接到敌人靠近的警报，他们就会分散开来，通过几十条溪谷和峡谷逃到附近更高的山上。在此期间，他们可以躲过我们的追捕。他们全副武装，拥有最先进的枪支和他们能携带的所有弹药。他们在和克劳福德的战斗中失去的服装和其他物资已被他们从墨西哥获取的新毯子和衬衫所取代。毛斯中尉和阿帕奇侦察兵驻扎在敌对分子允许的距离他们最近的地方。即使我想背叛他们对我的信任，我也无法在一天中的某个时间里在他们不知道的情况下把白人部队调到那里。如果我这样做，整个团伙就会逃回山中。他们疑心极重，每次最多只有5~8人进入我们营地。如果我试图逮捕这些人，其他人就会逃到山里。即使在我们开始前往鲍伊时，我们也不得不允许他们分散开来。他们不愿意走在一起。如果我们试图让他们走在一起，他们就会逃到山里。我唯一的希望是在行军过程中通过卡亚滕内和我所委派的其他印第安人获得他们的信任，最终把他们送上火车。在此之前，我甚至无法收缴他们的武器。

（签名：）乔治·克鲁克，准将，指挥官

亚利桑那军区指挥部，

战场，鲍伊堡，亚利桑那领地，1886 年 3 月 31 日

P. H. 谢里登中将，华盛顿市，哥伦比亚特区。

我于今天上午收到了你在 30 日发出的传达总统命令的电报，并以最快速度做出了回复。据我判断，如果我告诉印第安人，他们的投降条件没有得到批准，这只会使我失去和他们谈判的可能，使他们分散到山中。眼下，我还没有阻止他们逃跑的方法。关于敌对分子的逃跑，我没有更多可以汇报的消息。在下月 2 日或 3 日我与目前正在赶路的印第安人面谈之前，我也不太可能提供任何好消息。毛斯中尉有 80 名侦察兵，也许能在外面停留一个星期，然后被迫返回。他也许可以成功地把敌对分子带回来，但失败的可能性也很大。

（签名：）乔治·克鲁克，准将，指挥官

下午 2 点 11 分收到的电报

华盛顿，哥伦比亚特区，1886 年 4 月 1 日

乔治·克鲁克将军，鲍伊堡，亚利桑那。

我已收到你于 3 月 31 日发出的电报。我想，你现在只能将部队集中到最佳位置，为人民提供保护。杰罗尼莫无疑会开启新的谋杀和抢劫。既然你们带领侦察兵对抗他的进攻行动已经失败，你最好采取守势，保护亚利桑那和新墨西哥的人民和商业利益。步兵可以以连为单位驻扎在某些需要保护的地点，骑兵可以在他们之间巡逻。你们军区有 46 个步兵连和 40 个骑兵连，这些部队应该可以完成许多事情。请把你未来的计划发给我。

（签名：）P. H. 谢里登，中将

亚利桑那军区指挥部，

战场，鲍伊堡，亚利桑那领地，1886年4月1日

P. H. 谢里登中将，华盛顿市，哥伦比亚特区。

我已收到你今天发来的电报。在目前的行动中，我的目标一直是最大限度地保护生命和财产安全，我也据此部署了部队。部队无法保护距离营地超过0.5英里的财产。如果不重新开启对于印第安人的进攻，他们可能会无限期地静静地留在山中，不跨越国界线，但他们的存在将是一种持续性的威胁，这个军区的部队需要一直部署在可以击退突袭的地方。只要有人在逃，亚利桑那和新墨西哥各事务处心怀不满的印第安人就会加入到他们之中。侦察兵在墨西哥的行动之所以没有预想的那样成功，是因为他们追逐的印第安人为他们带来了巨大困难，他们行动区域的环境又极为恶劣。不充分了解这两件事情的人对此是没有概念的。我相信，我的行动计划是最终最有可能取得成功的计划。不过，我对这件事的观点可能过于执着了。由于我在这个军区度过了将近八年时间，做了我人生中最艰难的工作，所以请求辞去指挥官职务。

（签名：）乔治·克鲁克，准将

亚利桑那军区指挥部，

战场，鲍伊堡，亚利桑那领地，1886年4月2日

机密

P. H. 谢里登中将，华盛顿，哥伦比亚特区。

没有跟随杰罗尼莫离开的大约80个敌对分子今天到了。我没有查明具体人数。他们之中包括该分支最恶劣的一些人。据我判断，他们应该被立刻送走，

因为和监禁他们相比，送走他们对于仍然在逃的人可以产生更好的效果。我想，在他们抵达目的地后，如果他们能看到和返回相比，留在当地会给他们带来更好的未来，那么我们很容易让他们同意无限期留下来。在离开时，他们应该有卫队陪同。

（签名：）乔治·克鲁克，准将

亚利桑那军区指挥部，

战场，鲍伊堡，亚利桑那领地，1886年4月2日

P. H. 谢里登中将，华盛顿市，哥伦比亚特区。

在我今天与抵达这里的敌对分子面谈时，我得知，劣质烈酒是杰罗尼莫和内奇一伙人离开的原因。他们认为，毛斯中尉几乎不可能把他们带回来。

（签名：）乔治·克鲁克，准将

下午2点40分收到的电报

华盛顿市，哥伦比亚特区，1886年4月3日

乔治·克鲁克将军，鲍伊堡，亚利桑那。

我已收到你于4月2日发出的电报。在战争部长的授权下，你需要尽快安排目前被你关押在鲍伊堡的奇里卡瓦囚犯的运输和口粮，将其送往佛罗里达州圣奥古斯丁市马里恩堡。在那里，根据总统在我于3月30日发出的电报中提到的条件，他们将作为囚犯被转交给圣弗朗西斯指挥官军营（C. O. Saint Francis Barracks）。请派合适的军官带着足够多的卫兵跟随他们，以确保他们的安全。

（签名：）P. H. 谢里登，中将，指挥官

亚利桑那军区指挥部，

战场，鲍伊堡，亚利桑那领地，1886年4月4日

P. H. 谢里登中将，华盛顿市，哥伦比亚特区。

两个跟随杰罗尼莫离开的敌对分子现在在这里，他们昨天在距离本哨所16英里处与毛斯中尉会合，跟着他回来了。他们说，他们在逃跑当晚睡在一起，听到其他人离开的声音，也跟着走了，因为他们觉得出事了。天亮以后，他们打定主意，认为他们没有理由离开。他们看到毛斯中尉带着侦察兵追逐敌对分子的脚印，他们在山里藏了一天，决定回来。他们说，跟随杰罗尼莫的其他几个人非常厌倦这种逃亡生活。经过调查，我发现，一个名叫特里博莱特的人是这起麻烦的根源，他一直在向印第安人出售大量劣质烈酒。毛斯中尉追随反叛者的脚印走了两天。之后，脚印分散开来，进入弗龙特拉斯以西的深山。毛斯确定，继续追逐已经失去意义。

（签名：）乔治·克鲁克，准将

亚利桑那军区指挥部，

战场，鲍伊堡，亚利桑那领地，1886年4月4日

机密

P. H. 谢里登中将，华盛顿市，哥伦比亚特区。

我已收到你于4月3日发出的将马里恩堡指定为敌对分子监禁地点的电报。我正在安排他们的运输事宜，他们将被尽快送走。我不会告诉他们总统没有批准我所接受的投降条件，因为如果我通过翻译告诉他们此事，所有人都会听到。如果走漏风声，其他人就绝对不会回来了。在敌对分子投降前，这场战

争可能会持续数年。在逃的人数越少，抓住他们的难度就越大。

（签名：）乔治·克鲁克，准将

下午 4 点 15 分收到的电报

华盛顿市，哥伦比亚特区，1886 年 4 月 5 日

乔治·克鲁克将军，鲍伊堡，亚利桑那。

我已收到你于 4 月 4 日发出的电报。你的行动已得到批准。总统希望立刻将犯人送走。请把他们的出发时间以及男人、女人和孩子的人数告诉我。

（签名：）P. H. 谢里登，中将

晚上 7 点 30 分收到的电报

华盛顿市，哥伦比亚特区，1886 年 4 月 5 日

乔治·克鲁克将军，鲍伊堡，亚利桑那。

由于我们这里不同意当前的投降条件，杰罗尼莫又破坏了一切投降条件，因此你要将目前在押的印第安人当成囚犯，送往马里恩堡，无须考虑之前的通信，无须以任何方式询问他们对于此事的想法。这是对于我今日所发电报的追加电报。

（签名：）P. H. 谢里登，中将

亚利桑那军区指挥部，

战场，鲍伊堡，亚利桑那领地，1886年4月7日

P. H. 谢里登中将，华盛顿市，哥伦比亚特区。

今天下午4点左右，奇里卡瓦犯人在第四骑兵团理查兹中尉[①]的领导下、在第八步兵团一个连的护卫下离开鲍伊车站，包括奇瓦瓦、纳纳和乔萨尼等15个男人、33个女人和29个儿童，其中包括反叛者之中最勇敢、最有能力的5个男人，他们中的3人参加了11月和12月杀死许多人的抢劫。为避免他们在指定时间在路上的车站停留时制造麻烦，他们将被特别列车直接送到圣安东尼奥。

（签名：）乔治·克鲁克，准将

4月11日，根据战争部1886年4月2日的命令，我将军区指挥权交给迈尔斯将军。

我在上述行动中推行的政策被批评为"几乎完全依靠印第安侦察兵行动"。我想提出抗议，不希望这样的评论被添加在军官记录上，以免人们认为我的沉默是在默认这种批评的公正性。这种批评似乎意味着我根本没有使用手下的常规部队，或者几乎没有有效使用。

中将建议部队采取守势，以保护人民的生命和财产安全，这隐含了另一种批评。敌对分子位于墨西哥，所以为了保护人民的生命和财产安全，我们需要尽量阻止他们重新跨越国界线。为此，部队以分遣队形式驻扎在边境沿线。每支分遣队配有5名印第安侦察兵，以监视前方，探测敌对分子的到来。这些部队驻扎在敌对分子可能通过的所有地点。从巴塔哥尼亚山脉到格兰德河的每条小路和每个

---

① 詹姆斯·R. 理查兹（James R. Richards, 1854—1914）。

水塘都有人防守。部队接到了最严格的命令,需要持续巡查这条防线,每支分遣队拥有专门管辖的区域范围。

除此以外,我还在第一道防线后方以类似方式建立了第二道防线,它既可以作为预备部队,又可以阻止溜过第一道防线的敌对分子通过。这条防线后方是驻扎在铁路线上的部队,他们可以前往前方任意地点。他们组成了第三道防线。

托马斯堡、格兰特堡、贝厄德堡连同驻扎在希拉河阿什斯普林斯(Ash Springs)各个地点、莫戈永山脉和其他位置的部队在事实上组成了第四道防线。

不管敌对分子靠近边境的任何地点,我们都会用电报通知所有受到威胁的地点,使平民提前接到警报。敌对分子每次穿越部队的第一道防线时都会被发现,并且遭到追逐。不管驻扎在哪里,所有部队都接到了在尽可能长的距离内积极追逐进入其打击范围的敌对分子的命令。不过,虽然部队尽了一切努力,敌对分子还是穿越了这些防线。虽然部队随后进行了持续而不知疲倦的追逐,而且常常成功俘获印第安人的牲口,但他们没有对敌人造成其他损失。没有比他们更加努力、更配得上成功的部队了。不过,在整整十六个月的行动期间,常规战争部队没有打死或捉住敌对分子中的任何男人、女人和儿童。

部队没能取得更多成绩的原因并不是部署位置不好,缺乏机会。敌对分子的移动为部队提供了大量机会,他们也没有让这些机会溜走。他们做到了任何部队所能做到的一切。

可以看到,常规部队得到了持续不断的使用,他们没有被用在不适合他们的任务上,这当然不应该成为暗中责难的理由。考虑到他们展示出的热情和活力,考虑到他们在追逐这些印第安人时甘愿忍受的艰难困苦,他们应当受到极高的赞扬。

不过,被动防守本身不足以保护公民的生命和财产。只要印第安人仍然逍遥法外,他们就没有安全可言。几个奇里卡瓦人能够以惊人的速度行进很远的距离,使亚利桑那和新墨西哥领地处于持续恐慌状态。11 个印第安人 1885 年在这些领地的抢劫足以证明这一点①。他们人数很少,这只会使他们更容易逃跑,使他们的行动更难被发现。所以,要想保护人民,我们不仅要采取防御措施,更要征服和控制敌对分子。我们的防守无法阻止印第安人穿过长达1000多英里的国界线,最多只能在他们通过后不久发现他们的踪迹。所以,除了上述措施,我还组织了两支部队,在国界线以南跟踪敌对分子。每支部队由一个优秀骑兵连和100名侦察兵组成。他们的辎重被减少到最低限度,以适应这项艰难的任务。他们需要跟随敌对分子前往任何地点,在发现敌人的任何地点攻击他们,不断追赶他们,直到他们被打死、抓住或求和。在这项任务中,虽然骑兵十分精锐,但他们还是阻碍了行动的成功,随后在领导这些远征的军官的建议下被替换了。

征服敌对分子的任务被专门委托给了这些由优秀骑兵和印第安侦察兵组成的混合部队。

侦察兵的这种使用方式遭到了批评。在此,我想表达我对此事的态度。我人生的将近八年时间是在亚利桑那度过的,其中大多时候是在与阿帕奇印第安人对抗。所以,我有资格根据我的经验和认识发声。我完全相信,如果不将印第安侦察兵作为辅助力量或者单独使用,我们永远无法在对抗这些印第安人时取得任何成功。常规部队在我方国界线一侧总是失败,而墨西哥方面在作战中取得的任何表面上的胜利都是通过最恶劣的背叛实现的,这只会使印第安人比之前更加多疑和野蛮,为他们增添新的愤怒。

此外,我要毫无保留、不加任何限制地宣布,查托、诺奇和其他酋长领导的这些奇里卡瓦侦察兵做出了极为出色的贡献。在追逐反叛者并迫使其投降的过程中,他们的价值比其他一切对抗反叛者的部队加起来还要大。那些认为他们不忠诚、不愿意对抗反叛者的报道完全是错误的。有人说,敌对分子从侦察兵和留在居留地上的人那里获得了弹药、补给、帮助和增援。这种说法无论如何都是完全

---

① 1885年11月初,不到12个印第安战士在乔萨尼的领导下从墨西哥溜过国界线,在新墨西哥制造了巨大的混乱。他们杀了20个拒绝跟随他们走上战争之路的居留地阿帕奇人和至少12个白人平民,并在12月末返回墨西哥。几十名骑兵试图在国界线以北抓住乔萨尼团伙,但是没有成功。

错误的。

从反叛者离开到最终投降的整整十六个月里，他们没有获得居留地任何阿帕奇人的增援。的确，敌对分子有几次从他们打死的侦察兵和士兵身上获得了子弹，还有几次从他们袭击的营地获得了大量弹药，比如1885年6月的瓜达卢佩峡谷，当时他们打死了劳顿上尉部队分遣队的3个人，缴获了大约两三千发定装式弹药；还有1886年5月，当时内奇和其他印第安人袭击了哈特菲尔德上尉的部队。

有人宣称，虽然奇里卡瓦印第安人可以尽最大努力"抓捕敌对分子或者劝他们投降，但他们不想杀死自己的族人"。

政府的政策到底是单纯而绝对地杀死一部分印第安人，还是恢复和平，确保人民的安全？我接到的命令明确而具体地授权我确保敌对分子投降，最好是无条件投降；如有必要，有条件投降也可以。直到我的继任者接过指挥权，上级才下达了单纯"寻求摧毁或捕捉敌对分子"的命令。

不过，事实并不支持侦察兵不愿意杀死敌对分子这一理论。相反，从1885年5月到1886年9月，内奇和杰罗尼莫团伙向迈尔斯将军投降，在对抗他们的整个过程中，敌对分子只有在与侦察兵的遭遇战中才会被打死或俘虏，只有两人例外——一个在阿帕奇堡附近被怀特芒廷印第安人打死，另一个于1886年3月在墨西哥弗龙特拉斯附近被美国人打死。在整个战役期间，每次与敌对分子的成功遭遇战无一例外地完全来自印第安侦察兵的贡献。所有侦察连指挥官都认为，奇里卡瓦人是部队中最听话、最有活力、最不知疲倦、整体效率最高的士兵。实际上，使用印第安侦察兵是我对于反叛阿帕奇人的处理政策中的一大特点，我之前在内华达、爱达荷、加利福尼亚、俄勒冈、华盛顿、亚利桑那的战役，以及我对1876年和1877年苏人问题的亲身经历，连同世界各地军人的经验都提供了令人信服的证据，证明这一政策很有价值，这些辅助兵种带来的结果无法通过其他任何方式实现。根据军事原则，当一支辅助力量一直很有用、有时甚至不可或缺时，忽视它是不明智的。在整个军队里，人们总是会被尽量分配到他们最有资格执行的任务中。由于天性和教育因素，奇里卡瓦阿帕奇人显然比其他所有人更适合过去几年一直在亚利桑那和墨西哥山区进行的战事。所以，印第安侦察兵的使用是由最合理的军事政策原则决定的。

中将在1886年的年度报告中表示，他认为这些侦察兵"就努力捕捉和劝降敌对分子而言是忠诚的"。仅根据这一点，这些侦察兵的使用就有充分的理由。这篇报告还说，如果克劳福德上尉没有被墨西哥部队意外刺杀，他就会"终结此后持续数月、残忍血腥的暴行"。我需要补充一句，克劳福德上尉的部队完全由印第安侦察兵组成。

这些侦察兵是高效的战斗力量，但他们的价值还不止于此。他们在与敌对分子沟通和促成敌对分子各分支瓦解和投降的过程中做出了很大贡献。没有他们的帮助，我们永远无法与敌对分子取得联系。如果不使用侦察兵，奇里卡瓦人1883年的投降就无法实现。没有他们，所有敌对分子1886年3月的投降就无法实现。在此次投降中，虽然一些人随后逃跑了，但是根据投降条件，大约77名反叛者被送到佛罗里达，这使内奇和杰罗尼莫团伙只剩下了33个男人、女人和儿童，这一点不应被忽视①。

最后，在促成这伙人向我的继任者投降的过程中，我们不仅只用了侦察兵，而且只用了奇里卡瓦侦察兵。中将的报告使人觉得，这是因为我们使用了不同于我的方法，是单纯使用常规部队的结果。事实上，部队、马匹和驮队在数月间进行了超出忍耐限度的行动，却完全没有取得任何进展，平民、墨西哥人和其他部落友好的印第安人的行动也毫无结果。在此之后，盖特伍德少尉在两个奇里卡瓦阿帕奇人的帮助下促成了敌人的投降。换句话说，战役之所以结束，是因为我们重新使用了我的方法，它们是我所采纳和遵行的政策的独特之处。

印第安人在此次投降中接受的条件很难得到真正实现。就这里的讨论而言，这个问题一点也不重要。不过，有一件事是肯定的，那就是战场上的部队与此几乎没有关系。

---

① 在George Crook, *Crook's Resume of Operations Against Apache Indians, 1882 to 1886* 一书的脚注中，克鲁克说："曼加斯及其11人团伙在离开居留地后很快与其他人分开。据我们所知，他们没有参与反叛者实施的任何暴行。"

旷日持久的印第安战争的困难和生命财产的损失已经是众所周知、无须讨论的事情了。战争的成本和成果一直是不成比例的。塞米诺尔战争持续了八年，战事不断，死亡数千人，财产损失达两三千万美元[①]。

"依靠欺骗、欺诈和背信弃义的军队力量是徒劳的。"塞米诺尔人从未被武力征服，和平最终是通过另一种策略实现的。我们通过简单的公平行为赢得了他们最强大的酋长之一的信任。在这位酋长的斡旋下，我们进行了谈判，部分人被劝降，并被迁移到密西西比河对岸。首批迁往西部的印第安人使留下来的人产生了追随他们的倾向。由于这枚楔子已经打下，成功只是时间问题。

塞米诺尔战争和阿帕奇战争有许多相似之处，当地自然环境带来的行动困难是其中重要的一点。

在这两场战争中，我们几乎无法进入敌对分子的攻击范围。塞米诺尔战争之所以旷日持久，是因为印第安人能够躲避追逐者，而阿帕奇人拥有同样的优势，而且程度要高得多。在塞米诺尔战争中，武力和战斗几乎只能摧毁印第安村庄和里面的物资，俘获妇女和儿童。经过多年代价高昂的战争，谈判实现了武力无法实现的成功。阿帕奇战役也是如此，不同之处在于，我们从一开始就认识到了利用印第安人进行谈判的价值。和塞米诺尔战争类似，在阿帕奇战争中，投降的印第安人被送到了很远的地方。在这两场战争中，友谊的纽带和对亲人、妻子、孩子的爱是促使在逃印第安人投降的强烈动力。

---

① 指1835—1842年的第二次塞米诺尔战争。

第六章

阿帕奇战争的结束

阿帕奇问题

乔治·克鲁克[1]

《美国军事研究所期刊》第7卷（1886年9月）：257—269页

如果不回顾美洲印第安人的历史，任何讨论他们当前战争模式的文章都是不完整的。首先，我需要指出首批欧洲移民在这片大陆定居时的情况。

占据美洲大西洋沿岸的所有印第安人过着不同程度的定居生活。他们都住在村庄或棚屋聚落里，耕种土地，种植玉米，可能还有其他蔬菜，而且都是狩猎专家。当时覆盖阿巴拉契亚山脉东坡的人迹罕至的森林是他们的狩猎场。他们的武器完全是他们自己制造的，包括弓箭、军棍和长矛。这些武器既是战斗工具，也是狩猎工具。和其他所有种族类似，他们改进了进攻武器，这使他们迅速受益。拥有先进武器的部队总是可以战胜仅仅具有人数优势的对手，这是一条军事学公理。

这些印第安人立刻意识到，他们的弓箭不如欧洲殖民者的火器强大。正是由于这一原因，他们在与白人定居者最初的交流中几乎总是很友好。直到他们相信，他们的地盘很快就会被新种族占领，他们才使出最后手段，冒险进行对抗。这些早期战争血腥而短暂。由于白人不断推进，因此他们必须将红种人赶跑。如果一个部落被击败，通常是被全歼，他们的土地会立刻被胜利者占领和占据。这种行动一直在反复上演。白人的边界每年都在推进，残留下来的印第安人通常会成为流浪者，在白人定居者之间游荡。他们很容易学会白人的恶行，但却没有学会白人的优点。

---

[1] 约翰·G. 伯克可能是克鲁克这篇文章的影子写手。关于伯克当时的活动，参考 Joseph C. Porter, *Paper Medicine Man: John Gregory Bourke and His American West* (Norman: University of Oklahoma Press, 1986), 208-209.

简单地说，这就是密西西比河以东印第安种族的历史。他们的土地适合耕种，不断涌入的定居者以势不可挡的姿态占据了这些土地。有几次，印第安人结成了强大的同盟，以遏制这种趋势。不过，虽然他们经常为殖民者带来巨大的伤亡，但结果是必然的：文明总会征服野蛮。二百五十年前，印第安种族占据了密苏里河以东的广阔土地，但是现在这里只剩下了散布各地的少数印第安人。从文明的角度来看，这是一件悲哀的事情。

红种人被赶出了肥沃的森林和草原地区。直到几年前，这片地区还被视作唯一适合耕种的区域。在许多年里，他们在密苏里河以西找到了安全的游荡地点。他们的土地没有被白人觊觎，因为白人没有认识到他们种植谷物的能力。不过，强制西进运动自然影响到了印第安人。在大河以东失去狩猎场的人要么把印第安人驱赶到更西边，要么在部落冲突中被歼灭，有时被更强大的分支同化。顶着各种名称的苏人无疑是密西西比河和密苏里河之间最强大的部落。当他们不得不跨越密苏里河时，我们发现，占据普拉特河谷和北边支流的部落遭到了他们的入侵，直到奥马哈人（Omahas）、篷卡人（Poncas）、曼丹人（Mandans）、阿里卡拉人（Arickarees）等强大部落只剩下了残余势力，他们在大约几个世纪里一直生活在他们的敌人——苏人目前需要的土地上。在此之前，苏人很可能是定居印第安人，和密苏里河以东大部分部落类似，种植玉米和一些蔬菜。不过，当他们失去家园时，他们完全成了游牧民，几乎完全以肉类为生。在他们占据的整个区域游荡的大群水牛为他们提供了食物、兽皮和建筑材料。

从这时起，到加利福尼亚发现黄金为止，他们只和白人中的捕兽人和商人打交道，而且对他们很友好。个别部落与白人捕兽团伙的偶尔冲突很可能主要源于对立贸易团体的嫉妒，而不是印第安人对白人入侵者的敌意。

他们的战争习惯基本保持不变。由于平原上缺少树木，因此他们不想建造固定居所。他们跟随水牛迁徙。他们不会尝试建造防御工事，他们的军事行动永远只有进攻。他们的法宝是突袭，如果袭击失败，他们通常会像迅速集合那样迅速消失。他们一直在努力获取火器，而且得到了许多火器，但是质量不佳。不过，他们仍然以自制武器为主。岩石或黑曜石材质的箭头和矛尖换成了铁质材料，他们仍然意识到自己在这方面不如白人。

加利福尼亚发现黄金后，许多人跨越大陆前去淘金。这无疑导致了许多流血冲突，但它并没有实质改变大平原印第安人和白人之间的友好关系。直到横贯大陆的铁路建成后的移民潮开始使他们离开狩猎场，水牛数量的迅速减少威胁到他们的食物供应，他们才再次决定与入侵者一较高下。在一段时间里，他们的巨大人数优势使他们得以与政府力量抗衡。政府与他们签订了协议，将一块从密苏里河延伸至落基山脉的居留地划给他们，并且放弃了一些军事驻地。

与此同时，后膛枪的发明极大改变了整个军事行动体系。在一段时间里，部队获得了极大优势，但在几年间，他们在与野蛮人的战争中遇到了更大的困难。前装枪在印第安人手里并不比弓箭更加可怕，因为它们无法在马背上得到有效使用。不过，当印第安人开始获得后装枪和定装式弹药时，他们的战术和整个战争体系发生了改变。他们不是像旋风一样袭击落单的队伍，而是改变方法，在安全的隐蔽处等待进攻。他们从单纯的进攻战转到了攻防行动体系，其结果在小比格霍恩的战斗中有所体现——卡斯特将军在此战中被打死，他的常规军部队大部分被歼灭。不过，大平原印第安人拥有大群牲畜。由于当地的自然环境，我们可以跟踪和俘获这些牲畜，这削弱了新式武器和弹药为他们带来的优势。他们本质上是马背上的印第安人，一旦失去坐骑就只能任由追击者摆布了；而且，北方冬天的严寒使印第安人不得不进入营地取暖，而部队可以发现和袭击这些营地。例如，部队曾对蒙大拿的派岗人（Piegans）、疯马（Crazy Horse）①在达科他领导的苏人，以及罗曼·诺斯（Roman Nose）在怀俄明领导的夏延人发动这样的奇袭。

所有这些情况和白人对印第安人的成功袭击一定使他们认识到了白人的终极优势，但他们没有显示出放弃斗争的倾向。有思想的军人明显意识到，我们必须采取其他途径来平定苏人、夏延人和阿拉巴霍人等强大部落。这一目标是通过将

---

① 疯马是印第安酋长。——译注

印第安人招募为士兵实现的。准确地说，是侦察兵。许多印第安人得到了武装和组织，由聪明、活跃且勇敢的军官领导。印第安人发现白人在用他们自己人对抗他们，因此放弃了斗争。他们知道大局已定。今天，这些强大部落完全处于和平状态，未来大概也会保持和平，除非被贪婪的白人再次逼上战争之路。今年夏天蠢蠢欲动的夏延人和阿拉巴霍人证明了这方面的危险仍然存在。他们之所以没有暴动，很可能是因为白人对于他们的抱怨做出了明智而有技巧的调整。

落基山脉西坡印第安人的战争模式在许多方面和大陆分水岭以东的平原印第安人差异巨大，正如他们所在地区的地理环境一样，也差异巨大。在本文中，我几乎不需要考虑哥伦比亚那些吃鱼的印第安人，因为就军事行动而言，他们的人数和当前状态几乎不可能为政府制造麻烦。本文甚至不会提及班诺克人（Bannocks）、肖肖尼人（Shoshones）和他们南边的犹特人，因为和平原印第安人相比，阿帕奇人更能体现山地印第安人的明显特征。今天，就残暴、勇敢、狡猾和技能而言，阿帕奇人是美洲印第安人中的佼佼者。

这些印第安人占据的区域和他们在敌对状态下可能袭击的区域包括亚利桑那领地、新墨西哥领地、得克萨斯州西北部以及墨西哥的奇瓦瓦州和索诺拉州。有时，他们的袭击范围会延伸至杜兰戈州和锡那罗亚州（Sinoloa），向西延伸至太平洋。

这是美洲最坎坷的区域，不了解这里的人无法通过个人经验对其崎岖的山脉和干旱的平原形成任何正确概念。在这种环境下，这些印第安人的特点也就可想而知了。他们需要持续对抗逆境、饥饿、极端的炎热和寒冷以及各种危险，因此体弱多病的儿童根本活不下来，只有发育非常好的强壮儿童才能存活。因此，阿帕奇成年人拥有良好的身体耐力，身体结实，比例匀称，身材中等，拥有钢铁般的肌腱，对饥饿、疲劳和身体疼痛并不敏感。阿帕奇战士和东部居留地上伙食良好的印第安人差异巨大，正如饿狼和漂亮的看家狗一样差异巨大。

虽然后膛枪和定装式弹药的发明极大改变了所有印第安部落的战争性质，但是对于阿帕奇人，它使我们对抗和战胜他们的难度增加到了难以想象的程度。每个阿帕奇人都以自己的特点体现了一代代战争和流血的影响。他们的本性与野狼和草原狼几乎没有区别。从最早的婴儿期，他们就习惯了对抗和他们一样残暴凶恶的敌人。他们在装备上不再处于下风。他们的武器在十年前就替换成了最佳制造商的最佳武器。和草原狼一样，在他们游荡的广阔区域，他们在任何地方都像在家里一样，可以就地获取他们需要的一切食物。即使在快速逃跑时，他们也能在这里抓一只兔子，在那里抓一只老鼠。再加上野菜根和龙舌兰，他们并不缺少食物。所以，他们不需要携带补给。他们可以在最迅速的行军中把所有财产背在后背上。在战争中，他们没有任何固定居所，并且会根据一代代经验形成的本能挑选临时落脚点。

阿帕奇人可以长期忍受疲劳、断食和缺水。在同样的情况下，即使是最顽强的登山家也无法存活。他们从白人那里获得的一切都是可有可无的奢侈品，因为他们可以保持很久以前的生活方式。

根据这些论述，人们可以对于对抗阿帕奇人的艰辛和危险获得一定的认识。不过，只有亲身经历，才能真正体会到这些困难。在对抗他们时，我们必然是追击者，他们占有各种优势，除非我们对其进行突然而意外的奇袭。要知道，在印第安战斗中，很少能看到印第安人。你可以看到硝烟，听到子弹的呼啸，但印第安人完全隐藏在岩石中，就连具体的隐藏地点也只能依靠猜测。相反，士兵必须暴露自己，而这种暴露是致命的。岩石中的十几个印第安人可以抵挡一个营的进攻。虽然进攻方可以用许多人的牺牲为代价将他们赶出阵地，但他们又会占据另一处同样坚固的阵地，或者像鹌鹑一样分散到岩石中，在前方、侧翼或后方几英里外他们认为合适的地方再次现身。

只有当阿帕奇人愿意和常规军战斗时，只有当他们占据全部优势时，他们才会与常规军战斗。如果我们追随他们进入深山中的老巢，他们就会把家属送到不会立刻遭受威胁的其他地点。同时，完全没有任何累赘的印第安男人会在部队周围成群移动，根据情况躲避或者进攻，阻止部队的每一步前进，骚扰后方，从各个方向包围部队。在这种情况下，常规军部队就像被一群剑鱼攻击的鲸鱼一样无助。军队训练和管理的趋势是使每名士兵成为"机器",根据军官的命令移动和行动,通过与周围其他"机器"之间的凝聚力提高效率。士兵的独立性完全消失,因此,和在任何情况下都具有完美独立性的敌人相比,他们完全处于下风。在对抗这种敌人时,成功的唯一希望在于每名士兵单独行动。显然,根据上述事实,要想成功对抗敌人,必须让部落分裂成两部分,用一部分对抗另一部分。1872年和1873年对抗他们的行动之所以取得成功,就是因为使用了这一原则。这导致5000多个印第安人被安置在怀特芒廷居留地上。同样的方法还解决了1876—1877年的苏人动乱。

在这方面,我也许应该描述我在印第安战役中最初使用这支宝贵辅助力量时采取的措施。第一个困难是消除陆军军官对于这种部队的偏见,找到适合履行这一职责的人。找到军官以后,我开始挑选印第安士兵。和白人一样,印第安人也有负面性格。印第安人越接近野蛮状态,他作为士兵的价值可能就越大。所以,我精心挑选了我能找到的最野蛮的印第安人,将其组织成正常规模的连队。为了让侦察兵获得信心,我下达了明确命令,要求军官只能让他们负责探查敌人村落的位置。发现敌人的位置以后,侦察兵应该得到良好的部署,使他们无论如何都不会在战斗中受伤。侦察兵很快变得非常勇敢,效率大大提高,有时即使遭受严重损失也不会丧失士气。

在组织印第安侦察兵时,必须高度关注指挥官的人选。美国印第安人几乎不会在意我们的军衔。在战场上,他们只想让高效的军官做他们的领导者。他们的领导者必须拥有最好的体格,身体健康,可以忍受巨大的疲劳,拥有不容置疑的勇气,极具耐心,拥有良好的判断力和自主能力。所以,印第安侦察兵的指挥官通常是从年轻军官之中选出来的,他们的健康还没有受到影响,他们的抱负是指引他们的动力,而更有经验的军官在活力和精力方面已经开始受到长期服役的影响。

侦察兵不骑马。阿帕奇人是步行印第安人,可以在这个坎坷多山的地区一天走40~60英里。马是没有用的,因为在这种任务中,我们无法为他们持续提供马匹。补给只能由驮队运输。驮队的组织和管理必须得到高度的关注和充分的考虑。

一些军官似乎认为，驮队只是次要因素，可以由"劳工部队"驱赶。没有比这更荒谬的观点了。在这种战事中，高效的驮队是重要的辅助组织，仅次于印第安侦察兵。如果让士兵管理驮队，他们就会承担极其艰苦的额外工作和职责。至少部分士兵对此一窍不通。所以，牲畜会承受痛苦，浑身酸痛，疲惫不堪。三十多年的经验告诉我，得到明确挑选并且由仅负责运货的骡子组成的驮队才是高效的。货郎应该由平民充当，他们应该由政府雇用，而且应该有丰厚的薪水。

在进一步解释阿帕奇战事的方法时，目前对抗奇里卡瓦印第安人的一起事件就是最好的例子。11月初，11个敌对奇里卡瓦人跨越国界线，进入新墨西哥[①]。当时，国界线上所有能为一个骑兵连提供足够水源的位置都有人把守，这些位置之间的区域一直有人巡逻。奇里卡瓦人发现水塘有人把守，因此改变了通常的策略，躲避守军，从山中最崎岖的地段走了过去。他们不从水塘取水，可以一口气走100英里。当他们胯下的牛马由于口渴或疲劳而倒下时，他们会放弃这些牲口，将其打死在路上，用它们的肠子装水。

追击士兵每人只有一匹马。当他们的马和驮骡由于某种原因累倒时，这种损失不仅会削弱队伍的力量，而且会将额外的负担加在那些还能蹒跚前行的可怜牲畜身上。

奇里卡瓦人在经过的牧场再次获得坐骑。在走完100英里后，和出发时相比，他们会获得更好、精力更充沛的牲口。他们夜间穿越山谷，白天隐藏在偏僻角落和山峰上，从那里观察周围环境，发现追逐者的到来，对其进行伏击，或者像草原狼一样分散开来，在只有他们自己知道的地点再次集结。任何人类智慧和远见都无法精确预测他们的集结地；它可能在他们最初的行进线路上，在一侧或两侧，或者绕到追逐者大后方。

想要追赶他们，只能做一件事，那就是紧紧跟随他们的足迹，尽量不要跟丢。

---

① 这一小伙奇里卡瓦人的领导者是乔萨尼。

阿帕奇人会以上述任何一种方法延缓我们的追逐，或者使我们彻底失去方向。在当前的战役中，忠诚的阿帕奇侦察兵曾在崎岖地段缓慢而耐心地带领部队走了20英里。期间，白人看不到敌人的任何踪迹。直到踏上更柔软的土地，侦察兵准确的洞察力才得到证实。

这片地区有许多险要的地点，像奇里卡瓦人那样拥有后膛枪的十几个人可以在此挡住一个旅。在接近这种地点时，分遣部队指挥官需要做出选择：他可以采取必要措施防备敌人的突袭，以免部队被歼灭，这样会延缓他的前进，使敌对分子在时间和距离上获得很大优势；他也可以冒着风险，不计后果地迅速前进。到了夜晚，部队必须停下来，等待黎明的到来，以便继续追击。与此同时，抢劫者会在他们和军队之间拉开数英里距离。

就像上面解释的那样，这就是这里提到的抢劫团伙的情况。他们成功躲过了我们的部队，越过了国界线。不过，我们把他们到来的消息用电报发给了各个地点，各分遣队也前去拦截和追赶他们。前方部队在他们可能经过的所有地点设下了埋伏。根据一代人的印第安战争经验，我们把能想到的所有方法和策略都用上了。他们被追得很紧，但他们没有任何累赘，因此可以穿过人口相对较多的地区，对平民、军人和友好的印第安人展开可怕的无差别谋杀和抢劫。他们人数不多，这使他们更加可怕，因为我们很难知道他们的具体位置，直到他们包围牧场或者伏击缺乏警惕的旅行者。

追逐从未放松，一直都有部队在追赶他们，或者走在拦截他们的路上。我们追得很紧，他们曾两度被迫放弃马匹和战利品，只能在岩石上步行，并在接下来的逃亡中像许多鸟儿一样几乎不留下踪迹。不过，他们最终还是穿越了国界线，返回墨西哥。除了一个人在阿帕奇堡附近被友好的阿帕奇人打死，他们没有其他的重大损失[①]。

在几个月里，利益相关方一直在努力宣传，说阿帕奇侦察兵不值得信任，发

[①] 被打死的奇里卡瓦人叫阿扎里克尔奇（Azariquelch）。

生了叛变，诸如此类。不过，这些报道没有任何真实性可言。在这种战事中，阿帕奇侦察兵和世界上的其他士兵一样值得信任。在我和他们的所有接触中，他们一直都是可靠、坦率、诚实且精力充沛的人。

太平洋沿岸崎岖贫瘠山区的野蛮人之所以令文明世界如此困扰，其原因已经很明显了。他们在太平洋沿岸和密苏里山谷里的同类无疑更加富有，但是正是这种富有使他们处于劣势，因为他们需要缓慢移动，以保护畜群，而这些畜群总会留下极为明显的脚印，很容易追踪。冬天，他们的营地需要有一定的稳定性，以免马匹和家属被冻死，所以他们的营地位于拥有木材和牲畜饲料的溪流旁边。

就连气候也对阿帕奇人有利，他们永远不会由于严酷的季节而被迫进入营地。他们绝对没有任何累赘，没有无法背在后背上的行李，没有舍不得吃掉的马匹。只要有敌人靠近他们所在的山区，他们就会用烽烟通报敌人的到来。之后，阿帕奇人根据意愿决定是否战斗。如果战斗，他们总会选择在各方面都对他们有利的地点战斗。

当我于1871年第一次在亚利桑那接过指挥权时，这就是阿帕奇人和当地的情况。我带着许多疑虑开始了使他们恢复和平与平静的尝试。起初，这项任务看上去毫无希望。阿帕奇人分为许多小分支，各个分支相互独立，仅仅通过语言和对白人的仇恨和蔑视等薄弱的纽带联系在一起。

我不得不走访每个分支，接触每个个体，希望能够分辨好人和坏人、可以改造的人和堕落奸诈的人。

我发现，问题的关键在于我能否将所有年轻酋长中最勇敢、最大胆和最野蛮的人争取过来。这些人是马厩中最勇敢的马，是天生的领导者。如果能够得到约束和驾驭，他们可以帮助我们管理所有群体中的破坏分子。

阿帕奇人对于所有美国人都抱有很深的怀疑态度，因此我对他们同时实行了四项政策：第一，不向他们做出无法实现的承诺；第二，始终告诉他们准确的事实；第三，让他们持续劳动并为此获得报酬；第四，保持耐心、公平，不要畏惧他们。

其中，最重要的是有偿劳动。我们宣布，100磅干草能在军需官的畜栏那里卖1美元。事实证明，这种宣传比一切关于劳动光荣的布道更能改变阿帕奇人懒惰的天性。在向他们展示妇女和儿童的劳动可以换钱以后，我们很快告诉他们，如果男人也参加劳动，他们就能赚到更多的钱。在阿帕奇营等大型哨所，阿帕奇人带来的每磅干草都能派上用场。同时，部队还需要燃料，马匹也需要饲料。我们耐心地手把手教导阿帕奇人使用斧子和犁。他们第一次获得了通过诚实劳动赚到的钱。他们用这些钱做什么？"购买牛群。它们在你的山坡上吃草，在你睡觉时增值。"

阿帕奇人正在变成财产的主人。这是他们通过自己的劳动赢得的财产。购物的自豪和拥有财产的渴望使他们瞬间激动万分。他们的内在和外在都在改变。从外表看，他们穿着白人的全部或部分装束。他们没有太多时间进行花哨的装饰，花在串珠、羽毛和油彩上的时间也减少了。同时，他们在心里估算肉牛的价值，猜测军需官下个月会向他们采购多少玉米。

他们在接受教育。教育就是进步。进步和流浪不可能在一个村子里同时存在。拥有10~12头奶牛的人会成为有权力的人，他的意见会得到尊重，邻居在出现纠纷时会请他做裁判。他认识到，他可以获得比战士和巫医还要大的影响力。可喜的是，他的富裕引发的不是嫉妒，而是模仿。

在这段简述中，我努力说明了我们在战争中追逐阿帕奇人和在和平时管理他们的指导原则。我可以如实宣布，我在这两方面都有一定经验。我还可以同样真诚地宣布，通过印第安战争致富的坏蛋的贪婪比最凶残的野蛮人更大地阻碍了文明的发展。

人是由环境塑造的。如果把他放在东部各州的文明圈子里，不管肤色和种族如何，他的性格总会软化和提升，他的棱角会被磨掉，他的举止和语言会变得温文尔雅。如果把他放在沙漠或山顶上，让他与自然斗争，与周围的野生动物进行生存竞争，他就会迅速沦落到这些动物的水平。和动物类似，他也会形成敏锐的视力和听力，走路也会悄无声息。他会学着毫无怨言地忍受饥饿、干渴和疲劳。他会适应年复一年的高温和严寒，不会做出太多抱怨。他一生都在不断争夺稍纵即逝的生存资源，翻越陡峭崎岖的山脉和游过湍急河流对他来说只是小事一桩。这是适者生存的斗争。这种斗争的确孕育出了适者——他们拥有敏锐的感觉，完美的身体状况，对于当地的完美了解，几乎绝对的保护自己不会陷入危险的能力，不管这种危险来自哪里。

我们面对的是人类中的老虎。在美国，没有比亚利桑那的阿帕奇人部落更加符合这些评论的了。当他们首次出现在白人面前时，他们身体半裸，食不果腹，浑身寄生虫，没有任何财产，只能赤手空拳地与无情的大自然进行持续斗争。看到他们，很容易像许多美国人那样，认为没有比消灭和征服他们更容易的事情了。在付出无数生命和财产代价后，人们才知道，这些裸体印第安人是地球上最具独立性的战士，每个人都是自己的军官，不需要等待上级命令。他们完全相信自己的判断，永远知道什么时候进攻，什么时候撤退。

阿帕奇人将草原狼称为自己的兄弟，二者具有许多相似之处。文明的定居点是他们的羊圈。即使我们通过辛苦的战役摧毁50人团伙中的40人，幸存者仍然一样可怕，直到最后一个人被追上、消灭或者受到控制、学会自食其力。

简单地说，一个人的野蛮程度取决于他获取食物的确定性。在同等条件下，征服任意指定种族或人民的难度与其食物供应成反比。食物和服装总量最多的部落几乎总会为了保卫村庄而拼死战斗。而一旦村庄被摧毁，他们的力量就会瓦解，他们很快就会求和。

不过，如果一个人不种地，不储存鱼干，不保存肉类，有什么吃什么，抓捕他的困难就会大到不可想象的程度。在他获得先进的后膛枪以后，他会变成人类已知最危险的敌人。

亚利桑那的印第安问题

罗伯特·K. 埃文斯[①]
《大西洋月刊》第 58 卷（1886 年 8 月）：167—176 页

过去五年，亚利桑那南部的阿帕奇抢劫团伙积极地开展谋杀和抢劫活动。除了少数几个城镇，其他地区的生命和财产安全一直无法保证。这段时期，阿帕奇人打死了 1000 多个公民，同时犯下了野蛮战争的各种暴行，盗窃和摧毁了大量财产。与此同时，这个地区的所有产业部分或全部瘫痪，包括贸易、放牧、采矿和种植业。面对这些暴行，政府似乎无力保护公民，维持和平和尊严。

媒体对于这一话题的评论声音很大，但他们通常只陈述阿帕奇人实施的谋杀和抢劫，偶尔诬蔑一下常规军的效率。他们并不想追查犯罪的原因，提出补救建议，只会说，军队应该抓住并打死当时正在冒险造反的印第安人。

与这些持续上演的血腥悲剧有关的群体可以分为四大类：印第安人、拓荒者、军队、政府。

印第安人并没有游离于因果关系这一普遍规律之外。如果想到他们过去二十年遭到的对待，没有人会对他们的抢劫和谋杀行为感到吃惊。

1871 年，为了让文明人占据亚利桑那某些区域，大约 8000 个印第安人被安置在 100 平方英里的圣卡洛斯居留地上。事务处位于希拉河沿岸低地，那里炎热、

[①] 罗伯特·K. 埃文斯（1852—1926）是西点军校 1875 届毕业生。作为美国第十二步兵团军官，他参加了 1877 年的内兹珀斯远征和 1878 年的班诺克战役（Bannock campaign），1878 年 9 月被调到亚利桑那。他在亚利桑那服役四年，之后调到东部。他在《大西洋月刊》文章中体现出的学识使他获得了在步兵骑兵学校教授军事法律和在柏林担任军事使馆随员的工作。埃文斯在美西战争的埃尔卡内之战（Battle of El Caney）中由于英勇作战获得了银星勋章。他在 1917 年担任菲律宾军区指挥官，凭借一生的出色贡献获得了杰出服役勋章，并以准将身份退役。

肮脏且不健康。一些被迫在那里生活的部落是山地印第安人。他们之前的家园有着世界上最美好的气候之一。在圣卡洛斯，他们需要忍受最糟糕的气候。在那里，他们需要忍受漫长极端的高温、劣质水源、发烧、疟疾和结膜炎。他们必须在每周的发粮日出现在事务处，否则就无法获得口粮。在走访奇里卡瓦人和沃姆斯普林斯人的营地时，我被他们的悲惨状况震惊了。这些山地印第安人制造了最严重的麻烦。就我所知，没有人成功指导或帮助他们务农，而是政府供养他们。事务官通常认为，他们没有义务让印第安人自给自足。当地野味几乎都被打光了，所以他们做不成猎人。在那里，在病菌横行的浅浅的溪流旁，他们住在炎热多沙的帐篷里，没有娱乐，没有希望，没有从事有益或有用劳动的动力。

不过，在居留地悲惨的囚禁生活中，他们有一项愉快的消遣，那就是抢劫周围的牧场。这是他们能想到的最愉快的活动。由于遭到抓捕和惩罚的风险很小，因此杀人越货的快乐成了印第安人眼中理想的消遣。

让我们想象下面的场景。几个印第安小伙子彻底厌倦了希拉河畔沉闷的营地生活，他们谈论自己的处境，组织了一个抢劫团伙。他们很容易获取武器和弹药。大部分边区商人都会向他们不限量地出售武器弹药。他们告诉酋长，他们准备外出。如果酋长反对这种远征，他们会说，他们要去居留地北边阿帕奇营和奥德山（Mount Ord）附近打猎。接着，在确定他们袭击的第一座牧场后，他们悄悄离开营地，前往这个倒霉的家庭。他们到了那里，一两个人爬到前面，仔细侦察。所有人在岩石和草丛里就位，耐心等待对方处于最大劣势的时机。这是因为，虽然阿帕奇人擅长杀人游戏，但他们不想让自己的生命遭受任何风险。他们等待的时机到了，便从藏身之处一跃而起，打死所有在场的人，除非他们能在自身绝对安全的情况下活捉一些牧民。此时，他们有机会享受印第安人最喜欢的娱乐——观看白人在野蛮人巧妙发明的最非人的折磨下缓慢死去。在结束这种娱乐后，他们在房子里把玩各种令他们好奇的事物，然后放火烧房。最后，他们收集所有马匹，骑上最好的马，将其他马赶在前面。

狂欢开始了。他们迅速移动，并且迅速决定摧毁100英里外或者更远的另一座牧场。他们出发了，时而狂奔，时而小跑，只有在小路非常陡峭崎岖时才会转为步行。在这段急行军期间，他们表现出了将散马维持在前方小路上的卓越本领。和白人相比，印第安人能将疲惫的马继续骑行10~20英里。当马匹彻底累倒时，骑手会平静地下马，将其杀掉，通常是用长刀多次刺马。他们很少将宝贵的子弹浪费在这种场合。不过，他们绝不会在身后留下活马。

此时，如果团队想要吃饭，他们就会点起小火堆，从死马身上切下肉片，烤上一会儿，然后吃到饱。所以，被盗的马匹既是交通工具，又是食物。在这方面，印第安人相比于追击部队拥有巨大优势，后者只能在整个战役中骑乘同一匹马，他们的口粮和多余的弹药必须由驮骡携带。所以，抢劫团伙很容易在二十四小时里前进100英里，在此期间，骑兵连带着不可缺少的驮队只能在崎岖无路的野外艰难地前进30多英里。

在第二座牧场，印第安人重复了袭击第一座牧场的过程。他们打死了居住者，洗劫并烧毁了房屋，将马匹赶走。

之后，这个团队也许想要看一看他们的恶作剧对于附近军事驻地的影响。此时，他们会爬上格雷厄姆山或海伦丘①附近的某处高地。从这个有利视角，他们可以观察到周围很远的距离。他们经验丰富，很容易通过山谷中的烟尘发现二三十英里外向他们靠近的骑兵部队。如果他们能看到几支正在前进的部队，他们就会获得恶作剧成功者的所有快感，因为他们相信自己是安全的，并为自己将几百名骑兵引入战场的行为感到满意。

如果他们杀人和抢劫的胃口仍然没有得到满足，他们可以进入老墨西哥，继续上演快速转移、伏击和抢劫的戏码。此时，他们大概会对远征的结果感到满意。他们会打破松散的团队组织结构，单独行动，趁着夜色返回希拉河畔的营地。

对于返回的印第安人来说，此次出征是他一生的骄傲。他是英雄，是富有的人。他拥有了一些好马、金钱、服装、武器和弹药。他可以获得部落中老人的赞

---

① 奇里卡瓦山脉附近阿帕奇山口海拔4956英尺的高地。

许，留在营地里的年轻人的嫉妒以及所有妇女无尽的羡慕。到了第二个发粮日，他会出现在事务处，平静地接受政府赠送的物资。如果他曾缺席——这种可能性不大——并被要求做出解释，他会说，他之前在居留地上打猎，或者在寻找从营地走失的矮马。部落里的每个印第安人宁死也不会透露事情的真相。

在此，我们看到了阿帕奇人及其家庭生活和娱乐活动的画面。他们是天生的战士和强盗。在白人成为他们的邻居和猎物之前，他们对周围的印第安部落展示出了他们的嗜血倾向。即使他们的罪行被发现，也没有法律惩罚他们，因为他们是与我们政府缔结协约关系的民族的公民或臣民，而对于协议缔结权的承认一直被认为是充分承认民族自治的标志。他们应该在部落法律的约束下生活。不过，部落法律是什么呢？阿帕奇法典只有几句话：

在部落中犯下的盗窃行为会立刻受到惩罚，这种惩罚常常很严厉。

部落中的谋杀是个人事务，可以通过金钱赔偿或报复解决。

对于部落外个体人身和财产成功实施的所有罪行都值得赞扬。例如，对奇里卡瓦人来说，打死和抢劫白人或其他印第安部落的奇里卡瓦人就像猎鹿、吃肉、扒皮的猎人一样——他们只是成功的体育运动爱好者而已。

在那里，我们的政府在亚利桑那人的牧场、农场和矿场之间为这些不法之徒提供住所和食物，放养他们。他们像鹰一样敏捷，像饿狼一样残忍，"在残暴的自由中非常凶狠，完全依照自己的心情行动"。

在亚利桑那或新墨西哥定居的边区人民属于两个阶级。他可能是穷人，在西部无人占据的广阔区域获得家园。他也可能是富人，带着资本来到新土地上。和已经拥有密集产业的东部相比，这里会带来更高的报酬。不管怎样，如果他在之前没有产出的荒地上成功创造出可以纳税的财产，他就是人民的公仆和捐助人。他接受了政府的邀请，在公共土地上建造了自己的家园。他遵守各种形式的法律。他投入了劳动、创业精神和资本，以增加国家财富，政府应该使用一切智慧和力量确保其生命和财产的绝对安全，这是政府最神圣的义务。"太阳底下最富有、人口最多的文明国家无法使其人民完全远离几百个野蛮人的残忍袭击"的说法过于荒谬，完全不值得一提。

当边区人民年复一年地看到邻居、朋友和亲戚被不受限制的阿帕奇人轻易猎杀时，当他看到政府没有颁布法律、设计合适的方案保护他们时，他有理由认为，政府完全没有履行对他的义务。政府不仅没能保护他，而且将他的敌人置于安全的避难所里，使他们可以更方便地袭击他的家园和家人，甚至设计了使他们能够完全不受惩罚地猎杀他的制度。

1882年5月，我追随一个阿帕奇战争团伙的足迹从圣卡洛斯走到新墨西哥圣西蒙，发现42个男人、女人和儿童死于他们单纯而野蛮的泄愤。如果时间和机会允许，他们在杀人时还会实施令人心惊胆战的暴行。

显然，国会必须立刻制定有效措施，以保护边区人民，限制印第安人的行动。考虑到印第安人缺少严格执行的法律，处于目前这种状态的印第安人必须被消灭。请每个人亲自判断当前困局的哪一边是人性的，哪一边是野蛮的。

军队是政府控制印第安人、保护边区人民的暴力手段。在战场上，印第安人和士兵的速度比是3∶1，这足以表明军队胜任这一任务。我不是在诋毁骑兵的效率。他们愿意去做勇敢者能够做到的一切，但他们根本无法完成任务。我想，在阿帕奇抢劫团伙抢劫了几座牧场、每个人拥有了几匹备用马之后，世界上任何一支骑兵都无法跟上他们的脚步。

政府在印第安事务中对待军队的态度既不公平，又令人气馁。让我们暂时假设各个印第安部落是真正的国家，拥有缔约的权力——宣战和求和的权力，其中一个国家对美国宣战。双方将部队投入战场，印第安人完全无视一切文明战争规则，他们不会交换俘虏。如果受伤士兵落入他们之手，他一定会受到对方所能想到的最残忍、最野蛮的折磨，然后被处死。印第安人折磨人的独创性和巧妙性无人能及。简单地说，他们在战斗中不讲规则。

国际法最根深蒂固的原则之一是报复法。这一原则适用于战俘的处理，它要求交战双方以相同的方式对待战俘。如果你的敌人杀死了俘虏，你需要进行报复，处死同等数量的俘虏，这是简单的自我防御行为。如果不这样做，不仅是在鼓励敌人的暴行，而且对于被你派去和敌人交战的人很不公平。

印第安人在和其他部落的战争中总是严格遵守这一规则，而且清楚地知道，面对坚持拒绝通过这一规则保护自己的敌人，他们拥有巨大优势。我和许多阿帕奇人谈论过这一话题，他们对我们的不报复政策表达了吃惊和轻蔑。

现在，让我们看一看军人在与敌对印第安人的关系中处于怎样的地位。

每个陆军军官在接受任命前都需要学习国际法和战争法。他们了解报复法，读过1863年的《100号总体命令》，该手册是由法学博士弗朗西斯·利伯（Francis Lieber）编辑的，是美国军队的战场管理规则，目前仍具有效力。它被视为对于这一主题的有力论述，因此被几乎所有文明国家翻译并采纳。下面是这本手册中的节选内容：

第27条 战争法作为国家法的分支，不能比国家法更加全面地免除报复。不过，文明国家将报复看作战争最严厉的特征。鲁莽的敌人常常只给对方留下重复野蛮暴行这一种保护自己的途径。

第59条 所有战俘都可能遭到报复。

第62条 如果知道或发现敌人不饶恕己方全部或部分部队，那么敌方的所有部队也不会获得饶恕。

在学完书本知识后，年轻军官通过考试，获得任命，被分配到西部的部队里。假设一段时间以后，他奉命参与对抗敌对印第安人的远征。在跟踪战争团伙的足迹时，他看到了被焚烧的牧场以及被损毁的男人、女人和儿童的尸体。在行军途中，他们和敌人进行了小规模冲突。先头部队遇到了在岩石中隐藏得很好的敌人。他们部署了散兵线，对敌人的阵地展开进攻。战斗中，几名士兵受了伤。在敌人的猛烈压制下，在增援部队赶到之前，他们放弃了这部分战线。印第安人冲下来，带走了伤员。与此同时，大部队赶到，开展部署，准备战斗。印第安人迅速撤退，由于夜幕降临部队停止了追击。

第二天，年轻的少尉看到了俘虏的遗体。他们被绑在木桩上，身上插着几百块一端被削尖的小木片。这些木片被点燃，在受害者的血液中燃烧，直到熄灭。在埋葬了烧焦的尸体后，队伍继续前进。

最后，在前进了数百英里后，他们抓住了一些印第安人。俘虏被带进营地，交给指挥官。

现在，在年轻军官看来，这正是迅速实施报复法和《100号总体命令》中的第27条、59条和62条的机会。他屏住呼吸，关切地走到指挥官身边。指挥官命人去找值日军官，后者赶到并行礼。指挥官说："你需要管理这些犯人，在营地中央派人严密看守他们。首先，你需要采取一切措施，防止他们逃跑。其次，你需要确保队伍中的所有向导、侦察兵和拓荒者不得走到距离他们不到100步的地方，因为其中一些人的亲戚朋友可能已被这些印第安人打死，我担心他们看到这些人时会燃起仇恨之火，试图在我关押他们期间将其打死。一定要阻止这种行为。你要通知部队成员，任何对犯人施加暴力的人都会立刻遭到严厉的惩罚。"

听到这些命令，年轻军官非常吃惊。他本以为自己会接到处决犯人的命令。他甚至猜测过自己指挥行刑队的概率。当他听到精心保护犯人的命令时，他极为震惊，甚至大着胆子去质问指挥官。

"长官，"他说，"为了报复这些犯人对于平民和战俘犯下的暴行，我们难道不应该绞死他们或者射杀他们吗？"

指挥官转过身，静静地看了提问者几秒。在此期间，他对于这个问题和提问者真诚态度的惊讶逐渐消失，因为他意识到，这是团里最年轻的少尉，这是他第一次出征，他刚刚摆脱理论、书本和命令，对于在边区处理印第安问题的实际方法知之甚少，还没有认识到国家法律和实践之间常常存在的差异。接着，他严肃而友好地说："年轻人，我宁可与印第安人进行十几次战斗，也不愿意处死一个印第安犯人。"

"但是，长官，"少尉说，"这样一来，报复法和那些条款又有什么效力呢……"

"这些我都知道，"指挥官打断了他的话，"它们是书本知识，但有东方情怀的人无法忍受这种做法。如果我报复这些犯人，我就会名誉扫地，遭到免职，可能永远无法再次获得职位。我一定会受到军事法庭的审判，或者受到国会委员会调查。东部媒体会谴责我是刺客和残忍的恶魔。我曾在最近的战争中服役，也曾在边区服役，做了二十五年军人，现在是少校。我很快就会晋升为中校。不过，如果我听从你提出的非常公平自然的建议，我就会被媒体大肆抨击，参议院对我的任命很可能会遭到质疑甚至取消，我为之奉献终身的职业生涯就会毁掉。除了战争法和总体命令，军官还必须了解当下的主流偏见。我们在人民的军队里服役，我们必须关注人民的感情。我可以讲述我所认识的不止一位军官的亲身经历，他们按照你所引用的国际法和命令行动，其结果只有一个——职业生涯中断，名誉扫地，被人民唾弃。"

做完这番解释，老军官转过身去，留下少尉站在原地反思军队职业的微妙性和印第安问题的复杂性。当他六个月前入团报到时，他曾以为这两件事非常简单，他已经完全弄懂了。

敌对分子的大部队很快分解成了许多小团伙，分散到深山里，留下非常微弱的脚印，使追击失去意义。接着，部队解散，每个连返回各自驻地。我们的年轻军官饶有兴趣地观察犯人的命运。他们被送到距离最近的哨所。在那里，他们遭到关押，每人每天可以获得士兵的口粮。最后，他们被正式移交给事务官。事务官对他们的处理是一个谜。他大概进行了严厉的训斥。他也许原谅并赦免了他们。不管怎样，他们很快在居留地获得了自由，享受起了营地生活的快乐和政府口粮。他们和那个夏天留在家里平静生活的印第安人获得了同样的待遇。

有的读者可能会说，这只是故事而已。不过，我所假设的每一件事都是许多目前还在服役的军官多次经历过的事情。实际上，其中大部分都是我在1878年对抗班诺克人的战役中亲身经历的事情。

文明世界的经历最终表明，在极端情况下，死刑是公平、必要，最终也是具有人性的权宜之计。它可以保护社会中的好人，限制坏人。根据同样的原则，任何人经过思考都会认识到，我们对于野蛮印第安人的处理方法急需国会颁布法案，或者政府和战争部长发布命令，以便在印第安战争中恢复和实施报复法。这种命令会教化印第安人，使之具有人性。它会使他们失去沉浸在野蛮癖好中的巨大诱惑，不再折磨和杀害俘虏，因为这样做会受到惩罚。这也是对于军队的公平和人性化，因为军队可以在对抗野蛮敌人时利用这项基本规则保护自己远离敌人难以形容的暴行。

在反思目前美国边区大范围存在的横行无忌、血腥混乱的印第安政策时，公正的观察者会吃惊地发现，政府和国家欠自己、印第安人和人性一笔债——到目前为止，这笔债几乎完全没有得到偿还。如果舆论施加足够的压力，使政府真正想要放弃以无效途径解决某个重大问题的长期做法，那么政府必须迅速而积极地采取两项措施：

首先，颁布印第安法律，建立印第安法庭，通过适应其特殊情况的法律制度实施判决；

其次，为每个印第安人提供土地，鼓励他们成为自给自足的独立农民。在允许他们进行公平的尝试后，如果他们不愿意工作，应根据印第安法律将他们视作没有明确谋生手段的无业游民，并对其进行惩罚。

下面两个例子最能说明圣卡洛斯居留地的法律和道德状况。

阿帕奇人用发酵的玉米制作一种叫作提兹温的酒精饮料。在禁食一两天后，如果饮用得当，他们可以喝得酩酊大醉。提兹温对他们来说就像白人的威士忌一样。1882年8月的一个星期日，阿帕奇堡接到报告，得知河流对岸营地里的一些印第安人在举行提兹温宴会时打了起来。指挥官[①]担心暂时归他管辖并且隶属于哨所的一些印第安侦察兵可能受到波及，因此下令将参战者带进哨所。守军在现场发现，散落着纸牌、红豆和白豆的毯子周围躺着一个没有受到伤害的印第安人、一个心脏被子弹射穿的死人，以及两个在彼此身上留下多处很深的伤口、正在大量出血、即将死去的人。这是阿帕奇提兹温和纸牌聚会带来的后果。

---

① 尤金·A.卡尔上校。

活着的人被带到指挥官面前。指挥官问他是否在河流对岸杀了人。印第安人回答说是。接着,指挥官问他是否知道自己犯了重罪,是坏印第安人。他笑着回答说:"不,不。我不是坏印第安人。我和那个男孩打牌。他一输再输。他没有钱了,没有给我钱,是他不好。所以,我杀了他。这没什么。"

指挥官觉得这个印第安人醉得很厉害,无法安全释放,因此下令将他关在禁闭室里。第二天上午,在他完全清醒以后,他被释放,并被要求离开哨所。当他不再是喝醉酒的危险人物时,指挥官无权把他关在禁闭室里。即使他被送到卡洛斯事务官那里,事务官也找不到起诉他的法律。如果事务官把他交给酋长,让他接受部落法律的惩罚,酋长会认为打牌引发的谋杀完全是私事,不予理会。这就是阿帕奇人的部落管理。

我还知道一个名叫查托的印第安人①,他蓄意杀死了他的父亲,而且凭借这项极其违反人性的罪行获得了10发子弹。这个印第安人和他的罪行在亚利桑那非常有名。不过,没有法律触及这种案件。也许,查托的酋长觉得他受雇行凶,情有可原。所以,根据阿帕奇道德标准,这件事就这样结束了。

当我们知道印第安人轻易相互残杀的行为时,我们还会对他们偶尔无所顾忌地杀害白人的做法感到吃惊吗?

我所引用的事实涉及重大的谋杀犯罪。程度较轻的罪行也处于同样糟糕的状态。有鉴于此,任何正直而具有人性的人都无法否认立刻将他们置于法律限制和保护下的必要性。这项法律应该由总统任命的法官实施,因为他们比较落后,无法理解陪审团制度。

下一步是取消口粮制度,让印第安人实现自给自足。发放口粮看似慈善而人性,但是归根结底,这种做法是对他们极大的侮辱,会使他们极度沮丧。要想在我们的文明环境中实现自给自足,他们必须成为农民。要想成为农民,他们必须

---

① 很可能是指达奇,他的父亲杀死了一个白人。印第安事务官告诉达奇,为了拯救他和他父亲的灵魂,他需要杀死他的父亲。据说,达奇听从了事务官的要求。由于达奇在马德雷山脉战役中是查托团伙的一员,因此埃文斯可能把两个人弄混了。

拥有土地。要想让他们对于自身状况的稳定性获得安全感，真正关心自己的工作，这些土地必须由他们所有。有人可能会反驳说，他们不够先进，无法拥有私人土地。这是事实。不过，如果我们等待他们通过缓慢的自然过程从狩猎者进化成庄稼人，他们早就灭绝了，根本等不到为种地做好准备的时候。

在考虑印第安问题的最终解决方案时，为一个部落划出居留地的做法几乎是没有用的。这种行为只是暂时的。我们知道，印第安人也知道，不管是过去还是将来，当白人定居者决定将居留地作为农场时，政府无法确保任何部落和平占有这片土地。不过，如果权利是私有的，而不是像现在这样由部落共有，而且无法在九十九年内转让，每个印第安人都可以拥有足以谋生的土地。

想想特拉华人的历史。自从布拉多克1755年战败后，他们一直与我们和平相处，许多人在独立战争中还做过我们的盟友。不过，他们从匹兹堡被赶到了印第安领地。在撤退过程中，他们曾拥有五个"永远正式归他们所有"的居留地。

圣卡洛斯的许多印第安人急于通过耕种实现独立。不过，要想种地，他们需要灌溉渠，而挖掘灌溉渠需要大量劳力和一些浅显的工程知识。一个曾短暂做过事务官的军官向我讲述了一个部落——可能是奇里卡瓦人——的可悲故事。他们在巫医兼工程师的带领下挖掘水渠，以灌溉玉米地和蔬菜地。他们努力工作了几个星期。不过，当他们完工时，由于差了3英尺，水无法流到他们的水渠源头。工程师的计算出了错，他们做了无用功，他们的努力白费了。这种失望很可能导致了他们对附近牧场的几次抢劫。如果政府为这些印第安人提供土地，鼓励耕种，也应该为他们挖掘灌溉渠，那么省下来的口粮支出很快就会超过挖掘水渠的成本。

关于和平印第安人的法律和土地问题就说到这里。

现在谈谈处理坏印第安人的方法。

我所设想的法律用死刑来惩罚谋杀、强奸和纵火等重罪，用罚款和监禁来惩罚轻罪。离开居留地边界在很长时间里都会被视为严重的轻罪。这种限制是保护西部公共安全的要求，至少是对于阿帕奇人而言。为使这种制度具有可行性，我们可以引入法国法律的一项特色。在法国，除了处以死刑和监禁的罪行，在其他所有罪行的诉讼中，被告不一定在审判中在场。他会得到在某天由于某种罪行接受审判的提醒和通知。如果他逃离法国，审判会在他缺席的情况下进行。证人会被叫来做证，案件会得到充分调查。最终，法官及时宣布并记录判决结果。美国人也许难以接受这种做法。不过，既然法国作为最文明的国家之一采用了这种审判程序，我们当然可以至少暂时用它对我们的印第安罪犯执行法律审判。法官必须拥有足够的权力，雇用武装队实施法庭的判决。否则，法律很快就会受到轻视。在印第安人看来，没有比软弱和失败的努力更令人唾弃的事情了。

具备这种条件的法律可以处理阿帕奇罪犯。当印第安人受到审判并被定罪时，如果他没有在场接受判决，法官应当有权派出和罪犯不属于一个部落的多个武装队捉拿罪犯。对于死刑，武装队有权将活着或死去的罪犯提交给事务处。如果不是死刑，犯人必须被活着带回来，逮捕过程中不能过度执法。法官应自行判断在哪些极端案件中在犯人不在场的情况下进行审判。武装队由五六个印第安人组成，如果抓住逃跑的罪犯，他们应当获得1000美元的报酬。这种酬金是比较公平的。一些统计学家研究了这一问题，认为根据我们目前的做法，每杀死一个造反的印第安人，政府需要支出10万美元，这还不包括平民和军人的持续生命损失。如果这些数字准确，政府就可以在节省9.9万美元的情况下将杀人犯绳之以法，平息社会的愤怒，维护法律的权威。

现在的法律并不把印第安人当作人，而上述解决方案将印第安人看作法律面前的人，而不是水牛或狼。它为印第安人提供土地和家园，使他们可以成为独立、自给自足、具有生产力、有用的文明后备军。

在阿帕奇地区

威尔·C. 巴恩斯
《大陆月刊》第 9 卷（1887 年 2 月）：172—180 页

怀特芒廷印第安居留地又叫圣卡洛斯印第安居留地，几乎位于亚利桑那领地正中央。它的形状近似正方形，边长约 65 英里，覆盖了该领地土地肥沃的地点。它南邻肥沃的希拉河谷，将圣卡洛斯河谷囊括在内。在它北侧，怀特河的两条支流向西流去，汇成布莱克河，在与自北向南的小支流锡达溪交汇后形成索尔特河。许多清澈的山中小溪通过宽阔肥沃的河谷汇入怀特河和布莱克河，生活在附近的阿帕奇各分支在河谷里耕种土地。

圣卡洛斯河和希拉河沿岸地区拥有典型的亚利桑那气候：夏季酷热，沙尘暴频繁光顾，冬季极其短暂。这里很少结冰，1 月和 7 月的苍蝇几乎一样多。北部比南部高 2000~4000 英尺，遍布山峦，拥有完全不同的气候。夏季不是特别炎热，夜晚很凉爽；冬季很冷，雪很大。让我们用几个星期的时间观察阿帕奇人的这片土地，看一看这是一片怎样的土地，这里生活着怎样的人。我们位于托马斯营，这个边区军事驻地位于希拉河畔，刚好在居留地边界线以外。三个骑兵连和一个步兵连在此维护着星条旗的荣誉，为保护河谷定居者和对抗阿帕奇人的抢劫贡献自己的一份力量。

我们的"装备"包括两头小驮骡和一个照看它们的墨西哥货郎。在当地，这些统称为"装备"。骡子和货郎是我们为了此次出征而雇用的。至于我们，每个人买了一匹结实的小型牛仔马，这种马一天能走 40~60 英里，晚上在大草原上觅食，第二天早上又能恢复饱满的精神。

我们从托马斯以西大约 35 英里的圣卡洛斯哨所早早出发,这里是主事务处。我们的小型驮队载着宿营用具和铺盖,在肤色黝黑的货郎驱赶下跟在我们后面小跑。每个人拿着一支温彻斯特来复枪,像牛仔那样挂在左腿下面,另有一支六发式手枪,装满子弹的带子围在腰间。

通往圣卡洛斯的道路遍布沙子和尘土,非常干燥。我们遇到并超过了由草原大篷车组成的大型运输队,有的队伍携带着矿石和补给前往圣卡洛斯以西的格洛布采矿营地或者从那里返回,有的队伍为事务处运送补给。这里是由灌木蒿和沙子组成的名副其实的沙漠。唯一的树木是河边的棉白杨,又叫"平原人的朋友"。巨大的长耳大野兔偶尔在道路上横穿而过,每走几杆①便会蹲下来,竖起大耳朵,然后垂下耳朵,用足以使最迅速的猎犬心生嫉妒的长距离跳跃轻松地跑开。远处有一群引人注目的白尾羚羊,我们很想开枪,但它们太远了,根本打不中。

在距离托马斯大约 15 英里处,我们渡过希拉河,进入居留地。河流下游稍远一点是分事务处。我们曾在一段时间里将奇里卡瓦阿帕奇人安置在那里,并且试图让他们耕种。不过,他们无法适应农耕生活。一天,他们打死附近所有事务处员工,逃往他们位于索诺拉的根据地。在那里,他们有几个尚未遭到抓捕的族人②。

当我们接近事务处时,印第安人开始出现。我们在路上越过一个个完整的家庭,他们是为了发粮日赶来的。老男人骑着矮马走在前面,长长的来复枪横跨在面前的马鞍上。他的头上缠着一块充当帽子的鲜艳红色绒布,便宜的印花布衬衫掖在腰部的子弹带下面,加上围腰布和鹿皮鞋,就是他的全部装束。他的脸颊上抹着朱砂,鼻子和下巴上画着黑色波浪线。他的妻子跟在后面,鞍角上挂着装有小婴儿的篮子,身后坐着一个孩子。矮马两边挂着巨大的柳条筐,上面涂着花哨的颜料,装饰着小锡环。女人穿着和丈夫类似的鲜艳印花布裙子和精致的鹿皮鞋。她像丈夫那样骑在马上,并且用脚后跟不停敲打矮马的肋骨,后者一直在受罪。

---

① 杆为长度单位,一杆为 5.03 米。——译注
② 很可能是指 1886 年 6 月的事件,当时 5 名反叛侦察兵和另外 5 个奇里卡瓦人将阿尔·西贝尔射伤,逃离居留地。

她的后面跟着一头不慌不忙缓慢前进的驴子，驴背上驮着两个10~11岁的男孩。除了不变的围腰布，两人从头到脚没有任何衣着。除了男孩，驴背上还有一对长长的鞍囊，鞍囊两头几乎垂到了地上。鞍囊和矮马上的筐子用于盛装第二天要领取的口粮。

当我们靠近圣卡洛斯时，这种家庭团队变得越来越多。今天，居留地这边的所有印第安人都要在圣卡洛斯集合。

圣卡洛斯事务处位于圣卡洛斯河沿岸。房屋、围墙和畜栏都是用土坯建造的，它们围成中空的正方形，便于防御。这些建筑包括事务官和事务处员工的宿舍、禁闭室、军用电报室、仓库和分发室、事务处畜栏。两个商店和一个大型校舍与主建筑群之间隔着一定距离。

事务官热情地接待了我们，带我们参观了这个地方。巨大的库房里装满了每十天向印第安人分发一次的面粉、糖、咖啡和其他口粮，还有一包包鲜艳的印花布、用于覆盖棚屋的白色床单、红色法兰绒披肩、廉价珠宝、手持镜、珠子和无数小饰物，这些物品每年向他们分发一次。事务官办公室后面是库存充足的军火库，墙上挂着温彻斯特和雷明顿卡宾枪、柯尔特左轮手枪和子弹带。如果遇到麻烦，事务处的员工可以装备这些武器。

事务官告诉我们，这个居留地大约有5000阿帕奇人。过去十年，他们的人口出现了增长。（笔者认为，这主要来自更准确的人口统计，而不是真实的人口增长。）事务官向我们解释说，虽然他们名义上都属于阿帕奇人，但他们分为十几个不同的部落，不同的部落使用不同的语言，通常分开居住，每个部落住在一起。主要的部落有谢拉布兰卡人（怀特芒廷人）、通托人、科约特罗人、阿帕奇－莫哈维人、阿帕奇－尤马人、梅斯卡莱罗人、奇里卡瓦阿帕奇人和沃姆斯普林斯阿帕奇人。最后一个部落只有几个人，大部分人死在了老维多利奥领导的战争中。在1882年秋的一场战斗中，有100多人被打死[①]。

---

① 指发生在特雷卡斯蒂约斯的战斗。

天黑后，事务处周围的无数篝火使这里看上去非常热闹，特别是孩子，他们在举行大型狂欢，似乎无处不在，有几十人之多。他们又跑又跳，非常喧嚣，那种场面就像下课后的乡村学校一样。还有狗——大狗，小狗，瘦狗，胖狗；各种颜色、大小、形状、品种的狗；三条腿的狗，一只眼的狗，耳朵被割掉的狗，耳朵裂开的狗（这体现了孩子们接受了怎样的教育，因为这些事情大部分源于阿帕奇男孩天生的邪恶）。

后来，火焰熄灭了，事务处周围安静了下来。当我们用毯子铺床时，我们听到河流下游传来沉闷的鼓声——那是持续的砰砰声。据说，这种声音来自印第安人正在举行的舞会。阿帕奇人很喜欢跳舞。除了战争舞，他们还会跳妇女舞、玉米舞以及其他一些具有宗教性质的舞蹈。在这样的聚会中，我们总能看到其中一些舞蹈。

第二天上午，所有人都起得很早。印第安人之前领到了口粮票。上至灰发老人，下至刚出生两天的婴儿，每人都有一张。他们沿着主建筑排队，从一个窗口走向另一个窗口，快速领取口粮。一个窗口发放面粉，另一个窗口发糖，另一个窗口发咖啡等等。领取口粮的工作由妇女完成，她们的丈夫只是在队伍外面旁观。每个妇女需要用某种工具将口粮取走，通常是鹿皮，也有些人拿来了面口袋。

面粉被倒在鹿皮中央。接着，她们将鹿皮卷起来，系上绳子。然后是糖，依此类推。盐、咖啡和小件物品被绑在腰部或裙子一角。离开队列时，女人们的衣服上常常挂满了各种物品。这使她们看上去很奇特，但有一个好处——她们不会像文明社会的妇女那样，将物品忘在柜台上，或者在回家时将其忘在有轨电车上。

她们在另一个地点领取牛肉。在那里，屠夫切下大块牛肉，分给她们。有时，屠夫将牲畜交给印第安人，让他们自己屠宰。之后，会出现这样的场景：屠夫一次放出一头肉牛，十几个印第安人叫喊着朝肉牛冲去，将其击毙；有时，肉牛在倒下之前会吃上 20 颗枪子。这种做法很成问题，这会维持他们嗜血和杀戮的天性，而且会训练他们的枪法。

这是多么喧嚣繁忙的景象啊！不管其他印第安部落人的性格如何，至少阿帕奇人是活泼而健谈的。男人们通常声音洪亮，女人们的声音则富有音乐性，尽管稍微有点尖厉。用爱尔兰人的话说，他们喜欢侃大山。当他们排队经过窗口时，他们一直在开玩笑，发出尖厉的笑声。他们会嘲笑一切。一个可怜的老人在把糖系在裙子上时失了手，把糖洒在地上，引来了阵阵欢笑。当她小心地将糖捧起时，没有人向她伸出援手，但她也友好地跟着众人笑了起来，并且迅速返回她在队伍中的位置。狗、男孩和矮马也加入到了喧嚣之中，仿佛置身群魔殿之中——小驴在嘶叫，在人群中迷路的小马驹在呼唤母亲，矮马在挥动四蹄，对抗苍蝇。

几十只小篮子靠在马车和建筑上，阿帕奇婴儿在里面吮吸拳头。这些篮子有着典型的印第安风格，可怜的婴儿被严密而结实地绑在篮子里，只露出又圆又胖的小脸蛋和两只小拳头。一些阿帕奇妇女将篮子挂在鞍角上，因为如果将其放在地上，狗会走过来舔婴儿的脸，令小家伙非常不舒服。一匹鞍角上挂着婴儿的非常活泼的矮马离开马群，立刻被一群狗围住。狗群的吠叫使矮马跑了起来。母亲尖叫着从队伍中冲出来，想要抓住矮马。不过，矮马不想被人抓住，从小跑变成了狂奔，跑远了。在它身旁拍打它的篮子使它跑得更猛了。似乎没有人同情可怜的婴儿，他的叫喊声淹没在众人越来越响亮的笑声中。最后，绑篮子的皮带断开了，可怜的婴儿脸朝下重重地摔在地上。矮马又跑了几杆，然后被一个男孩抓住。焦急的母亲捡起不幸的婴儿，立刻解开鹿皮罩，将婴儿取出，以检查他在非常危险的骑行和摔落后身体是否受伤。

这种场面持续了一整天。这是一个值得研究的奇特群体，他们的面容、装束和颜色极具多样性。几个骑兵军官在人群中移动，他们鲜黄色的军装即使在这种场合也很引人注目。他们是从托马斯营赶来的，代表战争部监督物资的发放。现在，战争部在一定程度上负责阿帕奇人的管理。

离开圣卡洛斯，我们沿原路返回，一直走到事务分处。在那里，我们转而向北，沿小路前往距离事务处大约90英里的阿帕奇营。

此时，小路都是上坡路。我们爬上格林山[①]，来到希拉山脉顶峰。在路旁，我们看到了在1882年的袭击中被印第安人打死的两名勘探者的坟墓。在山顶，我们获得了开阔的视野。亚利桑那的山脉通常很平坦，没有太多树木，南部的山脉尤为如此。希拉河位于下方大约3000英尺处，距离我们只有12英里远。两岸的绿色棉白杨在几英里范围内清晰显示了河流的轨迹。在东南方向，孤独而美丽的格雷厄姆山矗立在广阔的圣西蒙平原上。在其稍微偏右的地方，可以看到图森附近距离我们近100英里的圣卡塔利娜（Santa Catalinas）。

我们穿过宽阔的山谷，山谷里遍布茂密的野生燕麦——这是完美的牧牛场。我们在落基峡谷的底部扎营。这道峡谷名副其实，因为很难想象比这里更加崎岖坎坷的地方。在峡谷中穿行并沿坡而上的行军小路约有8英里，其中3英里几乎完全由坚硬的岩石组成。

在附近的峡谷和河谷中，可以看到大量野生土豆。根据科学家判断，它们是纯种马铃薯，但科学家似乎并不知道这里为什么会有野生马铃薯。

第二天上午，我们沿小路向上攀登，在一条小溪旁边遇到了一群正在采集和贮藏龙舌兰根的阿帕奇人。龙舌兰就是世纪植物——美洲芦荟。这里生长着许多龙舌兰，其美丽的深红色花朵将峡谷侧面装点得很艳丽。龙舌兰的茎长得很直，最下面的10英尺没有枝叶。在10英尺以上，它会长出一些枝条，在6月开花。它的根好像巨大的洋蓟。阿帕奇人用小块红热的石头烘烤龙舌兰的根，然后大量贮藏，因为它几乎可以永久保存。墨西哥的大众饮品龙舌兰威士忌也是用这种植物的根制作的。阿帕奇族的分支梅斯卡莱罗人以龙舌兰为主食，这也是其名称的由来。

这些山坡上生长着各种仙人掌，最引人注目的当然是萨瓜罗，即巨人柱仙人掌。一些大仙人掌高达50英尺，主干很直，没有旁枝。它们的主茎上有两三根枝条，像巨大的胳膊一样，但大部分大仙人掌只有生硬而笔直的主干，通常有12~18

[①] 俗称格林峰，海拔10 115英尺，其名称来自1873年担任阿帕奇军营指挥官的美国第一骑兵团约翰·格林上校。

英寸粗，从上到下覆盖着两三英寸长的尖刺。另一种奇特的仙人掌长着一束直而干的枝条，像一起插在地上的十几根钓鱼竿一样。在一年中的这个季节，它们没有一片叶子、一朵花和一点生命迹象——除非我们去观察每根钓鱼竿上茂密的长针或长刺。如果不小心被小路上的仙人掌刺到腿，你就会发现，它们显然是有生命的。

还有100种不同形状的仙人球，即绿色圆球状仙人掌，有时一株上长有两三个球，最小的像棒球，最大的像蒲式耳篮子。粗心者常常会落入这些小仙人球的陷阱。许多疲惫的旅人会随便往草地上一躺，然后被仙人球扎到。

还有各种丝兰，俗称"刺刀植物"。它们的叶子可以制作上等纸张，根被印第安人和墨西哥人当作肥皂，其起泡效果并不逊色于最好的肥皂。

峡谷最顶部可以看到一座小石堡，那是第五骑兵团费希尔中尉几年前搭建的，当时他和三四个人在此被一伙阿帕奇人围困①。他们匆忙搭建了圆形石制矮防护墙，并躲在后面战斗，直到援兵赶到。士兵们称之为费希尔堡，这个名字很可能会永远流传下去。

在山顶，我们距离希拉河大约30英里远，和希拉河的海拔高度差约为4000英尺。此时，小路在茂密的松林中蜿蜒穿行大约20英里。军用电报线沿小路延伸，大部分挂在树上，这几乎是阿帕奇人可以吹嘘的唯一文明事物。印第安人会切断这条线路，为政府制造很大的麻烦。他们会把套索扔到电线上，将其从支撑物上拉下来，然后在岩石之间将其砸成两段，并且常常将其从小路上拉走。有时，他们会将电线以一定高度绑在树木之间，使其横穿小路，以便使骑马者摔下马来。我曾经历过这种恶作剧，其他一些人也做过这种奇特的阿帕奇幽默的受害者。一次，线路被切断，人们花了两个多星期寻找切口的位置。维修人员一次又一次地巡查线路，但是找不到切口。最后，他们通过测试确定了断路位置，然后仔细搜寻，在一棵大橡树的绝缘橡胶附近发现了线路切口，橡胶被人用兽皮绑在支架上，

---

① 巴恩斯显然弄错了。第五骑兵团在亚利桑那服役期间的名单上没有费希尔中尉，《大事年表》上也没有这场战斗的相关记录。

树枝和树叶很好地挡住了橡胶。

在布莱克河，小路足足下降了2000英尺，通到水边。在这片海拔很高、空气稀薄的地区，我们同样攀爬得很艰难。从一个山顶爬到另一个山顶似乎只有一箭之遥，但是走下去再走上来却要花很长时间。

峡谷底部有一处内政部管理留下的遗迹。这是一台配备完整涡轮的磨坊——至少过去如此。多年前，最近的铁轨距此至少有1000英里，一些聪明的印第安事务官想为印第安人建立工场，以研磨谷物。布莱克河水流汹涌湍急，是个不错的地点。于是，他们带着这个磨坊穿越沙漠，攀登高山，将其放置于此，其运输成本以美元衡量一定和它的重量相当。当时，一台中等大小的咖啡磨足以研磨整个部落种植的所有谷物。

在山顶，当我们在漫长陡峭的攀爬过后休息时，我们听到附近传来老公火鸡的叫声和它的部下叽叽喳喳的回应声。还没等我们从马鞍上取下步枪，我们就看到15~20只野火鸡在一只威严的公火鸡的带领下沿着山坡一边进食一边往下走。它们完全没有意识到我们的存在。第一声枪响过后，倒下两只火鸡。之后，它们以奇特的长距离飞行穿越峡谷，飞进对岸茂密的松林，3只火鸡在飞行中被打死。显然，没有比野火鸡更好的野味了。

在距此几英里处，我们在路边看到7座坟墓，包括3个军人和4个平民的，他们是1881年9月被阿帕奇人打死的。当时，他们坐在马车里，印第安人射杀了他们的马，迫使他们下车并躲在树后。阿帕奇人在打死他们以后焚烧了马车。马车的铁架子还留在那里，周围充斥着悲伤。又走了一两英里，我们路过另一座坟墓，那是一个带着快信的信使的，他在7人死后的第二天被打死。

阿帕奇堡坐落在美丽的河谷里，这里是怀特河两条支流的交汇处。这是一条欢快而湍急的鲑鱼小溪，溪水极为清澈。河谷四周被山包围，山坡上生长着茂密的松树、雪松和刺柏。河谷整体上很开阔，尽管某些地方散布着一丛丛雪松和松树。整个河谷里到处都是印第安人的原始棚屋或营地。这里的印第安人是怀特芒廷阿帕奇人。根据设立居留地时的约定，他们独立于事务官，不接受政府援助。

他们不敢前往圣卡洛斯，因此同意永远不向政府索要援助，条件是政府允许他们在这里的荒山上生活。哨所指挥官负责照管他们，维持他们的秩序。政府还向他们收购玉米，并为哨所收购所有干草，每年收购大约2000吨干草。再加上打猎，他们可以过上很好的生活。他们显然做到了名副其实的自给自足。他们在怀特河两条支流和附近所有小溪沿岸的土地上耕种。有时，当他们挖掘灌溉渠时，在有岩石阻挡、需要爆破的地方，政府会为他们提供帮助。

割干草的季节是他们的收获季节。此时，干草围栏和称重台附近会出现一片生机勃勃的景象。他们以各种方式运送干草——用后背驮，用矮马驮，用小驴驮。他们通常用镰刀和直刀切割干草，许多人还会用沉重的墨西哥锄头。他们将六七十磅干草收集成一捆，用丝兰的坚韧纤维将其捆起来。女人将四五捆这样的干草绑在小驴背上，自己背上一捆，上面常常会放一个婴儿，然后赶着小驴进入哨所。哨所为干草称重，然后给她一张写有磅数的凭单。在哨所军需官办公室，她可以凭借凭单获得报酬。一个印第安妇女常常可以背负重达200磅的干草，小驴又可以背负三四百磅的干草。

二三百个印第安妇女在称重台周围谈笑呼喊，每个人都想先称自己的货物，而且总是指责称重员作弊。这是一种奇特的场景。她们之所以经常指责称重员作弊，是因为她们自己经常作弊。她们在干草中掺杂大石头、绿色的木柴和各种物品，以增加重量。在为每捆干草称重时，站在称重台旁边的人取下干草，切开绳子，打开草捆，以发现此类作弊作为。当某人被抓时，众人会发出巨大的呼喊声。她的干草会被没收，她会在众人的嘲笑和奚落声中溜走。这就是可怜而自作聪明的阿帕奇人。

阿帕奇堡的建筑和所有边区军事驻地类似——它仅仅是部队的食宿地点而已。巨大的操场中间是星条旗，一端是医院，那是一座巨大而漂亮的土坯房，另一端是不同的办公室和禁闭室。操场两侧是宿舍，北边是军官宿舍，南边是士兵宿舍。这些建筑各种各样——有石屋、土坯房、圆木房和木板房。

虽然阿帕奇堡是亚利桑那最偏远的哨所，但它却是军人最喜欢的驻地，其美好的气候、美丽的环境、优秀的打猎和捕鱼条件完全可以弥补位置上的偏僻。

很少有人对美国陆军在边区的工作量有公正的认识。人们通常认为，军官和士兵一年到头无所事事，他们喝酒、赌博、睡觉，穿漂亮的衣服，通常过得很舒服。进入美国陆军尤其是骑兵部队的人会发现，他们和历史上最累的日薪工人一样辛苦，而且常常比他们还要辛苦。几乎所有翻新工作都由部队承担。加上频繁的野战、护卫和侦察任务，他们一直无法休息。

阿帕奇拥有蒸汽锯木厂和优质给水系统。河水被抽到哨所后面的高山上，并从那里的水库输送到下面的卫戍区。

我们向西走了两天，来到壮观而美丽的通托贝森边缘的锡贝丘溪。在1881年8月那个不幸的日子里，印第安侦察兵向第六骑兵团E.A.卡尔将军的部队开火，打死了亨蒂格上尉——骑兵史上最勇敢、最高贵的军官——和6名士兵。他们的尸体后来全部被运回哨所，标志战斗发生地点的遗迹只有用口粮箱制作的散落在地上的简易床头板，上面有用红烙铁烫出的名字。

这里的山谷是完美的园艺场。印第安人种植了很好的玉米、甜瓜和菜豆。

在锡贝丘战斗当晚，当队伍向哨所撤退时，一头装载弹药的驮骡失足滚下足有1000英尺深的悬崖。当我们返回阿帕奇时，我们在盘山小路上看到了驮骡失足的地点。当然，在黑暗和混乱中，队伍无法采取任何措施。跟踪队伍的印第安人于次日上午发现了弹药，他们在第二天进攻阿帕奇堡时无疑使用了其中部分子弹。

我们绕行几英里，抵达一处盐水泉。这里是著名的索尔特溪真正的源头。泉眼大约20英尺宽，各个方向上堆积着一层层1英尺厚的纯白盐。一条宽阔的小溪从泉眼流向锡达溪，将纯净的溪水转变成普通的海盐水。溪水在下方几英里处形成真正的索尔特河。许多人曾沿索尔特河而上。如果他们抵达了河源，他们一定会来到这个泉眼附近。

我们返回哨所时，刚好看到3个骑兵团正在准备进入战场，因为哨所收到电报，得知东南方遭到了敌人抢劫。多么繁忙的场面啊！勤务兵到处飞奔，有的人备马鞍，有的人分发弹药，有的人包装口粮，一切看上去都很混乱。不过，这是有序的混乱，因为在第一道命令下达不到三小时后，队伍已在操场集结，等待检阅。

一切都是以战斗为目的的。2/3 的士兵戴着巨大的白色宽边帽。许多人穿着鹿皮裤和鹿皮衬衫。军官身上几乎没有军衔标志，军刀只用于驻防。每个军官此时都像士兵一样带着卡宾枪和左轮手枪，因为他们必须以几乎一对一的方式与印第安人战斗。在这种场合，每次射击都很重要。

士兵们排成长队。右边是十几个蹲坐成一圈的印第安侦察兵，每个人拿着长长的来复枪。他们是宝贵的侦察兵、追踪者和信使，永远步行。他们中间站着向导兼翻译。他是个饱经风霜的高个子男人，是典型的边区人，多年来一直在履行这一职责。

在所有人后面，货郎徒劳地试图让大约 50 头骡子组成的驮队维持一定的秩序。每头骡子身上都绑着货物，这种压迫使它们变得不安而暴躁。你几乎无法想象他们能用这么少的行李携带这么多人的铺盖、口粮和补给。不过，人们当时不会携带羽毛铺盖，而军队的战地口粮也不是很占地方。

每头骡子获得了自己的负载——通常不超过 200 磅，除非情况紧急。货郎将这些货物尽量均匀地分配到两个相同的背包里，并用著名的钻石结将其绑在大皮驮鞍上。皮驮鞍是一种奇特的西班牙驮具。受过良好培训的货郎能以惊人的速度将许多物品打包，更惊人的是他们能够打包的货物。实际上，不管这些货物多么笨重棘手，只要不超过重量限制，驮队几乎都能将其搬走。我曾见过人们将烹调炉具、萨拉托加旅行箱和床架等物品送到驮队畜栏，但对方并没有将其退回。不过，我记得，驮运床架的骡子在沿陡峭的小路下坡时将长长的床架撞在了树上，滚了五六百英尺，躺在下面的小溪里。当人们切断绑绳时，骡子打了个滚，站了起来，开始喝水，就好像这种事情是家常便饭一样。正如一个爱尔兰勤务兵所说："天哪，如果那头骡子没有救下咸猪肉，那么一定是咸猪肉救了它[①]。"

[①] 骡子背上的咸猪肉起到了缓冲作用。——译注

货郎通常是墨西哥人,而且一定是平民,由军需部雇用。普通货郎每月的工资为50美元,包吃,后勤队长每月的工资可达125美元。不过,我敢说,在军队里每月赚50美元的货郎并不比其他人轻松多少,因为你无法想象比这更加辛苦和讨厌的工作了,尤其是在寒冷潮湿的天气里。

接受检阅后,队伍出发了,侦察兵在前,接下来是军医和指挥官,其他人跟在后面。根据路况,他们以单列或双列纵队前进。后面是驮队,由老铃马领头。大约8人的后卫部队殿后。

在这里,我们与美好的阿帕奇地区告别。暴动的消息为我们的旅行画上了句号。我们得知,穿越居留地是不安全的。虽然我们渴望在有驼鹿出没的高山上打猎,但我们觉得没有必要为此而承受失去头皮的风险。我们没有穿越目前的敌对区域、途经托马斯营返回,而是离开哨所,向北前进,朝着大约100英里外的大西洋和太平洋铁路进发。

我们的旅行平淡而令人愉快。我们在斯诺弗雷克(Snowflake)待了一天。这里是绿地中的摩门定居点,是沙漠中常见的绿洲。我们很想留在这里,在他们的家里研究这些人。在铁路沿线的繁荣小镇霍尔布鲁克,我们感觉自己回到了文明世界,至少回到了文明边缘。这是一座奶牛小镇,身穿羊毛服饰的野蛮牛仔看上去非常帅气。数千头牛在附近的土地上游荡。我们谈论的话题不外乎奶牛、烙印、牧场和牲畜。

我们卖掉鞍马,和墨西哥货郎结清账目,后者独自返回。当我们在离别时衷心地和他握手时,我们对他说:"再见,朋友。"

被俘的杰罗尼莫及其战士

沃尔特·里德[①]

《美国画报》第 3 卷（1890 年 8 月 16 日）：231—235 页

十年前，奇里卡瓦和沃姆斯普林斯阿帕奇印第安人的残余势力约有 800 人，他们被入侵的白人赶出了居住地，在老墨西哥马德雷山脉险峻的深山里建立了家园。一群群印第安战士骑着马，带着最先进的武器，从这个几乎无法抵达的隐蔽地点出发，像瘟疫一样，不断扑向墨西哥奇瓦瓦州和索诺拉州，在定居者心中散布恐惧和惊慌，而且总是在身后留下被毁的家园和不幸受害者被损毁的尸体。这些抢劫得到了周密计划和迅速执行。在两国政府将部队投入战场之前，狡猾的阿帕奇人已经完成破坏，带着战利品和头皮装饰，在他们了如指掌的土地上迅速撤走了。

这些袭击非常频繁，给人民的生命和财产带来了极具灾难性的结果。所以，当时担任亚利桑那军区指挥官的美国陆军已故的将军乔治·克鲁克决定组织最后一次远征，在发现印第安人的足迹时进行跟踪。如有必要，他们甚至可以追到墨西哥城。这支侦察队由克鲁克将军亲自领导，携带了充足的口粮和装备，由可靠的印第安侦察兵充当向导，于 1883 年春跨越墨西哥国界线。如果说这位无与伦比的印第安斗士已经被阿帕奇人冠以"灰狐狸"的外号，那么此次战役一定会使这些印第安人对他的狡猾和精明深信不疑。两个月后，已经成功抢劫老墨西哥并返

[①] 沃尔特·里德（1851—1902）于 1869 年在弗吉尼亚大学获得医学学位。他在 1875 年 6 月被任命为陆军助理军医，被派到亚利桑那。在那里，他先是在洛厄尔堡服役，后来在阿帕奇堡服役。1887 年，他被调到阿拉巴马州弗农山军营，投降的奇里卡瓦人作为战俘被关押在这里。1893 年，里德被任命为陆军医疗博物馆馆长。美西战争期间，他在古巴对于黄热病的治疗使他名声大噪。

回、充满胜利喜悦、满载战利品和被俘妇女的杰罗尼莫及其战士吃惊地发现，在他们离开期间，美国军队已经进入之前人迹罕至的峡谷，位于他们和他们的家园之间。

伟大的阿帕奇战争酋长丢下俘虏，任其自生自灭。他带着年轻的部下迅速穿过峡谷，翻越分水岭，发现"灰狐狸"已经悄悄抓住了他们营地的妇女和儿童，而且完全愿意通过战斗或协商解决他们的问题。杰罗尼莫明智地投降了，跟着抓捕他的人跨越墨西哥国界线，被安置在亚利桑那居留地上，在那里学习如何过和平的生活。随着时间的推移，包括杰罗尼莫、内奇等人在内的一些不太安分的人厌倦了务农，渴望离开亚利桑那的沙土平原，返回马德雷山脉的高地和绿草如茵的山坡。他们决定离开营地，返回之前的家园。1885年，他们行动了，煽动了大约130个男人、女人和儿童跟随他们。第三骑兵团令人怀念的埃米特·克劳福德上尉领导了另一次远征，于1886年春再次抓获了这些印第安人。不过，克劳福德的死以及内奇和一些恶劣分子随后的叛逃极大地破坏了此次成功的完整性。留下的俘虏约有100人，被送到佛罗里达州马里恩堡监禁。克鲁克将军对于阿帕奇人的背叛非常反感，主动辞职。他在1886年春被解除职务，美国陆军少将纳尔逊·迈尔斯接任亚利桑那军区指挥官。

通过在战场上的不懈努力，这位军官很快再次抓获杰罗尼莫及其反叛者，然后通过一招妙计迅速解决了克鲁克之前努力想要解决的阿帕奇问题。敌对分子刚一落网，就带着全部家当坐上了以最快速度朝东行驶的蒸汽火车。杰罗尼莫和包括主要酋长在内的16人前往佛罗里达州皮肯斯堡（Fort Pickens），其余的阿帕奇人前往佛罗里达州圣奥古斯丁市马里恩堡与亲属会合。由于此次的决定性行动，两个领地的人民会永远铭记和感谢迈尔斯将军。

1887年5月1日，一批身体健康的俘虏步行来到亚拉巴马州弗农山。之后，来自皮肯斯堡的杰罗尼莫及其团伙在此与他们会合。伟大战争酋长的到来是一件大事，在与白人的战争中，他是阿帕奇人的精神支柱。人们可能会认为印第安人会倾巢而出，迎接到来的火车。不过，没有一个印第安人到场。当这位身经百战的老兵领着他的团伙上山，来到军营北门，抵达可以审视营地的地点时，他看不到一个活人。

坚定的老酋长让他的手下坐在行李上，他向前走了几步，停下来，平静地审视眼前的景象。周围一片寂静，只有松树发出忧郁的叹息。这个营地里的350人似乎本能地意识到，他们再次感受到了伟大战士和牧师灼热的视线。这个曾经强大的部落从山地家园被转移到了阿拉巴马松林。当这位战士注视这个部落仅存的残部时，他的脑中闪过了怎样的想法呢？我们不得而知。当他专注地凝视前方时，一个女人从远处的帐篷里走出来，低着头，慢慢往前走。杰罗尼莫似乎没有注意到她的靠近。她走近他，犹豫了一会儿。由于女性的感情占了上风，她冲向老酋长，双臂抱住他的脖子，撕心裂肺地哭了起来。在这种严酷的考验中，严肃的老战士脸上没有一块肌肉出现松动，他也没有通过任何外在迹象表明，他认识到他唯一的女儿在用双臂拥抱他。也许，关于族人罪行的回忆涌上他的心头，使他的心变得很坚硬，才不会为之所动。

此时，聚集在弗农山的印第安犯人有390人，包括80个男人、180个女人和130个儿童。由于许多人生病了，而且佛罗里达州马里恩堡的监禁使所有人都很虚弱，因此管理他们的军官的首要任务就是获取更丰富的口粮和更好的服装。他的申请得到了战争部长的关注，后者下令向成年犯人发放美国陆军口粮，向所有12岁以下的犯人发放半份口粮。当他们的健康有所恢复时，我们觉得最好告诉阿帕奇人，他们至少应该通过劳动赚取部分食物。

当我们首次召集20人的劳工队伍时，所有印第安男人表示出了强烈反对。这些勇士非常愿意帮助指挥官消灭几个敌人，这对他们来说是愉快的消遣。不过，扛着铁铲和铁镐挖土太丢人了，他们根本不会考虑这项工作。于是，酋长们碰了碰头，很快找到了他们解决这一难题的合适方案。他们像是受了很大的委屈一样，让翻译传话说，如果军官需要20个劳工，他们非常愿意提供双倍的妇女，而且保证她们会成为优秀而忠诚的工人。我们明确指出，我们需要的不是女人，而是男人。面对武力，他们只得屈服。于是，阿帕奇男人不情愿地迈出了文明的第一步。

就像白人同胞之前发现的那样，他们发现这种劳动非常困难和痛苦。

之后，我们再也没有遇到麻烦。我们找不到比他们更忠诚的劳工了。从铁镐和铁锹到锤子和锯子的进步并不困难。虽然他们起初使用这些工具时很笨拙，留下了许多痛苦的手指挫伤，但阿帕奇人一直坚持工作。在合理的指导下，他们在几个月的时间里学会了切割木材，砍伐原木，收集盖屋顶的材料，搭建了150座不错的木屋。我们展示的任何机械思想都会被他们迅速掌握。不过，也不要忘了，推独轮车这项简单的工作对阿帕奇人来说非常困难。他们似乎缺少肌肉协调的能力。虽然他们非常努力，但货物还是会从车上掉下来，引来同伴们的哄笑。虽然阿帕奇人生性野蛮，但他们完全理解可笑的事情，可以用完美的幽默感讲述和领会笑话。

建造村庄期间，我们要求印第安人保持营地整洁。为了帮助他们保持个人卫生，我们发放了许多洗衣盆和搓衣板。由于没有晾衣绳，女人们采用了非常新奇的晾衣方法。她们穿上衣服，在阳光下散步，直到水分完全蒸发。这些衣服贴在她们身上，完美体现出了阿帕奇女性的"美丽身材"。从肩膀和臀部的宽度来看，她们的体型很惊人。这种身体发育源于她们从小承受的沉重负担。所有印第安部落的女人都被男人当作牲口看待。

1888年10月，在波士顿公民委员会的帮助下，这里成立了一所学校。战争部建立了校舍，委员会提供了教师。不过，印第安人还记得106个最聪明的男孩和女孩不久前被转移到宾夕法尼亚州卡莱尔市的事情，因此非常怀疑战争部的企图。直到O. O. 霍华德将军于第二年春天到访，保证这所学校不是去往卡莱尔的跳板，他们才愿意将孩子送到学校。接着，就连杰罗尼莫也来到学校，充当了首席门卫的角色。从此，学校一直办得红红火火，孩子们和成年人在阅读、写作和算术上取得了良好的进步。人们可能会质疑政府将他们的孩子送到卡莱尔的做法是否正确，尽管其初衷是非常值得赞扬的。阿帕奇人对孩子的爱也许是他们性格中的唯一可取之处。他们对于这种强制分离的悲伤情感是真实的，不会随时间缓解。当他们的某个孩子在外地死去时，他们表现出的强烈悲痛会触动所有人的心。

效仿波士顿委员会的做法似乎要好得多。这样一来，他们可以亲眼看到孩子每天的进步，从中获得鼓励和利益。如果让孩子在外地求学，在文明思想上大为进步，当他们回家时，他们甚至会为自己的父母羞愧。

由于篇幅有限，本文只能简单提及阿帕奇人的信仰和社会习俗。他们对于善灵和恶灵有着根深蒂固的信仰。为了赶走魔鬼，他们会用奇特的小人装饰病人的双腿、双臂和身体，这种场面令人非常吃惊。他们一定相信魔鬼撒旦的耳朵对于声音非常灵敏，因为没有什么比敲击声更能让他保持距离。

提到死者时，阿帕奇人总是指向天空。巫医向善灵唱赞歌之前也要用纯净水清洗口腔，以暗示"出口的乃能污秽人"的信念。在没有治疗方法的情况下，巫医一致认为，对腹部的良好按摩对病人的恢复最有利。所以，半大的女儿或儿子在父母肚子上轻柔地跳舞是营地里最常见的场景之一。还有一件几乎不需要赘述的事情：和无知的白人兄弟类似，阿帕奇人违反了所有卫生原则，因此受到了许多疾病的困扰。病人总是受到亲属的细心照料，尽管这种照料可能并不温柔。当死亡到来时——这种情况非常频繁——他们觉得有义务贡献出一些家居用品、服装和贵重物品，使死者在另一个世界拥有良好的外表。

只要养得起，男人可以有许多妻子。所以，家庭纽带并不牢固。性格不合或者没能为丈夫准备很好的晚餐可能会导致妻子被赶出小木屋。当她被抛弃时，她完全可以接受另一个情郎温柔的求婚。贞操在这些印第安人之中占有很重要的位置，因为在此之前，如果女人失去贞操，她会迅速失去鼻子！据说，只有3个阿帕奇女人脸上带有这种无法消除的印迹，这说明她们的整体贞操水平很高。另外，男人在任何情况下都不能和岳母说话，甚至不能看她一眼。鉴于这一点，谁又能说印第安人的文明水平在各方面都落后于白人呢？

激烈的追逐

波瓦坦·H. 克拉克[①]
《大都会》第 17 卷，第 10 期（1894 年 10 月）：706—716 页

    3 月的一个夜晚[②]，当我在亚利桑那托马斯堡即将结束非常愉快的晚餐时，刚刚在东部休完长假的男女主人向我讲述了他们的愉快时光。我的思维游荡到了拥有华丽灯光的遥远剧场和舞厅。这时，指挥官到了。他和女主人说了几句，然后冷淡地转向我，露出奇怪的笑容，说我最好快点喝完咖啡，因为阿帕奇人在距离哨所几英里处杀了一个人，他已命令一支分遣队在我的领导下出征，十分钟后出发。我几乎没有时间幻想友好的招待、美丽的面庞和音乐，因为一分钟后，我已经坐在了之前那只熟悉的麦克莱伦马鞍上，看着士兵们从马厩里鱼贯而出。我们迅速检查了子弹、马掌、水壶、铁匠包等装备。随着"上马""列队""第四列向右""走这边""第二列向右""小跑"的命令，还没等你读完这段文字，我们已经排成行军纵队出发了。

    美国骑兵部队的行动安静、实用而迅速。年轻人首次进入军队时可能喜欢喊出那些冗长而无用的骑兵战术命令，以便向人们展示他洪亮的嗓音。不过，经过几次"旅行"，也许是在注意到"培养"了几代年轻人的老中士露出的一两次嘲讽表情后，他发现，少数几个动作、简单的手势和一点点声音就可以使他极为迅速地进入和离开营地。

---

① 美国第十骑兵团的波瓦坦·H. 克拉克（1862—1893）在 1886 年 5 月 3 日的索诺拉皮尼托山脉的战斗中救援了一个受伤骑兵，由此获得了荣誉勋章。驻扎蒙大拿州卡斯特堡（Fort Custer）期间，克拉克潜入暴涨的小比格霍恩河援救一名士兵，头部撞到岩石，溺水而死。
② 1890 年 3 月 2 日。

我往队伍后面走了一两次，以确保所有人身体坐直，没有掉队，步伐稳定，没有让任何马匹狂奔。然后，我让我的黑马走在队伍前面，让它以每小时8英里的速度持续小跑。同时，我开始思考生活的奇特反差，在头脑中诅咒那些使我失去愉快夜晚的印第安人。

走了5英里，我们遇到了大型货车队，他们正在将铜从圣卡洛斯事务处北边的格洛布矿场运回来。他们像撤退的炮兵一样，挥着鞭子、带着诅咒和恐惧赶着嘎吱作响的大篷车，卷起一团团令人窒息的无形烟尘。一名士兵向他们喊话，说他们出来得太晚了。我们无法从他们那里获得任何信息。一个老家伙请求返回，因为他是据说被打死的货郎的朋友。他刚一解开鞍马的钩子，我们就再次出发了。我平静而欣喜地注意到，他和我的牛仔向导都不习惯平稳的小跑。这些边区人骑马时不是漫步就是狂奔，还没有掌握轻柔的打浪方法，也没有练习过军事骑乘法。所以，他们并不习惯我们的小跑，正如我们不习惯他们的拱背矮马。

如果你有耐心阅读骑兵军官写下的文字，那么你一定也有耐心听他炫耀他的爱好，他们最大的爱好之一就是长马镫和紧快步。我见过欧洲骑兵使用短马镫。看到他们费力骑上温顺马匹的样子，我就不想再去考虑什么短马镫了。当然，一种理论认为，敏捷、活跃的骑兵可以跳到马鞍上。不过，经过几天艰苦的野外行军和雨中睡眠，几乎所有人都需要利用马镫骑上马鞍，尤其是在马背上还有背包的时候。至于打浪，在习惯紧骑坐之前，短马镫当然更轻松。据说，短马镫对马匹来说更轻松。不过，在马匹亲口承认之前，这一点永远无法得到证明。不管怎样，短马镫对士兵都是不舒适的。他必须把脚后跟放低，尽量自由地摆腿，以便使用马刺。最重要的是，他的姿势必须使他一直留在马背上，除非马匹摔倒。当我们攻击敌人时，我们不希望马匹在冲锋时将人甩掉。根据多年经验，在试过许多马鞍之后，我相信，我们拥有世界上最好的骑兵马鞍和骑坐姿势。

闲话少叙。我们在从托马斯通往圣卡洛斯的公路上疾驰，轻快地掠过下方河边高大的棉白杨，然后穿过漫长而阴暗的牧豆树小道。绕过一处黑色花岗岩长岬，我们看到了前方0.5英里处道路中央冒烟的火堆。我的马突然打了个响鼻，止步不前，其他马匹也纷纷效仿。马车道上躺着一具尸体，我们听到了关于印第安抢劫的许多虚假报道，对这些事深感怀疑。即使将尸体搬到火光下，我仍然不确定这个人是不是从马车上摔下来并被轧死的①。不过，我们很快发现了两个明确的小弹孔，于是我们知道我们需要追击了。

这种事情没有太多时间可以浪费。老货郎拒绝把尸体放在马背上运回托马斯，所以，我们用马车篷布包裹尸体，将其扔到树上，以免被草原狼啃咬。可怜人的马车正在燃烧，旁边的景象看上去很奇怪——马匹惊恐万分，胡须灰白的老货郎正在检查不幸朋友的尸体。几个小时前，他还在路上遇到了这个朋友，当时这个朋友正在明媚的阳光下挥舞噼啪作响的鞭子，催促马匹前往营地。看到他，朋友让他往平静美丽的莱顿村带话，那里有朋友的家人。

我们早就感觉到一些阿帕奇人很不安分。我们无法想象他们中有多少人参与了谋杀并因此走上了战争之路。电报线于晚上7点左右被切断，我接到的命令是前往圣卡洛斯，在路上修理电线，尽量收集信息。河谷宽度在一到二英里之间变化，上面覆盖着印第安人的田地，他们的众多半球形柳条棚屋位于台地边缘。这些台地从河谷里突兀地升起，然后逐渐下降，融入远处的高山之中。

我们从一座村庄走向另一座村庄，却找不到一个活物。我开始觉得，他们整个种族都造反了。夜晚寒冷刺骨。在从一座村庄前往另一座村庄时，我们多次过河，湍急寒冷的溪流一直没到马鞍。当你在黑暗中进入其他人的营地时，你的寒冷感不会有丝毫缓解，你也不会知道其他人的感受。最终，我们找到了一些印第安妇女。在我们询问之前，她们主动表示，她们一无所知，这使我心烦意乱。于是，我赶到距离托马斯18英里的老事务分处，那里有驿道的中转补给站，由一个白人看守。在这里，我本以为看守已经死去，驿马也会被牵走。不过，我听到了这位善良快乐的朋友清晰而熟悉的声音，这使我又惊又喜。在我前往卡洛斯的旅途中，我曾多次和他愉快地共进午餐。他身旁还有一个内政部人员，负责我

---

① 死去的货郎名叫弗雷德·赫伯特（Fred Herbert）。

所经过的一个营地。不过，二人无法向我提供更多信息。他们只知道有人被打死，消息被送往圣卡洛斯。在确认后一个消息后，我决定让马匹少走18英里冤枉路①，于次日上午追赶敌人，并且立刻下达了吃饭的命令。

人们点起很大的火堆，一边笑着讲故事，一边把湿衣服烤干，让身体暖和起来，一个小时就这样过去了。此时，一支骑兵分遣队沉重的蹄声让所有人安静下来。众人一齐朝卡洛斯方向看去。

不久，沃森中尉和一些阿帕奇侦察兵骑着汗流浃背的矮马走进被火光照亮的人群，后面跟着第四骑兵团分遣队。双方以常见的问话"你究竟是怎样来到这里的"打招呼，并且都给出了令人满意的回答。之后，沃森决定在黎明时分带领我们前往谋杀地点。于是，他舒展地躺在驿站的地板上，将一袋大麦当作枕头，将毯子当作被子，向我做出了快速入睡的良好示范。我也很快睡着了。他出发时比我还要匆忙，穿着新便装，包括样式最为完美的白色高领和领带，这和他在圣卡洛斯吃饭时的穿着一模一样。唯一的不同是，他的裤子上套着一双羊毛长袜，穿着一双帆布运动鞋。这身侦察装束非常奇特，但很实用。在旅途中，他的领子和袖口受到了我们的尽情嘲笑。他没带武器，这证明了他对侦察兵的信任。

当我们喝完一杯咖啡，试图吞下一些松软的饼干和油腻的咸猪肉时，东方刚刚破晓。在我们由于艰苦跋涉而变得饥不择食之前，侦察的第一个早晨并不令人愉快。在简陋的就餐环境中，我们想念白色的桌布和丰盛的早餐。

我们很快骑上马，沿原路返回，朝托马斯进发。侦察兵跟着军官在前面跑，他们的黑发在空中飘舞，身上穿着五颜六色的衣服，保持着轻快的骑乘姿势，随着矮马的每个动作优雅地摇摆。他们的矮马和他们一样活跃且结实。有时，一两名侦察兵会走回来，和那些看上去拥有很多烟草的人套近乎，然后再次冲到前面。

在你看到眼前的景象被阳光逐渐照亮之前，你无法想象亚利桑那清晨之美。你骑着强壮、精神饱满的马匹，走出阴暗疲惫的夜晚。一轮红日冉冉升起，驱散

---

① 这里距离圣卡洛斯18英里。——译注

寒冷和黑暗，闪亮的尘埃悬浮在空中。绿色的灌木丛中升起一缕缕笔直的烟柱，就像中了魔法一样。眼前的视野似乎可以延伸至无穷，几十英里外崎岖山脉的轮廓清晰可见。广阔的天地仿佛被施了魔法，处于神奇的静止状态。对于喜欢上伟大孤独的人来说，某种独立感、力量感和喜悦感会攫住你的灵魂。同最宏伟的石碑和最强大的机器相比，眼前的景象更能使人感受到命运的主宰。

我们经过营地时，发现印第安人都回来了。我们匆匆赶往距离货郎遇难地点最近的营地。我们看到，酋长正在默默看着他的老伴不恰当地在油壶上烤咖啡，他宠爱的年轻妻子则坐在他身边，用小圆镜子梳妆打扮，镜子上包着饰有珠子的鹿皮。老绅士省去了一切礼节性的寒暄，只是卷上了必不可少的烟卷，然后以平静威严的态度告诉我们，只有5个印第安人参与了谋杀，他们已经反对政府一段时间了，在喝醉后打死了货郎，以获得他的马匹和补给，并且很可能加入了基德的队伍。

基德曾经是圣卡洛斯侦察兵军士长，曾在卡莱尔学校学习。他在迫不得已之下打死了另一个酋长。军方下令逮捕他。他和一些侦察兵哗变，射杀了勇敢的老侦察长西贝尔，而且差点杀死皮尔斯上尉。每个印第安人都把皮尔斯看作最好的朋友。基德被约翰逊中尉[①]领导的印第安侦察兵追上，受到军事法庭审判，被判二十年监禁，并在服刑一年后被转交给民事陪审团。在去往尤马监狱的路上，他和他的同伴制服了县治安官及其副官[②]，将其打死，然后再也没有出现过，除了被他用子弹免除世上烦恼的众多不幸者和偶尔为他提供食物、和他一起战斗的其他印第安人。对市民来说，他是恶魔；对军人来说，他是个谜；对印第安兄弟来说，他是拥有辉煌人生、完美成就和光荣履历的英雄。他目前仍然逍遥法外，这只能表明，政府完全相信，在偏远地区努力为勇敢市民打造家园的孤独牧民有能力保

---

① 卡特·P.约翰逊（Carter P. Johnson）中尉。
② 1889年11月2日，县治安官格伦·雷诺兹（Glenn Reynolds，1853—1889）在押解阿帕奇·基德和其他4个反叛者时被射杀，马车夫尤金·米德尔顿（Eugene Middleton）受伤，副官威廉·H.霍姆斯（William H. Holmes）在冲突中死于心脏病。和克拉克的说法不同，阿帕奇·基德不仅没有朝白人开枪，而且还阻止了他的同伴打死受伤的米德尔顿。

护自己，对抗极度狡猾顽固的敌人。

这些人非常坚强。有时，即使离开孩子很久，母亲也不会想念他们。他们没有被沉重的文明之脚碾压，而是像我们引以为傲的祖先那样置身沙漠中，克服各种艰苦和危险，养育出强壮、吃苦耐劳、拥有自由思想的典型美国后代。

如果你曾在这些人之中生活过，知道他们的困难，分享过他们的热情，那么你比那些品茶时想象印第安人遭到镇压的悲惨画面的慈善而多愁善感的学生更有能力判断对错。如果印第安人受到虐待，我们应该惩罚负责人，改变虐待行为。他们有权生活，我们有义务教化和保护他们。他们刚毅而勇敢，在一定程度上和士兵一样忠诚。不过，当他们由于迫害而造反时，我们没有理由听任我们的人民遭受他们践踏。

侦察兵用了几分钟考察脚印，将其记在心里，然后架起电报线。接着，我们出发了。我满怀希望地回看托马斯，希望看到带着奢侈的咸猪肉、面粉和咖啡的驮骡的烟尘。不过，我没有看到一粒扬起的尘土。实际上，驮队一直没有追上我们。我们沿着狭窄的通道向上方骑行。侦察兵几乎不看脚印，因为敌人没有刻意掩饰足迹，似乎想要进行堂堂正正的速度较量。当我们靠近山壁时，坚固的岩石中出现了一道狭窄的峡谷。接着，我们踏着岩石穿过有岩柱支撑的通道，来到巨大的希拉山脉脚下。此时，使美国骑兵情绪低落、使他们的成就令欧洲人惊叹的那句古老、沉闷且令人沮丧的命令响起了——"下马！"

我无法描述眼前的景象，而且无法将我们作为阿帕奇追逐者的哪怕半数感受传达给你。经过几个月的追逐，我们来到了第一条崎岖、高耸、湿滑、遍布岩石和石子的山路脚下，路上有许多带刺的丝兰和仙人掌，一团团带有芒刺的灌木丛似乎在为划伤每个人的骨头和关节而窃喜。新兵可能会抬头观看上方几百英尺处，幻想领头的侦察兵所在的地方就是山顶，因为他们的矮马看上去很小，就像捕鼠的㹴犬一样；到了山顶，他们希望沿着另一侧的草坡滑下山，进入带有流水的山谷。可惜，不管怎样攀登，他们那失去期待的眼睛都只能看到不断向上延伸的台地。

到最后，你会发现，你手下的人走不动了。当你刚刚离开西点军校，感到气饿并且思念家乡时，其中许多人曾在篝火旁用黝黑的脸庞鼓励你。你知道，当他们表情严肃而憔悴时，他们是真的累了。你示意前队停下，后队跟上。你的血液冲向头部，喉咙里出现血的味道，膝盖在站立时颤抖起来。不过，你还没有休息的机会，因为你手下的一些新兵认为他们无法跟上来。你必须沿原路返回，向下走很远的距离，给他们加油打气。你不能丢下他们，也不能等待。你的劝说通常会取得成功，但你有时几乎没有心情惩罚这些可怜的家伙，因为你自己也感觉很累。这只是开始，许多人的性命可能取决于你们的成功。

中午，在山坡很高的地方，小路上方有一处半圆形石制胸墙，里面填满了柔软的青草。敌人曾在此睡了一两个小时，以便等待月出。在这个邪恶的小堡垒里，他们可以用来复枪扫射2000码范围内的分水岭上坡路，这是来自敌人的第一个挑战。下午3点左右，我们开始下坡。我们连滑带摔，每走一步，某匹受惊的马都可能从上方滚下来。在这种条件下，你会理解"膝盖发软"的真正含义。

临近黄昏时分，我们来到一条风景优美、人迹罕至的小溪边，小溪上方是巨大的橡树。周围都是长有青草的小丘，我们必须让饥饿的马匹在此进食。当我们解下马鞍，抚摸这些可怜牲口热气腾腾的后背时，它们看上去非常感激。畜群的守卫向领导汇报，然后接到休息的命令。几秒钟后，失去一切束缚的马匹和矮马开始在草地上进食和打滚。这就是它们的全部食物。到了明天，它们可能根本吃不到草。

没有什么比宿营更能让疲惫不堪的部队活跃起来。你可以听到各种悦耳的声音，从铁匠锤加固马掌的敲击声，到烟火低沉动听的燃烧声。愁容和愤怒的咒骂转变成了说笑。很快，简单的饭菜做好了。接着，当你伸开四肢躺在毯子上，将头枕在马鞍上时，星星出来了，跳动的火焰将神奇的影子投向幽暗的森林。你会被一种深邃平静的放松感包围，这足以补偿今天和更多天的辛苦。

天气很快变得非常寒冷。这是因为当太阳下山以后，寒气会突然取代清新美好的空气，刚刚还累得汗流浃背的你此时会冻得寒冷彻骨。

早上5点30分，早饭做好了。将鼻子浸入冰冷的溪水里需要一些勇气。早上6点，我们一边列队出发，一边思考午饭的着落，希望某头不幸的迷路奶牛能够撞到我们的枪口上。中午，小路穿过从圣卡洛斯通往阿帕奇的大道。我们把瘸马和病号送上大道，迫切地寻找食物。在为他们送行时，一个老墨西哥人骑着小驴走了过来。他没有武器和食物，马鞍上系着充当水壶的葫芦。他的眼里流露出只相信上帝并且无限相信上帝的神情。我们照例向他询问敌人的情况，他照例冷静地回答道："谁知道呢。"

这句"谁知道"给人一种新奇有趣的感觉，它使我对墨西哥人产生了羡慕。你会无数次听到这句话。每次，这句话听上去都是新的，其低沉拖沓的语调里蕴含着你之前从未领会到的新语气。同一个墨西哥人绝对不会说出两句一模一样的"谁知道"。

墨西哥人没有太多财产，他们通常拥有昂贵的大帽子。下雨时，他们会用帽子挡雨。他们总有香烟，通常还有小驴。不过，他们最重要的财产仍然是这句"谁知道"。不管你问路、询问马匹的价格，还是询问他们的婚姻状况，他们都会给出这句回答。他们曾用这句永恒而沉着的"谁知道"将健壮的刑事律师送到酒鬼的坟墓里。如果他们喜欢你，他们会加上一句"我不知道"，此时你会非常感激。

那天，我们在台地上前进。每走1英里，我们都会遇到带有垂直岩壁的深坑。我不得不将鼓励转变成威胁，以便使一些比较虚弱的人跟上队伍。禁食在其他情况下只会使人虚弱，但是对于骑马和步行的成年人来说，在那种寒冷稀薄的空气中，十小时漫长艰苦的禁食是致命的。日落时分，我们走不动了。如果明天吃不到牛肉，我们就只能放弃了。厨子发现，他还有足够每个人吃上几勺的豆子。不过，在那个海拔高度上，煮豆子太耗时了。直到晚上10点，我们才吃到豆子。幸运的是，马匹可以吃到青草。

第二天，我们早早出发。由于没有早餐，我们不需要浪费时间等待厨子打包，这是我们唯一的慰藉。幸运的是，小路沿山麓丘陵前进，穿过一处山口。我们以平稳轻快的步伐走了20英里，中途停下来让马喝水，勒紧肚带。小路通往索尔特河，我们终于开始看到牛群的踪迹。不过，到了下午1点，就连沃森也放弃了，他决定离开小路，前往距此几英里的采矿营地获取补给。

走了 8 英里，我们来到一处废弃的营地，发现了一位老人。从他那里，我们得到了 100 磅面粉。离开他以后，我们沿下坡走了 2 英里，发现了草地和水源，一头肥胖的小牛在水边凝视我们。我们开了一枪，砍了几刀，生起小火堆。很快，牛肉端了上来。没有比这些半熟牛肉更受欢迎的食物了。我已经开始眩晕了，眼前不时地发黑。一些被派去追踪敌人的侦察兵很快返回，带来了好消息：敌人的足迹仍然很清晰，他们仍然带着之前那两匹马。

于是，我们第三天走了大约 40 英里。我们的马匹看上去已经有些消瘦了。当晚，一个来自圣卡洛斯的信使追上了我们。他告诉我们，一队携带补给的骡子将被派到这个采矿营地。

我们留下一名侦察兵，以便在骡队到来时为其带路。当我们走出营地时，第九连个子很高、皮肤黝黑的中士骑马赶到，他告诉沃森，驮队到了。这个中士是个老兵，参加过南北战争，自从第十骑兵团于 1867 年成立以来一直在该团服役。他骑行了一整夜，但他仍然像是正在接受检阅一样坐在马鞍上。他肌肉发达，腰杆笔直，是士官的典范。不管怎样，我们觉得当晚会喝到咖啡。

我们沿着蜿蜒的小路爬上爬下，直到再次失去一切感觉。此时，我们来到高高的悬崖边，在下方很远处第一次看到了索尔特河。河水由于融雪而上涨，汹涌咆哮地流过峡谷和瀑布。最终，我们来到河边。敌人的足迹在河水昨天冲出的沙地上沿河而行。我们似乎正在逼近逃犯，对方显然无法渡过急流。希望开始出现。此时，沙地突然转变成了岩岬，愤怒的溪流绕着岬脚流过，河边躺着两匹马。在这里，敌人攀着岩架沿陡坡向上攀登，只留下被踩翻的石头和受伤的仙人掌，没有留下脚印。

我对此感到绝望，准备放弃，因为无法追赶踏着岩石、没有留下脚印和明显痕迹的敌人，就连阿帕奇人也做不到这一点。不过，沃森了解他的侦察兵，他的侦察兵也了解他。他从未放弃追击，除非天降大雨，或者敌人获得新的马匹，使继续追逐失去意义。他迅速做了决定，命令侦察兵步行前进，同时我们沿原路返回，艰难地爬上爬下。这片地区经历了火山爆发时的灼烧和急流的冲刷，像被魔咒固定住的暴风雨下的海面一样。这里贫瘠而荒凉,阳光灼热刺眼,没有生命迹象,没有生气,只有像惊雷般咆哮的河水。我们一直和侦察兵保持着不到几英里的距离。日落时分,我们再次休息,在我们上午 11 点经过的地方扎营。

早上,我们继续跋涉,试图不被印第安人甩掉。一些人似乎已经筋疲力尽,无法跟上队伍。侦察兵留下的无主矮马为我们带来了一阵恐慌[①]。我们可以看到侦察兵像潜行的蜥蜴一样在岩石上攀爬摸索。不久,河流转了一个弯,横在我们面前。在下方很远的地方,河谷很开阔,有几英亩土地,那里有棚屋和马匹。我想,此次出征一定会就此结束——敌人会开枪打死这里的人,抢走新的马匹,然后扬长而去。

一个小时后,我们来到下方河谷。我们渡过下方的河流,走到了侦察兵前面。我们发现,我们无法接近那所房子。我们开始用冰冷的河水缓解持续的干渴。突然,头顶后方很远的地方传来了盖过水声的枪响,然后是另一声枪响,接着是一轮齐射。我们一时间惊呆了。接着,我们意识到,我们的侦察兵遭到了伏击。我们不知道反叛者在抛弃马匹以后增加了多少人手。

和之前一样,命令很简单。沃森走在前面,"走吧,伙计们。"这一次,我们无须"下马"。我们朝山上爬去,直到马匹无法找到立足之地。接着,我们跳下马,留下颤抖的牲口,让几个人留下来看管它们。我们觉得我们已经无法继续行走 2 英里了。不过,众人仍然走得很快,在岩石之间跳跃。当我们安装子弹时,卡宾枪发出清脆而有序的响声。不过,上方远处有一名侦察兵正在疯狂地打手势,让我们过去。筋疲力尽的可怕感觉再次袭来。我们的肺似乎即将裂开。我们走不动了。我们休息了几秒钟,以调整呼吸。在另一声枪响的催促下,我们继续前进。最终,我们登上山顶。我们找到了侦察中士罗迪,他向沃森展示了敌人的隐藏地点。

奇袭是我们发动的。勇敢的尤马走在最前面,看到敌对分子在下游很远处河流转角内侧一块巨大的天然盆地上前进。他派一些人沿着位于他们上方几千英尺

---

① 他们误以为那是敌人的矮马。——译注

处的山脊奔跑，然后突然在不幸的反叛者前方开枪，将其限制住。他们转过身，发现对面同样有人朝他们开枪。他们陷入了他们所擅长的伏击中，立刻躲进岩石，然后向侦察兵还击。侦察兵在距离他们很远的地方，等待士兵前来将敌人赶出巢穴。这块盆地的边缘极为陡峭，我们只能从少数几个地方走下去。这块盆地很大，我们根本不知道敌对分子位于下面的哪个区域。寻找他们的任务一点也不好笑。

拿着枪在这种大峡谷里寻找印第安活人的经历很可怕，它会使人产生一种寂静的寒意，完全不会有任何热情。当我们4个人沿着一块开阔的沙地行走，等待第一缕白烟出现时，我真希望自己能够加入特拉普隐修会，将所有军事荣誉让给侦察兵。

上方远处150步开外的岩石上冒起了白烟，同时，呼啸的子弹落在我们附近，接着是更多的枪声。我们上方的士兵和侦察兵开始朝冒烟的地方肆意射击，枪声不断在峡谷里回响，我们立刻倒在沙地上。不过，我们瞟了一眼，发现我们无法向目标范围逼近。印第安人躲在突出的岩石后面，将全部注意力放在我们身上。同时，我们位于远处侧翼的战友把我们当成了敌人，开始将子弹倾泻在我们旁边的河水中。我们很快发现，身后的巨石是最合适的藏身地点。

我们已经知道了掩体的位置，因此回头往山上爬。到了那里，罗迪详细讲述了他们勇敢的作战过程，以及他是怎样期待与任意数量的敌人进行白刃战的。罗迪本人拥有在美军中勇敢服役的良好履历。不过，我在这里注意到，在激战中，阿帕奇人喜欢把带头冲锋的荣誉让给士兵，这是他们的一贯作风。他们绝对不是懦夫，他们会以自己的方式进行不顾一切地冒险。不过，他们没有关于未来幸福[①]的明确概念。他们完全满足于肉身的存活，认为故意站起来让别人射击的人一定是之前经历过不幸或者非常愚蠢。他们为这种人感到惋惜。

我们攀登峭壁的速度不像文字描述的那么快。当我们开始朝敌人俯冲时，已经是下午3点了。我们觉得成功是必然的，因此没有必要在最后的时刻到来之前

---

① 上天堂。——译注

赔上性命。在和阿帕奇人长期交往之后,你也会变得有点惜命。我们从一块岩石跳向另一块岩石,敌人没有一次打中我们。我们要求他们投降,但是他们说,他们厌倦了人生,准备将我们尽可能多地放倒在索尔特河谷里。我们看到,下方70英尺处的岩石上躺着一个印第安人。我们朝他开了一枪,发现他已经中弹了。我已服役五年,进行过多次追击,但这是我所见过的第一个敌对印第安人,我为此而高兴。当你知道有人趴在距离你几码远的地方,观察你的一举一动,用枪口跟踪你,等待用铅弹射杀你的时机时,你会发现,看到他们的同伙被打倒是一件极其快乐的事情。

你很少能看到阿帕奇反叛者的身影,或听到他们的声音,这很神奇。你可能在距离他们很近的地方观察,用望远镜寻找像蜥蜴一样趴在岩石和灌木丛后面的敌人,寻找他们乌黑的头发和古铜色的皮肤。他们用来复枪瞄准敌人,直到有把握时才会开枪。幸运的是,他们很紧张,而且缺乏练习,在看到侦察兵和士兵时很激动,因此做不到百发百中。不过,我们在大路、小路和牧场门口发现的许多尸体表明,他们可以实现完美的伏击和突袭。他们会潜行、爬行并扑向最为警惕的动物。只要看到这种场景,你就会惊叹于他们超乎常人的柔韧性和力量。他们红褐色的皮肤下面包裹着钢铁般的肌肉,而且拥有超越其他一切种族的视力和狡诈。

突然,沃森所在位置左侧的灌木丛射出一颗惊人的子弹。此时,我看到了阿帕奇人真正的勇气,因为当子弹射来时,沃森身边一个年轻侦察兵没有急于躲闪,而是朝着冒烟的地方开了一枪,就像拳击手的反击一样。接着,他们从上方的平台边缘一齐朝敌人开枪,直到指挥官下达"停止射击"的命令,因为灌木丛里传出了痛苦的喊叫声,证明那里已经没有危险了。

侦察兵和受伤的印第安人打招呼,让他劝其他人出来。不过,他们显然觉得他们能抵抗到晚上,然后跳进河里。我们找不到能够朝他们开枪的地方,但是一个中士巧妙地开了一枪,击中了几乎位于敌人洞穴正前方的岩石,使铅弹和碎石飞溅到他们脸上。最终,我们几个人来到距离他们不到50英尺的地方,那里位于河边灌木丛和巨石堆之中,我们之间只隔着一道狭长的沙土区。不过,由于夜幕开始降临,派人进入这样的洞穴似乎显得苛刻而冷血,因为一定还有敌人留在里面。到目前为止,这些忠诚勇敢的家伙还没有一个人中弹。

就在即将下达冲锋命令的时候,受伤的印第安人突然向同伴喊话,讲述了当时的情况。接着,他告诉我们,他们害怕投降后会被我们处死。其中一个人立刻丢下手枪,空手站了出来,让其他人也走出洞穴。他的劝说差点失败。就在他准备跳回洞穴的时候,一个吓得脸色发白的老人走了出来。接着,最后两个人也出来了——这种时候越发显现出生命的可贵①。

文明人对于武装敌人的仇恨很快转变成了对于紧张犯人的同情,这种转变的迅速令人吃惊。我永远不会忘记,当我走近那个身为领导者的受伤印第安人时,我听到这个英俊的年轻小伙叫我的名字,认出他是我在几年前领导的第一支分遣队的一名侦察兵。

看到我们的确不想处死这些敌人,尤其是那个受伤的人,一些侦察兵非常失望,他们觉得那个伤员不会派上任何用场。务实的罗迪立刻搜身,寻找隐藏的刀子,并且命令大家取出左轮手枪里的子弹,以防犯人在绝望中抢夺手枪。侦察兵和犯人很快跟着一些士兵出发了,以便在天黑前找到马匹和驮队。

由于带着受伤的印第安人,因此我们 12 个人走了几个小时才走到峡谷的半山腰上。3 个人在伤员左侧,3 个人在伤员右侧,另外 6 个人拉着这 6 个人往上走。晚上 10 点,我们走不动了。从黎明开始,我们一直没有吃东西,非常虚弱,决定原地休息,等待驮骡抵达山顶。我们似乎一直在连轴转。我们生起火,火焰舔舐着岩石,仿佛想要倚靠在岩石上。此时,我们也倚靠在灌木上。印第安人非常痛苦,请求我射杀他。一个人说:"长官,我们所有人都为你感到非常遗憾,但幸运的是,他不是我们的人。"我的确为他不是我的优秀部下而庆幸。

当我从半小时的瞌睡中醒来时,周围一片漆黑,火焰已经熄灭,我的印第安

---

① 1890 年 5 月,投降的印第安人受到审判,被判谋杀罪。埃尔楚斯楚兹(El-chus-choose)被判绞刑,印迪斯杜戴(In-dees-doo-day)被判终身监禁,纳斯古德(Nas-good)被判十五年监禁。

人已经不出声了。我摸了摸，发现他的身体已经凉了。我为他的死去而高兴，大家一跃而起，为失去这个痛苦的累赘而高兴。很快，我们再次启程下山，沿着灌木和裂隙边缘向下滑，常常不得不从一些漆黑而深不见底的洞穴边缘爬回去。又过了一个半小时，大约10点左右，我们突然看到了熊熊燃烧的篝火。我们站在篝火前，感觉这一天仿佛是一场梦。一个雕塑般的士兵站在两块突出的岩石上，他的卡宾枪管闪烁着光芒，将现实感投入到我们心中。

次日上午，我们从前一天的棚屋旁经过。看到我们先于敌人来到，老牧民似乎很高兴。

我们在平坦的羊肠小道上走了36英里，然后走上了大道。在大道上行走是多么奢侈啊！在牵马爬山数日后骑马前行是多么轻松啊！为什么不派步兵来呢？步兵又不是没做过这样的事情。接着，印第安人进入了山脉之间宽阔而没有水源的白色土地。第二天，他们坐在高山上平静的隐蔽处，在雪松树荫下卷起烟卷，美美地小睡了一觉。此时，约翰尼（Johnnie）以每小时3英里的速度赶到了。可怜的约翰尼，和他的骑兵兄弟相比，他推了许多手推车，而且没有接受太多的训练。

到了采矿小镇格洛布，我们受到了隆重欢迎，看到了许多老相识。热情的市民为队伍举办了舞会。我们次日上午起床，依依不舍地离去。我们又走了28英里，回到事务处。事务处旁边是巨大的圣卡洛斯兵营，这是美洲大陆上最无聊的流放地，任何军官和士兵都不应该在此停留超过六个月。这里贫瘠、炎热、干旱、荒凉，没有树木和青草。每天，空气中都会弥漫几个小时的灼热沙尘。我在这里离开沃森。我永远不会忘记上帝让我在他的领导下进行此次追击的恩典。我们骑马慢跑五个小时，来到托马斯。除了两个第二天被派回的人和一匹在抓捕敌人当天走失的头马，每个人和每匹马都健康且精神饱满。老十一连在这一天很愉快，因为它迎回了它的同志们[①]。

[①] 1890年3月15日，当地共和大军（Grand Army of the Republic）总部成员向沃森和克拉克发出了感谢信："感谢他们迅速逮捕了谋杀货郎的印第安人。" Jess G. Hayes, *Apache Vengeance: The True Story of the Apache Kid* (Albuquerque: University of New Mexico Press, 1954), 136.

在亚利桑那侦察，1890 年

詹姆斯·W. 沃森[①]

《美国骑兵协会杂志》第 10 卷，第 37 期（1897 年 6 月）：128—135 页

1890 年 3 月，一个摩门货郎在亚利桑那圣卡洛斯和托马斯堡之间的道路上被阿帕奇印第安人杀害。这两个哨所派出分遣队，以逮捕杀人犯。两支分遣队在晚上的大部分时间里一直在赶路，大约黎明时分[②]在谋杀现场附近相遇。来自托马斯堡的分遣队由第十骑兵团克拉克中尉指挥，由第十骑兵团他自己的连队士兵组成。来自圣卡洛斯的分遣队由第十骑兵团沃森中尉指挥，由印第安侦察兵和第四骑兵团士兵组成。

克拉克是典型的骑兵军官。他是专业骑手，可以在马上完成一切操作，精力充沛，风度翩翩，勇敢而不计后果，喜欢野战。侦察长罗迪是最忠诚、最勇敢、最有能力的侦察兵，当时是中士。他很年轻，当时只有 28 岁左右，却拥有丰富的印第安战争经验，对于出征、战斗和杀戮的喜爱不亚于威士忌。他的侦察兵兄弟们非常爱戴和畏惧他，他对他们具有很大的影响力。第四骑兵团之中包括得克萨斯人丹尼尔斯中士，他做过牛仔。没有比丹尼尔斯中士更勇敢、更帅气、更名副其实的骑兵了。

联合部队很快发现了杀人犯的足迹，开始追击。杀人犯带着死去货郎的两匹大马，马匹巨大的脚印在侦察兵跟踪过程中提供了很大帮助，这些脚印沿希拉山

[①] 美国第十骑兵团的詹姆斯·W. 沃森（1854—1920）。他参加了美西战争中的圣地亚哥战役（Santiago campaign）。他在 1906 年以少校身份退役，返回古巴，在那里生活到 1914 年。
[②] 1890 年 3 月 8 日。

脉光秃、崎岖的山坡向上延伸。日落时分，我们追了大约50英里。敌人的足迹朝西北方向延伸。

这一天的追击为我们提供了一些重要信息。

我们根据脚印发现，杀人犯有5人。我们还发现，此次谋杀不是当时盛行于阿帕奇人之中的那种源于提兹温醉酒的偶然谋杀，而是一次常规暴动的第一步行动。这个团伙是常规战争团伙，他们宣布不再效忠一切合法权威，走上了战争之路。货郎刚好是他们到目前为止遇到的第一个白人，他们根据一般原则和造反规则杀了他。当我们离开哨所时，我们觉得这只是提兹温醉酒的结果，我们能在他们营地附近找到杀人犯。所以，我们只带了一天口粮。不过，我们获得的信息使我们改变了看法。我们现在即将开启一场很可能要穿越整个亚利桑那和新墨西哥、进入老墨西哥的追逐。我们只有第二天半天的口粮。不过，口粮问题不是很重要，因为我们很可能会路过某个军事驻地，可以派人去取口粮；同时，山谷里有许多牛，山上也有许多鹿，敌人无疑也会前往某个牧场，以获取新的马匹。

大家都很期待春季的远征。克拉克对于再次进行野战非常激动。士兵们对于摆脱训练和疲惫的值班也很高兴。晚饭后，侦察兵点燃香烟，聚在篝火周围，讨论形势。在这种场合，罗迪是最有趣、最讨人喜欢的发言者，因为侦察兵兄弟们的脸上时而严肃凶狠，时而笑逐颜开。此时，罗迪告诉他们，我们很可能会南下进入墨西哥，很可能会与墨西哥人打上一架。在克劳福德上尉的时代，墨西哥人曾经关押过罗迪。侦察兵很感兴趣，因为他们都想和墨西哥人算旧账。那里盛产龙舌兰（墨西哥威士忌），很容易弄到手，这无疑是墨西哥吸引他们的另一个因素。实际上，墨西哥对于所有侦察兵和许多骑兵具有特殊的吸引力。各种脾气禀性的人都能在那里找到吸引他们的事物。那里是异国，充满了对美国人来说新奇有趣的景致。那里有丰富的龙舌兰，还有各种赌博游戏，而侦察兵酷爱赌博。他们总能在那里和墨西哥非正规部队打上一架，上演一流的戏剧。所以，大家对于即将穿越亚利桑那和新墨西哥、很可能要进入老墨西哥的长途骑行非常激动，缺粮完全没有影响他们的喜悦之情。

没有比宽阔的大草原和当地的崎岖山脉更让平原侦察兵和骑兵感到自在的地方了。这是他们熟悉的环境，是他们的家园。他们很可能在大城市迷路或慌张，可能无法在夜晚找到返回旅馆的道路，但他们永远不会在平原或山里迷路或慌张。只要他们的马匹和卡宾枪状态良好，他们就可以坦然面对一切情况。没有边界和道路的平原，崎岖坎坷的高山，一座山峰连着一座山峰，一座山脉连着一座山脉——这是他们喜爱的地方，是他们的地盘。率领着一队可靠的印第安侦察兵或者侦察兵和士兵混合的部队、奉命在这片广阔区域漫游的年轻骑兵军官会觉得自己是整个区域的主宰者。

次日早上黎明时分①，我们骑上马，沿小路慢跑。敌人的足迹显然通往崎岖的安查山脉。临近中午，通过某种方式混进队伍的一两个新兵走不动了，他们被派往大约 30 英里外的圣卡洛斯，以获取口粮。通过计算他们进入哨所的时间、我们当时在小路上的位置以及我们第二天获得口粮的时间和位置——从数学角度讲，这是一个不定方程——我们确定了他们应该带着口粮前往哪个地点迎接我们，这样我们就不需要等待了。我们非常了解当地地理，可以非常精确地确定敌人的行进线路。这条线路会把我们带到距离指定地点不到 2 英里处。我们于次日临近黎明时到了那里。不过，口粮并没有到。在这里，我们杀了一头牛，从住在附近的牧民那里获得了大约半天的咖啡和盐，吃了当天第一顿饭。就在我们于次日上午大约黎明时分准备出发时，第十骑兵团奇塔姆中士（Sergeant Cheatham）带着一支小型分遣队从侧面的小峡谷里爬出来，来到我们队尾，及时带来了我们急需的口粮，中途甚至没有歇脚。他们前一天晚上 11 点离开圣卡洛斯，连夜走了 45 英里，来到这里。他们的后半段旅程是一条山中小路，晚上很难走。老中士骑马赶到的时候看上去疲惫不堪，但他当天凭借不屈不挠的勇气又走了 45 英里。从晚上 11 点到次日黄昏，他连续骑行了 90 英里。

这一天的地势崎岖得难以形容。敌人曾在近乎垂直的崎岖山脊上爬上爬下。

---

① 1890 年 3 月 9 日。

在这里，很难牵马前行——我们几乎整天都在牵马——可怜的牲口很狼狈，似乎在用可怜和恳求的目光看着牵马人，仿佛是在恳求他们不要强迫自己在如此恐怖的区域前进。这一天对心脏和肺部的考验都达到了极致。如果有人当天心脏和肺部不是很好，他一定无法坚持下来。

下午，我们来到索尔特河谷底部。科罗拉多大峡谷令人惊叹敬畏的特征在此显露无遗。敌对分子在此经过一处非常崎岖的地点，无法继续使用马匹。根据战争习惯，他们杀掉了把他们一路驮到这里的可怜的牲畜。从这里，敌人开始步行，这大大增加了跟踪难度。在几个小时里，我们完全找不到敌人的踪迹。侦察兵灰心丧气，开始坐下或躺下休息，不再跟踪。我们不得不一边迎合他们，一边劝说他们。罗迪喜欢扬名，所以，我们告诉他，如果我们抓到敌对分子，所有报纸都会提到他，就连华府也会表扬他，亚利桑那所有人民都会知道并感谢他；最后，如果抓住杀人犯，侦察兵可以获得很大一笔酬金。这种劝说的效果十分理想，他们再次热情地投入工作，像许多猎狐犬一样"手脚并用"地搜寻起来。最后，经过三四个小时缓慢而耐心地寻找，他们在河岸上找到了敌人的踪迹。当晚，我们再次在深邃幽暗的索尔特河谷过夜。

次日黎明①，罗迪带着侦察兵里面最好的追踪者，开始步行追踪，因为在敌对分子下马后，我们的马匹已经无法跟踪他们了。实际上，大部分士兵和白人都无法沿侦察兵的线路前进。余下的人和所有牲畜只得尽量绕行，前往下方大约15英里的峡谷出口。我们于下午1点左右抵达峡谷出口，侦察兵还没有赶到。在他们于上午离开之后，我们一直没有看到他们。他们位于我们绕过的后方崎岖山地的某个地方。我们在河里饮马，突然，后方遥远的深山里传来了来复枪声的回音，然后是另一声枪响，接着是另一声。这说明侦察兵遇到了敌对分子。很快，我们在大约1英里外的高山顶上看到了模糊的人影，他正在挥舞手臂。我们很快来到了山顶上。我们在灌木丛和巨石之中进行了短暂的冲刺，然后把马匹留在山脚下，

---

① 1890年3月11日。

所有人步行攀登陡峭崎岖的山坡。丹尼尔斯中士首先登顶。挥手的人是罗迪。他已经换上了战斗的装束，即全身裸露，只围着围腰布。其他侦察兵迅速换上同样野蛮的战斗装束，甚至脱下了鹿皮鞋，以便使双脚更加牢固地抓住岩石，并将头发绑在脑后，使视野时刻保持清晰。

我们为即将到来的战斗迅速进行了部署，其效果是使敌对分子的阵地位于等边三角形中心，每条边上是大约7名士兵和侦察兵组成的小队。根据安排，每个小队对于敌对分子的射击将在其他两个小队之间穿过。如果敌对分子试图突围，他们需要从两个小队之间穿过，暴露在他们的火力和第三个小队的火力之下。敌对分子隐藏在距离每个小队大约100码的岩石和灌木丛里，他们不可能逃脱。我们的主要任务是在不损失人手的情况下将他们全部解决。我们的人全都安全地隐藏在岩石后面，我们让一名侦察兵用嘹亮的声音向下面的敌对分子喊话，说他们可以亲眼看到，他们无法逃脱，我们愿意接受他们投降。领头的敌对分子喊话道："如果你们想解决我们，那就下来解决我们吧。"他还加上了一些关于事务官的无礼评论。

我方下达了"开始射击"的命令。很快，三股相互汇集的枪林弹雨向敌方阵地倾泻而下。敌对分子立刻还击，他们的火力起初猛烈而迅速，但很快松懈下来，变得断断续续。整个战场上充斥着呼啸的子弹，它们击中岩石后朝各个方向折射。子弹的呼啸声比卡宾枪的噼啪声还要响亮，你看不到一个人，只能通过硝烟判断敌人的开枪位置。三个小队猛烈的火力在敌方阵地附近卷起一团团尘土、树叶和岩石碎片。卡宾枪发出的快速噼啪声在周围的山脉和丘陵之间回响，整个山谷充斥着烟雾和飞弹的各种呼啸声。一位法国将军在谈到轻骑旅在巴拉克拉瓦（Balaklava）的冲锋时说："这很华丽，但不是战争。"类似地，所有这些烟雾、喧嚣和子弹的呼啸同样构成了规模较小但精彩华丽的场景，但它也不是战争，因为它没有造成任何敌人的死亡。敌人偶尔的还击表明，他们和之前一样活跃，我们需要将包围他们的战线进一步向前推进。两个小队合兵一处，在岩石和其他遮蔽物的掩盖下来到距离敌方阵地不到50码的地方。我们在和阿帕奇人战斗，而且在根据他们的战术和他们战斗。他们的基本原则是"尽可能多地杀死敌人，但是不要愚蠢地丢掉自己的性命"。我们只能看到从他们阵地冒出的硝烟，他们也只能看到我们阵地冒出的硝烟。我们拥有自由移动的巨大优势，他们却没有。

新阵地并没有为我们带来太大帮助。不管怎样仔细观察，我们都看不到敌对分子的任何踪影。在从这个阵地进行一阵随机射击后，包括克拉克和罗迪在内的大约10名侦察兵和士兵组成的小队利用各种掩护进行冲锋，进入了敌人阵地所在的岩石之中。这里有一块巨大的岩石，大小类似于货车车厢，但是形状粗糙而不规则。我们位于这块石头的一侧，敌对分子位于另一侧，距离我们不到40英尺。

克拉克在危险的地方总是冲在前面，他首先爬上岩石，朝另一侧窥视。张望了一会儿，他瞥见了一块红皮肤。他朝着这块红皮肤开了两枪，对方纹丝未动。由此，他认为这个敌对分子已经死了，这一点事后得到了验证。一颗弹头射进了敌对分子的右眼，射穿了他的脑袋。从他的来复枪位置判断，他显然是在射击时被无数子弹中的一颗打死的。

爬上巨石的罗迪发现了另一块红皮肤，认出那是一只手臂。他朝这只手臂开枪。作为回应，对方将三颗子弹打在他脑袋旁边的岩石上。罗迪再次探头窥视，这一次，他看到了同一个敌对分子的左侧身体。他非常仔细地瞄准开枪，对方也回敬了几枪。不过，这个受伤的敌对分子很快发出了呻吟声。罗迪将一口烟液吐在岩石上，说道："我想我这次击中了那家伙。"

不过，受伤的阿帕奇人很顽强，他在树叶和岩石后面再次被发现。这一次，他膝盖上方的一小块大腿暴露了出来。另一颗子弹击中他膝盖上方大约6英寸的地方，打碎了他的腿骨。紧张的家伙受了致命伤，他攒起足够的力气，迅速地连续回敬了几枪，打在我们脑袋旁边的岩石上。不过，最后的子弹使他受了致命伤，结束了战斗。他朝我们喊话，说他无法继续战斗，已经让其他人投降，因为他们已陷入绝境。他是这个团伙的酋长。其他人很快从藏身之处走了出来，向我们投降。一个人手臂受伤，就像前面说的那样，另一个人已经死去。酋长是个英俊的年轻人，左臂中弹，左侧两条肋骨被打断——那是罗迪开的两枪——右侧大腿骨被打成碎片。我们试图把他搬回营地，但在如此崎岖的山地，这是一项极为艰难的任务，当时已临近黄昏。罗迪在所有事情上都很务实，他说："我觉得我们无法把那个家伙搬到山上。我想，我们最好打死他。"可怜的家伙正在承受最剧烈的痛苦，恳求我们打死他。即使在这种痛苦时刻，他还会偶尔唱几句古老的阿帕奇战歌。我们做了我们能为他做的一切，但是没有用，死亡很快为他的痛苦画上了句号。敌对分子没有人逃跑，我们取得了圆满成功，这主要来自侦察兵在追踪时的良好表现，尤其是勇猛顽强而忠诚的罗迪。我们无人受伤，因为我们使用了敌对分子的战术。

我们在那个可怕而疲惫的日子在索尔特河谷里对罗迪许下了一些承诺，这些承诺全部得到了实现。他获得了国会勋章，他和其他侦察兵获得了亚利桑那政府的奖励。他在亚利桑那交到了许多朋友。他的名字还出现在了亚利桑那和新墨西哥的所有报纸上，这大概是他最高兴的事情。罗迪是个奇特而有趣的人，他拥有一些非常高尚的品德，但也有许多缺点。他对朋友极度忠诚，对其他人毫无信用可言。他会为了免去将受伤俘虏带到营地的麻烦而将其打死，但他也会在和朋友离别时哭得像孩子一样。

致　谢

在海外执行美国国务院外交任务期间，我发现为这本书收集文章和其他原始材料是一项极具挑战性的任务。没有下面这些人，我根本无法完成此书。所以，我要感谢他们的帮助。

首先，我要感谢我的母亲，她曾多次前往伊利诺伊州惠顿市公共图书馆提交申请并检索文章。我还要衷心感谢惠顿市公共图书馆期刊部门的工作人员，他们耐心且不辞辛劳地填写了这些申请。

我的好友、《约翰·波普的军事回忆录》合著者罗伯特·I. 吉拉尔迪（Robert I. Girardi）也为我找到了本书的一些文章的复印件。

我还要感谢图森市亚利桑那历史协会的金·弗龙茨（Kim Frontz），他亲切地为我提供了协会档案中的手稿以及他们收藏的报纸和杂志文章。感谢拉瑟福德·B. 海斯总统图书馆的南·卡德（Nan Card），她利用图书馆的胶卷库为我制作了约翰·伯克日记的微缩胶卷复印件。感谢丹佛公共图书馆的布赖恩·J. 肯尼（Brian J. Kenny），他提供了《大分水岭》中的文章。感谢加利福尼亚大学伯克利分校的班克罗夫特图书馆的伯尼·哈德维克（Bonnie Hardwick），他提供了 L. Y. 洛林的《关于科约特罗阿帕奇人的报告》。

这里选取的许多材料是我多次前往芝加哥纽伯里图书馆时获得的，那里负责查询的工作人员每次都提供了很大的帮助。

亚利桑那历史协会、加利福尼亚大学伯克利分校的班克罗夫特图书馆和美国西点军校图书馆允许我对他们收藏的手稿进行再版，在此表示感谢。

我要感谢美国西南部印第安战争和阿帕奇 – 盎格鲁关系的优秀权威爱德温·斯威尼（Edwin Sweeney）以及美国国家档案馆的斯科特·福赛思（Scott Forsythe），他们对于本书的历史介绍提出了深思熟虑的尖锐批评。他们帮助我改正了一些尴尬的事实错误和可疑的解释。当然，其余任何错误都是我的责任。

我还要感谢文字编辑乔伊斯·邦德（Joyce Bond）的精心编辑以及她提出的建设性意见。

最后，感谢斯塔克波尔公司的编辑利·安·贝里（Leigh Ann Berry）对这个项目的热情支持。

译名对照表

Adam, G. Gordon G. 戈登·亚当
Adams, Mary W. 玛丽·W. 亚当斯
Alchisay 阿尔奇萨伊
The American Legion Monthly《美国退伍军人月刊》
Andrews, E. E. 安德鲁斯
Andrews, Asst. Surgeon George 助理军医乔治·安德鲁斯
Animas Valley, Az. 亚利桑那州阿尼马斯山谷
Antonio 安东尼奥
Apache Kid 阿帕奇·基德
Apache-Mojave (Mohave) Indians 阿帕奇 – 莫哈维印第安人
Apache-Yuma Indians 阿帕奇 – 尤马印第安人
Apacheria 阿帕奇里亚
Arizona Daily Star《亚利桑那每日星报》
Arizona Historical Review《亚利桑那历史评论》
Arizona volunteers 亚利桑那志愿兵
Army and Navy Journal《陆海军杂志》
Army and Navy Register《陆海军记录》
Arny, William F. M. 威廉·F. M. 阿尼
The Atlantic Monthly《大西洋月刊》

Barns, Will C. 威尔·C. 巴恩斯
Bascom Affair 巴斯科姆事件
Bascom, Lt. George H. 乔治·H. 巴斯科姆少尉
Bennett, Frank P. 弗兰克·P. 贝内特
Benson, Lt. Harry C. 哈里·C. 本森中尉
Bernard, Capt. Rueben F. 鲁本·F. 伯纳德上尉
Besias, Antonio 安东尼奥·贝西阿斯
Big Dry Wash, Az., Battle of 亚利桑那比格德莱沃什之战
Black Mesa, Az. 亚利桑那布莱克台地
Blocksom, Lt. A. P. A. P. 布洛克索姆中尉
Bonito 博尼托
Bourke, Capt. John G. 约翰·G. 伯克上尉
Bowman, Sam 萨姆·鲍曼
Brown, Lt. R. A. R. A. 布朗少尉

Brown Maj. William H. 威廉·H. 布朗少校
Burns, Capt. James 詹姆斯·伯恩斯上尉

Caffey, James R. 詹姆斯·R. 卡菲
Camp Grant Massacre 格兰特营大屠杀
Camp Lowell, Az. 亚利桑那洛厄尔营
Camp Thomas, Az. 亚利桑那托马斯营
Campbell, Capt. Charles H. 查尔斯·H. 坎贝尔上尉
Capitan Chiquito 卡皮坦·奇基托
Cargill, Andrew H. 安德鲁·H. 卡吉尔
Carr, Capt. Camillo C. C. 卡米洛·C. C. 卡尔上尉
Carr, Col. Eugene A. 尤金·A. 卡尔上校
Carroll, Capt. Henry 亨利·卡罗尔上尉
Cazador 卡扎多
Cedar Springs, Az. 亚利桑那锡达斯普林斯
Chaffee, Capt. Adna R. 阿德纳·R. 查菲上尉
Chalipun 查利潘
Chan-deisi 钱戴西
Charlie 查利
Chatto 查托
Cheever, Lt. Benjamin H. 本杰明·H. 奇弗中尉
Chevelon's Fork, Az. Battle of. 亚利桑那切弗隆福克之战（见比格德莱沃什之战）
Chicago Inter Ocean 芝加哥《洋际报》
Chicago Times 芝加哥《时报》
Chicago Medical Examiner《芝加哥法医》
Chihuahua 奇瓦瓦
Chiricahua Apaches 奇里卡瓦阿帕奇人
Chiricahua reservation, Az. 亚利桑那奇里卡瓦居留地
Chrisman, Clarence 克拉伦斯·克里斯曼
Chunahuevi-Gal 楚纳惠维 – 加尔
Chunz 春兹
Cibicue Creek, Az., affair 亚利桑那州锡贝丘溪事件
Clarke, Lt. Powhatan H. 波瓦坦·H. 克拉克中尉
Clum, John P. 约翰·P. 克拉姆
Cochinay 科奇纳伊
Cochise 科奇斯

Colvig, J. L. J. L. 科尔维格
Colyer, Vincent 文森特·科利尔
Concepcion 康塞普西翁
Conline, Lt. John 约翰·康莱恩中尉
Converse, Lt. George L. 乔治·L. 康弗斯少尉
Cooley, Corydon E. 科里登·E. 库利
Cooper, Lt. Charles L. 查尔斯·L. 库珀中尉
Corralitos River, Mex., engagement on 墨西哥科拉利托斯河的战斗
Cosmopolitan《大都会》
Coues, Asst. Surgeon Elliott 助理军医埃利奥特·科兹
Coyotero Apaches 科约特罗阿帕奇人
Crawford, Capt. Emmet 埃米特·克劳福德上尉
Cremony, John C. 约翰·C. 克雷莫尼
Crook, Bvt. Maj. Gen. George 名誉少将乔治·克鲁克
Croxen, Fred W. 弗雷德·W. 罗克森
Cruse, Lt. Thomas 托马斯·克鲁斯少尉
Cushing, Lt. Howard B. 霍华德·B. 库欣中尉
Cut-Mouth Moses 卡特毛思·摩西

Daly, Henry W. 亨利·W. 戴利
Danniels, Sgt. 丹尼尔斯中士
Dapray, Lt. John A. 约翰·A. 达普雷中尉
Darr, Lt. Francis J. A. 弗朗西斯·J. A. 达尔中尉
Davis, Lt. Britton 布里顿·戴维斯少尉
Davis, Capt. Wirt 沃特·戴维斯上尉
Day, Lt. Matthias H. 马赛厄斯·H. 戴中尉
Deine, Pvt. James 列兵詹姆斯·戴恩
Delshay 德尔沙伊
Dent, George W. 乔治·W. 登特
Denver *Tribune* 丹佛《论坛报》
Diablo (Es-ki-in-la) 迪亚布洛（埃斯基因拉）
Doubtful Canyon, Az. 亚利桑那道特富尔峡谷
Dravo, Lt. Edward E. 爱德华·E. 德拉沃中尉
Dutchy 达奇

Eagan, Capt. Charles P. 查尔斯·P. 伊根上尉
Eaton, Lt. George O. 乔治·O. 伊顿中尉
El Paso *Times* 埃尔帕索《时报》
Elliott, Lt. Charles P. 查尔斯·P. 埃利奥特少尉
Erwin, Lt. J. B. J. B. 欧文中尉
Esh-kel-dah-silah (Esh-ka-dah-silah) 埃什凯尔达西拉（埃什卡达西拉）
Eskeltelsee 埃斯凯尔特尔西
Eskiminzin 埃斯基明津
Eskinospos 埃斯基诺斯波斯
Evans, Maj. Robert K. 罗伯特·K. 埃文斯少校

Faison, Lt. Samuel L. 塞缪尔·L. 费森少尉
Felmer, Joseph 约瑟夫·费尔梅尔
Fieberger, Lt. Gustave J. 古斯塔夫·J. 菲伯格中尉
Finerty, John F. 约翰·F. 芬纳蒂
Ford, C. D. C. D. 福特
Forsyth, Lt. Col. George A. 乔治·A. 福赛思中校
Forsyth, Lt. William W. 威廉·W. 福赛思中尉
Fort Apache, Az. 亚利桑那阿帕奇堡
Fort Grant, Az. 亚利桑那格兰特堡
Fort Lowell, Az. 亚利桑那洛厄尔堡
Fort McDowell, Az. 亚利桑那麦克道尔堡
Fort Thomas, Az. 亚利桑那托马斯堡
Fort Yuma, Az. 亚利桑那尤马堡
Fuller, Lt. A. M. A. M. 富勒中尉
Fuller, Capt. William D. 威廉·D. 富勒上尉

Gallardo, Lt. Col. Emilio 埃米利奥·加利亚多中校
Garcia, Col. Lorenzo 洛伦索·加西亚上校
Gardner, John P. 约翰·P. 加德纳
Gatewood, Lt. Charles B. 查尔斯·B. 盖特伍德少尉
Genung, Charles B. 查尔斯·B. 杰农
George 乔治
Genonimo 杰罗尼莫
Glass, Lt. John N. 约翰·N. 格拉斯中尉
Globe (Az.) Rangers （亚利桑那）格洛布游骑兵
Gordon, Maj. George A. 乔治·A. 戈登少校
Grant, Lt. Gen. Ulysses S. 尤利西斯·S. 格兰特中将
The Great Divide《大分水岭》
Green, Maj. John 约翰·格林少校
Grierson, Col. Benjamin H. 本杰明·H. 格里尔森上校
Guadalupe Canyon, Az., affair at 亚利桑那瓜达卢佩峡谷事件
Gudi Guya (Goody-Ganya) 古迪·甘亚
Guzman Mountains, Mex., engagement in 墨西哥古斯曼山脉的战斗

Halleck, Maj. Gen. Henry W. 亨利·W. 哈勒克少将
Hanna, Lt. Robert 罗伯特·汉纳中尉
Harper's New Monthly Magazine《哈珀新月刊》
Harper's Weekly《哈珀周刊》
Hatch, Col. Edward 爱德华·哈奇上校
Hatfield, Capt. Charles A. P. 查尔斯·A. P. 哈特菲尔德上尉
Havasupais Indians 哈瓦苏派印第安人
Head, A. E. A. E. 黑德
Hearst, George 乔治·赫斯特
Hembrillo Canyon, N. M., engagement in 新墨西哥黑姆布里洛峡谷的战斗

Henely, Lt. Austin 奥斯汀·赫内利中尉
Henry, Capt. Guy V. 盖伊·V.亨利上尉
Hentig, Capt. Edmund C. 艾德蒙·C.亨蒂格上尉
Herring, William 威廉·赫林
Horn, Tom 汤姆·霍恩
Horseshoe Canyon, N. M., engagement in 新墨西哥霍斯舒峡谷的战斗
Houdon, Louie 路易·乌东
Howard, Lt. Guy 盖伊·霍华德中尉
Howard, Brig. Gen. Oliver O. 奥利弗·O.霍华德准将
Hualapais Indians 华拉派印第安人
Hughes, Frederick G. 弗雷德里克·G.休斯
Hughes, Louis C. 路易斯·C.休斯
Huse, Lt. Guy 盖伊·休斯中尉

The Illustrated American《美国画报》

Jeffords, Thomas J. 托马斯·J.杰福兹
Jett, Pvt. W. B. 列兵 W. B.杰特
Josani 乔萨尼
Jose Maria 何塞·马里亚
Journal of the Military Service Institution of the United States《美国军事研究所期刊》
Journal of the United States Cavalry Association《美国骑兵协会杂志》
Juan Cliché 胡安·克利西
Jones, Maj. Roger 罗杰·琼斯少校

Kautz, Brig. Gen. August V. 奥古斯特·V.考茨准将
Ka-ya-ten-nae 卡亚滕内
Kemble, E. C. E. C.肯布尔
King, Lt. Charles 查尔斯·金中尉
Kingsbury, Lt. H. P. H. P.金斯伯里中尉
Kramer, Capt. Adam 亚当·克雷默上尉
Kulo 库洛

Lawton, Capt. Henry 亨利·劳顿上尉
Lebo, Capt. Thomas C. 托马斯·C.利博上尉
Little Captain 利特尔·卡普廷
Lloyd, Frederick 弗雷德里克·劳埃德
Loco 洛科
Looking Glass 卢金·格拉斯
Loring, Leonard Y. 伦纳德·Y.洛林
Los Angeles Mining Review《洛杉矶矿业评论》
Louni 卢尼

McClellan, Maj. Curwen B. 柯温·B.麦克莱伦少校
McComas, Charlie 查利·麦科马斯

McComas, Judge Hamilton C. 汉密尔顿·C.麦科马斯法官
McIntosh, Archie 阿奇·麦金托什
Mackay, Lt. James O. 詹姆斯·O.麦凯中尉
Mangus 曼格斯
Manuel 曼纽尔
Maricopa Indians 马里科帕印第安人
Martin, Capt. John W. 约翰·W.马丁上尉
Masterson, Murat 穆拉特·马斯特森
Maus, Lt. Marion P. 马里昂·P.毛斯中尉
Mazzanovich, Anton 安东·马扎诺维奇
Merritt, Col. Wesley 韦斯利·梅里特上校
Mickey Free 米基·弗里
Miguel 米格尔
Miles, Brig. Gen. Nelson A. 纳尔逊·A.迈尔斯准将
Military Affairs《军事》
Milwaukee *Sentinel* 密尔沃基《哨兵报》
Montoya 蒙托亚
Morgan, Lt. George H. 乔治·H.摩根少尉
Morrow, Col. A. P. A. P.莫罗上校
Morton, Lt. Charles 查尔斯·莫顿中尉
Mott, Lt. Stewart 斯图尔特·莫特中尉
Mowry, Sylvester 西尔维斯特·莫里

Nah-wah-zhe-tah (Nosey) 纳瓦泽塔（诺齐）
Naiche 内奇
Nana 纳纳
National Tribute《美国论坛报》
Na-ti-o-tish 纳蒂奥蒂什
Neifert, Pvt. William W. 列兵威廉·W.内弗特
Neihaus, Sgt. 内豪斯中士
New York *Herald* 纽约《先驱报》
New York *Times*《纽约时报》
Nickerson, Lt. Azor H. 阿佐尔·H.尼克森中尉
Nita 尼塔
Noch-ay-del-klinne 诺奇阿伊德尔克林
Noche 诺奇
Nodeski 诺德斯基

Ogilby, Maj. F. D. F. D.奥格尔比少校
Ojo Caliente reservation 奥霍卡连特居留地
Old and New《旧与新》
Omaha *Bee* 奥马哈《蜂报》
Omaha *Herald* 奥马哈《先驱报》
Oury, William S. 威廉·S.乌里
The Overland Monthly《大陆月刊》
Overton, Lt. G. E. G. E.奥弗顿中尉

The Palestine Bulletin《巴勒斯坦简报》
Palmer, Edward 爱德华·帕尔默
Palone 帕隆
Papago Indians 帕帕戈印第安人
Pearson's Magazine《皮尔森杂志》
Pedro 佩德罗
Pettit, Capt. James S. 詹姆斯·S.佩蒂特上尉
Perry, Maj. David 戴维·佩里少校
Pierce, Capt. Francis C. 弗朗西斯·C.皮尔斯上尉
Pima Indians 皮马印第安人
Pinal Mountains, Az. 亚利桑那皮纳尔山脉
Pino Mountains, Mex. 墨西哥皮诺山脉
Pionsenay 皮翁塞纳伊
Prescott Arizona Democrat 普雷斯科特《亚利桑那民主党》
Prescott Arizona Miner 普雷斯科特《亚利桑那矿工报》
Prescott Weekly Courier 普雷斯科特《信使周报》
Price, Maj. William R. 威廉·R.普赖斯少校

Rafferty, Capt. William A. 威廉·A.拉弗蒂上尉
Raguero, Brig. Gen. Ramon 雷蒙·拉圭罗准将
Randall, A. Franklin A. 富兰克林·兰德尔
Randall, Capt. George M. 乔治·M.兰德尔上尉
Reed, Asst. Surgeon Walter 助理军医沃尔特·里德
Rice, Michael M. 迈克尔·M.赖斯
Riley, Tom 汤姆·赖利
Roach, Lt. George H. 乔治·H.罗奇中尉
Roberts, Capt. Cyrus S. 赛勒斯·S.罗伯茨上尉
Ross, Lt. William J. 威廉·J.罗斯中尉
Rowdy 罗迪
Russell, Don 唐·拉塞尔

Safford, Gov. Anson P. K. 安森·P. K.萨福德州长
Salt River Cave, Az., Battle of 亚利桑那索尔特河洞穴之战
San Carlos Agency, Az. 亚利桑那圣卡洛斯事务处
Sanchez 桑切斯
Sanford, Capt. George B. 乔治·B.桑福德上尉
Santo 桑托
Schofield, Maj. Gen. John M. 约翰·M.斯科菲尔德少将
Schuyler, Lt. Walter S. 沃尔特·S.斯凯勒中尉
Sergeant Nott (Apache) 诺特中士（阿帕奇人）
Severiano 塞韦里亚诺
Sheridan, Lt. Gen. Philip H. 菲利普·H.谢里登中将
Sherman, Maj. Gen. William T. 威廉·T.舍曼少将
Shipp, Lt. William E. 威廉·E.西普少尉

Sieber, Al 阿尔·西贝尔
Sierra Madre campaign 马德雷山脉战役
Skull Cave (Salt River Cave), Battle of 斯卡尔洞穴之战（索尔特河洞穴之战）
Smith, Lt. Allen 艾伦·史密斯中尉
Spencer, Charles 查尔斯·斯潘塞
Sprinkle, Pvt. J. L. 列兵 J. L.斯普林克尔
Stauffer's Butte, Az. 亚利桑那斯托弗比尤特
Stoneman, Bvt. Maj. Gen. George 名誉少将乔治·斯通曼
Sunset Pass, Az. 亚利桑那桑塞特山口

Taylor, Sgt. Bernard 伯纳德·泰勒中士
Terrett, Lt. Colville P. 科尔维尔·P.特雷特中尉
Tiffany, J. C. J. C.蒂法尼
Tiswin drunks 提兹温发酵饮料
Tonto Basin campaign 通托贝森战役
Toole, James H. 詹姆斯·H.图尔
Townsend, John 约翰·汤森
Tres Castillos, Mex., Battle of 墨西哥特雷斯卡斯蒂约斯之战
Tribolett, Charles 查尔斯·特里博莱特
Tubucasinda 图布卡辛达
Tucson Arizona Citizen 图森《亚利桑那市民报》
Tucson Arizona Star 图森《亚利桑那星报》
"Tucson Ring" "图森集团"
Tupper, Maj. Tullius C. 图利乌斯·C.塔珀少校

Uklenny 尤克莱尼
Upham, Lt. Frank K. 弗兰克·K.厄珀姆中尉

Victorio 维多利奥
Viele, Capt. Charles D. 查尔斯·D.维勒上尉

Wallace, James F. 詹姆斯·F.华莱士
Walsh, Lt. Robert D. 罗伯特·D.沃尔什中尉
Warm Springs Apaches 沃姆斯普林斯阿帕奇人
Washburn, Capt. Hiram S. 海勒姆·S.沃什伯恩上尉
Washington Charlie (Arahawa) 华盛顿·查利（阿拉哈瓦）
Watson, Lt. James W. 詹姆斯·W.沃森中尉
White Mountain Apaches 怀特芒廷阿帕奇人
Whitman, Lt. Royal E. 罗亚尔·E.惠特曼中尉
Wilcox, Philip P. 菲利普·P.威尔科克斯
Willcox, Brig. Gen. Orlando B. 奥兰多·B.威尔科克斯准将
Wilder, Lt. Wilbur E. 威尔伯·E.怀尔德中尉

Wingfield, C. P. C. P. 温菲尔德
Winners of the West 《西部赢家》
Winser, Cpl. Leonard 伦纳德·温泽下士
Wood, Capt. Abram E. 艾布拉姆·E. 伍德上尉
Wood, Asst. Surgeon Leonard 助理军医伦纳德·伍德
Woolsey, King S. 金·S. 伍尔西

Wright, Harry R. 哈里·R. 赖特

Yavapai 亚瓦派人

Ziddi-ku 齐迪

图书在版编目（CIP）数据

争夺阿帕奇里亚 /（美）彼得·科曾斯编；刘清山译． —— 上海：上海三联书店，2025.7． ——（历史的记忆：1865—1890 年的印第安战争）． —— ISBN 978-7-5426-8710-4

Ⅰ.K71

中国国家版本馆 CIP 数据核字第 2025T982A0 号

争夺阿帕奇里亚

编　者 /	〔美国〕彼得·科曾斯
译　者 /	刘清山
责任编辑 /	王　建　樊　钰
特约编辑 /	徐　静　苏雪莹
装帧设计 /	字里行间设计工作室
监　制 /	姚　军
出版发行 /	上海三联书店
	（200041）中国上海市静安区威海路755号30楼
联系电话 /	编辑部：021-22895517
	发行部：021-22895559
印　刷 /	北京天恒嘉业印刷有限公司
版　次 /	2025 年 7 月第 1 版
印　次 /	2025 年 7 月第 1 次印刷
开　本 /	710×1000　1/16
字　数 /	550千字
印　张 /	48.75

ISBN 978-7-5426-8710-4/K·830

定　价：99.00元

Eyewitnesses to the Indian Wars, 1865–1890, Volume One:
The struggle for Apacheria edited by Peter Cozzens
Copyright © 2001 by Stackpole Books
Published by agreement with The Globe Pequot Publishing Group, Inc.
through the Chinese Connection Agency,
a division of Beijing XinGuangCanLan ShuKan Distribution Company Ltd.,
a.k.a Sino-Star.
Simplified Chinese language copyright © 2025
by Phoenix-Power Cultural Development Co., Ltd.
All rights reserved.

本书中文简体版权归北京凤凰壹力文化发展有限公司所有，
并授权上海三联书店有限公司出版发行。
未经许可，请勿翻印。

著作权合同登记号 图字：10-2021-294 号